纪念中国岩画现代研究保护一百周年论文集萃

（上册）

王建平　主编

科　学　出　版　社

北京

内 容 简 介

我国是岩画大国，目前据不完全统计，已记录全国28个省市自治区、120多个县市区的1300余处岩画区（点）计有百万幅以上，占世界岩画总遗存的1/5。随着我国经济发展和民族振兴，国家对岩画的研究与保护越来越重视。越来越多的专家学者投入到对岩画的调查与研究中。在纪念中国岩画现代研究百年之际，我们编辑出版了这本《纪念中国岩画现代研究保护一百周年论文集萃》，因篇幅有限，本书共收集了77篇论文，截稿至2020年。还有许多专家学者的专著与论文未能收纳，待未来补篇奉献。谨以本书纪念中国岩画现代研究保护一百周年。

本书可供岩画学界的专家学者，岩画研究保护单位、考古单位、博物馆、图书馆、高校相关专业师生，以及岩画爱好者、志愿者和社会读者参考阅读。

图书在版编目（CIP）数据

纪念中国岩画现代研究保护一百周年论文集萃：全2册 / 王建平主编. — 北京：科学出版社，2023.7
ISBN 978-7-03-051370-0

Ⅰ.①纪… Ⅱ.①王… Ⅲ.①岩画–中国–文集 Ⅳ.①K879.424-53

中国版本图书馆CIP数据核字（2016）第315430号

责任编辑：王琳玮 / 责任校对：张亚丹
责任印制：肖　兴 / 封面设计：金舵手

科 学 出 版 社 出版

北京东黄城根北街16号
邮政编码：100717
http://www.sciencep.com

河北鑫玉鸿程印刷有限公司 印刷
科学出版社发行　各地新华书店经销
*
2023年7月第　一　版　开本：787×1092　1/16
2023年7月第一次印刷　印张：56
字数：1 330 000

定价：**398.00元**（全二册）
（如有印装质量问题，我社负责调换）

千年识见早　百年展热潮

——《纪念中国岩画现代研究保护一百周年论文集萃》前言

王建平

自古中华尚文史，待考天书可溯源。

岩画是石器时代的文化，属于史前文化艺术的最早遗存。是文字前的图形语言，是不分民族、没有国界、智人生存的印记，是人类共同的母语。[①]

贾兰坡先生曾讲"石器时代的历史，没有文字记载，常常被称为无言的历史"[②]今天，岩画在世界文化遗产中突出的价值，使其具有了独特的地位，所以世界文化遗产中的岩画类遗产入选备受重视。联合国教科文组织遴选的世界文化遗产中，还没有像岩画这样以"同种"遗存占有40多个席位的情况，这充分说明岩画在人类文化遗产中的分量。一个人口4000多万、疆域面积与我国四川省接近的西班牙，居然有4处岩画遗址入选世界文化遗产名录，法国、意大利、蒙古国、印度、澳大利亚等国都在2处以上。很多国家以拥有史前岩画遗存而骄傲自豪，南非就把岩画图像元素融入了国徽；哈萨克斯坦还把岩画图像转绘在陶盘摆件上，以最高国礼形式赠送国家元首和礼宾使节。

我国通过几十年的不断认识、调查和研究，特别是通过2007～2009年的第三次文物普查，初步摸清中国岩画分布已经遍及全国28个省市自治区的120多个县市区，据不完全统计已经有1300余处岩画区（点），保守估计，岩画图像在百万幅以上，占世界总遗存的1/5。

但是，中外岩画被人们所认识并达成共识的过程，是经过被动（偶然）"发现"——主动寻找（岩画调查）——记录研究——现代研究保护的过程，经历了漫长的历史时期才有了今天对"岩画"的认知度。所以我们从认识论的角度可以把我国当代与"岩画"的"对话"（阐释、保护、利用）分作三个阶段，即"主观偶发阶段"、"客观探索阶段"和"辩证共识阶段"。

---

① 王建平为内蒙古大学EMBA班级讲授《人类共同母语的呼唤》PPT讲稿（2011年6月）。

② 贾兰坡：《中国大陆上的远古居民》，天津人民出版社，1978年。

一、偶然发现与直观记录，我国是这个时期的首开先河者

中国岩画的发现史和现代研究保护经历了漫长的过程。这主要是哲学思想和文化认知与观念所致。从2000多年前《韩非子》中关于"赵主父令工施钩梯而缘播吾，刻疏人迹其上，广三尺，长五尺，而勒之曰：'主父常游于此。'"的脚印岩画，具有神秘的色彩，到北魏时期郦道元（466～527年）的《水经注》虽然涉及"岩画"方面有极个别的"人工效仿、刻画"的记录，但大多数从表象上以及华夏神话的视角对我们今天所说的"岩画"——那时的"山石有文"予以记录和描述，在《韩非子》中所涉"刻疏人迹其上"就更具神话传说色彩。这些描述和"记录"均视"岩画"（Rack Art——岩石艺术）为"山石之上，自然有文"。无论称作"摩崖""壁画"还是今天的岩画，本质区别是"天造"还是"人为"。同一个时期，无论国内与国外都还没有意识到这是智人的意识印记。郦道元在《水经注》当中叙述了他所看到并记录的三十余处"画石"，比如卷二·河水："现在晋昌郡以及广武城的马蹄谷，磐石之上，马迹如践泥中，有自然之形。所以俗称此地'天马径'"①。这记载始于"汉武帝听说大宛出天马，就派贰师将军李广利进攻大宛，始得一马。"之后传为神话故事所生，而不是人为的"岩画"。倒是这一段文中的"夷人在旁边仿效刻画，马迹有大有小，形状不一，一看即可分辨。"之记载，说明后人的"效仿"恰有今天"岩刻"之功效。又如在《水经注》卷三·河水记载，"河水又东北，历石崖山西，去北地五百里，山石之上，自然有文，尽若虎马之状，粲然成著，类似图焉，故亦谓之画石山也。"②在这里，固然讲了是"画""画石山"。关键的是"自然有文"，郦学家陈桥驿先生也讲"天马径和鹿蹄山，前者注文说'自然有形'，后者则'自然成著'，这与石崖山的'自然有文'是一样的。"③遍读《水经注》，山石之上，人、龙、马、虎、狗、鹿、印迹，郦氏强调大都是"自然形成"，非人工刻凿。在《水经注》之前有司马迁《史记》，之后诸多方志杂记有"夸父迹""仙篆""仙人影"云云，就连1300多年前福建漳州有关诗词中的记录、广西左江"石壁上有鬼影"也唯神话之。④

国外也有这样一个过程，虽然1627年瑞典博乌斯兰岩画被挪威教师彼得·阿尔夫森（Peder Alfsson）所发现，⑤但三个半世纪过去了，直到19世纪中叶西班牙阿尔塔米拉洞窟岩画的发现，欧洲的岩画才开始得到认真的研究。"1875年，索图拉伯爵在阿尔塔米拉洞窟发掘，在洞窟的后壁上发现了黑色绘画，他认为这是与洞窟中的旧石器时代堆

① 郦道元：《水经注》，商务印书馆，民国二十三年，"一·河水·三十五页"。
② 郦道元：《水经注》，商务印书馆，民国二十三年，"一·河水·四十页"。
③ 陈桥驿：《郦学札记》，世纪出版集团上海书店出版社，2000年，第119页。
④ 陈兆复：《中国岩画发现史》，上海人民出版社，2009年，第35页。
⑤ 〔法〕埃马努埃尔·阿纳蒂：《原始的艺术》，人民大学出版社，2001年，第39页。

积物属于同一时期的作品。4年之后，索图拉伯爵和他5岁的小女儿又参观了这个地方，伯爵考虑是否有价值再在这里进行小规模发掘。他的调查报告于1年后的1880年在《桑坦德省史前遗物介绍》发表。"遗憾的是，他这具有历史性的发现，被无理的拖延20多年，才被世人所承认和接受"①"旧石器时代洞窟艺术的真实性逐渐得到承认。正如上文提到的，特别是1901年，在法国的多尔多涅省的康巴里勒斯洞窟和哥摩洞窟，由步日耶等发现了大量的崖壁画和雕刻品之后，这问题几成定论。次年，对阿尔塔米拉洞窟壁画一直持怀疑态度的史前学权威卡特尔哈克也修改了他的观点，他在《人类学》杂志上发表文章，题为《绘画装饰的洞窟：阿尔塔米拉，一个怀疑者的忏悔》。在这篇文章中，他详细叙述了自己对洞窟艺术真伪问题转变看法的过程。至此一般人的怀疑也都消除了，洞窟岩画被人们看作是人类在欧洲第一次显露艺术才华的伟大作品。"②

　　记录非常重要，是引导人们走向理性、发现研究的路标。真正的"发现"是为了了解她的价值和文化渊源，或者已经知道"岩画"的价值，去"发现"其存在的环境。所以"偶发"只是一种普遍的事物主观。不具有哲学和科学内在。更何况受中国本土产生的"哲学思想"（天道神权鬼怪的精神枷锁）再加上没有（金石学、甲骨学出现较晚）"溯古"的理念，甚至在西方社会"考古"成为趋势的明代，还出现过"疑古论"。所以，即便有了《山海经》《水经注》对事物的记录，也不会追古溯源去考量"自然有文"哪里来。我们在北魏时期也只是"记录"了"岩画"相似的"自有物"的一种类型。水经注中即便有一些确定是人所刻，但是何人何时所作说不清也不会去追索。就与国外刚刚发现岩画时，因为不知道它的真实价值和出处便众口一词说其是发现人在作弊的情况是一样的。

　　这种以"神""神话意识"去观感世界、事物的现象和历史，正如马克思在《致路德维希·库格曼》的信中曾指出的："在历史的发展中，偶然性起着自己的作用，而它在辩证的思维中，就像在胚胎的发展中一样包括在必然性中"。③"被断定为必然的东西，是由纯粹的偶然性构成的，而所谓的偶然的东西，是一种有必然性隐藏在里面的形式"。④

　　世界岩画泰斗阿纳蒂先生在《艺术的起源》一书中也讲到"这些假设和研究与那些分布在世界各地的部落民对自己土地上的史前艺术品所做的臆测相差无几。就像所有的神话一样，多是出于直觉。"⑤同时他也认为"尽管在这些所有早期的研究中，由于不

---

①　陈兆复、邢琏：《外国岩画发现史》，上海人民出版社，1993年，第12页。

②　陈兆复、邢琏：《外国岩画发现史》，上海人民出版社，1993年，第16页。

③　恩格斯：《自然辩证法》（1873～1886年），《马克思恩格斯选集》第三卷，第545页。

④　恩格斯：《路德维希·费尔巴哈和德国古典哲学的终结》（1886年初），《马克思恩格斯选集》第四卷，第240页。

⑤　〔法〕埃马努埃尔·阿纳蒂：《原始的艺术》，人民大学出版社，2001年，第42页。

断的努力，或多或少进行过事实的记录，但是他们很少有分析，而且综合几乎是没有的。虽然如此，我们仍然要感谢这些学者们的努力，因为他们提供了一个令人大吃一惊的智力基础，并激发探索起人们的好奇心，也鼓励着人们进一步的探索。"①

二、客观分析与意识觉悟

能够直观反映、记录岩画的阶段并不说明我们认识了"岩石艺术""岩画"。但是，马克思主义认为"对象、物、物体是在我们之外，不依赖于我们而存在着的，我们的感觉是外部世界的映像。这个结论是由一切人在生动的人类实践中做出来的，唯物主义自觉地把这个结论作为自己认识论的基础。"②在《山海经》《水经注》等记录的"神仙之笔"1000多年后，引领认知、普惠知晓"史前艺术"的是法国考古学家、史前艺术学创立者步日耶教授，他是法国和欧洲史前艺术研究的奠基人之一。步氏于1931年在当时的北平讲座专门介绍了欧洲的史前洞窟艺术，并将法文讲稿交裴文中先生，裴先生于1933年依讲稿进行编撰，在"北平《世界日报》副刊"以"介绍旧石器时代之艺术"发表文章。③所以，在中国启发认识"岩石艺术""岩画"重要性的学者是步日耶与裴文中两位先生。

虽然裴文中先生当时还没有接触国内岩石艺术、甚至于呼吁："考古学在中国，近数年来，始行发达，然旧石器时代之艺术作品，除河套地方之一刻纹之骨片外，则尚无发现。周口店中国猿人时代无艺术作品，周口店山顶洞中（旧石器时代后期）则仅有带孔之装饰品，故在中国而谈旧石器时代之艺术，颇觉为时尚早。且中国现在一般不争气的艺术家们，只知有己，不知有人，提到这几万年以前之艺术，颇觉不足挂齿。但是艺术之为艺术，自有其真实的价值在焉。例如本书所介绍者，不但为考古学者所应知，即现代历史学者及嗜好艺术者，亦当知其梗概。"④

鲁迅先生与中国美术史学科创始人王逊先生也是如此。鲁迅先生在1934年8月《申报·自由谈》发表关于"字是怎么来的"和"写字就是画画"（后来改为"门外文谈"）⑤一文中讲到"画在西班牙的亚勒泰米拉（其他文译作'阿尔塔米拉'Altamira）洞里的野牛，是有名的原始人遗迹，许多艺术世家说，这正是'为艺术的艺术'，原始人画着玩玩的。但这解释未免过于'摩登'，因为原始人没有十九世纪的文艺家那么有

---

① 〔意〕伊曼纽尔·阿纳蒂，陈兆复译：《阿纳蒂论岩画》，文物出版社，2019年，第8页，总论"抢救世界的岩画"。

② 列宁：《唯物主义和经验批判主义》（1908年下半年），《列宁选集》第二卷，第101页（摘自：《马克思主义思想宝库》，南海出版社，1991年，第289页，"认识和实践"）。

③ 裴文中：《旧石器时代之艺术》，商务印书馆，1999年，"序"。

④ 裴文中：《旧石器时代之艺术》，商务印书馆，1999年，"序"。

⑤ 《鲁迅全集》第六卷，人民文学出版社，1991年，第87页。

闲，他的画一只牛，是有缘故的，为的是关于野牛，或者是猎取野牛，禁咒野牛的事。现在上海墙壁上的香烟和电影的广告画，尚且常有人张着嘴巴看，在少见多怪的原始社会里，有了这么一个奇迹，那轰动一时，就可想而知了。"因为鲁迅当时具有的影响力，应该说他是中国知道"世界上有洞窟艺术"的先驱之一，也是介绍世界上有"岩画""史前艺术"这一遗存的伟大先驱；中国美术史学科创始人王逊先生在《10000年中国艺术史》（1953～1963年撰稿，2020年江苏凤凰文艺出版社再版）一书中介绍"原始社会美术"时讲到"原始社会文化的考古发现，在过去50年中已积累了一些材料，但由于我国幅员广大、地理气候条件的多样性，所以目前还在积累资料，并配合大规模经济建设进行整理工作阶段。就已有的发现可以得到的关于美术的若干认识都是比较简略的。远古时代的绘画和雕塑，尚未发现（苏联和德国都曾发现旧石器时代的女神雕刻，法国和西班牙曾发现洞穴壁画）。远古时代的艺术创造能力可以从石器和陶器上看出。"[1]即便时间到了20世纪80年代初，美学理论家李泽厚先生在他的名著《美的历程》一书中也还对国内岩画的发现深表缺憾，他讲"虽然像欧洲洞穴壁画那样的艺术尚待发现，但从当时工具的进步可以看出对形体形状的初步感受。"[2]

实际上从1819年（清嘉庆二十四年），香港东龙岩画已经记入《新安县志》，这比1901年法国多尔多涅省康巴里勒斯洞窟和哥摩洞窟，由步日耶等发现了大量的崖壁画和雕刻品几乎早了一个世纪。还有清代学者纪昀在《阅微草堂笔记》中对于新疆喀什噶尔山岩画的描述，已经属于人为艺术的"汉画"范畴。[3]据盖山林先生的著作记载，西藏吸引了许多外国朝圣者和探险家。从19世纪末开始，西方探险家就在这块土地上发现岩石艺术并留下深刻的印记。例如，1902年，August Hermann Francke在卡拉策和拉达克的其他地方发现了许多象形文字，他的发现和记录标志着西藏岩画研究的起源；1914年，英国人斯坦因调查新疆库鲁克山岩画；1915年8月广东岭南大学黄仲琴教授考察福建华安仙字潭岩画；1928年至1948年间，意大利最杰出的西藏艺术和宗教学者朱塞佩·图齐（Giuseppe Tucci）八次赴藏考察。在这些探险期间，Tucci记录了他对历史、艺术和宗教的了解。他还在拉达克和西藏发现了几处岩刻；1928年7月，时任中瑞西北考察团中方团长徐旭升先生随瑞典人贝克曼调查博克达山岩画，并撰写了日记，称其为"并非石人石羊，乃在石上雕画的人与羊……画所能辨识的，有鹿、有羊、有持弓的人……有极古朴的，亦有虽古朴而生动的，画风如汉武梁祠石刻"。同在1927～1928年，贝格曼先生还对内蒙古阴山岩画、新疆库鲁克——塔格岩刻进行了调查，并撰写了报告。[4]此外，国内出版物最早表述为摩崖壁画、洞窟艺术或原始艺术（这些单词均是

① 王逊：《10000年中国艺术史》，江苏凤凰文艺出版社，2020年，第12页。
② 李泽厚：《美的历程》，生活·读书·新知三联书店，2009年。
③ 陈兆复：《中国岩画发现史》，上海人民出版社，2009年，第37页。
④ 陈兆复：《中国岩画发现史》，上海人民出版社，2009年，第42页。

"岩画"的区域性最早称谓）的著作可能是《新疆图志》（1911年出版）和《拜城博者拉格沟摩崖》（黄文弼女师大学术季刊1930年第一卷第4期）。

虽然由于传统传媒手段所限，这些信息还没有传递到裴文中、鲁迅和王逊这些先驱们的认知中，但他们仍不失为是中国旧石器时代、古脊椎动物和考古界、哲学、社会学和美术史首先介绍国外石器时代岩画艺术的先驱。

三、调查发现与媒介传播

一个从主观臆想到客观反映的过渡时期过去了，同时也预示着中国岩画艺术将进入学界、知识界和爱好者们的视野当中。是以上这些先驱将国外的"史前艺术""洞窟壁画""岩画"传播、介绍给了中国的学者、爱好者和考古工作者，再加上国外来到中国的各种考察机构先后在新疆、西藏、内蒙古等地发现、记录亦或"公布"了一些岩画的调查材料，把后来的地质矿产、考古界和历史学以及岩画遗存地文保人员等很少一部分学者、爱好者的眼光引向了"中国有岩石艺术""摩崖石刻和摩崖壁画就是'岩画'"的方面。

二十世纪初，除了国外的相关学者和少部分对中国岩画的调查发现，我们通过盖山林先生的专著《中国岩画学》和陈兆复先生《中国岩画发现史》及相关资料汇总分析有：1920年，由英国的弗朗克发现西藏西部岩画；1938年陈公哲在香港大屿山南之石笋东湾发现一幅岩画；1946年四川珙县僰人悬棺岩画被记录；1953年西北文物调查组在皮山县昆仑山桑株发现岩画，岩画中有动物、人物、符号等；1954年元月广西博物馆派人前往宁明县花山调查岩画；1956年4月至1962年2月台湾屏东师范专科学校美术教授高业荣在屏东县万山的孤巴察峨、祖布里里、莎娜奇勒娥发现人面像、人像、蛇纹、脚掌纹及几何纹样岩画；同年9月，广西少数民族社会历史调查组成立后，在广西人民政府和省民族事务委员会领导下，由广西民族学界、历史学界和考古学界的科学工作者和北京中央民族学院的部分师生组成正式考察队前往明江一带画址进行调查、临摹。在明江下游沿岸共发现了七个崖壁画地点；同年9月～10月，广西少数民族社会历史调查组在宁明县明江流域调查，除宁明花山外，又发现了珠山、龙峡、高山、红山等四个岩画点。此后，国家文化部和广西博物馆、广西文联等单位曾先后派人前往调查、摄影、临摹，并在左江沿岸发现了龙县棉江花山和崇左驮角山两个岩画点；1957年8月，福建省文物管理委员会曾凡、林钊调查华安仙字潭岩画；1958年春夏之交黑龙江省博物馆在牡丹江中下游考古调查时发现海林县群力屯崖画；1960年黑龙江省博物馆再次考察海林县群力屯崖画；同年，新疆博物馆克由木等人，在北疆尼勒克、昭苏、特克斯、托里、巩留、霍城、温泉、额敏县等发现岩画；云南省历史研究所调查组在云南沧源发现崖画后，由林声执笔撰文发表在《文物》1966年第2期。

1969年，宁夏贺兰山宣传部李祥石先生发现贺兰口岩画；1974年，内蒙古文物工作队盖山林先生在阴山发现元代岩画，如此等等，一个调查发现岩画的时代终于到来。

我们为什么认为首开客观分析调查之风的是1915年，岭南大学黄仲琴先生于是年前往福建漳州的摩崖石刻（岩画的一种类型）遗存地调查，此举具有划时代意义。虽然他也没有认识到"仙字潭"是和国外的"岩画"相同，是"岩石艺术"，但摩崖石刻的说法是一致的，特别是因此在20多年后发出的调查报告和50年后引发的争论，皆具非凡意义。关于中国岩画现代研究保护由1915年起步的相关材料，本人在2013年和2015年都分别发表了文章，这里不再赘述。在20世纪80年代后，经盖山林和陈兆复两位先生辨认与比较，定论为"岩画"无疑。

从1915年到2015年的一百年间，岩画发现与调查研究形成气候。各省各地的岩画调查、发现、研究、地志文史记录等展示出轰轰烈烈的局面。据多项资料汇集的情况分析涉及岩画的著作有230余本册；论文、消息、报道、记述、地志文史记录等就达到1430余篇（条）（其中2015年之前的来自盖山林先生《中国岩画学会》附录和本人藏书，部分补充数据来自《古代岩画研究文献指南》）[1]，最为集中的是在1980～2010年的30年中，占到总量的80%。

消息和记载文案最多的内蒙古有240余条，地志文史类有80余篇。在内蒙古的此类文案中，最早的是1927～1928年，贝格曼先生还对内蒙古阴山岩画的调查。

新疆的消息类占到230余篇（条）、地志文史有80余篇（条），广西两项记载达110多篇（条），宁夏达150余篇（条），云南140余篇（条），甘肃、福建都在80余篇（条），西藏、贵州分别有50余篇（条），江苏、四川都近40余篇（条），还有甘肃、青海30多篇（条），黑龙江、浙江、辽宁、山西、河南、广东、香港、台湾、安徽、江西、湖北也都有多条消息和岩画的发现记载，各地学者都踊跃参与到调查、发现岩画的行列当中。

对于这个阶段岩画的调查发现，得到了国际岩画界阿纳蒂先生、罗伯特先生的关注，1989年阿纳蒂先生专门在我国大陆《美术》期刊撰文"阿纳蒂谈中国岩画"，罗伯特在《岩画科学》[2]一书中讲到"虽然在中国的古典文献中就已有关于岩画存在的记录，但直到不久前，中国岩画才得以令人信服地作为和欧洲史前岩画一样古老的文化遗迹为世界所知"。

岩画的发现促动了媒体的跟进和报道。截至本文撰稿止，大陆公众媒体最早的报道是《新疆日报》，从1948年8月5日报道"七角井轮廓画"开始陆续对新疆境内岩画的发现做了多次跟踪。之后的《广西日报》1956年10月7日、1957年1月16日、1957年2月10日，1957年3月9日、1957年7月26日分别报道[3]"宁明县发现珍贵的壮族古代崖壁画，

---

① 田广林、周宇杰：《古代岩画研究文献指南》，辽宁大学出版社，2019年。

② 罗伯特·G.贝德纳里克：《岩画科学：远古艺术的科学研究》，内蒙古大学出版社，2019年。

③ 盖山林：《中国岩画学》，书目文献出版社，1995年，第292～335页，附录。

古代壮族崖壁画又在龙津县境内发现，花山壁画的初步研究，谈桂西壮族自治州古代崖壁画及其年代问题，西原族的发展与宁明、崇左、龙津等处的壁画"等；20世纪50年代在《文物参考资料》当中登载的广西、新疆等岩画消息屡见发布。在全国新媒体当中，1980年2月1日《光明日报》首开一级媒体对岩画的报道，刊载了陆永龙的文章"内蒙古阴山西段发现大批古代岩画"，之后的数十年当中不断在跟进；陆汉魁、关心国1986年1月19日在人民日报（海外版）刊发消息"中国十二个省区发现岩画"，这是国家级媒体首次对中国岩画进行的公开传播，之后的《人民日报》1989年11月4日、《人民日报（海外版）》1989年11月29日刊载王伯敏"远古艺术世界的揭示——谈《中国岩画》的出版""沉默的语言　远古的史诗——谈《中国岩画》"，至今有数十次之多；《中国文化报》1987年刊载蒋振明、陈兆复文章"中国的岩画"；《中国美术报》1987年8月24日刊载南萍"崖画色彩经久不退之谜"及1988年11月14日刊载林训的文章"中国岩画推向世界"；《中国文物报》1989年5月31日刊载朱启新的文章"岩画与岩画研究"，《中国导报》、《中国日报》（英文）、《地理知识》、《中国文学》、《实用美术》、《美术家》（香港）、《考古》、《考古与文物》、《美术》、《文物天地》、《美术史论》、《中国青年报》、《科技日报》、《文汇报》、《瞭望周刊》、《中国建设》（英文）、《民族画报》、《舞蹈论丛》、《大自然》、《身边科学》、《中国旅游报》等数十家报纸、刊物都先后对岩画予以了关注与报道。从1980年到2010年发布的消息和论文登载发布中，涉及岩画的全局性的、具有一定影响力的文章有陈兆复先生发表于《中国岩画研究》《民族学研究》《中国文化报》的"古代少数民族的岩画"、"中国古代民族的岩画"和"中国的岩画"等文章；盖山林先生在《西北大学学报》《潜科学》发表的"郦道元与岩画"和"岩画学刍议"及石云子发表在《瞭望》的"岩画——人类文明的历程记录"，尤其是"岩画学刍议"在日后成为中国大陆岩画学的教科书基础。蒋振明先生发表在《地理知识》的"记在大地上的形象史诗"；高礼双先生发表在《美术史论》"对中国岩画时代上限的初步探索"一文，刘烽先生发表在《实用美术》的"要重视岩画研究"，《文汇报》"寻找中国文化的源头——记宋耀良研究岩画的新发现"等。

地方性的报纸杂志如《内蒙古日报》《新疆日报》《广西日报》《青海日报》《云南日报》和各省市、大学院所的学报和各类社科、文史、美术、艺术、科学科普、地理等期刊等，特别是岩画遗存地的媒体，不断在跟进岩画的调查发现进程，让民众了解岩画，给专业人士巨大鼓舞，这些无疑对探索浩瀚的岩画世界有极大的助力。

在诸多大陆媒体推送文章消息之外，盖山林先生在1980年登载于法国《研究杂志》第11期的"中国规模最大的古岩画宝库"一文，被西班牙、约旦、巴拿马、科威特、美国、圭亚那、委内瑞拉、加拉加斯等地的报纸转载。这也成为我国岩画首次在国外媒体亮相，为搭建中外岩画交流的桥梁首开先河。

电视媒体在岩画的传播认知中发挥了功不可没的作用。特别是由中央电视台

CCTV10"探索·发现"等栏目制作播出的中国岩画科普探秘节目达到十多部；各省市自治区电视台针对所辖区域岩画和岩画人物拍摄播映了大量岩画节目、专题片、纪录片，给受众带来了神秘和奇特的视觉感受。

四、学术研究与成果迭出

岩画的学术研究和各个学科相互介入，可以从20世纪80年代之后的30年大陆岩画的研究发现的高潮时段及调查研究成果的盛产期状态窥见一斑。可以说20世纪80年代至2015年，在学术理论研究、国际影响和岩画信息对接、提振学界信心、新闻舆论推动方面，以及基层文保队伍建设、专门人才培养等方面都是一个飞速发展时期。

在岩画的这些专著中，20世纪50年代之前主要是前边所述之《新疆图志》（1911年出版）和《拜城博者拉格沟摩崖》（黄文弼女师大学术季刊1930年第一卷第4期）、裴文中先生《旧石器时代之艺术》、1884～1942年《黄仲琴全集》（第二辑漳州地方文献丛刊）等公开书籍外，60年代主要有广西少数民族社会历史调查组编撰的《花山崖壁画资料集》（广西民族出版社）。之后的十几年中只见秦维廉先生著有《香港古石刻——起源及意义》（1976年由香港基督教中国宗教文化研究社出版）印刷发行的有关信息，再很少见到大陆有专门的岩画类论著出版。

据不完全统计，20世纪80年代出版了十余本（册）岩画专著，涉及岩画的考古学、民族学、文博研究人员、大学院所的美术和艺术专业教师在岩画知识方面的论文有90余篇，此外还有各个岩画遗存区域的调查研究论文有320余篇。可以看出诸多的学科爱好者、文博人员参与到了调查研究中。其中针对福建、云南、广西、内蒙古、新疆的岩画调查发现的概况，汪宁生先生著有《云南沧源崖画的发现与研究》、盖山林先生著《阴山岩画》、王炳华先生著《新疆天山生殖崇拜岩画》，赵养锋先生著《中国阿尔泰山岩画》、王克荣、邱钟仑、陈远璋等先生所著《广西左江岩画》。也包括较为全局性的岩画概况研究，如陈兆复、蒋振明先生所著《古代少数民族岩画资料选编》。在美学、美术与艺术史方面应首推朱狄先生所著《原始文化研究》一书，是首开国内原始艺术教育先河的学者。其后刘锡诚的《原始艺术与民间文化》问世。

1980年到1999年的20年有57种（套、册）岩画专著面世，另外还有综合性论文及各省市自治区岩画遗存地论文共计1080余篇发布。在专著中除了大家继续对岩画遗存地的内蒙古、福建、新疆、宁夏、广东、广西、西藏、贵州、黑龙江等岩画遗产地进行进一步介绍或分析比较外，我国台湾省岩画研究权威人士高业荣先生撰写的《万山岩雕——台湾首次发现摩崖艺术之研究》一书也为研究的多源化增色。这期间最具影响力的学术研究著作是盖山林先生所著、书目文献出版社出版的《中国岩画学》和广东旅游出版社出版的《中国岩画》及《我国北方草原古代猎牧经济的岩画学观察》；陈兆复先生专著《中国岩画发现史》及陈兆复、邢琏合著的《外国岩画发现史》先后由上海人民出版社出版发行，将中国岩画的轮廓勾画了出来，也将外国的画较为全面的介绍给中国业界。吴诗池先生所著《中国原始艺术》和李洪甫先生的《太平洋岩画——人类最古老的民俗文化遗址》也在此期间出版发行，李洪甫著作与上海生活·读书·新知三联书店出版的华东师范大学的宋耀良先生专著《中国史前神格人面像》形成互动，为环太平洋人面像研究的呼应走出了第一步。宋耀良先生同时还出版了《中国岩画考察》一书；孙新周的专著《中国原始艺术符号的文化破译》把岩画的原始语言学提上了学术平台，文物出版社编辑出版了《中国岩画》，中央民族大学中国岩画研究中心以书代刊印发了《岩画：第一集》。总之，这个时期已经从调查、记录、描绘岩画的特征走向了民族学、美术和艺术学、考古学等视野大、专题性强、更为深入的研究层面。

五、现代研究保护与学科创建

进入新千年到中国岩画现代研究保护100周年即2015年的后15年，可以说是研究成果迭出的时代。也可以说是研究与保护并重、学科创建初现端倪阶段。盖山林先生的著作《世界岩画的文化阐释》首开先作，由北京图书馆出版社出版，从全球的角度、考古学和民族学的视觉对世界大部分地区的岩画予以分析研究和介绍。由《中国美术分类全集》编委会组织的、陈兆复负责分册主编，盖山林、汪宁生、岳邦湖、李福顺、李祥石、王博、汤惠生、李永光、邱钟仑、陈远璋、李洪甫、杨天佑等同仁从不同岩画区遗存调查情况撰稿，辽宁美术出版社、人民美术出版社出版的《中国岩画全集》（1～5册）在2007年面世，这是近百年来，第一套全国性的岩画概览；陈兆复先生专著《中国岩画发现史》、陈兆复先生与邢琏教授所著《世界岩画》（Ⅰ、Ⅱ册）分别由上海人民出版社出版和文物出版社出版，是针对中国岩画记录与发现的时代性全书和介绍亚非拉各大洲岩画的图文并茂全书。李福顺所著高等院校美术教材《中国美术史》出版，这是岩画列入高等教材的第一部教科书；刘长宗、王邦秀分别编撰、宁夏人民出版社出版的《91国际岩画委员会年会暨宁夏国际岩画研讨会文集》和《2000宁夏国际岩画研讨会文集》相继问世，全面反映了我国第一次与联合国咨询机构下的国际岩画委员会合作召开及独立组织的国际岩画论坛的概况。由巴恩先生著，郭小凌、叶梅斌译，山东画报出版社出版的《剑桥插图史前艺术史》成为国内首册印发的国外作者介绍全球史前艺术的图书。〔意〕阿纳蒂著、刘建译，由中国人民大学出版社出版的《艺术的起源》成为第二部国外作者介绍史前艺术的图书，这部书也是全球视觉下岩画艺术的教科书；〔蒙古〕沃尔科夫著，王博、吴妍春译，中国人民大学出版社出版的《蒙古鹿石》与高火先生撰写的《欧洲史前艺术》，陈弘法先生编撰的《亚欧章原岩画艺术论集》，成为之后的几部介绍国外史前艺术的图书；特别是按照我国倡导的丝绸之路文化，继周菁葆撰写的《丝绸之路岩画艺术》（新疆人民出版社1993年6月版）之后，盖山林、盖志浩撰写，新疆人民出版社出版的《丝绸之路——岩画研究》又一次呼应了国家全球文化战略的步伐。由上海古籍出版社出版，王建平、张春雨编著的四卷本大型图谱集《阴山岩画》，西北第二民族学院编著的宁夏《大麦地岩画》（四卷本）和《贺兰山岩画》（三卷本）这样大部头岩画图录在国内是首次发行，业界耳目一新。宁夏岩画研究中心与贺兰山岩画管理处编辑出版的每年一期、以书代刊的内部交流刊物《岩画研究》刊印。束锡红、郑彦卿、吴琼编撰的《贺兰山岩画与世界遗产》开始涉及了贺兰山岩画进入世界文化景观遗产的探索。由河南新郑黄帝故里文化研究会编撰的《具茨天书》，阐述中原河南新郑岩画的专著问世，又弥补了一个空白。在岩画的保护研究方面，广西壮族自治区文化厅、文物局编撰，广西科学技术出版社出版的《左江花山岩画研究报告集》上、下册和王金华、严绍军、李黎编撰，中国地质大学出版社出版的《广西宁明花山岩画保护研究》及张亚莎主编、中国藏学出版社出版的《中外岩画保护论文集》都做了有益的尝试。通过地域文化对岩画进行深入的研究方面，王建平主编、内蒙古人民出版社出版的《河套文化论文集》（五卷本·岩画卷）也作出了尝试。

总之，这个时期中国的岩画研究从全方位、大视觉、多学科方面进行了探索，并且各个岩画遗存地大都具有了一部以上岩画专著。2000年到2015年的15年中，岩画的专著数量达到了160余本（册），还有2300余篇岩画及相关的论文发布。通过以上学术论著的记述，大体厘清了百年来中国岩画的基本发展脉络。而上述这些论著的积累，为中国的岩画学奠定了理论基础，构建了系统框架，夯实了学科建设的根基，中国岩画在国际岩画界也取得了越来越多、越来越重要的话语权。

六、夯实基础与完善系统框架

岩画的发现是一个国家或地区的大事，本文已经做了概要的记叙。在岩画的发现之外，还有诸多需要载入历史史册的大事，比如岩画的理论建设、学科体系、国家间交流、教育科研、典型人物、岩画保护、法治建设、岩画展示、政府与社会组织体系、科技手段断代趋势、申报世界文化遗产等。按照时间序列，在上述调查、记录和研究文稿著作产生的同时，国内岩画研究、保护和传播方面所发生的大事或者是具有较强影响力的应该有以下几个方面。

其一是在理论建设方面，从神话中脱胎换骨到认识人类自我创造价值和作用经历了与国外相同的过程。在岩画的科学判定观念进入我国之后，分布在各大学院所和文保文博系统、美术和艺术界的有志者投入其中，开始专门探索、研究和发掘工作。从岩画的图像学解读、画幅的本意阐释、年代的多学科研判、伴生文物的考古学比较、岩画生成环境的考量和石器时代文化文明进程的影响等方面，依托文化人类学、民族学、考古学、美术和艺术学，以及在岩画的保护等方面形成了诸多研究报告或者论著，这就对岩画的科学体系建设起到了支撑性作用。

2015年11月24日，国家新闻出版广电总局以新广出审（2015）1363号文件下发《关于同意创办〈中国岩画（中英文）〉期刊的批复》，此批复这样表述：

中国岩画学会：你单位中岩学字（2015）13号文收悉。

经研究，同意创办《中国岩画（中英文）》期刊，英文名称为China Rock Art，国内统一连续出版物号为CN10-1403/J，中英文，季刊，大16开，公开发行，主管单位为文化部，主办单位为中国岩画学会、中国文化传媒集团有限公司，其中中国岩画学会为主要主办单位，出版单位为《艺术市场》杂志社有限责任公司。办刊宗旨为：刊载国内外岩画保护与研究相关成果，诠释中国岩画的内涵和岩画文化发展脉络，展示岩画艺术衍生创作成果，开展国际学术交流，推动岩画研究与保护事业发展。从此，中国岩画的理论研究有了固定的学术交流园地和平台。

其二是在岩画学科的建立方面，经过几代人不懈努力，打下了非常好的构建基础，也形成了中国"东南沿海岩画"、"西南岩画"、"北方岩画"和"中原岩画"的岩画分区概念。在岩画的功效与判读阐释方面，走出了本土固有观念和框架，从文化人类学、历史学、民族学和考古学、美术和艺术史等维度作出尝试性的考量。尤其是盖山林先生通过《中国岩画学》著作，再加上陈兆复、宋耀良等同仁共同在岩画科学体系方面的不懈努力，才有了今天的成果。

其三是在国际岩画的理论互动、信息沟通、保护借鉴方面，通过国内学者走出去学习、考察与合作，参加国际学术组织和邀请国外专家学者到国内交流、考察、参加学术论坛、研讨等形式，增进了相互间的沟通与了解。特别是在20世纪80年代末，通过前述一些学者在学术成果方面的交流，改变了国际岩画界对中国史前艺术所具有的独特地位的研判。1988年，陈兆复、盖山林、李福顺、蒋振明、孙新周、李祥石、王志浩等几位同仁参加国际古迹遗址理事会的国际岩画委员会会议，同时加入了该组织，成为第一批与国际岩画组织沟通的使者。在1991年宁夏回族自治区牵头召开"91′国际岩画委员会年会暨宁夏国际岩画研讨会和艺术节"是具有重大的国际影响力的举措。这个活动由联合国教科文组织的咨询机构"国际古迹遗址理事会"下设的"国际岩画委员会"以年会形式举办，意大利驻华使馆新闻参赞卡萨奇发贺词，联合国教科文组织顾问阿纳蒂亲自参加并致辞、发言，国际岩画团体联合会召集人罗伯特·贝纳德里克致贺词，宁夏回族自治区白立忱主席在贺兰山召开岩画保护现场会议、自治区副主席程法光在开幕式和闭幕会上讲话。出席这次研讨会的国内外学者发表了数十篇论述。此活动以及之后更多次的类似活动对于中外之间的岩画学术交流和保护功不可没。

在国际的交流项目中，20世纪80年代末到90年代，中央民族大学陈兆复教授、南京师范学院汤惠生教授，以及中央民族大学张亚莎教授和新千年之后的研究生杨超等还在国家教育界人才交流项目中被派往意大利卡莫妮卡岩画研究中心进行了学习互访，为我们国家带回了世界岩画顶级研究机构的诸多经验。

2011年8月9日，文化部组织的对外文化交流年项目组队，宁夏岩画研究中心参加了赴意大利卡莫妮卡岩画遗址公园的"宁夏岩画特展"。

2012年11月19日，宁夏岩画研究中心又一次参加了"中国文化年"土耳其孔子学院举办的"宁夏岩画艺术展"。

2013年8月5日，受韩国国家文化财厅（国家文物局）、韩国古迹遗址理事会（1GOMOs-KOREA）的特别邀请，与联合国教科文组织国际古迹遗址理事会（ICCROM）前总干事助理Mounir Bouchenaki先生、古迹遗址理事会副主席兼中国古迹遗址理事会副主席兼秘书长郭旃先生、中国岩画学会会长王建平先生，赴韩国参加为期5天的韩国岩画申报世界文化遗产学术交流会议，韩国古迹遗址理事会主席李惠恩女士及韩国岩画研究方面的专家学者、岩画遗产地主管人员对此次活动予以高度重视和认真操持，韩国国家文化财厅长（文化部）亲自出面交流和接待。

2014年7月16～18日，由国际岩画组织联合会、中国岩画学会、贵阳市人民政府、中央民族大学社会学与民族学学院中国岩画研究中心共同主办的"岩画·人类·生态文明2014'中国·国际岩画论坛暨国际岩画组织联合会大会、中国岩画学会年会"在贵州省贵阳市隆重举行。国际岩画组织联合会执行主席贝德纳里克先生、中国岩画学会会长王建平、文化部外联局局长助理李立言、中国文物信息咨询中心研究规划部主任郑建民、文化部外联局胡泰铭、白雨竹、贵州省文化厅副厅长袁伟、贵阳市人民政府副市长李作勋、贵阳市政府副秘书长谭承忠、贵阳市文化新闻出版广电局局长韦鸿宁、贵阳市外事办主任刘俐莎、贵阳市外事办副主任吴道恩等同志以及广西壮族自治区文化厅副厅长兼文物局局长覃溥同志、中国民族大学中国岩画研究中心主任张亚莎同志出席开幕式。我本人做了主旨报告。参加本次国际岩画论坛的外宾有法国、美国、英国、澳大利亚等14个国家的专家代表26人，提交研究论文58篇，其中有21位专家做大会发言。中国岩画学会会员近百人参加了年会。

2014年8月27～28日，由中国岩画学会、银川市人民政府、宁夏回族自治区文化厅、宁夏回族自治区旅游局、印度英迪拉·甘地国家艺术中心联合主办，银川市贺兰山岩画管理处、宁夏岩画协会、中央民族大学岩画研究中心承办的"2014贺兰山国际岩画峰会"在宁夏银川市贺兰山岩画遗址公园隆重举行，峰会以"岁月失语，惟石能言"为口号，以"岩画——世界的桥梁"为主题，以探寻"新丝路"文化交流为高峰对话议题，聚集了法国、印度、比利时4个国家和国内13个省份近百余名教授、专家和学者参会，是中国岩画学界国家级组织与国外岩画学界的一次较大规模的交流合作。比利时布鲁日欧洲学院克里斯丁·麦斯特教授、中国岩画学会王建平会长、印度巴罗达大学V. H. 松纳威教授、河北师范大学汤惠生教授、印度奥里萨邦大学普拉汉教授、贺兰山岩画管理处王旭主任等六位专家分别以"国际法与文化遗产保护""以现代科技手段开辟岩刻断代之路""岩画文化传承和利用的再延伸"等内容发表专题演讲。我本人在发言中向与会者介绍了主持发明的"光学色度差异原理断代法"，法国斯特拉斯堡大学兼欧布鲁日学院教授、法律政治与管理学院院长克里斯蒂安·麦斯特先生非常认可，认为这一成果的应用将会更加准确地判断出岩画的形成年代，对岩画的研究具有非常重要的意义。峰会决定将贺兰山岩画遗址公园设立为"国际岩画峰会永久性会址"，并举行揭牌仪式。

2015年4月30日，中国岩画学会接到国际岩画组织联合会执行主席罗伯特·贝纳德里克先生的电子邮件通知，经国际岩画组织联合会全体理事投票表决，中国岩画学会正式成为国际岩画组织联合会第52名成员，我作为会长为执行委员。国际岩画组织联合会成立于1988年，是致力于促进岩画学、史前艺术和认知考古学研究的国家和地区组织联盟，是在世界范围内具有一定影响力的国际岩画组织之一。中国岩画学会2014年1月正式向国际岩画组织联合会递交申请，经该联合会首创及连任主席罗伯特·贝纳德里克先生提议，51个成员国家和组织代表审议通过。继中国岩画学会之后，内蒙古师范大学鸿德学院也在各会员组织投票通过的前提下，于2019年加入到了该联合会，成为第53名成员，也是我国第二个加入该组织的团体机构。

2015年9月11～15日，中俄蒙三国联合岩画科考"中国内蒙古阴山岩画科考与学术论坛"在阴山脚下的巴彦淖尔市拉开序幕。此次活动是2015年7月由内蒙古巴彦淖尔市文化新闻出版广播电视局与中国岩画学会在多年致力于阴山岩画保护和研究的基础上，在市委市政府积极支持下，提出了召开"中俄蒙联合岩画科考与论坛"的设想，邀请中国人民大学北方民族考古研究所联络国内外相关学术机构，达成了由三国学术部门共同主办"中俄蒙联合岩画科考与论坛"的活动方案，3～6年为期，三国轮流主持岩画联合科考与论坛。阴山岩画科考与学术论坛为第一轮活动。

其四是国内大学院所成立专门的研究机构，国外的大学有很多设有岩画研究机构，这为学术理论体系建设和人才队伍培养提供了必要条件。1992年8月，中央民族大学教授陈兆复与蒋振明、孙新周等学者为了加入国际岩画组织联合会，向学校呼吁，将中央民族学院（后改为中央民族大学）的"少数民族文学艺术研究所美术研究室"改为"中央民族大学中国岩画研究中心"。这是国内大学中成立的第一个岩画研究机构，陈兆复先生任主任。这一年开始招收岩画学专业硕士，2005年又开始招收岩画学博士。之后在继任者龚田夫、张亚莎两位教授的不断努力下，培养出了十多位岩画方向的博士和若干名硕士研究生。

2002年，西北第二民族学院（后改名为北方民族大学）束锡红教授在学院的支持下，成立岩画研究中心，致力于宁夏乃至整个黄河流域的岩画研究，斩获了诸多岩画研究成果。

2007年，本人在内蒙古自治区巴彦淖尔市委宣传部工作期间，联合内蒙古河套大学向内蒙古自治区政府申请成立内蒙古岩画研究院（加挂"内蒙古河套文化研究所"牌子），获得支持，批准为正处级事业单位，归口河套大学和宣传部双重领导，定编制13个。十几年来，该机构为内蒙古和巴彦淖尔市的岩画事业做出了一定贡献。

2014年3月11日，内蒙古师范学院鸿德学院作为一所私立大学，专门成立了"北方岩画研究所"，笔者在参加其挂牌仪式时感悟颇深，在公有体制中，作为一个私立大学，居然把岩画的人才培养与科研机构放到如此重要的地位，国内绝无仅有。该所成立后近十年中，做出了诸如出版"经典世界岩画丛书"等重大成果。

2014年6月17日，广西左江花山岩画研究院在广西民族师范学院正式揭牌成立。这是经崇左市（崇编发〔2014〕18号）和广西民族师范学院（民师院党发〔2014〕15号）批准成立的左江花山岩画研究机构。研究院主要职责是承担左江花山岩画本土研究力量的培养、组织工作；承担左江花山岩画相关研究资料的收集、整理工作；组织开展对左江花山岩画的保护、开发、传承与研究，安排相关学术交流、研讨；组织完成崇左市申遗办布置的各项任务等。

2015年6月16日，河北师范大学汤惠生教授在国际岩画组织联合会主席、国际微腐蚀断代专家罗伯特·贝德纳里克教授的支持下，于河北师范大学设立了国际岩画断代中心。笔者受邀现场见证了第一个中外合作建立的大学科研机构的岩画断代中心的挂牌。此科研机构在成立之后，与多地合作，在岩刻的断代方面做出了积极努力。

其五是推出坚守岩画研究保护功臣，鼓励后来者接棒，中国岩画学会第一次让岩画的发现、研究与保护传播的典型人物登上了"大雅之堂"。2015年，中国岩画学会经过多方、多省地县几轮的推荐、通过全国范围的遴选和组委会提名，从三个层面推选出（包括追认）了"十大典范人物"。

他们是：①追认已故现代岩画研究保护开路者、岭南大学黄仲琴教授（他既是开创中国岩画现代研究保护者，也是已故岩画人的典型代表）；②中央民族大学中国岩画研究中心创建者、第一任主任、国际岩画委员会委员、中国岩画学会终身名誉会长陈兆复先生；③全国政协原委员、民进党中央常委、民进党内蒙古自治区区委会主委、内蒙古自治区政协副主席、国际岩画委员会委员、中国岩画学会终身名誉会长盖山林先生；④北方民族大学教授、国际岩画委员会委员、中国岩画学会名誉会长李祥石先生；⑤新疆维吾尔自治区文物考古研究所研究员、中国岩画学会常务理事王博先生；⑥云南省迪庆藏族自治州文物管理所所长、研究馆员、中国岩画学会会员李钢同志；⑦甘肃省白银市景泰县文博图书馆馆长、中国岩画学会会员沈渭显同志；⑧广西壮族自治区崇左市宁明县花山岩画遗存地岩画学者、保护专家、中国岩画学会理事朱秋平同志；⑨宁夏回族自治区银川市贺兰山岩画遗存地农民、中国岩画学会志愿者张广斌同志；⑩内蒙古自治区巴彦淖尔市磴口县阴山岩刻遗存地牧民、内蒙古自治区人民大表大会代表、中国岩画学会志愿者阿拉塔女士。

2014贺兰山国际岩画峰会组委会设置了针对岩画事业的奖项——"岩画收获奖"，大会为7名获奖者颁奖。其中有本人、汤惠生教授、张亚莎教授、李祥石先生等。

其六是强化岩画遗存文物本体保护和环境治理，近几十年来，岩画保护工作日益受到国家重视，保护立法、保护措施等方面不断加强，使岩画文化遗产保护有了长足进步。比如香港特别行政区对大浪湾和黄竹坑岩画遗址、广东省珠海市对宝镜湾岩画遗址、浙江省台州市对仙居岩画遗址、内蒙古自治区阿拉善盟对曼德拉岩画遗址等就采取了围栏保护举措；内蒙古自治区的阴山岩刻遗址核心区域、江苏省连云港市将军崖岩画遗址、内蒙古自治区乌海市的桌子山岩画遗址采取了视频监控或建立遗址博物馆的保护举措；新疆维吾尔自治区对于多处岩画遗址进行了围栏防护，特别是对于呼图壁县的康家石门子岩刻采取了小环境治理的举措；宁夏回族自治区的贺兰山采取展示与旅游相结合的保护举措等，都取得了显著效果。

国家对于岩画的保护投入的立项项目最早起步于花山岩画。在1988年，宁明县政府出资征用花山旁9.4亩土地，后由广西壮族自治区文化厅拨款8万元修建花山岩画保护站。2005年5月，广西壮族自治区政府确定花山岩画保护范围由原来12万多平方米扩大至87万多平方米。

国家支持广西花山岩画修复工程，多次组织国内多所大学、多个研究机构的多学科专家到宁明，对花山岩画进行岩画病害调查、诊治，寻找抢救性加固保护和病害长期治理相结合的适合花山岩画保护的路子，国家文物局和广西方面先后投入近亿元，对本体病害处理与岩画基、岩画图像进行了修复固化和治理。

2007年始，国家文物局和内蒙古自治区巴彦淖尔市先后投入近2000余万元，实施了阴山岩刻抢救性普查与本体和环境治理保护工程，采取防洪筑坝、设立网围栏和视频监控等多种手段保护岩刻。2008年6月至2012年，在磴口县格尔敖包沟岩刻密集区安装了太阳能供电、微波与光缆通讯系统的电子监控系统，通过电子视频监控保护系统一期、二期工程，有效改善了岩画的监控手段。这也是国际国内上首个针对野外岩刻保护而设置的数字远控视频监控系统，得到了国家文物局专家、领导和国内外岩画专家及爱好者的高度评价。

在行政体制的保障能力之外，一大批爱好者、志愿者、农牧林水责任田及山地责任林承包者和使用者作为志愿者积极参与到岩画网格化保护中。

其七是编制岩画科学保护规划和规范岩画调查行为，中国岩画点多面广、数量众多。国家组织的第三次全国文物普查数据表明，截至2010年，登记的岩画类文物有1200余处，分布于28个省市自治区的120多个县市区。从新千年开始，国内重大的岩画遗存地编制了保护利用总体规划，如广西壮族自治区花山岩画、内蒙古自治区阴山岩画保护与合理利用总体规划和贺兰山岩画保护利用总体规划等率先通过了国家文物局的审核。

2014年9月10日，中国岩画学会在官方网站发布了《关于禁止在岩画发现地复制岩画（岩刻）的紧急通知》，希望岩画研究保护工作者和爱好者、游客，认真遵守法律法规，担负起保护文化遗产的责任义务，岩画遗存地的管理部门要恪守职责，不经相关部门允许，严禁在任何一处岩画发现地、遗存地进行切割、制模、仿制镶嵌和直接制作拓片等，不可对岩画进行涂抹、敲击和直接触摸等干预行为。如果发现上述情况，中国岩画学会将向国家文物局和当地文物系统进行汇报沟通，并将在中国岩画网上对此等不良行为进行公布。

2015年6月20日，中国岩画学会发布了《关于全国岩画遗存地认证命名工作方

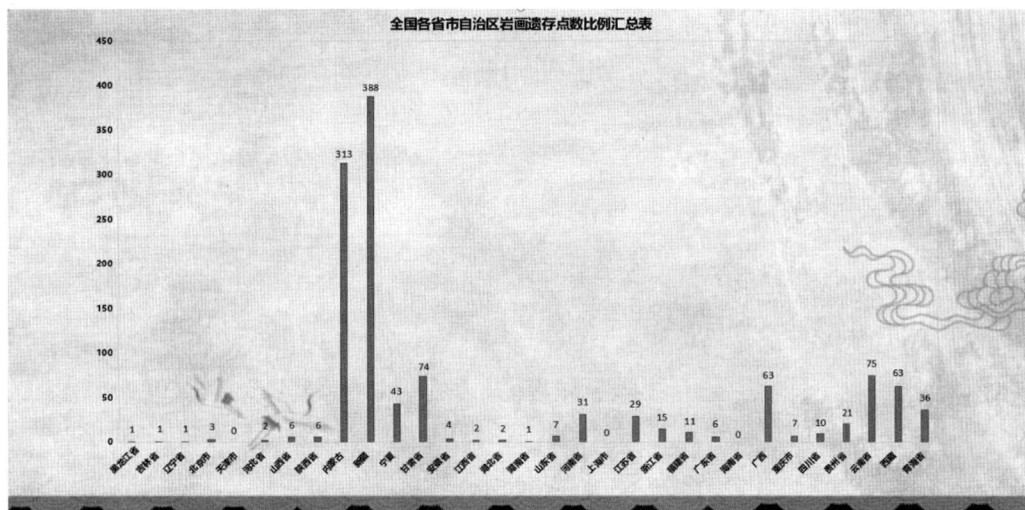

朔方匠人岩画研学馆制

案》。中国岩画遗存地首批认证活动的开展，确认了岩画遗存地岩画的真实性，建立专业的数据库，并提出岩画环境整治与本体保护建议，对国内各地岩画资源的保护、管理、研究开发工作提供了更多参考依据，同时统一的规范性标准，也推动了全国各地岩画科学研究的进程。在国家文物局支持下，在国家文物信息咨询中心配合帮助下，由岩画遗存地县以上人民政府正式申请，由中国岩画学会组织专门委员会依据岩画判别标准或现场调查勘验、审核判定后，权威认证中国岩画遗存地，并为其颁发证书、设置统一标志牌，标明岩画点名称、文化艺术价值、历史背景等，纳入中国岩画数据库。全国岩画遗存地认证命名工作方案一经发出，极大鼓舞了文物工作者做好岩画保护工作的热情，也促进了当地政府对岩画保护力度的加大，各岩画遗存地纷纷响应，积极主动申请。新疆维吾尔自治区呼图壁岩画遗存地县政府率先响应，立刻向中国岩画学会发出中国岩画遗存地的申请，有力带动了各岩画遗存地申请工作。一时间，全国各地纷纷发来中国岩画遗存地认证的申请函件。

中国岩画遗存地认证命名试点工作是开创中国岩画管理的标准化建设之举，是加大岩画遗存地对岩画遗产的认知和保护力度之举。8个岩画大省13个岩画点列入首批岩画遗存地认证序列：

A001内蒙古自治区阴山岩刻巴彦淖尔市磴口县格尔敖包沟岩刻区；A002内蒙古自治区阴山岩刻巴彦淖尔市磴口县默勒赫图沟岩刻区；A003内蒙古自治区乌海市桌子山召烧沟凿磨岩画区；A004广西壮族自治区花山岩画崇左市宁明县花山彩绘岩画区；A005宁夏回族自治区银川市贺兰县贺兰口凿磨岩画区；A006河南省郑州市新郑市具茨山凿磨岩画区；A007福建省漳州市华安县仙字潭凿磨岩画区；A008新疆维吾尔自治区昌吉回族自治州呼图壁县康家石门子凿磨岩画区；A009甘肃省白银市景泰县红水姜窝

子沟凿磨岩画区；A010浙江省台州市仙居县朱溪小方岩凿磨岩画区；A011广西壮族自治区花山岩画江州区驮柏山彩绘岩画区；A012广西壮族自治区花山岩画龙州县棉江花山彩绘岩画区；A013广西壮族自治区花山岩画扶绥县小银瓮山彩绘岩画区。

其八是法制建设与依法管理，首先按照国家文物法规定，从20世纪80年代起国家和地方都以四级文保单位划分，对岩画进行了分类管理登记。

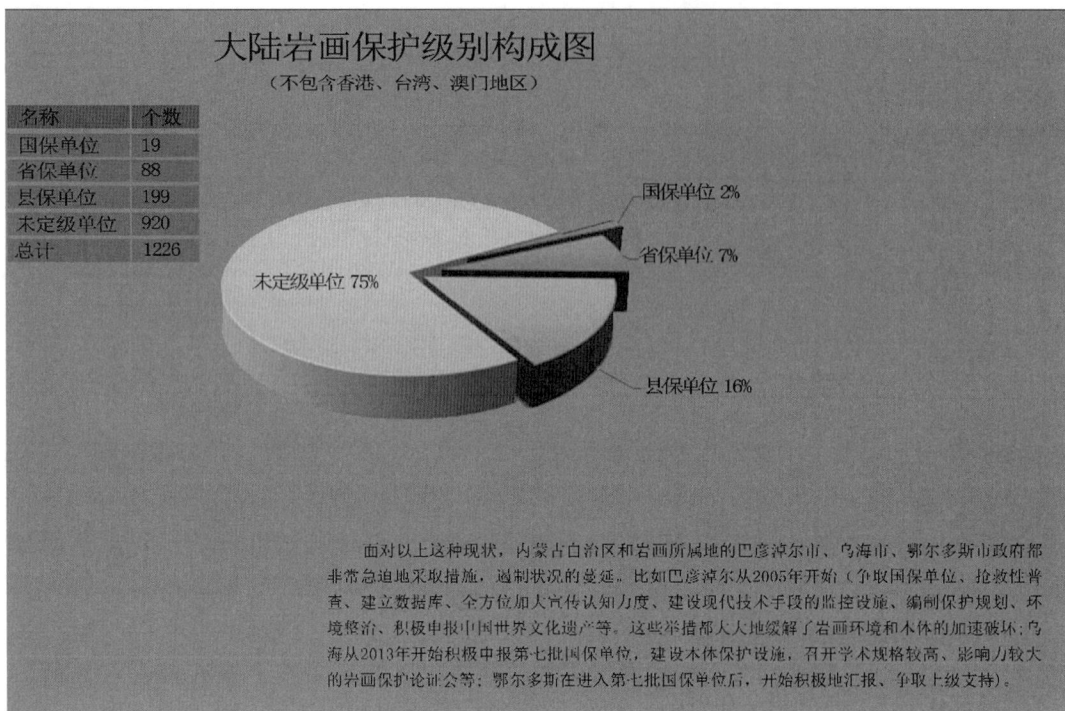

大陆岩画保护级别构成图
（不包含香港、台湾、澳门地区）

名称	个数
国保单位	19
省保单位	88
县保单位	199
未定级单位	920
总计	1226

国保单位 2%
省保单位 7%
未定级单位 75%
县保单位 16%

面对以上这种现状，内蒙古自治区和岩画所属地的巴彦淖尔市、乌海市、鄂尔多斯市政府都非常急迫地采取措施，遏制状况的蔓延。比如巴彦淖尔从2005年开始（争取国保单位、抢救性背害、建立数据库、全方位加大宣传认知力度、建设现代技术手段的监控设施、编制保护规划、环境修治、积极申报中国世界文化遗产等。这些举措都大大地缓解了岩画环境和本体的加速破坏；乌海从2013年开始积极申报第七批国保单位，建设本体保护设施，开开学术规格较高、影响力较大的岩画保护论谈会等；鄂尔多斯在进入第七批国保单位后，并始积极地汇报、争取上级支持）。

通过"中国大陆岩画保护级别构成图"我们可以看到，虽然国保、省保和县市区文保只占到总数的1/4，还有75%的岩画尚未定级，但对于数千年、甚至数万年的岩画文物来讲，能够进入到法治管理系列，以文物定性依法管理，已是巨大进步，实属不易。在国保单位中，绝大多数属于中国世界文化遗产预备名录的地区。

其次，岩画遗产地以地方法规形式，确立了岩画保护的法治化地位。2012年6月16日，内蒙古自治区人民政府文件令第73号公布《阴山岩刻遗产保护管理办法》自2012年6月16日起施行。《阴山岩刻遗产保护管理办法》，是自治区政府自2010年公布世界文化遗产《元上都遗址保护管理办法》以来，第二次对内蒙古自治区全国重点文物保护单位公布的政府规章。此办法的公布对内蒙古自治区文物遗址保护具有重要的指导意义。阴山岩刻是内蒙古自治区河套文化遗产的重要组成部分，主要位于巴彦淖尔市、包头市和乌海市。阴山地区，具有数量多、分布广、环境差等特殊性。目前发现岩画集中分布区50多处，分布点150多个，单体画面5万多幅。成画年代由旧石器时代晚期、新石器时代一直延续至清代，画面内容以动物、人物、神灵、图腾、天体、征战、狩猎、舞蹈为多，作画手法以磨刻、凿刻为主。

《广西壮族自治区左江岩画保护办法》经广西壮族自治区第十一届人民政府第110次常务会议审议通过，广西壮族自治区主席马飚签署广西壮族自治区人民政府第77号令，于2012年9月11日予以发布。作为广西壮族自治区第一部关于岩画专项保护的政府规章，该办法的实施是文化法制建设上的一件大事，标志着广西壮族自治区左江岩画保护工作纳入法制化轨道。

2019年7月28日《嘉峪关市黑山岩画保护条例（草案）》专家论证会召开。市人大常委会相关委室以及市文旅局、司法局、丝路（长城）文化研究院、大景区管委会等单位负责人列席论证会。市人大常委会党组书记、主任王进平出席会议并讲话。中国岩画学会会长、国际岩画组织联合会执委王建平受会议推选担任《嘉峪关市黑山岩画保护条例（草案）》论证专家组组长，并主持论证工作。

其九是岩画研究保护传播的组织架构建设，政府设立的岩画机构与社会研究保护组织机构共建，是国际上推动岩画研究保护的有效举措，极为有利于岩画事业发展。

2013年6月29日，一次可载入中国岩画文化史册的盛会——中国岩画学会成立大会暨首届中国岩画遗址遗产研讨会在北京举行。全国岩画遗存主要的省（区、市）中，有15个文化主管部门负责人和相关高校、科研院所代表及知名专家学者组成的第一次会员代表共160余人参加了会议。大会荣聘全国人大常委会原副委员长布赫同志为中国岩画学会荣誉会长，任亚平同志为特别顾问、名誉会长，杨志今同志等9人为名誉会长，陈兆复教授、盖山林先生为终身名誉会长；

大会选举本人任中国岩画学会首任会长。

副会长由以下8位担任：

卫　忠　宁夏回族自治区文化厅副厅长兼文物局局长

王**　新疆维吾尔自治区文物局负责人（历史原因略）

王子今　中国人民大学国学院教授、博导，中国秦汉史研究会会长，内蒙古河套文化研究会副会长

魏　坚　中国人民大学历史学院教授、博导，国家清史编撰委员会典志组专家，中国北方民族考古研究所所长，内蒙古河套文化研究会副会长

杨惠福　甘肃省文化厅党组成员、文物局原局长

李福顺　首都师范大学美术学院教授、内蒙古岩画保护与研究学会副会长

陈爱兰　河南省文化厅副厅长兼文物局局长、中国文物学会副会长、郑州大学历史学院兼职硕士生导师

覃　溥　广西壮族自治区文化厅副厅长兼文物局局长

常务理事、秘书长1位：

邵清隆　内蒙古博物馆（现内蒙古博物院）原馆长、国家文物鉴定委员会委员

常务理事、副秘书长11位：

马玉萍　甘肃省文物局局长

王金华　中国文化遗产研究院文物保护工程与规划所所长

乔　华　宁夏回族自治区岩画研究中心主任、内蒙古岩画保护与研究学会常务理事

刘国祥　中国社会科学院考古研究所内蒙古考古队队长

刘国瑞　新疆维吾尔自治区文物局办公室主任

刘五一　河南省新郑市供销社主任、具茨山岩画中心生任、博士

余剑明　云南省文物局副局长

张玉忠　新疆维吾尔自治区文物考古研究所原副所长

谢日万　广西壮族自治区文物局副局长、文物保护与考古处处长、副研究员

杨　超　三峡大学副教授

韩立森　河北省文物研究所所长、中国文物考古学会理事、河北省文物考古学会副会长。

中国岩画学会是中央机构直接管理下的专门的岩画社会组织。弥补了国家在岩画事业上的空白。岩画遗存地设立体制内或社会组织的有：

1999年，宁夏回族自治区文化厅在宁夏艺术研究中心机构基础上，挂牌成立宁夏岩画研究院，2009年改名为宁夏岩画研究中心，编制由9人增设到15人。

2002年6月，银川市为了有效地保护、管理、开发和建设贺兰口岩画景区，特成立了正处级贺兰山岩画管理处。该机构承担着银川市岩画保护管理、研究、展示的职能。

2007年，经内蒙古自治区机构人事编制委员会呈报自治区政府批准，设立内蒙古岩画研究院（内蒙古河套文化研究所）。是体制内正处级机构，编制13人，由巴彦淖尔市政府人事列编、财政列支，归属市委宣传部和河套大学双重管理。

2010年"河南具茨山岩画研究中心"在河南省黄帝故里研究会中挂牌成立。

2015年4月，"广西左江花山岩画研究中心"在广西壮族自治区民族博物馆设立。

2015年6月，新疆维吾尔自治区呼图壁县成立"岩画保护研究中心"。

其十是岩画文化展示，从20世纪90年代开始，国内的岩画场馆空间建设和岩画艺术的展览展示开始起步，各种展览展示活动方兴未艾。宁夏回族自治区博物馆专门设立了岩画为主题的博物馆和展厅；银川市贺兰山岩画管理处也专门设立世界岩画和中国岩画厅；乌海市专门成立并建设了桌子山岩画遗址博物馆；内蒙古自治区巴彦淖尔市设立了河套文化博物馆及专门的国内外岩画展厅，广西壮族自治区崇左市壮族博物馆以花山岩画为主题策划了构建与展陈。这些场馆充分彰显了岩画遗存地对于珍贵遗存的呵护之心和实干的气派。

2015年2月10日上午，作为中国岩画现代研究保护100周年举办的系列纪念活动之一"亘古天书——中国岩画展·内蒙古巡展"在内蒙古博物院率先开展。此次巡展是中国岩画学会首次在国内举办的"亘古天书——2015'中国岩画巡展"预备展出活动。内蒙古自治区政府原副主席、人大常委会原副主任宝音德力格尔，内蒙古自治区政协副主

席、著名岩画学专家盖山林先生，内蒙古自治区政协副主席邬宝恒、伏来旺同志，中国岩画学会会长王建平、副会长王子今教授，内蒙古自治区党委巡视组王迎希同志，内蒙古博物院副院长付宁等领导和相关机构负责人、各界嘉宾、新闻媒体等百余人出席了开幕式。展览共展出岩画实物50多件，岩画复制品50件，陶器、青铜器和石器等文物90多件，全国28个省区市和港澳台地区100余张岩画照片。还有中国岩画研究成果近200本文献，近20幅岩画拓片。岩画题材的艺术作品近40幅，以岩画为主题创作的服装、家居装饰品、岩画摄影作品等数十类展品集中亮相。

2015年7月5～6日，由中国岩画学会主办、广西壮族自治区崇左市人民政府协办的"亘古天书——2015'中国岩画展暨纪念中国岩画研究保护100周年、第二届中国国际岩画论坛、中国岩画学会年会"、助推花山岩画申报世界文化遗产主题活动在首都博物馆隆重开幕。展览期间，国家文化部党组书记、部长蔡武同志，文化部党组副书记、副部长杨志今同志，国家文物局副局长顾玉才同志，遗产司司长关强同志，甘肃省委常委、宣传部长、中国岩画学会名誉会长连辑同志，中国文化传媒集团董事长刘承萱同志、副总经理陈建祖同志、副总经理兼《艺术市场》杂志社社长、总编辑代柳梅同志，北京首都博物馆法人郝东晨同志、副馆长黄雪寅同志，广西壮族自治区崇左市市委常委、宣传部部长、副市长李振唐同志，内蒙古自治区文化厅副厅长、文物局局长安泳锝同志等专门到场参观指导。国际岩画委员会执行委员、中国岩画学会终身名誉会长陈兆复教授，国际岩画委员会委员、北方民大社会学与民族学研究所研究员、中国岩画学会名誉会长李祥石先生，中国岩画学会副会长、首都师范大学美术学院李福顺教授，中国岩画学会王迎希顾问，中国岩画学会副会长、中国人民大学历史学院魏坚教授等专家学者参加了开幕式活动。

展览期间，联合国教科文组织国际岩画委员会创始人、第一届主席、意大利世界岩画研究中心创始人、国际史前和原始科学协会会长、国际史前和民族研究中心主席阿纳蒂先生，印度与法国岩画合作项目负责人帕萨克·敏纳克什女士及秘鲁岩画研究所高里·托米所长，国际古迹遗址理事会副主席、中国古迹遗址保护协会副会长兼秘书长郭旃同志等专程亲临现场参观指导，均给予高度评价。国内高校、岩画研究机构专家学者、20余家新闻媒体等150多人出席了本次活动。阿纳蒂先生称之为他所看到的规模最大、内容最丰富、水平极高、十分震撼的国家一级的岩画展览。

这个展出活动在之后的三年时间里，通过项目申报与答辩考核，获得了国家艺术基金的支持，分别在甘肃省博物馆、敦煌丝绸之路会展中心、广西民族博物馆、广西壮族自治区博物馆、宁夏回族自治区博物馆、海南省热带海洋学院南海博物馆展出。

在过去的20多年当中，各地的岩画机构也在积极地将岩画文化推向社会。1991年，宁夏文化厅在中央美术学院举办了"宁夏岩画拓片展"；

2009年10月6日～11月8日由宁夏岩画研究中心与台北十三行博物馆联合举办的"跃出草原——宁夏岩画特展"在台北十三行博物馆开展；

　　2010年12月10日由广西壮族自治区文化厅和宁夏回族自治区文化厅联合主办，广西民族博物馆、宁夏岩画研究中心承办的"久远的记忆——中国少数民族地区岩画联展"在南宁市隆重开展。

　　2013年11月中旬，宁夏岩画研究中心"远古的呼唤——宁夏岩画艺术特展"在第十五届中国上海国际艺术节于上海市中华艺术宫开展。

　　2014年，由江苏省仪征市文化广电新闻出版局主办，宁夏岩画研究中心、仪征市博物馆联合承办的"久远的记忆——宁夏岩画特展"于2014年5月31日在江苏省仪征市博物馆隆重开展，展览为期两个月。

　　2014年8月，宁夏回族自治区岩画研究中心在南京直立人化石博物馆举办"久远的记忆——宁夏岩画特展"。

　　2015年，上海市历史博物馆、宁夏岩画研究中心主办的"久远的记忆——宁夏岩画展"于3月12日～4月15日在上海市崧泽遗址博物馆展出。

　　2015年5月8日～6月23日，宁夏回族自治区岩画研究中心在浙江省德清县博物馆举办了"久远的记忆——宁夏岩画特展"。同月，"宁夏岩画特展"赴澳门代表团一行6人，受澳门书法篆刻协会的邀请，于2015年8月24日～8月27日在澳门教科文中心开展了为期四天的岩画专题展览。

　　2016年1月15日～4月15日，宁夏回族自治区岩画研究中心在山西省晋城博物馆举办"宁夏岩画特展"。同年7月，宁夏回族自治区岩画研究中心在中国华侨历史博物馆举办了"亘古的回声——宁夏岩画艺术特展"。同年10月在山东省济宁市博物馆举办"久远的记忆——宁夏岩画特展"。

　　2017年，宁夏回族自治区岩画研究中心山东五莲县博物馆举办"宁夏岩画特展"。同年7月在江苏省连云港市博物馆推出"远古的呼唤——宁夏、连云港岩画特展"。12月在贵州省美术馆举办"宁夏岩画艺术特展"。

　　2018年1月宁夏回族自治区岩画研究中心在山东省东营黄河博物馆举办"宁夏岩画特展"。同年3月宁夏岩画研究中心在上海青浦博物馆举办"久远的记忆——宁夏岩画青浦展"。11月以"久远的记忆——宁夏岩画特展"在中国湿地博物馆开展。

　　其十一是科技进步带动、介入岩刻断代，岩画研究的科技进步主要体现在岩画保护的科技运用和岩画断代科技手段的介入。其中，岩画的断代、岩画中的凿刻研磨型岩画（简称岩刻）的断代是目前岩画研究方面的重大难题。几百年来，岩画的断代主要依靠的是考古学的"地层学"、"类型学"和历史学、民族学、文化人类学等一些典籍材料的比较法来判断岩画的初创年代。"岩画直接断代（direct dating of rock art）"的概念最早是由澳大利亚的岩画学者贝德纳里克于1981年首先提出的，是针对"传统的考古学断代方法"而言。其定义是"……利用最可靠的科技手段对岩画的年代进行直接测定，其中包括对与岩画相关的岩面刻痕、裂隙、颜料以及沉积物等方面的观察、分析与测试"。这里有两个先决条件：用于测年的物质与技术间的物理关系必须是直接和无可争议的；其次，这种测试及其结果是可以验证的。其后一种"条件"也是需要运用地层学、类比法等多种方法验证。

广西、云南彩绘岩画^{14}C断代成果：

（1）1985年11月，北京大学考古系年代测定实验室参与由广西民委组织的广西左江流域崖壁画考察断代活动拉开序幕（见原思训、陈铁梅、马力、蒙清平、胡艳秋撰写宁明花山崖壁画^{14}C年代测定报告），探索用自然科学手段测定崖壁画年代的可能性。1986年1月由北京大学考古系年代测定实验室对扶绥、崇左、宁明、龙州四县的许多崖壁画地点进行实地调查取样。左江流域崖壁画用赭色颜料涂绘于石灰岩峭壁上，颜料成分主要是氧化铁。在高温多雨植被繁茂的自然环境中，崖壁上悬挂着不少酸钙类沉积物，俗称钟乳石类沉积物。有些画绘于钟乳石类沉积物上，有些画则被它们所覆盖。这些沉积物与画的层次先后分明，和考古学及地质学上的地层叠压关系相当，应该可以用作^{14}C法，不平衡铀系法，电子自旋共振（ESR）等方法的测年样品。经过多点多样本测定综合以上分析，从现有测量数据，似可认为宁明花山崖壁画的作画时间在公元前420年至公元前15年左右，即成画时间在战国至西汉期间。

（2）云南省金沙江彩绘岩画断代：金沙江彩绘岩画在风格上与欧洲坎特布里安地区洞穴岩画特别是印度尼西亚苏拉威西岛4万多年前的旧石器时代岩画中的动物形象非常相似。此外，两地岩画所表现的动物种类也有更多的亲缘性，如野猪、鹿豚、貘、羚羊、牛等。21世纪初，澳大利亚学者保罗等人便注意到金沙江岩画与欧洲旧石器时代自然主义风格岩画之间的相似性。他与我国云南省文物考古研究所的考古学家合作撰写了《自然主义：中国云南金沙江岩画的风格与性质》一文，发表于英国的《剑桥考古学杂志》。他们将金沙江岩画和欧洲南部旧石器时代洞穴岩画进行风格比较，引起了国际学术界的极大兴趣。2012年，保罗等人与云南省文物考古研究所合作，对金沙江白云湾彩绘岩画进行了铀系测年，测年报告发表于美国《考古科学杂志》，题为《中国西南岩画的铀系测年》，岩画的年代为距今5738年。2016～2018年，河北师范大学国际岩画断代中心、云南省迪庆藏族自治州文物管理所、云南省迪庆文物保护学会、西安交通大学组成联合岩画考察队，对云南香格里拉金沙江流域的7个彩绘岩画地点进行了考察，并对其中5个地点进行了铀系测年的样品采集和年代分析。尽管测年报告的文章尚未发表，但从目前的实验室数据来看，金沙江流域彩绘岩画的时代当在旧石器时代晚期，其中4个数据年代在1万～3万年，岩波洛岩画点的测年时代在14733±783年、14980±637年。岩多谷等两个岩画地点的铀系测年甚至为两万多年前为解决岩刻的断代难题拓出一条新的路径。

但因岩画断代仍依靠传统的考古学方法，根据岩画的画面内容和造型风格与出土文物进行对比来推演断代所存在的局限性，使许多岩画的作画年代难以准确界定，在很大程度上限制了岩画的深入研究。王建平等同志经过多年潜心钻研，终于使"光学色度比对法"在实用性方面获得真实可靠的数据，证明他们所采用的方法是目前国内在岩画断代方面的一种科学研究方法，在接受此项申报后的两年多时间里，国家专利局组织了数名专家审核、论证，并在网上公布征求意见，从而获得国家专利局认同。此方法是根据光学色度差异原理，通过数码摄影技术与计算机色度分析软件的结合，按照岩石表面色度变化规律，计算出岩石表面刻画痕迹的不同年代。本发明首先对拍摄手段进行了规范，对获得的岩刻图像进行多种修正，从而大大提高了岩刻断代的准确性。

这一科研成果使我国在自主研发岩画断代科技手段方面也走出了可喜的一步。2013年，"光学色度断代法"成为我国利用现代技术探索解决岩刻断代的首个发明专利。这种方法是由北方民族大学、内蒙古河套人文学院特聘教授即本文作者等人针对岩画当中的岩刻类型所发明。由本文作者及廖宁放、姜涛、谭世俊、龚鹏等发明的"岩刻断代的方法"于2013年12月18日获得中华人民共和国国家知识产权局颁发的发明专利证书。

1966年，波兰学者柴诺胡兹（J.Cernohouz）和索尔切（I.Solc）提出了一种通过观察岩刻画刻痕中岩石晶体风蚀程度从而对岩刻画进行断代的方法，但该方法在理论与实践上都不够完备，故很难用于实践。90年代初，贝纳里克在波兰学者的基础上，对其理论进一步完善，特别是制定出一套便于操作的实践方法。经贝氏完善后的岩刻画断代方法被称为"微腐蚀断代法"（Microerosion dating method），这也是一种岩画直接断代的方法。所谓微腐蚀断代，就是通过在各种岩石上制作岩画时对石英晶体产生的刻痕的风蚀程度的测定和分析，来确定岩刻画的制作年代。石英即二氧化硅，硬度为7，熔点是1713°，化学成分极为稳定，不易发生氧化反应，有着极强的耐腐蚀性。作为一种岩刻断代法，微腐蚀断代不仅便宜和简便易行，且取样无任何损伤性。在岩刻画制作过程中，刻痕内暴露在外的被截断的石英晶体颗粒，经过长时间的自然风蚀，其边、角将逐渐由锋锐变钝，形成弧面，我们将此弧面称之为"石亏"（wane）。所以微腐蚀断代实际上就是通过对石英晶体石亏的观察和分析，从而研究与年代之间的关系。也就是通过未知年代的岩画"石亏"和已知年代的摩崖题记的"石亏"之间数据与曲线的比较，便可获知岩画的创作年代。已知年代墓碑、摩崖题记、造像、纪念碑，甚至是晚更新世的冰川擦痕等，都可以提供用于比较的校正数据。[①]这个方法由南京师范大学教授汤惠生先生于引入我国，2015年，调任河北师范大学的汤惠生教授与贝德纳里克先生在河北师范大学成立"国际断代中心"。之后的几年里，在大陆的多个岩画遗存地进行了样本的测试分析。

2015年6月16日上午，河北师范大学召开河北师范大学国际岩画断代中心成立大会。中国岩画学会、河北省文物局、河北省文物考古研究所、河北省文物保护中心的领导，国内外岩画学界知名专家学者，学校相关单位负责人以及校内师生参加了本次会议。大会由历史文化学院院长徐建平教授主持，国际岩画断代中心主任汤惠生教授主持了随后的学术报告会。

---

① 见汤惠生撰写《微腐蚀测年在中国》一文。

其十二是申遗对岩画的有力保护和传播，广西壮族自治区花山、宁夏回族自治区贺兰山、内蒙古自治区阴山岩画的申遗工作和相关省区的申遗活动更给岩画遗产保护带来了希望。

广西壮族自治区花山岩画，位于广西壮族自治区宁明县耀达乡左江支流明江西岸，是左江流域岩画群的代表，反映了战国至东汉时期壮族先民骆越人举行巫术活动的场景，面积8000多平方米，是目前世界上规模最大的古代涂绘类岩画之一。宋明时期已有记录，20世纪50年代初期经考古调查渐为社会重视，1988年被列为全国重点文物保护单位，1998年以花山岩画为中心的花山风景区被定为国家级风景名胜区，2004年11月花山岩画以文化和自然"双遗产"的形式被列入申报世界文化遗产预备清单，2006年12月花山岩画被列入《中国世界文化遗产预备名单》重设目录。花山岩画是民族文化瑰宝，"申遗"具有十分重要的历史意义和现实意义，2016年进入世界文化遗产名录。

2006年5月，阴山岩画被列为第六批全国重点文物保护单位。为了充分体现阴山岩画的文化价值，从而得到更为有效的保护，2010年3月，笔者在巴彦淖尔市政府工作，积极推动市委市政府对于阴山岩刻的保护与申遗，市委市政府正式启动了阴山岩画申报世界文化遗产的工作。经过组织几次普查统计，阴山岩画达到5万幅之多。阴山岩画"申遗"具有重要的历史意义和现实意义，2012年11月阴山岩画被正式列入中国世界文化遗产预备名单，目前"申遗"工作正在深入进行之中。

宁夏回族自治区贺兰山岩画，内容丰富多彩，特色鲜明突出，据目前统计数量已达一万幅之多，是中国古代北方岩画的重要组成部分。其展示了从新石器时代到西夏王朝时期，居住于贺兰山环周古代居民的生产、生活、宗教及风尚习惯，是研究中国文化史、宗教史、艺术史和民族史的文化宝库。20世纪60年代贺兰山岩画被发现后，就引起了考古学界、艺术史学界和民族史学界的轰动，1996年被列为第四批全国重点文物保护单位，1997年被列入非正式世界文化遗产名录，2004年4月正式启动申报世界文化遗产，2005年12月列入《中国国家自然遗产、国家自然与文化双遗产预留名录》。贺兰山岩画"申遗"具有重要的历史意义和现实意义，目前"申遗"工作正在深入进行之中。

其十三是岩画新艺术创作兴起与人才培养，岩画本来是古老的原生态艺术。但因为传承、传播和利用，尤其要走入现代人们的生活之中，需要创新形式的出现。其中在欧洲的文艺复兴期间，毕加索等艺术家就以临摹和吸收原始洞窟艺术成为岩画新艺术创作先驱。但我国首次以"岩画新艺术创作"这个概念作为命题，是在中国岩画学会成立后的事情。

1987年，由陈兆复教授等主办的岩画艺术展在北京民族宫展出，这是中国大陆美术工作者首次以岩画为母题的水墨画再创作艺术展；

2010年6月15日，在宁夏回族自治区博物馆举办了"陈兆复、张学智、董明洋'回归岩画'艺术展"；

同年在上海世博会展览项目中，张学智先生受邀举办了"中国印象岩画作品展"，获得时任组委会主任王岐山副总理和组委会副主任、全国政协主席俞正声先生签发的荣誉证书，其中的"追梦贺兰山"、"远古的呼唤"两幅作品由世博会博物馆永久收藏，并获上海世博会"突出贡献奖"；之后的2011年和2013年两次在香港会展中心举办了"张学智印象岩画艺术展"；

2014年，韩美林岩画艺术馆在贺兰山岩画遗产地落成。

2015年7月5～6日，由阴山岩刻所在地内蒙古自治区巴彦淖尔市排演、中国岩画学会倾力资助的大型岩刻情景史诗"阴山·古歌"在北京中央民族歌舞团民族剧院展演，获得巨大成功，使纪念中国岩画现代研究保护100周年活动和助推广西花山岩画申遗相得益彰。国际岩画巨匠阿纳蒂教授，印度学者帕萨克·敏纳克什女士，秘鲁岩画研究所高里·托米所长，中国著名表演艺术家斯琴高娃女士等兴致勃勃观看了演出。演出谢幕后，中外专家们登上舞台，饱含激情地发表观后感，对中国岩画研究保护的进程感到惊讶，对申遗工作给予高度评价。阿纳蒂先生讲道："这是几十年从事岩画事业当中从未见到过的以岩画文化为题材打造的精美舞台艺术作品，非常震撼、非常唯美。"即将考核岩画申遗的联合国代表帕萨克·敏纳克什和阿纳蒂先生等一再要求中方赠送该剧目的视频光盘，希望"带回到岩画遗存国传播宣传"。两天的演出，观众爆满，掌声雷动。

2017年，在北京民族宫由中国岩画学会与张学智先生共同举办了"张学智印象岩画艺术展"；

2017年，中国岩画学会向国家艺术基金成功申报"中国岩画保护利用与岩画新艺术创作人才培养"项目，获得110万元资助。12月4日，"中国岩画保护利用与岩画新艺术创作人才培养"培训班在北京中央文化管理干部学院正式开班。来自14个岩画大省的35位学员成为全国岩画界新艺术创作的"火种"。培训班包括理论和实践两个部分。理论部分主要由国内从事岩画研究以及艺术史、中国画、油画、公共艺术、艺术设计、文创等方面的专家学者授课，实践部分到花山岩画遗存地实地考察、交流座谈。这是我国首次以"岩画新艺术创作"的理念，推出了古老岩画在新时代的传承形式。

2018年在法国巴黎大皇宫举办了"远古的呼唤——张学智印象岩画一带一路巡回展"。

七、在国家治理框架下的自觉传播与传承

回首百年，我们在岩画的发现与研究上取得了令人振奋的可喜成果，但放眼世界，我们与国外的岩画研究、保护等方面拉开了距离。从学术团体发展、研究机构建设、专门人才培养、独立学科与融合、科技手段介入等方面仍落后于欧美、澳洲，甚至落后于非洲南部等国家。

中国岩画人深知这种落后所形成的诟病。所以，借助国家处于改革发展新阶段的契机，中国岩画学会应运而生，成为全国唯一的、年轻的岩画社团组织。他填补了我国岩

画研究保护工作长期处于"散兵游勇"式的生存状态、没有"国家队"与国际岩画界沟通。中国岩画学会的成立极大方便了中国岩画界与国际岩画界的沟通。学会的成立也是习总书记要求"文化走出去"、"讲好中国故事"、"让文物说话"、"让文物活起来"的产物。学会成立十年来，在文旅部的正确领导下，在民政部的考核监督下，在新闻出版署的严格监管下，学会凭着对濒临消失的史前文化遗产的担忧和热爱，靠一种锲而不舍的韧劲，白手起家，一个一个铜板的"化缘"，一方一地的游说，不失时机地在国内国外开展论坛研讨，依靠点点滴滴的业绩积累支撑起了十年的运营和功效，做了一些有益于国家形象树立、有益于增强民族自信感、有益于增强国际社会对于中华民族史前文化认同感的事情。按时间序列我们在十年之中完成了以下几件值得记录汇报的事情：

1）2013年6月29日，经国务院批准，中国岩画学会正式成立，标志着中国岩画界在国际上有了自己的合法组织，有了"国家队"，解决了散兵游勇式的状态，开创了中国岩画的新纪元；同时召开了首届"中国岩画遗产遗址研讨会"，全国的岩画学界济济一堂共议史前文化艺术的当代发展；有了"国家队"韩国国家文化厅邀请中国岩画学会赴韩国参加了为期五天的"韩国岩画申报世界文化遗产学术交流会"。同年也参与了中华炎黄文化研究会等合作举办的"具茨山与中华文明学术研讨会"。

2）2014年，中国岩画学会首次承办"国际岩画组织联合会"年会，同时在贵州省贵阳市举办了"岩画·人类·生态文明2014中国·国际岩画论坛"；同年在宁夏回族自治区银川市贺兰山岩画遗址公园举行"2014贺兰山国际岩画峰会"；还举办了河南南阳、浙江台州两个岩画遗存的国际研讨会。

3）2015年，成立中国岩画学会的第三年，这一年值得书写。中国岩画学会确定这一年为"中国岩画现代研究保护一百周年"。4月30日，中国岩画学会正式成为国际岩画组织联合会第52名成员；为消灭中国岩画在世界文化遗产中"0"的记录，这一年为广西壮族自治区花山岩画进行全维度推介、助推申遗，在首都博物馆举办了为期60天的系列活动，其中，举办"亘古天书·2015'中国岩画展"向中外岩画人、首都观众掀开了中国岩画神秘的面纱；将首创的五幕大型舞台雕刻史诗"阴山·古歌"带入京城得到了国际岩画界大咖的高度赞赏，为花山岩画申遗增色无限；评选表彰百年来中国岩画研究保护有突出贡献十大人物鼓舞士气；对首批中国岩画遗存地中8个省13个县区所的岩画遗址颁发了证书，进行了认证命名上户口，开创先河；同时在北京首都博物馆举办第二届国际岩画论坛；这一年还在甘肃省敦煌市为一带一路国际论坛举办了"亘古天书——中国岩画艺术展"，在兰州市甘肃省博物馆举办"亘古天书·2015'中国岩画甘肃巡展"；同期举办了"一带一路·甘肃岩画专题研讨会暨首届岩画研究保护专业知识培训班"；从内蒙古启航的"亘古天书——中国岩画艺术展"在首都博物馆展出，除了国内外观展者得到教益外，由于文化部、文物局等领导专家视察后，影响范围直线提升，我们成功申报获得国家艺术基金的资助，中国岩画学会历时4年的"亘古天书——

中国岩画艺术展"全国巡展开启第二航程,先后又在甘肃、广西、宁夏、海南等5省区9地巡回展出,总天数达420天,累计参观达数十万人次,于2019年获得国家艺术基金传播交流推广优秀项目奖。

4)2016年6月29日,中国岩画学会主办主编的岩画学术期刊《中国岩画(中英文版)》正式创刊发行;中国岩画学会与内蒙古巴彦淖尔市启动了"中蒙俄联合岩画科考"项目;在《艺术市场》博物馆举办中国岩画学会成立3周年成就展览及第三届岩画遗址研讨会;7月15日,助推广西花山岩画文化景观入选世界文化遗产名录,成为广西壮族自治区内第一个世界文化遗产,也是中国第一个岩画类世界文化遗产;我们与上海体育学院联合成立了"中国岩画学会体育岩画研究专业委员会";中国岩画学会在内蒙古阿拉善右旗举办了"首届巴丹吉林岩画国际论坛";为日后的巴丹吉林沙漠申报世界文化景观遗产奠定了基础;中国岩画学会与内蒙古师范大学鸿德学院共同主办了"中德岩画专家考古学术交流会";为传承岩画文化艺术,策划设计并实施了"中国岩画保护利用与岩画新艺术创作人才培养项目",再一次得到了国家艺术基金对于岩画传播传承方面的资助。

5)2017年,中国岩画学会成立仅仅4年,被国家民政部评为3A级社会组织;我们在广西壮族自治区崇左市壮族博物馆举行了"中国岩画保护利用与岩画新艺术创作人才培训"崇左基地揭牌仪式;中国岩画学会与中国艺术研究院,为共同推进史前艺术研究与现代文化艺术传承强强联合成立了中国艺术研究院岩画研究院;并且在中国文化管理干部学院举办了研讨会、年会、培训班开班仪式和岩画研究院挂牌仪式等四项活动;在广西壮族自治区崇左市举办了"花山岩画国际论坛·第三届中国岩画遗址遗产研讨会";同年,"2017中国贺兰山国际岩画文化艺术节"在宁夏举行。

6)2018年,学会成立五周年,召开了第二次全国会员代表大会,选举产生了第二届理事会班子,成功换届;"亘古天书·中国岩画艺术展"由北疆进入南海,在三亚热带海洋博物馆举办巡展,并在海南热带海洋学院设立中国岩画学会海洋岩画专门委员会;在三亚举办了"中国岩画保护利用与岩画新艺术创作人才培养"培训班成果汇报展。

7)2019年5月,中国岩画学会应甘肃省嘉峪关市人大常委会邀请,学会主要领导赴嘉峪关市参加了《嘉峪关黑山岩画保护条例》的立法论证会;应中共青海省石渠县委、石渠县人民政府邀请,参与主办了"青藏高原岩画石渠国际论坛"并围绕青藏高原古代岩画与石刻研究、保护进行主题论述;运用国内岩画断代专利——"光学色度比对法",对我国境内的内蒙古阿拉善盟曼德拉岩画、阴山岩刻再次开展田野测年工作,积累了更多比对资料,为携手国际国内岩画的科学断代奠定更坚实的基础,意义深远;中国岩画学会会同中国文化传媒集团、福建省文化厅提出了《关于在闽南文化生态保护实验区中建设"世界岩画谷"文化生态公园示范项目的建议》,提交了规划大纲文本;学会主要学术专家代表中国岩画学会参加了由中国先秦史学会、南阳市文旅局主办的"中华文明探源工程与南阳历史地位考察研讨会";中国岩画学会受邀参加了由中国体育科学学会武术与民族传统体育分会、上海体育学院举行的"第四届中国武术非物质文化遗产展演暨民族传统体育学研究生网络论坛",并做了专题讲座。

8）2020年,三年疫情发端,被迫由北京转移在内蒙古工作站开展工作。中国岩画学会与内蒙古自治区巴彦淖尔市合作在内蒙古阴山岩画遗存地的巴彦淖尔市召开了"中蒙俄联合岩画科考与论坛论文集首发式暨阴山岩刻申遗座谈会",为第一阶段联合科考画上了圆满句号,也为阴山岩刻申遗开创了新局面;在广西崇左召开了理事大会,形成了《中国岩画保护与传播2020共识（草案）》;作为岩画保护的基础性科研项目"岩画千里眼"系统工程,申报国家实用型发明专利获得授权;与内蒙古岩画保护与研究学会合作进行2021年内蒙古自治区文物保护项目"内蒙古全域岩画信息采集"工作;岩画研究院与朔方匠人岩画工作室合作筹建北方岩画研究基地;与内蒙古岩画保护与研究学会合作进行2022年"内蒙古自治区岩画信息采集续建项目";与内蒙古岩画保护与研究学会联手,受托合作进行的"巴彦淖尔市阴山岩画断代工程"前期启动项目。

9）2021年,中国岩画学会研学基地呼和浩特站开启试运行模式,为建立中国岩画博物馆和推动传播教育的衔接打基础;推动内蒙古岩画保护与研究学会与北京市企业家环保基金会（阿拉善生态环境保护基金会SEE）等企业合作,策划举办"生态巨变　唯石能语"史前艺术与环境保护系列活动;对"内蒙古阴山岩刻保护条例"（草案征求意见稿）进行研讨论证;策划并组织申报国家艺术基金2022年传播交流推广资助项目"无墨天书·中国岩画史前史料展";中国岩画学会、鄂尔多斯博物院、包头市墨潮艺术研究院举办丝光之路展览;接受中央电视台播报世界文化遗产广西花山岩画的采访;接受新华社内蒙古分社采访:"关于内蒙古岩画研究与保护";参与国际岩画组织联合会（IFRAO）就澳大利亚岩画研究协会（AURA）将于2024年7月中旬在西澳大利亚州珀斯的西澳大利亚大学"举行第四届AURA大会"的投票;以视频会议形式,与内蒙古岩画保护与研究学会、内蒙古河套文化研究会、内蒙古河套文化建设基金会联合召开了年会。

10）2022年,三年疫情下全力保障学会正常运转。采取线上线下相结合的办法举行理事会、年会及论坛活动,组织得当、安排到位。通过腾讯视频会议,尽可能扩大参与范围,参加人员更多,扩大了影响,收到良好效果;尽管学会经费紧张,为保持人员稳定、保护和调动学会人员工作积极性,保证了员工的工资福利待遇不减并按时发放;认真做好《中国岩画（中英文）》期刊编辑发行工作。在疫情影响、经费困难的情况下,多方组织稿件、认真编辑审核,保证了刊物质量和按期印刷发行;与中国数字文化集团签订了战略合作协议,依托国家文化大数据体系建设,建立中国岩画素材库、标本库、基因库,拟通过新一代数字技术创新性保护、活化岩画遗产,并借助数字内容产品的影响力提升国际传播力,把中国岩画事业推进到一个新阶段;与内蒙古岩画保护与研究学会联合运营,进行了"内蒙古自治区岩画全域信息采集项目",积累了经验,为下步在全国全面推行打下了良好基础;"光学色度对比法"进行的阴山岩画申遗项目——阴山岩刻断代工程开始启动;岩画保护重点项目——"岩画野外文物监管千里眼智慧平台"

国家专利技术推广应用工作开始在内蒙古自治区实施；中国岩画学会在内蒙古自治区呼和浩特市以线下线上相结合的方式召开了"第六届中国岩画遗址遗产研讨会暨内蒙古岩画艺术资源保护利用与2022河套文化学术论坛"。

八、结　束　语

2015年，中国岩画学会正式确定推出"纪念中国岩画现代研究保护100周年"这一命题前后，举办了一系列重大活动，特别是2013年6月29日，首届中国岩画遗产遗址研讨会在北京隆重举行，本次研讨是中国岩画学会成立大会后首次举行的研讨活动。活动中来自意大利、秘鲁、印度和全国16个省市和各大高校院所的一百余人参加了研讨，国际岩画巨匠阿纳蒂教授，印度学者帕萨克·敏纳克什女士，秘鲁岩画研究所高里·托米所长、中国岩画学会名誉会长陈兆复先生以及作者本人等学者进行了专题演讲，来自广西、宁夏、内蒙古的专家学者介绍了当地的岩画保护情况和申报世界文化遗产情况。在2016年7月5日，利用纪念活动和中国岩画展的平台，在首都博物馆多功能厅举办了第二届中国·国际岩画论坛，主题为实现中国梦与中国岩画文化走出去战略。论坛的主要议题包括：1）岩画人在实现中国梦中的担当与使命；2）中国岩画文化走出去的战略途径与现实意义；3）中国梦与中国岩画文化走出去战略的结合点；4）中国岩画文化助推"申遗"的作用发挥。

会前共收到各地专家提交的论文78篇，安排一天的论坛时间里，共有13位岩画专家、学者登台讲演。论坛为国内外岩画专家学者讨论交流研究成果和保护经验提供了理想的平台，中西方思维的碰撞、多元化的研究保护方向、尖端的岩画研究保护科技等都在这个平台上得到充分的尊重和展示，各位专家学者以语言或文字的形式畅所欲言、沟通想法、借鉴经验，共同肩负起探究和保护人类共同的文化遗产。

这本论文集源自上述两次论坛的研讨成果，又经过在已经发表过的论文中精选具有一定代表性的文章而形成今天的版本。这其中从不同"界别"载入了几个阶段的文章，有最早调查岩画并撰写报告的黄仲琴先生，有盖山林、陈兆复、邢琏、李福顺、李祥石、宋耀良、汪宁生、邓启耀、蒋廷瑜、覃彩銮、陈远璋、和力民、王炳华、王明哲、王博等较早从事岩画研究和保护工作的学者的文章，也注意到作为遗存地守护者或典型视角下研究类的论文，像贺吉德、龚田夫、汤惠生、魏坚、张亚莎、李永宪、纳·达楞古日布、束锡红、张学智、王金华、乔虹、刘五一、周玉树、吴甲才等同仁，还注意选择发表论文的时间截止在2015年并具有地区代表性以及年轻一代从事岩画研究保护者的文章。

从确立框架到今天出版，经历的5个冬夏，原因良多，但是根本原因也是由于发展太快、人力资源滞后的缘故。出版这本集子还有以下几点：

第一，首先是经过大家酝酿、沟通，一致同意以"一百周年"对中国岩画现代研究保护汇集一个主流的文稿历程；第二，毕竟有中外学者、爱好者的努力，留下了诸多的宝贵资料，这才是起航的基础；第三，从一百周年出发，鼓励一代接着一代发展下去，将会看到学术与理论发展和岩画保护的方向。

总之，中国岩画从记录一种现象到理性判断认识和调查研究的过程，经历了千百年来的实践考证、积淀，以及研究、保护、传播和不同地域岩画文化的探究，积淀与集聚的过程，正是我们岩画业界创建与提升、壮大与发展的过程。中国岩画学会作为一个组织要干的事情很多，但出版这个集子是一件非常重要的事情。今天，我们把百年来中国岩画的源流始末、发展历程、学术成果拾珠成串、散贝成集，奉献给热爱岩画的当今学者与后来接棒的人们，奉献给中华盛世，也是我们作为中国岩画学会完成的一项工作与使命。

我虽然出生在北方岩画的集中区域，很小就听老人说起山里边崖石上那些"鬼怪"。从20世纪80年代通过书本得知那是一种叫"岩画"的东西，90年代初才真正目睹岩画这一伟大而神秘的真容。2000年之后开始以职业与业余相结合的方式投入、介入研究保护工作。此期间虽然也有岩画研究保护的工作实践与文章和著作发表，但由于才疏学浅，精力所限，编撰此集子管见疏漏并存，视角偏执也在所难免。

作为本序的结尾，引用伊夫·科庞先生为阿纳蒂先生著作《原始的艺术》作序所言："感谢埃马努埃尔·阿纳蒂……让我们与他一起，呼吁地球上的每一个人，呼吁这个研究涉及的所有机构，行动起来，保存、保护、维护这笔不可再生又如此重要的遗产，这不仅是为了了解我们自身的历史，也是为了我们的未来。"[①]

附记：本文凡未注明资料来源处，均取自朔方匠人撰写之《人类母语的呼唤》（2014年印刷样书）；文中数据截止时间为2015年，个别到2020年。

王建平

中国岩画学会创始人

《中国岩画（中英文）》创始人、执行总编

国际岩画组织联合会执行委员

文博研究馆员

城市规划设计师

2016年春起草于北京新文化街56号院深巷陋室

2022年春修改于青城

---

①　〔法〕埃马努埃尔·阿纳蒂：《原始的艺术》，人民大学出版社，2001年。

目　　录

下册

西南系统岩画篇

综合篇

汰 溪 古 文

黄仲琴

（中山大学）

一、引　言

西南民族，于我国古代文化有重要之关系，在今日学术界已成为一研究之课题。学术机关以及学者个人，多往川滇各处，为实地之考察，又如云南啰啰及其他古族之文字，亦有为专门之研究者。川滇之外，如粤、如湘、如闽，尚有古代民族之留遗，若盘蓝蕾之类是也。此述往年在闽南所发现之古代遗文一种，以供学者参考。

二、汰　溪

上述古文，在福建华安县之汰溪附近。华安原名华崶，前清属龙溪县，设有贤成驻扎。最近改为县治，易今名。汰溪属华崶之桃源保，北距华崶六十余里[①]，东南距龙溪县治四十余里。

华安无志书。《龙溪县志》卷二云："汰溪，在二十五都，西汇大江，达桃源洞。"

志言之大江，即九龙江，又名北溪，自北而南，纵贯龙溪华安两县全境。桃源洞，亦属桃源保。盖保以洞得名也。汰溪之上，为石蚝山。《龙溪县志》卷二云："石蚝山，在城北四十里，高入云表，顶有粘蚝石，相传昔时，海水所侵。"志说：可登上海经，海内南经，"闽在海中"之语。闻之登其巅者至今尚蚝壳弥望。既有贝类，可供食品，古代民族，聚居其旁，亦理所固有也。

三、古文发现时日及其地之风景

文系摩崖，大字深刻。崖在汰溪北岸，土名"仙字潭"。民国四年八月二十六

---

① 　1里=500米。

日，作者闻汰内乡人言及。其初，言者不能实指其地，旋觅得一知者为道，是夜寄宿于汰溪以南之文浦山（村名，蔡姓聚族而居，始自元季）。越日，黎明，偕道者，乘村人常乘狭且长之棱船，船夫四人，二撑杆、二在前后推挽之。自文浦山下驶，啮浅沙，渡飞瀑，越石梁，蛮荒风景，如读非洲游记。七里许，至潭滨，潭乃汰溪之一部分，以是处水较深，别名之为潭也。潭水作浓绿色，上临峭壁，多蔓藤萝，间生短竹。山寝祥集，潭北有天然之石级，巨石蒙苔，作赭黑色，迎人面，错立如屏，文刻其上，即乡人称为仙字者也。

四、刻 字 处

笔者留潭边，仅二小时，因归途行舟，甚费晷刻，不能久停，以穷其境。摩崖文字，显然易见者：

右一刻：二行，字大者，八寸，小者，二寸；下作二 𠀋 形。此一石，刻处，低与山经平（拓片摄影）。

中一刻：较高，陡难攀援，仰望之，似有大中字，横二尺许，旁多刻 𠙶 形，小者约七八寸，字之大小悬殊，亦无行列。

左一刻，悬崖更陡，遥观，有字七八行，甚整，多作 𠀋 形，字可六寸而强。

又有一刻，仅数字，甚分明。

据道者云：其他崖壁，为泥沙所掩，及苔树所 𠂇 翳者，刻文尚多，若宽以时间，觅之可得。

综观所见各字，似多从 𠀋、𠂇 二字嬗化而成，实非符录之类，仙字一说，当然不能成立。至其大小参差，书无行列，虽与贵州红崖，从前误为殷高宗伐鬼方纪功碑，而实为蛮字者，相同；但其结体，又不相似。至其有似古金文者，亦不得强为附会。

五、参 考 材 料

清吴振棫《养吉斋余录》卷七："夷经皆爨字，状类科斗，为纳垢酋阿丁所撰（腾越志作阿町）。"字凡十千八百四十有奇。命曰：趭书，称其人为书祖。汰溪古文，形有类似科斗者，与近人法国牧师费亚所述苗文有相同之处，疑即古代蓝蕾民族所用，为爨字，或苗文之一种。旁证如下：

（1）龙溪为前漳州府属，禹贡扬州之域，旧三苗地。《龙溪县志》卷十一：柳营江（自北溪下之一段），在江东。六朝以来，戍闽者，屯兵于泉州之龙溪，阻江为界，插柳为营。又卷二云：柳营江，去城四十里（现辟马路，只三十里）是六朝至唐，漳江（即九龙江）以西，及南北一片之地，皆群苗窟穴。仙字潭上，峭壁间，又有旧刻楷书十字，字大六寸许，其文云："营头至九龙山南安县界。"

考《龙溪县志》卷一：梁大同六年，析南安郡地，置龙溪县。隋初，废建安南安二郡为县。大业三年，复建安郡，领县四：为闽，建安，南安，龙溪。又卷二：九龙山，在治北三十里。唐书与地志：龙溪，隋县，有九龙山，其下，有九龙水。按九龙水一名龙潭，在柳营江上游五十里，即相传九龙戏江处，龙溪命名，所由来也。

又考龙溪先贤明陈天定所著《北溪纪游》，中云：吉羊，岭儿（在龙潭以北六十里），坑尾，古塘，军营地。初，玉钤（《漳州府志》，卷二十四，陈政傅：拜玉钤卫翊府左郎将，总章二年，统领南行军总管，群蛮来侵，退保九龙山）。将入龙潭，以山高洞窄，兵法所谓死地，先扎营于此，取道大山之巅，以瞰汰内（汰内，即汰溪以内一片地方总名）。今山顶石磴犹存，揭鸿寨营头亭在焉。又《漳州府志》卷三：疆域门，形胜条……"营头之雉堞依然，岭下之遗基可识。"是所谓营头亭，即亭障之属，在六朝时，设戍于江东者，至唐，已进而用兵于江北；江北之地，重要可知。唐欧阳詹（泉州晋江人）有晚泊漳州营头亭诗："回峰叠嶂逮亭隅，散点烟霜胜书图！日暮华轩卷长簿，太清云上宋蓬壶。"（见《欧阳行周集》）可见营头在当时实为交通孔道。上述十字，当刻于隋唐之间，为防苗队伍之标记。则前此蛮族，刻石于其际，在所宜然。

（2）桃源保，汰溪流域，有甲子山雄峙其间，为龙溪山脉，中干之主峰，夹西北二溪，沃野弥望，陈天定北溪纪游所谓"古称桃源洞，蓝蕾所居也"。既为蛮族所居，其时有相当之文化，则刻石溪上，亦意中事……谓"山厓绝壁，人迹所不到处，往往有棺枢之属，颇疑前世道阻未通，川壅未决时，夷落所居，而汉祀者，即其君长，盖亦避世之士，为众所臣服，而傅以为仙也"。则此处仙字之附会，与仙字潭之得名，亦同是理。

（3）《福建平和县志》卷十二："猺人以盘蓝蕾为姓。本盘瓠之后，闽省凡深山穷谷之处，每多此种。"又《福建罗源县志》："民祖出于盘瓠之后，即猺人也。隋时有大功，封为王。生三子，一女，长，赐姓盘，名自能，封贰骑侯。次，赐姓蓝，名光辉，封护国侯。次，赐姓蕾，名巨佑，封立国侯。女，赘钟姓，名志深者，官二品（汉之西羌有钟种）。世居会稽七贤洞；后子孙众多，分行，自食其食，不与庶民交婚，无作庶民田地。盘姓今无闻。考明邝露所著赤雅，记猺人祀典云：'五溪以南，穷极岭海，迤逦巴蜀，蓝胡盘侯四姓，盘姓居多'。又考今广西土著有盘姓。今广东饶平县双溪岭下畬民，有盘蓝蕾侯四姓。连县猺民，有李蓝盘等姓。是盘姓未尝无闻也。只蓝蕾钟三姓，蔓延各处。"近人谢彬《云南游记》谓："苗人相传为盘匏之种。"《漳州府志》卷二十四《陈元光传》："唐总章二年，随父领兵入闽，会广寇陈谦连结洞蛮苗自成雷再兴等，进陷潮阳，元光讨平之。"又福建安溪县李氏家谱："唐总章元年二月，泉潮中郎将陈元光，以父政殉蓝蕾之难，请讨贼。"李氏家谱所以涉及陈元光父子者，以其先祖李伯瑶，为陈之行军司马也。《龙溪县志》亦言：元光后在漳浦，为峒寇蓝凤高所杀，凤高之乱，至开元三年始平。今汰溪北之高层新墟，南之归德彭水，山僻深处，犹有蓝蕾钟遗种，自成村落，不与外人通婚。是其余胤，在唐尚盛，至今犹存，其势力远过汉之莋都诸夷。《后汉书·南蛮西南夷列传》载："永平中，白狼王唐菆等，慕化归义，作诗三章，益州刺史朱辅上疏，译其词语。"注云："东观记，载其歌，并载夷人本语，并重译训诂为华言，今范史所载者是也。"观此，莋都诸夷，有文字可知，则蓝蕾种人以其文字刻石，亦不足怪。

（4）闻之汰内乡人陈君：石蚝山洞，有古剑，劖岩隙中，制舆今殊，拔之弗出，疑为古蓝蕾所遗？洞又有古书，清宣统间，汰内邻乡，上坪村郭某得之。是蓝蕾盛时，已知用鈇，登制五兵之遗教软？盖三苗之区域，虽云：左有洞庭之波，右有彭蠡之水，衡山在其南，汶山在其北。实则古时，闽中亦属其范围也。惜郭某云亡，书无可考，否则或可为汰溪古文印证之资料。又汰内乡，至今尚擅巫术，亦苗俗也。

六、余 论

上述各书所言，蓝蕾种系，或猺，或苗，溯源不异，名称则淆。按闽南人对于蓝蕾人，名之曰："蓝蕾仔。"仔者，轻之之词，盖弱小民族之称谓也。兹用其意，名本文所述之种族，曰"蓝蕾族"，以是地无盘姓也。

上述汰溪古文发现后，经以照片寄日本帝国大学矢野仁一教授邮至鸟居龙藏博士审订其文字，蔡子民先生游闽，亦曾借观拓本，唯当时本文尚未起草，无以为土壤细流之一助。兹略述个人之意见，以求教于海内外博雅之士。若得译其词意，且加以较长之时间，应需之费用，书拓其地所有刻石，且相择处所，为发掘之工作，当必绩有发现，使沉埋史迹，复见光明，于研究我国西南民族文化者，有所裨益也。

注：黄仲琴（1884～1942年），名嵩年，号嵩罗，字仲琴。祖籍广东省海阳县（今潮安县）。曾任中山大学、岭南大学教授，漳州军政府教育局长，1914年，黄先生当选为国会议员，离漳赴京履责。由于袁世凯称帝，愤然辞职，赴粤从教。抗日战争初期，黄先生随校迁至云南省征县（今澄江县），继续从事讲学和考古工作，后受任香港文化协会委员兼香港福建学校校长。1941底，日军侵占香港，敌伪屡次对黄先生威迫利诱，要求其出就伪职，黄先生决不屈身为无耻汉奸，以羸弱多病之躯拼死抗拒，于是积愤致疾，于1942年逝世，时年58岁，葬于香港。

黄仲琴先生是中国大陆岩画现代研究的先行者。1915年8月26日，黄仲琴作为岭南大学教授深入福建省漳州市华安县沙建镇西坑村九龙江支流汰溪下游，调查华安汰内石刻，共发现三处，所撰写的研究论文《汰溪古文》发表在1935年《岭南学报》卷四二期。此文是继1000多年前唐张读《宣室志》之后又一篇有考古价值的文字，虽未将其调查的石刻明晰为"岩画"，但就后来的"仙字潭岩画"行田野调查之举，不失成为开启中国现代岩画研究的创始者。经中国岩画学会与业内共商，将1915年确定为中国岩画现代研究保护起步年，黄仲琴被中国岩画学会追认为"中国岩画研究保护100周年纪念活动突出贡献十大人物"之一。

（原载于《岭南学报》卷四二期，1935年）

中国岩画学

盖山林

（内蒙古自治区政协）

一、世界新学科——岩画学

（一）岩画学的提出

岩画，是绘制或刻制于山岩上的图画或符号。它的分布遍及五大洲，世界上不管什么地方，只要有适于作画的石面，几乎都会发现岩画。从远古的狩猎时代到现代的原始部落，历代都有岩画的制作，它们记录了人类的生存活动，并以其全球性的宽度和历史性的深度，成为世界性的研究课题。

岩画，英文作Rock Art，意即岩石艺术。生活在我国5世纪的地理学家郦道元在《水经注》一书中称之为"画石"。现在还有崖画、崖壁画、崖雕、石头画、崖刻等称谓。有人将绘画出的岩画称作崖画，而将雕刻的岩画另称作崖雕[①]。实际上无论绘还是刻，都是在石头上作的画，它们在性质上、内容上，甚至风格上基本上都是一致的，将二者统统归入岩画还是可以的。

岩画与古文字不同，它没有与发音联系在一起。也与其他石刻作品不同，岩画只有上下、左右两度空间，为平面造型，与有上下、左右、进深的圆雕、高浮雕是不一样的。它作画于岩石上，而不在动物皮、玻璃或纸上。画面上的各个图像或符号，通常是各自排列，互不重叠，相互掩映者较少见。在形象上只抓住物像的基本形状而省去细节。

总之，岩画是刻绘于岩石上的画面，它以平面造型、两度空间、表现基本形为特征。它与语言是分离的，图像有很大随意性，含义上往往是多义的。

在我国最早提出岩画学这一新的学科概念的，是笔者在1983年第6期《潜科学》上发表的《岩画学刍议》一文。在那篇不长的论文中，对岩画立为新学科的必要性、岩画

---

① 汪宁生：《从原始记事到文字说明》，《考古学报》1981年第1期。

学的定义及特征、岩画学的研究对象，以及岩画学研究的方法等方面的问题，均做了简要的论述。这篇文章引起了学术界的极大注意，正如金哲等人编著的《世界新学科总览》一书"岩画学"词条所指出的："岩画是古代人画或刻在岩石上的画，这些优美的艺术形象对于研究人类文明进程有着巨大的作用，为世界所重视。我国也不例外，近几年来，学术界正兴起对岩画学的研究，如盖山林撰写的《岩画学刍议》、《阴山岩画演化历程》论文，引起了人们极大的兴趣。"①

尽管世界上许多国家对岩画的考察和研究已有百余年的历史，然而对"岩画学"概念的提出，却晚到了1988年8月在澳大利亚达尔文市召开的国际岩画委员会暨国际岩画学术讨论会。在世界上，"岩画学"这一新学科的名字，在这次会议上才正式出现。澳大利亚岩画委员会主席贝纳里克（BEDNARIK)先生在《岩画研究史上的里程碑——记澳大利亚国际岩画学术讨论会》一文中指出："达尔文会议的意义，简而言之，就是说明岩画研究现在已作为一个独立的学科出现于学术界了。岩画学，人们可以这样称呼它，即使它与史前学者有着某种联系，但它不再只是考古学的一个分支了。"这门新兴学科的意义，也正如他在上文所说的："这门学科比我们过去想象的要复杂许多倍，它是智力与学术的万花筒。岩画研究，对于理解人类过去和现在的意识复杂性，必将导致解释人类社会模式的基础，以及最终触及如何与别的社会模式相连接的问题。"达尔文岩画会议，展示了这门新学科的蓝图。对于全世界的岩画研究工作者来说，达尔文大会明确而强烈地号召我们要成立自己的新学科。

（二）岩画学及其研究对象

岩画学是一门年轻的学科，它是研究岩画发生、发展和衰落规律的科学。对岩画总的研究（不是具体的小项目或微观研究），必须着眼于规律的探讨和年代学的建立，离开了这一点，就丢去了研究的前提，对岩画的各种研究就失去了基础。

岩画学研究对象是研究岩画，在广泛进行田野考察基础上，获得大批资料，通过画面的排列对比，区分岩画的内容、风格，以解决岩画的年代序列，再对岩画分布规律、作画功能、制作技法、画风特征等方面进行研究。

岩画学研究的直接对象虽然是岩画自身，但研究所涉及的范围却相当广泛，包括岩画记录、人种分析、保护、传播、复原、编辑、环境、分布规律，即包括考古学、史前史、人类学、人种学、历史、艺术史、宗教史、语言学、生物学、社会学、保护复制、美术等等。总括起来说，岩画学约可分为描绘（记录）、历史学和人种学分析、保护三个方面。

---

① 金哲、姚永抗、陈燮君主编：《世界新学科总览》，重庆出版社，1986年。

（三）岩画学研究的方法

几乎所有的岩画学家都会同意，岩画学的目的是了解人类古代的文化行为，而这种文化行为是在野外的石壁上，因此欲获得文化行为的载体——岩画，必先到野外，通过各种记录手段去获得它，因此可以说，田野调查是岩画学的特点之一。

岩画考察出发前的准备工作与野外文物普查类似。首先要查阅考察地区的文献资料，了解那里的地理环境、文物古迹和以前岩画工作情况。人员组成和所需物品也有所不同。由于岩画多数分布于悬崖峭壁、深山幽谷之中，那里一般人烟稀少，食宿诸多不便，因此参加人数不宜过多，一般由三人组成为宜。倘若需要多人参加，宜分组进行。出去所乘之车，最好是适于在野外山地奔驰的吉普车。出发时带足衣、食、住用品和工作用的器具。工作用的器具主要有：带有长焦距的照相机及有关器材，粉笔（以白色为好）、笔记本、油笔、钢笔、水壶、塑料桶、墨汁、棉絮、复写纸（最好是使用过的）、砚台、钢卷尺、放大镜、望远镜、玻璃纸、塑料布、录像机等。

岩画考察者，尤其是领队人，一定要有强壮的身体，能够吃苦耐劳，对事业有浓厚兴趣，富有执着追求的精神。在业务素质上，要具备考古学、历史学、人类学、宗教学、生物学、美术学、艺术史、社会学、语言学等方面雄厚的基础知识，尤其要懂得考古学、人类学和美学史方面的丰富知识。

如何寻找岩画地点，是岩画考察者首先遇到的问题。岩画多分布于人迹罕至的丛山峻岭、辽阔的草原山地或人难以接近的江湖之畔，若漫无头绪的乱找，则往往是耗费大量人力物力而收效甚微，甚至毫无所得。这就需要岩画考察者去访问当地群众。各地岩画多是依靠群众提供线索找到的。大部分岩画地点都是当地群众早已发现的，有些岩画在群众中还流传着娓娓动听的故事，甚至有的岩画至今仍是顶礼膜拜的对象，因此寻找岩画必须由群众带领前往。每到一地，要先向群众了解何处有岩画。由于语言的隔阂，表达困难，直接询问不易为群众所理解，故访问时，常需要随身携带已发现岩画的绘画或照片，访问时随时出示这些形象化资料，这样易于引起群众的联想和兴趣，从而能得到有用的线索，获得意想不到的收获。

访问时一定要广泛接触各种年龄、各种职业的人，比如猎人、牧民、司机、老人、中年人，甚至小牧童。在岩画密集地区，要重点结交群众，甚至要结为朋友，不要频繁更换向导，要以岩画所在地区的一家为中心，以一个向导为主四处到各居民点访问，有些地点，虽为当地群众所熟知，但往往又是群众迷信或崇拜对象，群众对它有一种神秘感，对此必须随时进行科学教育，破除迷信，这样才能得到群众的理解和协助。

有时群众提供的线索是很笼统的，他们只知道大体的方向，故更多的地方需要自己亲自去找。这就需要掌握岩画分布的规律，即古人喜欢在什么石料上作画，对作画石面有什么要求等等，这样手中拿着望远镜边走边找，常常如愿以偿。对光滑的垂直崖壁和奇石林立的石丛，以及光平朝上的石面要尽可能走近查询，甚至要爬到石面仔细查找，这样往往可以找到时代久远，画迹不清的画面。对附近灌木丛生，画面多为植被掩映的石面，更要推开掩盖物去仔细查找。

对于岩画的访问工作，不只是要找到画址所在地，以及找到协助工作的合适向导。还要问及与岩画有关的传说，比如有关苏联贝加尔湖湖畔岩画的大量神话和传说，就是岩画学者A·II·奥克拉·尼科夫等人考察时收集到的。

岩画考察者对岩画现场的观察至关重要，是获得科学资料的关键时刻。每找到一处画址，最好先不要马上动手，需要仔细观察片刻，面对画面或面壁沉思一下。要观察什么情况呢？约有以下诸端：

其一，是作画的大、小环境。大环境是指岩画附近的自然环境，是在山体或河畔什么位置，附近及其前面是平坦之地还是清水甘洌的河边，因为那里往往是古代巫师或氏族部落首领率领氏族成员进行媚神活动或舞蹈的地方，对环境的观察有助于去想象当时人们在岩画前的活动，从而去判断岩画的功能。小环境是指作画的石壁或石块的位置，岩画刻的具体位置，距山体的山脚或山顶有多远，石面的崩裂、脱落情况，岩画图像的迎向，岩画的色泽、制法，以及早晚岩画的叠压现象，这对断定岩画的年代有重要意义。

其二，是岩画处有无制作画面时遗留下的颜料、器皿或作画器具。

其三，岩画处有无巨大的树根、树干、草根之类，这是判断作画时的自然环境及其变迁的重要依据之一。

其四，岩画附近有无山洞或居住遗址，有无古墓，有无文化遗物，这些常与作画者的生居死葬有关，文化遗物往往是作画时代人类所遗留下来的。这些遗址、遗物、古墓葬与当地岩画结合起来进行研究，对当时社会进行总体复原的研究大有裨益。

仔细观察之后，便要先照一张相，然后清除画面上的灌木、杂草、积土、藓苔等覆盖物，其后用水清洗，最后进行记录。岩画的记录工作可分做两个方面，一为文字记录；一为形象记录。

各个岩画需要按照发现的先后编号，正确划分地区、地点和组，以便进行记录。前国际岩画委员会主席、意大利岩画学家埃曼努尔·阿纳蒂教授（Prof Emmanuel Anati）在1984年一份送交联合国教科文组织的报告，介绍世界岩画研究概况时，对地区和地点划分发表过建设性意见，他说，"……这里有必要区分什么是'地区'和'地点'。从整体上都同意如下两点：①岩画'地点'是指有岩画的地方。'地点'的边界，要在最靠边的图形意外500米的地方，再没有其他图形，从东南西北四个方向看都是如此。比如说，两组图形之间没有形象的地段，超过500米的，那就可以被认为两个不同的'地点'……②岩画'地区'可以包括许多地点，初步的区分是由它们文化的和风格的特征。岩画地区有着地理面貌的一致性，诸如流域、高原、山区等等。为了能清楚地区别开所形成的不同的地区，两个岩画中点相互之间，至少要距离20千米以上，这个距离大约要走一天的路程。"阿纳蒂上述意见可以参考①。首先是划分地区，再确定地点。每个地点再划成若干组，划组实际上是确定幅，一般将有关的画面视为一幅，大都一石一幅，但也有时一石数幅（组），有时石块崩裂，两块或数个石面视为（划作）一组。

文字记录，其一要说明地区、地点；其二要把在岩画地点所观察到的情况记载下来，即前面提到的自然环境、树根树干草根之类、有无古居住遗址、遗物，以及岩画处有无作画器具等；其三是岩画地点属何市、县、乡（苏木）、村（嘎查），附近有无居民点，交通状况；其四，岩画所在石面破损、石屑脱落情况，以及画面受损程度；其五，岩画的制法、技法、色泽、刻痕的深度，岩画制法对断代意义重大，要用放大镜观察是石制还是金属器做成；其六，有无晚期岩画打破早期岩画现象（即叠压现象）；其七，对每组岩画直观描述（包括题字）；其八，大体年代及族属。最好出发时，带上岩画调查登记表。

对于图像的记录，有绘图、拓描、照相、拓片、复制五种。对于颜料岩画，绘图工作是科学记录重要的一环。最理想的方法是按原色原样临摹。但也可以按考古绘图一般方法。按照云南沧源岩画的工作方法是以铅笔绘黑白图，采用正投影原理，比例采用10∶1，先在悬崖上划出10厘米×10厘米的方格，然后逐一绘入米格纸上1厘米×1厘米的小方格中。为了把各区分为方格，做出坐标符号而又不破坏崖图。我们可采取四种办法：其一，在四周无画处贴纸条，每隔10厘米划一记号，以皮尺量各图形与纸条的垂直距离，便可确定它的位置。画后撕掉纸条。其二，用长竹竿两根，竖于两侧。竹竿上每隔10厘米削去其皮，做成标杆。然后量各图形与竹竿垂直之距离，以确定位置。其三，以长竹竿两根为柱，其上编结一网，经纬线均相隔10厘米，每一网格是10厘米×10厘米，将此网罩在画面上，便可知某图形应在米格字某格。其四，在四周无画处以粉笔轻轻划出坐标，即划一条直线，每隔10厘米有一刻度，然后看各图形距此线之垂直距离，确定其位置。画后擦去粉笔线。②国外学者摹绘岩画的方法，也有用此法者。但上述的考古绘图方法，费时费事，且都不能克服一个天然的障碍，即崖壁不是绝对垂直的，画面又凹凸不平，故所绘之图常有误差。

为了克服上述作图之不足，不管是颜绘还是岩刻，不如蒙盖以塑料（大画面）或玻璃纸（小画面），然后用油笔或钢笔画出画面上各个图像的轮廓图形。如果图像不清，在画之前，可事先用白粉笔轻轻描出图像的外形轮廓，再用塑料布或玻璃纸描绘。倘若是颜绘画，可据画面色彩当场绘一画面作为样品，待回室内再据以把全部画面描绘出来。

---

①　中央民族学院少数民族文学艺术研究所编，阿纳蒂著：《世界岩画研究概况——一份送给联合国教科文组织的报告（1984）》（油印本）。

②　汪宁生：《云南沧源崖画的发现与研究》，文物出版社，1985年。

　　以上所述是指在寻常情况下在田野描绘岩画的方法，对待绘制在特殊位置上的画面，就要采取特有的方法。比如，广西的岩画专家，针对左江岩画特有的作画位置和特大画面，采用了适于当地工作的办法。首先，采用望远镜目测记录的方法。正如前面已经提到的，左江岩画画幅宽阔高耸，一般均为90米、甚至上百米高，宽有几十米。当人们置身于悬崖底处或乘舟江中仰望岩画时，很难观其全貌。高远的距离容易产生透视的错觉，鉴于此，他们便远离画面，于江对岸借助多倍望远镜平视地目测描绘。他们先将巨大的画面分为几组：以悬崖的自然裂缝、洞穴、青苔和画像本身的群组关系进行分割，并确定画面最大的主题者身高比例（其他画像的大小以此类推），再用水粉颜料调出接近岩画的色彩，稍事晕染地从左至右、从下往上地逐个比较临绘。画毕，再经多人核对检验，以免失真、错位或遗漏，力求准确无误地记录图像。

　　其次，他们还采用幻灯片放大的方法记录。先用增倍照相机按顺寻地分组拍摄，将拍下的正片（反转片）做成幻灯片，然后放大投到墙上，进行各组相衔接整体的描绘。这种用拍照制幻灯片是目前记录岩画常用方法之一。

　　广西也采用塑料薄膜拓绘岩画，但与笔者描绘刻制岩画也稍有不同。他们在一些伸手可及的低矮处画像，则采取以透明的塑料薄膜覆盖画像，用彩笔直接拓勾共边缘轮廓，拓绘的塑料薄膜，据画面色彩的浓淡和笔触，用大排笔平涂，过稿于大张拼接的白图画纸上（或宣纸，并作旧处理）。此种方法记录的画像为原大，比较准确，但几米高的人物画像难以成群地相连接排列。

　　岩画记录的方法，应视画面所在地、画幅特点和画面内容，采取相应的方法灵活进行，在实际工作中，有时多种方法相互穿插，反复交替运用，不必株守一法。以广西绘制左江岩画时所采用的方法而论，前一种方法可能会出现少许视察误差，但其整体性强，画幅人群的组合、聚散关系容易掌握。后两种方法虽然准确，但却是局部记录，众多人群的相互连接和整体空间位置关系，就难以准确把握了。

　　绘图工作中，还有一个难题就是有些图形漫漶，笔画模糊，或部分画面已因石屑的脱落而不全。对比只能分别情况，采用不同的画法。对于可以肯定图像的清晰而完整的画面，便可把图像画成实体；有些画面笔画模糊，只能以斜线勾出轮廓；还有漫漶太甚，只余一片龟斑者，或在较清晰画面中还有一些模糊不清的色片，对这些只能略去，只在文字记录中加以说明即可。岩刻画面中，图像一部分清晰可辨，一部分模糊不清，则只绘清晰部分。最忌对不清的画面随意复原。又有些画面，图像层层叠压，一般只会出现在看得清楚的即最后所绘（刻）的图形。倘若能辨清早晚图形的叠压关系，可用轻重不同的颜色加以区分。

　　照相是记录图像的又一重要手段。颜绘画面，因彩色效果较显著，最好用彩色正片，用黑白胶卷经常不能显现其颜色深浅及一些模糊图像。光线不强时效果好些，阳光直射下，图形一点看不见，在阴暗时反而可辨识出来。照相前用水将画面淋湿，往往能取得好效果。弄湿画面时，不得擦洗，以免损坏画面。岩刻岩画，彩色黑白无妨，但以彩色正片为最佳。要在太阳斜射时去拍照，即在上午8—10时或下午4—5时为好，或在阴天、雨后，或用水泼湿，都能出好效果。每当旭日东升或夕阳西下时，在阳光斜射下，由于图像显示出阴影，画面时常呈现出平时看不到的风采。中午，当烈日当空时，岩画显示不同阴影，照相效果最差。

由于千百年来风雨剥蚀，图像多杂乱模糊，以近拍或使用变焦镜头，分区分段拍摄为宜，要注意拍摄的角度，照相机要与画面垂直，否则图像会变形，影响拍摄效果。画面一般据地面较高，难以接近和对正拍摄目标，为了克服和弥补这个不足，岩画考察者常采用以下几种方法：其一，带梯子上山；其二，在现场用小树做成固定架子或可移动的人字形梯；其三，在北方山石裸露之地，可用石块垒成石墩，人踏其上，即可垂直照相。

不仅在寻找岩画线索，充当向导方面，需要当地居民群众的帮助，即使在辨识图形方面，也受到他们的启迪。比如苏联西伯利亚岩画，大都是古代萨蛮师的作品，至今仍活动于东亚草原上的萨蛮对古代萨蛮人的作品，常比我们熟悉。广泛见于蒙古草原（包括中国的内蒙古和蒙古人民共和国）自元代至今的蒙古人岩画，大都为当地喇嘛为弘扬喇嘛教义而作，今日的喇嘛，尤其是知识渊博的老喇嘛对此很熟悉，常能对画面内容做出完整而正确的解释。古代岩画创作者，和今天仍然生活在那里的居民之间常有一定文化继承关系，彼此的习俗、思想意识及表达方式多少有些共同之处。尤其是今天仍然在狩猎、放牧的民族，对动物形态十分熟悉，他们在辨识世界各地广泛分布的狩猎、放牧图像方面比我们要敏锐的多。我国云南沧源的持盾人像、头插羽毛人像以及很多动物的种属，最初都是由随同岩画专家工作的当地佤族人一语道破的。关于这个问题，越是时代晚的作品，当地本民族的作画者越了解的清楚。即使是古代岩画，由于当地文化的传统性，当地居民仍然知道的比较多。

拓片（拓本）是我国记录图像的一种传统手段。拓片的优点是图像清晰而准确，质感性强，能准确无误地反映出岩画制法、风格，凿刻的深度，以及石面的凹凸、纹理、裂缝，石面的粗细等。但是使用这种方法，也有其局限性，它只限于岩刻画面，而且凿裂的麻点和凹槽要深一些，而符合这个条件的岩画只占岩画的很小一部分。另外，拓制岩画费时费事，工作的天气和时间要求较严，只能在无风、无雨之日进行，天气过分干燥、潮湿、寒冷都不宜于工作，一般在阴天或干热天气的一早一晚去进行。工作之前要备好用具，尤其要预先做好拓包，备好墨汁、毛刷、排笔、白布、水、宣纸（厚薄、软硬、粗细视石面和画面沟槽深浅面定）做拓包的方法很简单，用复写纸（最好是使用过的）包上棉絮，然后外包绸缎，扎成棉包即可，应多做几个，最少两个，并大、小各种规格兼备，这样可以根据画面大小及沟槽深浅选用。拓制的方法是：首先用清水刷洗画面（刷具不应过硬，以免损伤画面），待石面干燥之前，将湿过的宣纸盖于石面，然后用口将纸喷湿，用长毛的排笔轻轻将宣纸按下，以排除底下的气泡，再盖上白布，用毛刷或排笔敲击布面，直到宣纸打入岩画刻槽之中，掀开白布，待其将干未干之前，在拓包上蘸以墨汁，在玻璃片上或两个拓包相对，将墨汁弄匀，再在宣纸上上墨。开始少上些，以后可加多，直到纸面上的图像浓淡适度为止，待将干之前，从石面取下拓片就是了。

各国记录岩画的田野工作方法大同小异，中国岩画学者摸索出来的上述方法，国外学者早已想到并在使用。1984年法国岩画专家法籍华人汤令仪女士和法国著名岩画专家哥伦拜曾与笔者谈及岩画野外工作方法，与笔者在内蒙古考察岩画方法正同。近年曾在欧洲阿尔卑斯山北部新发现大批岩画的埃曼努尔·阿纳蒂（Emmanuel Anati）教授，在提交岩画艺术国际讨论会的一篇论文中，把调查岩画的全过程分为16个步骤，兹摘录于下：第一，处理。①清洗崖壁；②弄清岩画剥蚀损坏原因及保存情况；③移去岩画上钙质外壳（以不损坏原雕刻为原则）；④在岩画线条内涂上一层随时可用水冲去的颜色，以便辨认和记录笔划。第二，记录，⑤绘图；⑥照相；⑦复制模型，以供展览并永远保存；⑧编号；⑨分类编目；⑩区分不同风格和内容；⑪弄清重叠现象；⑫研究创作每一岩画技术；⑬建立档案。第三，分析，⑭进行艺术的、年代学的、民族学的分析；⑮讨论。第四，综合，⑯综合各方面证据，做出结论[①]。埃曼努尔·阿纳蒂教授这里所说的调查研究岩画的全过程，虽然是指岩刻岩画而言，但除了清洗崖面、除去钙质外壳、涂色等之外，也基本适于颜绘。其中，①—⑬步骤都属于野外工作方法范畴，是在田野中岩画现场要做的事情。即使是辨认、分析及研究性工作，虽然重点是室内研究工作要做之事，但其中不少问题，也要在记录过程中予以解决，倘若将野外工作中遇到的问题，一个个积攒下来，留待室内去解决，恐怕是要落空的，这一点是中外岩画学者共同感受过的。[①]

素描也是图像记录的手段之一，必须由有一定绘画基础的人员去做这项工作，它要求把岩画所在的山峰或附近的河流、森林用素描方法画出来，最好将岩画图像在山岩的部位及格图像之间的排列关系如实地呈现出来，这是表现岩画所处自然环境的最好手段，不仅给人以亲临其境之感，也能对研究岩画的分布规律提供依据。如果某处岩画面积过大，图像特多，无法全部将图像显示出来，则只需将有岩画的山体画出，在上面用符号标出岩画位置就可以了。不过最好还是将图像的圆形画出，这样给予人的感官刺激较大，会一目了然地知道岩画的分布。

制作模型，既可以永远保存，又可提供展览，但更重要的是，对条件较差的岩画群，可以起到保护作用，可以将画面原貌永远记录下来。复制模型，一般是最重要、最有价值的岩画。复制模型可用石膏塑造，也可用其他原料，需由有制作技能的人去进行。

总之，岩画的野外工作至关重要，室内岩画研究水平如何，有赖于岩画田野工作，尤其是记录工作的科学性、系统性和全面性，是室内研究工作的基础。只有在大

---

① 转引自汪宁生：《云南沧源岩画的发现与研究》，文物出版社，1985年。

量岩画资料基础上，才能对岩画进行多视点、多层次、多角度、多学科的全方位综合研究。

总之，田野调查是岩画学的一大特征，它包括长期在深山峻岭中去走访、居住，尽量掌握岩画地区的民族语言，参与岩画知情人的日常生活，取得当地居民的合作、支持。田野调查传统上被认为是一个文化各方面资料的收集，岩画田野考察，不但要用各种记录手段，将岩画资料弄到手，还要对当地自然环境及一切文物资料予以掌握。随着资料的积累，和有关文献资料的掌握，便可以把工作的重点转入到室内研究。

如果说岩画野外调查是岩画研究工作的播种期，那么岩画室内整理和研究，便进入了收割期，岩画的调查成果要从室内工作体现出来，室内工作，可分为室内整理和研究两个步骤。

整理工作是野外调查和室内研究的中心环节，是由野外考察步入研究阶段必不可少的工作。室内整理，约可包括下面几项工作。

其一，将野外收集来的大批岩画资料（包括文字、表格、图像等），按照地区、地点、组（幅）区分开来。

其二，在十万分之一或五万分子一地图上，标出各岩画地点的位置，绘制岩画分布图，说明每个岩画地点所在地名称。其名称用字，要与已刊印出的地图用字一致，以便规范化，并能在其他图上找到岩画地点。

其三，冲洗扩印照片，翻拍拓片，印出岩画图片小样。

其四，将一组组岩画放在灯箱上拷贝，把玻璃纸或塑料布上的图像一个个描于白纸纸上，然后用毛笔涂黑，并用色盲片拍成照片，这便是拓描照片小样。

其五，查阅岩画考察地区的文献、文物资料，尤其是自然环境的有关资料。做出资料卡片。

在上述岩画整理工作做完之后，接着便是编写报告或写岩画专著工作。研究的方法，必须是多角度、多层次、多视点的全方位综合研究，主要研究方法如下：

（1）周围环境及其变迁的分析。

岩画是古代一种文化现象，任何文化现象都与该地区的自然环境相联系。为了弄清产生岩画的自然条件和经济基础，必须去研究岩画地区和地点的地理环境和自然条件。包括岩画所在地点的位置、行政隶属、地理位置的经纬度，分布范围的面积、地形、山脉、河流、山的海拔高度，气候条件，年平均温度，气温最高、最低度数，无霜期时间，雨量，年平均降雨量，降雨时间，雨旱季的月份。岩画地点的自然资源，植被、动物群落、农作物、矿产等。

（2）文化背景分析。

岩画是在一定社会背景下人们文化活动的产物，只有弄清制作岩画的社会背景，才能正确判断作画者的思维方式、社会功能、审美意识和心态活动，也才能对岩画的题材内容作出符合实际的理解和解释。从分析考究产生岩画的背景入手，是揭开岩画世界奥秘，拉开岩画帷幕的入门口。画面所显示的内容，对我们生活于20世纪的人来说，往往是不可理解，甚至是荒谬绝伦的，但是把其放到特定历史背景下去解释，便成为顺理成章、符合情理的事情了。

（3）比较分析。

有比较才能鉴别。对岩画的比较分析通常局限于某一地区或某一岩画点，它是一种超越地域（空间）的比较研究。通过比较分析，能够弄清某一地区或某个地点岩画在整体岩画中的位置（地位），能知道此处岩画与彼地岩画的异同，从而找出此处岩画的特点。

倘若将岩画中图像与某地文物古迹中的同类图像进行比较，可以据以判断其间的关系，看到岩画在当地文化中的地位。比如，通过新疆昆仑山岩画与当地新石器时代陶器纹饰的比较，不仅对断定岩画年代有参考价值，也为揭示彼此间存在的关系找到依据。

（4）考古学方法。

考古学方法在岩画学中的运用，也就是借助考古学的方法去研究岩画学，主要是借用考古学的方法去解开岩画的年代之谜。考古学家通过挖掘过去的文化实物去复原过去的文化和生活方式。在通过考古手段去复原历史的过程中，断定发掘出来的文化实物的年代是关键问题，解开岩画之谜，也同样是断代问题，然而令人遗憾的是，时至今日，世界上还没有哪一个国家用自然科学手段去断定岩画的年代，对岩画年代的判断还不得不使用传统的考古学的方法。

（5）历史学方法。

虽然绝大多数岩画属于荒古时代，不见文字记载，文献记载对岩画年代的解决无能为力，然而，也有一些岩画有题记，有的在文献中还有记载，这不仅对判断岩画年代下限有参考价值，也对历代当地人对岩画性质的看法提供了依据。

（6）美学研究法。

岩画是刻在或绘在岩石上的美术作品，它属于美学研究的范畴。只有从美学角度去研究，才能通过岩画，弄清岩画作者或作画时代人们的审美观。同时，岩画是古代遗留至今最古老的美术作品，可以从岩画去探索艺术的起源，作画时代的艺术水平、岩画的艺术特色、岩画艺术同其他艺术的关系，以及岩画艺术对其他美术作品的影响等。

（7）人类学研究法。

人类学是一门以人类及人类行为为研究主题的学科。传统上，人类学被划分为四大领域：体质人类学（Physical anthropology）、考古学（Archaeology）、语言学（Linguistics）和文化人类学（Cultural anzhropology）。这四大分支的综合便构成人类学这门学科的全部原则，统称一般人类学（General anthropology）。其中文化人类学家研究人类行为和思维的各个方面。岩画是古代人类行为和思维活动的结果和载体，从文化人类学角度，去探析古代人类的行为和思维方式，是岩画学主要的研究方法。

（8）民族学研究法。

古代岩画在现代某些少数民族中，既不是即兴的审美之作，也不是死去的历史文物，而是一种至今依然闪耀着生命之光的文化现象。对于岩画的研究，除了上述的"文物"式的考证，静观式审美，艺术哲学角度的抽象分析，更要注意岩画所处的特殊的"文化场"和"心理场"。岩画虽然沉默不语，但它在民族文化的口头形态——神话、传说、歌谣、咒语、卜辞，在民族文化的行为形态——巫术、祭奠、仪式、祈祷、禁忌等，也就是在民族的文化和心理中，仍然留着它无法断裂的随时可能萌发的"根"。

二、岩画学与相关学科的关系

岩画学和许多有关的学科密切相关，与文化人类学、生态地理学、考古学、文化生态学、宗教学、文化传播学、符号学、美术史、历史学有着密切联系，但又具有独特的特性。剖析岩画内涵，了解古代人类思维和行为，不仅要进行背景分析、比较研究，还要进行交叉化分析（crosscultual analysis），即用多学科交叉的方法，去弄清岩画学的内涵外延。

（一）与文化人类学的关系

文化人类学研究对象是探析人类思维和行为的各个方面。描述不同的风俗习惯、礼仪以及世界各个不同群体的生活方式，解释和理解人类行为是人类学家的基本任务。而岩画又是古代居民思维的体现和行为的图解，从这一点上讲，岩画学与文化人类学有着共同的探索目标，只是岩画学有着更为广泛的内涵，是文化人类学所不能包含的，而文化人类学所研究的内容也是岩画学所包含不了的。如果把文化人类学与岩画学所研究的内容，都用一个大圆圈去表示，它们的相交点是相当大的，但是也是无法相互代替的。

（二）与生态地理学的关系

生态地理学是一门近年来才逐渐发展起来的新兴学科。它是主要运用生态学的观点和方法，探索人类与地理环境的相互关系的科学。岩画学是研究人类在时间上的关系，而包括生态地理学在内的地理学则侧重于探讨人类在空间上的关系。但时间与空间是相互关联的。岩画学与生态地理学之间存在着接触点，即岩画学是一定自然环境中产生的文化现象，自然环境及由此生成的经济形态是岩画产生的基础，自然环境的变迁和经济形态的改变制约着岩画的演化。

（三）与考古学的关系

从广泛意义上讲，岩画应属于考古研究的对象，但从严格意义上说，考古学是以发掘出来的文化实物去重构历史的，因此，岩画只应是文物，而非严格意义上的考古。即便如此，岩画学与考古学仍是相近的学科，只是研究的侧重面不同。考古学传统的研究重点是物质文化方面，而岩画学则以精神文化为主。从研究对象讲，考古学是发掘品，而岩画学是裸露于山岩上或洞窟中的图像。

（四）与文化生态学的关系

文化生态学是一门研究文化与环境相互关系的科学。它是在人类学与生态学相互渗透、相互结合的基础上逐渐形成和发展起来的新兴学科。文化生态学主要致力于以下三个方面的问题研究。其一，研究生产技术与环境的相互关系。其二，研究用特殊的技术手段开发特殊地区的行为模式。其三，文化的所有方面的因素和功能，都是相互依赖的，相互依赖的程度和类型都有着不同的特征，这些特征被最紧密地包括在由文化规定的利用环境的方式中。

（五）与宗教学的关系

宗教学是研究宗教的起源、发展和消亡规律的科学。它包括原始宗教的多神教，也包括阶级社会中的一神教。岩画中既有原始宗教内容，又有一神教内容，以前者居多数。在某种程度上讲，岩画是原始宗教的产物，没有原始宗教，便没有岩画。岩画，尤其是早期岩画，是宗教的载体，是原始宗教所崇拜的各种神灵形象、祭奠仪式、虔诚崇拜思想的记录和形体化。

（六）与美术史的关系

岩画就其本身来说，它是古代的美术作品，是美术史研究的对象，它为美术史提供了为其他任何美术作品都无与伦比的丰富资料。这种美术史资料不仅数量多、分布广、时代早，而且延续时间也最长。它从三万多年以前，陈陈相因，历百代而不绝，直到当代的原始部落。岩画与其他古代美术品关系极其密切。

岩画与古代青铜器花纹亦多相似之点。岩画对人物造型艺术的处理手法，强调主要动态特征和人体的几何形概括法以及程式化形象，这在战国青铜器上以渔猎、农桑、战斗和饮宴等为主要内容的装饰画像中屡见不鲜。

颜绘岩画同我国壁画虽有很大的差别，但应属于一个系统的艺术，从两者出现早晚看，壁画很可能是由岩画发展而来的。

岩刻岩画与汉代画像石，虽有很大的差异，也有很多共同点，也应视为一个系统。在艺术处理手法上，岩画和汉代画像石刻的人物形象都是强调整体动态表现，而不大深入刻画五官表情。

（七）与传播学的关系

传播学是第二次世界大战以后产生和发展起来的一门新兴学科。传播是一种社会现象，指的是人与人（包括群体）之间借助语言和非语言符号，直接或间接地传递信息、意见、情报、感情等的过程。

从岩画学的功能看，无疑岩画也是一种重要的传播工具和传播方式。岩画学要从传播学的角度，去了解古代人如何运用岩画作信息传布的工具，去向当时社会施加影响和传递消息的；而传播学，更要从史的角度，以岩画为研究对象，去考究传播现象的产生和发展的历史，以及岩画在传播学史方面发挥过的巨大作用。

（八）与符号学的关系

符号学作为一门新兴的独立学科诞生于20世纪40年代。其创立者是美国实用主义哲学家皮尔斯、瑞士语言学家弗尔迪·索绪尔和美国哲学家莫里斯等。能够作为其他事物标志的东西，都可以称为符号，例如字母、电码、语言、数学符号、化学符号、仪式、动作，等等。

岩画学是一门跨学科的综合性学科，它与文化人类学、生态地理学、考古学、文化生态学、宗教学、美术史、传播学、符号学，以及痕迹学、色彩学、文化史学、民俗学、民族考古学、农业考古学、形象思维学、原始思维学、性学、科技史等相关学科密切科学。它的研究方法也多种多样。主要和经常运用的方法有的来自考古学、历史学、人类学、美学，有的来自宗教学、传播学、符号学，以及其他学科。还运用了实地考察法、实地实验法（指制作方法）、概况研究法、背景分析法、比较分析法等。

三、岩画的学术价值

岩画是古代先民记录在石头上的形象性的史书，它从多方面揭示了古代先民的生产经济、社会生活、哲学思想、宗教信仰、古人心理活动和审美观念等丰富的内容，是人类由野蛮走向文明历程的生动图解。

生活在中华大地上的各族先民，早在文字发明之前，就开始用图画的语言来表达感情，交流思想，记录事件，并通过对岩画的题材、构图、形象等的选择，培养他们的艺术视觉、审美情趣，显示了他们的聪明才智和创造才能。

岩画这块丽的艺术之花，对于今人来说，除了美的享受，还是一面历史的镜子，从中可以窥探到人类精神历史的继承性和演进历程。

岩画是人类历史上遗留至今数量最多、分布最广、延续时间最长的文化现象，正如朱狄在《艺术的起源》一书中所说："岩画艺术遍布世界的各个角度，几乎只要那里有人生存，有利用价值的岩石表面就会被画、被刻、被雕上许多形象。在史前人那里岩石的表面是经常作为普遍的露天的礼拜所服务于人类的，直到农耕文化产生后，随着神殿在村落和城市中的建造，岩画传统才逐渐消失。"从目前世界各地及我国所发现的岩画情况来看，岩画的产生时代，大约可以追溯到三万年前。从用石头和矛头武装起来的原始人，到使用弓箭的狩猎人，到游牧人和农业生产者，以至金属的使用者，一直到文字文明的出现。岩画组成了世界史的最早篇章，这些形象和符号是人类有文字之前，文化和智能的主要记录，它揭示了史前人类以及历史时期精神文化和物质文化的发展水平，以及人与人和人与自然间的种种关系。它以形象的洞察力展示着人类历史各个时期的面貌，汇成了人类历史的最大源泉。可以毫不夸张地说，岩画是以艺术的形象语言，向后世道出了人类为生存而斗争的一幕幕激动人心的场景，它与别的艺术形式一样，是一种最能清楚地说明世界和反映世界的强有力手段，既能反映创造者们的物质生活状况，也能捕捉到人类内在的精神奥秘，同时向人们提供了各个时期人类不同观念中最本质的信息。

文字记录的人类文明史，至多也不过5000年左右。在考古学未兴起之前，人们对史前人类活动茫然无知。自从考古学兴起之后，作为历史科学的一个组成部分，它通过人类遗留下来的大量实物资料，对了解、复原人类遥远的过去有了更具体的形象认识。但对远古人类的审美观念和意识形态仍然了解不多。当世界各地大批岩画被发现后，促使一批学者兴致勃勃地去考察它、研究它，并使它成为一种新学科。岩画学者通过对岩画各个方面的研究，使人们获得了过去从未有过的最大容量的新知识。这些新知识，反过来又填补了考古学的不足，尤其是在意识形态和审美观念方面。

在我国岩画除上述价值外，还具有特殊的价值和意义，主要表现在：

其一，从目前我国已发现的岩画分布地点来看，它们大都分布在我国少数民族地区，有些地区目前虽然已不是少数民族地区，但是在遥远的作画时代，却是少数民族或其先民居住的地方。因此，研究岩画对研究少数民族的历史有特殊的作用。

其二，为研究我国狩猎和畜牧业史开辟了新途径。可能由于岩画的大批发现，把我国的狩猎畜牧史的研究推向一个新的阶段，并有所突破。

其三，是研究古代动物群落分布和自然生态变迁的可靠资料。通过生态环境变化的研究，更可以知晓史前人类如何适应草原、山地的自然环境，以及他们与严酷的自然界进行搏斗的生动场景。

其四，扩大了美术史研究的视线和范围。不论就中国来说，还是从全世界来说，没有任何一种美术作品比岩画的数量更多，也没有任何一种美术作品比岩画的分布更为广泛，延续时间更长，作画人数更多。岩画是人类史中最悠久的一种美术作品，这话并不夸张。它不仅是重建人类历史的极其珍贵的形象资料，而且通过它更可以窥见远古人类的审美心理和审美意识。遗憾的是，由于种种原因，岩画在很长一段时间里，一直没有被学术界所重视。因此，提倡重视岩画的考察和研究，正确估价岩画应有的价值，在目前很重要。意大利岩画学者、前国际岩画委员会主席埃曼努尔·阿纳蒂教授在《世界岩画研究概况》（《卡莫诺史前研究中心公报》第21期）一文中论及岩画时曾指出："今天看起来，我们生活的世界，艺术在日常生活中扮演着一个逐渐变得并不重要的角色；而早期的人类，则明显地表现出艺术在日常生活里，是一个不可缺少的和本质的方面。在世界的每一部分，分散居住在各地的人群，各自绘画和雕刻着岩画，的确，在世界的每一部分，岩画被人们作为最早的画布使用着。"

总之，中国岩画是中国艺术宝库的珍贵遗产，有着重要的历史价值和艺术价值，可以给文化人类学、考古学、民族学、历史学、民俗学、宗教史、艺术史等各学科提供新鲜、真实和形象的研究材料，据以可重构我国古代的社会面貌，尤其是边疆少数民族的狩猎时代和畜牧时代的历史。

（节选自盖山林：《中国岩画学》，书目文献出版社，1995年）

中国岩画与中国岩画学

陈兆复[1]　邢　琏[2]

（1. 中国岩画学会、中国美术家协会、中央民族大学、国际岩画委员会、
内蒙古岩画保护与研究学会；2. 中央民族大学）

一、岩画的诞生

视觉经验是人类图像方式的基础。人类是在什么时候完成"图像"意识的，有些问题还说不准。但是，我们却能够指出：今天我们既能够看到还能够触摸到的岩画，确实是早期人类从图像意识提升到图像表达的作品，它可以作为这一历史性跨越的见证。

人类的视觉表达可能并不始于岩画，人们总先是在易于雕刻的木头上，或兽皮上刻画的，只因其易于腐朽，我们已难寻其踪迹了。但是，雕刻在兽骨、石头上的小型艺术品，却有少量侥幸遗存下来。早期的动物雕刻的某些作品，确实是相当精彩的。例如，从德国西南部1931年出土的象牙雕刻《小马》，制作于距今约三万年。作品将颈项夸张地拉长成拱形，再由颈项引向刻画精工的头部，特征鲜明，形态逼真，制作技巧非常成熟。虽然这匹可爱的小马现在已被严重磨损了，但在总长只有4.18厘米的小小的牙雕上，已经把马的眼睛、耳朵、嘴巴和鬃毛都精心地雕琢出来了。在显微镜下观察，还可以发现在马的某些部位被砍出一些小点，一直砍到马的肩部，这些砍痕可能是把它当作"被杀"的对象。此外在马的臀部还发现一个记号，这记号也可能是施加巫术留下的痕迹。

虽然这些小型艺术品令人叫绝，但真正能够代表从图像意识提升到图像表达的作品则是岩画。

在任何社会里，人与人之间的交流总是首要的。所以广义地说，文化等于交流，或交流出现了文化。

人与人之间的迎往送来，各种各样的生活习俗，以至五花八门的礼仪与祭祀等，都可被视为一种交流，也是一种特定的文化。

在各种的交流方式中，语言当然是主要的。人们要用自己的语言表达自己想说的东西。但是，生活中绝没有想怎样表达就怎样表达的事，只有遵循社会的规范和约束，你所说的东西才会被人们所理解，交流也才会成为可能。某一文化的成员之间，有他们

共同的话题，也有他们自己攀谈的方式。这些都是与他们这一文化的生活习惯、思想信念和价值体系有关。所以，人类交流有一定的规则性、体系性，它们具有某种"符号性"，可以使人们相互之间能"读出"其意义来。换言之，人类如果不能互相发出可以理解的信号，社会生活也就无法持续下去了。

文化的开端在于交流，岩画的开端也在于交流。人们的交流方式是多种多样的，语言之外，在文字发生之前，图像就是一种很重要的方式。在全世界各地的林薮之间、山崖之上，先民们遗留下来的大量岩画，都是他们用图像的方式表达自己感情、交流思想观念时的产物。原始时代的岩画是一种原始的语言，一种文字前的文字。事实上，这些远古的岩画艺术，已成为原始时代的百科全书。

遗憾的是，由于古今的人们交流的方式有所不同，现代的人们，已很难完全理解远古时代的这部百科全书了。

岩画，和上面提到的这些旧石器时代的小型艺术品一样，这些或刻或绘在岩石上的画面，出现在文字发明之前。它始于旧石器时代晚期，而逐渐消失于当人们获得文字作为交流的工具的时候。只是在个别地区，岩画的传统被一直保存到近代。

学者们开始认识到，岩石上的图像作为人类早期的视觉表达，是人类文字发明以前的、最重要的文化记录。它所提供的文化信息，是重建人类历史的非常重要的资料，岩画一出现就承载着这个神圣而伟大的使命。全世界范围内都发现了岩画。自从人类发现5万年前的岩画，它们的痕迹就遗留在岩厦的遮蔽处、岩洞和露天岩石的表面上。这些古人类创作的岩画奇葩在屡遭天灾，遍遇人祸之后，还能顽强地"活"在160多个国家的山崖峭壁上，"待"在日益恶化的自然环境中，可见原创作品的数量之大，要比现在我们所看到的要多得多。但历史却像是个负心汉，把岩画给遗弃了。它受尽了来自大自然的摧残，人世间的破坏、糟践，已经遍体鳞伤了，假若继续任其栉风沐雨、饕飧不继的话，岩画注定是要在人世间永远的消失，不复存在了。

幸运的是我们终于发现了岩画，并经过努力地考查、辨识、考证、解析，历经几代人的前仆后继，艰难岁月的跋涉，岩画终于被世人所承认，并越来越认识到它弥足珍贵的价值。千万年前的岩画图像，构成了文字发明前图像文本的卷宗。填补了无文字记载的长达数万年历史的空白。

岩画是普世人类文化的DNA，是文化大厦的根基，是被湮没于历史长河中而又重现的历史，它是我们现代人类文化追本溯源的滥觞。众多的岩画点，已经成为民间神话和民族传统的源泉、种族识别的依据、召唤图腾祖先追梦的圣殿，是人类精神的家园。从人类图像文化史的观点看，拯救这些久远的、濒临消亡的原始图像，该有多么的重要！

二、岩画与岩画学

岩画这个名字，在我国从古到今曾有过许多称呼：石刻、刻石、画石山、摩崖石刻、崖画、崖壁画、岩画、岩刻、岩雕等。现在岩画的这个名字，据我们所知大约是在20世纪70年代初甘肃的黑山岩刻发现后才流行起来的，大概是因为它通俗易懂、便于使用的缘故，现在我国约定俗成将其通称为"岩画"。

其实我国所称的岩画是包括画的和刻的，以及用其他方法制作在岩石上的图画或符号，因为都被称作"岩画"，所以在翻译成西方的文字时往往把刻的作品，也译成为画的作品。在西方的文字里，把画的和刻的岩画通称之为"岩石艺术"（rock art），而凿刻的和涂绘的作品则各有其不同的词汇（诸如petroglyph原始石刻，engraving岩刻，carving雕刻，painting绘画，drawing图画等）。中国岩画有凿刻和涂绘两种，此文有时将前者称为"岩刻"，后者称为"崖壁画"或"崖画"，而"岩画"这个名字在此文则是作为两者的通称。

但不管是中国的"岩画"，还是国外的"岩石艺术"，人们对这些称呼都不大满意，总觉得它们不能完全反映出这种艺术丰富的内涵；但是，也似乎还没有想出一个更好的名称来。这不仅仅是因为岩画在制作方法上不只是画的，还有刻的，有半画半刻的，个别还有薄浮雕的。重要的是在内容上、在创作的意图上、在制作的环境上不仅与绘画大相径庭，与一般的艺术品也大不一样。有的岩画，说它是艺术，不如说它是宗教，不如说它是学术，或者兼而有之。

岩画一般制作于自然状态的岩石或崖壁上，但是它所包括的不仅仅是图画，还有符号、图案、印记、各种凹穴和线条等。它大都只有上下、左右两度空间，基本上为平面造型。画面上的各个图像或符号，通常是各自排列，相互映掩者较为少见。在形象的表现上只抓住物像的基本形，而省去细节，图像有很大的随意性，含义上往往也是多义性的。

岩画的功能与远古时代人们的生活联系在一起，它记录了人类远古时代的社会生活和思想意识，特别是宗教巫术的方方面面。所以又被人们叫作"文字前的文字""原始社会的百科全书"。

在文字发明之前，岩画是人类想象和艺术创造的最早证据，它组成人类文化遗产中最有普遍意义的部分。岩画体现了人类抽象、综合和想象的才能，它描绘出人类经济和社会的活动，人类的观念、信仰和实践。岩画对深刻认识人类的精神生活和文化样式，是其他任何东西所不能代替的。

在全世界范围内，分析岩画的文化内涵是一个全新的研究领域。在文字前的社会里，岩画的内容反映了当时的生产与生活、思想与意识，特别是宗教巫术支配下的整个社会生活。在艺术方面说，岩画说明着一种原始世界的观察力和想象力，其中某些普遍的样式在现代艺术中仍然存在着。

学者们开始认识到这些绘制和凿刻在岩石上的图像，犹如文字的记载，在某种程度上，岩画还是一种可以超越地域的阻隔、文化的差异、语言的不同，却能相互用以传达和交流的"原始语言"，更显得它是重建人类整体历史的非常重要的资料。

基于这样一种理解，我们对岩画文化内涵的考察和分析，就不应仅限于对其绘画艺术性的讨论，还在于通过对其遗存形式和图像内容的观察，去发现和研究古代的人们如何借助这种独特的"文字前的文字"传达他们对主、对客观世界的认识，以及人们在岩画形式中所表现的一切精神活动与一切物质活动之间的关系。

1988年9月，在澳大利亚达尔文市举行了一次有来自五大洲的、三百多位学者参加的、大规模的国际岩画学术会议。热带夜空的繁星，满城盛开的鲜花，蓝色海洋上的归帆，的确使人心旷神怡；但一直萦绕在我们心头的却是会议的丰富内容。

　　达尔文会议的意义，简而言之，就是说明岩画研究现在已作为一个独立的学科出现于学术界了。岩画学，人们可以这样称呼它，即使它与史前学有着某种联系，但它不再只是考古学的一个分支了。岩画研究紧密地联系着许多领域，诸如艺术史家们已在史前艺术研究方面做出了大量的工作，这在达尔文表现得非常明显。此外，甚至完全不同的，诸如地貌学家、神学家、岩画保管人等，也都对这门学科有着浓厚的兴趣，而且也可以贡献出许多有价值的东西来。

　　什么是在达尔文表现得特别明显的，就是这门学科比我们过去想象的要复杂许多倍，它是智力的和学术会议的万花筒。岩画研究，必将导致如何理解人类过去和现在的意识的复杂性，必将导致解释人类社会模式的基础，以及最终触及如何与后来的社会模式相连接的问题。这些工作做起来是不容易的，但对于全世界的岩画研究工作者来说，它却指出了这门新学科的蓝图。

　　达尔文岩画会议，展示了这门新学科的蓝图。对于全世界的岩画研究工作者来说，大会明确而强烈地号召我们要成立自己的新学科。

岩画，或涂绘或刻制于山岩上的图画和符号，它的图像分布遍及五大洲。从远古的狩猎时代到现代的原始部落，都有岩画的制作，它们用图像记录了人类生存活动的连续性篇章，以其全球性的宽度和历史性的深度成为世界性的研究课题。

　　同时，岩画又以其特有的风格，富有魅力地反映了人类社会的童年。虽然它们不可避免地带有某种幼稚和粗糙的痕迹，但却表现出一种生动的、朴素的和富于幻想的特色，而且这种特色，具有后世任何卓越的艺术品所不能代替的独特性。岩画这种失落的文明却是人类文化遗产中的瑰宝。

三、中国岩画百年

中国从近代科学意义上的岩画考察，始于1915年黄仲琴对福建仙字潭岩画的调查。

岩画，是我们今天既能够目睹又可以触摸的、实实在在的原始的图像。这种图像是从什么时候开始制作的呢？从现在的发现看，全世界范围内至少可达数万年以上。

岩画在人类文化史上，是一件特定的事物，是人类发展史中带有标志性的飞跃。它表述人类主宰这个世界的欲望和把握这个世界的企图，是人类早期创造的图像样式，也是最早人类宗教信仰的载体之一。换句话说，岩画对人类文化起到了发生发展、承上启下、独一无二的作用。然而，现在我们中国岩画的情况又是怎样的呢？

（一）发　　现

20世纪是中国岩画发现与研究的重要时期。虽然古籍中有关岩画的记载很早，但对中国岩画来说，近代科学意义上的考察则始于20世纪。20世纪初对福建华安汰溪仙字潭石刻的调查、20世纪20年代新疆岩画的发现、20世纪30年代香港古岩刻的发现、20世纪40年代四川珙县悬棺葬崖画的研究、20世纪50年代广西花山崖壁画的考察、20世纪60年代云南沧源崖画的发现和研究、20世纪70年代对内蒙古阴山岩画的发现和研究、20世纪80年代贺兰山岩画的发现和研究和21世纪初中原岩画的发现和研究，都是卓有成效的。在20世纪，中国的岩画主要发现在边疆少数民族地区。21世纪初，郑州新郑市具茨山一带中原岩画的发现，既指明了中原地区也存在着大量的岩画，同时因其图像的特殊性也为人们提供了一个全新的研究课题。中国目前发现岩画的地区，东起大海之滨，西达昆仑山口，北至大兴安岭，南到港澳地区，包括中原大地，据最新统计数据，已在29个省区内200个以上的县（旗）发现有岩画，岩画点总数超过数千处。我国岩画的发现大都集中在边疆少数民族地区，为古代少数民族先民们的作品。我们亲自考察过的岩画点跨越近20个省区，行程3万里路。淌过激流险滩，爬上陡峭悬崖，穿越戈壁沙漠，走进丛林莽原，访问中原腹地，尽管人已是精疲力竭，身心疲惫不堪，可是一旦发现岩画，立即精神抖擞，一切倦意都化为乌有。

中国岩画的发现与研究已百年了，回顾这百年走过的路程，使我们对中国岩画的分布、类型、年代与族属、艺术风格的认识日益深化。

（二）分　　布

中国岩画的分布可划分为北方、西南、东南、中原四个系统。

（1）北方系统的岩画，主要分布在内蒙古、新疆、宁夏、甘肃、青海，图像以动物为主，风格较写实，技法大都是岩刻。它是中国北方草原地区狩猎、游牧民族的作品。

（2）中原地区的岩画，主要分布在河南、山西及中原边缘的湖北等地。风格独特，如河南省中原腹地的岩画，主要是以凿刻的凹穴为主和其他的抽象图形，当与对天体的宗教信仰活动有关。

（3）西南系统的岩画，主要分布在云南、广西、贵州、四川，图像以人物的活动为主，并有像金沙江那样多彩的大型动物；宗教活动为其主要的表现内容。作品技法则以红色涂绘为主。西藏地区的岩画，主要反映狩猎与畜牧生活，基本上属于北方系统；但由于它与中国西南地区的省份相连，某些作品又具有西南系统岩画的风格。所以根据它的地理位置，也可以纳入西南系统。

（4）东南沿海地区的岩画，分布在江苏、福建、广东、台湾和港澳等地，大都与古代先民们的出海活动有关，体现着中国的海洋文化。图像以抽象的图案为主，都采用凿刻的技法。

（三）类　　型

不同类型的岩画图像出现在不同的时期：早期的岩画图像创始于旧石器时代，延续到中石器时代，属于狩猎采集经济时期；晚期是由从事多种经济活动的人群所创造，则一直延续到有文字的历史时期。

岩画图像就其经济生活而言，我们在这里分为五个基本的类型，每一种也反映了一种特定文化的精神状态。同时，从文化类型学的角度看，中国岩画主要有三种范围广阔的文化类型：游牧文化、农耕文化、海洋文化。每种类型各有其复杂的特点，如游牧文化类型就与狩猎经济相联系，而农耕文化类型往往包括了复合经济的内容。这几种文化类型在世界各地到处可以被发现，在时间上又有其相续的关系。在中国岩画研究中，文化类型学的方法特别值得重视。

1. 狩猎类型岩画

早期狩猎者岩画，描绘巨大的动物和抽象的符号，但没有构图的概念，主要是独立的图形和隐喻的内容。巨大的野生动物图像，大部分被刻画在如今已是沙漠或半沙漠地区的山崖上。根据我们目前获得的更新世艺术的资料，亚洲早期的艺术最明显的特点是，自然形象的如实描写很少，也就是说，亚洲旧石器时代的艺术大部分是属于非具象的，中国早期狩猎类型的岩画也应该有这种特点。

早期狩猎者（尚不知道弓和箭），他们的创作风格单一，但有某种体系和某种联想，初看起来好像比其后来时期更复杂或更神秘。动物对这些先人来说是极其重要的，也是图像的主要题材。同时动物图像旁边往往总有表意符号相伴，符号不仅是主语，也表示动词、形容词和谓语。换句话说，这里的表意符号体系可能包含有

新疆天山康家石门子岩画

推理逻辑的意义。这种具有早期狩猎者特征的视觉语言，至今还部分地在最后一些狩猎民族中使用。

后期狩猎者岩画，开始构思真实的场面，他们借用小情节、琐事，越来越诉诸细节，并且逐渐地具有各地方的特色。

岩画的人物带着弓箭，除了狩猎场景之外，舞蹈、战争和交媾等也都有所表现。人面像也是常见的题材，反映出极富于浪漫主义的想象力。这种人面像的岩画显然是与原始人类的宗教信仰有关。

2. 畜牧类型岩画

在中国的北方草原，广泛地分布着游牧者岩画，其特点与亚洲其他地区的牧人岩画大致相同。这种岩画表现的特点是多种多样的，无论在内蒙古还是新疆，这种岩画图像都与蒙古国和哈萨克斯坦牧区有联系，作品集中表现了家畜与家庭生活的场面，反映出至今仍然保留下来的古老风俗。虽然游牧者岩画的早期是相当古老的，但这些岩画的大多数，在编年学上是与复合经济的早期阶段平行的。

3. 复合经济类型岩画

在具有复合经济形态的古人类的艺术中，符号体系的成分发生了变化，只有特定文化圈的人们才能看懂。基本的结构、主要的逻辑、直接联想的能力越来越难以破译。

从目前掌握的资料看，中国大部分地区的岩画具有复杂的混合经济的特点，它们主要是由早期农耕地区，或其边缘地区的人们所作，同时也有非常复杂的内容。复合经济类型的岩画，也具有非常突出的地方特色。这在中国南方岩画中尤其明显。既有农耕生产者的作品，也有游牧民族的作品，有时候还出现狩猎者和采集者的形象。组成岩画图像的除了与他们生产生活相关的画面之外，还有神话和传说的场面，以及由符号和图案组成的构图。

4. 农耕类型的岩画

也往往与混合经济风格的岩画结合在一起。岩画中出现许多符号、几何纹样和一些图案的设计，还有一些与农耕有关的描绘。在中国北方草原，农耕生活并不发达；而在南方这种类型的岩画持续的时间却很长，可能一直延续到文字的发明。农耕类型的原始宗教也已逐渐成熟。1979年在连云港将军崖发现的人面像岩刻，表现了植物神的形象，还有太阳和星空的图案。当农耕成为人们主要的生活来源的时候，太阳和星空就会成为崇拜的对象。

5. 海洋文化类型岩画

在中国东南沿海及其岛屿上发现的岩画，在我们看来都是中国先民走向海洋的历史见证。船形岩画是东南沿海岩画的特色,澳门岩画中装有桅杆的船只,珠海高栏岛岩画中出现的船队,江苏冈嘴山及浙江象山石浦发现的古船岩刻,都是海洋文化的明证。

东南沿海的岩画充满浪漫主义的情调,更富于幻想,在风格上都带有抽象化和图案化的倾向。同时与环太平洋岩画有明显的联系,从这里我们可以看出中国海洋文化与环太平洋诸文化因素是相衔接的。

(四)年代与民族

断代的难题仍然困扰着我们,但在20世纪中国岩画学者在这方面取得了一些进展。现代科学的方法如^{14}C测试,曾在广西的花山崖壁画和云南沧源崖画的断代方面取得了成果,它们的年代都在距今3000年左右。而更多的,我们仍采用传统断代的方法,包括以画面上出现的动物图形的种属的来推测年代,通过古文献与出土文物对照来推测岩画年代,通过分析岩画内容、艺术风格、制作手法等来推测年代,还有利用民俗民族学材料推测岩画年代等。

中国岩画的上限问题,已经发现了更新世时代的岩画,如金沙江的大型动物、内蒙古曼德拉山洞内的手印岩画、阴山的鸵鸟岩画等。根据我们目前从亚洲获得的更新世艺术的资料,它们最明显的特点是,几乎缺少自然形象的如实描写,也就是说,亚洲旧石器时代的艺术大部分是属于非具象的。所以,在寻找中国旧石器时代晚期的岩画时,应该是写实图形与抽象图形、几何形体与图案并驾齐驱,不可偏废一方。

中国北方草原,自古以来就是游牧民族活动的历史舞台,他们是北方岩画的创造者。新疆早期的岩画,如阿尔泰山和昆仑山的早期岩画,与塞人的活动有关。越是中国南方主要的古代民族,战国时称"百越"。分布于广西左江沿岸的左江崖壁画,综合各方面的资料,我们大致可以认定其早期的作者应是西瓯和骆越,同时后来有些作品也可能为乌浒、俚人等后续民族所继承。从崖壁画上所反映的崇尚铜鼓、竞渡、蓄椎髻、珍狗等习俗,是与瓯、骆及其后裔所流行的习俗是一致的。崖壁画上出现的羊角纽钟、扁茎短剑、环首刀等也都是越文化的典型代表。同时,许多历史学和民族学的资料也表明,在中国东南沿海地区的岩画,如福建华安岩刻、香港古石刻等也都与越人有关。

(五)艺术与风格

原始时代的艺术,以其特有的内容与风格、富有魅力的表现形式彰显了人类童年时代的率真童趣。任性驰骋、为所欲为地刻凿与涂绘正是这种特色,成为后世任何艺术所不能取代的特色。

在岩画创作中,环境的选择具有重要意义。岩画是以其类似于环境艺术或大地艺术的形态而出现的,因此,岩画所积淀的时空的能量是无与伦比的。这些刻之凿凿,又

内蒙古阴山岩画

经得住岁月磨砺的岩石图像，铸就了人类生存的足迹，谱写了人类活动的连续性的篇章。独具的昊天罔极的巨大的精神内涵，即使是万千年后处于文明时代的我们，仍然不能完全破译。

就我们对岩画的认识所及，形式和技术是密不可分的。地理上与气候上的巨大差异，影响到岩画创作的形式和技术。就地取材是先民们生产斗争经验的结晶，也是他们审美理想的物质体现。使用不同的工具和材料制作出来的岩画，效果各异，形式美感有别。中国南方岩画大都使用红色矿物质颜料，采取涂绘的形式；凿刻岩画则分布于中国北方和西部，以及东南沿海地区。

就中国的岩画图像来说，有些地方的岩画十分抽象。或许这种抽象的图像发现于各个地区，具有普遍性。但在中国的许多地方，岩画还是以写实为其主要风格。中国岩画图像中典型的表现方式是单纯而朴实的，岩画中的许多动物，能从现实生活里找到原型，显示出艺术家惊人的观察力和表现力。岩画中有的形象看起来富于变化，强健充满活力，而且生动逼真，或引颈长嘶，或回首自顾，或跳跃腾空，不仅形似，兼及神似，可说是声情并茂。从这些岩画看来，写实总是主流，当然也不能低估艺术家们驰骋的想象力，以寓意象征的手法使作品另具一格而锦上添花。

在岩画图像中，最具有某种诱惑力的是由几何线条组成的各种符号图式。中国各地的岩画点几何形组成的抽象符号，有的为了说明和配合周围的那些具象的图形，以抽象的方法表达某种意思，或记载某些事件。但有的也可能是简化了的图腾标记或有着更为复杂的寓意。

四、岩画百年之谜

在我国辽阔的国土上，岩画的发现东起台湾海峡两岸，西至昆仑山口，北自呼伦贝尔草原，南达香港澳门地区，围绕其中还有中原岩画。中国拥有丰富的岩画遗产，岩画内容反映古代先民狩猎、游牧、祭祀、车骑、争战、舞蹈等，恍如掀开古代历史的画卷，一页页地翻阅欣赏，一幕幕地剧情演示。瞬间缩短了现实与历史的距离，使现实生活与远古的生活衔接起来了。

当然，在全世界数以千万计的岩画作品中（有的学者估计总数在五千万个以上），的确有非常晚近的作品，但从总体上说，岩画是属于原始时代的。

岩画，这朵人类智慧的奇葩，披着历史的风霜，踏着人类历史的足迹，从远古走到了今天。在原始图像作品中，岩画是保存着人类早期活动连续性的、全方位的图像文本。它或镌刻或涂绘于崇山峻岭之间，或隐匿于岩洞的石壁之上，或躲在岩厦的遮盖之所。常是众里寻它千百度，它却在山凹沟畔的犄角旮旯处。那是缘于岩画选址有其特殊要求。岩画所在地山峦起伏，与山河襟带的实景融为一体；历史与现实、艺术与人生交织在一起。岩画令人激发出画即人生，人生如画的感叹！

我国是记载岩画最早的国家。岩画见之于古典文献是非常早的，作于公元前3世纪的《韩非子》一书中，就记载了赵主父派遣工匠在播吾（今河北省平山县东南）"刻疏人迹"，疏人迹就是脚印。这则记录说明，镌刻脚印岩画的风俗，战国时代仍在中原地区继续着；而且脚印岩画又总是与非常人物的非常事迹有关①。

此后古代文献中有关岩画的记载逐渐增多，特别是在历代的地方志中，尽管大都带有神话传说的色彩，但神话总是生活的影子。

我国岩画的大量发现是在20世纪80～90年代，岩画这个称呼也就是在这个时候逐渐被人们所接受的。

但是，对岩画的解释，却是众说纷纭。那些奇异幻化的图形，岩画成像的效果，体现了一种永恒的创造力，产生了审美极强的震撼力。这人类第一等级的图像，却有着一个个难以破解之谜。

就拿左江崖壁画来说，在广西左江沿岸数百千米的悬崖峭壁上，有一幅幅用赭红颜料平涂的人物、动物、器物的岩画图像，斑驳影绰，若隐若现。古来骚人墨客曾留下不少题记。有人发问"是谁挥得笔如椽，乾坤写此大诗篇？"有人赞赏"江作砚池山作卷""鬼斧神工输技巧"，有人慨叹"风吹雨打犹鲜妍！"虽然多少世纪过去了，但世上尚待才人出，方能彻底解开这些崖壁画之谜。左江崖壁画的内容，众说纷纭，有会师图、点将图、庆功图、祭祀图、语言符号、镇压水鬼及图腾崇拜等。

有人说：左江花山崖壁画的第一幅是战争前《击鼓待发图》。集合起来的队伍分成两个部分，每一部皆有一位身材魁伟的首领指挥队伍，即将击鼓发令。第二幅《点将图》，一个巨大的人端坐上首，卫士侍立两旁，将士演练十八般武艺，等待鼓声令起，一大堆铜鼓正待颁赐各部将领。第三幅是《队伍操练图》和《誓师图》。这一幅中高大的骑者多，其他人像也多，群情激奋整装待发。第四幅《战争图》。在这一幅画中，双方都有威风凛凛腰挎刀剑的将领守在铜鼓前发号施令。第五幅是《胜利庆功图》。人们围绕着成堆的铜鼓——战利品，欢呼雀跃，载歌载舞，欢庆的气氛充斥画面。总之，左江花山崖壁画是纪念古代桂西壮族某次大规模战争胜利而制作的②。

于是，人们认为，崖壁画是胜利后举行大规模庆功会的纪念，烘托出炽热奔放的

---

① 该书卷十一的《外储说左上第三十二》篇中说："赵主父令工施钩梯缘播吾，刻疏人迹其上，广三尺，长五尺，而勒之曰：主父常游于此。"所谓"疏人迹"就是我们现在说的脚印。据《资治通鉴·周纪三》："武灵王自号主父。"这里说的赵主父就是胡服骑射抵御北方游牧民族入侵的赵武灵王，韩非子在文中记载了他在公元前凿刻脚印岩画的故事。

② 梁任葆：《花山壁画的初步研究》，《广西日报》1957年2月10日第3版。转引自广西少数民族社会历史调查组：《花山崖壁画资料集》，广西民族出版社，1963年，第22页。

广西左江宁明花山崖壁画

气氛，制作目的是激励群众斗志。有人说这些崖壁画与唐代"西原蛮"的人民起义有关，还有人将其与唐代末年黄巢起义的事情联系起来，持这种观点的依据是民间传说。传说石壁上的人物图像，原本是从这一条明江沿岸的珠山、高山、花山、洪山的群民聚众起义而出现的。老人们又口口相传地说，黄巢兵马失败后，起义兵都躲到石洞里，最后被杀后流出来的血，映成这些山崖上的人物。另传说上金乡下头有一座宝剑山，这座山原来有黄巢剑，可惜现在剑已经不见了。

还有的认为左江花山崖壁画是壮族岩洞葬（悬棺葬）的产物，画的内容是将首领的棺材置诸悬崖或高山崖洞，在附近的石壁上画的人物是他生前的卫队，死后继续陪伴他。另有说是出殡时的仪仗队伍，以示尊贵。这一则民间传说，又道出了崖壁画与悬棺葬的关系。

近年来，许多学者认为崖壁画是壮族先民"拜水神"祭祀图。1980年《壮族简史》一书中，也认为这些崖壁画的制作，在很大程度上与壮族先民所从事的生产活动有关，崖壁画反映了古代壮族人民从事渔猎生产的真实情况，与拜水神以求保境安民的活动联系密切。

同是主张崖画表现祭祀的，又发生以下问题：崖壁画上的人物是表现祭祀的人们，还是表示祭祀的对象？也就是说，画上的形象是人还是神。如果是神，又到底是哪一种神？左江花山崖壁画上的所有圆形图像，有些意见认为是铜鼓，也有的认为既不是铜鼓也不是铜锣，更不是藤牌和车轮，它们是太阳和月亮，表现着原始居民对日月的崇拜。

福建华安的仙字潭岩画点是在20世纪初发现的，但究竟如何解释，也同样是众说纷纭。

首先，这些作品究竟是画还是字，看法就不同[①]。目前，"字""画"之争，"干戈"不息，谁也没有说服谁。学术之争，由分歧趋向一致固然是理想的结果，但由一种观点引出另外不同观点的交锋，也未必不是好事，这也许正是仙字潭岩刻研究以它特有

---

① 弘礼：《福建古代闽族的摩崖文字》，原载《文物》1960年第6期，转载于《福建华安仙字潭摩崖石刻研究》，中央民族学院出版社，1990年，第22页。

的方式取得进展的一个表现。

关于仙字潭岩刻的内容，许多专家认为是出于某种功利目的而作，在这种认识的基础上，又出现了"图腾（或族徽）说""舞蹈说""事件说""宴饮说""征战说""纪功说""媚神说""娱神说""祭祀说""地界说"等，不一而足①。其目的还有为祈求丰收、祈求平安、祭祀水神、消弭水患等种种说法。在娱神舞蹈方面，对舞人的形体动作、舞人的排列顺序的寓意等也各有自己的看法。"征战说"则认为是吴部落战胜了夷、越、番三部落后，记功称王的刻石。

另有完全不同的看法，认为仙字潭岩刻是表现"生殖崇拜"的。岩刻中男性的性器官显露；女性则腹大而圆，除了用极其夸张的手法描写女性的乳房与女阴，还有大量的女性生殖器的符号。只是，在岩刻中，这些往往只突出与生殖相关的部位，采取象征性的手法表现出来的②。

"生殖崇拜"说，目前是我国解释岩画的"众说"中颇为流行的一说。

人面像是我国岩画中普遍的题材，对它的解释也是众说纷纭。它曾被认为是神灵的图像，但现在有的学者说：所有人面像岩画的产生并不是代表某些神灵、巫师、萨满或不可捉摸的恶魔，而是在原始社会生产力低下，没有科学知识，人类渴望战胜洪水猛兽，日夜祈求繁殖人口，千方百计探索生殖的奥秘下产生的。从而进入父系氏族社会以后，就强烈地崇拜男性生殖器，用以促进子孙的繁衍。当时各种庄严的宗教活动，都把繁殖看作是最为神圣的事业，因而岩刻上各种各样的人面像，其外部特征尽管形制千差万别，而其形象构成，基本上都是男根及其睾丸的各种变化，充分反映了父系氏族社会时期生活于阴山、贺兰山和我国北方广大草原不同种群强烈的生殖崇拜的愿望。

法国社会学家布留尔在《原始思维》一书中曾谈道："欧洲的考察者如果冒昧地去解释原始人的图画，几乎一定要碰钉子的。"他在书中说了这样的故事：当有人在一些图画里看出蛇，看出了蛇的头和身体；但是贝宁人却肯定说这是猪。还有一个图画勉强可以看成是脸孔，但据土人们解释，它是粗棍子，虽然它跟粗棍子没有任何相似之处。当然，没有一个人即使是最具狂放的想象力的人也想不到这种解释。另外有三个图形，他倾向于把它们看成是眼睛，但土人们马上驱散了这种错觉，他们肯定地说，眼睛是不能画在图画上的。毫无疑问，画这些图画的人们是把一定的观念与这些图画联系起来了，因为图画与所画的东西之间没有任何相似之点。由此及彼，照图画中表现的与我们所知的东西之间的相似来解释原始人的图画，"大有差之毫厘失之千里之势。贝宁人在这些图画中看出了贝壳、树叶、人形等。这种观念在他们脑子里确立得非常牢固，以

① 吴玉贤：《仙字潭岩刻研究的可喜进展》，《福建华安仙字潭摩崖石刻研究》，中央民族学院出版社，1990年，第5页。

② 曾五岳：《略论化字仙字潭石刻研究》，《福建华安仙字潭摩崖石刻研究》，中央民族学院出版社，1990年，第242页。

骑者　宁夏北山大麦地岩画

至于当问到他们这些图画的意义时，准会在他们脸上看出一种莫名其妙的表情：他们不能理解人们怎么不能一下子明白这些图案的意义呢"①。

先民们凭借某种特殊的情感，运用原始的思维而镌刻出来的岩画，我们现在对它的任何一种理论概括，肯定都不可能包括它的全部内涵。在这里，瞎子摸大象的故事是会常常遇到的。岩画的释读工作，需经过一个漫长的时期，大约要几代人的努力。运用多学科、综合性地研究，才有可能揭开岩画之谜。

五、中国岩画的图像学研究

20世纪80年代开始，西方图像学作为一种美术史研究的方法论被陆续引进我国，但由于西方图像学本身一些固有的缺陷，图像学中国化过程中的一些问题没有得到有效的探讨，我们在借用图像学的方法来研究中国的图像史时，往往会出现泛阐释、滥品读甚至误解的现象，所以我们在这里对图像学先做一个粗略的概述。

（一）从图像到图像学

当人类开始制造石器的时候，就有了对图形和形状的直觉，这就是图像产生的肇端。

考古发现，中国云南的元谋人在170万年前就开始制造石器，这即标志着中国最早图像的出现，同时也说明人类已经有能力从有形的世界中凭直觉，攫取到具象物体的图像形式了，也有能力做到把这纷繁无序的有形的世界"分割"成为一个个清晰的图像。追本溯源这是原始图像最基本的形态。此后，人类不仅制造出各种实用的物件图像，也创造出各种传达信息、交流思想甚至表现情感的图像了。或者说，有形世界是在这一次又一次的观察中逐渐被人类认识的，也是在一次又一次的制造图像中才被人类所把握的。随着时间的推移，人类逐渐能够用图像来把握这个有形的世界了。

在人类长期的发展过程中，创造了大量的图像。这些图像包括实用性的，也包括精神性的、思维性的、审美性的、情感性的。也正因为大量图像的积累，才会导致人们对图像的思考、认识、研究的发生。也就是说，

新疆维吾尔自治区温宿县岩刻

---

① 转引自〔法〕列维-布留尔：《原始思维》，商务印书馆，1981年，第112页。

对图像的认识和研究，是以图像的存在为前提的，因此图像是图像学的基础。这在中国和外国概莫能外。至于什么时候出现图像学这门学科，出现什么样的图像学，由于图像的范围极其广大，社会条件又极其复杂，人们认识的多样性和局限性，对于什么时候提出图像学这门学科，会出现什么样的图像学，我们对此应该持开放性的态度。在不同的时代、不同的国家、不同的民族其图像学都会有各自的特色，不可能有从一个模子刻出来的、唯一的、一种样式的图像学。

图像在人类早期的视觉文化的表达中，体现得最为完美、包容量最为广大的要算岩画了。岩画作为人类视觉的早期表达，开创了视觉形象的思维方式之先河。所以对岩画图像的形成与内涵做历史性的探究是有必要的。发现和解释岩画图像的象征意义，揭示图像在各个文化体系中形成的沿革和演进的过程，以及它蕴藏着的或明或暗的思想观念，也显得更加重要了。

岩画图像从人类蒙昧期伊始，一直是图像的主要表现形式，也是人类早期把握世界的主要形式。在岩画之外，人类还创造了石器、陶器、玉器、服饰、建筑等图像，但岩画图像涵盖面更宽、内涵更丰富，是原始图像的主体。

（二）中国古代的图像学思想

中国古代没有图像学这门学科，但图像学的思想却是丰富的。

中国古人的治学方法是"置图于左、置书于右、索像于图、索理于书"，故"图像"一词在传统文化中亦颇有渊源。有人认为这里的"图"指图形，"像"指图形中的含义。但原文说"索像于图、索理于书"，可见"图"与"像"是一回事。同时我们还应注意原文提到"像"和"理"的区别，即"图"与"像"的意义都是视觉性的，具有言说所不及的特点，有其区别于语言文字的具象性。从这句话来看，即便当语言文字独自高歌猛进，并最后上升为人类主要思维工具的时候，中国古人的治学方法仍然是非常重视图像作用的。

上面说过中国远古人类对图像的创造是始于石器的制作，同时，中国古人的治学方法又非常重视图像的作用，遗憾的是却没有提升图像成为独立的学科，这是历史的局限。但图像与文字常是相依相伴、不离不弃的，足见古人对图像的重视，而且图像学的思想也散见于中国各种古籍之中。

中国什么时候开始有图像意识，从有些材料看是非常之早的。周代金文里最初出现的是"象"字。最初"象"是指大象这一动物，殷墟卜辞"象"字均为大象之象形。后来"象"的词义虚化，增加了动词一义，指对事物的描摹。再后来，"象"义进一步虚化为共名，泛指描摹事物形貌的成果。自周初以至春秋前期，典章文物中的程式拟象均为"象"。及至晚周时期，"象"词义分化，而衍生出"像"。其结果是，"象"字仍被沿用，既指称象这种动物，又指称描摹事物形貌的成果；而"像"指称描摹事物形貌之行为。之后转释引申，"象"泛指感知事物所成的观念具象，"像"则指从物类抽取观念属性之行为①。但在现代汉语中，"像"同"象"一样，既可以做名词来指称描摹事物形貌的成果，也可以做动词来指称描摹事物形貌之行为。因而在大多数情况下可以互换，但其概念的外延，"象"比"像"要更广。结合中国传统"取象比类""立象尽意""得意忘象"的成像机制与思路，都包含着图像学的思想。我们可以把"象"或"像"大致分为物象、属象、意象和道象层次。所谓物象是指一切可直接感知的、有形的实物形象，如画像、肖像、塑像、偶像等由于是直接可感的具象，因此属于物象层次，与物象大致相应都属于"像"；而属于"象"的大概相应的是反映、放映、想象的意思，大体与意象相对。

散见于中国各种古籍中的图像学思想很多，这里举几个例子。

唐代张彦远的《历代名画记》中著录了东晋画家顾恺之的三篇画论，其中《论画》一篇，顾恺之提出了"迁想妙得"的图像学思想。"迁想妙得"是指当创造与欣赏图像时要设身处地，才能领会图像的真实意义。这与帕诺夫斯基所说的"历史重构"的图像学思想是一致的，只不过是前者读来简洁明了，而后者兜了个大圈子罢了。

帕诺夫斯基认为艺术品是人类精神活动的产品，是人们经过审美体验创造出来的。因此，当后人要对前人的作品进行欣赏和解释时，就有一个在精神上重新参与和重新创造的过程。这也是美术史家在面对艺术品时同样要具备的条件。帕诺夫斯基甚至认为这是人文学科真正形成的一个必要过程。他的这一思想主要来自德国哲学家狄尔泰。狄尔泰的历史哲学在现象学与阐释学的影响下，提出了重新理解历史事件的观点。历史不是文献的堆砌，历史对于今人的价值在于今人对历史的理解，历史学家必须学会根据展现在他面前的历史表现去重新体验历史时代。理解就是对历史事件和历史本身的阐释。狄尔泰将之称为"更高层次的理解"。对历史的体验就是重新回到历史事件之中，实现对历史的重构。具体对美术史家而言，就是怎样实现对作品的图像学解释。对艺术品的图像学解释也就是对作品的"更高层次的理解"，其意义存在于创造出它的那个时代的各种条件之中，因此只有重新返回到那个时代才能实现对作品的解释。这也就是顾恺之所说的"迁想妙得"的图像学思想。

再说唐代画家张璪的"外师造化，中得心源"，从图像学的视点看，正说明中国画家认为图像的创造是客观与主观的结合。张璪在唐代画坛的名气很大，他曾把自己的创作心得写成《绘境》一篇，可惜没有流传下来。古籍记载毕宏也是当时的名画家，见到张璪的画大为惊叹，因为张璪作画时用的是秃笔，或以手摸绢素以手指作画，毕宏问璪这是为什么，答曰："外师造化，中得心源。"毕宏于是搁笔。现在有些西方图像学的研究者认为：图像意识就是感知而不是想象，因为图像就是在直接的感知模式中被把握到的，就是因为我们直接看到了作为"纯然之像"的"图像"。其实图像意识既有感

① 饶龙隼：《晚周观念具象述论》，《文学评论》2009年第1期。

知也有想象，即所谓"外师造化，中得心源"。在中国，"外师造化，中得心源"成为至理名言，与后来齐白石的"妙在似与不似之间"的图像学思想有异曲同工之妙。

韩非子有言："人希见生象也，而得死象之骨，案其图以想其生也，故诸人之所以意想者皆谓之'象'也。"（《韩非子·解老》）现在所谓的"音乐图像学"（music iconography），正是"案其图以想其生也"。

中国有几千年的农业文明史，所以历代有"耕织图"之类的图像作品。元代王祯的《农书》则把农业文明的科技事物用图形表述出来，作为农业技术的传播和应用的依据。《农书》共由《农桑通诀》《百谷谱》和《农器图谱》三个部分组成。《农桑通诀》《百谷谱》以文字为主，《农器图谱》全部是关于农业生产的图像。《农器图谱》有插图280余幅，包括农业工具的图像和生产过程的图像两大类。如果追根溯源，这种科技图像学的萌芽，还是起源于人类古代岩画中对器物工具的描绘，以及狩猎等生产场景的呈现。科技图像学即是继承了岩画的这种表现形式。

中国从古至今制作和创作的图像极其丰富，中国的图像学思想也散见于各种古籍之中，如果能把它们整理出来，再参考汲取国外有用的东西，是完全能建立起中国的图像学的。

（三）西方图像学的由来与发展

16世纪末，理帕的《图像学》在罗马出版，可以说是西方图像学的开山之作。

近代意义的图像学起源于德国学者阿比·瓦尔堡。他在1912年罗马国际艺术史会议上的演讲首次提出了"图像学方法"，即主张将艺术作品的创造放在一个更广泛的文化历史背景中，去还原作品的"历史环境"。随后其学生潘诺夫斯基于1939年出版了《图像学研究》一书，对近代图像学做了系统性的定义，从而标志着近代图像学方法的正式形成。

近代图像学创立伊始就有两种图像学的模式，即帕诺夫斯基的"历史的重构"与贡布里希的"方案的重建"。帕诺夫斯基认为当后人若要欣赏和品评前人的作品时，必须有对其历史背景的切实体验，并扩而大之，他认为这也是人文学科所应遵循的规律性的程序。图像学就是对超越作品本身的意义的阐释。贡布里希认为，历史流传下来的是作品，作品的意图则被隐藏起来，破解作品的意图就要重建失传的构思立意的蛛丝马迹。图像学的解释就是要重建业已失传的证据。而且这证据不仅要能帮助图像学家确定图像所再现的故事，他还希望根据特定的上下文来弄清这则故事的意义。

近代图像学不仅有两个模式，而且有图像学的两种不同的面目。图像学的产生源于19世纪，是建立在科学技术进步的基础之上的。近代意义的图像学的产生，发源于艺术史的研究，特别是对欧洲文艺复兴时期艺术史的研究，但从来就没有只局限于艺术史的范畴之内。科学技术在不断地发展，艺术作品创作初期仅仅是画家和赞助商妥协的结果，但在此之后，大众开始参与到艺术评价体系中来，并迅速成为影响艺术创作的主宰。在此之前，当艺术品还停留在只为赏心悦目留做纪念时，一旦受到大众文化的冲击，就会显得无所适从，力不从心。也就是说，潘氏的图像学由于其本人在研究时，过分强调艺术创作的纯粹性，从而造成了图像学研究领域的逼仄，甚至成为其桎梏，即只囿于对绘画和雕塑作品等"高级"艺术图像的研究，而忽略媒体艺术的研究。所以在很长时间内一些新生的、现代化的视觉艺术的形态，受到排斥被丢弃在图像学研究的概念之外，沦为"低级"的艺术形态。故而，作为近代意义上的图像学，从研究范围上形成两种图像学：一种是只限定在美术史研究领域内的图像学；另一种是宽泛地既有美术史研究，同时也包括用以做传媒手段的一切图像。

近代西方的图像学是以两种面目出现的。而这样的一种结论我们同样可以在霍斯特·布雷德坎普的文章《被忽视的传统？——作为图像学的艺术史》中得到验证。这里所说的两种面目，一种是图像学遵循美术史学界业已形成的、约定俗成的方法论的概念。这样的概念遵循着图像志到图像学的演变过程的合理性，其发展脉络由瓦尔堡、潘诺夫斯基和贡布里希共同构成，特征是固有的一套程序化的论证模式，其范围一直是局限于图像学初创时的"高级艺术"；另一种是冲出传统美术史学界的"高级艺术"研究，将其范围扩大，包含"高级艺术""低级艺术"或是其他形式的视觉图像，凡所有的视觉领域都作为研究的对象。但当深入到图像的历史情境中，从文化史的角度去解读图像的深层意义时，在这一点上又与第一种图像学是一致的。此文将前一种图像学称为"近代图像学"或"传统图像学"；而将后一种称为"现代图像学"。

现代图像学由于摄影、电影、电视的生产、复制和放映技术的发明，催生出大众观看图像的方式，客观上起到了消解传统图像的观看方式。视觉模式借助幻灯投影技术，在社会生活中，欲意把观者引入一种纯然的眼睛活动，而以图像能达到移情的生理感知，也必然会导致语境方式向视觉图像的改变。

在人类发展史上，人类获取和传播信息的方式，图像先于文字，文字产生之后，成为记录生活、获取信息、交流思想、抒发情感的主要方式。真可谓三十年河东三十年河西。现在，由于数字科学的发展，"图像时代"已经到来，电视机、手机、图片、电影、相机、录像等图像传播方式，已经切实地逼近了我们的生活，图像成为意识形态传播过程中的重要媒介。大凡利用新型科技完成的图像作品，其精确程度之高，其复制和传播效率之速，真实性可信度之准，绝非传统以语言文字获取信息的方式所可比拟的。图像文化以其迅雷不及掩耳之势、令人眼花缭乱之态，冷不丁地就冒出一套新玩意儿，使图像在记录生活、交流思想中扮演起更重要的角色来。

摄影、电影技术等对艺术领域所造成的影响绝非仅限于观看方式的转变。复制时代的到来使艺术欣赏的主体进一步由文化精英向普通大众扩展，观看方式亦由传统的移情审视向大众的纯视觉活动转变。

总之，西方图像学在建立之初就有两种模式，在其发展过程中又形成两种面目。

正如本文前面说的：由于图像的范围极其广大，社会条件极其复杂，人们对于图像认识的多样性和局限性，对于产生什么样的图像学我们认为应该持开放性的态度，在不同的时代、不同的国家、不同的民族、不同的文化背景，其图像学都会有各自的特色，不可能只限制在一个模式框架内。

（四）中国岩画与中国图像学

岩画，是人类早期以图像获取和传播信息的方式，是人类古老的文化遗产，是人类文化的基因。岩画构成了文字发明前人类所拥有的最浩繁的卷宗。而后来岩画却在历史的进程中被文字所取代，慢慢地被历史遗忘了。任其在嵯峨的丛山中，浩瀚的沙漠里，河流的石碛上，以至人迹罕至的密林莽原深处，经受着风蚀雨淋，苟延残喘。重新找回它，就是重新找回我们人类历史的足迹、人类文化的滥觞、图像文本历史的源泉。岩画展现出人类起源时的思维方式、观察方法以及交流的样式，它生生不息，烙印永存。所以对岩画的研究，也是对人类早期图像文化研究的一个肇端。我们编写《中国图像文化史》中的这两本《岩画卷》，正是早期先民用图像形式的视觉表达，它与当代以图像获取和传播的方式有相同的原则和相同的范式。实际上，岩画早已超越时空、地域、国界，成为整个人类文化的基因。

岩画图像在人类文化史中是一个特定的事物，它本能地用图形表达了人类物质生活的追求，赤裸裸无牵无挂地表现出人性中的食欲、性欲、贪欲。由于混沌的认识，分不清人与物、人与大自然的关系，物我一体，瞎猫碰上死耗子，鲁莽地闯进了图像学的殿堂，走进了艺术哲学上的移情说、宇宙人情化的高智区，创造了许多与审美无关的视觉图像，这里有社会、生产、生活、宗教、哲学、科学、技术等，几乎涵盖了早期人类文化的各个部门。岩画竟然已经成为前无古人、后无来者的特定时空中的最为浩瀚的图像样式。

根据联合国教科文组织的统计，全世界现存的原始艺术品中岩画占99%。岩画是我们今天能够见到的、人类自原始社会遗存至今的、时间最早数量最多的图像学宝库。所以，人们在研究图像学时是绕不开岩画图像的。

在数万年以前，岩壁上的岩画就开始使用图像来把握世界了。它是岩壁上的图像学。它极大地发展了人类利用图形来把握和表达世界的能力，也以一系列的图形建立了人类对这个世界进行表述的一个又一个的文化系统。

岩画图像在人类文化发展史中有其特定的意义，它是最早表达与诉述人类意识性和精神性的存在。有人认为：据人类考古发现，最早反映人类物质性意识的主要是工具，而最早反映人类精神性意识的主要是岩画。其实，岩画是二者兼而有之，它既反映物质意识也反映精神意识。

1. 岩画图像中的物质生活

人类自古以来生活中必不可少的衣食住行在岩画中都有着明晰的反映。历代的正史，往往只记载历朝历代帝王将相的统治方略，扩疆拓土的征服与占领，庆功勒石的好大喜功，却很少反映当时人民的日常生活，"逝去的人们已经沉默，而岩石还会说话"，所以，岩画中描写日常生活的作品就具有特别重要的意义。生活总是丰富多彩的，但衣、食、住、行却是必不可少的。我国北方的岩画描绘了众多的狩猎、放牧的场景，并记录了他们帐篷、车辆、车轮的具体样式；我国南方的岩画叙述了南方民族的生活习俗、居住的特殊样式，以及敬神娱神的祭祀、舞蹈等，也都与人们的衣食住行有关。

从岩画图像中看，原始人类早期大约是没有衣着的。服饰开始是为了御寒，后来由于狩猎的需要，不得不去模仿动物的形象，如臀下系尾，头上装角，身披兽皮，以求尽可能地接近捕猎的对象。所以人类最初用动物形象来装饰自己，完全是为了功利目的；那时人们的行动，一切服从生存的需要。所以《后汉书·舆服志》中说，人类服饰的起源，是因"见鸟兽，有冠角髯胡之制"。只是到了后来，人们才渐渐地认识到经过伪装，既可以捕到猎物又可以显示自己的勇敢和智慧。与此同时，人们的审美趣味也逐渐形成，以致装饰为动物形象的猎人，就成为审美快感的对象，伪装也就被赋予了美学的意义。

青海海西蒙古族藏族自治州天峻县卢山

广西左江崖壁画中的人物插羽毛、饰兽角。其头饰的样式细分起来总有数十种，诸如椎髻形、独角形、双角形、倒八字形、面具形等。其正面人物较侧身人物的头饰更为丰富，可见当时神性的人物对头饰更加注意；侧身人物的头饰以发辫为主，发辫之中又有单辫和双辫、长垂辫和短垂辫之分。左江崖壁画中人物大都是裸体的，姿势千篇一律，但头饰却是如此丰富多彩，除作为图腾标示外，仅从形式美感上也着实令人叹为观止。

食物方面，在早期社会里，动物是人们重要的食物来源，也是游牧文化类型岩画的基本题材。在内蒙古和新疆的岩刻中，许多鹿和山羊都描写得很真实；在南方的岩画中，不少猴子和水牛也是如此。有些动物已经灭绝了，大多数种类仍然存活于世。作为原始人生活来源和崇拜对象的动物，以动物为题材的岩画，在全世界范围内都可能赋有宗教意义。无数世纪以来，对动物的崇拜可以追索出长期发展的脉络，虽然有时并不明显，但大多数是可以辨认出来的。

《淮南子》卷十三《氾论训》中说："古者民泽处复穴，冬日则不胜霜雪雾露，夏日则不胜暑热蟁虻。圣人乃作，为之筑土构木以为宫室，上栋下宇，以蔽风雨，以避寒暑，而百姓安之。"且看岩画图像，其中关于先民住所的描写，可见《淮南子》言之不虚。人类的祖先开始是以"构木为巢"和利用天然洞穴作为栖息之地的。目前在我国发现的岩画中，有许多人类早期的住所图像，如在云南沧源崖画中就有穴居和巢居的描写，其第六地点有一幅作品，以山洞为中心，洞口圆形，周围以螺旋状短线表示层层叠叠的岩石，洞的四周有人群，一人正张臂从洞口出来。

在各地的岩画中，有许多车轮、车辆和船只的图形，反映了远古时代先民们的出行交通情况。

至于车辆，有人考证出，中国的车是夏代一个叫奚仲的人发明的。《管子》上说"奚仲为车"可作根据；也有人引《古史考》上"黄帝作车"的话，来证明车的发明权应归于更早的黄帝。人与车的结缘无疑是相当遥远的事情了。根据中外考古学家对车辆岩画图像的研究，车辆大约出现于公元前2000年的青铜时代，那时在欧亚大草原上，运输与迁徙都使用车辆。我国史书上关于车辆的记载也很早，在甲骨文里"车"字就已经有许多不同的写法，说明在殷商时代车辆的使用已经很普遍。在我国北方岩画中也就有许多车辆岩画，其图形与甲骨文里"车"字非常相像。

2. 岩画中的精神生活

古代的舞蹈大都与祭祀活动有关，最大型的祭祀活动见之于广西左江崖壁画。而在日常生活中舞蹈亦时有所见，内蒙古乌兰察布草原岩画有一幅"性爱舞"，其中女性舞者刻意突出乳房，头顶有粗而长的饰物，下有尾饰，舞姿张扬。这幅作品刻制在乌兰察布草原推喇嘛庙之西，一个叫德哈达的小山顶上，这里视野开阔，神清气爽。

这种以性为中心的舞蹈，是原始性欲的宣泄，最直率、最完美，却又具表现力的一种形式。"一个精干骁勇健的舞者也必然是精干和机智勇猛的猎手和战士，在这个意义上，舞蹈确实有助于性的选择和人种的改良。"他们在两性舞蹈的欢悦中，在两情相悦地陶醉中，在宗教的狂热中，追寻着最强烈的美感享乐，同时也祈求着人类的繁衍。

人面像岩画，有人认为是古代一种灵魂图像的表述。在古代的人类意识中，认为这是一种重要的异样的带有神性的图像，并认为与自己的生存有很大的关系，所以一定要以某种方式表现出来，以获取神力的支持。在人面像图像的表达中，神性意味是第一位的。

岩画的人面像表达的则是族群的心理诉求和感情的宣泄。那人面只是形象的躯壳，其形象的内核却是经过多样的变形和复杂的重组，这就使现代人很难破译出来。虽然我们看到大量的动物和人的形象是原生态的，但经过重组加工后，负载着更多的寓意和象征。奇妙的是，这又的的确确是我们人类审美意识的肇端，造型艺术的滥觞。人类正是从这个原点出发认识了美。

总之，岩画图像既反映物质意识也反映精神意识，图像是早期人类文化的载体，岩画是人类文化的根，也是图像文化学的肇始。

从此人类完成了自己对图像意义的基本认识，可以使用图像这个方式来把握世界了。在图像学视野下的岩画研究，要发现和解释岩画图像的象征意义，在各个文化体系中所形成的图形、变化及其所表现或暗示出的思想观念，以及所体现的各种文化类型。这样通过岩画图像阐发出来的内容就更加丰富了。以至于在中国最后形成了象形文字的语言系统，并且与声音一起，成为我国汉族语言思维工具的重要组成部分。

在中国，汉字的产生意味着文字代替了岩画图像来传达信息、交流思想的时代的到来。但在我国的北方草原的许多地区，却并没有形成象形文字的语言系统，在草原上其文字出现得很晚，时代大约在北朝至清代。蒙古高原地带在这个时期才相继出现了古代北方游牧民族的文字突厥文、回纥文、西夏文、契丹文、女真文、蒙古文等。但使用的时间有限，范围也有限，所以仍然流行着岩画这种用图像把握世界的方式。我们曾想过：如果说汉字是汉族文化的主要载体，那么驰骋在我国广大北方边疆的草原民族的主要文化载体该是什么呢？那就是岩画。拿内蒙古自治区来说，从东部森林类型的大兴安岭岩画，到北部草原类型的乌兰察布岩画，到山地类型的阴山岩画，再到西部沙漠类型的阿拉善岩画，这些岩画数量浩瀚，样式繁多，它承载着千万年来底蕴丰厚的草原民族文化。而且这些图像的载体要比文字的载体，在历史的长河中更为源远流长。所以，我们说这些岩画是北方草原民族的《永乐大典》《四库全书》《大百科全书》。数千万年来它们在原始的森林中、在茫茫的草原上、在崇山峻岭间、在无垠的沙漠里，顽强地负载着北方草原民族文化的传承，虽然历经人世沧桑，它仍无怨无悔地守护着、挺立着。

（五）图像视点：视觉文化与岩画图像

20世纪初，匈牙利的电影理论家巴拉兹首次提出了"视觉文化"的概念，他在《电影美学》一书中指出："目前，一种新发现，或者说一种新机器，正在努力使人们恢复对视觉文化的注意，并且设法给予人们新的面部表情方法。这种机器就是电影摄影机。"[①]电影不需要看文字说明，只是通过视觉来体验事件、性格、感情、情绪甚至思想。如此这般，电影能够做到把可理解的思想变成可见的思想，概念的文化就变成了视觉的文化，人的思想又重新变得"可见"了。

显然，在巴拉兹看来，所谓"视觉文化"并不是随电影艺术的产生才得以涌现出来的文化现象，早在岩画图像制作之时它就存在了，当今电影摄影机的发明，只不过使人们重新"恢复对视觉文化的注意"而已。在文字出现之前，当时世界上的人类大都用岩画图像来传递信息、交流思想，那是古老的视觉文化的黄金时代，因为那时思想还没有受制于概念和用以说明概念的文字，当时的人类是通过语音、手势、动态及表情等外在的动作，特别是运用岩画这一形式，以图像做视觉的表达，综合起来表述人类的情感、欲求、信念等。

岩画图像的意义不在于描摹所感之"像"，而在于象征所知之"灵"，所以，描

---

① 巴拉兹：《电影美学》，中国电影出版社，1986年，第25页。

绘所知道的、所想象的或幻想的，往往比描绘所看到的更占优势。当这种"描绘"是在一种特殊的心理氛围或文化场景中发生时，它所指向的空间和时间，就已经不是现实的空间和时间了①。

①　邓启耀主编：《云南岩画艺术》，云南美术出版社、云南人民出版社、晨光出版社，2004年，第13页。

采用"光学色度比对法"进行岩刻断代的探索

王建平

（内蒙古河套文化研究会、内蒙古岩画保护与研究学会）

"光学色度比对法"，是根据光学色度差异原理，采用数码摄影技术和计算机色度分析软件，按照岩石表面色度变化规律，从而计算出岩石表面刻划痕迹的不同年代。这项技术对于解决长期以来困扰中外考古学、岩画学判断岩刻年代（断代）的诸多困难来说，提供了有效的途径，是一个重大突破。

本文从该方法所依据的原理、采用的技术、手段和计算方法、操作规程，论述了对岩刻断代的普遍意义和操作程序。

一、目前岩刻断代的人文科学方法和自然科学方法

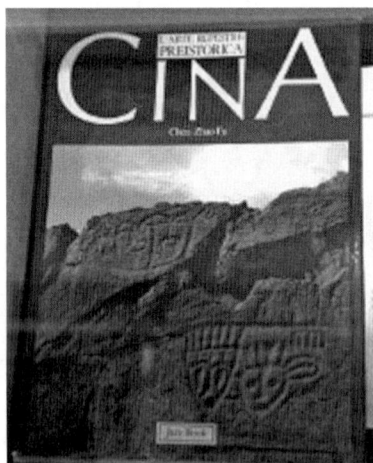

图一　陈兆复著作《中国岩画发现史》封面

岩画是发生在远古时期的一种艺术。目前，世界上已有140多个国家和地区都发现有岩画分布，岩画学已成为当今国际上的热门学科。图一是中央民族大学教授陈兆复先生于1986年在意大利作为访问学者时撰写的英文书籍《中国岩画发现史》。从而使中国岩画在世界岩画研究与保护领域占有了一席之地。该书使用的封面照片是阴山岩刻的经典图案"双神图"。

岩画是古代先民采用凿刻或者涂绘的方法，刻或绘在岩石表面上的图画，具有"时间跨度长、分布范围广、信息载量大"的特点。它从多方面揭示了古人的生产生活、社会形态、哲学思想、宗教信仰、民族心理和审美观念等丰富的内容，是人类用绘画雕刻形式记录自己发展历程的生动图解，是诸如人类学、历史学、考古学、美术史学、生物学、环境学等多学科研究的对象。

岩画的制作工艺可以分为绘画与磨刻两大系列。本文的研究对象主要是"敲凿或

磨刻"的岩画而不是"绘制"的岩画，故通常采用"岩刻"的特指性的词语。

图二　花山岩画（2011年作者
拍摄于广西宁明花山）

图三　香港岩刻（2010年作者
拍摄于香港）

岩刻从发生到现在，至少有一两万年的时间。它历经时间长、历史跨度大、分布面广，涉及的民族、学科多，国际上迄今为止还没有找到一种利用自然科学手段判定岩刻年代的可靠方法，不能像利用化学方法判定绘制岩画那样来判定岩刻，人们仍得依靠考古学和比较学的传统方法来进行断代。美国有关岩画艺术书籍《犹他州的崖雕和图画文字》中说："崖壁艺术的断代，充满了困难和不确定性。考古学家在断定一个含有木片的房屋遗址年代时，有树轮法作为手段；在断定任何有机物时，有^{14}C这一极有价值的助手，但两者都不能使用于崖上画出的或雕刻出来的线条。……考古学家用地磁学、钾氩法、热释光等方法来决定事物的先后序列，没有哪种方法可以证明对于断定崖壁艺术是有价值的。"[①]因此，世界各地岩刻年代的确定，多数还只能根据其内容、刻画凿磨技术、岩刻色泽与已知年代的其他遗物进行比较分析去解决。由于受条件的限制，国外岩画的断代往往只做一些粗略的推断。

世界各地对含有有机颜料的绘制岩画的年代判断，大都采用^{14}C的方法。但是，对岩刻的断代问题始终是困扰研究发展的难题之一。如今，岩刻的作画时代只能依靠传统的考古学方法，根据岩刻的画面内容和造型风格与出土文物对比来推断。

长期研究阴山岩刻的盖山林先生，运用比较法，并结合民族学的观点，一生投入到岩画断代的研究之中。他的部分成果也成为研究北方岩刻共同遵从的方法。

盖山林先生认为："阴山岩画是绵延千里的露天画廊，全部作品裸露在石面上，不存在其他可助断代的直接证据，故阴山岩画的断代也十分复杂。"为了求得阴山岩画断代的相对准确性，盖山林先生致力于从下述十个方面进行探析。

一是考证文献记载。例如，对北魏郦道元《水经注·河水》考证，确信在阴山岩画中至少有一部分虎、马图形和鹿、马蹄印的时代要早于北魏。

---

① 盖山林：《阴山岩画》附录，文物出版社，1986年，第340页。

图四　群虎图（2009年作者拍摄于
内蒙古乌拉特后旗巴日沟）

二是根据岩画的保存情况，观察岩画现场，确定岩画的时代。在一般情况下，年代越久远，风蚀程度越厉害。而晚期岩画保存就比较完好。

三是从刻痕和石垢的颜色判断。通常黑色岩石上岩刻的变化规律是：深黑—浅黑—黄白，越早越接近石皮本色。晚期岩画刻痕与石皮色泽有明显的差异。

四是从岩画制作的方法考量。岩画最早的制作方法是磨刻，先凿出一个大致的轮廓，然后用专门磨出钝尖的硬石，蘸上细砂磨出图形。大约与此同时或稍后，开始使用敲凿法。到了文明历史时期，才出现了一种线刻画，是用金属工具的锐锋用力划刻的。

五是根据岩画的风格判断。早期图像，以原始自然主义和现实主义图像为代表，图形的具象性很强，追求逼真。而后逐渐趋于程式化，并走向抽象化和符号化。

六是根据岩画的题材断代。不同时代由于地理环境和气候条件的差异，与人共存的动植物亦异。又由于各个时代意识形态之不同，反映在宗教信仰上所崇拜的偶像和教义也有所不同。早期以各种野生动物的画面为最多，甚至出现旧石器时代晚期已消失了的鸵鸟和大角鹿。其次是狩猎场面、以人面（兽面）像为代表的神灵像以及各种崇拜物。其后是畜牧场面，并有大批骑者、车辆、天体。晚期岩画中有喇嘛教义的岩画。舞蹈岩画，早晚期皆有之，而以早期作品占多教。

图五　动物岩刻线描图（作者描绘）

七是分析岩画的叠压现象。在同一幅画面上，有时能分三个层次，它们之间的保存情况、内容、风格和色泽有明显差别。在一幅画面上，常有晚期作品刻划在早期作品之上的"打破"现象。

八是运用比较学的方法。将阴山岩画与邻近国家或地区的已知年代岩画相比较，帮助断代。若将阴山的部分岩画与鄂尔多斯青铜器上的动物纹样做比较，就可得出比较正确的作画年代。

九是利用画面上的题字。晚期岩画中出现的回鹘文、西夏文、藏文、蒙文，对断定岩画的相对年代有重要作用。

十是对画面中动物属、种的鉴定。从动物考古的谱系断定岩画年代，凸显了特殊的意义。比如通过对鸵鸟岩刻的分析，认为鸵鸟在特定的自然环境里，生存时代可能晚到全新世早期，但根据其主要生存时代，将它订为更新世晚期，即旧石器时代晚期也是可能的。还有大角鹿"出现是在更新世早期，距今约一百万年，到更新世晚期，即距今一万多年前就已

图六　岩画中的西夏文字（2008年作者拍摄于内蒙古阴山）

灭绝了"[1]。野牛（bison）属是我国更新世地层中重要的化石之一，旧石器时代晚期曾广泛分布于我国东北和华北地区。麋鹿在全新世时期主要生活在长江下游和淮河流域的低洼沼泽地带。这两种动物都喜欢温湿气候。阴山地区温湿气候的时期，根据我国北方地区气候变化的资料证实，距今8000～5500年，因此认为，出现这两种动物的岩刻，很可能是这一时期的作品。

总之，盖山林先生认为，对于岩刻既不能用^{14}C来测定，又无共存物可资比较，只能通过对岩画现场的观察，艺术风格的分析，题材、构图和艺术特色诸方面进行对比。

"阴山岩画经历了万年左右的漫长岁月，倘若要将幅幅岩画都定出年代来，至少在目前情况下还不易办到，我们只能对岩画的相对时代作一些探索。俟将来材料积累得更多些，工作做得更仔细些时，就有可能对岩画的年代判断得更近乎实际了。"[2]

显然，通过长期的努力，国内外学者，特别是像盖山林先生的断代研究，取得了很大的成果。但是，这种方法有一定的局限性，它只能对极少数有明显时代特征的岩刻进行断代，而对于大量的时代特征不明显的岩刻却无据可考。

岩画学界也在探讨使用物理的、化学的其他方法进行考量。比如国内曾经出现过的"微腐蚀直接断代法"，"就是通过对各种岩石上制作痕迹风蚀程度的测定和分析来确定岩刻的制作年代"。岩石刻痕的风蚀雨浸、腐蚀程度受制于大气环境、岩石占位、生态地理环境、岩性结构以及微生物分泌等诸多因素影响，其过程漫长而复杂，难以得到真实的结论。

还有"丽石黄衣"等"地衣测年"的方法，经多年的对比观察，特别是业内的研讨论证，用于岩刻的断代尚缺乏科学依据，可操作性也需要探讨。国际岩画联合会主席

---

①　尤玉柱、徐钦琦：《中国北方晚更新世哺乳动物群与深海沉积物的对比》，《古脊椎动物与古人类》1981年总19期，第77～86页。

②　盖山林：《阴山岩画》附录，文物出版社，1986年，第348页。

贝德纳里克在1991年宁夏国际岩画研讨会上宣读了一篇论文《80年代以来岩画直接断代法的发展》，指出地衣测年是岩画直接断代法中最受局限的一种。

另外还有"冰川擦痕"断代。这种方法判定贺兰山岩画上限距今分别为8544年、5000年；下限距今分别为1000年、1700年。其问题是：一则不是所有地区都可找得到冰川痕迹；二则使用此方法所判定的年代公差极大。

因此，有效地解决岩刻的断代问题，是国内外岩刻学研究领域面临的一项重要课题。本项目突破了传统的岩刻年代考证方法，运用光学色度变化测定和计算机技术，对岩刻的作画年代断代问题提供了一种适用面广、科学、规范、简便、快捷的鉴定方法。

二、对现有"古代岩画年代测定方法"技术缺陷的考量

类似于"采用光学色度比对法进行岩刻断代"的另一专利发明"古代岩画年代的测定方法"（国际分类号：G01N 21/84；G01N 33/00，范畴分类号：31E）。这个方法的发明者认为明显缺陷是"运用计算机测定古代岩画年代的研究实验，虽然取得了一定成果，但还存在着诸多不足，归纳起来有以下几点：第一，调查的时间短、地点少，特别是调查到的有明显时代特征的标尺性岩画数量不足，因此，在测年实验中所用的材料不够全面和充分。第二，由于调查材料所限，无法验证因自然环境、气候条件、岩石质地等因素对岩画画面的明度值有无影响，或影响程度有多大。第三，由于研究材料所限，仅对呈深褐色的岩石表面明度值与岩画画面明度值之间的比例关系作了验证，即每一个明度值代表60年，而对浅色岩石表面的明度值与岩画画面明度值之间的比例关系未作准确验证。但有一点可以肯定，即岩石表面颜色越浅的岩画，其画面的每一个明度值所代表的年代跨度越长，可能是70年、80年甚至是100年以上。第四，研究设备落后。事实上，采用传统的光学照相技术，会因照相和洗像过程中造成人为误差。第五，由于受岩石表面最暗值的限制，即岩石表面明度值与岩画画面明度值相等时，对个别岩画而言，在运用此方法时有一定局限性，它只能测定其年代下限"[①]。

除此之外，笔者认为真正的问题还在于以下几点。

一是对拍摄手段（照相机）没有标准设定，或者没有具体的符合国际技术标准的明度值误差测定。这样无法对判定结果正确性进行比对，从而影响该技术大范围推广使用。

二是对于光源、环境这一影响判定结果的主要因素，没有标准化的要求，"只是为了减少在照相过程中由于天气或色温等因素造成的岩画画面明度值的误差，我们规定了统一的照相标准，即天气晴朗、每日的照相时间为10时至15时30分，胶卷为柯达

---

① 姜涛、谭士俊、龚鹏、姜忠：《运用计算机技术测定古代岩画年代的实验报告》，《草原文物》2009年第2期，第3～6、115～128、151页。

ISO200,光圈为f11,曝光速度为1/125秒"。这就难免增大了拍摄结果的差异,严重缺乏可比性,造成对象的环境影响力无法估算、无法鉴定,从而无法得到正确的判定结果并推广使用。

三是对于主要技术手段或者是支撑的计算机软件没有检验指标,使主要指标——"明度值"的依据不确定,也将影响各个不同的机构使用该专利,实用性大打折扣;虽然运用了计算机Photoshop软件中的明度测试系统测定岩画画面的明度值,但是由于软件本身的标准设定不是十分可操控,以其作为检测平台,对岩画画面明度值进行的量化测定,难免产生诸多的不确定因素。

四是没有考虑对象在不同光亮度对色度影响下,白平衡——白板对于环境的比值。

五是对象的标尺、样本选定和确立,因为没有严密的比较和解读,从而缺乏准确度。另外,界定对象的概念有误导的可能,应该准确地表达为"岩刻",而不是"岩画"。

六是对岩石的表面色度差异,没有考虑纠正参数。

三、运用"光学色度比对法"进行岩刻断代的理论依据

(一)遵循岩刻颜色由浅变深的规律

本文所主张的采用"光学色度比对法"进行岩刻断代,实质是对岩石表面人工刻画痕迹的颜色明度的判断。众所周知,在东亚、中亚和我国北方、西北地区,大多数岩画都凿刻在深褐色岩石的表面。这类岩石的本质颜色为白色或灰白色。由于岩石中含有铁、锰等物质成分,受到风吹、日晒、雨淋等自然现象的侵蚀氧化,致使岩石表面发生了物理变化,凝结了一层黑褐色石皮。无论是古代还是现在,在原石(泛指经历极长时间风化的岩石)表面刚刻上刻痕时,岩刻的画面颜色呈白色或灰白色,与黑褐色石皮形成鲜明的反差。随着时间的推移,岩刻的画面颜色越变越深,逐渐由白色向灰褐色、褐色、深褐色变化;表面达到最暗值时,就不会永无止境地继续变暗了。由此可以认为,作画时代越早的岩刻,其画面颜色越深;作画时代越晚的岩刻,其画面颜色越浅。色饱和度的由浅到深,也就是明度值的由明到暗。在同一崖面的岩刻画面中,有的图形颜色深,有的图形颜色浅,这正是由于作画时代的早晚造成的差别。

观察岩刻现场,认定岩刻的保存情况,对确定岩画的时代有特殊的意义。在一般情况下,如石质硬度相同,岩刻的位置、制法也相同,其风蚀程度也大致相等;年代越久远,风蚀程度越厉害,有时只留下一片若隐若现的刻斑,连图形都已分辨不出来了[①];而晚期岩画保存就比较完好。

---

① 盖山林:《阴山岩画》附录,文物出版社,1986年,第341页。

盖山林等长期研究岩刻的先生认为，按照岩刻制作产生的年代，黑色石皮上岩刻的早晚序列是：深黑—浅黑—黄白。越早的色越黑，有的与石皮同色，几乎分辨不出刻痕。晚期岩画刻痕与石皮色泽有明显的差异，一看就能分辨清楚。

石垢又称石锈，是岩画成像后形成的。石垢的颜色有浅黄、深红、黑红诸色，有的上面长有苔藓。石垢的厚薄和色泽的不同，往往与岩刻作画先后有关。阴山岩刻中，有石垢者只占一小部分，多数并未被石垢覆盖。

（二）光学色度理论的支撑

我们这里说的光学色度学，实际上属于颜色学的范畴。

白天，在阳光照耀下，可以看到自然界的青山、绿水、蓝天、白云等美丽的景色。入夜，大自然的彩色消失了；在室内灯光的照耀下，所有陈设都呈现出色彩的协调，使人感到舒适。闭灯后，则是一片漆黑，待眼睛适应后，和谐的颜色不见了，只能看到各种陈设的粗略轮廓。

这些日常生活体验表明：电磁辐射中可见光的存在是产生颜色的不可缺少的条件，不同波长的可见光（波长为390~780nm的电磁辐射）是颜色现象的物理基础。

1. 人的颜色视觉是颜色现象的生理基础

电磁辐射作用于人眼视网膜上，对感色细胞形成刺激，视神经把这种刺激转化为颜色感觉。正由于人具有这样感色的生理机能，才能感知颜色。所以说，人的颜色视觉是颜色现象的生理基础。通常把光所引起的颜色感觉称为光的颜色。单一波长光的颜色称为光谱色。

2. 光源色、物体色和荧光色

被观察物体的辐射刺激人眼的视神经产生的色感觉，称为物体的颜色。如果物体是自发光的，如各种光源，其颜色与所辐射的光谱成分有关，这一类物体的颜色称为光源色。对于本身不发光的物体，在外界光照射下，透过、反射或漫反射某些波长的光产生的颜色，称为物体色。它决定于物体本身对光的吸收、反射和漫反射特性及照明光的光谱成分。另外，还有的物体在外部辐射照射下，不但能透过、反射或漫反射与外界照明光波长相同的光，而且能产生与照明光波长不同的荧光。这类物体产生的色感觉，当以荧光为主时，称为荧光色。各类物体大体上可以分为上述三种产生色感觉的方式。

综上所述，可认为颜色是客观存在的电磁辐射作用于人的视觉器官所产生的一种心理感受。它是涉及物理、生理和心理各学科的复杂现象。此处主要从物理学的角度来研究颜色现象，但也不可避免地涉及颜色生理和颜色心理方面的知识。

（三）颜色的特征和分类

1. 颜色的特征

一般来说，判别颜色的不同，依据的是颜色的三个特征：明度、色调和饱和度。三者之中只要有一个不同，就有不同的色感觉。

明度是指颜色明亮的程度。对于光源色，明度与发光强度有关；对于物体色，则取决于物体的反射比和透射比。

色调是借以区分不同颜色的特征，在可见光范围内，不同波长辐射的颜色具有不同的色调，如红、橙、黄、绿、青、蓝、紫等。光源色的色调取决于发光体辐射能的光谱组成。物体色取决于物体对光的选择吸收特性及照明光的光谱构成。

饱和度是颜色接近光谱色的程度。一种颜色可以看成是光谱色和白光混合的结果。光谱色的比例越大，则饱和度越高。当白光成分为零时，得纯光谱色，饱和度最高；光谱色的成分为零就是白光，饱和度为零。饱和度高的颜色深而鲜艳；饱和度低的颜色浅而暗淡。

2. 颜色的分类

颜色可分为非彩色和彩色两大类。非彩色是指白色、黑色，以及白与黑之间的深浅不同的灰色系列。其特征是没有色调，饱和度为零，只有明度的变化。

彩色是指非彩色系列以外的所有颜色，如所有的光谱色都是彩色。

3. 色度学基础

根据三原色定义可以推知：每一种颜色都对应着给定三原色的一组量值，或者说，每一组三原色的量均代表着一种颜色。原色的量值表示出各种颜色。通常用红（R）、绿（G）、蓝（B）三种颜色作为三原色光。之所以这样选择，是由于红、绿、蓝三种颜色光混合可以产生日常生活中绝大多数颜色，也由于这三种颜色光恰好与视觉生理学中发现的红敏、绿敏和蓝敏三种感色锥体细胞相对应。

（1）三刺激值。

色度学中是用三原色的量来表示颜色的。匹配某种颜色所需的三原色的量，称为颜色的三刺激值。用红、绿、蓝作为三原色光时，颜色方程中的三原色量R、G、B就是三刺激值。

三刺激值不是用物理单位来量度的，而是用色度学的单位来量度。具体规定为：在380～780rjnm的波长范围内，各种波长的辐射能量均相等时，称为等能光谱色。由其构成的白光称为等能白光，简称E光源。等能白光的三刺激值是相等的，且均为1单位。

（2）CIE标准色度学系统。

国际照明委员会（法文缩写为CIE）曾推荐了几种色度学系统，以统一颜色的表示方法和测量条件。国际照明委员会在1931年同时推荐了两套标准色度学系统：1931CIE-RGB系统和1931CIE-XYZ系统。

（四）数码照相技术手段以及介质的标准化

数码相机的问世是20世纪摄影技术的一大创新，它以固体图像传感器替代了摄影系统中的感光胶片，然后以数字信号的方式传送到存储介质中储存起来。

光学记录和存储景物的方式有扫描的方式和非扫描的方式两种。与之对应的感光器件也有两种。扫描方式的感光器件多是光电传感器件，如以电子束扫描方式成像的器件——光导摄像管，以光机扫描方式成像的器件——热像仪的硅靶和X摄像机的塑料散射体，以及以自扫描方式成像的器件——固体图像传感器。非扫描方式的感光器件以胶片为代表。

传统的摄影相机技术使用了百十年，目前数码摄影的还原能力仍然难以与胶片摄影媲美。但是由于数码相机的发明与推广，大大地改变了人们对光线与色彩的定量分析手段。比此前的胶片介质，减少了成像的外部程序和干扰因素。新的数码摄影相机采用电子感光元件CCD或者CMOS，避免了胶片在感光、冲洗、存储和辅助分析环节的光损失和光干扰。

（五）计算机辅助计算是测定岩刻年代的高效手段

在数码相机感光和色度的标准化检测方面，目前已经形成了国际化的标准。对于颜色模式和分辨率、色度分析，已经有一些商业的软件。例如，美国Adobe公司研制的电脑图像处理软件Photoshop就是其中的一种，以常见的模式包括HSB（即色相、饱和度和明度）为基础。为了便于把握计算机软件的条件设定与实测相互匹配，在本方法试验中，专门与国内权威的研究机构合作，开发研制了应用软件，进行计算机辅助计算与测定。

（六）相对恒定和标准化的光源环境

明度测试系统测定岩刻的明度值，正是以岩刻明度由明到暗的渐变规律为切入点，以计算机为岩刻明度值的检测平台，对岩刻明度值进行的量化测定。它为本项目的研究提供了充分的理论依据和可操作性。

（七）选定和确立样本、标尺性岩刻

这是至关重要的环节。要在所测定的岩刻群体之中，选择具有明显年代特征或者可准确判定时间特征的岩刻作为标尺性的岩刻，这样产生的数据才具有普遍的比对价值。还需要注意，不同岩性的岩石，要分别做出比对判定结果，以便于确立比对样本的集群。

（八）实拍与样本的修正操作

在实拍中，必须对样本进行色温的修正操作。主要依靠环境测光和白板测光。根据测定情况，进行色温修正。

（九）计 算 公 式

数学理论知识告诉我们，用两个已知数可以求得一个未知数。运用计算机和光学分析软件，对基于标准模式制作的、不同时代的两幅或两幅以上岩刻的明度值进行比较，并且依据具有明确时代和同时的岩刻作为参照系，使用计算机软件测定出岩刻画面的明度值，就可列出公式，计算出每一个明度值等于多少年；并以此为基础，计算出任何一幅岩刻的作画年代。

（已知晚期岩刻年代-已知早期岩画年代）÷（已知晚期岩刻的明度值-已知早期岩刻的明度值）=每变化一个明度值所需要的年度

将要测定的古代岩刻图像输入计算机，用计算机图像处理软件测定其明度值，然后根据下列公式计算出它的作画年代，其计算公式为

（已知晚期岩刻的明度值-所测岩刻的明度值）×每变化一个明度值所需要的年度+（公元2011年-已知晚期岩刻年代）=所测岩刻的距今年代

四、"光学色度比对技术"进行岩刻断代所具有的特点

本发明是关于古代岩刻年代的一种测定方法，属于考古技术领域。特点是：根据岩刻画面颜色由明变暗的规律，利用计算机分析软件中的测试系统对岩刻明度值进行测定，进而测算出岩刻的制作年代。

将已知确切年代的两幅不同时代的岩刻图像输入计算机，用计算机检测系统测出两幅岩刻的明度值，并以这两幅岩刻的明度值为标尺，测算出岩刻的作画年代与画面明度值的比例关系，则可测定出任何所要测定的岩刻年代。

岩画在题材内容、构图风格、动物的造型特点以及制作方法等方面有着明显的规

律性和时代特征。因此，它为测定岩画时借鉴和运用类型学方法提供了极大的施展空间。只要在操作中测定出一套标准的岩刻类型的明度值标尺，就可以遵循同类型的岩刻时代相同的原则，运用类型比较的方法扩大岩刻的测定范围、校正不同地区的岩刻年代的测定结果。在今后的操作中，可以根据各地不同的岩石表面颜色，建立起该地区的岩刻测定标准和年代谱系，并在测定中不断完善。

用光学色度比对技术进行古代岩刻年代的测定，其主体技术特征在于：①利用数码相机技术，保证实拍结果的恒定；②人工光源环境，取得相对无差异的实拍样本，从而保证普遍使用价值；③通过计算机进行分析，将已知确切年代的两幅不同时代的岩刻画面导入计算机，并用计算机应用软件（比如专门开发的色度分析软件，此处不再详叙）测出两幅岩刻的明度值，以这两幅岩刻的作画年代以及明度值的比例关系可测定出任何所要测定的岩刻年代。

五、技 术 方 案

（一）技 术 要 点

一是对拍摄工具即数码相机进行严格的检验鉴定，包括相机、镜头、处理器、拍摄模式等保持恒定，使其符合恒定采集技术参数的要求；保证对电脑、显示器的定制，避免修整时的误导。

二是对光源进行严格的定制，包括灯具、电源、电压等保持恒定指数；不让环境影响拍摄结果，使其拍摄在完全标准化的环境中进行。

三是采用依托自我知识产权研发的颜色-色度分析软件，对拍摄对象进行严格、标准化的比对分析，从而具备广泛的适用性。

四是拍摄对象用标准的白板（色温）、灰度卡（明度）测定比对值，进行修正。

五是对岩石进行分类的界定、修正。

六是对操作流程进行严格的标准化规范。

（二）工 艺 流 程

1. 工作目标

本文旨在按照岩画的自然变化规律，运用现代计算机技术，探索岩画明暗程度的变化规律，进而探究岩画的作画年代。此项工作包括岩画标本的选定、实地著录与拍摄、岩石标本采集、作为现今参照系的即时刻痕与拍照、计算机测定等诸多环节。因此，操作过程中要按照既定程序进行操作，力求做到科学化与规范化，确保采集到的数据翔实可靠，在计算机测定过程中准确无误。

2. 田野调查与拍照的技术标准及工作规程

（1）岩刻标本的选择标准与实体选择：在选择岩刻标本时，应选择可以明确纪年的且画面颜色变化明显的岩刻。最好是早、中、晚期都有，如青铜器类型图纹、车马图纹、帐篷和栅栏、西夏文、藏文、蒙文，或有明显时代特征的岩刻。

（2）岩刻的拍照标准：岩刻选定后，采用人工的方法构建符合岩刻拍照的恒定的特定环境，如采用恒定灯箱加遮光帐篷（或夜晚）的特定环境。拍照时，必须采用恒定的光圈、曝光速度、拍照距离和中心垂直角度。同时，选派固定的具有一定经验的摄影师进行拍照。所用光圈、曝光速度、拍照角度由摄影师在反复试验后进行确定，并规范为恒定的标准程序进行操作。照相机镜头统一使用标准镜头或成像质量更好的中焦距微距镜头。

（3）照相机的选定标准：经过多次拍照试验，我们目前选定尼康D-300数码相机为岩刻拍照的主拍相机。该相机经国家有关部门鉴定并认可，其性能符合国家标准[①]。另外，配备一台相同品质的数码相机，作为工作记录的辅助相机。

（4）灯具与电源的选定标准：使用的灯箱及有关材料要符合国家标准和国际标尺，必须与国际接轨，在光源的稳定性与恒定亮度上进行测试，必须达到岩刻拍摄的必要条件。

拍摄时，光源及色温必须与相机设置匹配，并保持同步、同角度、同距离。电源的选择必须考虑电流与电压的稳定性，选取国家认可的品牌蓄电池作为供电电源，保证供电充足，并配备备用电池。

此次选用三灯管环形连续光环3——inlurescent RingLight，

灯光：型号RFL-3

功率：$1 \times 22W+1 \times 28W+1 \times 40W$节能型日光灯

色温：5300K ~ 5500K

电压：220V

（5）岩石标本的选择与鉴定：采集岩石标本时，所采标本必须与所测岩刻的地点相同、质地相同、石面颜色相近的标本，并委托有关专业部门进行鉴定。鉴定内容包括：①对取样岩石的质地进行鉴定；②对取样岩石的成分进行鉴定；③对岩石表面颜色由浅变深的成因进行鉴定（特别是促使颜色变化的物质含量）。

（6）岩石的即时凿刻与拍照标准：选择即时凿刻的岩石标本，必须选择与所拍岩刻的地点、质地、石面朝向及石面颜色相同的岩石，在石面上刻出与岩刻深度及宽度相同的凿痕进行拍照。拍照时，采用与岩刻相同的方法进行操作。同时，采集相同的岩石

---

① 北京理工大学颜色科学与工程国家专业实验室：《尼康D300色度性能测试报告》，2011年4月29日。

标本进行鉴定，确保所测的标本性岩刻与即时凿刻的岩石质地相同。

（7）工作记录标准：设计专门的表格，内容包括：GPS定位位置、拍照时间、岩画名称、岩画尺寸、照片编号、画面朝向、画面颜色、标本号、摄影者、记录者等。力求做到对岩画的原始状态记录翔实准确。

3. 室内工作程序与测定标准

（1）岩刻明度值的测定方法与标准。

1）岩刻明度值的测定方法与标准。

古人在凿刻岩画时打击点不均匀，导致计算机中显示的明度值不够稳定，它的波动幅度在3°～5°，因此，我们在测试中遵循两条原则：第一，选择凿击点均匀、凿击面积大，并且在测试中明度值相对折中的岩刻刻痕；第二，测定后采用加权平均法进行计算，即先后测出20个明度值，然后去掉5个最高值，再去掉5个最低值。剩下的10个数相加后再除以10。最后的得数应该是稳定、合理、准确的明度值。在计算时，所测的明度值数量越多，经过加权平均计算后就越精确。

岩刻与即时凿刻画面的明度、色相和饱和度测定，采用20数值加权平均法测定，取样点设定在5毫米×5毫米数值，并设计岩刻明度值测定记录表进行记录。

2）明度值与年代的比例关系及计算标准：根据所测岩刻与即时凿刻石面的明度值测定数据，计算出每个明度值等于多少年作为标尺，列出明度值与年代的比例关系运算公式。

3）列出明度值与岩刻年代对照表：根据计算公式和明度值与年代的对应数据，列出岩刻明度值与年代对照表。

（2）设计岩刻测定统计表：设计测定统计表，对岩刻测定结果进行记录，建立岩刻年代数据库。

（3）测定数据的修正原则。

1）充分考虑外在因素对测定数据的影响。

2）充分考虑同一幅画面在不同时期都发生过人为凿刻的侵扰因素。

3）参考岩刻标本的鉴定数据进行调整。

a. 现场测定并拍摄灰度卡的亮度值，用数码图形记录工作条件。

b. 拍摄白板，检查、调整白平衡误差。这一步主要是平衡任意一幅岩刻的均衡数值。

c. 这时可以测算数值。

（三）岩刻年代的测算

岩刻年代的测算公式为

（标本岩刻年代−待测定岩刻年代）÷（标本岩刻明度值−待测岩刻明度值）＝每

一个明度值代表多少年。比如（1140–480）÷（50–39）=60年

得数60，代表用计算机测定的岩刻画面的每一个明度值等于60年，即每过60年，岩刻画面的明度值减少（变暗）1°。以这一公式为基础，在计算机中测出任何岩刻的明度值都可计算出岩刻的作画年代。

在公式中，以作画年代最明确岩刻为标本（即作画年代可以明确的确定为公元××××年，明度值为××°）。

计算所测岩刻的作画年代公式有两个。

第一，计算明度值低于标本岩刻明度值（如是50°）的：

公式为 $[（A-B）×C+（D-E）]=F$

式中，A：代表标本岩刻画面的明度值为50°。B：代表所测岩刻画面的明度值。C：代表每一个明度值为60年。D：代表现在，即2011年。E：比如代表西夏岩刻的作画年代，即1140年。F：代表所测岩刻的距今年代。

比如以南北朝骑者岩刻为例，用计算机测定该岩刻画面的明度值为39°。

代入公式为 $[（50-39）×60+（2011-1140）]=1531$年（距今），根据计算，该岩刻的作画年代为距今1531年，即480年，属南北朝中期的岩刻。

第二，计算明度值高于标本（比如西夏）岩刻明度值（50°）的：

公式为 $D-[（B-A）×C+E]=F$

比如以蒙文题字马岩刻为例：测出该岩刻明度值为61°。

代入公式为 $2011-[（61-50）×60+1140]=211$年（距今）

根据计算，所测岩刻年代为距今211年，即1800年，属清代后期的作品。

为了测算方便，根据上述计算公式，可以列出"岩刻画面明度值与作画年代对照表"，只要用计算机测出任何岩刻的明度值，就可以在表中查找出岩刻的作画年代。

鉴定完成后，撰写《计算机测定岩画年代的鉴定报告》。内容包括：岩刻的调查和选取，拍摄过程、自然环境和岩刻状态的表述、岩石标本的鉴定数据、计算机的测定方法、过程、数据以及测定结果的公布等整个过程。

六、结　　论

本发明突破了传统的岩刻年代考证方法，运用现代科技手段解决了岩刻断代的一大难题，为今后岩刻年代的断定提供了科学、准确、规范的鉴定方法，使岩画学的研究迈上一个新的台阶。随着该技术进一步成熟与完善，必将具有广阔的应用空间。其实际测定结果是准确、科学、可信的，并且在技术上又具有可操作性，有广阔的推广应用空间。

采用光学色度断代法进行岩刻断代，是利用现代科学技术进行考古发现的探索性工程，是一项保护世界遗产，深入研究人类文明历程的历史任务。通过对岩刻的断代，

将世界范围内的岩刻统一在一个判定技术的层面上，将为研究、保护、交流等形成一致的基础。

在此谨对曾经为此技术进行过早期努力的包头博物馆姜涛、谭世俊、龚鹏几位同仁深表感谢。对内蒙古河套文化研究所、内蒙古岩画研究院的同仁也一并表示感谢。特别是对北京理工大学颜色研究所廖宁放等先生深表谢意。这里也要感谢上海古籍出版社府现展先生的审稿校对工作，特别感谢担任文字翻译工作的金晶同志。

（原载于北方民族大学：《阴山岩画》第四册，上海古籍出版社，2012年）

浅析中国岩画的分布及其文化特征

龚田夫

（中央民族大学）

一、中国岩画体系的划分

岩画（rock art）是一种跨越地区和民族的世界性的文化语言。特别是在没有文字的远古时代，岩画往往是人类记叙自身历史和交流思想的主要方式。据联合国教科文组织公布，现存的原始艺术作品中99%是岩画[1]。所以，岩画是重建人类历史，特别是人类早期历史的重要线索。

我国现存的岩画资源非常丰富，是世界上为数不多的岩画资源大国之一。可以肯定，在岩画之中记录了大量有关中国的历史文化，特别是上古历史文化的信息。

我国现已发现的岩画遗址分布在20个省和自治区的近百个市、县（旗）中。比较大的遗址有近百处。由于岩画遗址的大量发现均在近几十年内，所以岩画图形的确切数字目前尚难完全统计。估计总数将有数十万个。在中国北方的一些省区，岩画无疑是当地规模最大的历史文化遗产。可以肯定，在中国古代历史文化遗产中，岩画会占有十分重要的地位[2]。

中国岩画学界经过多年研究，多数意见认为可将中国岩画划分为四个大的体系。

1. 北方体系

包括黑龙江、内蒙古、宁夏、甘肃、青海、新疆和西藏境内的100余个岩画遗址。

2. 东南沿海体系

包括江苏、山东、福建、台湾、广东和香港地区境内的40余个岩画遗址。

---

① 联合国教科文组织官方网站，2005年。
② 乔华：《宁夏岩画·前言》，宁夏人民出版社，2005年。

3. 西南体系

包括广西、云南、贵州、四川境内的30余个岩画遗址。

4. 中原体系

包括河南、山东、山西境内的30余个岩画遗址。

另外，辽宁、吉林、安徽、江西、浙江、河北等地也有少量岩画遗址分布。

四大体系的划分，主要依据并不在于岩画遗址所在的地理位置，而在于各个遗址中岩画所表现出的文化特点和对地区性的历史文化承袭。另外，目前在山东境内发现的岩画，有些内容类似东南沿海体系，有些内容类似中原体系。故将山东分别列入了两个体系之中。

二、中国岩画体系的文化特征

岩画的产生，离不开遗址地区当时的自然生态环境。由于第四纪冰川末期东亚气候的不断变化，中国适于农耕的区域，在数千年间不断南移。同时，荒漠化的地区在中国北方又不断扩大。例如，反映中国早期农业文化的红山文化区，今天大部分地区已经不适于农业经济。数千年以来，中国北方从辽宁西部直到甘青地区都曾发生过大规模发达的早期农业文化。但由于气候的变化，这些地区今天基本上都变成了荒漠和草原。所以今天遗存在荒漠、草原上的岩画，并不完全是日后来此的游牧族群所制作。

而由于高温和高湿，中国南方在数千年前大部地区还是不适于人类生存的热带雨林。在商代，中原地区还有野生象存在。江南的经济水平超过黄河流域的经济水平，发生在不及千年的宋代。由于大气环流的变化，数千年来，印度洋的暖湿气流越来越难于到达黄河以北地区。这个关键因素决定了中国境内生态环境的变化趋势。

这种生态环境的变化，在相当大的程度上决定了中国历史文化的发展进程。所以，研究岩画首先要考虑岩画分布地区生态环境的历史。因为有了什么样的生态环境，才有什么样的历史，才有可能产生什么样的岩画文化。

（一）北 方 体 系

北方体系的岩画在分布地域、规模和数量上均为其他体系所无法相比。在该体系中，黑龙江的岩画遗址较少，其内容反映了生活在森林地区应该是以渔猎为生的族群的某些历史文化，绝对年代应该较晚，并与北方体系中其他岩画缺乏明显的内在联系，是北方体系中一个比较特殊的类型。

除黑龙江之外，在北方体系中，又可分为东、西两个分体系，这就是内蒙古—宁夏体系和甘肃—青海—新疆—西藏体系。

1. 内蒙古—宁夏体系

这个体系的岩画文化应该是三个不同历史文化时期的产物。该地区早期岩画文化，应该是以动物图腾、女性生殖图腾及手印等内容的岩画为代表。这些岩画在数量上相对较少，是该地区原始社会晚期狩猎采集或狩猎兼放牧经济形态下的产物。其产生的绝对年代上限目前尚有争议。至于这些岩画创作者到底是什么族群，是否因生态环境的变化就地转化为农耕或游牧族群，以后又是否被外来的游牧族群所驱逐，这些问题目前仍难以确认。有些观点认为这些早期岩画文化的创造者可能来自境外的欧亚大草原。

在早期岩画文化之后，横贯内蒙古大部分地区和宁夏北部地区，明显产生了一个新的岩画文化。这个新的岩画文化以类人面像的岩画为代表。需要指出的是，这些类人面像并不等同于一般的人头像，而是用带有多种文化内涵的图腾符号或图腾符号的组合，构成一个看似人面像的图形。其中可能还有这种类人面像面具的图形。这些类人面像岩画应该大部分都是表现女性和男性相结合的生殖图腾或男性生殖图腾，少量为泛自然神灵图腾。总之，都是当时生活在此地的原始族群的图腾符号。

这种新的岩画文化在岩画制作方法、图形大小、图形造型等方面有自己显著的特点，明显区别于该地区早期的岩画。这种中期类人面像岩画的出现，标志着该地区岩画文化繁荣期的到来。

有一种观点认为，这种新的类人面像岩画文化的源头可能来自中国东部的东夷族群[①]。当殷商灭亡之际或更早的年代，原属殷商的东夷族群分多路迁徙。向北迁徙的一路，有相当规模的人群可能先是来到辽宁西部，继而进入内蒙古东部，再而进入内蒙古中部和宁夏北部。这种迁徙是个漫长的过程，由于生态环境的影响，使这些东夷族群原有的早期农业文化，很可能逐渐演变成一种新的农业与游牧混合经济文化，进而部分取代了内蒙古和宁夏北部地区原有的狩猎兼采集或狩猎兼放牧的文化。该地区新的岩画文化，应该就是上述历史现象的反映。

而后，匈奴、突厥、蒙古、鲜卑、党项等游牧族群又在内蒙古、宁夏一带活动，先后在该地区创造了风格各异的岩画。这种晚期的岩画一般是以山羊为主的各种家畜形象为基本内容，兼有虎和鹿的图形。还有反映游牧族群各种生活场景的岩画，另有一些应该是用金属器凿刻的类人面像。此后，该地区的岩画文化逐渐衰落。

仅以宁夏贺兰山地区的岩画为例，就包含了上述三种不同时期的岩画文化。

早期的岩画应该集中在贺兰山北部的麦汝井和黑石峁一带，数量不多，均为磨刻的野牛与山羊，画幅较大，制作精美，内容显然与动物图腾有关。

而中期磨刻的类人面像岩画应该多集中于贺兰山中部的贺兰口一带，每个类人面

---

① 何新：《诸神的起源》，生活·读书·新知三联书店，1986年，第30页。

像图形显然是用几种由基本的符号所构成的组合符号图形。应该是表现了男女性结合的生殖图腾。中期的类人面像亦可明显分出不同的类型。较早的基本可归纳为符号组合型，均为磨刻，制作精细。较晚的基本可归纳为符号图案化型，均以凿刻为主，制作相对粗糙。

从图形和制作方法上来看，宁夏地区的类人面像岩画，显然与内蒙古地区的类人面像岩画存在着承袭关系。

晚期的游牧岩画则广泛地分部于整个贺兰山地区。这些岩画均为凿刻，人畜形象均很夸张，图形较小，制作粗糙。有相当数量动物岩画，其制作动机应该已不再是出于图腾的需要。所以，后期的这类岩画我们是否可以将其视为民间艺术？

另有些手印岩画，数量极少，还有待研究。

近期在内蒙古东部的大兴安岭地区又发现了大规模分布的彩绘岩画。由于发现时间较晚，对其文化特点、产生年代和制作族群，目前还难于做出准确的判断。

2. 甘肃—青海—新疆—西藏体系

这个体系结构相对复杂，不同于内蒙古—宁夏体系那样近乎直线的联系。这个体系的核心应该在甘肃和青海，向东辐射到宁夏中部偏西一带，向南辐射到西藏，向西辐射到新疆东南部。形成自东向西和自北向南发展的、十字交叉的两大岩画文化带。该地区的岩画文化应该是两个不同历史文化时期的产物。

数千年前，甘肃、青海、新疆东南部曾是古西戎和西羌诸族群的活动地区[①]。正是这些族群创造了中国西部的原始文化。但这些族群应该并非都是岩画的创作者，该地区的早期岩画可能是古西戎、西羌某些族群曾经历过早期农耕文化后，又因各种原因而变成游牧文化和某些一直在过着游牧生活的族群所创造。

岩画内容以山羊、牛、马等家畜为主，也有些反映游牧生活风俗的岩画。某些符号化的图形，如蹲踞式的人形，反映了该地区岩画可能与中国西部彩陶文化中神人纹（亦称蛙纹）的渊源。

新疆地区在地理上是欧亚大陆的中心和腹地，历来是多民族和多文化的汇聚之地。新疆地区早期的历史文化与中原地区相对隔绝。有一种观点认为，新疆地区最早的文化应属来自西方的高加索族群。数千年前，这些高加索族群活动在以塔里木河流域为中心的广大地区，因自然环境的不同而处于早期农耕和游牧两种不同的经济形态。中国古文献中将其称为塞人或塞族人。在2000余年前，这些高加索族群由于受到北部和东部一些强悍的游牧族群的挤压，同时也由于自然生态的不断恶化，他们逐渐退出了新疆地区的历史舞台。

---

① 国家民委民族问题研究中心：《中国民族》，中央民族大学出版社，2003年，第27、63、105页。

　　新疆地区早期的岩画应出自这些高加索族群之手，时间持续到其他游牧族群来到前后。岩画内容反映了这些高加索族群早期的历史文化。岩画遗址分布在天山山脉、阿尔泰山南麓和昆仑山北麓的广大地区。这应该是当时农耕文化和游牧文化的交汇地区。比如地处阿尔泰山的富蕴县唐巴勒塔斯洞窟岩画，其以写实的手法重复表现女阴的形象，显然是女性生殖图腾的反映。从文化发生的一般顺序来看，这类内容的岩画应是动物图腾岩画稍后的产物，时间相对靠前，属早期原始文化。

　　此后，有多支游牧族群向新疆地区迁徙，给这一地区带来了新的游牧岩画文化。

　　辽金时代，古羌人中的党项族群向东扩展到宁夏一带。这些族群在这一地区出于各种动机，制作了大量的岩画。使东起宁夏西至新疆形成了一个横贯中国北方数千千米的游牧岩画文化带。在宁夏贺兰山就发现有与青海湖畔的岩画图形相同的，双人对拉一只弓的岩画图形。在这个游牧岩画文化带上，岩画所反映的内容比较相近，多为装饰风格的羊、马、牛等家畜形象，也有些反映游牧族群生活的车辆、毡房、围栏等器物的图形。与上文中所述的宁夏晚期岩画显然同属一个文化类型。在甘肃、青海的部分地区，有些岩画可能是属更早期的动物图腾岩画。

　　在上述地区，不能不提到一种特殊的鹿石岩画，其踪迹遍布中国北方的荒漠和草原。这种装饰风格的鹿图形在中国北方境外和新疆部分地区均刻在由人工竖立起的碑状石块上。而到了宁夏、内蒙古一带，同样的图案则往往被刻在山石上。这种鹿石岩画的制作者一般被认为是斯基泰族群、匈奴族群或突厥族群[①]。可能反映了他们以神鹿为图腾的习俗。

　　相关学术界认为，在距今约6000余年前，古羌人中的藏和彝等族群的先民由于至今不详的原因，开始向西南迁徙。他们先后来到四川、云南、西藏和南亚的缅甸一带。在他们迁徙的同时，也带去了中国西北部地区的早期文化。所以，四川、云南西北部和西藏地区的岩画，明显带有某些北方游牧狩猎岩画的文化特点。这正是将西藏岩画纳入北方岩画体系的原因。

　　佛教传入西藏之后，西藏地区出现了一批明显反映藏传佛教内容的岩画。这些岩画与西藏地区的原始岩画很容易区别。

（二）东南沿海体系

　　东南沿海体系的岩画，应该是古文献所述的东夷和百越族群所创作。在这个体系中，以长江为界，又可分为南、北两个分体系。

　　北部体系的核心在江苏连云港一带。岩画反映了数千年前东夷族群的早期农耕文化。岩画图形趋于先符号化，后图案化。表现了神灵图腾、天体图腾、生殖图腾等内容。

---

　　① 盖山林：《中国岩画学》，书目文献出版社，1995年，第233～235页。

有一种观点认为东夷族群可能来自东南亚，在远古时代，迁徙至中国东部长江以北的沿海一带，并形成了早期农耕文化。后来，如上文所述，东夷族群分多路迁徙，把东夷文化带到了中国内陆地区。

连云港将军崖岩画中有几个类似鸮面像的岩画，很可能反映了东夷族群的鸟图腾并兼有男性生殖图腾的原始文化。类似的图形，在内蒙古和宁夏均有发现，这显然不是巧合。可能与本文所述的东夷族群的迁徙有关。

南部体系分布在福建、广东、台湾、香港一带。这里曾是古越族群的活动地区[①]，该地区丘陵遍布，在宋代以前气温和湿度偏高，自然环境恶劣，不适于人类生存。古越族群多活动在沿海一带，过着农耕、渔猎的生活。并在这一带留下了许多符号化、图案化，富有神秘色彩的岩画。岩画中或明显或隐喻地表现出古越族群的蛇图腾。同时，有些部落渡海来到我国台湾，在台湾中央山脉南部的万山一带创造了与大陆东南沿海南部体系相近的岩画。南部体系岩画的产生时间应该普遍较北部为晚。

总体来说，东南沿海体系的岩画数量较少，其所表现的文化形态相对比较简单。由于岩画遗址多地处沿海，许多岩画反映了这一地区古代先民与海洋的密切关系，成为以内陆农业文化为主的中国传统文化中一个较为特殊的类型，如在珠海宝镜湾就发现有凿刻精美的表现人物、船只和海水的图案化的岩画。画面结构复杂，布局严谨，内涵丰富。

南部体系中特殊的情况应属福建漳州仙字潭岩画。这些岩画的图形和制作方法显然与北部体系的岩画有某些联系。这种现象该如何解释，还有待继续研究。

（三）西南体系

西南地区多山，不利于发展大规模的畜牧业和农业经济。在相当长的历史时期，西南地区一直保持着狩猎、畜牧和农耕并存的混合经济形态。

西南地区的岩画就是在这种混合经济形态下，由中国南方原驻各少数民族族群及日后在不同历史时期，沿长江流域迁徙而来的其他少数民族族群所制作，其族群主体应该为古文献所述的百濮族群[②]。

西南体系岩画产生的绝对年代应该较晚，从图形显示的内容来看，比如某些人物的腰间系有长刀，其长度表明该刀应为金属器，所以这些岩画应该产生于纪元之后。那时中原地区已进入封建社会，而这些边远地区还处在原始社会末期或奴隶社会，经济文化都较中原地区落后。

---

① 国家民委民族问题研究中心：《中国民族》，中央民族大学出版社，2003年，第27、63、105页。

② 国家民委民族问题研究中心：《中国民族》，中央民族大学出版社，2003年，第27、63、105页。

岩画反映了当地百濮族群的神灵图腾，宗教仪式、农牧业生产、狩猎、战争、娱乐等活动。岩画多用颜料绘制在沿江河的山崖和深山峭壁上，也有的绘制在洞窟之中，少量刻制在独立山石上。其显著特点是大量装饰风格的人物形象及人形的神像图形，如在广西花山和云南沧源都发现有大规模的表现古人类生活场景的彩绘岩画。这些岩画构成了西南百濮族群恢宏的历史画卷。这与北方体系中的动物和类人面像图形，东南体系中的符号图形和图案图形岩画形成了鲜明的对照。

西南岩画体系中较为特殊的例子多在金沙江峡谷一带。这些单纯狩猎内容的岩画，其产生年代可能相对较早。可能是上文中所述从甘青地区南迁诸族群早期文化的反映。近年也有些人认为其产生时间可上溯到旧石器时代晚期。

（四）中原体系

中原地区基本属于黄河流域，是中国早期农业文化的主要发生地区。近年来，在河南、山东境内靠近平原、河流的山地上陆续发现了不少岩画遗址。这些遗址中的岩画多以凹穴、排点、矩形连续图案、不规则曲线等图形为主。有的是磨刻，有的应该是金属器凿刻。

在很长的时间内，中原地区只有在山西南部发现彩绘岩画的报告。近年，在河南中部陆续发现了大规模的岩画遗址群和巨石遗址群。在这些遗址群里，某些岩画的图形及制作方法、某些巨石的形态及制作方法，都与江苏，山东、辽宁的岩画和巨石文化有着明显的相似性。

这些岩画和巨石遗址反映了黄河流域古代先民的原始巫术，反映了早期农业文化时期岩画符号化、图案化的文化特点。

需要特别提到的是，在中原岩画和东南沿海岩画体系之中，都发现有相当数量的凹穴岩画。有学者甚至在北京西部也发现了凹穴岩画。这种类型的岩画，在全世界均有分布。学者一般认为，在欧洲出现的凹穴岩画应属旧石器时代晚期的产物，距今已数万年。我们面临的问题是，看似形态相同的凹穴岩画在中国出现的时间应如何确认。

到目前为止，一种观点认为，中国的凹穴岩画也应该出现在旧石器时代晚期；另一种观点则认为，考虑到诸如母神图腾的现象，在欧洲出现于数万年前的旧石器时代晚期。而中国则出现在数千年前的新石器时代。因此，同样的凹穴岩画文化，出现在中国的时间可能相对较晚。

三、中国岩画文化的一些主要特点

以生殖图腾和狩猎巫术内容为代表的欧洲原始艺术因发生早、发现早、规模大、艺术水平高、研究起步早而闻名于世。几乎所有的教科书，讲到世界原始艺术，不能不从欧洲旧石器时代讲起。

欧洲原始艺术的繁荣期发生在距今3.5万～1万年。那时欧洲南部正处在旧石器时代晚期。生活在欧洲南部的晚期智人被称为克罗马农人。考古发掘表明，克罗马农人居住在洞窟中，靠狩猎采集为生。克罗马农人在欧洲南部的许多洞窟中，留下了制作精美的反映生殖图腾的母神像和反映狩猎巫术的动物岩画。同时，在一些洞窟中，克罗马农人还留下了许多至今令人费解的手印岩画和符号岩画。克罗马农人创造的原始艺术，是人类文化艺术发展的第一个高峰。到了约1万年前，人类文化艺术发展的第二个高峰出现在新石器时代的西亚和北非。当欧洲的狩猎者变成早期的牧人和农夫之后，欧洲的原始文化发生了很大的改变。精美的动物岩画消失了，代之而起的是制作粗糙的、反映欧洲新石器时代及青铜时代古人类生活场景的岩画。欧洲岩画文化从此开始衰落。

人类社会的历史文化发展向来具有地域和时间的差异特性，一种文化艺术产生之后，完全相同的文化艺术一般是不可能在其他地域、其他时间重复出现的。那种认为各大洲都曾在相同时间发生过相同类型、相同水平、相同规模的原始文化艺术的观点，那种以欧洲旧石器时代晚期原始文化艺术的形态作为一种普遍的规律，来寻找对应的中国原始文化艺术发展规律的观点显然不妥。那种将中国旧石器时代晚器原始文化艺术的发生时间、发生规模前推和扩大，与西方在历史文化上一争高下的做法亦不科学。

地处东亚的中国，有着独特的生态环境和由此产生的人文历史背景。中国原始艺术的高峰期应该发生在欧洲洞窟岩画数万年之后的新石器时代。距今不过数千年。在绝对时间相同的前提下，中国境内没有发生过类似欧洲南部那样长时间、大规模、高水平的旧石器时代晚期原始狩猎巫术文化。有一种观点认为，这可能与中国晚期智人主要来自境外有关。这种观点主要是依据遗传学的理论，目前国内外尚有争议。

作为中国古代文化重要代表的岩画文化，是中国早期历史文化的反映。从岩画研究的角度来看，对比欧洲旧石器时代晚期的岩画文化，中国岩画文化可归纳出以下几个特点。

（1）中国岩画文化发生的主要地区，多在今天中原农耕文化区的边缘地带，在当时属于混合经济文化或游牧经济文化的地区。在中原农耕地区目前仅发现河南中部有大规模岩画遗存。

（2）中国岩画文化从新石器时代开始，与中国中原已知的古代文化在时间上应该基本是平行发展的，所以中国岩画文化可能与中原彩陶、玉器和青铜文化有一定的相互影响和承袭关系。

（3）中国岩画文化的发展呈交替和间断的特点，每种内容和风格的岩画随着制作族群的兴衰和迁徙而存在与消失。不同于中原地区的文化，岩画自彩陶、玉器、青铜文化开始，呈连续性的发展。

（4）中国岩画文化的繁荣期不同于欧洲南部那样，发生在旧石器时代晚期，而是发生在相当于中原新石器时代晚期或铜石并用的时期。其社会经济形态不是欧洲南部那样的狩猎和采集。在中原地区已经产生了早期农业文化。而在中原地区的边缘，是早期农耕之后出现的游牧经济形态和早期农耕、游牧、狩猎并存的混合经济形态。此时人类早已离开天然洞窟自造居所，这也可能是迄今为止中国没有发现洞窟狩猎巫术岩画的主要原因[①]。

（5）中国岩画文化反映的社会经济形态较为多样，不同于欧洲南部洞窟岩画那样属比较单纯的原始狩猎巫术的形态。所以，中国岩画文化应该有相当部分不属于原始艺术范畴，而属于民间艺术。

（6）考虑到中国岩画文化发生地域及其所反映的经济文化特点，并不一定是像欧洲那样狩猎在先，游牧业居中，农业在后。所以，以中国北方粟作文化和南方稻作文化发生期为准，以早期农业发生期向前推测中国岩画文化发生期的方法应该不妥。

（7）中国是否有旧石器时代晚期狩猎采集文化的岩画，仍是个有争议的问题。但从某些岩画的图形及制作方法上来看，与国外可以确认的属于旧石器时代晚期的岩画应该是十分相近的，如近年在河南以及过去在连云港发现的凹穴岩画。

综上所述，应该可以确认，在中国中原地区进入彩陶、玉器、青铜文化前后，在中原农耕经济文化圈及其边缘地区，在游牧族群纵横驰骋的草原荒漠地区，在遍及中国北部和西部的崇山峻岭之中，先后产生并持续了数千年的大规模的岩画文化。中国岩画文化虽然发生时间相对较晚且时断时续，却因产生地域广阔、社会经济形态多样而表现出丰富多彩的文化内涵，这是中国岩画文化的最大特点，岩画文化是中华民族古代历史文化的重要组成部分。

岩画研究无非要回答三个最根本的问题，那就是什么族群，在什么时间，出于什么动机而制作了这些不同的岩画。我们可以相信，经过多学科专家学者的共同努力，这些问题迟早会得到令人信服的答案。最近在河南，以新郑市相关部门牵头，汇集国内外的专家学者对当地的部分岩画做了微腐蚀法的断代研究。将来有了多数学者认可的结论后，就可以确认这些岩画是同时期已知古代文化的一部分，还是一个未知的古代文化。

所以，至此我们可以说，缺少了岩画文化的中国历史，不是一部完整的中国历史。

---

① 陈兆复：《古代岩画》，文物出版社，2002年，第136页。

望图生义

——岩画研究中一个思维定式的检讨

李福顺

（首都师范大学美术学院）

　　人认识事物的思维过程一般是先看现象，透过现象分析本质。但现象有时与本质吻合，有时不吻合，甚至完全相反。汪精卫长了一张英俊的脸，但他的本质是汉奸。你在街上看到一个文弱的小姑娘带一副眼镜，跪在地上，前面放一块纸板，板上写有父母双亡，没钱上学，请好心人帮忙之类的话。有人可怜她就给了钱，有人说是骗子，不但自己不给钱还劝别人不要上当。这后一个例子似乎让人更难判断。大概只有警察出面才能辨别真假。但是，警察也要有个调查过程，他一时也不能给出确切答案。两个酒瓶口对口竖立成一个整体，有人联想到亲吻，有人联想到对抗。望瓶生义，谁之义合理？我想诸位恐怕难做裁判。篆文"稷"字，原写作禾旁一人跪地祈祷，照理说对这个字的含义应该没有分歧，表现的是人收获谷物（甲骨文写作一人跪在禾旁祈祷，反映了古人收获时的心情）。后演变为禾、田、人组合。《说文》云：稷，五谷之长，从禾，畟（音册）声。但三个单字拼在一起，会让不同的读者产生不同的联想，也就是说生出不同的"义"来，田人合起来可以视为鬼、神；与禾联系起来可视为谷物神。也可视为种田能手安葬，也可视为农民在收割谷物，也可视为看管谷物——如此等。究竟哪个对？恐怕要找最初造字的"仓颉"来评判了。

　　望图生义的思维方式，不是我们的发明，是老祖宗传下来的。郦道元《水经注》多处记录了岩画，有些就含有望文生义的影子。唐代大文学家韩愈在破解福建漳州华安"石铭里"岩画时，就开了"望图生义"的先例。据唐张读《宣室志》卷五记载，"泉州之南有山焉，其山峻起壁立，下有潭，水深不可测，周十余亩。中有蛟鳄，常为人患。人有误近，或马牛就而饮者，辄为吞噬。泉人苦之有年矣。由是近山居者，咸挈引妻子，徙去他郡，以逃其患。元和五年（810年），一夕，闻南山有雷震暴，声闻数百里，若山崩之状，一郡惊惧。里人及牛马鸡犬俱失声扑地，汗流被体，屋瓦交击，木树颠拔。自戌及子，雷电方息。明旦往视之，其山催堕，石壁数百仞殆尽，俱填其潭，潭水溢流，注满四野，蛟鳄之血遍若玄黄，而石壁之上，有凿成文字一十九言，字势甚古，郡中士庶无能知者。自是居人无复患矣。惧者俱息，迁者亦归，结屋架庐，接比其地。郡守因名其地为'石铭里',盖因字为名,且识其异也。后有客于泉者,能传其字,持至东洛,时故吏部侍郎韩愈,自尚书郎为河南令,见而识之。其文曰:'诏赤黑示之鳄鱼天公卑杀牛人壬癸神书急急。'然则详究其义,似上帝责蛟鳄之词,令戮其害也。其字则蝌蚪书,故泉人无有识者矣。"[1]现在事实证明,韩愈老先生的破解是搞错了,那不是文字而是岩画。

今天考察岩画情况更为复杂,我们与岩画互不认识,全凭猜测。个别的可通过现代化的考古手段判定其年代,对其内容的考证,多采取望图生义的方式(当然,生义之后,要寻找各种文献的、实物的证据)。笔者以前多采取这种方式,在座的专家们大概也有人采取这种方式。面对一幅岩画,比如一只野山羊、一个人面像或其他什么图案,观者会因为自己的文化背景不同,产生不同的感触,也就是说望图生出不同的"义"来。那么究竟谁的意更符合实际呢,笔者想短时间内难以下结论,谁也说服不了说,只能各说各话。因为面对同样一幅画面,望图生义者都有各自的道理。如对江苏连云港将军崖人面像的解释,至目前为止已有数种。笔者在20世纪80年代初考察连云港岩画后发表的第一篇文章就是"望图生义"之作,笔者根据那一片人面像(十面个体)与植物连为一体,在查看地方志、了解当地考古情况(附近有旧石器时代遗物、有宋代雕刻等)后,笔者认为是一幅《稷神崇拜图》,《美术全集·绘画卷》主编认为笔者说的有道理,就采纳了这种说法。但考古界很少有人同意笔者的看法。

最早考察这处岩画的俞伟超先生认为是商代杀人祭祀的场面;盖山林先生认为是太阳神崇拜的记录,那些植物状的图形乃是太阳的光芒而已;李仰松先生则认为那是一幅6000多年前的"生殖巫画";陆思贤先生等认为是太阳神和天象图。近几年发表的文章"天象图"说似乎占了上风。此类文章当以连云港市博物馆发表在《岩画研究》2006年刊上的"将军崖岩画"最具代表性。我们不妨先引述该文的部分文字:"1978年连云港市文物普查中,该岩画首次被发现。1980年7月,北京大学教授俞伟超先生来连考察,当场指出:'这是一处重要的历史遗存,这是一次重要的发现。它不仅是目前发现的我国最早的一处岩画,而且是一处反映3000年前我国东夷部落生产和生活的画面。'第二天,俞伟超先生更作了一场《连云港将军崖东夷社祀遗迹的推定》的学术报告,将岩画推定为3000年前殷商之际东夷部落的社祀场所。1981年4月初,在国家文物局古文献研究室召开了首次将军崖岩画拓片展示和专家鉴定会。4月4日中央广播电台和4月6日《人民日报》《光明日报》相继发表报道,指出'将军崖岩画是3000年前的遗迹,是我国迄今为止发现的最早的岩画。具有极其重要的价值。''由此,将军崖岩画的研究拉开了序幕,论文相继见诸刊物。有关将军崖岩画内容和时代的考定也是一大焦点问题。有的提出了是女娲造人,反映原始农业与人类生命的关联。有的提出将军崖岩画是反映古代东方氏族对土地、农业的崇拜和依据。有的认为岩画是原始社会祝祀乐舞的图

---

① 张读:《宣室志》,中华书局,1983年,第67页。

像。有的是浪漫想象，认为第一组人面刻画得是海洋生物——黉（音红，主管阴晴的神鱼）。有的从民族学与古史传说中探讨岩画产生的历史背景。有的则提出岩画是东夷太阳神的崇拜。有的注意到从天文学角度研究岩画，是描绘了春分时人物对鸟星的祭祀，祈求丰收的景象。有的则确指将军崖岩画是古祭台，其内容是有关十日神话，将军崖是祭日的遗迹。对将军崖岩画从古代天文学去考察的有三篇文章，一是周锦屏的《将军崖即羲仲祭日地之推定》，陆思贤的《将军崖岩画里的太阳神像和天文图》，以及王洪金的《将军崖大石图考》等。他们从新视角对将军崖岩画的内容作了全新审视。''又一次不经意的发现，将岩画的研究推向了一个新的领域。2002年立春刚过不久，北京大学国情研究中心、太极文化研究所研究员、中国华夏文化纽带工程组委会专家王大猷先生来连考察。由于现代工业酸雨的长期侵蚀，将军崖岩画中的某些岩刻已经十分模糊，我们借助于市委宣传部赵鸣先生20世纪80年代初拍摄的将军崖岩画的照片和岩画比较，在第一组岩画中，我们发现了已经模糊、近似消亡了的'勾芒'人面像的岩刻。这是一个新的发现。确凿的史证，将海州的上古文明史完全可以推到6000年前。将军崖岩画是上古时期勾芒部落观天测象的记录。其中第二组星象图，大石上的圆窝以及子午线、太阳刻画是迄今为止我国发现最早（甚至是世界上最早的）的天文学的成就。因而，可以推定将军崖岩画有着明确氏族标志、成文连续实录并与图腾徽铭相间的天文观测灵台、敬天法祖的祭坛，是6000年前东夷先民的朝圣中心。将军崖岩画已不再是一部难以破解的'天书'。"

很显然，该文作者明白地告诉世人，将军崖岩画这部天书被他们破解了，"是上古时期勾芒部落观天测象的记录。"文章旁征博引，给读者很多启示。然而我们读后，仍感觉其考证方法是"望图生义"，并无多少确凿的证据，如地下考古的地层学、器物学、文献学的根据。更不可思议的是，他们对勾芒的发现是在照片上。该文将将军崖岩画的价值提高到"华夏文明的一个高峰性的建构，在中国文明发展史上占有重要的位置，辉映着一颗璀璨的明星"。这能否被学界普遍认可，还需要时间的考验。

对贺兰山岩画破解，望图生义更是普遍现象，如对人面形，有的学者认为是匈奴人"劓面"习俗的反映，有的学者认为是面具，有学者认为是"神灵巫祀"的记录。而高嵩、高原两位先生的《后稷治国在宁夏——岩画例诂》更从人面像中找出了后稷、姜嫄、西部周国、西周邵公形象，甚至还从一具人面像左右两面破解出"西周、不周"的文字来。这种"望图生义"就更为大胆，但能否说服人，就要另当别论了。岩画如果这样破解下去，将会使岩画研究变成"猜谜"大战。我无意批评别人使用"望图生义"的研究方法，更无意评说何人的结论对与错。因为岩画研究并没有统一标准，怎么研究是个人的权利。我只是想与大家共勉，防止不着边际的猜测。"文化大革命"前后在画界批"黑画"时，有人从一位画家画的芦苇丛中"破解"出了反动标语；有的从一位画家画的猫头鹰睁一眼闭一眼，"破解"出作者对社会主义的不满来；等等。如今我们会觉得这样的"望图生义"毫无价值，甚至可笑。这虽然是性质不同的事件，但在思维方式上却有相似的地方，如果人们的思维走向极端钻入牛角尖时，会发生同样的偏差。历史是现实的镜子，谁敢说岩画研究没有歧途呢。

近几年，我由于忙于教学和带博士生，没有写岩画方面的文章。近来因参加岩画研讨之类的会议，又重新思考岩画问题。我回头看自己已经发表的文章，很不满意，原因是没有多少实质内容，更没有理论深度，陷入"望图生义"的思维定式而不能自拔。当然，望图生义是一种破解岩画的思维方式，问题是如何使用得合理，如何更科学。捕风捉影，起码要有影，如果连影都没有，那就是凭空想象了。岩画的魅力就在于它的不确定性，无异于数学的哥德巴赫猜想，甚至更加难以理解。数学家陈景润倾其一生精力，只做了一道"猜想"中的小题——1加1等于2。岩画不知道有多少道类似的小题等我们去破解。

（原载于《三峡论坛》2013年第2期）

环北太平洋史前人面形岩画研究

——从中国北部及沿海、俄罗斯东西伯利亚到美洲西北海岸

宋耀良

（华东师范大学）

一、人面形岩画的发现与分布

岩画是人类最早期的艺术之一。早在4万年前的旧石器时代晚期，居住在欧洲南部的晚期智人克罗马农人，就在洞穴中绘制色彩绚丽斑斓的岩画。自1879年以来，考古学家在欧洲的西南部一带，发现了多达几十个这样的洞穴。同样，原始岩画也在全世界各大洲陆续被发现。数量众多，形态奇特，技法多种多样。

如今已知，岩画是一种世界性的原始文化遗存，凡是曾存有古老民族的地区，都发现了丰富的岩画。这种早期的人类精神文化创造物，是探究人类思维进化、宗教诞生、艺术起源、文字形成等方面的重要资料。

全世界各大洲目前已发现众多的各类岩画遗存，但是一种十分特殊的岩画，即人面形岩画，却只发现在环太平洋沿岸的区域，包括中国北部和东部沿海、俄罗斯西伯利亚东部、美洲西北海岸和大洋洲西北部。较为密集的分布则在北太平洋沿岸的东北亚洲和

西北美洲一带。这是一种十分引人注目的史前遗存现象。

谓之人面形岩画，其主要特征是只在石壁、基岩画或海岸边的大岩画石上镌凿出人面形状的图像。两眼一嘴，有时有鼻有耳，或有冠饰，但无身体无手足，仅一人面而已。人面的形状则变化多端，奇异怪诞，或方或圆，或无脸廓，仅存双眼。无论如何，人面岩画呈现出神圣、神秘和神奇的特征。作画技法则是用石器或硬器工具在石面上磨刻或镌凿，极少用颜料画出。

最早发表有关人面岩画遗址考察报告的是美国学者伯斯赫德·劳夫（Berthold Laufer）。他于1897年参加了由美国纽约自然历史博物馆组织的杰斯伯探险队，那是有史以来首次对俄罗斯西伯利亚地区做科学探险和考古调查。年轻的劳夫负责黑龙江流域一带，他在黑龙江下游靠近那乃人的萨卡奇–阿梁村（Sakacha-Olen）江边，发现了许多镌凿在江岸边大石头上的人面岩画。并于1899年发表了报告。以后俄国学者又在相距不远的乌苏里江河口处发现了另一人面岩画遗址。两地共有百余个人面岩画图像，并伴有其他的动物和符号图形。直到20世纪60～70年代，俄国学者才对两地岩画做了较为充分的研究，初步认定其作画年代为公元前三四千年。

有关美洲西北海岸的岩画，20世纪以来北美学者陆续发表了研究报告。现已知道该地区共发现了230余处岩画遗址，五六千幅图像。其中最引人注目的是人面形岩画，尤其是仅有双眼的无轮廓人面图形。据对该地区岩画实地考察最多的加拿大学者贝思·希尔（Beth Hill）认为，美洲人面岩画最初出现在阿拉斯加南部靠近阿留申群岛最东端的科迪亚克岛（Kodiak Is.），随后沿着海岸线向东南散布，经由加拿大不列颠哥伦比亚省的西海岸，到达美国华盛顿州与俄勒冈州之间的哥伦比亚河，并沿河溯流而上，在其下中游两岸留下众多人面岩画。但也有学者认为传播方向相反，是由南到北，最后到达科迪亚克岛。关于美洲人面岩画的年代，争论也较多。但大多数认为最早的应属千年前，但晚至几百年前欧洲人到达时仍有制作[1]。

20世纪70年代初，韩国学者在庆尚南道蔚州郡的大和江上游，连续发现两处大型岩画崖遗址。磨刻出的主体图像是动物群，但显要位置也刻有几个人面图形。1978年又在庆尚北道尚州发现古宁里岩画，刻于一块长6米，高1.5公尺的垂直崖壁上，画面主体是七个带有放射线的长方形人面像。年代约在新石器时代中期到青铜时代早期[2]。

中国岩画学术界对岩画的重视是较晚的，尽管在5世纪完成的《水经注》就记载了多处中国岩画。但这些记载只是在20世纪70年代考古学家盖山林先生发现了数以万计的阴山岩画后，才被解读出来。学术界随后才确立了考古学意义上的岩画概念。之后中国岩画被大量发现，到80年代末，已有10万余幅岩画被发现。中国的岩画风格多样，形态

① Hill B, Hill R. *Indian Petroglyphs of the Pacific Northwest*. B.C. Canada: Hancock House Publishers, 1974.

② 李洪甫：《韩国的岩画及其研究》，《考古》1995年第8期。

不一，但最具有文化宗教内涵，制作亦是最精美的，应属人面形岩画。笔者在数年前曾对中国岩画做了全面的实地考察，足迹遍及边疆的11个省，期间发现了中国人面形岩画的分布规律：50余个遗址，以连续线性的方式分布在总长达4500千米的三条大分布带上。第一条分布带，是从大兴安岭山脉南端的赤峰，向南经由江苏连云港，福建政和、华安，台湾高雄孙万山，到达香港。总长达2400千米，大小人面岩画遗址14个，各类图像达千余个。第二条分布带，是从赤峰向西，经由内蒙古高原南缘，穿越乌兰察布草原，沿阴山山脉南麓，直至接近内蒙古的巴丹吉林沙漠。总长1590千米，遗址多达30余个，图像则在4000个以上。第三条分布带，是从内蒙古临河地区沿黄河两岸溯流而南下，在桌子山山脉、贺兰山山脉的东西麓留下众多人面岩画，直达宁夏的中卫市。总长达600千米，遗址10余处，各类人面岩画图像1500余个。不少图像因岩面受蚀，漫漶不清[①]。关于中国人面岩画的制作年代，国内学术界基本无争议。认为主体部分应在新石器时代的中期，即公元前4000~前3000年。大量的这一时期的出土器物上绘有或刻有相似的人面形图案。人面岩画的尾声，可能延至青铜时代。

二、人面形岩画比较研究之一：西伯利亚与中国

岩画是人类初期思维的一种物化遗存。由于早期人类活动能力的局限，其思维方式受其所处的地理地域环境和经济活动方式的影响甚大，在世界各地区形成诸多原始种群。这体现在岩画中，就使得在图像内涵、表达方式、作画技法等方面迥然有异。岩画的地域色彩异常鲜明，如中国的10万余幅岩画中，大致可以区分为北中国岩画、西南中国岩画和西中国岩画三大区域。北中国岩画的作画技法是用石器在石壁上磨刻或镌凿出图像。其5万余幅岩画均用此法制成，至今仅见8幅是用红色彩绘而成。而分布在广西、云南、贵州和四川南部的约2万幅西南中国岩画，却全部是在石壁上彩绘而成，至今没有见一幅镌凿岩画被发现的报道。

即使在中国岩画的三大区域内，亦可分出多个具有特殊内涵的岩画小区。它们与周边岩画有显著区别，所占有的地理位置又较为集中，能明显地看出轮廓边线。这种特殊的岩画区域，指证着在史前时代曾有一个独特的原始文化在这一地区存在。

当一种有着特殊内涵的岩画在某地密集出现，而后又在另一地被发现，这便意味着两地之间曾出现过文化的交流、传播，或部落民族的迁移。进一步的实地考察，往往能发现传播的路径和沿途留下的遗址。这是笔者在长达4万余千米的实地岩画考察中获得强烈印象的一个方面，亦是本文的一个基本论点。

人面岩画曾在中国以连续线性的方式长距离地传播。如今我们获知在俄罗斯西伯利亚东部亦有同类岩画发现。它们之间的关系是怎样的呢？我们来做一番比较研究。

---

① 宋耀良：《中国史前神格人面岩画》，香港三联出版公司，1992年。

处在黑龙江下游和乌苏里江河口的俄罗斯人面岩画，其主要的人面构形方式有三：一是在人面的眉心处饰有多重的三角纹，可理解为皱纹，或是由此变异而成的饰纹。此法在那里较为普遍，较多人面像都饰有此纹。此法同样是中国人面岩画的重要构形方式之一，在赤峰地区、阴山南麓和桌子山，众多人面像是由此法构成，甚至仰韶文化的彩陶上都绘有此图。二是在左右脸颊处各饰一或双重弧线。此类图形在赤峰地区尤其在黄河中游的贺兰山贺兰口遗址中被大量发现。这是一种较为特殊的表现方法，两地之间若无传播交流或相互影响，很难会共同使用这同一表现方式。三是磨刻一种仅有双眼连同眉毛的无轮廓人面，在黑龙江下游的遗址中共有7个这样的图形。这在中国则是更广泛地被发现了，东分布带从赤峰到江苏连云港、福建闽南、香港，都有发现；北分布带的阴山狼山一带数量则更多。应有百十余幅不止。

在中国众多的人面岩画遗址中，赤峰地区的遗址很值得重视，它们处在两大分布带的交汇或转折处。那里有大大小小十几处遗址，有相当部分是在20世纪90年代被发现的，笔者于1993年春去考察时，很多新发现尚未公布，而且存在更多发现的可能性。从大的地理观念来看，赤峰地区在大兴安岭山脉的最南端。而大兴安岭实际构成了内蒙古高原与东北平原的正断裂带。那些大小人面岩画遗址则都分布在山脉南麓的小山间，并显示出由北向南排列的一定规律性。大兴安岭的北端直接到达黑龙江的中游。山脉的南麓很可能是史前民族迁移、文化传播的一条通道，人面岩画遂顺此道传入黑龙江流域。因此西伯利亚人面岩画的诸种表现因素，在赤峰地区都能找得到。

三、人面形岩画比较研究之二：西伯利亚与西北美洲

根据美国岩画专家坎贝尔·葛兰特（Campbell Grant）的研究，北美洲的岩画按其作画技法、图像内容和风格特征等因素，可以分成九大区域。美洲西北海岸岩画是其中之一。所有的美加学者都认为西北海岸各岩画遗址是一个具有同一性内涵的图像系统。

当我们来做西伯利亚与西北美洲人面岩画比较研究时，最值得重视的是阿拉斯加南部的科迪亚克岛岩画。这是西北美洲岩画中最接近亚洲的一处遗址，罗伯特·海瑟（Robert Heizer）在1947年对此做过详尽的报告[①]。百十个图形中有人面、鱼、动物和符号，其中最大量的是人面形，尤其是无轮廓人面，两眼带一嘴，有五六十个。而在这人面的表现中，最具有显著特征的是在嘴的两角下方凿有两个小圆凹。这是该处遗址中的基本表现方式。同时这也是整个阿拉斯加白令海峡地区史前文化中的一个基本表现形

---

① Robert F, Heizer. Petroglyphs from Southwestern Kodiak Island, Alaska. *Proceedings of the American Philosophical Society*, 1947, 91(3).

式，考古学家发掘出众多的骨刻、角刻，其上的无轮廓人面嘴下都带有两个小圆点①。这显然不是一种随意所为，而是一具有特殊内涵的固定图式。

十分有意义的是这种表现方式，在西伯利亚东部黑龙江下游的人面岩画遗址中同样能见到，在那里可以分成四种具体的表现方式：第一种是两个小圆点被放置在鼻与嘴之间，那里有两组共四个小圆点，上一组两个是鼻孔（遗址中还有不少人面圆形嘴上方只有两个圆点，应理解为是鼻孔，不列入这四种表现方式之中），下一组应是装饰性小圆点。第二种是两个圆点之间的距离被拉开，圆点分别被凿在两边的脸颊中间。第三种是两个圆点被下降到嘴的两角上。第四种是一个圆点被凿在嘴角之下。

这四种装饰性小圆点的表现方式在中国人面岩画中都存在，尤其是两个小圆点分别凿在两边脸颊中间，在中国这种表现最规范、典型，不少龙山文化的玉器上都铭有此图。两个圆点凿在嘴之下的人面岩画也有发现，只是不很集中。

美国学者认为科迪亚克岛人面岩画嘴下的两个装饰性小圆点，表现了当地土著爱斯基摩人的一种习俗，即在嘴下或嘴里饰有一种石或骨质的舌状物，称之为"拉伯雷特"（Labret）。这种风俗在古代的西伯利亚东部和日本北部岛屿上也存在，俄罗斯学者认为在日本也有脸上饰有两个装饰性小圆点的人面图形。但笔者未曾在日本考古学家那里获得证实。

这种习俗使我们联想到有关中国大汶口文化王因等诸多遗址的发掘报告。骨骸的嘴中往往发现有两个小球，石质、陶质或玉质的。据分析这是当地史前居民的一种很稳固的习俗，小球是生前就被放入的，因此两颊的牙床都被磨得变了形；也有少部分是死后才被放入小球②。大汶口文化居民的另一个更为普遍的习俗是拔去两颗侧门齿，至于拔去后是否再装有别的饰物，就不得而知了。这种拔牙习俗在东南沿海一直延续到两千年前。考古学家普遍认为大汶口文化（公元前5000～前3000年）是中国新石器时代诸多文化中唯一具有明显的海洋性文化因素的区域性文化，它一方面在山东半岛、辽东半岛和东海北部沿海传播，同时也接受太平洋岛屿的文化因素，并把自己的文化特征散布到许多太平洋岛屿。美国芝加哥大学的巫鸿先生曾强调：海洋传播对山东地区新石器时代文化的形成和发展曾起到了很重要的作用③。而大汶口文化的主要范围是在山东地区。

---

① Larsen H, Rainey F. Ipiutak and The Arctic Whale Hunting Culture. *Anthropological Papers of the American Museum of Natural History*, 1948, 42.

② 中国社会科学院考古研究所山东工作队、济宁地区文化局：《山东兖州王因新石器时代遗址发掘简报》，《考古》1979年第1期。

③ 巫鸿：《从地形变化和地理分布观察山东地区古文化的发展》，《考古学文化论集》第一辑，文物出版社，1987年。

四、人面形岩画比较研究之三

若全面比较东北亚洲和西北美洲的人面形岩画，包括西伯利亚东部、中国的北部与东部沿海、韩国，以及阿拉斯加南部、加拿大西海岸和美国华盛顿州与俄勒冈州西部的人面岩画，就能非常明显地看到，两地虽然相隔滔滔大洋，却在众多方面有着相当广泛的一致性。

1. 作画的技法一致

两大洲之间的人面形岩画大都采用磨刻和凿刻技法在石壁上作画。东北亚洲至今仍无用颜料彩绘人面岩画的报道。只有一个彩绘人面是画在有人、鹿、猪、山的祭祀性彩绘岩画画面之中，地点在赤峰地区的白岔河流域。这不能算是纯粹的人面岩画。在美洲西北海岸，凡是早期的并靠近海岸的人面岩画都是采用石器在大岩石的表面磨刻出圆形，其占美洲人面岩画的绝大部分。只有在传入东部高原之后有少量的彩绘人面图，以及在最南端，远离出海口的哥伦比亚河中下游，有一定数量的晚期并变异了的彩绘人面像。

2. 构图的方式一致

两大洲之间的人面岩画大都采用石器在岩画石表面磨刻出线条的方式来表现人面或太阳等圆像。在一定意义上可理解为是线条的艺术，这与以后中国画的传统精神是一脉相承的。而西方欧洲绘画的传统表现法，其源头同样可以追溯到欧洲史前的洞穴岩画，即色块表现法，运用多种颜色平面涂抹出一个圆像。东西方史前岩画中两种构图方式有很大的不同。人面岩画无论出现在亚洲还是美洲，在表现上都是纯东方式的。

3. 人面圆像的类型相一致

亚洲和美洲之间人面岩画的基本图式是一种类圆形人面，即以一种圆形或近似圆形的人面来表现。但还有三种特殊的人面圆像类型：方形人面、太阳形人面、无轮廓人面。无论在中国、韩国、东西伯利亚、美洲西北海岸，这三种特殊圆式都有发现。尤其是在中国和美洲，每一种都有大量的圆形存在；而且两地间的每一种都极相似，有些简直是一模一样。更为特殊的是在江苏连云港遗址，双眼连眉的无轮廓人面与另一种仅三个圆点构成的（双眼连嘴）简易无轮廓人面同时出现。这两种圆形在赤峰地区和西伯利亚东部的人面岩画遗址中，竟也同地出现；而在加拿大西海岸，此两种圆形出现在同一画面中的数量更多。从构图上看，这两个圆像都非常特殊，似乎不大可能仅凭偶尔的巧合，而各处都将它们同镌于一个画面。

4. 人面岩画的伴生符号相一致

两大洲之间各人面岩画遗址中，除了发现镌有各种类型的人面圆形之外，往往还能发现三种相伴随出现的符号：太阳、同心圆和小圆凹。在东北亚洲，大部分的遗址中，三种符号同时出现；有些则出现一个或两个，但没有一个遗址一种伴生性符号也不出现。在美洲西北海岸，据资料上看，有相当数量的遗址三种符号同时出现，太阳和圆心制作得极辉煌；有一些遗址则出现一或两种，也有些一种都没有。但从总体看这三种符号的数量很巨大。对西北海岸岩画考察最多的希尔会曾列出一个表，用以界定西北海岸岩画所包括的圆像符式，其中第一条就是小圆凹、有圆心的圆、圆、同心圆；第二条是仅有双眼的无轮廓人面。因此可以说，两洲间人面岩画的相似，在统计学上都能获得验证。

5. 人面岩画作画地点的要求相一致

两大洲各人面岩画遗址的选址条件，有几个共同点：①遗址都靠近水源，即使在中国北分布带最西端的沙漠中，人面岩画址都选在有涓涓细流的水源旁；在美洲西北海岸，绝大部分人面岩画址选在海边，也有少量处在溪、河旁。②岩画都刻在稳固而不可移动的基岩画或石壁上。③遗址附近都有平坦开阔地，以便举行仪式。仪式的目的与方式，两大洲间可能有所不同。但西北美洲岩画延续到较晚近，这方面留有较多的人类学资料。这也许对理解东北亚洲尤其是中国人面岩画的意义功能，会提供启悟与帮助。

五、人面形岩画可能的传播途径与年代

1990年中国考古学家在辽东半岛大连郊区发掘了一处名为北吴屯的新石器时代遗址，这是一处大型聚落遗址，三面环海，遗址的年代是公元前4000～前3500年[①]。在发掘的大量出土物中，有几块刻纹陶片特别引人注目：三片刻有人面形图，一片刻着光芒四射的太阳。其中一个人面的嘴中钻有穿透性的圆孔，似嘴中含有一小球；另一个是无轮廓人面，其额上饰有重叠的三角纹，嘴下两角处则各钻有一穿透性小孔，整个构图甚似西伯利亚和美国科迪亚克岛上的人面形岩画；也似乎证实了大汶口文化中嘴里含有石球的习俗，因为该遗址受大汶口文化的影响。这四个图形都刻在印压有之字纹的旧陶器片上，而之字纹是中国东北和俄罗斯西伯利亚东部在新石器时代最典型的陶器装饰纹。在黑龙江下游的人面岩画遗址附近，20世纪70年代时俄国学者曾发掘出大量的印压有相似之字饰纹的陶器和碎片，有的也饰有人面形图案[②]。

---

① 辽宁省文物考古研究所、大连市文物管理委员会、庄河市文物管理办公室：《大连市北吴屯新石器时代遗址》，《考古学报》1993年第3期，第43～377页。

② Okladnikov A P. *Ancient Art of the Amur Region: Rock Drawings, Sculpture, Pottey.* Auora Art Publishers, 1981.

1962～1970年，美国的考古学家在阿留申群岛中的由纳克岛（Umnak）上发掘出了20块刻有图像的鹅卵石，以及三个人头形雕像（一个骨质、两个石质）。在刻纹卵石中，有5块刻有人面，都是无轮廓人面，其中一块卵石上的人面图已残破，但剩余部分显示出其两嘴角处各刻有一个小圆凹，极似西伯利亚黑龙江下游人面岩画遗址中所表现的一种人面图案，两个小圆凹尚未落到嘴角下；而在更东面科迪亚克岛的岩画中，它们已处在嘴角下了。卵石刻纹的年代被定为距今3100～1500年。骨质人头形雕像，嘴被表现为一穿透性圆孔，甚似中国北吴屯遗址一个陶刻人面图所表现的，其年代距今3000～2500年。

20世纪40～70年代，在科迪亚克岛也陆续出土了一百余块刻有人面图像的鹅卵石。所有的人面都是无轮廓人面，突出表现双眼，其风格更接近东部邻近岛屿阿福格纳克岛（Afognak Is.）上的人面岩画[1]。

由此我们可以来做推论，假设美洲西北海岸的人面岩画确实是从东北亚洲传入，那么阿留申群岛应是一条必经的通道。事实上它以其众多的岛屿，如链锁般地连接着美亚大陆。具有镌刻人面岩画习俗和宗教需要的史前东亚居民，在离开黑龙江下游出海口，通过阿留申群岛诸岛屿时，可能携带了小型的刻有人面像的卵石，或以这种技法在当地制作了图像，因此留下了众多的刻纹卵石在一路的岛屿上。当登上在阿拉斯加的美洲西北海岸后，他们又恢复了制作人面岩画的传统，在沿着海岸线向南缓慢迁移时，一路留下了无数人面岩画，一直到达了现美国西海岸的哥伦比亚河流域。

据考古学家认为，东亚大陆对北美西海岸的移民主要分三个阶段：早期从公元前8000～前3000年；中期从公元前3000～公元500年；后期从500年至今。从发掘分析，在西海岸较广范围内出现，以及数量一下子增多的滨海冬季营地遗址，是从公元前2000年左右开始的[2]。而这些遗址分布区恰与人面岩画密集发现的区域相重叠。因此有理由认为，人面岩画从东北亚洲传播到美洲西北海岸的年代应是在这一时期，即距今4000年前后。

另一位曾对美洲西北海岸岩画做过大量考察的学者，爱德华·米得（Edward Meade）发现了一个较为普遍的现象，他说："许多岩画确实非常古老。这个判断出自于这样一个事实，即大部分被凿刻在海岸边的岩画图像，都处在海潮高水位和低水位之间的中间部位……这就是说，这些图像在海潮处于高水位时，都会被淹没。从贝勒·库勒（加拿大西海岸，引者注）到华盛顿州海岸的岩画都处在这样的水位高度。"[3]不仅

① Donald W. Clark. Incised Figurine Tablets From Kodiak, Alaska. *Arctic Anthropology*, 1964, 2(1).

② Fitzhugh W W, Crowell A. *Crossroads of Continents: Cultures of Siberia and Alaska.* Smithsonian Institution Press, 1988:131, 138.

③ Meade E. *Indian rock carvings of the Pacific northwest, Sidney, British Columbia*. Canada: Gray's Publishing ltd., 1971.

如此，在最西北面科迪亚岛上的人面岩画的情况也相同，海瑟在1947年的发现报告中说："大部分图像在海潮高水位、有风暴时被海水淹没。"①

处在东亚黑龙江下游江边的人面岩画亦是如此。劳夫在1899年的报告中写道："我们到达那里时正是春天，水位较高，大量的岩画被淹没在江水之中。有一些被发现刻在江边高处的峭壁上；江边还有不少半埋在沙土中的大圆碟石，通过挖掘发现石上刻有人面岩画。"②根据科学家研究，从白令海峡到美洲西北海岸的海平面，在过去的6000年中共上升了6公尺③。这是一个公认的事实。因此完全有可能，原始人类在当时是将岩画凿刻在海潮的高水位之上，由于年代漫长，海水高涨，才使其处在高水位之下。可以计算出，海水上涨这些距离所需的时间约为4000年，恰与岩画传入的年代大致吻合。

六、意义与问题

本文所提出的假设，在两大洲史前文化交流的研究领域中有一定的突破性意义。虽然美洲最早期居民是从西伯利亚通过白令海峡迁移而来的，这一观点在学术界已成定论，但仅限对于人骨的研究、遗址点分布的排列，以及工具的类比。真正可以参照比较并具有同一内涵的文化宗教性遗物，其实没找到。而同一的文化宗教实际上是一个史前种族认同的唯一和真正标志。

如今，我们可以认定，人面形岩画是目前我们所知唯一系统地分布于两大洲之间，并明确地具有同一内涵的文化、宗教、艺术性遗物。

早在20多年前，加拿大学者贝思·希尔在考察西北海岸岩画时，就曾思考它的源头，凭其直觉，也有所发现。她在书中写道："在我们的岩画区域中，确实有些证据能够说明存有这样一种可能性，即岩画的某些艺术传统，源之于古代中国文明。这种文明曾扩散在环太平洋区域。"④当在1974年完成了其著作后，她试图收集这方面的资料，1993年她在给笔者的信中写道："许多年前，我又重返剑桥大学，希望作这样一个课题：环北太平洋地区岩画研究。但后来我发觉无法完成这样的课题，因为要翻译中文和俄文的考古报告，实在是太困难了。"事实上不仅是语言问题，中国的人面岩画在那时尚未被发现。

从1977年开始，美国国立自然历史博物馆人类学部，与当时苏联的科学院进行了

---

① Heizer R F. Petroglyphs from Southwestern Kodiak Island, Alaska. *Roceedings of the American Philosophical Society,* 1947, 91(3).

② Laufer B. *Petroglyphs on the Amur Anthropologist* (N.S), 1899, 1: 749-750.

③ Shepard F P. Sea Level Changes in the Past 6,000 Years: Possible Archaeological Significance. *Science,* 1964, 143:574.

④ Hill B, Hill R. *Indian Petroglyphs of the Pacific Northwest*. B.C. Canada: Hancock House Publishers, 1974:19, 110.

一项题为"洲际十字路口——西伯利亚与阿拉斯加文化交流"的合作研究。该研究耗时逾10年，直到1988年完成。同年举办了同题的大型展览，并出版了一本极辉煌的书。然而他们的研究并没提及两洲间的人面岩画。所以当该课题主席威廉·菲茨弗获悉笔者在哈佛从事这方面的研究后，甚为重视，两度邀笔者到他所在的国立自然历史博物馆做演讲和访问研究。当他审视了这一研究后说：人面岩画不仅进一步证明了两洲间史前的文化交流，同时把这种交流延伸到了史前的中国。

菲茨弗是东亚北美史前文化交流研究领域的权威，他的这一推断十分有价值并应是有所指。在美国确有一些学者认为中国古代的文化传播到了美洲，并发表了文章和出版了专著。但由于研究中用以论证的资料缺乏时空的规定性，他们的观点在学术界影响不大。由于中南美洲玛雅文化宗教中有诸多方面与中国殷商文化相通，哈佛大学人类学系张光直教授提出了殷商—玛雅文化连续体的观点。对这种积极的探索，美国学术界持有较多异议。如今被发现的人面岩画遗址以其大致规则的传播链，显示了从中国东部沿海传至美洲西北海岸的可能性。相信菲茨弗是在这一方面肯定了此研究发现的意义和价值。玛雅文化与中国文化中最引人注目的相似之一，是"兽含人面"的图案与相关的神话，即画面中一或两兽，其张开的大口中含有一人面。此图案在殷商青铜器铭文和玛雅的石雕上反复出现。哈佛大学人类学图书馆至今还陈列着一尊从南美洲移来的兽含人面石雕像。张光直教授曾对这类图像做过充分的比较研究，认定是殷商文化在美洲的延续。但延续的过程是怎样的呢？经由海路还是陆路？这在当时是悬案。如今，在加拿大西海岸温哥华岛的乃乃莫河岩画遗址中，也发现磨刻有兽含人面图案，是一巨大龙形兽，张开的大口中清晰地含有一人面。该岛处在人面岩画传播带中，是美洲人面岩画最繁盛的地区，周围密布人面岩画遗址[1]。此外中国人面岩画遗址中多次出现的一种显示出肋骨的人像（张光直先生亦曾多次论述，认为是亚美大陆共有的一个基本图像），也在乃乃莫河岩画中出现。由此可见，这种文化连续体有可能是沿着人面岩画传播带而得以实现。当然在目前这是一例孤证，尚未能足信。

对于本文所论及的人面岩画从东北亚洲传播至西北美洲的这样一种推断，也应当看到现仍处在假设阶段。因为这一推断仍有两处较为薄弱的环节。

一是断代问题，我们在推断两个物体之间存有直接传播关系时，必须将两者置于严格的时空限制之内，脱离这种限制的类比相同，在任何民族与文化之间都存有，只是没有传播关系。在人面岩画的比较研究中，严格的地理限制已具备，但时空限制尚不缜密。主要是岩画断代仍属世界难题。运用科学手段可以知道岩石的地质年代，但目前尚无有效技术可以精确测出岩石表面图案的凿刻年代。而靠综合分析法得出的年代，在这样一个有重大意义的论题中运用，总有不够坚实之嫌。也许有待于日后科学的精进与突

---

① Hill B, Hill R. *Indian Petroglyphs of the Pacific Northwest*. B.C. Canada: Hancock House Publishers, 1974:19, 110.

破来解决这一问题。

　　二是人面岩画遗址分布所体现的传播链，尚有需补足的环节。主要有两段，从赤峰地区到黑龙江下游是一段。尽管有众多的因素能证明两地岩画有承继关系，但若能在大兴安岭南麓的中部和北部靠近黑龙江中游一带，发现若干同类遗址，则这一段的链环就补全了。另一段是从黑龙江下游到美洲西北海岸的科迪亚克岛之间，尽管在阿留申群岛上发掘出了刻人面卵石，但尚无人面岩画报道。1972年夏季，阿拉斯加州立博物馆曾组织力量对州内岩画做普查，当时限于财力和夏季时间的有限，只能在东部和西部之间择一，结果选择了东部，发现了众多的岩画遗址，以至于可以和加拿大西海岸的岩画联结起来[①]。但以后似未曾对西部再做普查。也因此那一带仍有发现岩画的潜在可能。日后若能在阿留申群岛或黑龙江出海口以外的岛屿上发现人面岩画，那从东北亚洲到西北美洲的传播链就完美无缺了。从目前掌握的资料来看，这种可能性是存在的。

　　无论如何，这一比较研究课题的提出，开始了美洲西北海岸岩画研究的新阶段。因为这一地区的岩画自20世纪初就陆续见诸报道，到70年代出版了几本主要的著作后，由于不再有新的资料出现，对西北海岸岩画的研究就基本停止了。如今这一新比较研究课题的提出，尤其是有关中国人面岩画资料的公布，必将使美洲学者重新考虑这一地区岩画的诸多问题，包括年代、传播源、传播方式以及民族所属等。而这些问题从来就是众说纷纭，莫衷一是。唯有联系东北亚洲的源头，才能得出正确的解答。因此，揭开美洲西北海岸岩画之神秘面纱的时代，应该到来了。

　　　　　　　　　　　　　　　　　（原载于《文化中国》第三卷，1996年第4期）

---

① 　Kennedy M S. Petroglyphs of Alaska: a fascinating enigma. *Indian Petroglyphs of the Pacific Northwest,* 1974:228.

2015 岩画研究小议

——写于百年岩画的纪念

苏 胜

（人民美术出版社）

如果20世纪前叶的中国岩画发现，仅仅停留在记录水平的话，真正地岩画研究还是从80年代开始。那时的学者们算得上是中国岩画研究的启蒙者和开拓者。从保留下来的各类研究文献成果上看，学者的学历背景基本来自于考古学和美术史学，个别者是历史学。从文献上来看，最多的文章索引是考古发现报告，基本上是新发现岩画资料的公布。为数不多的文化分析类型的文章，是很少的一部分。学者出版岩画专著的，不多见。这已经是很难得的事情了。在当时，中国学者即使有研究成果，出版专著也非常困难。对于一般学者来说，那可是了不起的大事情。

在当时，解决岩画的断代问题是最大的难题，因此，在考古学界大多数专家回避岩画的研究，就是害怕年代问题解决不了。按照考古学界的清规，解决不了断代问题，研究就不能认为是工作的完成。年代问题接下来的问题，谁是岩画的作者？我们的岩画先行者们将查阅大量的文献记载和地区性的文化历史和民族史的资料，当作研究的主要方法。广西宁明花山岩画点和云南沧源岩画点采用了^{14}C断代方法，分别在北京大学和中国科学院得到了肯定的实验结果。这是岩画学的重大科学结果，让所有人相信岩画的年代是科学的这一事实。

^{14}C岩画年代的结果与学者们根据中国文献记录的推断得出的年代结果大致相同。但是仍然要承认岩画年代大多数的结论具有主观臆断性，大体都是粗线条的年代或分期的结论。恰恰由于中国学者从^{14}C科学断代方法与历史文献的推理基本一致，更加坚定了学者们自我肯定对岩画年代和族属主观臆断的结果。他们更为大胆地尝试，很多岩画的年代和族属结果具有主观性和不准确性。学者们引进了澳大利亚岩画专家对岩石晶体采样的方法进行试验和探索，为岩画的断代提供了科学的依据，断代技术手段甚至被申

报了国家专利。所有的科学尝试和创新手段都是有意义的。希望我们可以有更多的成就，使其在更为广大的学术界得到认可。

运用文化类型学，将所有的中国岩画点的发现集中整理归纳分析，得出解决中国岩画的北方岩刻、南方岩刻和东南沿海岩刻三大类型的论点。尽管在此之后，国内不断有新的岩画点被发现，岩画三大类型的观点分类出岩画的内容、艺术特点、艺术风格和文化属性等仍然适应于系统性的分类而得出的结论。三大系统论的提出使中国岩画的研究成为系统性的学问，而且独立于考古学，具有划时代的意义。

中国岩画文化内涵的探索，其研究问题之深入，提供例证之翔实，论证逻辑之合理，可以说为岩画研究提供了独树一帜的方法。岩画文化内涵研究依赖于中华泱泱大国文化底蕴的深厚，各地大量遗留的原始艺术品及远古和早期历史时期的遗存，诸如各地彩陶的发现，丰富的文化符号；记录保存至今的远古神话传说和没有断裂的文化基因承载于现实的中国哲学观念之中；有据可查的《诗经》、《史记》、浩瀚的各民族史、民族志、民族艺术的文化遗存；可借鉴的汉字图文解字的释字方法等，都是岩画文化研究的基石。这些文史研究的条件，在世界上是独有的，也是全世界学者羡慕不已的。在文献和出版物中，我们有了类人面像的文化探秘和对岩画作为符号进行实际意义的研究和探讨。这一课题的研究必须有可靠的例证和多重资料的佐证，有由表及里的论据提供符合自言其实的逻辑推理，就算是一家之言吧！

如果忽略了大量岩画遗产的文化价值，不去发掘其强大价值之中的文化内涵存在，岩画学的研究一定是苍白无味的。在科学和真理的探索之中，允许提出问题和假设的因素存在。这样的岩画研究好歹也算是科学的态度吧！至于结论是否符合客观存在，也需要历史和事实的检验。尽管对岩画的文化解释，符合了共同的原始文化思维和相似的原始文化心理这样的条件，但我们仍然实事求是地认可研究人员的主观性和创造性的成分。试问有哪类科学发明和创造，不是始于开创者的主观发现呢？

从现有的技术和手段来看，中国岩画的田野调查工作，并没有进行过系统性的全面的调查。科学的规范要求学科基础必须建立在以科学的方法论和研究理论为依据上。

最近十年来，虽然我们高兴地看到在个别地区和个别项目中，采用了田野调查的手段和系统性的方法。但是，我们还未做到建立田野调查系统方法和工作守则，还没有找出岩画学研究的基础和更为有力的依据。根据具体岩画点的情况，各个岩画点的分布和文化类型划分，岩画点的距离位置和周围自然环境及其文化遗存分布的不同，对岩画点调查的目的和结论要求不同，调查经费和参与人员的专业类别不同，调查时间和期限不同，不断革新和适用性的应用技术和他们的设备不断地更替等主客观条件的限制，对我们建设统一的、标准化的田野调查提出了许多挑战。更多的是对我们提出重大的疑问，人们消耗巨大的人力物力，辛苦得出的结果是不是经得起时间和历史的考验？与其好大喜功，不如亦步亦趋，扎扎实实地来做，更加符合科学发展的规律。

田野调查方法以考古学的田野测量观察法为基本手段，对岩画采取测量、描绘、记录、拍照的资料收集、整理、归纳、存储、建立档案的工作；进一步运用实现科学管理、研究分析和公共文化资源资料的展览展示的教育功能。

进入21世纪，中国岩画研究开始慢慢地注重对田野调查的技术和方法的学习和引进，但是苦于客观条件的局限，应用技术并未得到快速的传播和发展。目前仍然处在个体研发和技术推广的局部实验之中，但是田野调查技术的概念及发展的趋势，已经让业内人所关注。之所以提高田野调查技术方法的重要性。第一，从中国岩画的发展角度来看，中国已基本完成了岩画发现的初级阶段，大量的岩画资源被发现和公布，我们已经看到了岩画内容、数量和所在地基本统一的规律。它们也被系统性的完全收集整理和编辑归档，岩画资料基本上可供学者、管理部门和社会公众使用查阅。第二，中国岩画研究将进入第二个发展阶段，这是自身发展需要创新所决定的。目前看来，研究水平和学术高度，重复使用和引用的观点、方法的命题普遍存在，没有新的理念和创新。更为可怕的是乱用和随意性地牵强附会地对岩画的内容进行解释，使得行业的学术声誉蒙受损毁。

既包容又实事求是。强调岩画田野调查的方法和技术应用着眼于从实际出发，理论来源于实践的原则。不少人对岩画的研究提出过建立学科理论和方法论的建议。到田野去，到实践去，是岩画研究现阶段内发展道路上的唯一选择。同时政府和社会对岩画的关注度不断提高，学术的发展没有离开过社会发展的需要，提供不同需要的岩画调查报告和科学保护方案，离不开田野调查。

岩画田野调查方法基本归纳为两种手段：①手写记录、描绘、拍摄为基本的传统方式和这种方式的延续；②数字化记录运用计算机技术和来自不同领域的新技术方式的应用。新技术提高了记录档案文件的储存、复制、应用和使用效率。目前，新技术更替使用和应用的速度太快，很难使用一种稳定的标准，以此采用统一的田野调查的记录模式和方案。因为在实践中采用的数字系统设备、新技术设备，使用几年或更短的时间，就会发现有价格便宜、操作方便而且应用领域更广的设备出现，尤其是地理信息系统的软件设备更加明显。

人类学社会学以及考古学田野调查的方法不断创新提高，使岩画学田野记录工作有了学术背景和依靠。岩画田野调查的内容和范围，在新的技术方法和手段下，内容就不一定仅仅考虑和解决岩画的岩石表面和附近的遗址，可能在有条件的岩画点观察和监测与岩画相关的自然遗迹，甚至人类的活动。岩画研究视角的广度和宽度也在放大，科技发展和社会要求决定了岩画调查研究的目的，岩画研究的目标将会更加务实和实用。包括环境考古和区域性的保护可持续发展的方案，更多的卫星信息遥感技术，对环境和人类的感应和交互软硬件设备的使用，大数据建立系统方法的监测、感应和交互技术的控制传播系统。大数据的潮流悄悄地来临，现在处于试验和应用的初级阶段，在其他领域已经开始使用、推广，就像十年前提倡的岩画数字化技术一样，相信不久的将来大数据时代必将应用于岩画事业之中。

从20世纪90年代至今，在短短不到30年的时间里，中国岩画从鲜为人知到被一些民众有所了解，岩画的知识传播得到了极大的进步。可就在此期间，岩画毁坏的速度和程度达到了空前的地步。很多地区，岩画保护宣传的力度越大，岩画被破坏和毁坏的数量就会越多。岩画的文化保护意识已经处于迫在眉睫的程度，一些岩画资源丰富的地区问题尤为明显。

岩画保存的情况基本上表现为：越是分布在距离人类居住近的岩画点，岩画破坏越严重，甚至列入了国家级文物保护单位的岩画点，也不能逃脱被毁坏和加速损坏的进度。相反，那些远离人类，处在偏远不易被人发现的岩画，除了无法避免的自然毁坏的厄运之外，基本上保存着原来的面貌。人类已经成为岩画毁灭的最大的威胁。

岩画保护工作的问题已经远远不是岩画处于边远地区而不容易保护起来这样简单的问题。岩画保护工作的主题是要解决对公民的教育问题。这里面包含了两层面：普通群众和公众对文化价值和法律法规观念薄弱；第二是行业内部的保护技术和手段观念落后，没有来得及学习世界成熟的管理经验，没有自己的管理模式。因此，保护和保存岩画的研究范围涉及公共教育，这会更加关注人文关怀。应当进一步建立和完善保护法律法规条例等内容，同时岩画从业者的经济收入和生活状况，应更加得到有关政府部门的关心和关注。失去关键的经济地位和在艰苦地区的工作条件，很难让从业者获得社会甚至家庭的有尊严的社会地位。可怕的是，失去经济尊严的岩画守护者们，很容易受到经济利益的趋势，对岩画的文化经济开发越来越有兴趣；更为可怕的是失去精神尊严的岩画工作者，用自律性方式来约束的管理模式可能难以在实践的保护工作中得到有效的作用。比如最近二十几年的岩画区域内的工作守则和地区性的岩画保护的法律法规的有效性，从实际工作中反映出来的实际问题，不能不令人对那些清规戒律提出质疑。

尊重岩画的原始状态是岩画工作者保护和保存工作的最高目标。尊重岩画的知识，首先来自对人类早期文明知识的复制和传播的认识。岩画的制作，显然是对人类早期知识的记忆通过石器和金属工具在石头上反复琢刻磨制，还有以不断描绘的

方式记录下的结果。从岩画存在的规模和制作方式可以看出，岩画是人类早期知识文化的复制者和传播者。由于历史的久远，文化民族交融的原因，岩画作为复制人类知识的手段没有持续至今，而且岩画的制作者已经消失得无影无踪，岩画承载的文化信息，甚至成为一个个不可破译的断裂密码的碎片一样，难以继续传播。岩画的价值已被全人类所普遍认识。

　　让我们站得高一些。我们发现了岩画遗产和遗存在今天和将来的意义。保存和保护岩画就是复制和传播人类早期文明的记忆。所以，我们便不难理解，保存遗址遗物的不可移动，不可改变甚至不可触摸，认同岩画的价值高低程度，是由研究岩画保护工作的态度及文化品位决定的。有限地使用和利用，甚至不使用和利用岩画作为文化旅游的主张应该是岩画学术界的共识，并应共同对政府和岩画管理部门提出倡议。反过来，岩画研究应该不断提高和加强复制和传播岩画的功能。人类早期岩画知识的传播，甚至提供寓教于乐的交互，虚实共存的幻境，分享人类文明智慧结晶，是当前岩画研究者完成社会需求的另一使命。

　　"十三五"规划和一带一路建设及即将开展的城乡一体化和发展城镇化，文化基础设施建设的进程中，岩画作为文化遗产，尤其是在边远的不发达地区，其展示和演示功能，

将占有一席之地，为文化的多样性增添光彩。同时历史给岩画研究以互联网为媒介，用于知识的传播和分享，创造了又一个发展机遇。

　　百年岩画的纪念，不得不令人伏案思索。人们不得不展开对百年岩画研究的回顾和对现状的思考，以及对岩画研究的基本认识。在对中国岩画研究的深度和宽度的认识之中，那些我们已知的先驱们的身影；那些默默无闻而无私奉献的岩画探寻者；那些在无数岩画点岩画区里，为我们引路的向导们；那些在艰苦的岩画探寻路途上，为我们无偿提供帮助的牧民朋友们；那些认同岩画价值，排除各种阻碍和困难，勇于去发现记录和保护祖先遗产的、热情积极的工作团队，有着特有的不屈不挠的意志和信念。无论田野工作还是案头整理，岩画事业是苦行僧的活儿，这里面没有信仰的成分，如果不是热爱岩画的话，根本做不了这份工作。他们因苦而感到甜，千里之外的缘分使这群边缘人相聚，形成了特有的岩画圈子。在不大的圈子内，学者们相互有着默契，那是不发声的语言。"以奉献为分内的事情"，像岩画一样，无声地选择沉默，也是最大的宽容。这也是百年来中国岩画学者的精神。

中国岩画研究回顾与展望（1915～2015）

杨 超

（海南热带海洋学院历史与文博学院）

中国是世界上最早发现、最早记录岩画的国家。我国的古代典籍《韩非子》[①]《史记》[②]和《水经注》[③]等文献中已有岩画的记载。可近代意义上岩画的发现和研究却比较晚，始于1915年黄仲琴对福建华安汰溪仙字潭岩画的田野调查，到20世纪50年代，岩画才逐渐引起学者和政府部门的重视。直到20世纪80年代末，在陈兆复等老一辈学者的努力下，中国岩画及其研究的情况才为世界所了解[④]。回首百年，中国学者在岩画研究方面做出了诸多贡献，如基本摸清了中国岩画分布的情况，确立了中国岩画的系统，建立了岩画学学科体系，并且成立了培养专门的岩画学人才机构，在某些可能的地区还对岩画产生的时间进行了断代，为濒临消亡的岩画采取保护措施等。当然，中国岩画研究仍旧存在诸多的不足和困难（其他国家的岩画研究也存在着这样或者那样的问题），成为学者深入探讨的障碍。这些不足和障碍，也恰好成为岩画研究的动力所在。

---

① 韩非：《韩非子》卷十一《外储说左上第三十二篇》："赵主父令工施钩梯而缘播吾，刻疏人迹其上，广三尺，长五尺，而勒之曰：'主父常游于此。'"具体见《韩非子集释》，上海人民出版社，1974年，第643页。

② 《史记·周本纪》："周后稷，名弃。其母有邰氏女，曰姜嫄。姜嫄为帝喾元妃。姜嫄出野，见巨人迹，心祺然悦，欲践之，践之而身动如孕者。"具体见《史记》，中州古籍出版社，1994年，第16页。

③ 《水经注》记载岩画最多，涉及我国新疆、甘肃、内蒙古、宁夏、河南、陕西、山东、安徽、湖北和湖南11个省区的20多个岩画点。具体为新疆和田县于阗的"足迹"岩画；甘肃永登县"马迹"岩画、安西县"马迹"岩画、礼县"圣女神"岩画；宁夏"虎马"岩画；内蒙古临河"鹿马迹"岩画；河南沁阳县"车辙牛迹"岩画、新安县"鹿蹄印"；山东省菏泽雷泽"大迹"岩画、青州尧山的"人马之迹"和"刀剑之踪"岩画；陕西省旬阳县"马迹"岩画；湖北宜昌人滩的"人面"岩画，黄牛山"人负刀牵牛"岩画、宜都虎滩的"虎"岩画；安徽凤台县"马迹"岩画和八公山"人马迹"岩画；湖南沅陵县"盘瓠"岩画、衡山县"印石"岩画，广西阳朔的羊濑山"羊"岩画和鸡濑山的"鸡"岩画。

④ 杨超：《圣坛之石——一部欧洲的岩画学史》，世界图书出版公司，2013年，第6、7页。

一

自1915年8月黄仲琴对福建华安汰溪仙字潭岩画调查以来，中国岩画的调查与研究已经经历整整一百年。百年来，中国岩画的研究从零星的调查、发现，到有组织大规模、多学科的协作；从对岩画图像简单的描述到对岩画创作时间的断代以及形象含义的阐释等，为中国岩画研究夯实了基础。总体来说，中国岩画的研究历程可以分为以下几个阶段

（一）中国岩画研究的起步阶段（1915~1950）

中国有意识的岩画考察和研究是从1915年开始的。这一年，黄仲琴对福建仙字潭岩画进行田野考察，认为这些岩画可能是某些少数民族的古文字，并于1935年在《岭南学报》卷四二期发表了《汰溪古文》，延续了唐代张读在《宣室志》（约853年）的观点，认为汰溪仙字潭的岩画是文字（图一）。此后，许多学者都持此观点[①]。直到1985年，陈兆复和盖山林两位先生经过实地考察了仙字潭后，先后在《美术》和《美术史论》上发表文章，对以往的文字说提出了质疑，他们认为福建华安的石刻并非"古文字"，而是"岩画"，这些岩画反映了当地远古先民的生活实践和宗教信仰[②]。

黄仲琴之后，中国境内关于岩画的发现基本上都是零星的活动，它们多是在进行

---

① 1957年，福建省文管会林钊、曾凡到仙字潭考察并获得一份拓本，并在《文物参考资料》1958年第11期发表了调查报告，认为"这些石刻是古代少数民族的图画文字"。1960年，弘礼在《文物》第6期发表《福建古代闽族的摩崖文字》，也认定这里的石刻为一种少数民族的文字。1982年，福建师范大学的刘蕙孙教授在《福建文博》第1期发表《福建华安汰溪摩崖图像文字初研》，并将这些石刻解读为"昱（明日），馘夷俘越，吴王昱，吴战越、战番"。朱维干：《古代七闽的摩崖文字》，《福建文博》1984年第1期，认为"按浙江旧温台处三府和福建，在远古时代都是七闽所居，而都有图像文字刻在山谷石上，我们以为这些仙篆，都是七闽遗迹"。林蔚文在《福建华安仙字潭摩崖石刻试考》（《福建文博》1984年第1期）中认为"从文字形状看，这可能是几处要记载或说明某一事件的古代较为原始的象形文字石刻，从整个石刻看来，可以试解为象形文字的约有20个。从字形上看，仅有个别与甲骨文金文有类似之处，其他的都接近于象形拟人化"。

② 陈兆复：《四万里路云和月》，《美术》1986年第1期；盖山林：《福建华安仙字潭石刻新解》，《美术史论》1986年第1期。

图一　福建仙字潭岩画

其他科考活动的过程中偶然发现的。19世纪末，英国考古学家佛朗科在拉达克[①]、斯皮提河谷进行考古发掘和调查时发现岩画。这些岩画出现在离拉达克首府列城不远的阿契寺周边，这座寺庙是藏传佛教非常重要的一座早期寺院，建于11世纪。岩画基本上都出现在寺庙周围地表的岩石上，上面有鹿、豹等动物图案和叠压在这些动物上面的塔图形（图二）。佛朗科的发现，被认为是西藏岩画的最早发现[②]。1927年，中国学术团体协会和瑞典探险家斯文·赫定联合组成"中瑞西北科学考察团"，对我国西北地区展开包括地质学、地磁学、气象学、天文学、人类学、考古学、民族学等多个学科的探险考察。1928年在新疆哈密附近考察中，中方队长徐旭生发现了博达克山中的岩画，岩石呈

　　　① 　拉达克今天属于印度（20世纪初归属印度），但历史上拉达克地区与中国西藏关系更为密切，在漫长的历史时期，这一地区的历史、文化和宗教都与中国西藏和藏传佛教传统有着密不可分的联系。1914年才结束的拉达克王朝，其血统可以直接追溯到吐蕃王朝赞普一系，是正统的赞普后裔。9世纪后期，吐蕃王朝灭亡时，最后一代赞普朗达玛之孙吉德尼玛衮被迫远逃阿里。当地的普兰王接纳了他，并将自己的王位传于他，吉德尼玛衮就在这里建立了强大的古格王国，绵延了700多年。吉德尼玛衮在晚年的时候将他的王国分给他的三个儿子，长子贝吉衮所拥有的芒城一带，就是拉达克地区。自古以来，拉达克地区在文化上与西部西藏同为一体。拉达克流行的宗教至今仍然是藏传佛教。当地的民居、工艺等生产方式、生活方式，也都与西部西藏相同。当然，佛朗科在拉达克发现的岩画与半个世纪后在阿里发现的岩画从风格一致。

　　　② 　Francke A H. *Notes Rock Carvings from Lower Ladakh*. The Indian Antiquary, 1902:398-401.又见Francke A H. *Some more Rock Carvings from Lower Ladakh*. The Indian Antiquary, Sept.1903:361-363.

图二　拉达克岩画

黑色，在南北两块石头上，辨认出了鹿、羊和手持弓箭的猎人等形象。据徐旭生观察这是古代遗存，绝非近世的东西①。1927年年底，瑞典考古学家贝格曼在内蒙古阴山西段的狼山脚下发现了岩刻。在黄河隘口两侧一些平滑的岩石表面，凿刻着清晰的类似茶杯状的圆圈（小圆穴，也叫杯状穴），还有骑马的人、手印、脚印和人面像等。当时还有牧民反映，黄河上游距此45千米处，也有相同的岩刻。1928年4月，贝格曼又发现了新疆尉犁县库鲁克-塔格岩刻，在兴地去营盘的路上，在离兴地南6千米的悬崖峭壁上发现了200多个岩画形象。同年11月，贝格曼再一次回到这里，花了几天的时间，给岩刻涂上白色的颜料，拍了一些照片，后来发表在《新疆考古研究》上，并定名为库鲁克-塔格岩画。这里有200多个形象，涵括甚广，除了众多的动物形象之外，还有狩猎、放牧、舞蹈、征战、车辆、住房以及一些手印、脚印等符号。贝格曼对岩画的图案分析后认为：从岩画继承艺术的角度看，库鲁克-塔格岩画与西伯利亚和内蒙古岩画具有联系，尤其是与塔尔林格（赫尔辛基史前史研究专家）教授称作原始画的那一组具有联系，唯一不同的是库鲁克-塔格岩画包括几个雕刻的手，而西伯利亚岩画中没有，这也显示出库鲁克-塔格岩画与西南及南方岩画具有某种联系，而与北方岩刻无关；从岩画的风格上讲，库鲁克-塔格岩画中的大多数动物凿刻粗略，形态僵硬，均为侧向轮廓，且野生动物中出现驯养动物，表明当时以狩猎为生，也饲养家畜；从分层的情况看，这

---

① 徐旭生：《西游日记》第三卷，《近代中国史料丛刊续辑》，文海出版社，第98、99页。

些岩画并非出于同一时期，而是由古代延续到现代[①]。贝格曼认为库鲁克–塔格岩画始于匈奴时期（一说比匈奴还早的塞人时期），晚期的作品在最下层，出现了喇嘛符号和两个莲花的花结，以及用托尔固蒙古文体所写的铭文，意思是"佛祖时代的图画"。这种文体是17世纪开始使用的[②]。总之，库鲁克–塔格"这系列岩画实际上是从史前到清朝中期这样一个很长的历史时期内陆续完成的，崖壁高处的年代早，所以它们不是一族一时的作品"[③]。1934年，华西大学美籍教师葛维汉发现了珙县岩画，记述了悬棺葬崖壁画的情况，认为悬棺周围的岩画是为死者而作的。1946年，中央研究院历史语言研究所石钟健、芮逸夫在四川进行民族学考察时，再一次发现了川南悬棺岩画，石钟健认为：第一，岩画的年代当与死者的年代大体相当；第二，岩画的内容或许是死者始祖、部落的徽号[④]。1938年，业余考古学家陈公哲在香港和周围的岛屿上从事考古调查，在沙冈背附近发现一处岩画。岩画位于东面的低岩上，刻有方形雷纹六个，这里后来被称作下石壁岩画。1976年，英国人秦威廉出版了《香港古石刻——源起与意义》，成为香港岩画的标志性著作，至今未有出其右者。从某种意义上来说，几乎是几个外国人开启了近代的中国岩画研究。

（二）中国岩画的调查阶段（1950～1985）

20世纪50年代，岩画的调查基本上由所在省份组织专业人员展开。1953年，新疆和田地区皮山县桑株岩画被院西北行政区文化部新疆文物调查组发现。1956年，广西民族学、历史学、考古学的科学工作者和中央民族学院组成广西少数民族社会历史调查组，由中央民族学院的杨成志教授任主持对宁鸣县明江一带的岩画点进行调查、摄影和临摹，这次调查从9月23日到10月1日，是中国学者有史以来对左江流域岩画第一次真正意义上的科学考察。在明江下游沿岸发现了7个岩画点，还在岩画点附近采集了石斧、铜斧、网坠、骨针、紫贝、石质装饰品和粗绳纹硬陶片等，杨成志说："对这些壁画，我尚未发现过去的文献有什么记载。根据我们现在掌握的材料，有一千年到两千年的历史。这些画的发现为我们研究僮（壮）族古代的文化，提供了很大价值的史料，对于研究所谓的'铜鼓文化'，也有很大的帮助。这样规模巨大的崖壁画，不仅国内罕有，而且世界上也少见。"[⑤]后来，广西壮族文学史编辑室对左江岩画派出几次调查组，发现了一些新的岩画点，进行了相应的研究。1958年，黑龙江博物馆在牡丹江中下游发现了

① 王可云：《中瑞西北科学考察团研究》，华东师范大学硕士学位论文，2005年，第23页。
② 陈兆复：《古代岩画》，文物出版社，2002年，第24页。
③ 贝格曼著，王安洪译：《新疆考古记》，新疆人民出版社，1997年，第12页。
④ 陈兆复：《古代岩画》，文物出版社，2002年，第28页。
⑤ 广西少数民族社会历史调查组编：《花山崖壁画资料集》，广西民族出版社，1963年，第17页。

岩画，学者"从画面所反映的内容看，有席坐和乘舟的人物，有鹿的形象等，可能是为了一定的巫术目的而绘制的原始宗教遗迹。真实反映了活动在这个地区居民的渔猎生活"[1]。1964年年底，汪宁生在云南沧源县进行民族调查时，当地人告诉他崖壁画的存在，正如他自己所说"沧源崖画最初可以说是在偶然的情况下发现的，是少数民族社会调查的'副产品'"[2]。1969年，李祥石在贺兰口检查生产的时候，在山崖沟畔发现岩刻，这里人面像数量可观，他将其与阴山、黑龙江北部苏联境内的萨卡乞（阿梁头）、江苏连云港将军崖等做了比较，认为阴山和贺兰山两处岩画在经济、文化上都有一定的联系。认为"贺兰山岩画应看成是青铜器时代的作品为妥，至今约有三千年的历史"[3]。1972年，酒泉钢铁公司动力厂黑山湖农场职工在黑山四道股形沟放羊时发现悬崖峭壁上的岩画，随后，嘉峪关市文物清理小组对当地的岩画进行了初步调查，发现了31幅，岩画的内容有动物、人物，也有狩猎和舞蹈等场面，调查者认为这些岩画可能是羌族、大月氏或匈奴早期的遗物[4]。1978年，甘肃博物馆、嘉峪关文管所和嘉峪关市文教育局等单位组成考察组，发现了一百多处岩刻。岩画通常被刻制在黑色发亮的崖面上，岩石质地坚硬，表面光滑。题材以狩猎的场景为主，大多描述猎人们引弓围猎野兽，情节生动有趣。考察报告认为，黑山岩刻产生于汉代以前，公元前3～前2世纪，是羌、大月氏和匈奴人所作。创作的意图是祈求狩猎丰收、家畜兴旺，其中的舞蹈场面与祭祀活动有关[5]。1974年，四川省博物馆组织"僰人悬棺调查工作组"，对珙县洛表公社麻塘坝僰人的悬棺和其周围的岩画做了调查，写成了《四川珙县"僰人悬棺"岩画调查》。这里以岩绘为主，颜料以红色为主，也有用黑色和白色绘制的图案，其中包括人物、动物、太阳、铜鼓、十字纹、方形纹等。学者认为岩画与悬棺产生时间大约相同，岩画是为悬棺而画的，创作年代是10～15世纪[6]。同时根据崖画反映的情况，认为这里是僰人的一处圣地和祭祀地[7]。1976年8月，盖山林到乌拉特后旗调查长城，在途经乌拉特中旗罕乌拉山时，从当地蒙古族牧民吉格吉拉嘎那里得知山下刻有人面群像，即刻赶赴现场进行了拓描和拍照[8]。1977～1980年，盖山林系统考察了阴山山脉狼山地区的岩画和桌子山岩画，出版了专著《阴山岩画》。20世纪70年代末，连云港将军崖岩画和台湾万山岩画相继被发现。

① 黑龙江省博物馆：《黑龙江省海林县牡丹江右岸古代摩崖壁画》，《考古》1972年第5期。
② 汪宁生：《沧源崖画发现记》，《民族文化》1982年第5期。
③ 李祥石：《贺兰山新发现岩画述评》，《宁夏社会科学》1985年第2期。
④ 嘉峪关市文物清理小组：《甘肃地区古代游牧民族的岩画——黑山石刻像初步调查》，《文物》1972年第12期。
⑤ 甘肃博物馆：《甘肃嘉峪关黑山古代岩画》，《考古》1990年第4期。
⑥ 古今：《珙县岩画头饰管窥》，《考古与文物》1986年第1期。
⑦ 石钟健：《僰人悬棺崖壁画》，《民族画报》1986年第8期。
⑧ 盖山林：《阴山岩画》，内蒙古人民出版社，1985年，第3页。

20世纪80年代，盖山林对达尔罕茂安联合旗和乌拉特中旗东部、阿拉善右旗巴丹吉林沙漠进行了考察，分别出版了《乌兰察布岩画》和《巴丹吉林沙漠岩画》。1982年，在青海海北州刚察县发现了哈龙沟岩画。三年之后，刚察县泉吉乡发现舍布齐沟岩画。1983年，甘肃肃北发现了祁连山岩画。1985年，在新疆且末县东南180千米处发现了昆仑山岩画。1987年在新疆雀儿沟康家石门子发现了呼图壁岩画。1985年9月，西藏自治区文物管理委员会阿里地区文物普查队在日土县发现了岩画。大规模发现岩画则是90年代的事情，分别在藏南定日的高山牧场、雅鲁藏布江北岸的昌果沟、当雄纳木错湖等地发现了大量的岩画。1989年，梁振兴在珠海市高栏岛宝镜湾发现了岩画。继汪宁生在60年代发现沧源岩画之后，1988年在金沙江流域的云南中甸县发现了岩画，1991年，云南社会科学院的何力民在丽江虎跳峡发现岩画，第二年又在丽江县宝山乡夯桑柯发现了三个岩画点。

（三）中国岩画的研究阶段（1985年至今）

1985年之后，虽然在某些地区，如新疆、西藏、云南发现了新的岩画，以及进入21世纪以来，非常重要的是河南的新郑、禹州、叶县和南阳等地区均发现了大量的杯状穴和方格状的符号岩画，打破了以往认为中原文化发达地区没有岩画的历史。但是，从总体上来看，这一时期岩画的研究替代了调查。

（1）以某一地方的岩画为主体展开的研究。对内蒙古各地岩画展开研究的有盖山林[①]、梁振华[②]、杨超、范荣南[③]、王晓琨、张文静[④]；云南岩画研究有汪宁生[⑤]、邓启耀[⑥]、范琛[⑦]；广西岩画研究的有覃圣敏、覃彩銮、卢敏飞、喻如玉[⑧]、王克荣、邱忠伦、陈远璋[⑨]、於梅[⑩]；福建华安仙字潭岩画研

① 盖山林：《阴山岩画》，内蒙古人民出版社，1985年；《阴山岩画》，文物出版社，1986年；《乌兰察布岩画》，文物出版社，1989年；《内蒙古岩画》，北京图书馆出版社，1998年；《巴丹吉林沙漠岩画》，北京图书馆出版社，1997年；《内蒙古岩画的文化解读》，北京图书馆出版社，2002年。

② 梁振华：《桌子山岩画》，文物出版社，1998年。

③ 杨超、范荣南：《追寻沙漠里的风——巴丹吉林岩画研究》，九州出版社，2010年。

④ 王晓琨、张文静：《阴山岩画研究》，中国社会科学出版社，2012年。

⑤ 汪宁生：《云南沧源崖画的发现与研究》，文物出版社，1985年。

⑥ 邓启耀：《云南岩画艺术》，云南出版集团公司，2006年。

⑦ 范琛：《作为区域文化资源的沧源岩画研究》，世界图书出版公司，2009年。

⑧ 覃圣敏、覃彩銮、卢敏飞等：《广西左江流域崖壁画考察与研究》，广西民族出版社，1987年；覃彩銮、喻如玉、覃圣敏：《左江崖画艺术寻踪》，广西人民出版社，1992年。

⑨ 王克荣、邱忠伦、陈远璋：《广西左江岩画》，文物出版社，1988年。

⑩ 於梅：《广西宁明花山岩画图像的造型》，中央民族大学博士学位论文，2009年。

究[1]；贵州岩画研究的主要有王良范、罗晓明[2]；新疆岩画研究的有王炳华[3]、苏北海[4]、史晓明、王建林[5]；宁夏岩画研究的有周兴华[6]、李祥石、朱存世[7]、许成、卫忠[8]、王系松[9]、贺吉德[10]、郑彦卿、陈朝辉[11]；西藏岩画研究的有李永宪[12]、张亚莎[13]；青海岩画研究的有汤惠生、张文华[14]；江苏连云港岩画研究的有李洪甫[15]、高伟[16]；甘肃岩画研究的有杨惠福、张军武[17]；广东珠海岩画研究的有李世源[18]；浙江仙居岩画研究的有王伯敏[19]、张峋[20]、朱后求[21]；河南岩画研究的有刘五一[22]、靳录[23]、刘宏明[24]。

① 福建华安县政协文史资料委员会、福建华安县文化馆合编：《仙字潭古文字探索》华安文史资料第六辑，1984年；福建省考古博物馆学会编：《福建华安仙字潭摩崖石刻研究》，中央民族学院出版社，1990年。

② 王良范、罗晓明：《贵州岩画——描述与解读》，贵州人民出版社，1997年；罗晓明、王良范：《山崖上的图像叙述——贵州古代岩画的文化释读》，贵州人民出版社，2007年。

③ 王炳华：《新疆天山生殖崇拜岩画》，文物出版社，1990年；王炳华：《新疆呼图壁生殖崇拜岩画》，北京燕山出版社，1992年。

④ 苏北海：《新疆岩画》，新疆美术摄影出版社，1994年。

⑤ 史晓明、王建林：《克孜尔岩画研究》，新疆美术摄影出版社，2008年。

⑥ 周兴华：《中卫岩画》，宁夏人民出版社，1991年。

⑦ 李祥石、朱存世：《贺兰山与北山岩画》，宁夏人民出版社，1993年。

⑧ 许成、卫忠：《贺兰山岩画》，文物出版社，1993年。

⑨ 王系松：《贺兰山岩画》，上海古籍出版社，2007年。

⑩ 贺吉德：《贺兰山岩画研究》，宁夏人民出版社，2012年。

⑪ 郑彦卿、陈朝辉：《凿刻在石头上的历史——宁夏岩画》，宁夏人民出版社，2008年。

⑫ 李永宪、霍巍：《西藏岩画艺术》，四川人民出版社，2001年。

⑬ 张亚莎：《西藏的岩画》，青海人民出版社，2006年。

⑭ 汤惠生、张文华：《青海岩画——史前艺术中的二元对立思维及其观念研究》，科学出版社，2001年。

⑮ 李洪甫：《海州石刻——将军崖岩画与孔望山摩崖造像》。

⑯ 高伟：《刘志洲山岩画谜踪》，上海文艺出版社总社、百家出版社，2007年；高伟：《东方古星象岩画研究》，南京出版社，2009年。

⑰ 杨惠福、张军武：《嘉峪关黑山岩画》，甘肃人民出版社，2001年。

⑱ 李世源：《珠海宝镜湾岩画判读》，文物出版社，2002年。

⑲ 王伯敏：《台州仙居小方岩岩画制作年代初探》，《岩画研究》，宁夏人民出版社，2005年。

⑳ 张峋：《仙居岩画述论》，《仙居历史文化论丛》，作家出版社，2007年。

㉑ 朱后求：《中国·仙居岩画考略》，中国文史出版社，2013年。

㉒ 刘五一：《具茨山岩画》，中州古籍出版社，2010年；刘五一：《中原岩画》，中州古籍出版社，2012年。

㉓ 靳录：《具茨山岩画猜想》，中州古籍出版社，2010年。

㉔ 刘宏明：《具茨山岩画探秘》，中州古籍出版社，2010年。

（2）以某些地区或者以全国范围内的岩画为研究范围的有陈兆复[①]、盖山林、盖志浩[②]、宋耀良[③]、周菁葆[④]、宁克平[⑤]、董万伦[⑥]、赵养锋[⑦]等。

（3）以某一主题展开研究的有户晓辉[⑧]、宋耀良[⑨]、贺吉德[⑩]、束锡红、李祥石[⑪]、李福顺、高嵩、高原[⑫]、覃彩銮、喻如玉、覃圣敏[⑬]、冯胜军、斑斓[⑭]、崔凤祥、崔星[⑮]、陈铁梅[⑯]、原思训[⑰]、郭宏、赵静[⑱]、汤惠生[⑲]、苏胜、杨超[⑳]、朱媛[㉑]等。

---

① 陈兆复：《中国岩画发现史》，上海人民出版社，1991年；陈兆复：《古代岩画》，文物出版社，2002年。

② 盖山林：《丝绸之路岩画研究》，新疆人民出版社，2009年。

③ 宋耀良：《中国岩画考察》，联经出版公司，1998年。

④ 周菁葆：《丝绸之路岩画艺术》，新疆人民出版社，1993年。

⑤ 宁克平：《中国岩画的艺术图式》，湖南美术出版社，1990年。

⑥ 董万伦：《黑龙江流域崖画碑刻研究》，黑龙江教育出版社，1998年。

⑦ 赵养锋：《中国阿尔泰山岩画》，陕西人民美术出版社，1987年。

⑧ 户晓辉：《岩画与生殖巫术》，新疆美术摄影出版社，1993年；户晓辉：《地母之歌：中国彩陶与岩画的生死母题》，上海文化出版社，2001年。

⑨ 宋耀良：《中国史前神格人面岩画》，上海三联书店，1991年。

⑩ 贺吉德：《贺兰山岩画百题》，阳光出版社，2012年。

⑪ 束锡红、李祥石：《岩画与游牧文化》，上海古籍出版社，2007年。

⑫ 高嵩、高原：《岩画中的文字和文字中的历史》，宁夏人民出版社，2007年。

⑬ 覃彩銮、喻如玉、覃圣敏：《左江岩画艺术寻踪》，广西人民出版社，1992年。

⑭ 冯胜军、斑斓：《阴山岩画文化艺术论》，远方出版社，2000年。

⑮ 崔凤祥、崔星：《原始体育形态岩画》，人民体育出版社，2010年。

⑯ 陈铁梅：《宁明花山岩画碳14年代测定》，《广西文物》1986年第2期。

⑰ 原思训：《广西宁明花山崖壁画碳14年代研究》，《广西民族研究》1986年第4期。

⑱ 郭宏、赵静：《岩画断代研究——科技考古学领域中一个亟待解决的问题》，《文物保护与考古科学》2005年第2期。

⑲ 汤惠生：《岩画断代技术手段的检讨——兼谈青海岩画的微腐蚀断代法》，《南京师范大学学报》2002年第4期。

⑳ 杨超的岩画与神话系列研究。《论史前岩画艺术形象的神话表达》，《岩画研究2014》，宁夏人民出版社，2014年；《具茨山岩画产生的年代试析——从神话的视角兼顾其他》，《具茨山与中华文明》，光明日报出版社，2014年；《神圣与世俗：广西花山与云南沧源岩画之图像叙述》，《岩画研究2012—2013》，宁夏人民出版社，2013年；《岩画的神话断代法初探——以贺兰山人面像岩画为例》，《三峡论坛》2012年第2期；《桌子山人面像岩画的纪念碑性》，《三峡论坛》2014年第1期；《连云港将军崖岩画创世神话论》，《三峡论坛》2013年第1期。

㉑ 朱媛：《中国岩画的审美之维》，上海人民出版社，2013年。

（4）出版岩画图册的有李淼、刘芳[①]、许成、卫忠[②]、王系松、李文杰[③]、纳·达楞古日布、巴特尔[④]、王雅生[⑤]、乔华[⑥]、吴甲才[⑦]、色·哈斯巴根[⑧]、李成荣[⑨]等。

（5）综合研究的主要有陈兆复[⑩]、盖山林[⑪]、孙新周[⑫]、朱狄[⑬]、周兴华[⑭]、洪涛[⑮]。

（6）涉及外国岩画研究的有陈兆复[⑯]、盖山林[⑰]、李洪甫[⑱]、高火[⑲]、杨超[⑳]。

（7）翻译著作的有俞灏敏[㉑]、路远[㉒]、蒋梓骅、王岩[㉓]、陈泓法[㉔]、郭小凌、叶梅斌[㉕]、刘建[㉖]。

① 李淼、刘芳：《世界岩画资料图集》，中国工人出版社，1992年。

② 许成、卫忠：《贺兰山岩画拓本萃编》，文物出版社，1993年。

③ 王系松、许成、李文杰等：《贺兰山岩画（拓本）》，宁夏人民出版社，1990年。

④ 纳·达楞古日布：《内蒙古岩画艺术》，内蒙古文化出版社，2000年；纳·达楞古日布、巴特尔：《祖先的印记：鄂托克岩画》，内蒙古人民出版社，2012年。

⑤ 王雅生：《曼德拉山岩画集》，甘肃人民出版社，2003年。

⑥ 乔华：《宁夏岩画》，宁夏人民出版社，2007年。

⑦ 吴甲才：《红山岩画》，内蒙古文化出版社，2008年。

⑧ 色·哈斯巴根：《巴丹吉林岩画》，环球旅游出版社，2010年。

⑨ 李成荣：《文明的印痕：荷兰口岩画》，上海古籍出版社，2011年。

⑩ 陈兆复：《外国岩画发现史》，上海人民出版社，1993年；《中国岩画发现史》，上海人民出版社，2009年；《世界岩画》，文物出版社，2010年等。

⑪ 盖山林：《世界岩画的文化阐释》，北京图书馆出版社，2001年；盖山林：《中国岩画学》，书目文献出版社，1995年。

⑫ 孙新周：《中国原始艺术符号的文化破译》，中央民族大学出版社，1999年。

⑬ 朱狄：《雕刻出来的祈祷》，武汉大学出版社，2007年。

⑭ 周兴华：《解读岩画与文明探源》，宁夏人民出版社，2008年；周兴华：《岩画探秘》，宁夏人民出版社，2008年。

⑮ 洪涛：《中国岩画的发现与研究》，中国社会科学院民族研究所图书资料室，1991年。

⑯ 陈兆复、邢琏：《外国岩画发现史》，上海人民出版社，1993年；陈兆复、邢琏：《世界岩画·亚非卷》，文物出版社，2010年；陈兆复、邢琏：《世界岩画·欧美大洋洲卷》，文物出版社，2011年。

⑰ 盖山林：《世界岩画的文化阐释》，北京图书馆出版社，2001年。

⑱ 李洪甫：《太平洋岩画》，上海文化出版社，1997年。

⑲ 高火：《欧洲史前艺术》，河北教育出版社，2003年。

⑳ 杨超：《圣坛之石——一部欧洲的岩画学史》，世界图书出版公司，2013年。

㉑ 俞灏敏：《史前宗教》，上海文艺出版社，1990年。

㉒ 路远：《苏联境内的原始译丛》，陕西师范大学出版社，1992年。

㉓ 蒋梓骅、王岩：《最动人的人类史：地球如何变成人类家园》，太白文艺出版社，2004年。

㉔ 陈泓法：《亚欧草原艺术论集》，中国人民大学出版社，2005年。

㉕ 郭小凌、叶梅斌：《剑桥插图史前艺术史》，山东画报出版社，2005年。

㉖ 刘建：《艺术的起源》，中国人民大学出版社，2007年。

（8）以某地岩画为专题，或者以某一主题为研究内容的会议论文集或者论文集，主要有广西少数民族社会历史调查组编的《花山崖壁画资料集》①，唐华主编的《花山文化研究》②，刘长宗编的《'91国际岩画委员会年会暨宁夏国际岩画研讨会文集》③，王邦秀主编的《2000年宁夏国际岩画研讨会文集》④，杨炳忠、蓝锋杰、刘勇主编的《花山申遗论谭》⑤，杨超、刘五一主编的《岩画与史前文明》⑥，刘五一主编的《具茨山与中华文明》⑦，张亚莎编的《中外岩画保护论文集》⑧等。

（9）全国各地成立一些学术机构，有些机构也有连续出版物相继出版。陈兆复等学者在中央民族大学首先成立中国岩画研究中心，并于1995年开始招收岩画学专业硕士。2005年又开始招收岩画学博士⑨，同时，以中心为依托，出版《岩画》两期⑩。1999年，宁夏回族自治区成立宁夏岩画研究院（后改名为宁夏岩画研究中心）；2002年该中心创办了《岩画研究》年刊⑪。2002年6月，银川市为了有效地保护、管理、开发和建设贺兰口岩画景区，特成立了贺兰山岩画管理处⑫。2002年，西北第二民族学院（北方民族大学前身）成立岩画研究中心，致力于宁夏乃至整个黄河流域的岩画研究⑬。随后，内蒙古岩画研究院成立。2010年9月，三峡大学成立中国岩画研究中心，并在《三峡论坛》上开创《岩画研究》栏目，成为国内唯一一个一年出版六期的连续出版物。同年，河南具茨山岩画研究中心、内蒙古巴丹吉林岩画研究基地相继成立。2013年，中国岩画学会在北京成立，为中国岩画学者搭建了一个全国交流的平台。2015年4月，广西左江花山岩画研究中心成立。2015年6月，新疆呼图壁县岩画保护与研究中心

---

①　广西少数民族社会历史调查组编：《花山崖壁画资料集》，广西民族出版社，1988年。

②　唐华：《花山文化研究》，广西人民出版社，2006年。

③　刘长宗：《'91国际岩画委员会年会暨宁夏国际岩画研讨会论文集》，宁夏人民出版社，1999年。

④　王邦秀：《2000年宁夏国际岩画研讨会文集》，宁夏人民出版社，2001年。

⑤　杨炳忠、蓝锋杰、刘勇：《花山申遗论谭》，广西人民出版社，2010年。

⑥　杨超、刘五一：《岩画与史前文明》，九州出版社，2009年。

⑦　刘五一：《具茨山与中华文明》，光明日报出版社，2014年。

⑧　张亚莎：《中外岩画保护论文集》，中国藏学出版社，2014年。

⑨　陈兆复：《岩画学概论》，中央民族大学民族学与社会学院，2005年，第66～68页。

⑩　陈兆复：《岩画》第一辑，中央民族大学出版社，2007年；陈兆复：《岩画》第二辑，知识出版社，2000年。

⑪　乔华、杨慧玲：《远古的呼唤——宁夏岩画研究历程》，宁夏人民出版社，2010年，第150、151页。

⑫　乔华、杨慧玲：《远古的呼唤——宁夏岩画研究历程》，宁夏人民出版社，2010年，第160页。

⑬　束锡红、张春雨：《北方民族大学岩画研究的现状与展望——贺兰山岩画的重大学术发现与价值》，《2008年首届中国·银川国际岩画研讨会论文集》，银川国际岩画学术研讨会，2009年，第119页。

成立。2015年，河北师范大学国际岩画断代中心成立等。与此同时，宁夏还成立了以岩画为主题的博物馆和展厅，如银川世界岩画馆、宁夏博物馆岩画厅、北方民族大学岩画展厅和石嘴山市博物馆岩画展厅①，这些机构和出版物都表示着中国的岩画研究日趋成熟。

二

中国岩画研究虽然取得了巨大的成绩，但也存在着不足。

（1）中国岩画学的学科体系还不完善，这主要表现在以下几个方面。

首先，中国岩画研究中缺乏足够的理论体系的支持，是导致岩画研究停滞不前的主要原因。中国的岩画研究从一开始，就一直处于一种以记录为主的局面，缺乏理论上的创新和探讨。一直以来，在岩画研究领域，以马克思关于原始宗教的学说结合列维-布留尔和弗雷泽关于原始思维的论点来进行岩画解释……可以归纳为崇拜加巫术。"由于原始人对自然界的恐惧、敬畏、欣羡等心里而产生崇拜"（马克思），"并企图用巫术的力量加以控制和归顺"（列维-布留尔和弗雷泽），尤其是生殖崇拜和生殖巫术论，一直在中国岩画解释中占统治地位。……在方法论上，基本上都是"利用历史文献，考古资料以及民族学材料对岩画进行综合比较的解释"②，这样的局面导致中国岩画仅仅局限于某一或者个别理论来指导，使岩画内容的解释呈现出一个声音或者比较单调的局面，进而将岩画研究推入无力创新的瓶颈之中。对于岩画的辨识和解释，仅仅停留在对岩画原型的分类上，还少有从深层结构和象征的视角做出系统的阐释，从全球岩画的层面上来看待中国岩画更是无从提及。

其次，中国岩画研究除了一些学者进行更加深入的探讨之外，多数还停留在对中国境内存在的岩画进行全方位的实地考察阶段。岩画学家宋耀良认为中国的岩画研究分为三个阶段：①对中国岩画进行全方位的实地考察；②对中国岩画中的某一具体符式系统做深入的研究；③将中国岩画的某一具体符式系统，融入世界岩画的大范畴中，做国际性的考察研究③。如果按照这样的标准，仅有个别学者在做一些新的尝试，户晓辉运用跨学科、跨文化的研究方法对岩画与生殖巫术展开研究④。汤惠生将西方研究史前艺术中"二元对立思维"运用到青海岩画的研究中，针对岩画进行断代引入了澳大利亚学者的"微腐蚀断代法"（microerosion dating method）⑤。宋耀良从人面像岩画形象出

---

① 李祥石：《解读岩画》，宁夏人民出版社，2012年，第68页。

② 汤惠生：《关于岩画解释的理论假说》，《岩画》第二辑，知识出版社，2000年。

③ 宋耀良"跋"载《中国岩画考察》，联经出版事业公司，1998年，第387、388页。

④ 户晓辉：《岩画与生殖巫术》，新疆美术摄影出版社，1993年。

⑤ 汤惠生：《将军崖史前岩画遗址的断代及相关问题的讨论》，《东南文化》2008年第2期；汤惠生：《将军崖史前岩画的微腐蚀年代》，《2007年江苏省哲学社会科学界学术大会论文集》（下），2007年；《全球视域与中国实践：发展·和谐·价值》，江苏人民出版社，2008年；汤惠生：《岩画断代技术手段的检讨——兼谈青海岩画的微腐蚀断代法》，《南京师范大学学报》2002年第4期。

发，对神格人面岩画分布的范围、图像特征与类型、制作技法与伴生符号、主要遗存地址、制作年代和制作族属、符式的起源、传播与演变、性质与功能、对中国文化的意义等从多视角来说明中国人面岩画演变与传播规律①。陈兆复对中国岩画进行了总结性的研究，如《中国岩画发现史》《古代岩画》，同时出版了《外国岩画发现史》《世界岩画·亚非卷》《世界岩画·欧美大洋洲卷》，把世界岩画介绍到中国来。盖山林在《世界岩画的文化阐释》和《内蒙古岩画的文化解读》中运用了生态学、神话学、类型学、宗教学、符号学以及二元对立思维等对内蒙古岩画和世界岩画进行研究②。尤为重要的是，盖山林提出了建立中国"岩画学"③，后来又写出了中国第一本有关岩画学的理论著作《中国岩画学》，为中国的岩画研究提供了理论指导④。陈兆复经过慎重考虑，经过1988年澳大利亚召开的国际达尔文研讨会和苏秉琦的鼓励，也于2005年提出了"岩画学"⑤。虽然，中国的岩画学研究已经取得了举世瞩目的成果，但是，中国岩画研究并没有真正步入岩画研究的高级阶段。"中国学界目前对岩画的研究，基本上处于第一阶段。多是以行政省、市或者山、河、草原等为范围对研究的分布做归纳"，这依然是以地理区域为旨要的研究⑥。从近些年的岩画研究来看，岩画仍然没有脱离以行政区划或者山河界限分布研究的窠臼，当然，对某一具体的符式做一个全国范围内的深入阐释还是比较少见。

　　再次，中国岩画研究在对岩画的原型进行解释的过程中，依然存在望"画"生义，或者望"画"附义的问题。特别是对岩画中存在的大量符号进行阐释的时候，不够慎重，未能进行深入的研究，从而出现以"画"断义的问题，缺乏能够证明这一结果的有力证据。很多岩画图册或者岩画专著，对所载的岩画进行自己认为有利的解释，或者是主观的臆断。李福顺就曾说自己在"上个世纪（20世纪）八十年代初考察连云港岩画后发表的一篇文章就是'望图生义'之作，我根据那一片人面像（十面个体）与植物相连为一体，在查看地方志、了解当地考古情况（附近有旧石器时代遗物、有宋代雕刻等）后，认为是一幅《稷神崇拜图》，《美术全集·绘画卷》主编认为我说的有道理，就采纳了这种说法。但考古界很少有人同意我的说法。"⑦相类似的例子有李祥石先生

---

　　① 宋耀良：《中国史前神格人面岩画》，上海三联书店，1992年。

　　② 盖山林：《世界岩画的文化阐释》，北京图书馆出版社，2001年，第215～432页；盖山林：《内蒙古岩画的文化解读》，北京图书馆出版社，2002年，第331～517页。

　　③ 盖山林：《岩画学刍议》，《潜科学》1983年第6期。

　　④ 盖山林：《中国岩画学》，书目文献出版社，1995年。

　　⑤ 陈兆复：《岩画学概论》（打印稿），中央民族大学民族学与社会学院，2005年。

　　⑥ 宋耀良"跋"载《中国岩画考察》，联经出版事业公司，1998年，第387、388页。

　　⑦ 李福顺：《望图生义——岩画研究中的一个思维定式的检讨》，《2008年首届中国·银川国际岩画研讨会论文集》，银川国际岩画学术研讨会，2009年，第56、57页。

认为出现于贺兰山中的一对人面像岩画为伏羲女娲的形象，在《贺兰山与北山岩画》[①]《岩画与游牧文化》[②]和《解读岩画》[③]三本书中均持此观点，笔者认为仅仅从与汉代画像相比较是欠妥的。宁夏贺兰山岩画中的"人面像"中，有几幅旁边刻有西夏文字"佛"，有人将这些刻有西夏文的人面像岩画称为西夏岩画，认为这些人面像是西夏战神的形象[④]。李范文在其主编的《西夏通史》中也录入了这幅岩画的图片，并将其标识为"西夏时期的岩画·贺兰口人面像"[⑤]，显然是经不起推敲的（图三）。

图三　贺兰山人面像

另外，让岩画研究停滞不前的一个重要原因是岩画的断代。我国的岩画断代基本上通过历史文献记载和考古资料来推断岩画创作的年代；通过岩画保持状况、文字题刻以及同一岩面上岩画形象的叠压关系来推断岩画的年代；通过岩画中所反映的内容，如动物种属以及凿刻工具来推断岩画产生的年代。虽然已经在岩画断代方面取得了一定的成果，但是这些方面并不能完全解决岩画的年代问题。汪宁生在对沧源岩画的年代进行推断时就借助"考古材料、文献记载及周围地区崖画的关系三个方面进行比较研究，对沧源崖画的年代问题做初步的分析"[⑥]。覃圣敏等根据广西左江岩画中典型图像、青铜器中与左江岩画中的相似花纹和采集于岩画上，或者岩画周边的石钟乳标本以及与岩画有关的木制标本，进行^{14}C测试，最终得出上限在春秋，下限在东汉[⑦]的结果。而最近澳大利亚的本杰明·史密斯和麦克斯·奥伯特针对广西花山岩画铀系测年的结果为"花山岩画绘于距今1920年前至距今940年前之间一个相对有限的1000年时段内"[⑧]。这两

① 李祥石、朱存世：《贺兰山与北山岩画》，宁夏人民出版社，1993年，第264页。

② 束锡红、李祥石：《岩画与游牧文化》，上海古籍出版社，2007年，第194页。

③ 李祥石：《解读岩画》，宁夏人民出版社，2012年，第111页。

④ 李祥石：《贺兰山西夏岩画》，《'91国际岩画委员会年会暨宁夏国际研讨会文集》，宁夏人民出版社，1999年，第304页。

⑤ 李范文：《西夏通史》，人民出版社、宁夏人民出版社，2005年，第70页。

⑥ 汪宁生：《云南沧源崖画的发现与研究》，文物出版社，1985年，第105页。

⑦ 覃圣敏、覃彩銮、卢敏飞等：《广西左江流域崖壁画考察与研究》，广西民族出版社，1987年，第127～137页。

⑧ 本杰明·史密斯、麦克斯·奥伯特：《中国广西壮族自治区花山岩画铀系测年报告》（未刊稿），2014年。

者对广西花山岩画的断代差距如此之大，实际上原思训的^{14}C测试的结果是"战国至西汉"[1]，可见，岩画断代的科技手段目前也难以确定其创作的准确年代。对于岩刻来说，由于其存在的客观因素，更无法对岩刻形象的创作年代进行把握，这对了解岩画产生的时代背景，分析岩画内容，是一个巨大的障碍。

（2）人的因素也是阻碍岩画发展的重要原因。

首先，正如王建新教授所言："（我国）已发表的岩画调查和记录的资料，普遍存在着不准确、不客观的缺陷。"[2]这种情况导致岩画研究工作也随之失误。例如，李祥石先生在《宁夏贺兰山岩画》一文中[3]，对贺兰山岩画做了简要的介绍，并附有49幅图，其中贺兰口岩画的摹本30幅，由于李祥石录入的时候误录，倒置了方向（图四），并把"毛驴"和"太阳"两幅岩画排列在一起（图五），而引起了国内一些学者的误读误释。

图四　左马、右太阳

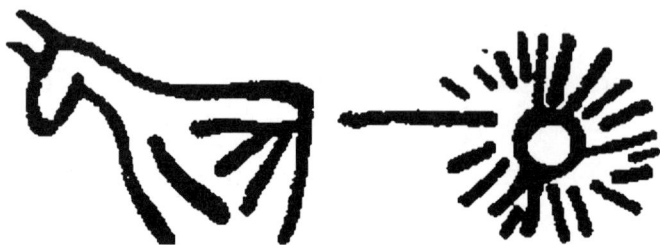

图五　毛驴、太阳

盖山林先生就用这幅岩画说明太阳和生育的关系。文章中如此说："将太阳与男性生殖器认同的确是一个跨文化的思维定式。许慎《说文》训'日'字为'太阳之

---

[1]　原思训、陈铁梅、胡艳秋：《广西宁明花山崖壁画的^{14}C年代研究》，《广西民族研究》1986年第4期。

[2]　王建新：《浅谈欧亚大陆北方草原古代岩画调查、记录与研究的方法》，《2009年第二届中国·银川国际岩画学术研讨会论文集》，银川国际岩画学术研讨会，2009年，第9页。

[3]　李祥石：《宁夏贺兰山岩画》，《丝绸之路岩画艺术》，新疆人民出版社，1993年，第18页。

精'，足见上古汉民族心目中的太阳是宇宙间阳性力量的总源泉。最能说明太阳与生育关系的画面，是宁夏贺兰山的一幅岩画，前面是一匹雄性马，后面是一个光芒四射的太阳，其中一束光线直射马的阴部。在古民看来，太阳光线与男性生殖器的致育力是等同的。通过太阳光线的照射，使这匹雄性马更富有生殖力和繁育力。"[1]

林河先生也在《中华文明基因初探——中国巫傩史》中对这幅岩画这样论述："中国原始崖画，'自然灵崇拜'的特征是很显著的。例如在中国北方草原民族的崖画中，'人形符号'多冠以太阳的光芒纹，还经常出现太阳灵与'生殖崇拜'的结合。如贺兰山崖画上，太阳光芒中有一支超长光芒，直刺一匹马的臀部，似在表示马匹的生殖力来自太阳灵。"[2]

实际上，这两幅相距约45米的岩画，遥相呼应（图四）[3]。

类似的例子多矣，恕不一一列举。

其次，岩画研究队伍基本上是散兵游勇，没有形成一股力量。由于岩画发现都是在一定的行政区域内，这就形成了在某些区域内发现岩画，就是这些行政区域自己岩画的资源，长久以来，就逐渐形成了"鸡犬相闻，老死不相往来"的局面。你们地区发现的岩画，就只能由本地学者独自研究，这种局面对岩画研究的进一步深入和岩画研究的整体局势来说，是相当不利的。

最后，岩画所在地的政府多数还没有真正认识到岩画资源的重要性，也还没有从内心深处真切认为岩画是不可复得的文化遗产，很多地方政府仅仅是借岩画来提高本地的知名度，进而发展本地经济。由于政府的宣传，游人的到来也导致大量的岩画流失，特别是最近这几年，气候变化、酸雨等各种因素导致岩画表面岩石的脱落现象严重，人为的破坏，凿碎岩画面，或者直接搬走带有岩画的岩石。随着岩画的知名度越来越高，岩画的这种人为的损失越大。

三

任何事情都具有两面性。我们讨论岩画研究种种困难的时候，应该意识到，恰恰是目前岩画研究的这种局面，给岩画学在中国未来研究提供了一个相当广阔的天地，不但使学者有了更为有利的前景，也是后来者研究岩画的希望所在。

（1）学科建设的不完善给后来的岩画研究学者留下了诸多的空白，同时对后来的研究者提出了更高的要求。

中国岩画不可能再一次给未来的岩画学者留下记录和描述岩画的空间，更多的岩

① 盖山林：《世界岩画的文化阐释》，北京图书馆出版社，2001年，第332页。
② 林河：《中华文明基因初探——中国巫傩史》，花城出版社，2001年，第75页。
③ 何吉德：《贺兰山岩画百题》，黄河出版传媒集团阳光出版社，2012年，第59、60页。

画研究除了田野考察之外，可能将直接进入对岩画内容、岩画的断代问题、岩画与所在地区的民族历史、岩画与民族社会问题、岩画与民族宗教、中国岩画与中国象形文字、中外岩画比较研究以及岩画与现代艺术①的研究等成为今后岩画研究的重要内容。在研究这些主题的过程中，以一种眼光、一种思维和一种理论对面对的岩画进行研究和分析将是无法适应岩画研究的趋势。在研究的理论和方法的运用上，不应当也不能唯西方理论为是，而应结合中国社会的实际，借助各种可能的学科如人类学、民族学、考古学、美学、历史学、生态学、气象学以及自然科学中对岩画年代测定的物理化学知识对岩画进行全方面、多视角、多层次研究，剔除学术偏见，打开学术壁垒，尽可能采纳有利于解决岩画研究实际问题的方法、理论。

另外，加紧岩画人才的培养，建立有效地培养岩画人才的中心，有针对性地对岩画问题展开研究，是建立岩画学，完善岩画学科建设不可避免的重大问题之一。目前，从全国范围来看，岩画研究者主要是艺术学家和民族学家，考古学家参与较少。考古学界即使对岩画有研究，也是极少数一些对岩画感兴趣的学者进行捎带性的研究，还没有形成一批固定的、训练有素的专门以岩画研究为主的队伍。2005年中央民族大学开始招收岩画学博士研究生，这是岩画界的一个福音，但是毕业的两届博士以岩画为主业的寥寥无几。当然，在培养岩画专门研究人才的同时，还需要懂岩画学知识的一些人才，岩画的学科系统还需完善，应当从本科生开始，培养一批懂岩画，热爱岩画，愿意为岩画事业做出贡献的青年才俊加入到岩画研究的队伍中来。

（2）在我们还没有很好的办法来认识岩画的时候，保护也是摆在中国岩画学者面前的一个亟须解决的重要问题。要对岩画进行研究，就必须有研究的基础，即岩画的存在。由于各种原因，作为人类宝贵文化遗存的岩画，正在包括中国在内的世界各地迅速地消失，或者被毁坏，诸如森林的采伐、人口的增加、城市的成长、道路的修筑和地区的发展，也还有无知或恶意破坏文化艺术的行为，以及人们别的活动，都是引起这种毁坏的主要原因，尤其值得注意的是，绝大多数这些遗产尚未被记录和研究过，人类就已面临着丧失它们的危险②。那么如何保护是我们岩画学者必须解决的问题。比如说，把岩画作品凿下来搬到室内博物馆，是否是最有效、有利的对岩画的保护方式之一？这种保护岩画的方式，是不是对岩画的研究和普通民众对岩画的阅读造成了障碍？有些学者也提出了以旅游促进岩画的保护，从旅游的收益中拿出部分财力，对岩画进行保护，这会不会因为游客对岩画的过多接触，加速岩画的脱落，甚至被毁坏？这些都是目前和今后很长一段时间岩画学者所要解决的重点问题。

（3）岩画作为一种古代瑰宝，是全人类共同的财富，把岩画这种文化遗产对普通

---

①　陈兆复：《岩画学概论》，中央民族大学民族学与社会学院，2005年，第14页。

②　Anati E. *The State of Research in Rock Art: a World Report Presented to UNESCO*. BCSP 21, Edizioni Del Centro, Aprile, 1984:13-56.

民众进行介绍、推荐，是岩画学者不可推卸的责任和义务。岩画学者应当认识清楚，岩画的问题不是学者问题，不能"束之高阁"，成为岩画学者个人把玩的对象，应当让广大民众参与进来，从内心深处认识到岩画对我们民族的重要性。用各种手段，如电视传媒、书籍、学校教育等各种方式，让他们认识到岩画是我们中华民族过去的记录和历史，让他们清楚地认识到，岩画这种不可再生的资源，记述着我们的过去，记录着我们从哪里来，我们是怎么来的，我们是谁等一系列人类至今还无法解决的问题。虽然今天我们还没有找到一条合适的方法来对现存岩画进行完全明白的解读，可是在不远的未来，随着科技和人类社会的发展，后来的岩画学者必将会有办法解决这一难题。

　　总之，经过百年的发展，中国的岩画研究目前处于困难和前景并存的阶段。困难对于我们来说，是暂时的，随着时间的推移，新的研究理论、方法、技术的不断出现，一批训练有素、拥有更多新知识的学者的出现，困难终将会成为过去。那些目前被认为还难以解决和完成的任务，将被后来的岩画学者重新拾起，并给予合理的答案，一个岩画的热潮在不久的将来一定会到来。

中国岩画的区域分布及特点比较

张文静

（中国传媒大学博士后流动站）

经过几十年的岩画调查与研究，目前，中国岩画的分布体系已大致厘清。根据岩画分布的地理位置、岩画的技法、岩画的风格造型，以及岩画的内容题材，可以将中国岩画分为北方岩画、西南岩画和东南岩画。[①]各个区域内的岩画分布有着明显的共性，而每个区域又以其所具有的自身特色，区别于其他区域。

一、中国岩画三大分布区域

（一）北方地区的岩画分布

北方岩画主要分布在内蒙古、宁夏、甘肃、青海、新疆、西藏等地。北方岩画以动物为主，主要体现人们的生产、生活方式及宗教信仰。制作技法以磨刻和凿刻为主，部分为刻划，以涂料绘制的岩画比较少。

1. 内蒙古岩画

内蒙古东部的岩画主要分布在希拉木伦河流域的赤峰市。在呼伦贝尔市的鄂伦春自治旗、额尔古纳左旗和额尔古纳右旗境内则分布着一些比较少见的、用赭红色颜料涂绘的岩画，主要题材为放牧、围猎鹿。

赤峰市发现的岩画点有床金沟、东马鬃山、百岔河、希拉木伦河、阴河，以及土城子或砧子山。床金沟岩画的题材以人面像为主，制作技法为磨刻；东马鬃山岩画用赭红岩画涂绘而成，题材多为狩猎和舞蹈；百岔河岩画中，动物是最常见的题材之一，包括鹿、野猪、马、牛、狗、骆驼、虎等，其中鹿的数量最多。狩猎与人面像也是重要的表现题材。此外，还有舞蹈以及圆、同心圆等符号岩画。百岔河岩画中的动物、狩猎、人面像、符号岩画多是磨刻技法，舞蹈岩画是用褐红色颜料涂绘而成；西拉木伦河岩画内容主要有梅花鹿、山鸡、马、人物等；砧子山岩画涉及马、虎、骑者等形象，技法

---

① 陈兆复、邢琏：《世界岩画·亚非卷》，文物出版社，2010年，第19页。

多是凿刻和刻划。阴河岩画的内容主要为人面像，此外还有动物和符号岩画。根据张松柏[1]和孙继民[2]的研究，百岔河岩画中的舞蹈、人面像岩画的上限为新石器时代中晚期。动物、狩猎岩画则属于青铜时代的作品。砧子山岩画中的动物、人物为青铜时代晚期至铁器时代的作品。

内蒙古中部的岩画主要分布在大青山北部的低山丘陵地带、色尔滕山和狼山一带。自东向西有乌兰察布市察哈尔右翼后旗岩画、四子王旗岩画、包头市达尔罕茂明安联合旗的推喇嘛庙岩画和沙很岩画、包头市固阳岩画、达尔罕茂明安联合旗的新忽热苏木和莫里格其山岩画、巴彦淖尔市乌拉特中期岩画、乌拉特后旗岩画、磴口岩画，涉及动物、狩猎、放牧、人物、车辆、符号、手足印、动物蹄印、人面像等。制作技法以凿刻为主。

内蒙古西部的岩画主要分布在阿拉善右旗、乌海市和阿拉善左旗。阿拉善右旗岩画集中分布在巴丹吉林沙漠的东南，其中曼德拉岩画群的数量最多。岩画内容涉及动物、狩猎、放牧、骑者、车辆、帐篷、村落、人的脚印、手印、人面像等。另外，雅布赖山洞窟中用赭红颜料喷绘而成的手印岩画也非常有特色。

在阿拉善左旗，有松鸡沟、鹰湾、双鹤山等岩画点。这些岩画点位于内蒙古自治区与宁夏回族自治区交界的地带，处于贺兰山的西麓。与宁夏中卫岩画位置接近，因此，该岩画区与贺兰山中卫岩画应该是一个岩画分布系统。这里的岩画内容以动物为主，有羊、骆驼、马等。此外，还有狩猎、放牧、人物、足印、人面像岩画等。岩画均为凿刻或磨刻。[3]

桌子山位于鄂尔多斯高原东部，西北有乌兰布和沙漠，西南与贺兰山相连。桌子山岩画分布在召烧沟、苦菜沟、毛尔沟、苏白音沟等地点。[4]岩画内容以人面像为主，约占岩画总数的80%，也有骑者、动物等题材的岩画。其制作技法以磨刻为主。

2. 宁夏岩画

宁夏岩画主要指贺兰山东麓的岩画，西麓的岩画分布在内蒙古阿拉善左旗境内，前文已经介绍。贺兰山位于宁夏平原的西北方向，腾格里沙漠西侧，南北绵延300千米，它的西坡平缓，东坡陡峭。贺兰山东麓岩画点自北向南有麦如井、韭菜沟、翻石沟、白芨沟、白头沟、贺兰口、苏峪口、回回沟、四眼井、大麦地等。岩画内容主要是动物，如羊、鹿、骆驼、马、牛、虎、鹰、蛇等，也有狩猎、骑者、人面像等内容。在归德沟岩画点中，鹿岩画为典型的斯基泰风格。人面像岩画的大量分布是贺兰山岩画的

① 张松柏：《赤峰市白岔河两岸的人物岩画》，《内蒙古文物考古》1998年第2期。
② 孙继民：《克什克腾旗岩画述略》，《内蒙古文物考古》1994年第1期。
③ 盖山林、盖志浩：《丝绸之路岩画研究》，新疆人民出版社，2009年，第132～138页。
④ 梁振华：《桌子山岩画》，文物出版社，1998年，第6～43页。

突出特色，其中，贺兰口是人面像岩画的集中分布区。此外，白芨沟的岩画也很有特点，为赭红色颜料涂绘而成。贺兰山岩画除了白芨沟岩画外，其他岩画均是采用凿刻和磨刻技法制成。部分人面像为磨刻而成，动物岩画多为凿刻技法。①

3. 甘肃岩画

甘肃岩画基本分布在祁连山和河西走廊狭长地带。从靖远县的吴家川岩画开始向西北方向，有永昌县的北山岩画、嘉峪关市的黑山岩画、玉门市的鹿子沟和石墩子梁岩画、肃北蒙古族自治县的马鬃山岩画等。表现较多的是羊、鹿等动物。此外，也有放牧、狩猎、车辆等内容。制作技法多为凿刻，部分为刻划。②其中，黑山岩画的狩猎野牛、狩猎骆驼、连臂舞等内容的岩画非常有特色，画面精美。

4. 青海岩画

青海岩画主要分布在青海中部和北部的海南藏族自治州和海西蒙古族藏族自治州。有野牛沟、卢山、舍布齐、巴厘、哈龙、怀头他拉、中布滩、和里木、切吉、海西沟等岩画点③。制作技法以凿刻为主，部分为刻划。岩画的内容仍是以动物为主，动物中又以牦牛出现的次数最多，几乎在各个岩画点都有牦牛出现，鹿、骆驼、鹰也多次出现，此外还有马、羊等动物。狩猎、放牧岩画也被作为主要的表现题材，并且，狩猎对象多为牦牛。虎和虎食兽的题材在青海岩画中多次出现。

在卢山岩画中，有典型的斯基泰风格的鹿岩画。卢山岩画中的车辆比较有特点，车为双轮、单辕、单舆，两侧马采用侧视法刻制，马呈站立状。其中有两幅岩画的车辆上站有猎人，手执弓箭瞄准车辆后面的野牛。

5. 新疆岩画

新疆岩画主要分布在阿尔泰山、天山、昆仑山。新疆北部的阿勒泰地区有阿勒泰市阿克塔斯洞窟彩绘岩画、哈巴河岩画、吉木乃岩画、富蕴县唐巴勒塔斯洞窟彩绘岩画等岩画点。这一区域的彩绘岩画居多，内容涉及动物、手印、女性生殖器、人面像、舞者、狩猎等。动物有羊、马、骆驼、牛、鹿等。富蕴县唐巴勒塔斯洞窟中有连臂的舞蹈人物形象，还有手执弓箭的猎人，以及骑者等④。

天山山脉及其支脉中，岩画分布非常密集。其中，塔城、昌吉、哈密、吐鲁番、

---

① 陈兆复：《古代岩画》，文物出版社，2002年，第58～62页。

② 陈兆复：《中国岩画发现史》，上海人民出版社，1991年，第62～67页。

③ 汤惠生、张文华：《青海岩画——史前艺术中二元对立思维及其观念的研究》，科学出版社，2001年，第15～63页。

④ 苏北海：《新疆岩画》，新疆美术摄影出版社，1994年，第25～27页。

博尔塔拉蒙古自治州都是集中分布区。技法以凿刻为主。塔城地区的裕民、托里等岩画点，内容涉及狩猎、放牧，动物有羊、牛、鹿、骆驼等。也反复出现体现生殖崇拜的交媾场面；在昌吉回族自治州的木垒县、奇台县、吉木萨尔县、阜康市、呼图壁县等岩画点中，有动物、狩猎、放牧的题材。其中，较为突出的是呼图壁康家石门子岩画，画面中有大量涉及生殖的舞蹈人物形象，也有连臂的舞蹈人物，还有对马的图像[①]。木垒县的岩画中则突出刻画了狩猎的内容；哈密地区的岩画点有哈密上马崖岩画、巴里坤兰州湾子岩画和大黑沟岩画、伊吾县的吐葫芦乡岩画等。岩画内容为狩猎、放牧、战争、动物等。在动物中，对北山羊的刻画较多，还涉及鹿、骆驼、马、牛等。在天山这一岩画分布区域中，特克斯县的乌孙山阿克塔斯岩画为彩绘岩画。

　　昆仑山地区的岩画主要分布在皮山县、且末县。皮山县有桑株、康阿孜、苏勒阿孜等岩画点，涉及狩猎、动物、符号、手印等内容。动物中以羊为主。且末县的岩画以动物为主，其中羊的形象最多。符号岩画多为三角纹、菱形纹、方格纹、涡纹等。此外，也涉及狩猎、手印等内容。

6. 西藏岩画

　　西藏岩画多数分布在西藏北部地区。其中，阿里地区的日土县和那曲地区的纳木错湖和当惹雍措湖沿岸是岩画最集中的地区，数量也最多。阿里地区的岩画点有拉达克、任姆栋、鲁日朗卡、塔康巴、康巴热久、左用湖、札达盆地等。岩画内容涉及狩猎、塔、骑者、动物、符号、图形等。动物有牦牛、鹿、鹰等，符号岩画中较为有特色的是数量众多的、体现当地宗教特点的雍仲符号。岩画多采用凿刻技法，只有曲嘎尔羌岩画采用了涂绘技法。那曲地区的岩画点主要有当雄县大小扎西岛、纳木错北岸拉莫多、申扎县沃扎日、拉错龙巴、尼玛县扎昆孜波、文部荣玛乡加林山等。那曲岩画多分布在洞窟中，基本上是以颜料涂绘制成的，也有一定数量敲凿而成的岩画，如当惹雍措湖一带的加林山岩画点。岩画的内容涉及动物、狩猎、祭祀、战争、符号、塔图形等，动物岩画中出现的动物有牛、马、羊、鹿、虎、豹等，符号岩画中又以雍仲为主[②]。

（二）西 南 岩 画

　　西南岩画主要分布在四川、贵州、云南、广西等地。之所以将他们划入到西南岩画中，主要是考虑到在这些地区所见岩画的内容基本相同、以体现宗教活动的人物形象为主、制作技法多为红色涂绘、岩画多分布在江河沿岸的岩壁上等。

---

①　王炳华：《新疆天山生殖崇拜岩画》，文物出版社，1991年，第14～16页。
②　张亚莎：《西藏的岩画》，青海人民出版社，2006年，第30～39页。

1. 四川岩画

四川的岩画点主要有珙县麻塘坝的悬棺葬岩画。岩画以红色颜料涂绘而成，内容多为单个人物形象，也有马、犀牛、虎、鱼等动物，还有马厩、符号等内容。

2. 贵州岩画

贵州的岩画点主要有关岭县的马马崖岩画、开阳的画马崖岩画、长顺傅家院岩画。马马崖岩画的内容以马为主，采用赭色涂绘的技法；画马崖岩画内容有马、鹤、鸟、鱼、太阳、树、骑者、舞者等，马匹居多，仍然为赭红色涂绘；傅家院岩画的内容以马和骑者为主，也有狩猎、生活场景（有房屋等）等内容，制作技法为赭色涂绘。[①]

3. 云南岩画

云南主要的岩画点有金沙江岩画和沧源岩画。金沙江岩画分布在云南中甸县（今香格里拉县）、丽江县（今丽江市）、宁蒗县等地区，共发现30多个岩画点[②]。其中，夯桑柯岩画点保存完整，内容也很典型。金沙江岩画的内容以野生动物为主，野牛被重点加以刻画。在丽江虎跳峡、东梁村普乞理山的岩画中就刻画了形体巨大的牛等动物。有学者认为，金沙江岩画多表现野生动物，而少见人物形象，因此，这些岩画可能是云南岩画的早期作品[③]。云南另外一个重要的岩画分布区位于沧源佤族自治县的勐省、勐来乡，共有10个岩画点。制作技法是以赤铁矿为颜料进行涂绘。内容多为狩猎，也涉及舞蹈、房屋、村落、树木、手印、战争等题材。对众多人物形象的刻画是沧源岩画的典型特点。其中，跳盾牌舞，以杵臼为乐器，头插羽毛等习俗仍被今天的佤族和傣族保留[④]。

4. 广西左江流域岩画

广西左江流域的岩画分布在宁明、崇左、凭江、扶绥、大新等县市，有80多个岩画点。所有图像都是用赭色颜料涂绘制成，而且岩画多绘制在江流转弯处的崖壁上，一般距离水面20～40米。岩画内容以人物形象为主，几乎占到全部岩画总数的95%以上，人物形象的造型简单，有正面和侧面两种姿势，最高的人像约3米，最小的只有30厘米，多数人像的高在60～100厘米[⑤]。其中，宁明县的花山岩画最为典型。画面中大量出现了双臂上举、腿部呈"出"字的人物形象，此外，也有鸟、铜鼓的图形。

① 陈兆复：《古代岩画》，文物出版社，2002年，第89、90页。
② 陈兆复：《古代岩画》，文物出版社，2002年，第48页。
③ 陈兆复、邢琏：《世界岩画·亚非卷》，文物出版社，2010年，第63页。
④ 汪宁生：《云南沧源崖画的发现与研究》，文物出版社，1985年，第125页。
⑤ 邱钟仑：《左江岩画的发现与研究》，《岩画（第2辑）》，知识出版社，2000年，第31～35页。

（三）东　南　岩　画

东南岩画分布在广东、福建、江苏、台湾和香港等地。岩画点主要有广东珠海高栏岛宝镜湾岩画、福建华安仙字潭岩画、江苏连云港将军崖岩画，以及台湾高雄的万山岩雕。制作方法多采用凿刻的技法。

宝镜湾岩画的内容涉及船、水波纹、人物形象等，与出海时的祭祀活动有关；仙字潭岩画中有人面像、舞蹈等内容。在福建的其他岩画点中，有蹄印、脚印、凹坑、云纹等内容；将军崖岩画中对人面像的刻画非常有特色，人面像上饰有几何图形，有网格纹、线条等，头像往往由一根线条与下面类似植物的图形相连，此外，还有圆、同心圆等图形。在江苏的其他岩画点中，也有船只、凹坑、圆等岩画内容[①]；万山岩雕的内容有脚印、凹坑、人面像、同心圆、曲线纹等。高业荣先生认为，台湾万山岩雕与原始宗教有密切关系，他们有着共同的文化传统。[②]香港岩画多为几何图形、鸟兽团等内容。

总的来说，东南岩画由于分布在沿海地区，所以，内容以反映沿海渔民的生产生活及宗教活动为主。而且，更加突出祭海、祭天等宗教活动的岩画内容。

二、三大岩画分布区域的特点比较

中国岩画分布的各个区域，都有其自身的特点。分布于北方草原地区的岩画所具有的共同特点是以动物刻画为主，且多采用凿刻的技法，反映的生业类型主要是畜牧和狩猎。西南岩画所在的云南、四川、贵州等地，自然环境有很大的一致性。因此，该区域的岩画在内容和制作技法都有共同的特点，即内容以人物为主，多与宗教活动相关，并且多为红色涂绘。尽管在北方岩画中也有彩绘岩画的出现，如在新疆北部的阿勒泰地区彩绘岩画，西藏的那曲地区的洞窟岩画等，但其内容仍是以动物为主，前者的内容涉及动物、手印、女性生殖器、人面像等，后者的内容多是动物、狩猎、战争等，而且，在那曲地区，体现本地宗教因素的塔图形和雍仲符号岩画分布广泛。东南岩画分布在沿海地区，自然环境决定这一区域岩画的内容与海有关。东南岩画的内容以符号为主，既有水波纹、同心圆，也有船、人面像、蹄印、脚印等，这些都与出海时的祭祀活动有关。而且，该区域的岩画多采用凿刻的技法。

从以上分析可以看出，西南岩画和北方岩画的区别在于二者的内容和制作技法不同，而且两个区域所要表达的主要思想也是不同的。前者以人物为主，着重体现西南地区先民的各种祭祀活动，反映了生殖崇拜、祖先崇拜、水神崇拜等观念；后者占主体的岩画内容为动物，侧重表现北方地区人们的生产与生活。西南和北方岩画各自主要的制

① 陈兆复：《古代岩画》，文物出版社，2002年，第99～108页。
② 高业荣：《万山岩雕——台湾首次发现摩崖艺术之研究》，东益出版社，1991年，第3页。

作技法差异很大，西南岩画以红色颜料涂绘为主，北方岩画则是以凿刻技法为主。

东南岩画与西南岩画在内容、技法上有着明显的不同，但所表现的主题思想相同。前者的内容以涂绘的人物活动为主，后者则多是凿刻的符号，岩画内容均以表达人们的宗教思想为主。当然，这种乞求保佑的宗教观念与人们的生产生活息息相关。

东南岩画与北方岩画尽管制作技法类似，但所侧重的主体内容不尽相同，而且体现出的主题思想也不同。东南岩画的内容多与祭海、祭天的出海活动有关，反映了生殖崇拜、天体崇拜、祖先崇拜的宗教思想。北方岩画的内容则以动物为主，侧重于体现北方地区的生产生活方式。但是，这并不等于在北方岩画中没有关于宗教信仰的岩画。阴山、贺兰山地区的人面像岩画、新疆地区的生殖舞蹈岩画以及西藏的符号岩画，显然都体现了祖先崇拜、生殖崇拜等宗教思想。

总的来说，中国各区域的岩画有着自己鲜明的特点。而且，各区域的岩画分布特点既有联系，又存在明显的差异。

（原载于《内蒙古社会科学》2013年第3期）

"人面岩画"研究回顾

朱利峰

（北京联合大学艺术学院）

　　"人面岩画"也称为"人面像岩画"，与人物、动物、植物、符号、自然物以及人造物等岩画题材相比，是一个具有独特表现形式的岩画系统，与其他类型的岩画具有明显的差异性。这类岩画仅在亚洲、美洲和大洋洲及其附属岛屿之上发现，呈现出"环太平洋"分布的趋势，尤以亚洲和北美洲的环北太平洋区域内发现地点和数量最多。人面岩画的这种环太平洋现象，显示出这一岩画类型在人类原始艺术及世界总体文化发展中的特殊性，引起了众多学者的研究兴趣。

一、概念和研究范围

　　岩画是指未使用或不使用文字的原始人类用颜料绘制或用工具凿磨的方式，在崖壁或岩石上进行造型创作活动时保存下来的一种艺术遗迹。学界对岩画的称呼有很多，但总体上都按照"凿磨"和"涂绘"两个主要的类别进行界定。欧美学者普遍将使用工具凿刻磨制的岩画称为petroglyphs，而将使用颜料涂抹绘制的岩画称为pictographs，也有学者以rock carvings / engravings（岩刻/雕）和rock paintings（岩绘）作为二者的区分；由于很多岩画绘制在洞穴之中，因而也普遍将洞穴岩画称为cave art或cave paintings；还有个别学者曾称之为rock writings（岩书）[①]。近几十年来，国际学术界逐渐将这两种类型的岩画用英语统一称为rock art。中国学者在岩画发现初期称涂绘岩画为"崖画"[②]或"崖壁画"[③]，而称凿磨岩画为"岩刻"或"摩崖石刻"，近年来都普遍使用"岩画"作为固定的称呼。"人面岩画"是整个岩画体系中一个比较独特的类别。

　　本文所述的"人面岩画"，用汉语表达是一个比较含糊的称谓，中国和外国的概念认知因为语言的差异显得有所不同。因为以面部特征为主要表现内容的岩画，除了拟人化的形象之外，还包括类似兽面和鸟面以及一些符号类抽象图形，甚至有些图形到底

---

① Cressman L S. *Petroglyphs of Oregon*. Eugene: University of Oregon, 1937:6.
② 广西少数民族社会历史调查组编：《花山崖壁画资料集》，广西民族出版社，1963年。
③ 汪宁生：《云南沧源崖画的发现与研究》，文物出版社，1985年。

是人面、兽面还是鸟面，很难进行明确的区分。汉字中"人面"或者"人面像"的表述，在字面意思上并不能代表全部类型；英文则可以用faces（脸）或masks（面具）一以概之，中文至今尚未找到一个最简洁的概念来涵盖这个类别的岩画，目前，"人面岩画"是多数学者约定俗成的称谓。

自20世纪70年代以来，有很多中国学者对人面岩画进行了持续的关注，关于人面岩画也曾有过不同的命名。盖山林先生于1985年在内蒙古人民出版社出版的《阴山岩画》一书中，对阴山地区有"人面形象"的岩画曾运用了"人（兽）面""人面形""人（兽）面形""人面题材""人面纹样""人（兽）面纹样""类人面形""类人面图形""类人面纹样""类人面像""人头形""类人头形""类人头像"等10多种名称，可见当时还没有统一而固定的称谓。1986年，盖先生又出版了一部载有详细图录的《阴山岩画》，其中他将这类岩画定名为"人面像岩画"[①]。此后的1995年，盖先生的《中国岩画学》一书问世，正式将岩画研究作为一个学科摆在世人面前，其中，他将人面像岩画归因于神像（面具）崇拜、太阳崇拜、天体崇拜和祖先崇拜等[②]；1999年盖山林在《中国面具》一书中，开始将中国人面岩画与面具文化联系起来，认为人面岩画是面具艺术的起始阶段[③]；到2002年的《内蒙古岩画的文化解读》，他正式将人面类型的岩画统称为"神格面具"岩画[④]，这一概念既能包含具有神格化特点的人面像，又能涵盖具有人格化特点的兽面、鸟面及太阳神等，算是目前包容性最强的一个名称。

1992年，最早将人面岩画作为专项研究的宋耀良先生出版了他的专著《中国史前神格人面岩画》，书中将人面岩画称为"神格人面岩画"。李祥石先生在1993年出版的《贺兰山与北山岩画》中，将这类岩画称为"类人首"[⑤]。2010年新出版的《阴山岩画》图册中仍有"脸谱""人面""人面像""图腾图符"等多种称谓。

2013年，中央民族大学的一名博士和两名硕士研究生都以内蒙古西辽河流域的人面岩画作为毕业选题进行研究；其中博士研究生孙晓勇和硕士研究生阮晋逸都使用了"人面岩画"这一称谓，而硕士研究生李东风使用的名称是"人面形岩画"，概念上几乎没有差异，只有表述上的不同。

陈兆复教授1991年出版的《中国岩画发现史》一书，专门在"岩画内容的分析"一章设"人面像"专题，详述人面像岩画的发现、技法、类型、年代和意义，对我国各地发现的人面像岩画进行了总体描述，将人面像岩画划分为"无轮廓型""半轮廓

①　盖山林：《阴山岩画》，文物出版社，1986年，第70页。
②　盖山林：《中国岩画学》，书目文献出版社，1995年，第134～149页。
③　盖山林编著，盖志浩绘：《中国面具》，北京图书馆出版社，1999年，第4页。
④　盖山林、盖志浩：《内蒙古岩画的文化解读》，北京图书馆出版社，2002年，第346页。
⑤　李祥石、朱存世：《贺兰山与北山岩画》，宁夏人民出版社，1993年。

型""全轮廓型"和"头饰型"四种①。此后，"人面像"一词因为接受程度最广，在中国逐渐成为具有"人面形象"岩画的专用名称，并被长期、广泛地运用在岩画研究中。

中国学者在国外发表的研究成果中，通常翻译为anthropoid faces（类人面）②、human faces或者human-faces③。外国学者有的称为anthropomorphic faces④，有的将有轮廓人面称为faces，将无轮廓人面称为eyes⑤，或eye-mask faces、eye/nose faces⑥。

总体上看，人面岩画固然以轮廓的有无和眼睛的突出表现等特征最为显著，但事实上，有没有轮廓并不能看出制作时间的先后，也不是各阶段风格类型的主要区别因素；有些地方的人面岩画，眼睛也并非是特别强调的内容，甚至不是必备的要素。因此，单纯强调轮廓和眼睛的称呼，都是不够全面的。

二、外国的发现与研究

自18世纪以来的300余年间，一些环太平洋国家和地区如北美洲的美国（含阿拉斯加州和夏威夷诸岛）、加拿大，中美洲及加勒比海区域的牙买加、波多黎各、圣文森特岛等，南美洲的巴西、阿根廷、智利（含复活节岛）、秘鲁、哥伦比亚等，亚洲的俄罗斯、蒙古、中国、韩国等，大洋洲的澳大利亚及其周边一些南太平洋岛屿都先后发现有不同数量的人面岩画遗存。19世纪末之后岩画被广泛发现并掀起研究热潮的百余年间，国际学术界鲜有将人面岩画作为专题进行研究的，通常都是在史前艺术或者岩画研究的过程中涉及此类岩画的时候略微提及。

1767年7月15日，国外最早出现了对人面岩画的图像记载。当时，美国耶鲁大学校长以兹拉·斯蒂尔斯（Ezra Stiles）在调查马萨诸塞州伯克利镇顿河（Taunton River）左岸的一块名为Dighton Rock（代顿石）的岩石后，描绘了这块岩石上的所有图形，其中明显有两个椭圆形人面像（图一）。然而斯蒂尔斯的兴趣在类似于文字符号的其他图形上面，因此，他称这块岩石为"writing rock"（岩书），没有对其中的人面像进行研

① 陈兆复：《中国岩画发现史》，上海人民出版社，1991年，第232页。

② 蒋振明：《迈向原始的艺术世界：中国岩画考察散记》，新世界出版社，1991年，第93页。

③ Song Y L. Prehistoric human-face petroglyphs of the North Pacific region. *Arctic Studies Center (Supplement)*, Washington, D.C.: National Museum of Natural History, Smithsonian Instiution, 1998:1-4.

④ Watson B. The eyes have it: human perception and anthropomorphic faces in world rock art. *Antiquity*, 2011, (85):87-98.

⑤ Leen D. The Rock Art of Northwest Washington. *Northwest Anthropological Research Notes*, 1981:1-56.

⑥ Lee G, Stasack E. *Spirit of place: The Petroglyphs of Hawai'I*. California: Easter Island Foundation, Los Osos, 2005:166.

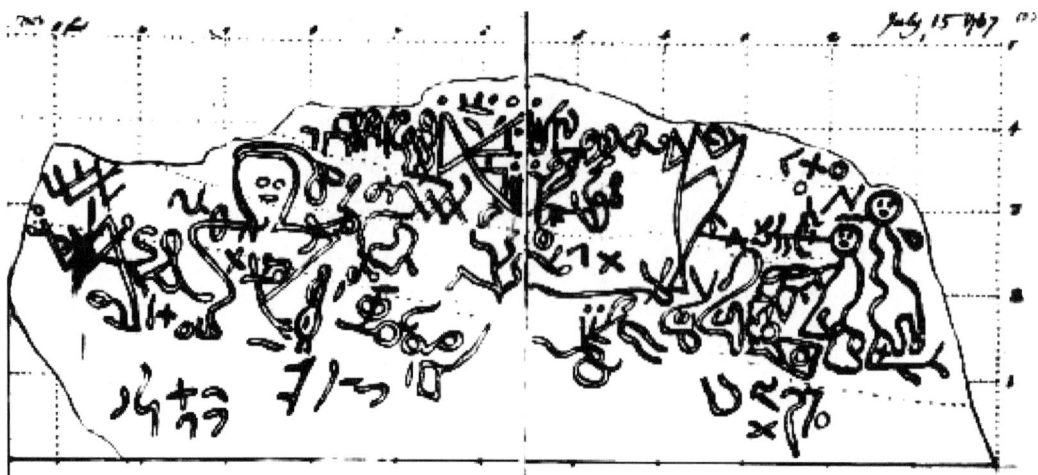

图一　Dighton Rock

（采自Lutz. Ezra Stiles and the Challenge of the Dighton Writing Rock）

究，尽管如此，他对北美洲岩画的发现和调查仍具有里程碑意义[①]。

　　1871年，美国康奈尔大学佛雷德·哈特（Ch. Fred Hartt, M.A.）教授发表了一篇关于巴西岩画的论文《巴西岩刻画》（Brazilian Rock Inscriptions），首次披露了部分巴西人面岩画[②]。1889年，美国人类学家布林顿·丹尼尔·加里森（Daniel G. Brintond）的论文《西印度群岛圣文森特岛上的史前岩画》中用素描方式描绘了一个人物和两个人面的岩画图形（图二），并进行了初步的解读，首次用"human faces"（人面）作为一个岩画类型的名称[③]。

　　亚洲人面岩画最早发现于1897年，美国考古学家博斯霍尔德·劳弗尔（Berthold Laufer）在俄罗斯远

图二　圣文森特岛岩画

（采自Brintond. On a Petroglyph from the Island of St. Vincent, W. I）

　　① Lutz C E. Ezra Stiles and the Challenge of the Dighton Writing Rock. *The Yale University Library Gazette*, 1980, 55(1):14-21; Lenik E J. *Making Pictures in Stone*. Alabama: University of Alabama Press, 2009:3.

　　② Hartt C F. Brazilian Rock Inscriptions. *American Naturalist*, 1871, V(3):8.

　　③ Brintond D G. On a Petroglyph from the Island of St. Vincent, W. I. *Proceedings of the Academy of Natural Sciences of Philadelphia*, 1889, 41:417-420.

东地区的萨卡奇-阿连村发现了100多幅人面岩画，并于1899年发表了论文《黑龙江史前岩画》（Petroglyphs on the Amoor），他也使用了"human faces"（人面）这一岩画术语①。根据当地出土的新石器时期的人面陶塑，国际岩画委员会前主席阿纳蒂先生判断这里的人面岩画是与陶制品同时出现的②。

1917年，美国民族学家沃尔特·霍夫（Walter Hough）在其著作《人类学笔记》中记载了C. A. 哈尔沃森（C. A. Halvorsen）船长提供的一些照片，证实在美国阿拉斯加的科迪亚克岛（Kodiak Island）西南侧港湾处发现了一个人面岩画遗址（图三），据称有数百个图像，并记录了具体的经纬度坐标③。1947年，美国考古学家罗伯特·F.海泽（Robert

图三　美国阿拉斯加州科迪亚克岛岩画
（采自Heizer. Petroglyphs from Southwestern Kodiak Island, Alaska）

F. Heizer）在霍夫博士发现的基础上又对科迪亚克岛的两处岩画做了进一步的调查和详细的类型学排比，发表了论文《阿拉斯加科迪亚克岛西南部史前岩画》，其中将人面岩画分为有轮廓（faces with facial outline）和无轮廓（faces without outline, features only）两种，认为是阿拉斯加的原住民康尼亚戈人（Koniag）创作了这些作品④。随后的20世纪70～90年代，美、加学者在美洲西海岸发现了为数众多的人面岩画遗迹，这些人面岩画沿着阿拉斯加岛屿，顺着海岸线向南延展到北美中部。随着更多线索在美洲发现，一些学者注意到这些人面岩画之间的差异性，但均只从美洲大陆的原住民角度进行研究，并未能以全球视野深入探讨它们之间的共性因素。

加拿大印第安部落研究专家爱德华·米德（Edward Meade）于1971年出版的专著《西北太平洋地区印第安岩刻》首次收录了北美洲太平洋沿岸多达49个地点的岩画，其中不乏人面岩画（图四），爱德华称之为"mask face"（面具）⑤；加拿大温哥华图书

① Laufer B. Petroglyphs on the Amoor. *American Anthropologist*, New Series, 1899, 1(4):746-750.

② 〔意〕埃玛努埃尔·阿纳蒂著，刘建译：《艺术的起源》，中国人民大学出版社，2007年，第266页。

③ Association A P, Hough W. Anthropological Notes. *American Anthropologist*, 1917, 19(2):320-324.

④ Heizer R F. Petroglyphs from Southwestern Kodiak Island, Alaska. *Proceedings of the American Philosophical Society*, 1947, 91(3):284-293.

⑤ Meade E. *Indian Rock Carvings of the Pacific Northwest, Sidney, British Columbia*. Canada: Gray's Publishing Ltd., 1971:8.

馆的研究员贝斯·希尔（Beth Hill）在不列颠哥伦比亚省（British Columbia）调查了200余个岩画点，其中有70多个地点发现人面岩画（图五），并于1974年和1975年先后出版了专著《太平洋西北地区印第安史前岩画》《太平洋西北海岸的印第安岩刻指南》，详细描述了加拿大西北太平洋沿岸的史前岩画调查情况，书中将人面岩画统称为"face"（面孔）。虽然当时中国的人面岩画尚未被广泛发现，但希尔已经敏感地意识到，在美洲西北海岸所发现的岩画，"很有可能源于中国早期文明的艺术传统，并沿着太平洋沿岸扩散开来"[①]。

图四　北美洲太平洋西北海岸人面岩画
（采自Edward. Indian Rock Carvings of the
Pacific Northwest, 1971:56）

图五　北美洲太平洋西北海岸人面岩画
（采自Beth. Indian Petroglyphs of the Pacific
Northwest, 1974:87）

　　1981年，美国学者丹尼尔·里恩（Daniel Leen）在《西北人类学研究》杂志发表了一篇名为《华盛顿西海岸的岩画》的学术论文，文中列举了大量首次发现的美国西北海岸人面岩画的拓片和描图，并结合北美印第安土著艺术进行了民族学的比价研究，以图例标示了北美西北海岸地区人面岩画的分布规律[②]。美国学者凯泽（Keyser）于1992年在他的著作《哥伦比亚高原的印第安岩画》中认为："……面具或具有人面特征的形象具有夸张的牙齿、眉眼或其他面部特征，它们之中没有哪两个具有显著的相似性，这与其他艺术形式中总是重复相同的特征明显不同，表明每一个艺术家在描绘他的守护神时

---

① 　Hill B, Hill R. *Indian Petroglyphs of the Pacific Northwest*. B.C. Canada: Hancock House Publishers, 1974:19. In our petroglyph region there is some evidence supporting the possibility of an art tradition generated by the ancient civilizations in China, diffused around the Pacific Ocean.

② 　Leen D. The Rock Art of Northwest Washington. *Northwest Anthropological Research Notes*, 1981:1-56.

更多地具有其个人色彩。"①同年，美国学者亚历克斯·帕特森（Alex Patterson）在编制《美国西南部岩画符号的田野指南》时，将人面岩画纳入Humanlike（类人型）岩画类型之中，其中对各种人面岩画的具体称呼不下十几种②。直到近十几年来，在一些学术会议和著作中，人们才普遍将faces（面孔）和masks（面具）作为人面岩画类型的约定俗成的称呼③。

在为陈兆复教授的《中国岩画发现史》撰写的序言中，阿纳蒂认为，人面岩画是最古老的岩画之一，是人兽祖先的神灵和保护者，并首次提出人面岩画的"环太平洋"概念④。阿纳蒂指出，环太平洋区域内的人面岩画以及在其他媒介上的相似图像，可能源于亚洲。同时，阿纳蒂教授也表现出了谨慎的态度，指出亚洲、大洋洲和美洲之间巨大的距离是人面岩画深入研究的难点。还提出中国和俄罗斯远东地区人面岩画的年代应该是在距今七八千年的主张⑤。

2011年，澳大利亚学者本·沃森（Ben Watson）发表了《以眼为见：世界岩画中的人类感知及其拟人面孔》，通过观察澳大利亚所发现的以表现眼睛为主的人面岩画，把视线引向整个环太平洋区域，将环形双目作为基本要素提炼出来进行对比分析，得出的结论认为，这种对称的眼睛作为人用来感知世界的最强有力的神经系统构件，使得原始岩画艺术家很自然地选择其为传递信息的一种社会符号⑥。1961年，加拿大魁北克省北部发现了一个人面岩画遗址群，1992年澳大利亚的岩画学家保罗·塔森发表了一篇研究论文对其进行了初步介绍⑦。近几年来，魁北克大学的人类学家丹尼尔·阿瑟诺（Daniel Arsenault）教授在此基础上，通过更深入的实地考察，将研究重点放在了一个叫作夸加它里克的岩画点，结合整个北极地区（包括从挪威到格陵兰岛再到阿拉斯加、

① Keyser J D. *Indian Rock Art of the Columbia Plateau*. Seattle:University of Washington Press, 1992:52; "mask" or "face" figures have exaggerated teeth, eyebrows, or other facial features. No two of these spirit figures are markedly similar, in notable contrast to the repetitive sameness of many of the other forms characteristic of this art. This suggests to me that they represent each artist's highly individual perception of his guardian spirit.

② Patterson A. *A Field Guide to Rock Art Symbols of the Greater Southwest*. Colorado: Johnson Books, 1992:1-8.

③ Bahn P G. *Prehistoric Rock Art: Polemics and Progress*. Cambridge: Cambridge University Press, 2010:71.

④ 陈兆复：《中国岩画发现史》，上海人民出版社，2008年，第5页。

⑤ 陈兆复：《中国岩画发现史》，上海人民出版社，2008年，第6页。

⑥ Watson B. The eyes have it: human perception and anthropomorphic faces in world rock art. *Antiquity*, 2011, (85):87-98.

⑦ TAÇON, P S. Stylistic Relationship Between the Wakeham Bay Petroglyphs of the Canadian Arctic and Dorset Portable Art, In *Rock Art Studies: The Post-Stylistic Era or Where Do We Go From Here?*, M. Lorblanchet & P.C. Bahn, Ed, Oxford: Osbow Books, 1993:151-162.

西伯利亚）不同社群的岩画艺术在图案和主题上存在的相似性，并列举了大量的多赛特便携式艺术品，试图说明，从萨满教的服饰、用具、宗教仪式和表达方式等方面看，魁北克北部的这些人面岩画与萨满巫术的源头是一致的[①]。这是目前为止国外学者关于人面岩画研究的最新资料。

三、中国的发现与研究

1. 中国人面岩画的发现

中国关于人面岩画的文字记载最早见于《水经注》："渡流头滩十里，便得宜昌县。江水又东迳狼尾滩面历人滩。袁山松曰：二滩相去二里，人滩水至峻峭，南岸有青石，夏没冬出，其石嵚崟，数十步中悉作人面形，或大或小，其分明者，须发皆具，因名曰人滩也。"[②]这说明至少在距今1500余年之前的北魏时期，长江流域的湖北与四川一带还保有刻着人面岩画的岩石。

然而中国人面岩画的图像记录以及发现和研究却晚于美洲和东北亚等地区，肇始于1915年黄仲琴对福建华安仙字潭摩崖石刻的发现及其1935年发表的《汰溪古文》。他认为刻于崖壁上的图形符号是古代的文字；1957年福建省文物管理委员会调查了仙字潭石刻，将其中明显是人面的图像识别为人面形，但仍认为其他岩刻属于古文字[③]，后来才逐渐被学者们确认为是岩画；1928年瑞典考古学家贝格曼在内蒙古阴山西段的狼山南麓发现人面岩画；20世纪60年代末，李祥石发现贺兰山贺兰口的人面岩画[④]；1973年牧民发现桌子山岩画；1976年盖山林在阴山发现大量人面岩画。至1980年的5年间，盖山林从乌拉特中旗韩乌拉山的人面群像开始，对阴山西段的狼山地区岩画展开调查，记录了大量的人面岩画资料[⑤]。此后，1978年在台湾的万山，1979年在江苏连云港的将军崖，1981年在内蒙古的白岔河、桌子山，1982年在宁夏贺兰山，1992年在内蒙古阴河[⑥]等地逐渐发现更多的人面岩画。

直到21世纪初的几年间，人面岩画还在不断地被发现，特别是2000年前后西辽河

---

① 〔加〕丹尼尔·阿瑟诺著，朱利峰译：《极地岩画背后的萨满教》，《内蒙古大学艺术学院学报》2014年第1期（Circumpolar rock art: the hidden face of shamanism? A comparative study of human-like faces in Canadian, Alaskan and Siberian rock art, and their relationships with shamanistic paraphernalia, 2012.）。

② （北魏）郦道元：《水经注》卷三十四，时代文艺出版社，2001年，第258、259页。

③ 林钊：《华安汰内仙字潭摩崖的调查》，《文物参考资料》1958年第11期，第44~46页。

④ 李祥石：《发现岩画》，宁夏人民出版社，2006年，第6页。

⑤ 盖山林：《阴山岩画》，文物出版社，1986年，第1~3页。

⑥ 任爱君：《古代西辽河流域游牧文化起步的考古学探源——西辽河流域古代历史文化思考之三》，《赤峰学院学报（汉文哲学社会科学版）》2008年第3期。

流域翁牛特旗岩画的大规模发现、2005年将军崖第四组岩画的发现，以及2007～2008年阴山格尔敖包沟和莫勒赫图沟的新发现都是非常重要的成果。

2. 人面岩画的文化解释

中国学者在岩画研究过程中，普遍表现出对人面类型的关注。关于人面岩画的文化解释，许多人都有各自的观点，主要有"传播论"、"面具说"、"生殖崇拜论""萨满巫术论"和"二元论"。其中"传播论"和"面具说"占主导。

中国人面岩画的系统化专门研究，始于20世纪80年代。岩画学者李洪甫、宋耀良和李祥石持传播论观点。

宋耀良根据自己5年4万余千米田野调查和潜心研究的成果，于1992年推出专著《中国史前神格人面岩画》，选择"神格人面"这一岩画专题展开深入剖析。全书分为：分布范围与地理特征，图像特征与类型，制作技法与伴生符号，主要遗存址，制作年代与制作者族属，符式的起源、传播与演变，性质与功能，对中国文化的意义，流向何处等九章，指出中国人面岩画系一种同源文化所致，以北、东、中三条线状分布在华北和华东沿海区域[①]。在具体的研究和论证过程中，他借鉴了原始宗教学、考古学、神话学、古文字学以及符号学等相关学科的诸多材料与方法，试图将中国人面岩画这一独特的文化现象还原到中国史前文化的大背景之下，来解释其文化功能和内涵。他认为，人面岩画镌刻在固定的石头之上而不能随人迁徙，因此不是游牧民族所为，其作者应该是过着定居生活的民族；再从分布范围和制作规模之大的角度，认为不可能是一个弱小封闭的民族所为，而是由强大、统一，数千年保持着文化延续性的民族所创造，这个民族是"华夏族"或华夏族的祖先，也就是源于中原地区的主体民族[②]；他又从新石器时期人面形器物的出土地点与人面岩画分布地点的重叠情况，推断人面岩画是农业文化的产物[③]。

20世纪90年代，在北美洲经过数年的调查和研究之后，宋耀良于1998年又发表了题为《环北太平洋区域史前人面岩画研究》的论文，提出美洲、俄罗斯人面岩画与中国的人面岩画存在多种相似表现形式，这是一种同源文化跨洲传播的结果，起源于中国东部的大汶口文化区域。最晚在距今4000年前，拥有镌刻人面岩画宗教需要的亚洲史前居民经阿留申群岛将人面岩画传播到美洲大陆[④]。2010年，宋耀良在中央电视台《探索·发现》栏目中再次表述了这种传播观点，并在一篇新发表的论文中将起源点修正为

①　宋耀良：《中国史前神格人面岩画》，生活·读书·新知三联书店，1992年，第43页。

②　宋耀良：《中国史前神格人面岩画》，生活·读书·新知三联书店，1992年，第185页。

③　宋耀良：《中国史前神格人面岩画》，生活·读书·新知三联书店，1992年，第205页。

④　Song Y L. Prehistoric human-face petroglyphs of the North Pacific region. *Arctic Studies Center (Supplement)*, Washington, D.C.: National Museum of Natural History, Smithsonian Instiution, 1998, (1):1-4.

内蒙古赤峰地区^①。

1997年，李洪甫的著作《太平洋岩画：人类最古老的民俗文化遗迹》也以文化传播观点详细列举了环太平洋文化圈周边的岩画遗迹，其中涉及人面岩画。作者指出各国主要岩画点之间具有亲缘关系，并认为将军崖岩画的凿刻者是东夷首领少昊氏族的成员，东夷少昊文化是这个文化圈的中枢，以东夷文化为中心向南北方向的延伸和传布，导致了东方文化带的形成^②。

李祥石认为人面岩画的作者是有着多元信仰的中华民族即广义上的"华族"，人面岩画中各种各样的图腾崇拜正是这种多元文化的产物，环太平洋地区的人面像岩画"具有同族同源同文化属性的特征"^③。

1991年，李福顺教授在对贺兰山人面岩画进行考证后，提出"面具说"，认为其中一部分人面像是当时人们跳神时戴在头上的面具^④。盖山林先生早期认为："类人（兽）面纹样，乃是远古人类意识形态的综合体现，画家注入里面的思想涉及原始思维的许多领域，它绝不只限于某一种信仰，从它的意义来说，绝不是一种含义，其中至少有面具、天神、祖先神、头盖骨等多种文化含义。"^⑤陈兆复教授也认为，"绝大多数（人面岩画）并非描绘真实的人面，倒像是某种特定的面具"^⑥。他还指出："人面像岩画与祭祀有关，与宗教信仰有关，史前人类的宗教信仰，是由于人类对于生存的渴望，产生了对神的观念，……最初出现的是动物神，后来逐渐演化成各种不同的神灵。"^⑦

1995年，孙新周先生对白岔河人面岩画从原始艺术符号释读的角度进行破译，以嘎拉营子人面像似一个男根纹为切入点，从原始文化的背景入手加以分析，认为它是一种抽象了的男根纹样，属典型的原始生殖崇拜^⑧。他后来出版了专著《中国原始艺术符号的文化破译》，书中通过与在苏联叶尼塞河流域发现的岩画比对，认为"这种以眼睛象征睾丸，以鼻子代表阴茎的男根崇拜形式，是一种跨文化现象，在国外早已有之，在西方，这种表现方法也沿袭了很长时期"^⑨。

此外，有部分学者根据中国新石器至青铜时期其他艺术形式中的类似图形与人面

① 宋耀良：《人面岩画：4000年以前中国人到达北美洲》，《新华航空》2010年第6期。

② 李洪甫：《太平洋岩画：人类最古老的民俗文化遗迹》，上海文化出版社，1997年，第9页。

③ 李祥石：《人面像岩画探究》，《文化学刊》2011年第5期，第92～99页。

④ 李福顺：《贺兰山岩画中的面具神形象》，《化石》1991年第4期，第19～21页。

⑤ 盖山林：《阴山岩画》，内蒙古人民出版社，1985年，第129页。

⑥ 陈兆复：《中国的人面像岩画》，《寻根》1994年第2期，第25～27页。

⑦ 陈兆复：《中国岩画发现史》，上海人民出版社，2008年，第218页。

⑧ 孙新周：《探索内蒙古人面像岩画的奥秘》，《岩画1》，中央民族大学出版社，1995年，第33页。

⑨ 孙新周：《中国原始艺术符号的文化破译》，中央民族大学出版社，1998年，第60页。

岩画相比照，认为有些所谓的人面实际上应该是"鸟面"或"鸮面"①。李洪甫认为，亚洲、北美洲、大洋洲的许多岩画中，鸟是出现数量最多的动物题材，是源于最早开发原始农业定居先民的鸟崇拜，因为在为了生存的经济生活中，只有从事早期农业的先民最关心鸟，鸟的活动能预示季节的变换，对作物的播种和收获至关重要。这种推断是基于他的东夷文化传播带理论而提出的②。苏胜博士考证认为，赤峰的人面岩画是鸮形人面像，是先商图腾，与先商民族的迁徙有关③。

2001年汤惠生教授在他的著作《青海岩画——史前艺术中二元对立思维及其观念的研究》中，运用萨满教理论及跨文化阐释的方法，引用大量考古学材料，论证了中国人面岩画是二元对立思维及其观念的体现，是原始宗教文化中诸多"肯定因素"的象征物。他还指出，人的头部就意味着"天""上""高"等，与天帝（天神）的身份相匹配；人面像的头部呈圆形，是因为与太阳相似④。

龚田夫先生将人面岩画解释为："是指那些看起来类似人面或是可以联想到人面的岩画图形。"他支持人面岩画的"东夷起源说"，从文化类型角度将中国的人面岩画分为初期型、繁荣期型和衰落期型，并认为人面岩画主要表现为女性和男性的生殖崇拜，还有一些属泛神灵崇拜⑤。

各种文化解释，不论是传播论、面具说、生殖崇拜论还是二元论，大多学者都认为人面岩画的产生和发展与萨满教的传播有关。

不容否认，环太平洋区域的人面岩画确实或多或少地表现出超自然的属性和原始宗教意味。可以肯定的一点是，在原始社会的历史长河中，不论是在亚洲腹地的牧场，还是在北美洲的太平洋西北海岸，抑或是南太平洋的海岛之上，人面岩画类型被创造者赋予了特殊的意义和精神内涵。

近年来，国内的一些著作如《发现岩画》（李祥石，2004年）、《红山岩画》（吴甲才，2008年）、《丝绸之路岩画研究》（盖山林、盖志浩，2010年）、《文明的印痕——贺兰口岩画》（银川市贺兰山岩画管理处，2011年）、《贺兰山岩画研究》（贺吉德，2012年）、《阴山岩画研究》（王晓琨，2012年）、《克什克腾岩画》（韩立新，2013年）对人面岩画也有许多的资料补充和理论探讨。这些研究更多地表现出谨慎的态度，从跨学科角度提出了比较综合的观点，从不同的侧面反映了人面岩画的研究进展。李祥石认为人面岩画"深层的内涵意义与图腾崇拜、神话传说、原始宗教信仰

① 吴甲才：《红山岩画》，内蒙古文化出版社，2008年，第16页。
② 李洪甫：《太平洋岩画：人类最古老的民俗文化遗迹》，上海文化出版社，1997年，第142页。
③ 苏胜：《赤峰岩画初探》，《昭乌达蒙族师专学报》1998年第3期。
④ 汤惠生、张文华：《青海岩画——史前艺术中二元对立思维及其观念的研究》，科学出版社，2001年，第239页。
⑤ 龚田夫、张亚莎：《中国人面像岩画文化浅谈》，《中央民族大学学报》2006年第3期，第67页。

及民俗有着千丝万缕的联系"[1]；"人面像岩画是人类多元文化的产物，是万物有灵、神话传说、图腾崇拜、巫术崇拜、祖先崇拜、生殖崇拜、自我认识、自我教化、自我表达、自我觉悟的一种文化艺术形式"[2]。贺吉德认为，人面像岩画"是指原始人类对心目中的神灵鬼怪、图腾动物以及各种崇拜对象赋予人面形象而制作的岩画"。人面岩画的产生与交感巫术有关，是巫师为了完成"通天地、近鬼神"而进行的祭祀程序[3]。2010年出版的《丝绸之路岩画研究》一书中，盖山林运用传统考古学的比较研究法，将内蒙古多处人面岩画与其他考古材料中的人面形和太阳纹进行了对比研究，试图证明人面像并不是岩画中的孤立现象，与其他艺术载体存在着密切的关联，并以在不同载体上出现的相类似的图形作为岩画断代的主要依据[4]。另外，还有一些论文如《贺兰山人面像岩画的起源》（张建国，2010年）[5]、《北方面具岩画中原始宗教含义的体现》（张琰，2007年）[6]等从起源、宗教含义等角度展开探讨。特别是近年来，中国岩画研究中心的研究生立足于对赤峰地区岩画的田野调查，对人面岩画这一题材，以民族学、考古学、神话学、图像学等跨学科方法集中展开比较深入的研究，对一个局部范围的人面岩画研究掀起了一股小的热潮。

四、人面岩画的断代研究

断代是考古学研究的重要依据，然而对于史前文化遗存，特别是用凿刻技法制作在裸露岩面上的岩画（petroglyphs），因为缺少足够的文字记载，无法以编年史进行佐证；同时，从考古遗址出土的岩画可谓凤毛麟角，几乎找不到地层学的支持，因此，这些客观障碍使岩画学成为考古学家普遍不愿从事的被边缘化的尴尬学科[7]。目前国际上的一些考古学家和岩画专家虽然都在努力尝试，却尚未找到特别理想的断代手段，可以说，岩画的断代研究是一个世界性难题。近几十年来，中外学者以自然科学和考古学、民族学以及文化人类学等方法相结合的断代研究，特别是一些跨文化的国际合作，让我

---

[1]　李祥石：《发现岩画》，宁夏人民出版社，2006年，第2页。

[2]　李祥石：《人面像岩画探究》，《文化学刊》2011年第5期，第92～99页。

[3]　贺吉德：《人面像岩画探析》，《三峡论坛》2013年第3期，第77～84页。

[4]　盖山林、盖志浩：《丝绸之路岩画研究》，新疆人民出版社，2010年。

[5]　张建国：《贺兰山人面像岩画的起源》，《宁夏画报》2010年第5期。

[6]　张琰：《北方面具岩画中原始宗教含义的体现》，《内蒙古农业大学学报（社会科学版）》2007年第4期。

[7]　Whitley D S. In Suspect Terrain: Dating Rock Engravings. *A Companion to Rock Art*, CHAPTER 34. edited by Jo McDonald and Peter Veth, A John Wiley & Sons, Ltd. Publication, 2012:605-624. "the skeptic' s reaction for many decades was that rock art does not occur in stratigraphic contexts and therefore could not be dated, so it was not worth studying at all."

们开始看到了岩画断代研究取得突破性成果的曙光。

西方考古学界在史前考古中常用的自然科学测年方法，如微腐蚀断代法（Microerosion analysis）、冰川擦痕断代法（Glacial Striae）、加速器质谱分析法（AMS）、阳离子比率法（Cation Ratio）、红外光谱分析法（Infra-red Spectrometry）、X射线粒子分析法（Proton-induced X-ray emission）、放射性碳测年法（Radio-carbon dating）、电子显微扫描法（SEM）、透视散射测年法（X-ray Diffraction）等，有很多已经被学者借鉴来对岩画进行断代研究[①]。但是其中绝大多数方法都只对采用有机混合色浆绘制的彩绘岩画起作用，而对于在无机物构成的岩石上进行"减地法"凿刻的岩画，目前大多是对岩石表层的测年。学者们普遍认为，岩石在岁月流逝的自然过程中，会在表面形成数层源自风沙沉积的遮盖物，抑或是自然环境产生的化学变化对岩石本来的表面形成特定过程的侵蚀效果，每一个地区这种遮盖物或侵蚀结果的形成过程会随着地质构造、气候条件的区别而有所不同，对微观岩面沉积分层的科学测定能够一定程度上给岩画断代。一些学者自20世纪80年代开始使用阳离子比率法（CR）、加速器质谱分析法（AMS）等在世界各地进行尝试，获得过一些数据，也遭到过考古界的质疑。但是学者们也开始逐渐接受了这样一种观点，即从有缺陷的研究方法入手，总比不做任何努力要强[②]。目前中国的考古学家根据这一理论基础进行的研究中，有些学者已经取得了初步的成果，特别是汤惠生教授运用微腐蚀断代法取得了将军崖岩画的测年数据[③]。

除了自然科学的直接断代法，大多数人文学科的学者都倾向于使用间接的岩画断代方法。这些方法包括文献法、制作工艺测年法、艺术风格分析法、题材判断法（灭绝动物种属分析法）、叠压打破关系判断法、横向比较法等。特别是在中国的岩画学界，这种利用资料的间接断代法被认为行之有效，是目前岩画学者解决绝大部分岩画年代问题并颇有中国特色的岩画断代法[④]。通过间接方法获得相对年代的判断，盖山林和陈兆复两位先生的早期研究中均已广泛涉及。2010年王建平先生提出"光学色度对比法"，根据光学色度差异原理，通过数码影像技术与计算机色度分析软件相结合，按照岩石表

---

① Bahn P G. *The Cambridge Illustrated History of Prehistoric Art*. London: Cambridge University Press, 1998:157.

② Whitley D S. In Suspect Terrain: Dating Rock Engravings. *A Companion to Rock Art*, CHAPTER 34. edited by Jo McDonald and Peter Veth, A John Wiley & Sons, Ltd., Publication, 2012:605-624. "the skeptic's reaction for many decades was that rock art does not occur in stratigraphic contexts and therefore could not be dated, so it was not worth studying at all."

③ Tang H S. New Discovery of Rock Art and Megalithic Sites in the Central Plain of China. *Rock Art Research*, 2012, 29(2):157-170.

④ 张文华：《中国岩画研究理论和方法论刍议》，《美术》1993年第4期，第60、61页。

面色度变化规律，计算出刻画痕迹的不同年代，并申请了专利[①]；2012年，三峡大学岩画学者杨超以贺兰口人面像岩画为例提出"神话断代法"[②]，这些都是国内相对比较新颖的观点。宋耀良曾用排除法探索过中国境内最早的人面岩画起源地，首先他根据痕迹的直观感受选定了将军崖、阴山和桌子山三处地点，并为最早出现的人面岩画确立了几个必备的条件：第一，痕迹应该是古老的。第二，作画工具必须是石器。第三，人面性状必须呈世俗性。所谓世俗性，指人面岩画呈现出来的特征与人间的人相似，而不完全是天界威严的神。他认为人面岩画起于祭祀，最初是对氏族部落祖先或领袖的崇拜，因此在逻辑上认定人面岩画早期必定有一个相似于人的阶段，即由人格而后才演化成神格。第四，是太阳与人面必须分别以独立的方式出现，因此排除了阴山和桌子山两处，仅剩将军崖。第五，是符式特征必须前不见传承，而后有接继[③]。这几个条件对确定早期的人面岩画确是行之有效的准则，但是其中的第三个条件是非常主观的因素，不同学者可能会有完全不同的理解。在20世纪80年代，宋耀良不但亲眼看到这些岩画并能够得出这个结论，已经足以令人叹服了。

近年来，中国人民大学的魏坚教授提出在类型学的大框架下可以先做小区域的断代研究，并将阴山的狩猎动物岩画置于北方草原"鄂尔多斯式"青铜器以及出土动物骨骼等考古材料的文化背景之中，利用已有的考古学文化类型的研究成果及其年代学标尺，对北方猎牧民岩画的内容和形象进行类比分析，可以初步建立起青铜时代各岩画区域的相对年代学框架。再利用文献史学、民族学和美术史学的研究成果，充分借鉴其他学科的研究成果，再逐步建立起史前和青铜时代之后各阶段岩画的年代学框架[④]。这一研究方法对于考古遗存丰富的岩画地区具有很强的适用性，对人面岩画的小范围区域性研究也有指导意义。

当前学者的间接断代研究，多采取与岩画周边的其他考古文化现象进行综合比较的方法，得出岩画年代的大致判断。岩画专家盖山林先生和汤惠生教授就擅长使用此种方法对中国的岩画进行断代研究；而近年来以西北大学考古学家王建新教授为代表的墓葬-聚落-岩画"三位一体"的断代方法，也逐渐被学术界所认可。此外，打破关系是最直接的分期手段，利用那些具有叠压打破关系的岩画现象，即可明确推断出岩画制作的先后顺序，首先制作的岩画图形被后来制作的岩画图形所打破，也就很自然地出现了岩画的上、下层关系。这种方法得出的先、后顺序与考古地层学的"下层""上层"是一致的。在目前发现的人面岩画画面中，亚洲的西伯利亚、贺兰山、阴山、西辽河流

---

①　王建平、张春雨主编：《阴山岩画》第4卷，上海古籍出版社，2010年，第1~6页。

②　杨超：《岩画的神话断代法初探——以贺兰山人面像岩画为例》，《三峡论坛》2012年第2期，第86~96页。

③　宋耀良：《中国史前神格人面岩画》，生活·读书·新知三联书店，1992年，第213~217页。

④　魏坚：《青铜时代阴山岩画断代刍议》，《河套文化论文集》第4辑，内蒙古人民出版社，2009年。

域，北美洲的西南地区都能够找到很多具有打破关系的例证。但是因为大多数岩画通常只能清晰地分辨出两层的叠压关系，因此这种分期方法一般只能得出简单的早、晚两期。

如今，经过更多的岩画调查和新发现的披露，以及考古学材料的支持，对人面岩画的综合比较已经能够在更大的范围内展开。借鉴中国岩画学家以及考古学家的上述常规做法和构想，再结合图像类型的图式排比，可以首先对那些周边具有充足考古地层支持的人面岩画类型进行初步分期的尝试。这样的分期尚无法得出准确的年代结论，但至少能够划分出几个粗略的发展阶段。

五、人面岩画的保护研究

中国新发现的岩画线索越来越多，同时文物保护部门也注意到许多岩画点都面临着人为的或自然的破坏，人们普遍感到保护问题越来越紧迫。政府开始投入大量资金和技术支持进行岩画保护，近年来尤其强调保护、开发应用和教育普及并行的策略。

在人面岩画最为集中的江苏连云港，内蒙古西辽河、阴山、桌子山和宁夏贺兰山，从政府到民间都非常重视岩画遗产的保护。通常对岩画采取的保护措施有三种：一是调查记录，用文字描述和影像采集获取详细资料；二是原地保护，为避免生态环境变化、现代工程建设以及其他人为造成的损坏，采用加固、防护、警示、专人驻守、遥控监测等方式就地保护，有条件的岩画点建立现址博物馆；三是搬迁保护，如水库工程建设、路桥建设等城市化开发侵占了不少岩画点，不能采取原地保护的就实施搬迁保护。

江苏连云港将军崖岩画、宁夏贺兰山岩画、内蒙古阴山岩画的保护工作开展较早，投入较大，已经初见成效。20世纪末，江苏连云港尝试在将军崖岩画点采用"大预应力锚索"针对矿业开采和爆破产生的裂隙和变形进行加固保护。内蒙古巴彦淖尔地区采用太阳能遥控摄像装置对偏远地区的岩画点进行监控，对盗掘岩画的人产生了很好的震慑作用。2008年，宁夏"银川世界岩画馆"建成开馆，成为中国首个在遗址区修建的岩画专题博物馆，展区面积2000平方米，是目前世界上规模最大的岩画专题博物馆。2012年开始，乌海市启动桌子山岩画保护工程，在桌子山召烧沟岩画点建设博物馆对酸雨侵蚀严重的人面岩画实施就地保护。此外，内蒙古赤峰地区的阴河流域对库区的岩画采取了异地安置的搬迁保护。

对岩画资源的开发应用是保护工作的教育推广过程，以岩画为表象的中国各地的文化生态环境，是各民族在千百年的生产生活实践中经过不断的沉淀、积累起来的生活、风俗、观念、信仰、技艺、艺术等各方面的总和，是世代传承的生活文化样式的直接描绘。各族先民创造的这些独具特色的文化资源，具有丰富的多重特性，能够很好地迎合当代文化旅游产业发展的需要，并能够满足旅游者"求新、求异、求乐、求知"的心理需要。人面岩画文化旅游的开发研究，主要从保护原则、开发规划、岩画视觉符号的应用途径等角度，阐释当代中国岩画的文化旅游开发理念[1]；也有的注重岩画数据库的建设，提出岩画作为文化资源进行专业咨询、文化交流、教育普及和商业开发的网络时代新模式，主张建立网上虚拟博物馆，并提出一系列比较切实可行的解决方案[2]；还有的提出岩画资源的开发应建立"考古公园"的新模式。目前上述开发模式正在逐步实施，有望能带动中国岩画研究与保护的发展并产生良好的社会经济文化效应。例如，宁夏贺兰山岩画在自治区旅游局的倡导下尝试将岩画与旅游文化产业相结合，借2008年"银川世界岩画馆"开馆之机，同时开始每年举办贺兰山岩画艺术节，以岩画为媒介，构筑政府、媒体、公众深入了解岩画、交流文化的公共平台，尝试促进岩画遗产的研究、保护与开发。

六、结　语

人面岩画作为岩画系统中的独特类型，在国际上特别是中国的学术界逐渐成为一个重要的研究范畴，研究的机构、学者明显增加，研究的广度和深度也都有所提高。近几年来，中国岩画学界与俄罗斯、蒙古国、韩国、加拿大、美国、秘鲁、澳大利亚等环太平洋国家的交流与合作日益加强，跨学科、跨文化、跨洲的研究是目前总的发展趋势。中国岩画学会、中央民族大学中国岩画研究中心以及内蒙古师大北方岩画研究所等机构都准备成立专门的课题组，对人面岩画的断代、保护与开发进行更深层次的研究。众多学者的研究目光集中到人面岩画之上，使之愈加成为世界岩画价值体系中不可或缺的一环，相信在不久的将来会有更多的研究成果出现。

---

[1]　范琛：《作为区域文化资源的沧源岩画研究》，世界图书出版公司，2009年。

[2]　朱利峰：《网络时代的岩画新世纪——中国岩画资源数字化发展纲要》，《岩画学刊》，中央民族大学出版社，2014年。

北方系统岩画篇

甘肃岩画

岳邦湖

（甘肃省博物馆）

一

甘肃地区岩画主要分布在甘肃西部河西走廊的祁连山、马鬃山、黑山山脉，近年又在河西永昌县、兰州北部白银市刘川乡陈家沟发现少量岩画点。甘肃东部、南部广大农业区域至今尚未发现有关岩画的报道。

河西地区自古以来就是游牧民族聚居的地方，早在春秋战国时期河西为羌戎民族活动地，秦汉时期有月氏、乌孙、塞种、匈奴等民族。月氏曾一度统治河西，后被匈奴族所灭，一部分月氏族向西方迁徙。今日的河西走廊沿着祁连山北麓仍居住裕固族、蒙古族、藏族和哈萨克族，他们在1949年前仍过着"逐水草而居"的游牧生活。笔者在祁连山、马鬃山调查中所发现的岩画点多在牧民的生活区域内，说明岩画与游牧民族有十分密切的共存关系，他们是岩画创作先驱者。

甘肃岩画于20世纪70年代初首先在嘉峪关市西北黑山被发现，80年代又相继在祁连山大黑沟、灰湾子、七个驴、盐池湾、鱼儿红、月牙湖、马鬃山、下霍勒扎德盖、山德尔、和尚井、罗格呼图克等地被发现，尔后又在永昌县杨家大山、靖远县刘川乡陈家沟亦有少量岩画点被发现。甘肃岩画的大量发现，为中国岩画增添了新内容。

祁连山绵延于甘肃、青海两省之间，它与北部的龙首山、合黎山、马鬃山、黑山遥相对峙，中间形成一狭长地带，统称为河西走廊。祁连山海拔多在3500~5000米，终年积雪，山上融化的雪水哺育着河西地区的草原绿洲，改变了荒漠干旱面貌，使河西地区成为宜农宜牧的富饶之乡。

祁连山岩画多分布在距县城、交通线极远的山涧深谷，每到一处岩画点都须翻山越岭，步行数十里。经过两次考察共发现岩画点7处、300余幅画面，其中别盖乡大黑沟，石堡城乡灰湾子、七个驴，盐池湾乡阿尔尕力泰岩画最为集中。

别盖乡大黑沟位于肃北县东北50余千米、乡政府驻地东南15千米，这里海拔3000米，山势陡峭，地形险阻。大黑沟山为东西走向，进沟约一华里长谷地，共有岩画点34组、200余幅画面，谷底背风向阳。这里有潺潺小溪、丰美草场，自古以来就是一处放牧的极好场所。

大黑沟岩画题材多以狩猎场景为主，狩猎场面约占34组岩画的三分之一，狩猎工具以弓弩为主，也有用长矛者。猎犬、猎鹰为辅助工具。狩猎对象有野牛、梅花鹿、野山羊等大型动物，猎者多身着长袍、长靴，头戴大沿尖帽，说明居住在祁连山的山民们冬季行猎是在比较寒冷的气候下进行的。

大黑沟岩画中动物群落有家马、家牛、犬、骆驼、野牛、北山羊、绵羊、岩羊、梅花鹿、马鹿、大象、虎、雉。大象在北方诸省岩画中较为少见，见于报道者仅新疆阿尔泰山和青海巴哈毛力沟两例　。甘肃东部庆阳地区的马莲河畔，曾发现一具古剑齿象完整化石，专家鉴定大约是200万年前生存在陇东高原的剑齿象。祁连山岩画中的大象与现代亚洲象没有大的区别，它应属于更新世晚期生活在北方草原地区，后来由于气候逐渐变冷才向南迁移到云贵高原。另一种可能，大象岩画的产生并非直接来源于当时的现实生活，而是通过其他媒介传播而间接产生的图案。

大黑沟岩画题材除表现大量动物群体外，还有树木森林图案、降伏猛虎等图像，树木森林多以❦形式出现，并以梅花鹿、山羊觅食树上嫩叶为衬托。

大黑沟岩画题材除表现大量动物群体外，还有树木森林图案、降伏猛虎等图像，树木森林多以形式出现，并以梅花鹿、山羊觅食树上嫩叶为衬托。

值得一提的是，位于大黑沟西口干涸的河床岸边巨石上雕凿的一幅《伏虎图》尤为罕见，一只斑斓猛虎作漫步行走状，虎背上站立二人，双臂张开似在作杂技表演。古代先民们认为百兽之王的猛虎也是完全可以被人们征服的，这种造型古朴、细微的刻画、超人的构思，在岩画中均属罕见。

肃北县石堡城乡灰湾子、七个驴共发现岩画点3处、12组，100余个画面，这两个地区岩画风格与大黑沟岩画有较大的差异，比较粗犷豪放，动感很强，例如灰湾子岩画中的追捕北山羊群，九只北山羊向同一方向急驰，前方迎面站立一人高举双臂进行堵截。想象中后方一定有狩猎者在追捕。这幅岩画具有很高的艺术感染力。七个驴岩画中的《群犬追捕图》，虽然画面已漫浊模糊，但仍能看出群犬对猎物紧追不舍，提示了古代岩画创作者惊人的观察力和表现力。可见他们能捕捉到事物的瞬间变化，并将它们准确无误地描绘在悬崖绝壁上绝非一日之功。

七个驴岩画中狩猎场景已相对较少，相继出现放牧、驮运、家畜繁殖等场景，说明这个时期已进入以畜牧业为主的时代，牧民们已经有了可靠的生活来源。

马鬃山位于安西，玉门市北端，仍属于肃北县管辖，北与蒙古国接壤，西连新疆，东临内蒙古额济纳旗，这里地域辽阔，地形复杂，东、南部多高山，西、北部为丘陵、戈壁。常年干旱少雨，土地贫瘠，没有农业，仅有少量的畜牧业。马鬃山共发现岩画点7处，以公婆泉区政府西北80千米的山德尔较为集中，分5组，有100余个画面，岩画多雕凿在丘陵地带裸露地表的花岗岩石上。石质呈沙漠岩漆色，岩画之表面则为浅黄和深褐色，题材多为个体野生动物，狩猎场景仅有2例，狩猎工具以弓弩为主，人物形象刻画粗犷简练，动物有家马、梅花鹿、驯鹿、北山羊、山羊、黄羊、骆驼、狼、犬。狩猎者为单人活动。

霍勒扎德盖，蒙古语意思是黑色宽阔谷地。岩画分上下两个地点，位于马鬃山明水乡北端60余千米中蒙边境线上，是马鬃山北麓通向新疆、内蒙古的交通要道。

下霍勒扎德盖仅有一处岩画点，位于下霍勒扎德盖山谷干涸河床中部巨石上，石高6米，画面为一组奔腾跳跃的北山羊，有些图像已漫蚀不清，但仍可观察到它的个体形态，凿刻线条准确、流畅、生动。1990年9月笔者再次调查时，曾在距离岩画点东南100米地方河床断崖地表以下一米黄色细沙层中发现打制石器3件，经鉴定属于更新世旧石器时代晚期遗物，这一旧石器时代遗址能否与岩画点联系，还需要考察和试掘，但是有一点可以肯定，约在一万年前这里已有人类活动的踪迹。下霍勒扎德盖又是野生动物聚居地，这里常有野骆驼群、野驴、大角羊群出没，笔者在调查中见到一只野骆驼混入家骆驼群已两个多月了。

上霍勒扎德盖，位于下霍勒扎德盖南约5千米，同属一个干涸河床，岩画凿刻在河床岸边裸露地表的巨石上，共发现画面10余幅，动物有马、牛、羊，均为家庭豢养，牧童驱赶着畜群悠闲自在地在旷野放牧，一对成年男女在放牧中手挽手翩翩起舞，狩猎活动已不是生活中第一需要，而畜牧业经济已占据主导地位。

和尚井（格干乌苏）位于公婆泉区政府东南70余千米，岩画分布于高60米的山崖断面上，由山脚下向高处发展，共有画面70幅，画面采用平磨法，看不到凿痕，动物形象勾勒准确而生动，动物种类有北山羊、黄羊、野牛、野驴、家骆驼等。

大马鬃山又名黑马鬃山，位于公婆泉区政府南40千米，这个地区共发现岩画点2处，以洛多呼图克最为集中，这里有一户牧民的常年放牧点，岩画雕凿在横断山坡巨石上，巨石长1米，宽1.2米，有不同种类动物个体17只，其中6只野驴排成双行向同一方向前进，两只食肉动物向野驴发起攻击，北山羊群在旁观望。右上角一猎者挽弓射向一只黄羊，整个画面构思巧妙，雕凿技法细腻，可谓马鬃山岩画中的精品。

黑山位于嘉峪关市西北15千米，沿着崎岖山路，翻越三道叠崖到达四道鼓心沟，岩画多分布在谷地两侧石质坚硬的崖面上，绵延度约1千米，岩画距地表一般为1~2米，也有的雕刻在较高山坡上。属于黑山范围的红柳沟、石关峡、磨子沟岩画点数量不多，其时代均晚于四道鼓心沟。

黑山岩画内容丰富，题材繁多，可谓河西地区岩画之首，表现动物群体、放牧、围猎、引斗野牛、舞蹈等精彩场景，体现了创作黑山岩画先民们高超的艺术水平。黑山岩画不是描绘虚无缥缈的远古神话故事，而是反映居住在黑山地区先民们现实生活，所以也有很高的史料价值。黑山岩画中较多舞蹈场面反映了黑山游牧民族富裕安定的生活，编号7—8舞蹈图，画面120厘米乘以90厘米，舞蹈者30人分为3组，男女共舞。舞者身着袍服，脚穿长靴，头饰雉翎，双手叉腰或右臂扬举，也有挽手同舞，整个画面错落有致，人物形象勾勒准确，线条流畅生动，栩栩如生。黑山岩画中狩猎场景刻画的动物形象十分注意形态特征，编号64、73中的野牛都是体态肥硕力大无穷，尾巴竖立，双角高扬，严阵以待。

黑山北部的石关峡、磨子沟岩画多为单体动物，狩猎者仅有一例。动物有北山羊、野牛、骆驼、大角鹿、狗、树木、舞蹈等。

永昌县杨家大山，位于永昌县西10千米，兰新公路右侧1千米，这里画面不多，共有10幅，画面中早晚叠压关系比较明显，动物有马、黄牛、犬、北山羊、双峰驼、狼等。

白银市刘川乡陈家沟属于甘肃中部地区一岩画点，位于小山半腰红砂岩石上，共分2组，20多个图像，第一组为动物群体，有北山羊、山羊、黄羊、梅花鹿、虎、大角马鹿，放牧者手握木棒站在羊群中。大角马鹿旁停放一辆单辕车，两轮一轴一辕，无车舆，车的出现说明了中部牧业区由驮运已发展为车载运输。第二组，骑马围猎，八人骑马追猎一群山羊。右面图像时代出现早晚叠压关系。还有近代刻画的文字，对岩画是一个很大破坏。早期岩画仍显示它的粗犷古朴的风格。

<h1 style="text-align:center">二</h1>

甘肃地处黄河上游，是中华民族文化发祥地之一，早在旧石器时代就有人类活动的踪迹。1920年，法国古生物学家桑志华就曾在甘肃东部庆阳县首次发现旧石器，其后中国古生物学家杨钟健又在甘肃酒泉北大河、马鬃山明水之间发现过旧石器。1990年9月，岩画调查组在马鬃山下霍勒扎德盖岩画点东南100米处，由古生物学家谢骏义发现打制石器3件，鉴定为旧石器时代晚期遗物。

到了新石器时代，甘肃的各种文化类型更是种类繁多，仅河西地区就有马家窑、马厂、齐家、四坝、沙井、火烧沟、骟马城等，这些丰富多彩的文化类型，反映了甘肃河西走廊地区自古以来就是多民族聚居的地方。战国以后有羌、塞种、月氏、乌孙等民族在河西过着游牧生活。后来匈奴占据河西，东灭东胡，西灭月氏，"控弦之士三十万众"。匈奴族虽然很强大，但仍过着"逐水草而居"的生活。西汉时期，汉武帝与匈奴的战争取得了决定性的胜利。在河西建立四郡：武威、酒泉、张掖、敦煌，筑长城"据两关"：阳关、玉门关，开通河西与西域交通路线。但河西的民族成分并没有很大改变。《汉书·张骞李广利传》："臣居匈奴中，闻乌孙王号昆莫，昆莫父难兜靡本与大月氏俱在祁连、敦煌间，小国也。"

魏晋时期，河西地区的经济得到很大发展，酒泉、敦煌、嘉峪关发现的这一时期的壁画墓，反映了当时农业、畜牧业的繁荣和墓主人的生活景象，但是畜牧业和狩猎仍是当时生活中不可缺少的，所有壁画墓中都有放牧和狩猎场景，画面中的人物多属少数民族形象。

河西岩画族属关系，应归属哪个民族的文化，是一个十分复杂的问题，但有一点可以肯定，它与上述各个民族有着千丝万缕的联系，通过大量的考古发掘资料可以看出它们之间的联系。例如1987年玉门清泉乡、火烧沟墓葬出土一件彩绘陶俑人，身高21.5厘米，体空、头顶部平切成杯口状，面部极富表现力，眉脊凸起，鼻梁高直，吻部前伸，宽肩细腰，乳部微凸，具有男性体态特征，两手叉腰，着紧身服，足穿长靴，这一陶俑形象在祁连山岩画中屡见不鲜。

祁连山、马鬃山岩画很多动物形象酷似鄂尔多斯青铜文化中的动物。鄂尔多斯早期属"狄人"文化，其晚期阶段当归属匈奴族文化，祁连山大黑沟岩画中人物服饰、长袍、长靴、大沿尖帽与今日居住在祁连山境内的裕固族服饰极为一致，亦有人认为裕固族就是小月氏族后裔。关于河西岩画的族属问题，国内发表较多资料表明，祁连山、黑山岩画的创作者可能是羌、大月氏，或早期的匈奴人的论断，较符合历史实际。

河西岩画创作时代，笔者认为其上限应在原始社会晚期至商周，如上下霍勒扎德盖羊群和放牧者。二期、青铜时期、战国至秦，汉以后，如马鬃山的山德尔、洛多呼图克、格干乌苏、大黑沟、黑山，都应归属这一时期。魏晋以后的岩画多分布在交通便利、人烟稠密的居住区，如黑山石关峡、磨子沟、红柳沟，永昌杨家大山，靖远陈家沟等。这些地区岩画不论从雕凿技法，还是艺术风格看都应晚于马鬃山、祁连山、黑山地区，到了明清时期也还有人在岩壁上仿效古人凿刻岩画，已不属古代岩画范畴了。

三

河西岩画制作方法，最常见的为敲凿法，使用金属或石器敲凿岩面，无数麻点连接成一幅图像，肃北大黑沟、马鬃山山德尔、黑山岩画多采用敲凿法。

凿刻法，用金属工具凿刻岩面，以较粗犷线条勾勒出动物形体，再加修饰，凿刻出的动物形象刚劲有力，如黑山编号80的《野牛图》。

平磨法，用坚硬石器在岩壁上平磨出图像，用这种方法制作的画面表面光滑，没有麻点，如下霍勒扎德盖的羊群、和尚井（格干乌苏）的黄牛群，以及灰湾子的山羊群都是采用平磨法。更值得注意的是，有些平磨岩画经过几千年崖面风化，平磨出的画面凹陷变得有凸起的感觉，效果近似浅浮雕，画面更显得生动有力，如灰湾子岩画中奔驰的山羊群，单线条勾勒，利用坚硬锋利的石器或金属工具压在岩面上勾勒出轮廓线，不加任何修饰，一气呵成。单线条勾勒只在大黑沟东段见到一例即编号14《围猎图》。

（参加调查人员：董玉祥、张朋川、谢骏义、赵之祥、庞述森、庞述谦、马更生、魏文斌、赵吾成、岳邦湖）

（原载于《中国岩画全集》，辽宁美术出版社、人民美术出版社，2007年）

最早的羌人形象图

——景泰县红水乡姜窝子沟岩画双人舞蹈图像初探

高启安[1]　沈渭显[2]　庞　颖[1]

（1. 兰州商学院；2. 景泰县文化馆）

迄今，在地处黄土高原与腾格里沙漠过渡地带所在地景泰一带的祁连山脉，已经发现岩画6处。岩画分布在从中泉板荨沟向西，经正路乡拉牌村北上，穿过寺滩至红水的松林西岔湾，到北临腾格里沙漠的红水镇大沟口附近之姜窝子沟山上，南北80、东西长30千米，在祁连山东端余脉山巅和沟畔地带的紫红色或青黑色岩石上，发现岩画总面积100多平方米，可识别的图案100多幅。其中姜窝子沟岩画尤耐人寻味。该图像为两人，一人披发饰尾，手掌伸展；一人手持器物。这是较为完整并刻画细致的人物图像。之所以珍贵，在于其中右边人物图像的发辫。这应该是刻画最详细的人物发式。对于研究该地远古时期生活的先民族属，有很重要的参考作用。

一、岩画所在位置

该画位于今红水镇红岘村南山，地名"姜窝子沟"，该沟有一自然形成、形似臼杵的石构造（当地人称石臼为"姜窝子"，"姜"，或为"臼"）。其山脉属于祁连山余脉，与祁连山主脉平行，东西走向，北临腾格里沙漠，是农耕与游牧的重要交接点，

图一　姜窝子沟双人舞蹈岩画
（沈渭显摄）

附近即是丝绸之路北线。沟口附近的红岘村，人类居住的历史不会很长，过去主要经营畜牧业，耕地属于旱田，靠天吃饭。该画位于北纬37°30′58.7″，东经103°47′07.5″。岩画以硬器点琢方式敲击而成，画面高0.9、宽0.8米。岩画没有更多内容，只有一男一女（图一）。

其中，右边人物图像双腿叉立，双脚外撇，双手下垂，创作者注重细部的刻画，隐约可见其分开的手指。其形象

最突出处有两点：一是双腿间下垂的刻画；一是其发式。前者可以有两种解释：男性生殖器或饰尾；后者似乎是从鬓角伸出的两根发辫，但细审，左侧还伸出一根细小的发辫。人物左边发垂至肩；右边发长过腕。

左边人物腰身稍粗，最主要的特征是其双腿粗壮，稍作马步形。头顶部左手持一似弓箭样器物（图二）。

图二　姜窝子沟双人舞蹈岩画线插图
（庞颖绘）

二、图 像 内 容

该图像之所以重要，在于其提供了该地区早期生活的人物装束形象资料。在没有文献资料的情况下，其发式、服装可能成为我们判定其民族属性的唯一资料。

1. 画面中两人之性别

右边人物裆部刻画应为尾饰而非男性生殖器；左边人物双腿粗壮，手持器物。两人或为一男一女。

裆部有突出物的人物形象刻画，在岩画中比比皆是，研究者以为是尾饰而非男性生殖器。古人饰尾源自对动物的模仿。根据距姜窝子沟不远的宁夏中卫地区的岩画资料，许多裆部突出下垂的部分，应为早期人类模仿动物的尾饰，而男性生殖器的表达方式往往是勃起，与身体成垂直形[1]。

如著名的新疆呼图壁县康家石门子岩画、新疆裕民县巴尔达库尔岩画、新疆米泉区柏杨河乡独山子村岩画[2]中画有许多男性人物图像，其生殖器无一例外均为勃起状，有明显的夸张。表达了古人祈求生育繁衍、渴望强大性能力的愿望，而其他类似的裆部刻画，学者均识别为尾饰。

如是，则左边人物为男性，右边人物为女性的可能性较大。

类似的人物图像还出现在附近的岩画中（图三）。

其中人物和鹿应为早期创作。其人物饰尾，戴头冠，与上揭图像差可相似。

---

① 周兴华：《中卫岩画》，宁夏人民出版社，1991年，第187页"射猎者"。
② 苏北海：《新疆岩画》第十六章"呼图壁县康家石门子岩画中反映的生殖崇拜即裸体艺术"，新疆美术摄影出版社，1994年，第305～307页插图。

2. 岩画内容的判断

图三　红石崖沟岩画人物
（沈渭显摄）①

　　巫觋在原始社会部落当中，是神和人之间沟通的桥梁，有着崇高的地位，起着非常重要的作用。有些巫觋甚至就是部落的首领。因此，岩画常常出现巫觋舞蹈的场面。与姜窝子岩画所在地很接近的内蒙古巴丹吉林沙漠岩画中，就出现了不止一个画面的巫觋舞蹈图，有些手持某种东西，研究者认为这种持法器（或武器）而手之舞之、足之蹈之者，就是部落的巫师②。如图四～图九所示。

图四　阴山岩画之巫师③

图五　内蒙古乌兰察布岩画④

图六　宁夏贺兰山口岩画巫师⑤

图七　巴丹吉林巫师岩画⑥

图八　巴丹吉林沙漠岩画⑦

图九　巴丹吉林沙漠岩画⑧

---

　　①　甘肃省文物局：《甘肃省第三次全国文物普查重要新发现》，三秦出版社，2011年，第147页景泰红石崖沟岩画人物及鹿图像。

　　②　"巫师：有的头戴神帽、面具，有的身穿兽形服，有的身着奇装异服，或跳跃，或跪拜，或双腿曲蹲，或双手高举，或盘腿打坐，或手舞足蹈。他们身旁一般都描绘有畜兽。"（《中卫岩画》，第8页）；盖山林：《巴丹吉林沙漠岩画》一书谓："比如图222、533、714、737、756、883等都有巫师出现。"（按：737、756号图并无巫师图像），北京图书馆出版社，1997年，第114页。

　　③　盖山林：《巴丹吉林沙漠岩画》，北京图书馆出版社，1997年，第117页。

　　④　盖山林：《巴丹吉林沙漠岩画》，北京图书馆出版社，1997年，第117页。

　　⑤　盖山林：《巴丹吉林沙漠岩画》，北京图书馆出版社，1997年，第116页。

　　⑥　盖山林：《巴丹吉林沙漠岩画》，北京图书馆出版社，1997年，第116页。

　　⑦　盖山林：《巴丹吉林沙漠岩画》，北京图书馆出版社，1997年，第27号图。

　　⑧　盖山林：《巴丹吉林沙漠岩画》，北京图书馆出版社，1997年，第705号图。

其中一些手持法器（或兵器），腰缠尾饰，有一些头上、腰部有特殊的装束，显示了巫觋与一般人的不同之处。而姜窝子沟的这幅岩画，左边之人手持法器（或兵器弓箭），右边人物腰缠尾饰，双手下垂，双手叉开，发辫垂肩，两人做舞蹈状，与巴丹吉林岩画十分相像。应为男女巫觋。

其中一幅阴山岩画，与姜窝子沟右边人物相似，应该也是手持法器的巫觋或首领。所不同者是，该人头部有头冠装饰（图一〇），其手持器物与姜窝子岩画十分相似。应该是巫师或酋长身份者。

图一〇　阴山岩画[1]

3. 右边女性发式辩

细审其发式，左边表现为两条刻线，而右边则长过手指，则其刻画表现应为"披发"而非辫发。

河西魏晋十六国时期墓葬中的人物发式，是迄今发现最早、最清晰的人物发式描绘。许多不类中原人衣饰的特殊发式者男女，被学界判断为"少数民族"。除早期岩画和汉代墓葬画像石人物发式图像外，这些图像无疑是最早的人物形象资料，比之于前者，这些彩绘人物描绘得更清晰，更具体。可作为姜窝子岩画人物发式判断的重要参考。

三、姜窝子岩画人物发式研究

发式是判断古人族属的重要形象资料。在文字资料缺载或语焉不详的情况下，图像就是最直接的资料。而可资参考的，就是汉代石刻资料和魏晋十六国时期的墓葬砖画资料。其中河西魏晋十六国时期砖墓人物图像发式，对判断姜窝子沟岩画人物发式有极大的参考价值。

河西魏晋墓几种少数民族发式，是研究河西魏晋墓葬必须面对的问题，因此许多学者都做过探讨。除考古报告外，园田俊介[2]、郭永利[3]、孙彦[4]、李怀顺[5]、贾小

[1]　盖山林：《阴山岩画》，文物出版社，1986年，第80页。

[2]　园田俊介：《酒泉丁家闸5号墓壁画所见十六国时期的河西社会——以胡人图像为中心》，《西北出土文献研究》（第三号），汲古书社，2006年。

[3]　郭永利：《魏晋十六国时期河西墓葬画像砖上的披发民族》，《丝绸之路民族古文字与文化学术讨论会文集》，三秦出版社，2007年，第602～618页。

[4]　孙彦：《河西魏晋十六国壁画墓研究》，文物出版社，2011年。第233页引用了张朋川《河西出土的汉晋绘画简述》（《文物》1978年第6期）一文，将武威磨嘴子汉墓木版画少数民族人物形象称为"最早的羌人形象"图九，第56～71页。但仔细审视图像，该人高鼻卷发，穿着特别，应该是西来之胡人。

[5]　李怀顺：《河西魏晋墓壁画少数民族形象初探》，《华夏考古》2010年第4期，第122～125页；又载高台县委等编：《高台魏晋墓与河西历史文化研究》，甘肃教育出版社，2012年。

军①、郑怡楠②等，都曾论及，难以一一复述。本文只对其中与本主题相关的"披发"还是"辫发"问题做一回顾，以期判断这些墓葬中的那些留有"辫发"或"披发"的男女究竟在当时是属于哪个民族。此问题解决了，则姜窝子沟岩画人物的古民族属性庶几也就有了着落。

其一，许多史料中的"披发"，究竟是头发散乱、没有约束自然生长的"披头散发"呢，还是有一定的约束？如在发梢加以绳线约束？我们在阿尔泰语系北方民族的发式中可以看到，其发式并非"披头散发"，而是有一定的约束。而不加约束的发式不仅影响视觉，也不符合人类追求美的天性。

其二，辫发。民族学田野调查资料显示，辫发不总是只有两根发辫，而更多的则是多根发辫。但在图像描述中，往往出现两根，如维吾尔族、藏族等民族的发式中，有时是两根，有时是多根，有些是多根小辫再编成三根或两根。

有关羌人发式记录的几条材料，学者均有引用，但对羌人"披发"或"被发"的具体样式，学界解释各异。

早期图像历来是学者研判人物民族属性的重要参考资料。但由于汉文史料中对此的描述过于简略，后人难以得其要领。这种状况给学者的判断带来了难处。因此，同一个资料的描述，不同的学者往往有不同的理解和解释。

图一一　嘉峪关新城5号墓采桑图（M5：013）

李怀顺认为：嘉峪关新城5号墓采桑图（M5：013）（图一一）③，为二人在桑树下采摘桑叶。其中一人一手持笼钩、一手提笼，二人皆编发作辫。辫发，即将头发编成若干条辫子，垂于项背。辫发者为氐人。

新城6号墓（M6：029）（图一二）④，以及13号墓牧马人（M13：03）（图一三）⑤从发型上看，属于氐人。

①　贾小军：《魏晋十六国河西社会生活史》，甘肃人民出版社，2011年。

②　郑怡楠：《河西高台县墓葬壁画娱乐图研究——河西高台县地埂坡M4墓葬壁画研究之二》，《敦煌学辑刊》2010年第2期，第117～134页。作者认为："粟特地区丈夫剪发或辫发，其发式特征与高台地埂坡M4墓葬壁画娱乐图的发式近似"；"对照高台地埂坡M4墓葬壁画，可以确定是粟特人的'剪发或辫发'的发式无疑。""我们认为高台新发掘的地埂坡M4墓葬壁画娱乐图中人物身份应当是粟特人。"又见氏著：《河西高台墓葬中粟特人图像与酒泉胡人聚落——河西高台地埂坡M4墓葬壁画为中心》，马德、罗华庆：《高台魏晋墓与河西历史文化研究》，甘肃教育出版社，2012年。其他涉及河西魏晋墓人物族属即发式的研究尚多，难以一一论列。

③　胡之：《甘肃嘉峪关魏晋五号墓彩绘砖》，重庆出版社，2002年，第18页。

④　张宝玺：《嘉峪关酒泉魏晋十六国墓壁画》，甘肃人民美术出版社，2001年，第176页。

⑤　胡之：《甘肃嘉峪关魏晋十二、十三号墓彩绘砖》，重庆出版社，2000年，第11页。

图一二　新城6号墓（M6：029）

图一三　13号墓牧马人（M13：03）

李怀顺认为"披发是指留全发在头，垂于项背，不结髻编辫"[①]。除新城6号墓葬第39图耙地人（M6：039）人物属于羌族外，酒泉果园乡魏晋墓被称为"羌女送行图"的女子，也属于羌族。如图一四[②]、图一五[③]所示。

图一四　新城6号墓葬第39图
[耙地人（M6：039）]

图一五　酒泉果园乡魏晋墓
（羌女送行图）

李氏将嘉峪关新城6号墓的第39图和第29图分成了两个民族，即氐人和羌人。其实，两者应为同一民族。发辫的长短，乃是绘画工匠即兴创作时率意而为，没有多少差别。

郭永利罗列了M1、M3、M6、M13以及丁家闸5号，酒泉西沟M5、M7，高台M1等墓葬中数十幅男女披发人物图像后，梳理了各家关于这些披发者族属的判断，认为："画像砖墓中所见的披发者均为羌人。"[④]

贾小军针对学界对河西魏晋十六国时期墓葬砖画人物图像发式的这些说法，认为："对少数民族发式的判断并没有严格的标准，尤其是对编发、披发和髡发区别并不严谨。"并依据史料，将羌胡、河西鲜卑、匈奴、突厥等民族划入"披发"民族；将乌

①　李怀顺：《河西魏晋墓壁画少数民族形象初探》，《华夏考古》2010年第4期，第122页。

②　胡之：《甘肃嘉峪关魏晋六号墓彩绘砖》，重庆出版社，2000年，第24页。

③　杨永生：《酒泉宝鉴》，甘肃文化出版社，2012年，第175页。

④　郭永利：《魏晋十六国时期河西墓葬画像砖上的披发民族》，《丝绸之路民族古文字与文化学术讨论会文集》，三秦出版社，2007年，第602～618页、614页。

丸、鲜卑划入"髡发"之列；将氐人划归"辫发"之列；将西域诸民族（龟兹、焉耆、高昌土人）纳入"剪发"类民族[①]。

有关羌人发式，顾颉刚先生曾做判断："奚的辫发上翘而羌的辫发下垂。"[②]

邢义田先生2000年发表长文《古代中国及欧亚文献、图像与考古资料中的"胡人"外貌》[③]，依据文献、考古资料和图像、服饰、面貌和发式等方面，对早期胡人图像进行了梳理。

邢义田认为古代文献中的"被发""是指头发披散而下"。针对越人的"被发"或为"剪发"之意，邢先生认为古代北方民族的"被发""应指长发披散而下，而非剪发"[④]。

郭永利对上述图中发式非"辫发"而是"披发"的判断，很有见地。联系到姜窝子沟这幅岩画，应该也是"披发"而非辫发。披发者为羌人。

四、该岩画的时代判断

岩画凿刻的时代是一个难以判断的问题。岩画作为一种大地的艺术，有些并非一蹴而就，其创作者、修改者可能历代均有。世人只能从其内容和表现方法上窥其大概。好在近一二十年中，景泰县周边发现了许多岩画，其中一些内容与景泰岩画相似或相近，为我们判断此岩画提供了参考。

景泰地处河西走廊东端，祁连山末尾。其境内以及周边分布有吴家川岩画（靖远县）、平川岩画、永昌岩画，乃至宁夏的贺兰山岩画、内蒙古的巴丹吉林沙漠岩画等，景泰一带早先应为西戎或羌人游牧之地。其岩画产生的时代、民族属性应与周边岩画大致相同。

图一六至图一八三个人物造型，是宁夏回族自治区中卫市沙坡头区岩画。后两者有繁杂的身饰和头饰，其身份应该也是巫觋（萨满）。中卫市沙坡头区与景泰县紧邻，也属于从河套到祁连山沿河西走廊一线岩画，其表现形式和岩画内容多有相似者。而且其中一些岩画跟景泰岩画内容相似，刻法相同。因此，时代也应相同。这可以作为判断该岩画的参考。

中卫岩画中，还有一幅画，与景泰岩画中极为相似，如图一九、图二〇所示。

---

① 贾小军：《魏晋十六国河西社会生活史》，甘肃人民出版社，2011年，第293、298~299页。

② 顾颉刚：《从古籍中探索我国的西部民族——羌族》，《社会科学战线》1980年第1期。

③ 邢义田：《古代中国及欧亚文献、图像与考古资料中的"胡人"外貌》，原载《台湾大学美术史研究集刊》9，台湾大学艺术史研究所，2000年，第35页；又载氏著：《画为心声——画像石、画像砖与壁画》，中华书局，2011年，第197~314页。

④ 邢义田：《古代中国及欧亚文献、图像与考古资料中的"胡人"外貌》，《画为心声——画像石、画像砖与壁画》，中华书局，2011年，第203页注⑰。

图一六　宁夏中卫市沙坡头区
人物岩画①

图一七　宁夏中卫市沙坡头区
人物岩画②

图一八　宁夏中卫市沙坡头区
人物岩画③

图一九　宁夏中卫市沙坡头区岩画④

图二○　甘肃景泰县岩画⑤
（庞颖绘图）

　　虽然究竟反映了古人怎样的信仰和表达，尚有不同看法，但图像的相似，则可作为二者创作时代相同或相近的参考。

　　有关中卫岩画，学者们的观点是"中卫岩画的制作年代少量的远自公元前2万年左右的旧石器时代，大部分在公元前1万年左右的中石器、新石器时代，少数延续到公元前1000年左右的青铜时代、铁器时代，还有若干作品，出自秦汉以后，近至宋代和西夏。" 虽然中卫岩画的这个断代很宽泛，难得其要领，但姜窝子沟的这幅岩画应该反映了羌人生活的那个时代，即从青铜时代到东汉时期。

　　而此时期，西羌系民族正生活在这一带。有关上古至先秦时期，西羌系民族生活和游牧的地域，学界共同的看法是，大致在今新疆东部，青海、河西走廊、陇东高原、陇南，东到陇山以东陕西、山西部分地区，都有西羌系人的足迹。

　　马长寿先生认为"古代羌人的分布在河西走廊之南，洮、岷二州之西……河曲及其西岸和北岸都是西羌分布的中心"。到了汉代，"西羌诸种分布在河曲附近以西以北诸地"。"先秦时羌族的分布在河西走廊之南，洮、岷二州之西；他们分布的中心在青海东部古之所谓'河曲'（黄河九曲）及其以西以北各地。"⑥

①　周兴华：《中卫岩画》，宁夏人民出版社，1991年，第202页，A345图。
②　周兴华：《中卫岩画》，宁夏人民出版社，1991年，第309页，C4图。
③　周兴华：《中卫岩画》，宁夏人民出版社，1991年，第183页，A207图。
④　周兴华：《中卫岩画》，宁夏人民出版社，1991年，图003，第174页，A133图。
⑤　周兴华：《中卫岩画》，宁夏人民出版社，1991年，第33、34页。
⑥　马长寿：《狄与羌》，广西师范大学出版社，2006年，第12、90页。

　　马长寿先生所言，为当时考古材料所限，此后在宁夏南部[①]、靖远、会宁、景泰相继出土了为数不少的属于马家窑文化的彩陶，可知属于羌人的马家窑文化的北端曾达到这一代。而中卫、景泰岩画，正处在这一文化交界线上。

　　因此，景泰县姜窝子沟岩画中的人物图像，应为羌人图像，而且应该是最早的羌人形象图。

---

　　① 　马莉：《固原出土的彩陶和釉陶》："固原境内从20世纪60年代发现新石器文化遗址以来，在清水河、祖厉河、葫芦河和泾河流域以'菜园遗存'为代表的诸多文化遗址中都伴有彩陶出土。西吉县兴隆，彭阳县打石沟，隆德县风岭、页河子，海原县龚湾、菜园、马缨子梁、曹洼，固原县店河、柴梁等遗址均有彩陶发现"，《宁夏师范学院学报（社会科学）》2010年第4期，第66、68、87页。

酒泉岩画资源分布概述及保护对策

杨永生　　王文革

（酒泉市文物管理局）

酒泉是甘肃文物资源大市，据第三次全国文物普查结果显示，境内有不可移动文物点1393处。按类别分，古遗址878处，古墓葬297处，古建筑43处，石窟寺石刻50处，近现代重要史迹及建筑物119处，其他6处。按级别分，有世界文化遗产5处，即莫高窟、锁阳城遗址、悬泉置遗址、玉门关遗址、境内长城；全国重点文物保护单位20处，省级文物保护单位75处。境内长城总长823.5千米，其中汉长城742.9千米，位居甘肃省第一。

酒泉又是一个岩画文物资源大市，据第三次文物普查统计，全市境内有岩画点28处，分布着约336组、2270多幅岩画。其中，黑山岩画（现属嘉峪关市）、大黑沟岩画为全国重点文物保护单位；肃北县灰湾子、七个驴、阿尔格力太岩画，玉门市昌马岩画为省级文物保护单位。酒泉境内的岩画分布广泛，内容丰富，延续时间较长，比较全面地反映了古代酒泉地区各狩猎游牧民族的经济生活、宗教信仰、意识形态、审美观念等方面的情况。据专家研究推断，酒泉岩画以新石器时代晚期至西汉时期的岩画较多。

一、酒泉岩画产生的历史背景

酒泉因其特殊的地理位置和气候条件，比较适宜放牧及狩猎，在一个比较长的历史时期，古代一些游牧民族在此放牧、生活，并为争夺放牧领地而发生战争。据史书记载，在大约4000多年前的上古时代，就有三苗人活动于今敦煌一带，到商、西周、春秋时期，有总称为羌的游牧部落，因在部落战争中失败而迁徙到这里。随后有戎、月氏、乌孙、匈奴等古老民族相继驻牧于此。当时的月氏人是一个有"控弦十万"的强大部族，他们赶走了乌孙人，称霸河西走廊。西汉文帝时（约公元前174年），匈奴人闯入河西地区，打败了大月氏，迫使大月氏人西迁，至此，河西走廊一带被匈奴人占据。强大的匈奴对河西走廊的残酷掠夺，破坏了各民族的友好往来，割断了西域同中原的联系，对西汉王朝构成了严重威胁。汉武帝即位后，汉王朝对匈奴展开了大规模的战争，大败匈奴后，在河西"列四郡，据两关"，完成了对河西地区的行政建制，打开了通往西域的门户，丝绸之路贸易畅通，广袤的河西地区全部归入西汉王朝的版图。

在西汉王朝统治河西以前，古代的羌、戎、乌孙、月氏、匈奴等游牧民族在这里放牧生活，在漫长的历史时期内，他们逐水草而居，在这里繁衍生息。因当时生活环境的限制，他们就依托这些山崖、石壁、岩块、巨石，将他们当时生产、生活、祭祀崇拜、部族战争等内容刻画于其上，这些图画既反映了当时的现实生活，又寄托了他们的精神愿望。他们借助在我们现在看来非常落后的工具，通过敲打、研磨、刻画等方法，顶酷暑、冒严寒，长期执着地面对这些岩石作画，目的是希望这些画永久保存。今天，这些岩画历经风吹、日晒、雨淋保存至今，有些依然清晰可见，生动传神。

二、酒泉岩画资源分布情况

酒泉境内的祁连山、黑山、马鬃山等地区，多处发现有岩画分布。按行政区域划分，主要分布于玉门市、瓜州县、肃北蒙古族自治县，尤其是以肃北蒙古族自治县岩画分布最多。黑山岩画按现在的行政区划属嘉峪关市，但历史上在1971年以前这一地区属于酒泉市管辖，黑山岩画也是酒泉岩画体系中不可分割的一部分，本文对黑山岩画一并概述。

1. 黑山岩画

黑山岩画位于嘉峪关市西北约8.5千米处的黑山峡谷的峭壁陡崖上。黑山岩画分布较广，但主要集中在黑山石关峡口、磨子沟、蕉蒿沟、四道股形沟、红柳沟、交河沟等6处岩画点，分布有战国至明代时期的岩画共30多组、164幅。在四道股形沟谷底两侧的岩壁上，绵延约1千米，岩画距地面1～2米，也有雕凿在较高的悬崖绝壁上的。四道股形沟发现岩画104幅，内容有虎、狼、豹、野牛、犀牛、牦牛、岩羊、山羊、赤鹿、鹰、蟒蛇、马鹿、梅花鹿、豺、狗、狐狸、猞猁、大雁、骆驼、藏羚羊、雉鸡、射猎、围猎、放牧、骑马、骑鹿、操练、舞蹈等[①]。人物活动以狩猎为主，其中30多人舞蹈的岩画场景最引人关注。黑山岩画题材繁多，内容丰富，雕刻技法纯熟，文化内涵丰富。30多人舞蹈图、8人围猎野牛图、老虎在草丛中等待猎物、蛇行草丛中，一幅幅画面刻画生动，惟妙惟肖，体现了黑山岩画的特点。黑山岩画历史跨度时间长，雕刻技法纯熟、精湛，引起了专家学者的高度关注。2013年3月，被国务院公布为第七批全国重点文物保护单位。

2. 大黑沟岩画

位于肃北蒙古族自治县城东约40千米处的大黑沟。岩画分布在3.5千米长的山沟中，分布零乱，位置高低不一，最高处距地面40多米，最低处只有0.2～0.3米。岩画共

---

① 　胡雪：《嘉峪关黑山岩画保护与利用调查》，《丝绸之路》2012年第22期。

有34组，图案300多幅，画面的大部分内容为射猎、放牧、练武、乘马作战等场面。图中动物有梅花鹿、大角羊、野牛、野骆驼、象、虎等动物。画面多采用凿刻和磨刻手法，大部分刻画在避风向阳的陡峭花岗岩和石灰岩上。另外，在沟口处有一些人名题记。初步推测，这些岩画形成时间在春秋、战国至西汉时期，为研究本地区古代游牧部落文化提供了实物依据。2013年3月，被国务院公布为第七批全国重点文物保护单位。

3. 昌马岩画

位于玉门市昌马乡水峡村三家台鹿子沟东边。沟底有一块表面非常平整的大青石，约3平方米，上面刻着14只动物图案，有骆驼、豹子、羊、牛、鹿等。刻制手法是单线凿刻和大面积平刻两种，线条简练，年代不详。2006年，被甘肃省人民政府公布为省级文物保护单位。

4. 七个驴岩画

位于肃北蒙古族自治县石包城乡鹰嘴山村委会东北21千米七个驴河沟北高80米的青色峭壁上。共有6组，35幅单体画面，分布面积约140平方米。画面采用磨刻手法，内容主要为野驴、骆驼、野牛及狩猎、放牧等反映生产、生活场景的画面。据考，该岩画刻制于秦至西汉中期，对研究该地区早期的历史文化和自然环境提供了实物依据。1993年，被甘肃省人民政府公布为省级文物保护单位。

5. 灰湾子岩画

位于肃北蒙古族自治县石包城乡鹰嘴山村委会东北30千米处鹰嘴山灰湾子沟北山峭壁上。岩画18组，单体画面68幅，大小不等，高为0.3～1、宽为0.4～1.2米，呈不规则形分布在灰色的山壁上，其中最大的一幅骆驼图案宽达94厘米。内容有骆驼、马、鹿、岩羊、狗等动物图形，刻画手法为磨刻和凿刻。根据岩画内容及刻画手法等判断，时代应为春秋至西汉中期，对研究当时人们的生产生活、风俗民情、精神归宿等具有重要价值。1993年，被甘肃省人民政府公布为省级文物保护单位。

6. 阿尔格力太岩画

位于肃北蒙古族自治县党城湾镇阿尔格力太村委会西北40千米处。岩画9组，68幅，之间相隔5～10米，画面大小不一，高为0.2～0.5、宽为0.15～0.6米。岩画内容主要有野牛、野驴、狼、雪豹、盘羊、狗、鹿等动物图案，还有骑马人、狩猎、放牧、舞者、生殖崇拜等画面。制作技法由凿点成线和阴刻单线条构成。初考为秦、汉时期岩画，反映了当时人们狩猎生活、宗教信仰及风俗习惯，对研究我区游牧民族生产、生活具有重要价值。2003年，被甘肃省人民政府公布为省级文物保护单位。

7. 老道乎都格岩画

位于肃北县马鬃山镇黑马鬃山北老道乎都格井东侧，东西绵延4.5千米。是目前肃北县境内所发现岩画分布面积最广、内容最丰富的岩画点之一。第三次全国文物普查时共发现岩画12处、118组，单体画面590余幅，岩画的造型技法有錾刻、磨刻和线刻。分人物和动物画像两大类，动物有马、野牛、北山羊、野骆驼、犬、野驴、鹿、狼、野牛等；人物有骑马、狩猎、生殖崇拜等，另外还有一些神秘符号。该岩画点真实地反映了古代游牧民族的经济、文化、艺术和生活内容，初考为春秋至西汉中期。对研究这一时期居于河西走廊的西戎、羌族、月氏、乌孙等古代西域民族的社会生活与历史文化具有重要价值。2012年11月，被酒泉市人民政府公布为第一批市级文物保护单位。

8. 柳沟岩画

位于肃北蒙古族自治县马鬃山镇滚坡泉村委会东南35千米处。岩画主要分布在大马鬃山山脉中段柳沟河沟东面黑色峭壁上，共有13组52幅单体画面。画面大小不一，最大画面0.6、宽0.85米，总面积2400平方米。画面采用磨刻、錾刻手法，内容主要表现为鹿、野驴、骆驼、盘羊、野猪、北山羊等动物及骑马者、舞者等。岩画图像风格粗犷，手法古拙，真实地反映了古代游牧民族的生产、生活等场面。初考为春秋—西汉中期。对研究该地区早期的历史文化、宗教思想和自然环境提供了实物依据，第三次全国文物普查时新发现。2012年11月，被酒泉市人民政府公布为第一批市级文物保护单位。

9. 青崖子沟岩画

位于阿克塞哈萨克族自治县红柳湾镇大坝图村青崖子山沟西岸山坡上，岩画目前发现有3处。主要一处在一块高8、宽6米的菱形黑石上，刻有各种人物、动物图案300多种，其余两处在两块面积长1、宽0.5米的盘石上，刻有动物、狩猎、驯捕等内容，图像用线条表现錾刻而成，具有浓厚的生活景象。该岩画文化内涵丰富，是研究该地区石刻岩画艺术、历史、文化的实物依据，具有一定的科学研究价值。时代待考。2012年11月，被酒泉市人民政府公布为第一批市级文物保护单位。

10. 荨子沟岩画

位于瓜州县锁阳城镇农丰村东南50千米处的鹰嘴山荨子沟北坡崖壁上。岩画所处崖壁石材结构相对较为稀疏，岩画刻画处相对稳定，其他部位剥落较为严重，呈现出岩画"凸"出所在崖壁的现象。3幅岩画，分布面积约15平方米，岩画系錾刻而成，图像内容主要包括狗、骆驼、大头羊等动物形象，风格生动。岩画时代待考。

11. 格格乌苏岩画

位于肃北蒙古族自治县马鬃山镇滚坡泉村东约60千米处马鬃山山脉腹地的山谷中。岩画分布在山崖南面断崖岩黑色石体上，以凹刻凿制，集中在一处，范围呈长方形，东西长41、南北宽16.5米，面积676.5平方米。共20组120幅单体画面，画面大小不等，在（0.2～0.3）～（0.15～0.25）米，内容有骆驼、红山羊、牛、大角鹿等动物形象。部分画幅保存完好。据中科院有关资料记载，该岩画创作于新石器—青铜时期。

12. 布都呼鲁斯特岩画

位于肃北蒙古族自治县马鬃山镇马鬃村80千米处大马鬃山东端山口内。岩画用磨刻手法刻制在坠落山石上，共18组93幅单体画面，总面积约3900平方米。图案大小不等，其中较大的一幅单体画面高0.35米。画面内容为北山羊、犬、骆驼、野驴等动物图案，造型生动。据考，岩画刻制于春秋—西汉中期。

13. 旱峡岩画

位于肃北蒙古族自治县石包城乡鱼儿红村西北18千米处的旱峡脑山顶上。岩画用凿刻手法雕刻在长1、宽0.6米的一块岩石上，分布较为集中。共有1组3幅单体画面，画面有羊、鹿等动物形象。时代待考。

14. 红柳峡北沟岩画

位于距肃北县城东南方向约84千米处的党城湾镇红柳峡村红柳峡北沟，该岩画分布在红柳峡北沟近约3.7千米长的岩壁上。据初步统计，共有6组61幅单体岩画，其中图案较为清楚的有52幅。这些岩画大多是磨刻的，有北山羊、野牛、马、鹿、犬等动物及狩猎场景，展示了古老的放牧、狩猎生活场景图。这是肃北县在第三次全国文物普查后新发现的一处岩画群，时代待考。

15. 古恩乎都格井岩画

位于肃北蒙古族自治县马鬃山镇马鬃山村大马鬃山脉北古恩乎都格南1.6千米处。岩画凿刻在小山丘上散落下来的黑色岩石上，分布没有明显的规律性。古恩乎都格沟谷内高约100米的大山西侧，塌落的两大块呈亮黑色的岩石西面，共有3组16幅。采用磨刻手法，南北相距12米，画面大小不一，分布面积约50平方米。岩画内容为狩猎、放牧等生产活动和野驴、马等动物形象，还有一些神秘符号，少部分画面保存较为清晰。岩画时代待考。

16. 仓库沟口岩画

位于肃北蒙古族自治县马鬃山镇马鬃山村村委会南25.91千米处大马鬃山山脉仓库沟北口。岩画用凹刻手法雕凿在仓库沟北口高约100米处山西侧南北相隔12米的两大块黑色岩石上。共2幅11个单体画面，画幅之间相隔0.2～0.8米，画面大小不一，分布面积约60平方米。内容为狩猎、放牧等生产活动和红羊、骆驼、野驴、野马等野生动物形象，画风粗犷，手法朴拙。时代待考。

17. 山德尔1号岩画

位于肃北蒙古族自治县马鬃山镇明水村村委会东北23.21千米处小山丘顶部的岩石上。岩画分布在小山丘顶部岩石的4个面上，共15组141个单体画面，画幅总面积80平方米。画幅大小不一，画面内容为狩猎、放牧等生产场景和红羊、野骆驼、野驴、野马等动物图案。岩画用石器凹刻凿制而成，因自然风化和风雨侵蚀画面模糊不清。初步推断，该岩画创作于春秋—西汉中期。

18. 山德尔2号岩画

位于肃北蒙古族自治县马鬃山镇明水村村委会东北22千米处小山丘顶部黑色的岩石上。共11组，41个单体画面，画面大小不一，总面积为60平方米，大部分岩画保存完好，画面清晰。以凹刻手法凿制，内容为放牧等生产场景和红羊、野骆驼、野驴、鹿、野马等野生动物形象。图像风格粗犷、手法古拙。初步推断，该岩画创作于春秋—西汉中期。

19. 山德尔3号岩画

位于肃北蒙古族自治县马鬃山镇明水村村委会东北21.8千米处。共发现岩画5幅，单体画面27个，画幅大小不一，分布面积约80平方米，绝大多数画面保存较好，清晰可辨。画面以凹刻手法凿制。内容为狩猎、放牧等生产场景和红羊、野骆驼、野驴、野马等动物图案。初步推断，该岩画创作于春秋—西汉中期。

20. 画墙湾子岩画

位于肃北蒙古族自治县石包城乡鹰嘴山村东北18千米处的画墙湾子峡谷之中。共刻有2组岩画，主要以动物图案为主。一组刻画有几只羊、牛、骆驼图案，另一组刻画不太清晰，但与第一组岩画内容基本相同。为第三次全国文物普查新发现文物点，时代待考。

21. 灰湾子峡谷岩画

位于肃北蒙古族自治县石包城乡鹰嘴山村村委会东北21千米处灰湾子峡谷之中。岩画刻于黑色岩石面上，分布面积18.29平方米。共分3组，西面一组长3.4、宽2.6米，刻画有骆驼5只、马8匹、羊3只、人物形象2个；中间1组长2.8、宽1.8米，刻画有骑马射箭画面1幅、骑马画面8幅、骑骆驼画面2幅；东面1组长2.1、宽2.1米，刻画有树桩拴马1幅、骆驼1只、山羊20只左右，有少部分剥落。初步推断，该岩画创作于春秋—西汉中期。

22. 月牙湖岩画

位于肃北蒙古族自治县党城湾镇马场村村委会南58千米处党河对岸山脚下的黑色岩石上。共8组38个单体画面，画幅大小不一，分布面积约80平方米，采用磨刻手法。画面内容为狩猎、放牧等生产场景和鹿、岩羊、狼、野牛、骆驼、狗等动物图案。其中，在长2.5、宽2.1米的大石头上绘制的两只狗最为生动。初步推断，该岩画创作于春秋—西汉中期。

23. 霍勒扎德盖岩画

位于肃北蒙古族自治县马鬃山镇明水村北约30千米处。岩刻画主要分布在河床东侧石壁上，数量较多，比较分散，占地面积约有120平方米。图像大小不一，形状各异，主要有牛、羊、驼、马、花草树木、人像、生活、舞蹈、狩猎等图案，也有动物交媾图案。处于中心位置的9幅图案较清楚，其他已模糊不清，且破坏严重。根据《岩画及墓葬壁画》一书介绍，从霍勒扎德盖地区出土的3件旧石器晚期的打制石器判断，该岩画可能创作于旧石器时代晚期[①]。

24. 大黑沟石刻题记

位于肃北蒙古族自治县党城湾镇浩布拉村南约15千米的大黑沟口河床上。分布在长约2、宽1.7米，面积3.4平方米的灰色岩石上。题记从上到下刻写，共5行35个字，字体大小在0.1～0.13米。题记刻写手法为凹刻形式，大部分字体保存较为完好，清晰可辨。据第二次全国文物普查资料记载，该题记晚于周围岩画，题记中发现有隋朝摽蕯年号和一些人名题记。题记内容为："懸泉府主帥張思直，因當□□/寫鐫壁。□□□□□□□□/盈虧，□□□□□□□/幽巖峻險，谷内外草光精。/從人經爽代

---

① 岳邦湖：《岩画及墓葬壁画》，敦煌文艺出版社，2004年。

書，石包流名。"①大黑沟石刻题记的发现，为当地历史文化研究提供了重要的文字依据。

25. 后灰湾子岩画

位于肃北蒙古族自治县石包城乡鹰嘴山村东北方向约40千米处的灰湾子北沟沟脑。岩画共有3处，每处相距约80米。在山沟两侧较平坦的岩壁上用凹刻凿制，画面清晰。内容有骑马、射箭、狩猎场面和骆驼、梅花鹿、狼、奔跑的马等，结构自然，形态逼真。时代待考。

26. 同古图岩画

位于肃北蒙古族自治县马鬃山镇马鬃山村村委会东南30千米处大马鬃山山脉北矮山坡东底部呈黑色的岩石上。有岩画3处，单体画面29个，采用磨刻、凿刻手法，画面保存基本完好清晰。主要表现为狩猎情景，还有北山羊、野驴、犬等动物画面。画面大小不一，上下0.2~0.6、左右宽0.4~0.85、间隔0.2~0.5米。时代待考。

27. 扎子沟岩画

位于肃北蒙古族自治县党城湾镇南约60千米处的党河南山扎子沟口，画面共3组，单体画面18幅，图案大小不等，其中最大的一幅高约0.35米，采用磨刻手法。画面内容有野牛、盘羊、野驴等动物图案及狩猎图案。为第三次全国文物普查后新发现的岩画点。时代待考。

28. 大井泉岩画

位于肃北蒙古族自治县石包城乡东南约120千米处，共有3组12幅。岩画的造型技法有凿刻、磨刻，岩画内容有蛇、骆驼、马及骑马者等图案。为第三次全国文物普查后新发现的岩画点。时代待考。

三、酒泉岩画内容浅析

岩画是古代先民们创造的一种造型艺术，寄托着先民们深厚的思想感情，表现了先民们丰富的艺术想象，真实地记录了当时的社会生活，是一部用绘画写成的远古社会生产生活的壮丽史诗。作为一种特殊的视觉艺术和有形的人类文化遗产，酒泉岩画的发现，丰富了中国岩画乃至世界岩画的地域空间与时代内容，对历史学、宗教学、民族学、民俗学、环境学研究以及文化旅游发展，都具有十分重要的意义。酒泉岩画雕刻方

---

① 吴浩军、李春元：《肃北大黑沟摩崖石刻考释》，《敦煌研究》2009年第4期。

法多样,有平凿法、磨刻法、点刻法、划刻法等,为研究岩画雕刻方法提供了翔实的材料。从自然地域范围和地域文化来讲,应当包括酒泉境内(包括嘉峪关市黑山岩画)所有的石刻岩画。酒泉境内岩画时间跨度长、内容丰富、分布广泛、雕刻技术精湛,是其他地区所少有的。

1. 记载了酒泉地区游牧民族迁徙生活的历史场景

酒泉境内岩画量大面宽,但以作品集中、题材丰富、形象逼真及刻工艺术而论,要数肃北蒙古族自治县境内的岩画。肃北境内的这些岩刻画,年代虽有早晚之分,但人物的服饰和反映的射猎游牧生活方式基本相同,岩画内容大多是反映当时游牧民族生产、生活场景的,如放牧、狩猎、练武、乘马作战等场面;还有反映当时人们的文化娱乐活动的,如舞蹈场面等。据文物工作者初步考证,这些岩刻画大多创作于春秋战国至西汉时期,是这一地区游牧民族迁徙、历史演进的珍贵文化遗存,对研究这一时期劳动、生息于河西走廊西端的乌孙和月氏等古代游牧民族的活动情况,提供了重要的形象资料。史书记载,月氏是游牧民族,随畜移徙,盛产马匹。酒泉岩画就是对这一民族史籍记载的佐证。董安祥研究认为,肃北蒙古族自治县别盖乡岩画有梅花鹿、长鼻象、斑斓虎等动物,根据这些动物生活的气候条件,可以断定它们处于春秋、战国至西汉年间[1]。这一时期,在甘肃境内生活的民族主要有匈奴、羌、月氏、乌孙、吐蕃等民族,这些岩画应是各个民族在不同时期共同创造的。

2. 反映了远古时期畜牧业发展的历史轨迹

酒泉岩画中,反映放牧内容的场面较多,肃北蒙古族自治县灰湾子岩画、七个驴岩画、阿尔格力太岩画,以及肃北马鬃山地区的山德尔岩画、布都呼鲁斯特岩画、格格乌苏岩画、老道乎都格岩画、仓库沟口岩画、古恩乎都格井岩画等,其中反映放牧内容的场面非常多。有骑马的放牧人、牵牧羊犬的放牧人图案;有马、红羊、野驴、鹿、岩羊、盘羊、野牛、骆驼、狗、牛、大角鹿、北山羊、野骆驼等动物图案;还有一些牲畜的天敌的图案,如狼、狐狸、豹子等;还有一些人与动物共处的图案,如霍勒扎德盖岩画点的放牧者有成年人,还有儿童在畜群中,表现了人和动物的和谐共处。这些生动的图案,是早期游牧民族游牧生活的真实写照,说明当时畜牧业已经很发达,人们已经开始大规模驯养繁殖家畜,畜牧业是他们主要赖以生存的"支柱产业"。

3. 复原了先民们生产狩猎的宏大场景

在肃北蒙古族自治县大黑沟岩画中,反映狩猎的场面较多,约占岩画总量的1/3,由此可见,当时狩猎还是重要的生存生活手段。在畜牧业经济尚不发达的时代,动物饲

---

① 董安祥:《甘肃省近五千年气候变迁的初步研究》,《高原气候》1993年第3期。

养量非常有限，人们为了获得更多的食物，摄入更多营养以保证身体健康和种族繁衍，就需要通过狩猎来满足需要。而狩猎具有很大的风险，常常会遭到猛兽的袭击，单靠个人是不能完成的，尤其是猎取大型动物，需要事前做好分工协作的充分准备。大黑沟岩画就有对这种协作狩猎场面的描绘。大黑沟岩画中追猎野牛的画面，两人骑马在前面指挥，两人手持弓弩向野牛射击，前方还有猎犬堵截，后方三人在山间远望，等待时机，其中一人臂架猎鹰，一人手持木棍，一人严阵以待，整个画面构图严谨，气势恢宏。大黑沟岩画多人狩猎的场面，除一些大型动物外，多以温顺的小型动物为猎取对象，如山羊、大角鹿、梅花鹿等。图案中的狩猎工具有弓箭、弩机、长矛、棍棒、猎鹰等。祁连山区气候寒冷，画面中的人物多穿长袍，脚穿长靴，头戴毡帽，腰系长带，这与今天祁连山区蒙古族和裕固族的服饰很相似。

4. 展现了先民们的艺术追求与精神图腾

酒泉岩画中，有许多反映舞蹈内容的图案，说明当时的游牧民族有着丰富的文化生活与艺术追求。据史书记载，秦汉时期，月氏人居于"敦煌、祁连间"。"鼓舞乞寒，以水相泼，盛为喜乐"是其传统习俗，历史上著名的"胡旋舞""柘枝舞"就出自这个民族。在肃北马鬃山霍勒扎德盖岩画中就有舞蹈的图案；黑山岩画中，多处描绘有集体舞蹈的场面，神态各异，栩栩如生，显示出他们能歌善舞的民族特色，集中表现了原始的群体精神和这个民族的丰乐盛世。酒泉岩画中，还有一部分是反映祭祀崇拜和图腾内容的图案，说明他们创作这些岩画，是为了寄托他们的某种精神愿望和诉求；他们绘制的某种图案或某种动物，或许就是这个部族的图腾或是其信奉的神灵，他们祈求得到神灵的保佑，保佑他们平安，保佑他们强盛。有些画面有好多的牛羊，这与他们的游牧生活息息相关，说明他们希望六畜繁衍，遍地牛羊。还有一些反映男女交媾的画面，说明他们对人类生殖的崇拜，希望他们的部族繁盛，人丁兴旺。

5. 表达了人类生态环境的历史变迁和对外面世界的关注

酒泉岩画中所描绘的许多动物，应该是生活在热带、亚热带地区的，这说明在远古时期，这些地区的生态环境与现在有很大差别。通过岩画中所描绘的动物种类，人们可以了解古代酒泉境内的环境状况，寻找从古到今环境变化的历史轨迹，如在肃北大黑沟岩画中，有一头肥硕的大象。大象岩画在新疆阿尔泰山、青海巴哈毛力沟有两例岩画，西北地区其他地方岩画中没有发现大象图案。陈兆复研究认为："甘肃省肃北蒙古族自治县（祁连山西部山区）大黑沟岩刻上的动物有虎、大象、野牛、大角鹿、骆驼、狗、梅花鹿等，根据大象图形的出现，创作的年代可推算到1万年前，因为大象在这一地区很早以前就已灭绝了。"[①]北方地区大象早在3万年前的更新世时，就由于环境变

---

① 陈兆复：《中国岩画史》，上海人民出版社，1990年。

化而灭绝，这些大象图案显然不是来自于真实的生活，可能是通过与外界交流经过想象描绘的。

四、对酒泉岩画保护利用的对策

1. 开展岩画资源普查工作

酒泉岩画分布在肃北县、玉门市、瓜州县等境内，山大沟深，交通受制，点多面广，且大多数岩画分布在人迹罕至的大山、沟壑和峭壁上，调查难度大。由于普查条件、经费和人力等限制，对酒泉岩画的普查不全面、不系统，尤其是肃北县境内的许多岩画点至今未被发现。计划编制"酒泉岩画资源专项普查项目"，申请国家和省文物局批准立项，安排专项资金，市、县组织人力开展全面系统的岩画资源普查工作，摸清酒泉岩画资源家底，为开展保护利用工作奠定基础。

2. 研究阐释酒泉岩画的历史文化价值

在全面普查的基础上，深入开展岩画的学术研究，挖掘其深层的历史文化内涵。积极参加中国岩画学会组织的学术及论坛、展览活动；组织国内外岩画研究专家学者，开展酒泉岩画学术考察活动；举办"肃北岩画学术研讨会"或"酒泉岩画论坛"；编辑出版《肃北岩画图录》《肃北岩画研究文集》《酒泉岩画研究》等；在肃北县博物馆设立岩画专题展厅；在国家有关展览单位和中国岩画学会举办的大型岩画展览活动中，开设酒泉岩画或肃北岩画专题展览，向社会公众解读酒泉岩画的艺术魅力和历史价值。

3. 积极申报酒泉岩画文物保护单位

在全面普查登记、科学研究岩画价值的基础上，积极整理酒泉岩画基础资料和学术研究成果，将历史、艺术和科学价值较高的岩画点，申报为不同级别的文物保护单位，以便获得国家和地方政府更多的政策和资金支持。

4. 分步开展岩画保护规划方案的编制工作

根据酒泉岩画文物保护单位的级别，先从全国重点文物保护单位开始，逐步开展酒泉岩画文物保护规划的编制工作，根据保护规划，编制各类保护方案，对岩画实施科学有效的保护利用。

5. 设立岩画保护基础性设施

对一些距离地面较近，人畜容易攀爬的岩画文物点，尽快树立围栏、界桩和保护标志碑，避免遭到人为和牲畜的破坏。

6. 加强酒泉岩画的宣传利用工作

认真做好岩画资源普查成果的研究整理工作，编辑出版酒泉岩画科普知识图书、画册和宣传页，通过制作酒泉岩画专题片、纪录片、微电影、微电视等，开设酒泉岩画网站和公众微博、微信等，加强酒泉岩画的宣传展示，让更多的人了解酒泉岩画。挖掘酒泉岩画的内容和艺术符号，研发一些岩画工艺品、旅游纪念品等，让岩画文化符号走向大众生活。对岩画分布集中、交通便利、有条件开放的岩画文物点，加快规划建设旅游基础设施，纳入地方文化旅游线路，尽快向社会公众开放。

嘉峪关黑山岩画述略

俞春荣

（甘肃省嘉峪关文物景区管理委员会）

嘉峪关黑山岩画的发现，是甘肃田野考古工作的重大收获之一，这批资料不仅丰富了甘肃考古学研究的内容，而且促进了我们对嘉峪关及其周边地区历史的进一步认识和研究。

一、岩画的发现与分布

黑山岩画最初发现于1972年，后来于1978年和1987年进行了两次普查，当时共发现岩画155幅。2005年在蕉蒿沟又发现岩画10幅。2006年10月，嘉峪关文物景区管委会成立黑山岩画普查小组，专门对黑山区域内的岩画进行了一次文物普查登记，又新发现岩画35幅。截至目前，在嘉峪关黑山区域内共发现岩画分布点6处，岩画200幅。

黑山岩画由石关峡口岩画、交河沟口岩画、红柳沟岩画、四道股形沟岩画、磨子沟岩画、蕉蒿沟岩画组成，这些岩画大多以粗线或双线勾勒，凿刻极浅，简单粗糙，画境古拙，形象生动，人物粗犷有力，动物栩栩如生。

石关峡口岩画有41幅，分布在石关峡口南北两侧的崖壁上，南壁岩画距沟底较近，人能触及，北壁岩画距沟底10余米高（图一）。内容有佛塔、经幡、虎、羊、牛、鹿、骆驼、题刻等，分布较为集中，刻画简单，有的画面仅敲凿出粗犷的轮廓。其中典型的是在北侧崖壁上的一幅明代万历年间的摩崖石刻"北漠尘清"题刻。在南侧崖壁上有一幅以佛塔为中心、塔座下刻1行古藏文题记和铜鼓形灯，再下刻1龙头长幡的图案也较为典型。

交河沟口岩画有2幅，刻在一块位于峡谷中间的石头上，内容为放牧图，采用的是凿刻法。

红柳沟岩画有5幅，刻于沟南侧长约30米的崖壁上，距沟底1~4米，画面最大的高2.3、宽2.68米，最小的高0.3、宽0.18米。画面内容是佛塔、佛像、藏文题记、动物等。佛塔、佛像的刻画较为规整。典型的一幅佛塔图，画面为阴刻三重覆钵塔，塔高30厘米，三层之上为圆形覆钵，顶有摩尼宝珠，宝珠顶上刻一根刹柱，刹柱上刻相轮三重，阴线刻出轮廓，层与层之间刻出分隔线，刹柱只刻出一道较深的痕迹（图二）。

图一　石关峡北侧崖壁岩画

图二　红柳沟佛塔造像岩画

四道股形沟岩画有132幅，分布较为集中，在长约2千米的范围内都有岩画存在，有个体图案500余幅。岩画距沟底0.5～3米；画面最大的高3、宽3.5米，最小的高0.2、宽0.25米。内容有人物、动物、狩猎、舞蹈、车辆等。典型的一幅舞蹈图刻于沟内右侧一块突出的大块岩石上，画面高1.28、宽1.14米，距沟底约3.5米，画面中刻画有32个人、1头牛、6个不明物体。人物凿刻成3排，如正在跳一种类似圆圈舞的舞蹈（图三、图四）。

磨子沟岩画有5幅，距沟底较近，多模糊不清，内容有狩猎、动物、古藏文题刻等。在一幅狩猎图岩画中有"民国八年六月二十四日"、现代打油诗等文字叠压在早期岩画上，这些文字显然是后代石匠续刻的（图五）。

图三　四道股形沟岩画

图四　四道股形沟狩猎岩画

　　蕉蒿沟岩画有14幅，零星分布于沟两侧的岩石上，距沟底0.9～2米。画面最大的高1.83、宽2.25米，最小的高0.05、宽0.08米。典型的一幅动物图岩画刻于沟底中间的一块岩石上，岩石呈红褐色，高1.83、底边长2.25米。画面中上部有1人骑乘骆驼，双手伸开。其余均为动物，共有88个单体图案。从刻制方法和内容上看，蕉蒿沟岩画时空跨度较大，部分画面有叠压打破关系，早期岩画刻画手法比较古拙，动物形体比例失调，晚期岩画手法精准，动物形体比例适当（图六）。

图五　磨子沟骑马者岩画

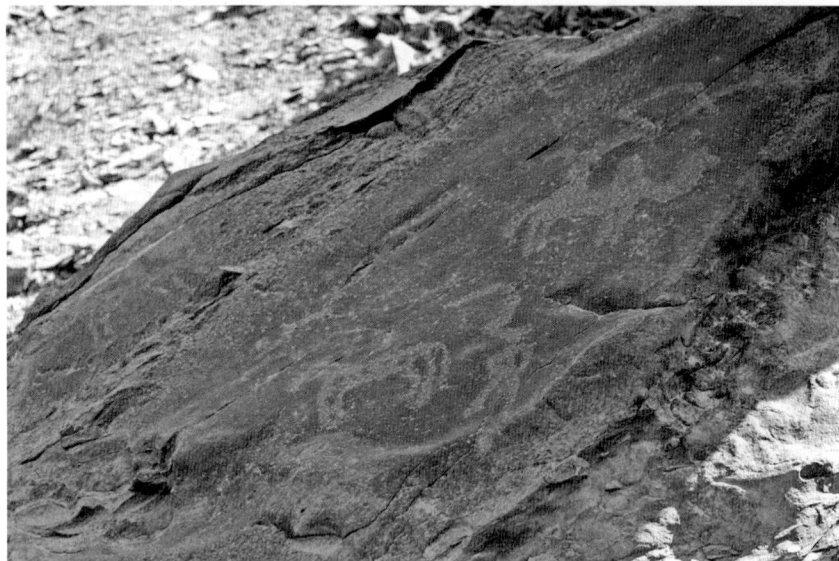

图六　蕉蒿沟岩画

二、岩画的自然与人文环境特征

黑山岩画分布地区的气候属温带大陆性荒漠气候。其特点是日照长而强烈，降水少而蒸发快，多大风，昼夜温差大。

黑山属马鬃山支脉，形成于古生代寒武纪至二叠纪（2.45亿～2.9亿年），其岩石有古生代灰绿色片岩、板岩、黄绿色暗紫色的硬砂岩、黑色的硬质灰岩、大理岩、火山岩和黑色页岩，以及黄绿色云母质砂页岩、石英粗砂岩和杂质页岩。黑山自寒武纪开始，经历各个地质构造运动时期，断裂隆起形成干燥剥蚀中，海拔最高（主峰）2799米，最低1700米。北翼倾角约80°，南翼倾角约50°。山顶浑圆，山势陡峭，沟壑纵横，山体表面岩石破碎，山间有水塘、泉水、溪流，山麓为洪积扇发育。山东南翼有大草滩水库，湖水顺山涧东向流泻，形成水草丰茂的幽谷，适于畜牧。

黑山地区植被稀少，属石质荒漠性山地，剥蚀强烈，几乎寸草不生，山间峡谷地带为灰棕荒漠土，存在旱生、超旱生及夏雨型或短命型荒漠型植被，主要有红柳、蕉蒿、黑柴、蓬草、芨芨草、野刺玫、白刺、骆驼草等。

野生动物主要有黄羊、青羊、野兔、狼、黄鼠狼、旱獭、刺猬、蛇、麻雀、山鸡、灰雀、山雀、蝙蝠、鹰、鹞等，分布于山谷水草较好处。其中黄羊、山鸡、野兔较多。

黑山南麓有石关峡，为古丝绸之路的必经之地。峡口中间的黑山湖农场，原有居民200余人，主要从事农业生产。峡口南侧为酒钢集团自备工业水源地——大草滩水库，连霍高速公路和312国道从水库南侧经过。峡口东端为悬壁长城文物景区和峪泉镇黄草营村，有公路通往嘉峪关市区。黄草营村有居民约1000人，主要从事农业生产和养殖业。岩画分布的沟谷，大多有简易便道可进出，近年常有勘探、采石、采矿人员在此活动。

三、岩画的保存环境

从分布上看，岩画主要集中在山谷两侧的岩壁上，距沟底最低0.5、最高在5米以上。沟内基本上都有流水洪积现象，这样的环境多为人畜罕至的高寒区，植被稀疏，气候干旱。从总体上看，黑山岩画所处的自然环境都具有视野较为开阔、附近有水源等特点。其岩石质地多为不易风化的硅质岩，并且硬度大，这些都有利于岩画的存留。

黑山岩画在自然状态下存在，岩画较为完整，整体保存现状较好，但由于自然因素的影响，主要是常年的风雨侵蚀，冷热物理效应作用，造成个别岩画崩裂、丢失等情况，厂矿作业产生的二氧化硫形成的酸雨不断侵蚀岩石表面，或岩石本身长期的化学反应（三氧化二铁—四氧化三铁），致使岩画画面模糊，越来越不清晰。另外，夏秋两季偶发的泥石流，岩石间生长的植物根系等，对岩画的保存也有一定的影响。岩画的人为破坏主要是在岩画所在岩面上的乱刻乱画和近年来兴起的开矿采石活动。

四、岩画的题材

在所发现的岩画图像中，与动物有关的图像在80%以上，种类共有10余种，其中多数为食草动物。人物图像有猎人、武士、舞者。此外还有一些神秘符号、宗教符号、自然物及神灵形象等。描绘的场面有舞蹈、围猎、射雁、骑马、骑骆驼、虎逐牛羊、野牛相抵、狩猎、牧羊、列队练武等。岩画所表现的题材内容主要分为以下几类。

1. 狩猎

狩猎题材的岩画画面较多，其形式分为单猎、群猎和围猎三种。单猎是一人用弓箭射杀山羊或鹿。围猎的场面较为宏大，被猎杀的对象多为鹿、牛、雁、羊、飞鸟等。例如，四道股形沟岩画有一幅狩猎图，在几只野牛和长角鹿的周围有许多徒步猎手，手持弓箭朝着野牛射去；外围有二人骑马引弓，准备追击，右侧还有一人在观看或呼叫助威；而野牛则扬尾抵角，表现出即欲逃窜又要与人搏斗之势，生动逼真。狩猎的方式主要是弓箭和套索，其次还有猎狗、马匹、骆驼等作为狩猎的辅助工具。

2. 畜牧

表现畜牧的岩画不太多，但根据所画动物的种类和数量，可以认为当时畜养的动物多为羊（包括北山大角羊和山羊）、牛、马、鸡、犬、骆驼等。其中有关鹿和鱼等内容的画面，说明鹿在当时已经处于被驯化的程度，鱼已经作为一种肉食品而被人们所利用。相对应的有虎、狼、蛇、鹰、雁等野生动物，说明该地域自然环境在当时是很良好的，气候状况比现今更是温暖湿润。

3. 操练

岩画中有很多武士的形象，他们身披甲衣，执盾挥矛，有的穿长裙束腰，只露出双脚；有的穿短裙，显得轻巧灵便，还有的则似未穿裙，赤身裸体。四道股形沟岩画有一幅操练图，图画分为上、中、下三层，上层画有9人，其中2人横排列队，左起第二、第三人一手叉腰，一手向前伸去，其余均双手叉腰；队前一人，手持弓箭，前面有靶，应为练习射箭；右后方1人，立于远处观望。中间一层画12人，其中9人横排列队，均左手叉腰，右手握拳向前方举起；右起第一人，手牵一犬；队前有2人，其中一人做练武动作，面前有靶状物；队伍左侧较远处有一人，一手叉腰，一手下垂，似远观姿势，这一组似为操练徒手进攻。下层画9人，其中6人横排列队，队前2人做练武状，队后一人双手叉腰观看。这幅图尺寸长120、宽98厘米。图中人物形象和服饰装束具有民族特色，他们头上均竖立着长长的尖头饰物。这些画面说明了当时已经有过较多的战争和强大的部落已经拥有属于自己的军事力量和组织。

4. 宗教

黑山岩画中表现自然崇拜的图幅并不多见，其中值得注意的是龟形象的出现。很显然龟在这里并不是以一种常见的动物而被刻画出来的，能否认为在当时人们已经将龟的形象并列于龙、凤、麒麟之中，一起以灵兽视之。因为龟历来都是健康长寿的象征。关于宗教方面的题刻，在红柳沟南侧崖壁上有4幅、石关峡口南岸有1幅喇嘛庙及佛塔图像，在磨子沟有一处古藏文题刻。其中古藏文字的大意是：法僧人教礼，僧人某某奉献，众生一切对应。另外还刻有佛教"六字真言"，其译音为"唵嘛呢叭咪吽"。唵，为佛教部心，嘛呢为宝部心，叭咪为莲花部心，吽为金刚部心，合四部心而清净不染，如莲花之事业。佛塔画面出现较多，其结构形式同现在佛教宝塔大致相像，从下到上依次为人生世间（地）、趣悟阶路、水、精进之火、气息或风、精神或灵六大部分，说明了天地水火四界与佛塔的关系。"卐"符号表示的是一种"因果报应""业报轮回"的教理。另外还有人物拜佛等图像都说明了当时佛教的信仰已经达到了一定的程度。

5. 舞蹈

舞蹈的形式多为群舞，舞蹈者彼此排列整齐，身着长裙，姿态活泼生动，有的长发飘逸，有的轻舒长袖，动作刚劲，粗犷有力。

四道股形沟有一幅画面，舞蹈者分上、中、下三列横排，上层刻画有7人，有的双手叉腰，有的左手叉腰，右手伸臂绕头，舞姿一致，颇具动感；下层画有9人，彼此手拉着手，正在起舞，而且头上都有像翎箭一样的尖状装饰物；中间一层画1人，所占面积较大，位置在上下两层的中心，也是双手叉腰，盎然起舞。画面从总体上看好像是上下两层舞蹈者同在围绕中间一人跳一种圆圈舞，其形式能点滴

图七　四道股形沟舞蹈岩画

反映出现今流行于我国广大藏族地区的"锅庄舞"之韵味（图七）。

6. 动物

岩画中所刻画的动物有马、牛、羊、鸡、犬、鱼、鹿、虎、狼、蛇、龟、鹰、雁、骆驼、飞鸟等多种，依次分布于不同的画面上，有将鹿、牛、骆驼画于一起的，有将虎、鹿、牛、飞鸟、蛇同刻于一幅的，还有单独刻画牛或者羊的。诸多画面的刻画手法较为细腻，虎勾斑纹，鸟着羽装，线条纹路贴切适当。这些画面说明了当时人与自然相互适应的关系是较为密切的（图八）。

图八　四道股形沟动物岩画

　　这里面值得注意的是岩画中没有出现有关猪的画面，猪作为一种家畜，在我国母系氏族公社时间的裴李岗文化和河姆渡文化中就有普遍饲养的记载。而且在通常的"六畜"中，包括猪、狗、牛、羊、马、鸡，前四种在母系氏族公社时期都已被驯化为家畜，而马和鸡则是在父系氏族公社时期才加入到"六畜"行列中的。岩画中唯独没有猪形象的画面，并不能说明一种时代界限问题，而最能说明的是在当时的经济类型中农业的成分是很少的，也说明当时居住在该地区的是一个不养猪，或者说是一个还没有完全掌握养猪方法的少数民族。因为在距其30千米左右的嘉峪关新城魏晋墓中出土的有关资料表明，在3～5世纪时，这里的农业、畜牧业是相当发达的，养猪业也已达到较高的程度。也就是说，猪作为一种家畜被饲养在魏晋之前就已经出现于这片土地上了。这一点也与岩画中所刻画的身着具有少数民族服饰的人物图像的描述是一致的。可以推测认为这些民族是秦汉以后一直活动在本土的羌戎民族或者是他们的后代。

五、岩画的制作技法和造型特征

　　黑山岩画的制作主要有磨刻、凿刻、线刻三种方法，前两种方法刻制的岩画多呈深咖色或茶黄色，后一种方法刻制的岩画一般呈浅灰色或灰白色。其技法虽很简单，但画境古拙，形象生动，粗犷有力，风格独特。在图像造型方式上"以线造型"为主，即以凿刻或磨刻的线条勾画图像，岩画所表现的人物或动物图像较为简略，一般只注重体型特征及动物姿态的刻画，对细部末节的描绘很少。在所刻动物的比例上，作为单体是比较适当的，一般身长与身高的尺寸都是适中的，但在同一画面上不同的动物比例有时不尽一致，如四道股形沟有一幅画面中虎的身长为17、高为9厘米，而蛇身长竟达40厘米，蛇头长度与虎身长度几乎等长。还有一个注意点是岩画中的动物图像的装饰化趋向在部分画面上十分明显，如虎身上的斜线纹、直角折状纹的刻绘，相比之下对人物的刻画则显得简单、粗略。

六、岩画的年代特征

（1）岩画中出现的各类动物均属全新世以来的现生种。其中部分动物在当地还有生存，而像鹿、虎、龟等少数动物是由于气候的变化而迁移或灭亡。由此可以认为岩画年代最早的部分应相当于全新世以来的某个较现今气候条件良好的时期。

（2）岩画内容所反映的文化、经济发展阶段是进步发达的狩猎和畜牧业相结合的类型，说明岩画的时代应晚于新石器时代。

（3）岩画中所出现的狩猎工具和操练武器，有一部分为金属品，由此可推测该部分岩画的制作应是金属器出现以后。

（4）有一部分与佛教有关的题刻，其中出现佛塔、古藏文和宗教符号，带有明显的藏传佛教的特征，这说明该部分岩画是唐宋以来藏传佛教传入该地区之后的作品。该部分岩画严格讲应该属于唐宋石刻类作品，不是一般意义上的岩画。

综上所述，可以初步认为黑山岩画的大致年代早在青铜器时代（战国）一直到藏传佛教传入河西之后的唐、宋及以后时期。在较大的范围内嘉峪关黑山岩画遗存与宁夏、内蒙古、青海、新疆等地的岩画有一定的文化联系现象，是中国北方岩画群的典型代表地。

七、岩画的价值

黑山岩画是甘肃省目前所发现的规模最大、内容最丰富的岩画群。它作为古代游牧民族的生活记事画，内容丰富，有舞蹈、狩猎、动物、畜牧、操练、佛塔、文字等内容，刻凿年代时间跨度大，风格粗犷、手法古拙、造型生动，是古代先民在黑山乃至河西地区生息繁衍、生产生活的真实写照，有着描绘在石头上的"史书"之称。1981年9月10日，甘肃省人民政府将黑山岩画公布为省级文物保护单位。2013年5月，黑山岩画被国务院公布为第七批全国重点文物保护单位。

岩画的主要价值有以下几方面。

（1）岩画有许多狩猎图像，反映了狩猎时代、驯养和畜牧时代以及狩猎转变为驯养和畜牧过渡时期的历史转化的某些特征。

（2）岩画中众多的舞蹈图像和舞蹈形式，充分反映了当时生活在这一带的古老先民能歌善舞和热爱生活的欢快感情。从岩画中可探寻出中国西北古代舞蹈形式的源头，对我们研究早期舞蹈和舞蹈的产生、发展的过程具有一定的价值。

（3）岩画中众多的人物造型和服饰形象，对研究古代羌人、月氏人、匈奴人的生活习俗具有重要的参考价值。

（4）岩画有许多动植物图像，包括野牛、野鹿、野骆驼、黄羊、盘羊、虎、狼、獾、狐、鹰、野雉、野兔、旱龟和蕨类植物等，这些动植物有的喜温暖潮湿，有的喜干旱寒冷，反映了河西地区气候由温暖潮湿向干旱寒冷的转变，植被景观由森林向草原荒漠的转变。同时对断定岩画年代有很大的帮助。

（5）岩画中许多反映先民原始宗教的动物崇拜、生殖崇拜、图腾崇拜及佛像、佛塔图像，为研究古人宗教信仰提供了实物资料。

（6）岩画刻凿方法具有鲜明的地方特色，采用了写实、夸张、传神、抽象、符号化等艺术手法，使图像显得有立体感和空间感，艺术风格别具一格。

总之，黑山岩画对研究古代西北地区民族的生产、生活、民俗、宗教文化等方面具有十分重要的史料价值，进而对研究中国古代西北地区的社会、经济、文化、民族、气候环境、自然生态等提供了重要的实物资料，具有较高的艺术价值和历史研究价值。

试析鞍山地区凹穴岩画的三个显著特点

李　刚

（鞍山市博物馆）

2014年6月，笔者有幸参加了"2014IFRAO贵阳国际岩画年会暨中国岩画学会年会"，并介绍了鞍山地区凹穴岩画的一些情况。国内外岩画研究者对鞍山市的凹穴岩画给予了很高的关注，这使我们很受鼓舞。会后，中国岩画学会王建平会长与我们强调了鞍山地区凹穴岩画对东北地区岩画乃至全国岩画研究的重要性，希望我们要加强保护、深入研究。回来后，笔者深感责任在肩，并将会议有关情况向市文物局领导做了汇报。2015年，鞍山市筹备市、县级文物保护单位晋升工作，笔者建议将鞍山地区凹穴岩画纳入晋升范围。3月18～4月10日，市博物馆组成三人的普查组对鞍山地区凹穴岩画进行晋级前调查，共调查了五个地区的14个行政村（街道）的74个地点的岩画。目前，海城姑嫂石村岩画已正式申报第八批市级文物保护单位，其他各区岩画申报县（区）级文物保护单位的工作也正在进行之中。在调查过程中，笔者总结出鞍山地区凹穴岩画的三个显著特点。

一、凹穴岩画的图案呈"梅花状"分布较多

鞍山地区凹穴岩画为研磨或凿刻而成，大小不一，深浅各异，一般在2～4厘米，其横剖面大抵为锅底形，直径为3～13、深2～4厘米。它们有的是单独的，有的是两个或多个相互组合成为一组。凹穴岩画排列的方式也各式各样，有的形如日、月，有的成方格、三角形，也有的或一排成行，或连成环状，或散如漫天星斗。在这些凹穴图案中，由中间一个凹穴和与之等距离环绕的数个凹穴组成的图案最多（一般中间凹穴略大，周边凹穴略小），有百余组，有学者称之为"梅花状"或"太阳花状"。梅花有五瓣，而太阳花有的是五瓣，有的是九瓣，而这些图案周边凹穴数目却不同，因此说它状如"梅花"或"太阳花"也只是一种象征意义的说法。本文中采用"梅花状"这一说法，这种梅花分为八种类型。

（一）4+1型，即中间1个凹穴，周围4个凹穴

海城厝石山公园岩画第三地点（北纬40°50′40″，东经122°44′51″，海拔61米）。在一块长1.9、宽1.1、高0.9米的岩石上分布凹穴45个，最大直径5、深3厘米，最小直径1、深0.5厘米。其中一组为中间1个凹穴，周围4个凹穴（图一、图二）。

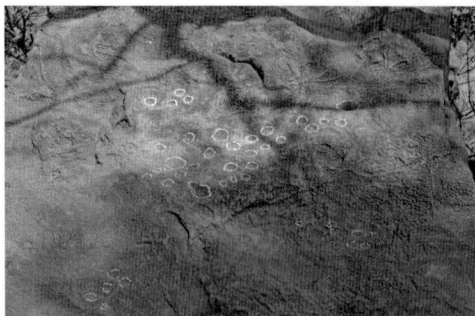

图一　厝石山公园岩画第三地点

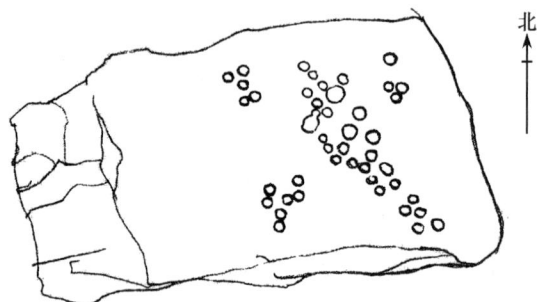

图二　厝石山公园岩画第三地点线图

（二）5+1型，即中间1个凹穴，周围5个凹穴

（1）达道峪岩画第五地点（北纬40°39′52″，东经122°57′47″，海拔274米）。在一块长约2、宽约1.5、高1.4米的岩石上分布有凹穴12个，组成两组梅花图案。每组梅花图案都由6个凹穴组成，均为中间一个凹穴，周围5个凹穴，直径均为3、深1厘米（图三、图四）。

图三　达道峪岩画第五地点

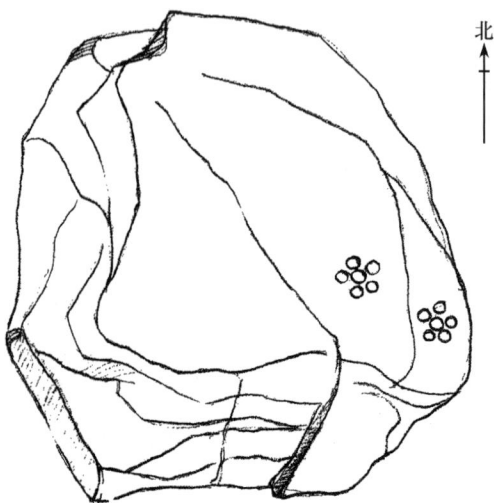

图四　达道峪岩画第五地点线图

（2）雷达山岩画（北纬41°07′05″，东经123°00′52″，海拔124米）。位于玉佛山风景区西北，大德御庭小区北约300米，其南紧邻羽毛球场地。在一块长1.3、宽1.1米的龟形岩石上可见一组梅花形凹穴图案，共有6个凹穴，中间一个凹穴，直径5、深0.5厘米，周围5个凹穴，其中最大直径5、最小直径3、深均为0.5厘米（图五、图六）。

图五　雷达山岩画

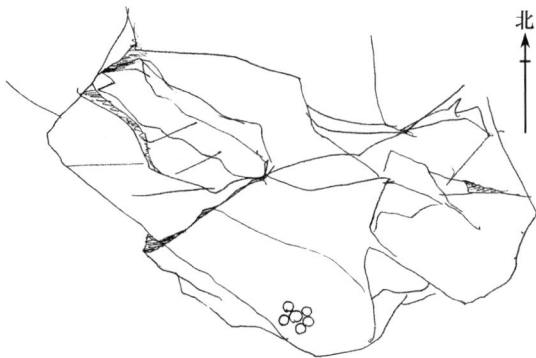

图六　雷达山岩画线图

（3）忠心堡岩画第二地点（北纬41°05′28″，东经123°04′35″，海拔111米）。在一块不规则裸露岩石上可见圆形凹穴6个，组成梅花形图案，中间一个凹穴，直径7、深1厘米；周围5个凹穴，最大直径5、最小直径4、深均为1厘米（图七、图八）。

图七　忠心堡岩画第二地点

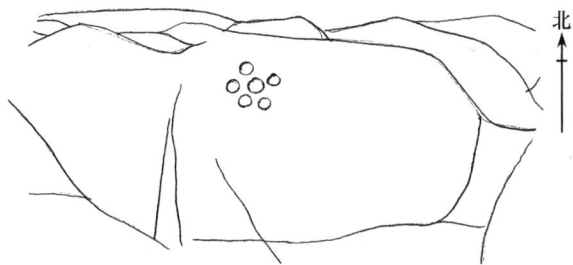

图八　忠心堡岩画第二地点线图

（三）6+1型，即中间1个凹穴，周围6个凹穴

（1）对桩石岩画第四地点（北纬41°01′04″，东经123°01′59″，海拔175米），位于千山区大孤山镇对桩石村，在西山狼洞沟西面阳坡上有一块长约15、宽约5米的岩石，其上分布有凹穴17个，其中有两组图案均由7个凹穴组成，成梅花形图案，中间一个凹穴，周围6个凹穴，直径均约7、深均为1厘米（图九、图一〇）。

（2）忠心堡西山岩画第三地点（北纬41°05′28″，东经123°04′26″，海拔155米）。在阳面山坡上见一块长4、宽3.5米的岩石，分布凹穴31个。其中有三组梅花形图案，都是由中间1个凹穴，周围6个凹穴组成（图一一、图一二）。

图九　对桩石岩画第四地点

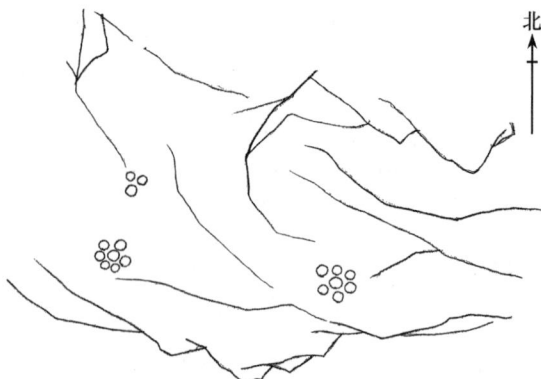

图一〇　对桩石岩画第四地点线图

图一一　忠心堡岩画第三地点

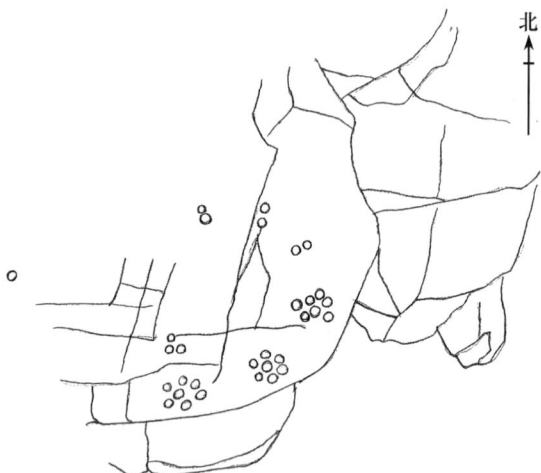

图一二　忠心堡岩画第三地点线图

（四）7+1型，即中间1个凹穴，周围7个凹穴

对桩石岩画第三地点（北纬41°01′05″，东经123°02′19″，海拔209米），位于千山区大孤山镇下对桩石村的山顶上，南侧20米为中国移动公司基站塔。在一块直径约1米的圆形岩石上，可见凹穴8个，形似梅花图案，中间1个凹穴，直径8、深2厘米，周围7个凹穴，直径5、深1厘米（图一三、图一四）。

（五）8+1型，即中间1个凹穴，周围8个凹穴

（1）对桩石岩画第五地点（北纬41°1′5″，东经123°02′05″，海拔178米）。在一块长约15、宽约10米的岩石上，分布有9个凹穴，组成一组梅花形图案，中间1个凹穴，直径11、深3厘米，周围8个凹穴，直径均为5、深2厘米（图一五、图一六）。

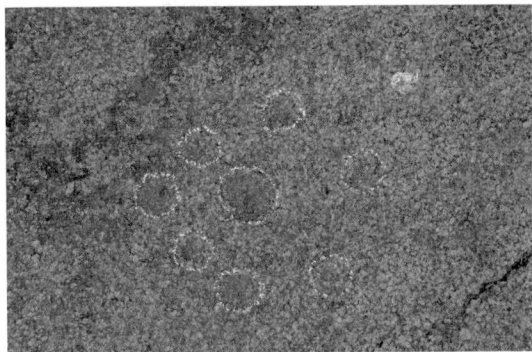

图一三　对桩石岩画第三地点

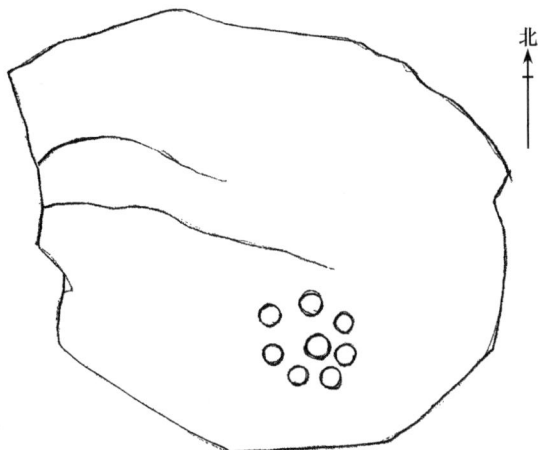

图一四　对桩石岩画第三地点线图

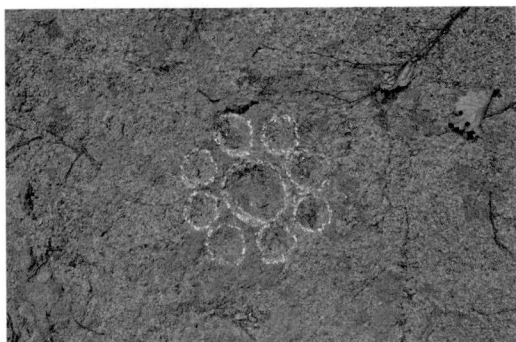

图一五　对桩石岩画第五地点

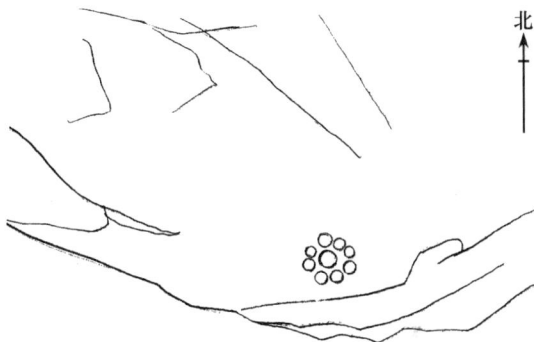

图一六　对桩石岩画第五地点线图

（2）龙头山岩画（北纬41°02′39″，东经123°02′36″，海拔92米），位于千山区大孤山镇西孤山村南约1千米的龙头山上。龙头山为东西走向，西高东低，头东尾西，形似蟠龙，现为龙凤墓园。在山南坡及山冈上发现岩画多处，其中一组由9个凹穴组成一组梅花形图案，中间1个凹穴，周围8个凹穴（图一七、图一八）。

图一七　龙头山岩画局部

图一八　龙头山岩画线图（局部）

（3）羊耳峪岩画第三地点（北纬41°04′48″，东经123°03′01″，海拔159米）。位于铁东区大孤山街道谢房身村北侧山冈上，有一片裸露岩石，有东、西两处凹穴岩画。其西侧岩画分布在一长2.3、宽2米的岩石上，共有29个凹穴。其中一组，中间1个凹穴，周围8个凹穴（图一九、图二〇）。

图一九　羊耳峪岩画第三地点局部

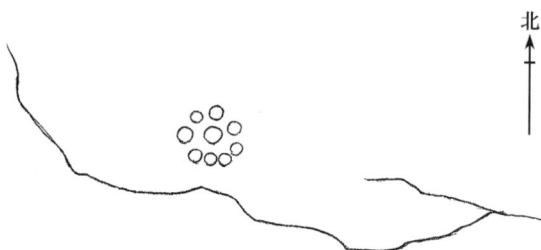

图二〇　羊耳峪岩画第三地点局部线图

（六）9+1型，即中间一个凹穴，周围9个凹穴

玉佛山隧道岩画第九地点（北纬41°06′27″，东经123°02′12″，海拔136米）。科技大学软件园后山20米处，在一块长1.4、宽0.8米的岩石上，分布有凹穴11个。其中有梅花图案一组，由10个凹穴组成，中间一个凹穴，直径7、深2厘米，周围8个凹穴，直径4、深1厘米（图二一、图二二）。

图二一　玉佛山隧道岩画第九地点

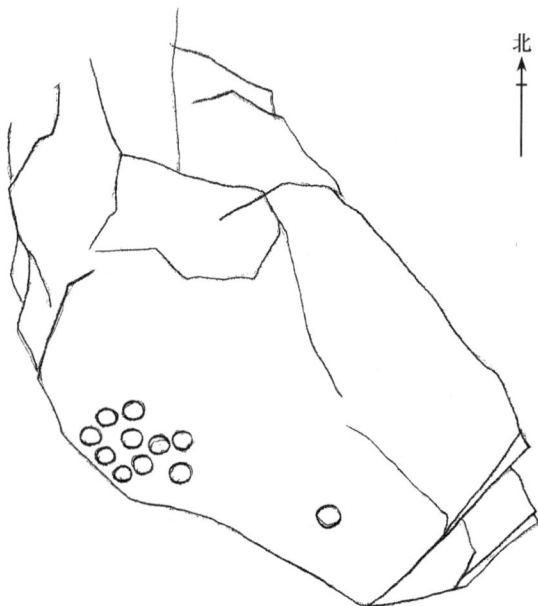

图二二　玉佛山隧道岩画第九地点线图

（七）10+1型，即中间1个凹穴，周围9个凹穴

玉佛山隧道岩画第五地点（北纬41°05′58″，东京123°02′09″，海拔124米）。在一块长2.4、宽1.1、高0.5米的岩石上可见凹穴22个，其中有两个梅花形图案。一组由11个凹穴组成，中间一个凹穴，直径9、深1厘米，周围10个凹穴，直径为4、深1厘米（图二三、图二四）。

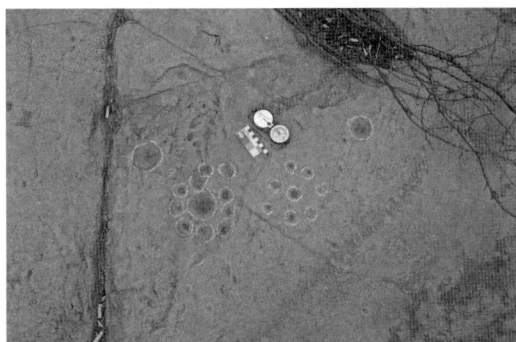

图二三　玉佛山隧道岩画第五地点局部

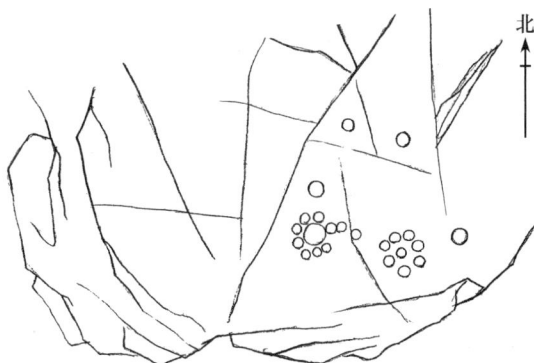

图二四　玉佛山隧道岩画第五地点线图

（八）N+1型，即中间1个凹穴，周围数个凹穴

七岭子岩画第四地点（北纬41°06′30″，东经123°06′5.7″，海拔119米）。在一块长1.3、宽2.1米的岩石上可见凹穴19个。其中有一组梅花图案，由18个凹穴组成，中间一个凹穴，直径6、深1厘米，周围17个凹穴，直径为3、深1厘米（图二五、图二六）。

图二五　七岭子岩画第四地点

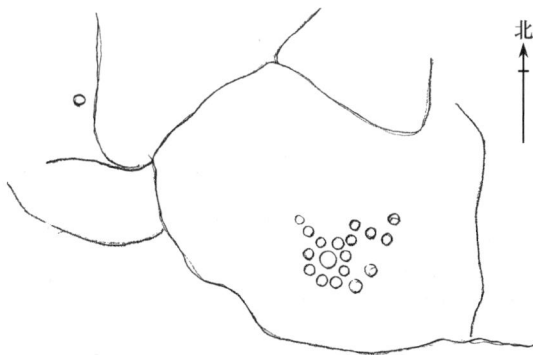

图二六　七岭子岩画第四地点线图

二、鞍山地区龟形石上的凹穴岩画

鞍山地区凹穴岩画较之其他地区岩画的另一个特点就是，许多凹穴岩画是分布在龟形石上。

（一）姑嫂石村龟形石上的凹穴岩画

位于海城析木镇姑嫂石村东南山坡上（北纬40°40'04"，东经122°57'20"，海拔205米）。该处有一石龟，共有凹穴145个。龟脖处有5个凹穴，石龟盖呈弧形，上有63个凹穴，并有梅花形图案一组。此外在石龟盖上东南处还刻有太阳图案，在石龟盖西南处刻有弯月，内刻3个凹穴，似三星。石龟下南、西两侧，除有4组梅花形图案凹穴外，还有3个方盘（图二七~图二九）。

图二七　姑嫂石村龟形石

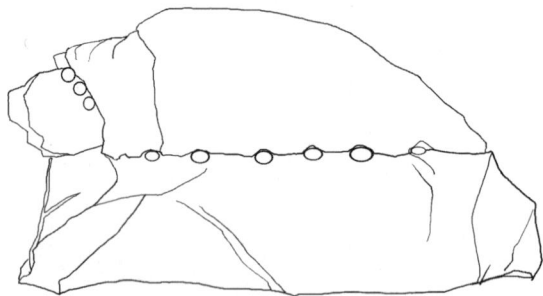

图二八　姑嫂石村龟形石线图

图二九　姑嫂石村龟形石上的凹穴岩画

（二）达道峪村龟形石上的凹穴岩画

位于达道峪村北2千米的山上（北纬40°40'02"，东经122°57'46"，海拔274米）。西侧3千米为G16丹锡高速公路。共有两处。

（1）一处岩石近似龟形（图三〇），长3.4、宽1.5、高1.5米。在龟背上可见由4个凹穴组成的双排凹穴图案（图三一）。左侧两个凹穴相距26、直径为4、深2厘米，右侧两个凹穴相距17、直径5、深2厘米。

图三〇　达道峪村龟形石

图三一　达道峪龟形石上的凹穴岩画

　　（2）另一处距离上一地点西侧500米，可见一块裸露的龟形岩石（图三二）。这块岩石已经断裂，岩石南北长2.4、东西宽2.4、高0.8米，在岩石上可见凹穴12个（图三三）。其中有6个凹穴组成一组梅花形图案。在其北侧15厘米处有一个大的凹穴，直径12厘米。

图三二　达道峪村龟形石

图三三　达道峪村龟形石上的凹穴岩画

（三）老牛寨村龟形石上凹穴岩画

位于海城市东南32千米，接文镇老牛寨村南约1千米山北坡（北纬40°41'47"，东经122°58'51"，海拔185米），有三块重叠的岩石，状如龟形（图三四）。龟头偏东，长0.5、宽0.4米，龟背呈弧形，上面有凹穴（图三五、图三六）。

图三四　老牛寨村龟形石

图三五　老牛寨村龟形石上的凹穴岩画

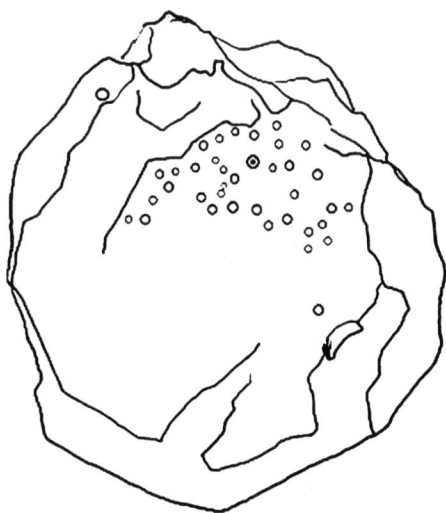

图三六　老牛寨村龟形石素描

（四）窑沟村龟形石上的凹穴岩画

位于海城市接文镇东约1千米窑沟村后山，当地居民称之为"大石棚"（北纬40°43'10"，东经123°00'37"，海拔259米）。共有以下两处。

（1）一处可见两块叠摞在一起的大岩石。形似一龟背另一龟（图三七），下边岩石长约4、宽1.5米。上边岩石长2.5、高1.7米。在这个巨大凹穴的东侧（也就是乌龟的背部的中间部分）有一组图案，距离大凹穴37厘米，可见大小凹穴共计15个，这些凹穴呈不规则散状分布（图三八）。其中最大直径14、深3厘米，最小直径5、深3厘米。

图三七　窑沟村龟形石

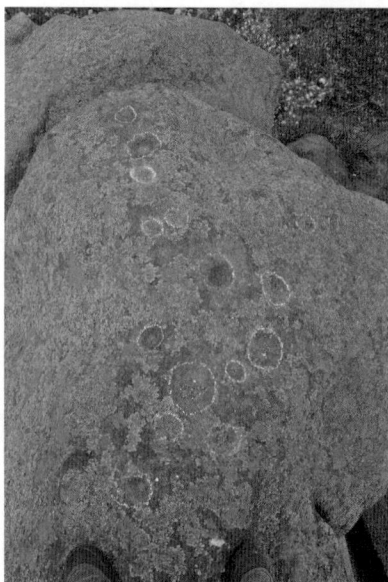

图三八　窑沟村龟形石上的凹穴岩画

（2）另一处在上一处西侧20米，可见一裸露的巨大岩石，形似龟（图三九），岩石长约为4、宽约3、高约2米。在上面发现圆形凹穴26个及几个不规则形凹穴，共组成了六组图案（图四○）。第一组图案在石头的最南部，由15个凹穴组成。其中有一个梅花形图案，由7个凹穴组成，中间1个凹穴、周围6个凹穴，其余凹穴呈不规则的散状分布。第二组图案在第一组图案东北侧57厘米处，可见图案2个：一处为圆形的环形图案，一处为"回"字形图案。第三组图案在第一组图案北侧93厘米处，有凹穴4个，组成一组双排凹穴，每排2个。

图三九　窑沟村龟形石

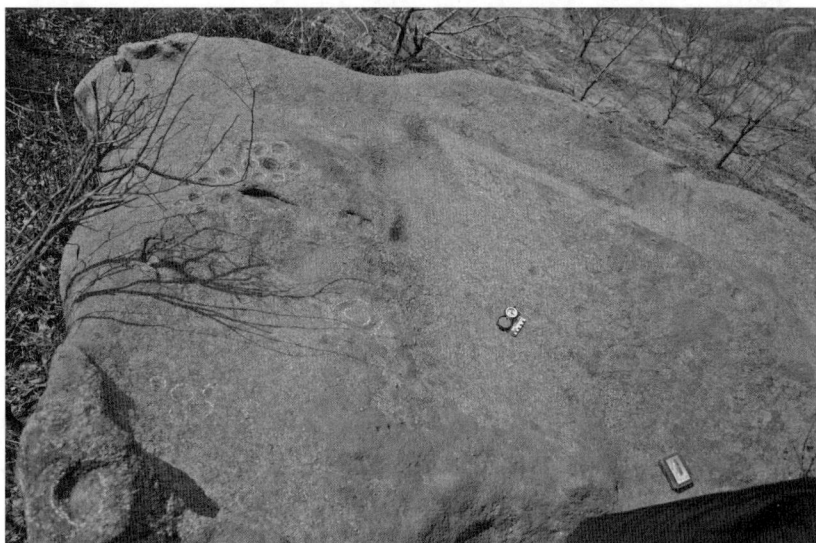

图四○　窑沟村龟形石上的凹穴岩画

第四组图案在第三组图案西侧32厘米处，该组图案由一个长方形组合图案和5个凹穴组成。第五组图案在第四组图案西侧64厘米处，这组图案刻在石头的最凸起部分，是一个月牙儿形图案和一个单凹穴。月牙儿长20、宽8、深2厘米。在月牙儿形图案南侧1.2米处，有一个单凹穴，直径为15厘米。第六组图案在第一组图案东侧20厘米处下方，有一个单凹穴，凹穴直径为10厘米。

（五）宋家堡子村岩画

位于海城市接文镇宋家堡子村太阳沟北面山的南坡上（北纬40°43'37"，东经123°02'16"，海拔232米）。果树园内可见一块大的岩石，岩石好似一只乌龟（图四一），东西长3.3、南北宽4.6、高1.5米，头向东侧。龟背上凹凸不平，可见凹穴17个（图四二）。在龟背的最北侧有一组图案为双排凹穴，由7个凹穴组成，距离该组图案

图四一　宋家堡子村龟形石

图四二　宋家堡子村龟形石上的凹穴岩画

南侧7厘米处有一单排凹穴图案，由4个凹穴组成，在龟背东南侧下方1.4米处又见凹穴2个，在龟背西南侧下方1.4米处又见一单凹穴，其余3个凹穴为不规则地分布。

（六）对桩石村龟形石上的凹穴岩画

位于千山区大孤山镇对桩石村镇境内（东经123°03'13"，北纬41°00'06"，海拔229米）锅底山上。锅底山为众多巨石垒堆而成，山顶横置一巨石（图四三）。在巨石堆东北方，有一块龟形石，头向偏南，头下部有12个凹穴。石龟下方还有28个凹穴（图四四），石壁有25个凹穴。在这组岩画北下方，有一个石棚，棚内呈不规则三角形，南北相通，高约1.7米，壁上有凹穴50余个。在周边还有三处：方盘、梅花及不规则图案。

图四三　对桩石村龟形石

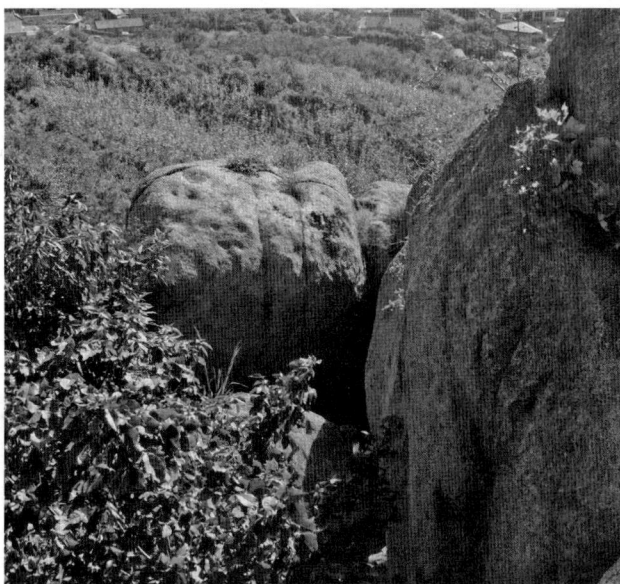

图四四　对桩石村龟形石前方凹穴岩画

（七）巴坟沟村龟形石上的凹穴岩画

位于千山区大孤山镇东约4千米，东连羊耳峪村，南接崔家屯，西靠英城子（北纬41°05′22″，东经123°02′41″，海拔170米）。该处有一龟形石（图四五），头向北，龟背弧形，共有凹穴121个，凹穴组成的梅花形图案有7组。

图四五　巴坟沟村龟形石及其凹穴岩画

（八）忠心堡村龟形石上的凹穴岩画

位于千山区千山镇政府西，东邻环市铁路，西靠山，岩画就分布在村西山上，共有11处。其中有一处（北纬41°05′28″，东经123°04′35″，海拔115米）龟形石（图四六），上有17个凹穴，组成梅花形图案（图四七）。

图四六　忠心堡村龟形石

图四七　忠心堡村龟形石上的凹穴岩画

（九）忠心堡西山岩画第五地点

位于忠心堡西山阳面山坡，其东北为玉峦湾小区，东南约2千米处现为施工现场（北纬41°05'18"，东经123°04'30"，海拔99米）。见一块不规则形岩石，表面凸凹不平，长1.8、宽1.2米，大致呈龟形（图四八），龟头朝北。此岩石北侧高1、南侧高0.8米。在龟形石背部距离龟头部位0.8米处有一组23个梅花图案（图四九），由7个圆形凹穴组成。龟形岩石下方裸露岩石上不规则地分布着大小不同的凹穴。

图四八　忠心堡龟形石

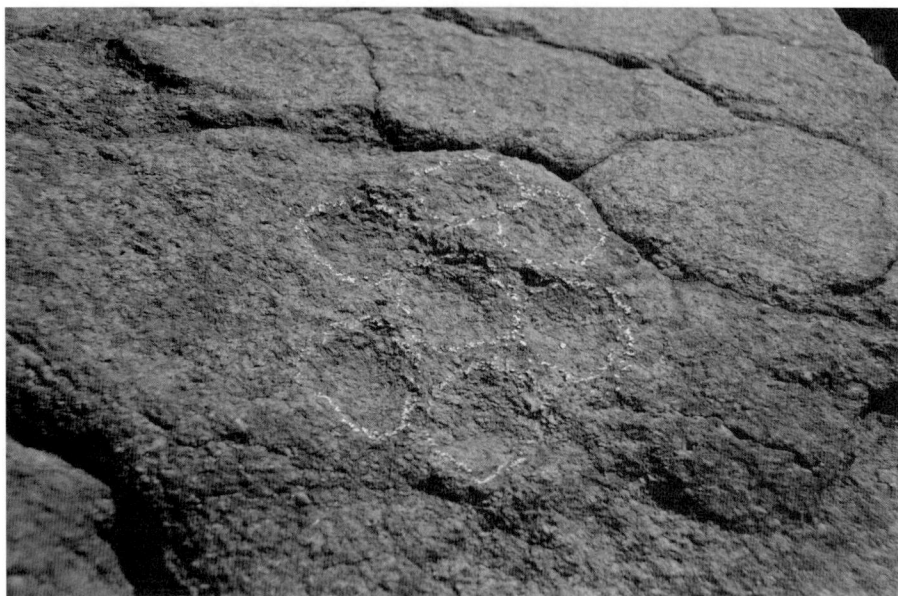

图四九　忠心堡村龟形石上的凹穴岩画

（十）雷达山龟形石上的凹穴岩画

属玉佛山风景区，位于铁东区三十五中东侧大德御庭小区南方约 500米处（北纬41°07'05"，东经123°00'52"，海拔124米）。在通往山顶小路的右侧约5米处可见一块龟形岩石（图五〇），龟头向西，长1.3、宽1.1米。在该龟形岩石上可见一组梅花形凹穴图案，共有6个凹穴（图五一）。

图五〇　雷达山龟形石

图五一　雷达山龟形石背上的凹穴岩画

三、石棚附近分布有凹穴岩画

鞍山地区有许多石棚，有的是自然形成，有的是人工搭建，在石棚上或是其周围岩石上常有凹穴岩画。

（一）析木石棚上的凹穴岩画

析木石棚，俗称"姑嫂石"，位于海城析木镇姑嫂石村的东山坡上（北纬40°40′08″，东经122°50′07″，海拔173米），为青铜时代墓葬。它由6块经过加工磨制的巨大花岗岩石板支架而成，棚高2.8米，上盖略呈长方形，长6、宽5.1、厚0.47米。内壁西侧分布有72个凹穴，南壁石上端，有较为规整的两排小圆窝，共33个（图五二～图五四）。

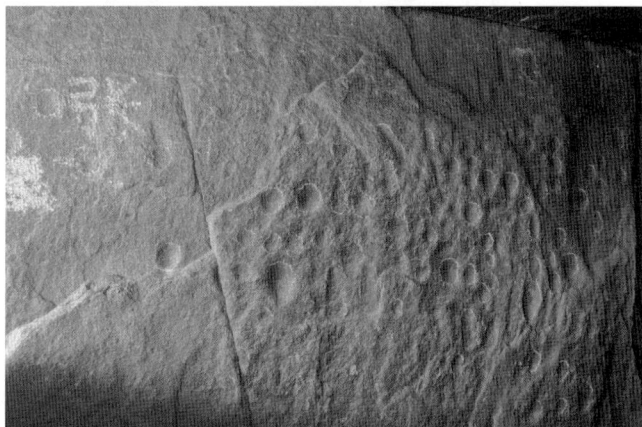

图五二　析木石棚

图五三　石棚内西壁上的凹穴岩画

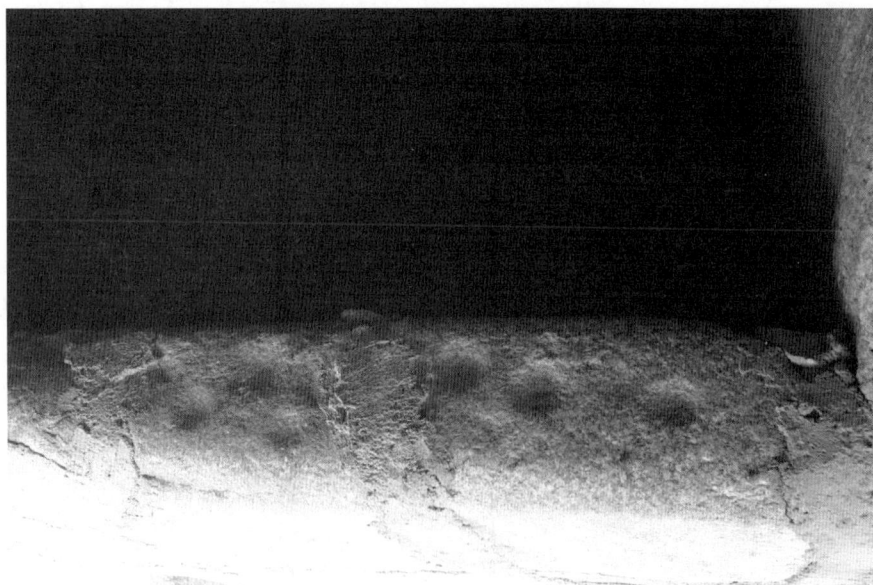

图五四　石棚南壁顶部的凹穴岩画

（二）老牛寨石棚上的凹穴岩画

位于海城东南32千米，接文镇老牛寨村南约1千米的山北坡（北纬40°41′47″，东经122°58′50″，海拔185米），当地群众称"大石棚"。该处有3块裸露的巨石，形似龟。龟头偏东，长约45、宽约40厘米。龟背呈弧形，上面有38个凹穴（图五五、图五六）。

图五五　老牛寨石棚

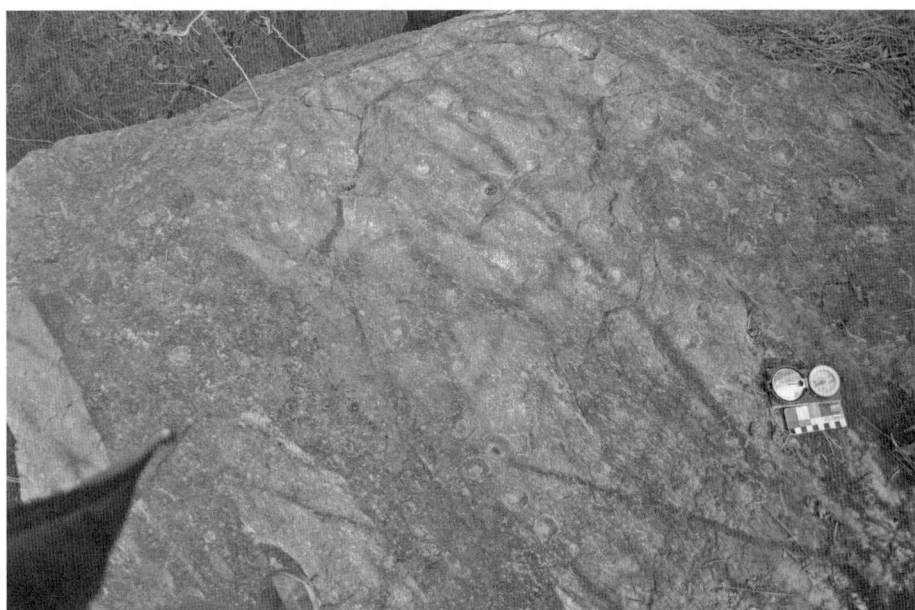

图五六　老牛寨石棚上的凹穴岩画

（三）接文村石棚上的凹穴岩画

位于海城接文镇接文村北部石棚山顶（北纬40°43′11″，东经123°00′37″，海拔263米）。该处有几块巨石搭叠在一起，当地人称石棚，在其东、西两侧15米内有两个地点有凹穴岩画。西侧的第一地点较为典型，该处有一块长约为4、宽约3、高约为2米的岩石。在上面发现凹穴26个，并和几个不规则形组成了形如日、月、箭及梅花的六组图案（图五七、图五八）。

图五七　接文村石棚

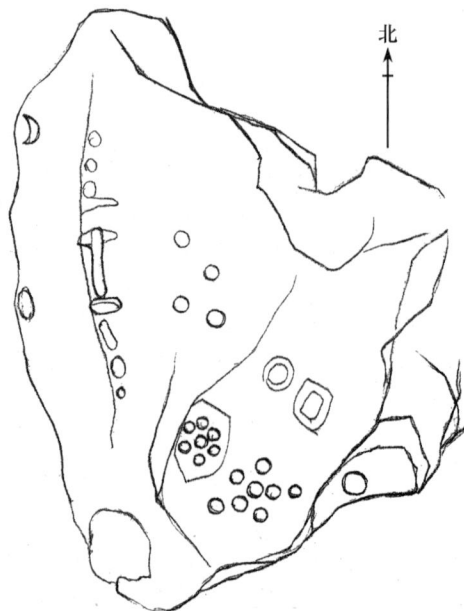

图五八　接文村岩画第一地点线图

（四）对桩石岩画第六地点

位于千山区大孤山镇对桩石村东部锅底山上（北纬40°59′43″，东经123°03′42″，海拔229米），山顶有片巨石林，高约30、直径约50米，顶部由几块巨石组成的石棚。有三处岩画分布在石棚周边。石棚东南方一块大约25平方米的石面上还有28个凹穴（图五九、图六〇）。

图五九　对桩石石棚

图六〇　对桩石岩画第六地点局部

小　　结

通过这次调查，鞍山地区凹穴岩画具有三个显著特点：一是凹穴岩画呈"梅花状"分布较多；二是许多凹穴岩画分布在龟形石上；三是石棚附近分布有凹穴岩画。当然，这只是部分特点的总结，本次调查还发现许多凹穴岩画有形如日、月、星象、方格、三角等图案，其特点正在整理归纳之中。

注：文中部分照片由张旗、王鑫厚拍摄，素描由印尼、魏国栋所做。

大兴安岭彩绘岩画考古发现概述

赵评春

（黑龙江省文物考古研究所）

大兴安岭彩绘岩画的早期考古调查始于20世纪70年代，黑龙江省文物考古研究所赵振才先生经实地考古调查交唠呵道彩绘岩画。

当年，该地区隶属黑龙江省管辖。2014年8月，我曾就此请教过赵振才先生：当时，他是跟随敖鲁古雅的一个鄂温克打猎队进入大山的，进去走了一个多礼拜，但那是鄂伦春打猎队的行进速度。

每天要打猎，早、中、晚鄂温克猎民们还要喝三顿酒，走不了多远，每天也可能是10里、20里的路程。岩画地点就在敖鲁古雅西北方向的大山里。同年，我在呼中"北山洞"考古发掘期间，惊闻赵振才先生辞世，享年87岁……

现在，交唠呵道岩画地点还没有再次找到。社会上流传赵振才先生那次考察进山行程走了十多天，就此，将这处岩画地点想象得很遥远。内蒙古方面还猜测应该是在今天的漠河辖区内的山里。赵振才先生这段回忆具有重要的史料价值，交唠呵道岩画地点当在敖鲁古雅西北，并不很远的山里。

2012年10月，大兴安岭地委宣传部王利文部长将其部下志愿调查的彩绘岩画情况通报至黑龙江省文化厅宋宏伟厅长。至此，省文化厅责成黑龙江省文物考古研究所由我负责彩绘岩画考古调查。数年工作中，黑龙江省文物考古研究所与大兴安岭地委宣传部合作开展了岩画考古调查工作。在考古调查中新发现呼中北山洞古人类居住使用的洞穴遗迹，并获得非常重要的具有地层叠压关系的彩绘岩画，这为解决本地彩绘岩画的出现年代，提供了坚实物证。谨此，将有关考古调查与清理发掘做一概述。

一、大兴安岭彩绘岩画考古调查

2012年11月开始，考察队利用各个季节的不同气候条件，克服沼泽和河流拦阻及山高林密的不利条件，在东起呼玛沿江乡狐仙洞，西至漠河西北的仙女洞岩画地点直线距离约430千米；北起黑龙江边的绥安站小黑石砬子"凤凰"纹样岩画，南至八十八岭岩画约390千米的约16.7万余平方千米的范围内；踏冰蹚雪，跋山涉水，风餐露宿，攀爬数以百计的山峰，经多次深入考古调查，先后工作和发现33处岩画遗迹地点，计1600余彩绘画幅。

　　大兴安岭地区所发现的原始岩画，全部为红褐色彩绘岩画，颜色深浅与其暴露朝向、风雨侵蚀程度不尽相同有关。各个岩画地点，广泛分布在群山深处、相对凸立的山峰"石砬子"（图一）的岩壁之上。

图一　古源彩绘岩画所在的石峰
（地称"石砬子"）

　　一般在石砬子前有可以站人的狭窄小坎，或是峭壁前的一个缓台。个别彩绘岩画高出石砬子底部5~6米，需要攀登进行彩绘；也有直观看上去需要蹲坐绘画的个例，但是没有进行过考古清理，尚不了解其下部原地貌状态。彩绘岩画的相对高度主要是绘画者平视眼前的高度。

　　根据彩绘岩画制作手法、绘画风格、纹样内容，甚至留下的彩绘手指印痕，可以认为属于远古艺术形态。颜料当属于人为调制赭石类颜料，应该在温暖季节直接用手涂绘。有的彩绘岩壁表面经过细致雕凿成直角方形，其上限为石器时期。只有塔河县瓦干村沿界河黑龙江上游，临江"小黑石砬子"岩壁上，彩绘长约1.5米凤凰纹样岩画，现残存略呈为橙红色岩画。根据纹样特征，以及附近沿江地区的金代遗存，初步认为该岩画属于宋金时期遗迹。

　　大兴安岭岩画特点为大多分布在人类活动不易到达的山顶石砬子耸立的岩壁上，全部为红褐色彩绘岩画纹样。纹样主要有各式人物，彩绘岩画中多见于"大"或"太""十"字形人纹，牵手相连，似为"佾舞"（图二）——成列之舞状。横列成队的人物纹样。

　　通过实地考察，我们已经可以令人信服地分辨出岩画人物的男女之别。突出的是

图二 翠峰彩绘岩画——"佾舞"

在岩画人物中，有些男性特征凸显，身体比例高出其左侧略矮且无男性特征的女人。同时，还有分别具有男、女不同性别特征的人物组合排列。还发现有头插三根雉尾冠饰的人物形象。另外，还有勾勒出轮廓线，举起带有手指掌的人物形象。

彩绘岩画动物纹样有狼或犬、马、野猪，鹿、虎、飞鸟和似龟形等图案。

相对比较抽象的图案有日、月，以及大圆圈纹，圈内有两个人形和小三角形图案。另外还发现了两个"梳子"形特殊纹样，向下分别为七齿和五齿形。

在上述主要都是以写实的人物、动物为主的彩绘岩画中，我们还发现一条"S"形、头上排列有四支立角状的"龙"纹图腾（图三）。

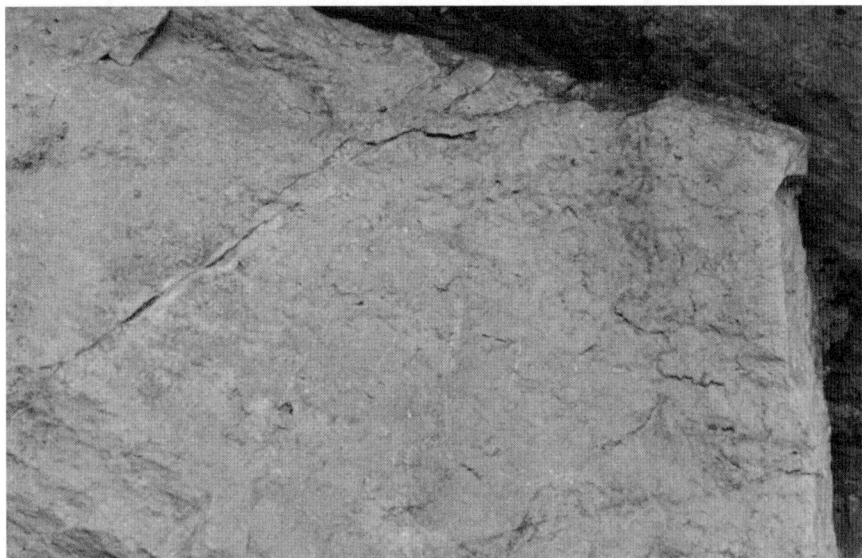

图三 彩绘"S"形四立角"龙"纹岩画

也许出于其地方偏僻，年代过于久远，这条"龙角"与已知的各种龙纹并不完全一致。但是，这可以视为超自然物种的神异图腾，而在中国这类纹样通常均定义为龙。故此，可以认为这条龙纹是迄今已知中国岩画遗存中，唯一的彩绘龙纹。

二、漠河岩画考古清理发掘

2013年9月，黑龙江省文物考古研究所批准我的意见，由我负责在被风化岩坍塌掩埋的"漠河岩画"，有目的地进行考古清理发掘，参加人员有省文化厅文物处处长盖立新；佳木斯市文物管理站张亚平；大兴安岭地委常委、宣传部长王利文、牟海军；漠河县委常委、宣传部长刘广林，以及其所属干部、作家等10余人。

在直临岩画岩壁形成的风化脱落岩石层内，清理出一件早年由岩壁上脱落的彩绘"人物"纹样岩画，出土之初岩画颜色明显为偏朱红色，画面为男人居右，两裆间"阳具"明显，女人身材矮小，位于男人左侧，还有一更加矮小的孩童位于女人左侧（图四）。

图四　漠河山基岩坍塌的角砾层下清理出土彩绘"三人纹"岩画

三人依次排列，均为双臂平伸、双腿叉开状。

在岩画下方，清理岩石脱落层下深1.4米，露出一小块宽约1米的缓台，在此狭窄的缓台原腐殖土层内，出土了古人磨制的"角锥"及部分动物骨骼。

由于此地没有可以进汽车的路，每天中午大家只能在野外一起吃烤饼和咸菜（图五）。

其实，这次发掘最重要的收获，并不是这件"三人纹"彩绘岩画。发掘现场中，盖立新于20世纪80年代吉林大学考古专业毕业，是古文字学硕士毕业的专家型官员；王利文部长是中国社会科学院的博士后学历的领导干部。他们目睹了岩画出土的全过程，

图五　漠河彩绘岩画点清理期间，每天早晨考古队沿此铁路徒步进入山里，中午下山在铁路边午餐

这为今后的工作打下了坚实的基础。当岩画出土的时候，王部长笑着说："赵老师，你可真行啊，隔着这么厚的岩石层，还能看到下面有岩画！"后来北山洞迁坟证明，获得地方领导的信任，才是猜、定"先有鸡，还是先有蛋"的锁匙。

三、呼中北山洞彩绘岩画发现始末

黑龙江省大兴安岭地区呼中北山洞，经考古调查和清理发掘证实，已经发现古人类文化遗存。这在广袤的森林覆盖地区，甚至丛林中没有任何今人踩踏出的小道，我们竟锲而不舍地发现了山体岩壁上的彩绘岩画，并隔着一座现代坟堆封闭的山洞口，大胆假设洞内应该存在古人类文化遗存，这的确是一种胆识，起码超越了所谓"人言可畏"的困惑：就是墓主迁坟后，没有古人活动遗迹的难堪后果。为此，我也很开心地认为，这次北山洞考古收获，堪称是罕见的重要考古发现，也是"路漫漫其修远兮，吾将上下而求索"的一个过程。

2012年10月末，地委宣传部同我约定了岩画考古的具体工作时间，但是本单位又因事不能安排出足够人手。如果不能按期抵达大兴安岭工作，必将给双方下一步合作增加阻碍。我觉得，所谓"玉，美石有五德者"，仁义智勇絜。一块玉石都能被赋予如此深刻的精神意义，我也不应该失信于大兴安岭地委宣传部。箭在弦上，已经难以改变时间了，只好自己驾车前往大兴安岭。

2012年11月2日午前，我同吴疆、刘阳到达加格达奇。王部长等在路边迎接我们。午后，当地两台丰田大吉普（俗称"4700"），将我开的帕杰罗吉普车夹在中间，前往老道口考察岩画。

万事开头难，这次真是个十足的"下马威"。两位林区职业司机，开出任意纵横的架势，这个大吉普车狂野地穿越在林区砂石路上。

到了松岭"老道口"，司机们下车聊天，我还要随队伍登上老道口的山巅之上，又以"专家"的身份，考察大兴安岭彩绘岩画。

从此，拉开了大兴安岭地区岩画考古的帷幕。

这次，在我了解的有关情况中，前期岩画调查志愿者牟海军介绍呼中有北山洞，早年被当地人将自己先父母葬于山洞之内云云。闻后，引起我的注意，让海军电话询问一下情况，呼中碧水镇书记说，山洞悬崖下临河水，没有船过不去。

2013年3月，我又带队前往大兴安岭地区考古调查，主要是利用这个季节，冰河还没有开化，天气也不是很寒冷，"这只要命的蜱虫"还没有复苏，比较适合森林地区野外工作。这次，我又要海军打电话联系，看看如何登上北山洞。碧水镇书记如实回答，"今年的雪太大，河套里雪太深，还有可能有清沟，山崖太陡了，还是上不去"。当时，我们就在大兴安岭群山之中开展田野考古调查。这一年的雪非常大，考察中，山间、河套积雪大多没过膝盖，深处可以托到裤裆。一想也是上不去，只好作罢。

2013年9月，清理漠河彩绘岩画遗迹之后，途中路过呼中，我又请海军电话问路，书记还是说河水太急，这个山洞上不去云云。

我同海军说："这几个季节咱们都来过了，初冬上不去，河没开化也上不去，这位书记总是回答上不去，你不能老问这个说上不去的人，咱找个别人，找个说能上去的人问问就好了。"因为宣传部隶属地委，他们对口单位的是各级党委，一般而言问到书记就是权威回复。在我的要求下，海军又问到一个人说是不用蹚河，走碧水北部支岔线，进入后山可以翻山上去。

是年9月22日，我带队由呼中北行至碧水镇，会同向导复北行，进入24岔线（山里运材的崎岖不平的土石路），沿山路两侧林木茂密，车行20多千米，一个衣着笔挺、脚穿一双黑盖鞋的中年男子，从他开的车上下来，给我们指了一个进入丛林穿越山岭的方向。刚上山不久，我的队员因为恐高，"大老远的"就在山北坡下停了下来。我和地委宣传部牟海军、呼中宣传部孙剑波继续前行，在丛林密布、荆棘丛生中穿过山岭，途中，我们就在山岩前的截断松树根部，还发现一颗大约直径22厘米的野生灵芝。这么大的一颗灵芝，表明很久没有人到这里来过了。当然，回到宾馆我在耳后又发现一只"蜱虫"……

我们三人绕过石砬子山峰东侧陡坡，来到了陡峭的朝南的北山洞口。

此时的北山洞，已经被一座厚重的大坟堆遮蔽洞口，洞外有一座石碑，可见是姜氏和两位夫人之墓。

在此洞口上面，新发现有古人彩绘岩画遗迹，只是纹样已经不可辨识。镜下观察北山洞口岩壁上的彩绘颜料材质和附着形态，目视结果与其他地区岩壁上的彩绘颜料基本一致。利用封土的自然沉降形成山洞上口的缝隙，手电筒可以照出洞内比较深邃。

根据岩画纹样内容类型，手指彩绘方法等，我认为属于史前彩绘岩画。这也是有关岩画的一种比较常规的认识方法。

事实上，自古岩画就是高出地面，刻画在岩壁之上的。也许远古人还有不止一种条件下的彩绘纹样，但是我们目前讨论到的只是在岩壁上发现的古人的彩绘纹样，很难在地下发现"岩画"，此前，也没有在地层里出土过岩画遗迹。传统中也只能是按照所绘内容形象所表示的时代特点来考订年代。近年，国外引进利用一些自然科学方法对岩画进行测年。但是，这一般需要可以提取有机物质作为测年采样标本。所以，大兴安岭岩画考古中的年代说法，还没有统一认识。搞民族学的学者，就认为是当地鄂温克或鄂伦春人的岩画（也就是距今400年来的作品）。但是，此地彩绘岩画能否取得合格的测年材质样本，还是一个未知数。

我在工作中，秉承胡适先生"大胆假设，小心求证"的精神，尽可能地在脑子里做多方面的设想，再一丝不苟地求证。所谓"以其昏昏使人昭昭"，也是不可能的。

由于此处已经有红漆棺木葬入山洞，洞口的红褐色颜料更要仔细辨识其古今之分。通过镜下观察，目视洞口彩绘遗痕与其他已经调查过的岩画彩绘颜料，微颗粒形态属于同一类"赭石"物质，是古时期人工合成的自然矿产颜料，而非现代化工油漆产品。

根据北山洞的自然环境，结合一些"堪舆术"常识，我设想洞内还可能存在古人类文化遗迹，地下还有可能有掉落或彩绘遗迹或废弃的彩绘颜料。

但是，现实是被一座当代坟堆挡在了山洞之外。

如何将姜氏墓葬迁出，对于我们文物部门是无能为力的构想。好在将近19年前，就有人在《黑龙江日报》上说过我是"心里没数天地宽"一类的人物，我还是设想如何进行北山洞的考古清理工作。

2014年7月下旬，我向王利文部长提出了呼中北山洞考古一案。

首先，洞口已经发现了彩绘遗迹，洞内很可能存在彩绘或古人类活动遗迹；理由也很简单，无论什么人来到这里，夏天必然进洞避暑，冬天必然进洞御寒。理论上可以推断这里应该有人类活动遗迹的可能。应该由我们进行一次考古清理发掘工作，一探究竟。根据该洞地理位置，以及洞口仅见的残存彩绘遗迹，认为该洞内应该存在重要的古人类文化遗存，提出应该将此当代坟墓迁出异地安葬，并对此进行抢救性考古清理发掘工作的看法。

王部长非常注重古文化在大兴安岭的地位和作用，当即表态，由他向地委汇报，安排推动北山洞姜氏坟迁出一事。

8月15日，王部长来电话通知我已经确定20日迁坟，催促我最好能在姜氏迁坟之时到达现场，以避免迁坟后的洞穴空缺时段的人为破坏。省考古所只能安排我一个人负责工作。也许，这只是一个圆我自己的梦的工作而已。没有本所司机，也没有本所队员参加的一次破天荒的北山洞考古开始了。实际上，当时的文物考古学界，只有我一个人到过北山洞，我想这个洞里应该有古文化遗存，或者还有岩画或颜料什么的。对此，只有王利文部长相信我的看法，为了能在大兴安岭发现更重要的远古遗存，甘冒一定风险，积极采取迁坟举措。这或许就是"漠河岩画"考古发掘的更为重要的收获。

我又凭交情借来渤海博物馆朱春雨参加清理和发掘技术工作。还有合作关系的就是地委宣传部曹国志、牟海军、于海涛、李忠伟，呼中区委宣传部张瑞杰、刘同欣、孙剑波、碧水镇纪检副书记刘来军等。发掘工作中所涉及的其他方面问题，如森林防火、用火、用工，甚至北山洞整座洞口的铁栅封闭，这是在大森林里防火期野外作业，没有电力，却要电焊，还要用火……诸此困难，按照我的意见或要求，全部由诸多官员安排解决。其实，这就是大兴安岭地委、宣传部的工作力度体现。

2014年8月19日，我自己驾车前往加格达奇。当天，午后三时许到达。

8月20日，我等又加牟海军一同前往呼中区。姜家也是一早进山迁坟。途中，双方在边远的6米宽的山路见面。现年62岁的姜家老二谈了一下洞内情况，说是1971年，铁道兵部队勘查中发现了山洞。他对这一带也非常熟悉。老二表示，他们将老人葬在洞里，在洞口做个坟堆，也是不让别人看出来葬在洞里了。

我也由衷地赞许他们兄弟开明，深明大义，经过沟通，慨然将先人迁出安葬。

是日午前，我们一行5人行程约270千米山路到达呼中区。

午餐后，我们备好香火和白酒，出镇北行进山，车行于山里运材路上。因为大兴安岭地区已经停止森林采伐，运材路上已经没有大货车横行霸道。当然，路也没有人为之修补，道路更显坎坷不平。

这次清理发掘，考虑到远在深山深处，难免惊扰一方山神地祇，尤其还要有人家迁坟在先云云。据说，墓内老太太的大腿骨还有筋皮相连，起码，我们进洞能闻到阴腐之气。我还给自己项下戴了一块青玉神面纹佩，以为神佑之象。

出镇北行，车过了呼玛河桥天就开始下雨，一直不停地下，仿佛这块云就罩在我们的头上。崎岖的山路上，竟然涓涓溪流。我一看静等也是上不去了，心里想到，也许山神地祇也不愿意下午接收我们上香的敬意。我和大家说："弟兄，不行了，我们撤回吧。山神爷不接受我们下午的香火。"大家也是一呼百应地撤回。但是，一出大山，回来过了桥，路面完全干燥，一河之隔，山外根本就没下雨。

如此大家也是一路感叹：冥冥之中啊，下午香火都不行……

21日上午，晴空丽日，我同大家一起敬过山神地祇，便开始了清理工作。

至此，大兴安岭森林地区首次发现了一处非常重要的、石器至鲜卑时期的重要古代文化遗产。

这也是黑龙江森林地区、洞穴考古的开山之作。

根据姜家安放三具棺木挖开的剖面，可以看出洞内有一层较厚的黄黏土垫层，其中包含数层木炭。很明显，这层黄土不是北山上的原产土壤，一定是古人从远处河谷里搬运进洞，垫平洞内砾石层表面，做出来的"炕"，不同的是传统的"炕"是由炕洞添柴烧火取暖。而这个洞内的黄土垫层，是在上面烧火烘烤炕面取暖。至今，鄂伦春等民族的居住"撮罗子"，也是生火烤暖地面，再行铺上狍皮褥子度过寒夜。出于对先民劳作的崇敬，我们每一铲土，都是经过粗、细两道罗网，认真筛选甄别每一件细小的文物。

从盛夏到寒冬，长达80余天的洞穴考古工作，使我们初步发现了旧石器至鲜卑时期的不同文化层，在已知底部文化层，初步认为属于旧石器时期地层内，出土了具有摩挲、把握使用形成"包浆"痕迹的玉质握刃、带有人工浅钻孔的菱形玉石佩饰；打制玉刃、压制玉石片、刮削器、玉石材质石核、磨制石锛，砣工石质容器残块、陶器口沿、玛瑙箭镞、玛瑙珠、极其细小的料珠等文物标本。在上述不同时期古人类活动文化层，经北京大学考古文博学院科技考古实验室测定，洞内黄黏土垫层底部距今约7045年，属于新石器时期文化层。洞内上由鲜卑时期，下至新石器等多层不同时期文化层下，还有一层较厚的角砾层，在此角砾层下，出土旧石器时期遗存，并在此角砾层叠压下基岩石壁上，我发现了人工绘制残存的彩绘红褐色颜料遗痕。这在世界岩画研究中，具有公认的地层叠压关系下的彩绘颜料遗痕，完全属于极为罕见、具有突破性的考古新发现。所以，这次清理发掘，通过不同时期诸多文化层的叠压关系，提供了大兴安岭红褐色彩绘岩画起源于旧石器时代的考古学坚证。

据目前已知材料，已发现的大兴安岭彩绘岩画，所用绘画颜料材质相同，绘画内容、风格、手指彩绘的手法基本相同。按照类型学而论，我们还无法区分这些岩画年代上的差别。幸运的是，据俄国学者考证，西伯利亚西阿穆尔地区彩绘岩画，有披毛犀纹样[①]（图六～图九）。

这就表明只有旧石器时期的人类存在见过此类动物的条件，也就是说，这类彩绘岩画必然出自旧石器时期人类所为。该地点位于洛古河仙人洞彩绘岩画以北，直线距离约58千米（图一〇）。

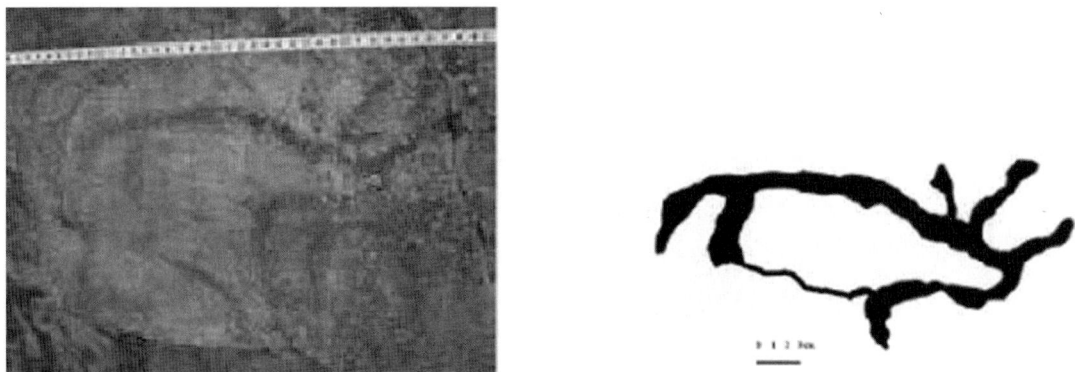

图六　彩绘"披毛犀-1"及墨线投影图
（复制选自《乌捷尼·皮萨尼察——西阿穆尔岩画艺术的新遗存》电子版，图像素较低）

---

① А.П.扎比亚科、Р.А.科贝佐夫著，李有骞译：《乌捷尼·皮萨尼察——西阿穆尔岩画艺术的新遗存》，《东亚的传统文化》，布拉戈维申斯克，2010年。

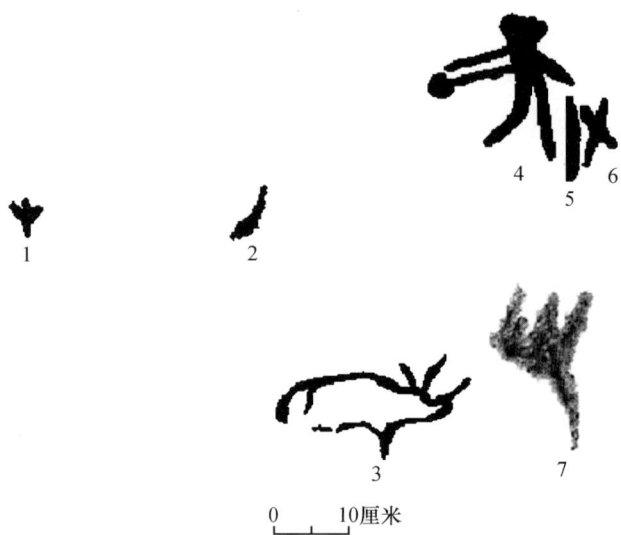

图七　西阿穆尔岩画中的人、披毛犀等纹样墨线投影图

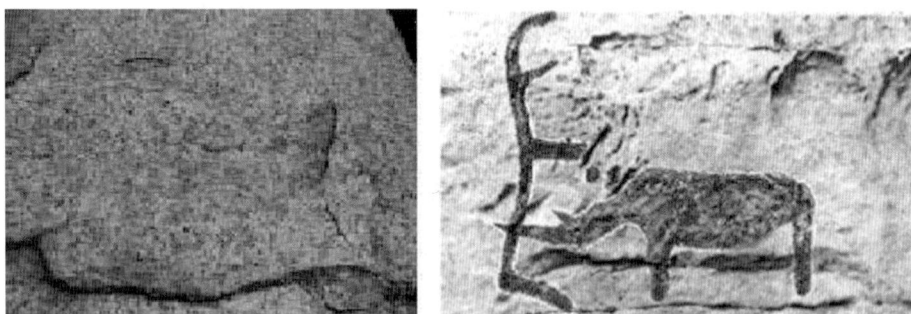

图八　彩绘"披毛犀-2"及其墨线投影图

图九　"披毛犀"复原图

图一○　西阿穆尔地区彩绘"披毛犀"岩画与中国大兴安岭洛古河等彩绘岩画地理坐标

目前，我们还没有能力对大兴安岭一带，包括内蒙古地区和俄国西阿穆尔地区所有彩绘岩画，进行颜料成分检测分析的条件。利用科技手段对于经过数千年或万年以上、久经风吹雨淋和日晒等千差万别条件下、彩绘颜料中仅可能存在的动物胶进行测年的方法、结果，毋庸讳言，也存在一定的认识局限性。起码，彩绘岩画纹样类型，颜料遗留状态，岩画地理环境状态、手绘技法等，还是我们目前认识其年代的主要方法。

就我们可以看到的西阿穆尔披毛犀纹样彩绘岩画遗迹而言，该彩绘岩画直观上可以看成属于富含赤铁矿的"赭石"颜料，同中国大兴安岭地区彩绘岩画应该是同一种矿物质，岩壁上彩绘颜料遗留状态相同。同时，彩绘画法与风格基本一致。目前，已知黑龙江省大兴安岭地区彩绘岩画分布密集，具有地层叠压关系的旧石器时期彩绘颜料遗迹已经出土在呼中北山洞，那么，俄国西阿穆尔地区彩绘"披毛犀"纹样的旧石器时期人类才可以见到并存在的古脊椎动物岩画，也可以看成是大兴安岭旧石器时期彩绘岩画的向北延伸。

四、彩绘岩画研究与文物保护的意义

各种岩画连续记录了远古人类的生存活动，是人类描绘在岩石上的一部远古史。岩画作为一种图形艺术，无论是从人类学、远古史、民族学、民俗学、考古学角度，还是从人类早期思维意识方面，对其进行研究和挖掘都有不可低估的价值。为研究当时的社会关系，生业方式，古人思维方式、意识形态等提供了丰富的资料。

例如，国内文物考古学界合力出版的《中国出土玉器全集》中，早期玉器只收录有新石器时期出土玉器。但是，大兴安岭彩绘岩画地处中国边疆，黑龙江左岸的广袤地区，在历史上同属中华文化传承地区，是我国最北的岩画遗迹。

　　据考证，汉代文献有关北方"烛龙"的描述，就早在两千年前，即有中原方士游历至北极地区，目睹北极光的记录。大兴安岭岩画中的"S"形"四角"龙纹，也可以看成是远古人们眼里的"烛龙"形态。金代北距上京3千米外屯戍边疆的火鲁火疃谋克，其地当在今俄罗斯勒拿河流域雅库茨克一带。由此可见，中国边疆内外的历史沿革，直接关系到国家历史地理存继，而大兴安岭岩画显而易见地属于原始社会时期，是生存在黑龙江流域的人们在没有任何文字形成之前，最为重要的"图形"文献记录。所以，对大兴安岭岩画的探索研究，并结合地方森林资源环境，保护地方文物保护与开发的热情，必须提升到国家层面的高度，加强岩画保护和研究，否则又可能出现十分不利于文物保护的局面。

　　大兴安岭岩画分布区域广泛，基本处于密林深处，非专力所为，几无可能到达的山峰之上。这在莽莽林海之中，只有意在登上跃出森林的凸立山峰石壁，方可以一览天下的愿望的反映。这类"登高临远"现象，本身就反映出古人意识中接近天地神祇的祈望。

　　大兴安岭岩画作为中国岩画的重要组成部分，也必将是世界远古文化的一部分。为此，需要国家积极向国际社会推进大兴安岭彩绘岩画与文物保护成果。为我们生活在当今之世的人们探索认识远古先民的心灵意识，继续探索、研究这一幅幅别有深意的图形。

大兴安岭岩画发现调查与刍议

崔越领

（内蒙古鄂伦春旗食品药品监督管理局）

一、缘　　起

由于我在大兴安岭出生并成长、工作，本然之心喜爱家乡原生态自然与文化，尤其是敬仰源自于家乡的鲜卑人，拓跋鲜卑人建立的北魏王朝实现了中华文化最高境界——无为之治，鲜卑人旧墟石室嘎仙洞就在我居住地鄂伦春旗阿里河镇西10千米。

医生职业喜爱究竟，我就不时地去嘎仙洞寻找鲜卑人秉性因由。随着了解的深入，知道一波又一波的大兴安岭原住民入主华夏中原，席卷欧亚大陆，建立了数十个王朝，对古先民森林生存时代缔造的文化取向愈发入心扣探。

2006年我应邀陪我国台湾蒙藏委员会专员、鲜卑史学者刘学铫先生考察嘎仙洞，刘学铫先生说：依据鲜卑人迁徙到内蒙古西部以后墓葬中有壁画，发祥地可能会有此类文化遗存，可以留意。

由此，我踏上了在茫茫大兴安岭原野之中自费、自力的苦寻岩画之路，称之"心路历程"。

二、发现情况

以岩画发现时间节点来记录，从2007年到2014年，我共寻找到岩画50余处，5000余幅（由于尚不能辨识，故以单个图案计算幅数）。

介绍岩画之前，有必要让学者们了解大兴安岭的概况。因为，越是古老的文化，越具有地域环境特征。

三、地 理 地 貌

大兴安岭北起中国版图鸡冠北纬53°的中国北极漠河黑龙江畔，北与俄罗斯外兴安岭隔江相望，呈东北—西南走向，西南端抵锡林郭勒草原与阴山首尾相续，东，上段与小兴安岭经嫩江相隔，下端为松嫩平原；西为蒙古高原。长1400、宽200～400千米。

地貌为火山与第四纪冰川运动形成。多样性的火山、第四纪冰川冰蚀柱等遗迹散落分布（我于2006年发现大兴安岭主山脉第四纪冰川遗迹，2007年8月5日邀请中国地质科学院地质研究所、中国第四纪冰川遗迹陈列馆韩同林研究员实地考察认定）。

四、生 态 环 境

大兴安岭森林、湿地密布、河流纵横，是中国面积最大的原始林区，它不仅涵养着呼伦贝尔、锡林郭勒等蒙古草原，供应着下游近亿人口的生活用水，还保护着中国东北、华北平原，乃至东亚的环境。野生动植物资源富集，有1475种，其中植物1141种、动物260种、菌类74种。植物中有大量可食用的山野菜、浆果、坚果。

大兴安岭春有百花秋有月，夏有凉风冬有雪。山间溪水可直接饮用，是我国生态最为优良的地区，良好的环境适宜人居，逐渐欲使人们到此养生、览胜。

良好的生态与地理地质环境是古先民生产、制作岩画的先决条件。

五、人 文 历 史

兴安岭为满语，意为极寒处、白色的山岭。1961年时任内蒙古自治区主席的乌兰夫为了确认地域文化的历史地位，邀请著名新史学五名家中的三位翦伯赞、范文澜、吕振羽等历时两个多月全线考察。翦伯赞在《内蒙访古》中说："假如呼伦贝尔草原在中国历史上是一个闹市，那么大兴安岭则是中国历史上的一个幽静的后院。"有史记载，大兴安岭是鲜卑人、契丹人、女真人、蒙古人的发祥地，1980年米文平先生在嘎仙洞发现的443年北魏留下的石刻祝文，证明嘎仙洞是鲜卑人的旧墟石室、祖庙；大兴安岭历史上是华夏领土，古称的大鲜卑山为兴安岭。清朝时期，鄂温克、鄂伦春人从更北的地域被迫迁徙于此。

1. 神指峰岩画

寻找人：崔越领、侯言增；地点：内蒙古呼伦贝尔市鄂伦春旗；发现时间：2007年7月14日。岩画为红色绘就在长约9、宽5、高20余米的第四纪冰川遗迹冰蚀柱下部，四周皆有，约500（单）幅，因其神似伸出夸奖的拇指而命名。为此，开拓了大兴安岭岩画发现与研究史。

时年，8月25日我应时任鄂伦春旗旗委书记侯言增的嘱托，通过中央民族干部学院严墨博士，邀请北方民族大学岩画中心主任束锡红教授、上海古籍出版社府宪展教授亲临岩画点考察，在北方看到绘就岩画令他们惊喜。我也第一次听府宪展先生说大兴安岭还有两处"鄂温克岩画"，他也是临来时查资料才知，为20世纪70年代黑龙江省考古所赵振才先生在中国最后使鹿部落敖鲁古雅鄂温克人引领下记录，此后，无论是学界还是官方对此渺无音信。

2. 伊龙山岩画

寻找人：李占洪、崔越领；发现时间：2008年1月19日；地点：内蒙古呼伦贝尔市鄂伦春旗。为红色绘就，约230幅。

3. 麒麟山岩画

寻找人：崔越领；发现时间：2008年4月4日，此日为国家首个清明节假日，崔越领在等待看黄帝陵祭祖之前，突发到镇边考察时发现；地点：内蒙古呼伦贝尔市鄂伦春旗。红色绘就近百幅岩画，有一幅为高75、宽45厘米边框图案，内分四层，每层人物倒画屈膝。

4. 白银山岩画

寻找人：白银山、崔越领；发现时间：2010年3月10日；地点：内蒙古呼伦贝尔市鄂伦春旗。岩画为红色绘就，10余幅。因地点位于远离人居的山野，岩画无明显内涵特征，绘就岩画的岩石亦无特点，就以发现志愿者名字命名。发现者穿越茫茫大山、森林、湿地、河流，遭遇风雨、冰雪很辛苦无报偿，以志纪念，此后几处亦如此。

5. 小二红岩画

寻找人：崔越领；发现时间：2010年4月25日；地点：内蒙古呼伦贝尔市鄂伦春旗。岩画为红色绘就，100余幅。

6. 扬帆石岩画

寻找人：崔越领、白银山；发现时间：2010年5月5日；地点：内蒙古呼伦贝尔市鄂伦春旗。此点有两处岩画，20余幅，岩画为红色绘就，首次发现了火焰图案，也是截至目前唯一一幅。长百余米、高40余米的冰蚀柱因其形似扬起的巨帆而命名，寓意大兴安岭岩画在民间已经扬帆，更会破浪起航。

7. 吉库冰长城岩画

寻找人：崔越领；发现时间：2010年9月30日；地点：内蒙古呼伦贝尔市鄂伦春旗。岩画为红色绘就，20余幅。山脊上的冰川遗迹，长500余米，高约30米，顺山势绵延，壮观似长城而命名。

8. 安娘娘河岩画Ⅱ

寻找人：崔越领、府宪展；发现时间：2010年10月10日；地点：内蒙古呼伦贝尔市额尔古纳市。岩画为红色绘就，50余幅。

9. 碧水观音山岩画

寻找人：崔越领；发现时间：2010年11月9日，此时，位于大兴安岭顶峰大白山北坡的岩画点已进入严冬季节，寒风裹挟着大雪；地点：黑龙江省大兴安岭地区呼中区。岩画为红色绘就，仅1幅，但由此，我开拓了黑龙江省大兴安岭地区岩画发现与研究史。

10. 呼源岩画

寻找人：崔越领；发现时间：2010年11月10日；地点：黑龙江省大兴安岭地区呼中区。岩画为红色绘就，近10幅。

11. 嘎仙洞岩画Ⅰ、Ⅱ

寻找人：崔越领；发现时间：2010年11月13日；地点：内蒙古呼伦贝尔市鄂伦春旗。此两点岩画为红色绘就，30余幅，第Ⅰ处痕迹惨淡，第Ⅱ处由于嘎仙洞森林被毁灭性破坏而暴露。我寻找岩画始由嘎仙洞，由于无一丁点知识，虽然无数次山上山下苦苦寻觅，一无所获。三年后，发现时已无原始兴奋竟是无语。

嘎仙洞，为古满语，意为故乡、村落。规模巨大，地质学家韩同林考察确认为是地质运动而成，是目前世界上最大的天然花岗岩山洞。1980年7月30日，米文平先生在嘎仙洞发现了《魏书》记载的鲜卑旧墟石室《石刻祝文》，由此证明了嘎仙洞是史学家寻找千年的鲜卑旧墟石室；证明了历史上兴安岭是华夏领土。震惊世界学界。时任国家文物局局长认为：一是国家刚刚结束"文化大革命"，不具备北方山洞考古挖掘学术基础；二是一旦有古人类骨骼等重大遗迹，不具备保存条件；留给子孙做吧。但，当地还是以排水为借口进行了挖掘，这种对自然地理地质无知的行为，加之无序拓印、喷漆，导致了罕见的人类文化遗产华夏最北《石刻祝文》已无发现时留存了1500年的模样。挖掘出土了旧石器、新石器、陶器，表明这里是远古人类居所，考古文化层对人类学考据意义巨大。遗憾的是，岩画点被多形式损毁，还在重复这种文物管理部门以及有关机构的破坏。

2006年6月，我在嘎仙洞深部发现了石窟寺遗址，规模巨大，工程未竟。从遗存痕迹、地质比较、设计形式、方位选择、文化信仰因缘脉络等方面分析，为443年北魏拜祖时所开凿，导致工程未竟的原因是因宗教信仰的变化，这是鲜卑人第一座石窟寺。

12. 擎天柱岩画

寻找人：崔越领、安亚林、康家和；发现时间：2011年4月10日；地点：内蒙古呼伦贝尔市鄂伦春旗。岩画为红色绘就在高约30、直径约25米近似椎体的冰蚀柱下方，300余幅。

13. 天书岭岩画

寻找人：崔越领、安亚林；发现时间：2011年5月15日；地点：内蒙古呼伦贝尔市鄂伦春旗。此点有5处岩画，约500幅。山上有由20余个冰蚀柱组成的冰川石林，岩石因冰川释放效应而呈页岩状，30余米高、百余米长，似一巨书，又有学者将岩画誉为"天书"，我与大同学者联合将其命名为——天书岭。各具怪异嶙峋的自然文化遗迹——冰石柱，加之人类古老文化遗迹——岩画，良好的多样性生态环境，此处具备开发为文化旅游景区的条件，我也曾多次撰写考察报告向有关部门建议，遗憾的是，就在国家决定于2015年4月1日全面停止大兴安岭天然林采伐的前夕，山坡的落叶松被"剃光头"式毁灭性砍伐了，失去了一些环境魅力。

14. 苍山岩画

寻找人：于海涛；发现时间：2011年7月22日；地点：黑龙江省大兴安岭地区呼中区。红色绘就，约10幅。这是黑龙江省大兴安岭地区岩画志愿者首次介入岩画，将图片发给我请求鉴定，我多次实地教他们如何发现、识别，简单理解内涵。

15. 鹿鸣山岩画

寻找人：崔越领、徐仁峰、崔恩博；发现时间：2011年7月29日；地点：内蒙古呼伦贝尔根河市。红色绘就，30余幅。

16. 独秀峰岩画

寻找人：白银山、崔越领；发现时间：2011年11月3日；地点：内蒙古呼伦贝尔扎兰屯市。红色绘就，30余幅。

17. 鳄鱼石岩画

寻找人：崔越领、安亚林；发现时间：2011年10月1日；地点：内蒙古呼伦贝尔市鄂伦春旗。岩画为红色绘就，50余幅。

18. 安亚林岩画

寻找人：安亚林、崔越领；发现时间：2011年10月1日；地点：内蒙古呼伦贝尔市鄂伦春旗，岩画为两个点。岩画为红色、黑色绘就，约20幅。

19. 嘎仙洞岩画Ⅲ

寻找人：崔越领；发现时间：2012年4月4日，清明；地点：内蒙古呼伦贝尔市鄂伦春旗。红色绘就，30余幅，因环境破坏，岩石表层脱水迸裂。

20. 天台山岩画

寻找人：于海涛；发现时间：2012年4月7日；地点：黑龙江省大兴安岭地区加格达奇林业局（行政版图：内蒙古呼伦贝尔市鄂伦春旗）。岩画红色绘就，图案百余幅。我依其岩画图案内涵为日月星云崇拜，加之地理地质与岩画结合特征而命名。

21. 古源岩画

寻找人：于海涛等；发现时间：2012年；地点：黑龙江省大兴安岭地区松岭区（行政版图：内蒙古呼伦贝尔市鄂伦春旗）。红色绘就，50余幅。

22. 昆仑山岩画

寻找人：安亚林、崔越领；发现时间：2012年5月11日；地点：内蒙古呼伦贝尔市鄂伦春旗，岩画为两处。昆仑山为第四纪冰川遗迹——冰蚀昆仑石，长约200、高约70米，巨岩因壁立千仞，壮观巍峨而得名昆仑石。

23. 蛇山岩画

寻找人：白银山、崔越领；发现时间：2012年8月22日；地点：黑龙江省大兴安岭地区加格达奇林业局（行政区域：内蒙古鄂伦春旗），两个点。红色绘就，30余幅。

24. 大子扬山岩画

寻找人：崔越领、白银山；发现时间：2012年10月21日；地点：黑龙江省大兴安岭地区加格达奇林业局（行政版图：内蒙古呼伦贝尔市鄂伦春旗）。约10幅，红色绘就。岩画点为古先民生存旧石器遗址，岩画绘在旧石器遗址"人工洞穴"岩壁上，由此也可以确定，岩画时代为旧石器时代。

25. 白桦岩画

寻找人：崔越领、白银山；发现时间：2012年11月6日；地点：黑龙江省大兴安岭地区加格达奇林业局（行政版图：内蒙古呼伦贝尔市鄂伦春旗）。红色绘就，岩画200余幅。

26. 玫瑰峰岩画

寻找人：崔越领；发现时间：2014年4月27日；地点：内蒙古兴安盟阿尔山市。红色绘就，5幅。

27. 白剑刚岩画

寻找人：白剑刚、崔越领、邓智洋；发现时间：2014年6月13日；地点：内蒙古兴安盟阿尔山市。红色绘就，10余幅。

28. 黑色岩画

寻找人：崔越领等三人；发现时间：分别为2011年、2014年；目前发现三处，由于涉及资料的保密性，地点、内容等信息不予公布。一处为古岩画，另外两处经学者刘凤翥、乔吉先生确认，为契丹大字和老蒙文（历史亦称畏兀儿蒙文、回鹘蒙文），都是各自创建初期的史料。遗憾的是，虽然为中华民族创建，但目前我国学者尚不能释义。

29. 安娘娘河岩画 I

寻找人：不详；记录人：赵振才；记录时间：1974年9月；地点：内蒙古呼伦贝尔额尔古纳市。红色绘就，有岩画千余幅。

30. 交唠呵道岩画

寻找人：不详；记录人：赵振才、顾德清；记录时间：分别为1975年9月和20世纪80年代初；地点：（大概在）内蒙古呼伦贝尔根河市满归镇西北部。岩画红色绘就，30余幅。

31. 岩刻，嘎仙洞《石刻祝文》

寻找人：米文平、彭绍普；制作人：北魏东作念；发现时间：1980年7月30日；制作时间：443年七月二十五日；地点：鲜卑人旧墟石室嘎仙洞右侧石壁。岩刻为汉字魏碑，201个字，是中国北方最早的历史资料。

六、大兴安岭岩画的浅显研究—刍议

1. 岩画原料

我分析，主要针对红色岩画，根据岩画绘就在岩壁的垂直岩面，漫漶性的演变，制作岩画起始时期原料为浆果汁，后来加入了蛋白浆调制。

2. 岩画时代

亦是针对红色岩画。依据绘就岩画稚嫩的线条技法、大量的不能解读的简单的符号形式、一些稍能释义的表述对象，并与北半球其他相近纬度、相同地理地质环境已发现并有时代结论的岩画点对比性分析，大兴安岭岩画的制作时代为古先民旧石器时代森林采集阶段，社会结构为母系社会。

3. 岩画内涵研究

研究者必须有大山之中四季原生态长期的生存经历，来感悟祖先的意境。还需要放弃自己所谓的固有知识，否则，在电脑前看发现者提供的资料，会离题万里，还会被世界文化界贻笑。绘画的技法是简单具象性的线条，所以，以艺术的抽象性思维介入岩画研究，更是背离原意。可以说它是艺术之源，但绝不是艺术。

4. 岩石崇拜与原始宗教

古老先民根据自身生产特征，依赖岩石的结构与方位附以倒木组成"房屋"，这是人类最古老的居住建筑。解决了居住问题，生存条件得到提升。淳朴的劳动者在巨岩处所，还可进入通灵状态，与天地接应，祈福、医病等，巨岩的岩画点"舞蹈"图案应该是通灵状态，人们自然推举他为首领——可汗。这里是北半球原始宗教、萨满教记录的摇篮。有的北半球原生态地人们至今还有尖顶岩石崇拜习俗，这是岩石崇拜的表现。如图一～图五所示。

图一　岩石崇拜

图二　岩石崇拜

图三　图一岩石下部大量舞蹈岩画

图四　图二岩石下部舞蹈岩画

图五　测量图二岩石下舞蹈图案

5. "符号"与"几何图案"

大多数大兴安岭岩画为简单的"符号"与"几何图形"形式，由于对此类岩画无法用现代语言表达，并且尚不能释义，就用"符号""几何图形"来代替介绍，这种表述肯定是与岩画原意相距甚远，甚至于悖理，这也是现代人不能与祖先对话的主要原因。越是简单的人类文化记录越应该是远古朴素的，与北半球其他地方岩画相比较，大兴安岭岩画这一点的特征更具明显性。拿出几幅图案来介绍，这种记录形式很丰富。从文化记录性这一点来讲，大兴安岭岩画作者远比仓颉造字久远得多；从绘制岩画工具来讲，也比蒙恬发明毛笔悠久。

这种原始宗教已经失传，或许因人失去淳朴性有关。用进入通灵状态无规则的肢体状态，以舞蹈满语—萨满一词来代替，是不能契合其意的，尤其是成了规律的艺术性舞蹈。

如图六～图一二所示。

图六　符号组合

图七　边长30厘米的正方形，表面附以青色苔藓

图八　符号组合

图九　符号

图一〇　符号

图一一　符号

6. 自然崇拜

有太阳、月亮、星星、云等。

7. 祖先崇拜

8. 森林崇拜

目前，世界上发现的树木岩画还很少见，尤其是以简笔的形式。更能表达古先民因植物为其提供食物来源的尊重。如图一三所示。

图一二　生殖崇拜鸟

图一三　以森林为代表的植物崇拜

9. 祭天仪式

有一幅图案是目前大兴安岭岩画发现最大的一幅，带边框，高75、宽45厘米，人物分五层，呈屈膝状，倒画（图一四）。另一幅为对太阳、月亮、星、云的祭拜，人们上肢上举呈恭敬状（图一五）。分析图一六、图一七也是对天祭祀之意。

图一四　祭天图

图一五　日月星云崇拜图

图一六　人与符号组合

10. 动物崇拜

目前发现的有鹿、虎、青蛙、鸟等。没有涉猎行为与射猎工具。

依照青蛙的生殖特征，人性化的图案；鸟腹部突出，呈安详孵化状，青蛙与鸟图案是生殖崇拜，希望自己如其一般多孕、多育的繁衍。如图一八所示。

图一七　太阳崇拜

图一八　青蛙
（蛙形人，生殖崇拜）

11. 性崇拜

此幅岩画，上图为交媾图，下图为性器结合图。交媾图的站立体式、女性的强壮，以性生活来表现女性的地位，那个时代为母系社会。

不可言喻的性高潮状态，为古先民所期盼，并且可以繁衍。人类自古对性就是尊敬的。如图一九、图二〇所示。

12. 驯化鹿、马、狗

依据图案所位于岩画点的动物种类、地理位置，可以分析出当时的环境、气候与现在的差异不大。先民在森林转徙，由森林时代进入草原的具备要素还可以判断出人类使鹿文化、马文化、狩猎文化的时间节点，证明大兴安岭古原住民也是驯养他们的首创者。如图二一、图二二所示。

图一九　性崇拜，交媾图

（还原图，制作者：府宪展）

图二〇　性崇拜

（上为交媾图，下为性器结合）

图二一　驯化马

(先民由森林进入草原)

图二二　驯化鹿、驯鹿

13. 依赖岩石原始建筑

　　寒冷森林地域，古先民在无数不多的山洞，利用陡峭的山坡挪开岩石形成的洞穴生存以外，其余的都是依赖巨大岩石一定的方位、特定的结构，利用倒木予以斜靠支撑，形成空间居住，这是最古老的房屋建筑。后来生活工具进步，才能够取断木材，互相支撑搭成支架式房屋。如图二三所示。

图二三　利用倒木依赖岩石原始建筑

14. 五为最大数——尊数

多处岩画点有不同表象的五，从色泽看是一次绘画。朴素的分析，人的指、趾为五，方便计数，取其为尊（图二四）。

图二四　五个点状图，岩石表面生长绣色苔藓

七、大兴安岭岩画最迫切的事

大兴安岭岩画图案大多是唯一性的，也就是说，每一种内涵的表达，仅此一幅，从这一点来讲，每一幅都无比珍贵。

1. 保护

多处岩画遭受到了难以语言表达的破坏。主要有三种：一是发现之前、发现后无知者无意与故意的破坏；二是发现后文化文物部门泼水拍照，无知性保护工程；三是个别所谓的研究者与部门为了名利，在没有经文物部门审批下，进行的以考古为名义的挖掘，这种破坏是毁灭性的。在世界范围禁止触摸、泼水，坚决禁止对岩画点挖掘，尤其是石器时代的岩画，因为人们还没有认知它，不具备知识。此题以后另行详叙。

2. 继续发现

我依据对大兴安岭的了解，认为在茫茫大山之中还应该有更多的岩画等古人类文化信息有待于发现，岩画也会有更多的文化内涵。

3. 记录

应该用现代化高端的设备，对岩画点及岩画点环境进行多形式、全方位、专业性的记录。有的岩画内涵是因为环境的选择，所以记录环境与记录岩画同等重要。

4. 对岩画学者予以理解和支持

目前，国内对岩画这一人类最古老的文化还没有达到正确的认识，从国家高端院校、学术机构没有岩画研究机构和学者的这一现象，就是明证。民间学者出于热爱在原生态地域，尤其是大兴安岭这样寒冷、森林湿地密布、河流纵横旷野的地方，无数次穿越于大山得到的第一手岩画资料，要得到文化机构、学者、媒体的认可很不容易。他们做的事，是为了国家荣誉，为了人类远古文明的名世。各界应该对生存于底层的民间岩画人给予基本的同情和理解，应该像国际上其他国家对岩画学者田野踏查的交通工具、记录设备、后勤保障等方方面面予以支持，尤其是能够令他们名正言顺地开展此项工作，人身名誉上予以保护。

5. 国家应该介入大兴安岭岩画的发现与研究工作

像大兴安岭岩画在莽莽森林之中以绘制形式，横跨多纬度，广泛面积，与国际上其他国家关联，涉及远古人类转徙，森林时代向草原、农耕文明过度进化等多学术学科、宽角度一样的人类古文化不多见。当下，工作以个人方式进行，一旦无常化，这一珍贵的人类古文明又将湮灭于旷野。何况是能够证明中国大兴安岭是世界人类文明起源地地位的资料，值得国家介入，国家的力量会令大兴安岭岩画工作做得更加完美。

巴丹吉林手印岩画初探

范荣南

（阿拉善右旗文物局）

手印是原始人类最初产生的审美意识之物化，也是迄今人类最早的色彩图像，手印岩画"既是对手的赞颂和崇拜，又是原始人类对手的美感与对红色的美感之艺术的统一升华"。

手印岩画，是世界岩画中的习见题材。近几年来，在内蒙古雅布赖山、曼德拉山、阴山，新疆库鲁克山兴地，宁夏贺兰山，云南沧源等地岩画中均发现有彩绘和凿刻的手印岩画。在国外，法国、西班牙旧石器时代洞穴岩画，北非新石器时代早期岩画，以及南非、澳大利亚、北美美国（亚利桑那州印第安人）和加拿大等地时代较晚的岩画中，均发现有手印岩画。目前我国的手印岩画发现的并不多，而在巴丹吉林南麓的雅布赖山脉出现如此密集的洞窟彩绘手印，不能不说是一个值得我们关注的问题，据笔者了解巴丹吉林雅布赖山脉是我国洞窟彩绘手印岩画分布最多的地区，对我们研究洞窟彩绘手印岩画具有非常重要的意义。

一、巴丹吉林雅布赖山脉手印岩画的分布

巴丹吉林沙漠位于我国内蒙古自治区阿拉善盟阿拉善右旗北部，横穿阿拉善右旗全境。沙漠面积49200平方千米。是我国第三大、世界第四大沙漠。巴丹吉林沙漠一直是丝绸之路进入河西走廊的主要驿站，是东通宁夏、包头，西往嘉峪关、新疆，北入额济纳弱水及蒙古的要道。据史书记载，巴丹吉林沙漠地带在春秋之前为氏族和氏族部落居住地；春秋时为北狄牧地；战国至秦为月氏居住地；西汉时期为匈奴右贤王牧地；东汉至三国时期，为羌、乌桓、鲜卑、匈奴等少数民族牧地。西晋时，秃发、鲜卑牧于阿拉善西北部，匈奴贺兰部牧于贺兰山西部，匈奴铁弗部和鲜卑拓跋部游骑出没于阿拉善东部；北朝时期，前后赵、前后秦、夏时，阿拉善东部和北部为柔然游牧地，西南部为秃发、鲜卑牧地；北魏、西魏、北周时，为柔然、突厥牧地；隋唐时为突厥诸部居住地；唐末，为吐蕃、党项游牧地；五代时，由吐蕃、回纥、党项等杂处；西夏至金，地属西夏兀剌海路，并设有贺兰山坚军，是吐蕃、党项、回纥、鞑靼、阻卜诸部游牧地。自元代起，始为蒙古部落牧地。明代蒙古部亦卜剌因火筛、月氏、著力兔、楂汉胡墩先

后占有此地。

　　巴丹吉林是岩画分布非常密集的地区，近几年来，在巴丹吉林沙漠南缘先后发现69处岩画群，3万多组，数十万个个体。仅仅在曼德拉山地区就发现了4000多幅岩画，其数量之多、内容之丰富、时代之久远，格外引人关注。丰富多彩的巴丹吉林岩画，是我国古代民族文化艺术园地中的一枝耀眼夺目的奇葩，也是世界岩画宝库中的一个重要组成部分。它绵延数百千米，跨越十余个世纪，分布69个地点，岩画数万幅，是不同历史时期、不同民族经历了漫长岁月而创造的多民族艺术画廊。它包括动物、人物、类人首、花草树木、日月星辰、建筑、文字题刻等图案和狩猎、放牧、征战、交媾、舞蹈等内容。巴丹吉林岩画运用写实和抽象的雕刻艺术手法，忠实地记录了古代巴丹吉林地区的自然生态和北方游牧民族的物质文化及精神文化生活。

　　在沙漠腹地发现如此密集的岩画群在国际、国内实属罕见。而巴丹吉林岩画中最早的岩画形象应当是手印岩画，截至目前，阿拉善右旗在雅布赖山脉中发现5处手印岩画，这些手印岩画都在洞窟内的石壁上，这5处手印岩画从雅布赖山脉最西端的陶乃高勒洞窟到最东端的额勒森呼特勒洞窟，全长35千米，分别是陶乃高勒、布布、特格几格上下洞和额勒森呼特勒，呈弧线分布。5个洞窟中共有76个手印岩画。

1. 陶乃高勒洞窟手印岩画

　　陶乃高勒手印岩画地处内蒙古阿拉善右旗雅布赖镇雅布赖山脉腹地，距离雅布赖镇75.2千米。该遗址位于东经102°51′14.5″，北纬39°36′35.4″，海拔1616米。该洞窟内最宽处3.2、高2.28、洞窟深2.1米。山洞距山沟底约35米，洞窟顶部石壁上有23个红色露地阴性手印，其中左手印12个、右手印5个，其余手印比较模糊无法辨认（图一、图二）。

2. 布布洞窟手印岩画

　　布布洞窟手印岩画地处内蒙古阿拉善右旗雅布赖镇东北部的布布井，距离雅布赖镇55千米，该遗址位于东经103°03′19.3″，北纬39°43′24″，海拔1674米。洞窟内最宽处3.2、高2.28、洞深2.1米。洞窟顶部石壁有11个红色露地阴性手印，其中有6个手印比较清晰、5个手印比较模糊。从手形来看，其中左手9个、右手2个。将手印岩画从左向右依次类推，第一手印长15、宽13厘米；第二手印长18、宽10厘米；第三手印长17、宽11厘米；第四手印长22、宽12厘米；第五手印长20、宽13厘米；第六手印无法测量；第七手印长15、宽10厘米；第八手印长20、宽12厘米；第九手印长18、宽11厘米；第十手印长15、宽10厘米；第十一手印无法测量（图三）。

　　根据手印测量尺寸推测，布布手印不是少数人所为，而是一个氏族或者一个部落很多人的手印。保存状况一般。

图一　陶乃高勒洞窟远景

图二　陶乃高勒彩绘手印岩画

3. 特格几格高勒上洞手印岩画

特格几格高勒上洞手印岩画地处内蒙古阿拉善右旗雅布赖镇东北的特格几格井，距离雅布赖镇62.8千米，该遗址位于东经103°15′14.1″，北纬39°50′56.8″，海拔1661米。

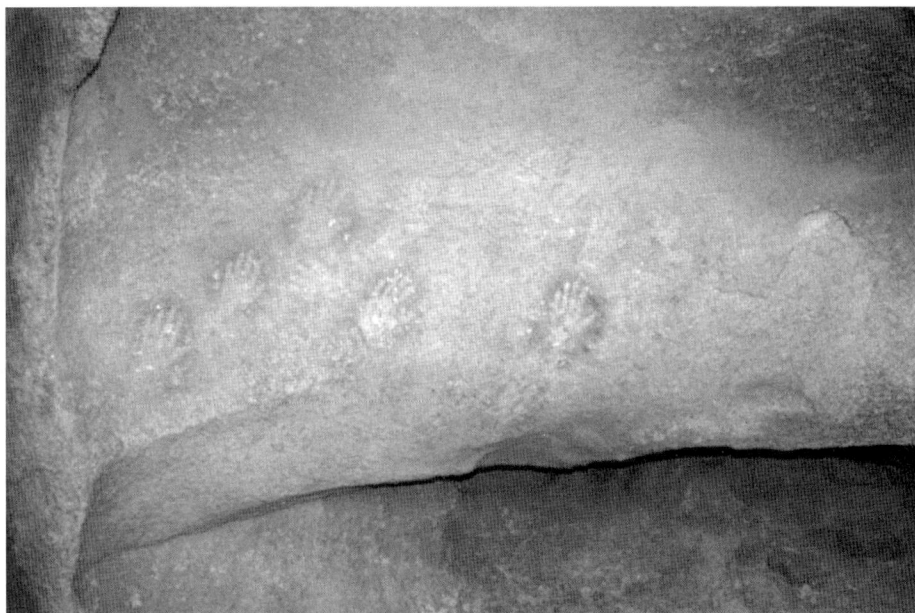

图三　布布彩绘手印岩画

洞窟坐西北向东南，距离洞窟东南240米处有几眼泉水，洞窟内宽12.2、深7.4、高3.2米。手印分布于洞窟东侧顶部石壁上，密密麻麻，能辨认的手印有12个，9个左手、3个右手，手指全部向上（图四）。

图四　特格几格高勒上洞手印岩画

4. 特格几格高勒下洞手印岩画

特格几格高勒下洞手印岩画地处雅布赖镇的特格几格井，距离雅布赖镇东北62.7千米。该遗址位于东经103°15'19.2"，北纬39°50'46.6"，海拔1661米，洞窟坐西北向东南，洞窟南侧前方有一条东北向西南走向河沟，洞窟在山峰的下部，距离沟底约34.5米。洞窟宽1.52、洞深1.2、高1.6米。洞内北侧石壁上有3个红色手印，2个左手为阴纹，其中一个带手臂，另外一个手印为阴纹，形状较为奇特，手印两边各一手指向外张开，手指较短，手掌中间手指无缝隙，呈"火炬状"，此手印长24、宽18厘米，整个手印形似一个火炬，下方并带手臂，手臂比任何洞窟内发现的手臂都粗壮，是否有特别的寓意尚不清楚（图五）。

图五　特格几格高勒下洞彩绘手印岩画

5. 额勒森呼特勒手印岩画

额勒森呼特勒手印岩画地处阿拉善右旗曼德拉苏木，距离曼德拉苏木所在地73千米，"额勒森呼特勒"系蒙古语，汉语意为"沙坡"的意思。该遗址位于东经103°26'25.5"，北纬39°53'48.5"，海拔1413米。该洞窟北靠巴丹吉林沙漠，南邻雅布赖山脉。洞窟坐西北向东南，洞窟正前方有一条西南向东北走向的河沟，洞窟宽5.2、深24米，洞窟内最高处3.2、最低处0.83米。洞窟内石壁上有明显的烟熏痕迹，洞内顶部的石壁上有27个用褐红色颜料绘制的手形，有左手印23个、右手4个。手形四周为褐红色手纹部分与石壁颜色一种呈阴纹，27个手形岩画中有一个手形呈黑色，2个手形带手臂（图六、图七）。

图六　额勒森呼特勒洞窟外景

图七　额勒森呼特勒手印岩画

二、巴丹吉林手印岩画的共性特征

2009年我们对每个洞窟的手印进行了实地测量，这5处洞窟具有以下共有的特征。

（1）洞窟都处在同一条山脉的中部。洞窟所处的小环境基本一致，洞窟四周山体均为灰白色花岗岩风蚀地貌，怪石林立，形态各异。5个洞窟同处一个纬度，都地处山峰的半山腰，距离地面的高度基本相同，高度均在25～30米。每个洞窟正前方都有一条由西南向东北走向的河床，洞窟都处在两河沟交汇处以北的山峰中下部位。

（2）洞窟较浅，开口较大。洞窟通常只有几米，最深的额勒森呼特勒洞窟洞深24米，5个洞窟的洞口方向基本一致，洞窟全部坐西北向东南，洞口大都呈东南方向。

（3）洞窟中的手印均在洞窟内顶部的石壁和洞口部位，洞窟左右两侧的石壁上均没有发现手印。

（4）所有洞窟中的手印，大都分布在洞窟顶部。手印布局大多为上下分布，一字排开，分二层到三层不等。

（5）手形大小不同，手形轮廓内与石壁颜色一致，手形周边外围呈红褐色，均呈阴性手纹。

（6）洞窟周围基本无遗迹，除陶乃高勒洞窟前方地表发现7个圆形的遗址外，其他4处洞窟周边地表均未发现其他遗迹。

三、巴丹吉林手印岩画制作方法

目前我们发现的巴丹吉林手印岩画形体表现同为一种，都是阴纹手印，但在制作方法上却表现为以下两种：一种是喷绘法，即用红色的颜料彩绘喷制而成的阴纹手印，据观察分析，其制作方法是有可能先将手掌紧贴石壁表面，然后用赭石粉掺和动物的血和清水调和制成液体，注入骨管，然后用嘴吹骨管，骨管中的液体喷射在手和石壁上，喷射完毕，将手移开，即形成了洞壁上的手印岩画。这些手印四周呈红色，手纹上却没有任何颜料，手纹的颜色与石壁颜色一致。另一种是直接在石头的表面凿刻的阴刻手印，这种手印岩画较少，只在曼德拉山岩画中发现了几例。

手印岩画最早出现于旧石器时代晚期，是一个世界性的岩画题材，也是所有岩画中最古老的一种形式。据有关资料记载，手印岩画的发现曾仅限于国外，根据考古学家测定，这种在洞窟、壁龛上用红色或者黑色颜料喷成阴性或者阳性手形的时代最早，约属于旧石器时代晚期奥瑞纳文化时期，距今35000～15000年，其最早者要比最早的动物岩画要早。从巴丹吉林地区的手印岩画所处的位置来看，应当是史前人类从洞窟走向露天过程中的作品，它们全部处于较浅的洞窟中，既可以遮蔽雨雪，又可以借助自己的力量抵御外界随时可能出现的伤害。盖山林先生通过把巴丹吉林洞窟中的手印岩画和世界其他地区洞窟手印岩画的比较，发现巴丹吉林的手印岩画和西欧洞窟岩画在作画环境、处所、画面的保存情况、作画的颜料、颜色、手形的数量、手形、形状、排列，以及制法上，都存在着惊人的一致性，说明巴丹吉林手形岩画与西方旧石器时代洞窟岩画在时代上是相近的，至少是属于社会发展的同一水平线上的作品。由此我们认为巴丹吉林地区的手印岩绘属于旧石器时代的作品。它们成为巴丹吉林岩画中产生时代的第一个序列，是目前发现这一地区最早的岩画。

四、巴丹吉林手印岩画的文化内涵

手印岩画是最古老的岩画，也是迄今见到的人类最早的色彩图像。手印岩画作为一种绘画形式、艺术表达形式，是人类进行社会活动当中产生的最原始的一种艺术形式，是古人绘制在岩石上的图画或符号，积淀着古人的美学观念和宗教信仰，也是古人社会生活心态活动、审美意识、活动业绩的真实写照。

这种遍布于全世界的手形，究竟意味着什么？在学术界，对手印岩画的解释很多，争议较大，有人认为它与狩猎巫术有关，表示"数字""我""驱邪""权力""占有"等。也有一些人认为是无意留下的；或认为是游戏；或认为是一种手势语言；或认为与咒术和宗教仪式有关，或以局部的争斗有关把敌人的血印上自己的手印表示胜利；或认为标志私人占有的符号；等等。根据笔者对巴丹吉林手印岩画的观察和分析，认为巴丹吉林手印岩画与它当时所处的地域环境、民族信仰、所处的时代有一定的关系。作画者制作的手印有不同的含义，蕴含着只有作画者才能解释准确的意义，它是难以做出统一的结论的，把手印纹作为私有符号的情形也是存在的或者与原始宗教咒术有关，或是代表氏族部落头领所占有妻妾的手印标记，或是与部落重大的事件有关，这都是可能的。但这些都是非常不成熟的猜测而已，确切的含义也许只有长眠于此的作者最清楚。总之，巴丹吉林的手形岩画，不管出于什么目的和寓意，但有一点是共同的，即将手形作为一种创作题材，早期手形岩画这一含义，被后来的作画者所继承，成为代代相传的传统思想。巴丹吉林早期洞穴手印岩画，以及比洞穴较晚的手印岩画，内中都积淀着远古猎民对手的崇拜、歌颂和信仰。手印岩画则是人对自身力量的觉察和肯定，是富有充沛的生命力的象征，关于手印岩画的解释尽管很多，但要真正破译它，就必须要将它与其周围其他题材和内容的岩画联系起来进行综合研究，这样才能做出合乎远古人类原始思维的正确解释。

五、结　语

巴丹吉林手印岩画是中国少数民族地区考古的一次重要发现。岩画规模较大，文化内涵极其丰富，在岩画中属最具代表性的作品。为研究中国北方古代民族历史、宗教和文化艺术，提供了崭新的形象化资料。这些绘画在岩壁上的图画，记录着远古时期少数民族先民的生存状态、宗教信仰、社会习俗等，是弥足珍贵的历史文化遗产。进一步充实了中国研究洞穴彩绘手印岩画的资料，证明巴丹吉林沙漠在旧石器时代就有人类活动，对研究这一地区人类活动历史具有重要意义。

参 考 书 目

盖山林：《巴丹吉林沙漠岩画》，北京图书馆出版社，1998年。

盖山林：《世界岩画的文化阐释》，北京图书馆出版社，2001年。

杨超、范荣南：《追寻沙漠的风——巴丹吉林岩画研究》，九州出版社，2010年。

远古岩画艺术与其文化内涵

纳·达楞古日布

（内蒙古画报社）

人类绘画艺术从萌芽、发展到成熟经历了一个相当漫长的历史过程，其源头可以追溯到遥远的史前时代。远古绘画艺术，多在旷野石块、岩洞、山崖峭壁上创作而成。因为它是刻画在各种石头上，所以称之为"岩画"。

史前文化艺术研究者认为：岩画艺术是产生在旧石器时代的人类最早的艺术形式，是远古人类聪明智慧的展现。岩画是远古人类文字产生之前的艺术萌芽，是原始造型艺术语言的重要部分，是史前时代用形象撰写的"百科全书"。

内蒙古是岩画遗存最多的地区这一，发现的岩画数量之多、内容之丰富、分布之广是非常罕见的。她的文化艺术史程久远，可称为世界文化艺术宝库中的一颗璀璨的明珠。内蒙古阴山山脉西段的毫牙尔宝格达（二狼山）和鄂尔多斯高原北部的阿尔巴斯（桌子山）岩画可以说是中国最早期岩画的代表。中国北方的原始民族，用最简陋的工具，完成了他们最初的思维印迹。从各种动物到日月神灵，从生活、生产、征战舞蹈到生殖崇拜，简单的画面，丰富的内容，使我们深刻地感受到原始人类的生命力和创造力。

蒙古高原美丽富饶，动植物资源十分丰富，从远古就成为人类活动的重要地区，在各大小山脉和无垠草原上，都留有各种不同风格和内容的岩画。这些岩画生动地反映了当时各氏族、各部落的生活及猎牧经济、文化娱乐、艺术实践、宗教信仰和审美观念，以高度凝练的艺术语言记录了人类从远古的游牧狩猎时代到史前部落时代的生存状况的连续性篇章。

内蒙古岩画不仅代表了远古草原文化，也是全人类文化遗产的重要组成部分，是生活在这片辽阔大地上的各族先民创造的不朽的艺术财富，是内蒙古现存的、可喻为无价之宝的重要文化资源。远古先民们怀着一腔真诚在表现自己心中那种难以述说的神秘，这些人类童年时期的绘画，强烈地反映出远古人类那种幼稚、粗犷、朴素、神秘的魅人的艺术特色，是人类发展至今任何形式都不可替代的艺术作品。

蒙古高原远古时代遗留下来的规模宏大的岩画画廊，对我们现代人研究考古学、文化人类学、文字史学、历史学、民族学以及美学、艺术史都有着极其重要的价值。这些岩画反映了原始先民伟大的艺术创造才能，显示了古代绘画艺术的无限生命力。作为远古民族艺术的精华，这些岩画将为我们进行艺术创造及审美活动提供丰富的营养。

一、人面像岩画溯源

　　蒙古高原是发现人面像岩画比较多的地区之一。内蒙古阴山山脉二狼山、鄂尔多斯高原阿尔巴斯山一带、阿巴嘎草原阿拉腾嘎达苏锡勒、宁夏贺兰山最为多，同时在内蒙古的达尔罕草原查干敖包、江苏连云港将军崖、福建华安仙字潭、台湾高雄万山、黑龙江、乌苏里江一带也都有人面像岩画分布。另外在环太平洋地区墨西哥、智利、澳大利亚、美国、加拿大，东亚地区蒙古国、俄罗斯西伯利亚，欧洲的法国、西班牙等国也有类似人面像原始岩画。可知人面像岩画并不是某个部族、哪个地区所独有，而是世界各地史前文化中存在的普遍现象，因此为世人所广泛重视（图一）。

图一　人面像组合图
（旧石器，阿巴嘎旗）

　　自从发现大量类似人面的岩画以来，学者们对人面像岩画进行了研究，并提出了各自的看法和见解。总之，人面像岩画产生时间很早，至少在旧石器时代和新石器时代早期就已存在。人面像岩画的产生并不完全代表某些神灵、巫师或不可捉摸的恶魔，还代表天神、太阳神、月亮和星星等崇拜物。中国古代北方游牧民族与世界上的其他古老民族一样，崇敬大自然、日、月神灵和天体星宿的传统心理和习俗，从原始先民到后来的游牧人，都是如此。岩画中大量的人面像以及代表崇拜物、祭祀符号的图案，正是这种古老文化的真实记录。

　　人面像岩画，从构图设计、磨刻制作都很讲究，具有成熟的创作模式，绝不是一般人所为。个别作品，从其尺寸大小、制作难度、画面效果等综合起来推算，一代人是不可能完成的，他们也有传承者，某种创作格式在原始部落间一代一代传了下来。类似人面像岩画，充满浓厚的宗教色彩，给人古怪神秘之感，所以人面像集中的地方就是神灵崇拜之圣地。古人在开发自身智力的同时，又为自然界不可捉摸的、千变万化的现象所震慑，对大自然的恐惧、好奇等原因产生了自然崇拜、生殖崇拜、图腾崇拜，这是人类文明的必然阶段，也是最早阶段。

二、最美太阳神

阿尔巴斯山岩画中太阳神岩画比较多见，世界上最完美的太阳神作品在乌海市境内的召烧沟。笑逐颜开的太阳神图像，给人温暖祥和之感（图二）。原始人类崇拜太阳追求光明的观念几乎遍布世界各地的每一个部族和地区，是人类在认识自然界奥秘的进程中的最早的发现之一——太阳。

图二　世界上最美的太阳神，充满远古人类聪明与创造力
（旧石器后期，乌海市）

人类从古至今惧怕黑暗，因为人的夜视能力极差，远古时期风餐露宿的人们度过了一个又一个漆黑的夜晚，却无力抵挡各类猛兽的袭击。从那时候起，人们逐渐认识到光芒四射的太阳，对人类社会的繁衍生息，对自然界万物勃勃生机有着极其重要的作用。于是他们把太阳的功能和形态人格化，精心设计筹划，磨刻在岩石上来表达自己的崇拜之心，并通过一些仪式来祭祀、膜拜。

分布于北方地区的太阳神岩画，多数磨刻在向西北或向东南方向，而绝大多数向着西北方向地势显要的位置。这可说明，古人在太阳落山前后进行一些祭拜活动，祈求得到太阳神庇护，以度过黑夜。

三、图腾崇拜——龙

"图腾"（TOTEM）一词来自于北美印第安人奥基华斯部落，印第安先民认为某种动物、植物同人类氏族之间有着不可分割的自然联系，从而用来做氏族的保护神，且成为氏族标记和名称。图腾崇拜实际上是自然崇拜或动植物崇拜与祖先崇拜相互结合起来的一种宗教形式。

自然崇拜的萌芽与血缘家庭阶段属旧石器中期。在这一历史阶段，人们主要采集和渔猎。经过漫长的岁月，到旧石器晚期，渔猎成了主要的生产方式，整个社会生产力的发展水平也向前迈进了。随着生产力的发展，势必引起生产关系的变化。为了有效地进行狩猎活动和保护自身的安全，生产者必须具有一种严密的和牢固的生产组织形式。生产力的发展，使古人由原始人类逐步进入氏族社会初期，人们以某种动物、植物作为氏族的标志或图徽，从而把它视为自己氏族的祖先是由某种动植物或其他自然物种转化而来。这种氏族图腾被全氏族成员所崇拜，认为氏族图腾对氏族成员能起到保护作用，人们崇敬自己的图腾，图腾会帮助他们战胜困难，否则就会带来灾难。

毫雅尔宝格达山格尔敖包沟刻画着许多富有浪漫色彩的、高度"写意"的岩画作品。大部分作品围绕着人类面部造型和情感变化来表现天体、神灵等崇拜物。其中最引人注目的作品不是众多人面像，而是代表自然界各种动物综合体、神化了的动物图像，可称为罕见之物——龙（图三）。

图三　多种动物特征为一体，磨刻出如此精美绝伦的作品
（旧石器，磴口县）

龙面岩画磨刻在河槽东坡向阳的呈灰蓝色花岗岩的峭壁上，视觉效果极佳，其磨刻痕迹深达3厘米，构图对称，线条流畅生动，形态自如，绝对出自原始先民中的专业巫师之手。

龙是一种图腾，龙的起源与形成来自多元，形象十分奇特，如岩画里所表现的马头、牛眼、鹿角、羊耳、鱼嘴合为一体的怪兽。自古以来，龙被北方猎牧民族奉为兴云布雨之神。崇拜龙，以龙为图腾的最主要的原因，是祈求风调雨顺，五畜兴旺，给民间带来平安吉祥。原始猎牧人的图腾崇拜是在崇拜自然的基础上发展起来的原始宗教的表现形式，是进行原始宗教信仰宣教的一种手段。原始人类虔信通过图腾崇拜等巫术活动，祈求神灵能改变自然状态，战胜邪恶，请求神灵保佑氏族部落昌盛繁荣，满足自己的要求。

在原始人的心目中，整个自然界简直就是布满神灵的世界。但从相信神灵的存在，到崇拜它们，还有不同的意义和过程。不知道从什么时候起，龙，这一自然界从未有过的神物，被视为中华民族的象征。传说，海内外的炎黄子孙都是龙的传人。早在史前时代，龙以高度神化的形象出现在东方的广袤大地上。据历史资料考证，龙是远古时代东方民族的图腾，后来成了中华民族的象征。中华民族的龙文化源远流长、丰富多彩。数千年来在建筑、雕塑、绘画等方面产生了大量龙的艺术形象。龙，是中华各民族共同创造的精神文化，是健康、吉祥、美好的象征，它在各族人民中已得到广泛的认同和崇拜。

"图腾"是符号。这些符号种类繁多，文化含义也各不相同，有凿刻在岩脉崖壁上的，有制作成使人敬慕的物品摆放在某个地方的，更多的符号在人们的内心深处从不外露。

四、岩画中的人体艺术

人类裸体的表现，最初起源于对原始人类生活的真实写照。人体是美的，人体艺术是人类文明的一个组成部分。在许多国家和氏族的历史上都有着人体艺术发达的代表时期，如埃及尼罗河中的人体浮雕、圆雕，古罗马人体雕刻曾经有过鼎盛时期，而印度、日本佛教雕刻中也颇多裸体形象。在中国的汉族绘画、雕刻史上则因受儒学的影响，人体艺术始终未能形成潮流，更没有光明正大地进入过展示和欣赏领域（图四）。

图四　裸体男女
（新石器，苏尼特左旗）

可是古老的中国，自古以来就是一个多民族的国家，中华文明是由各民族人民共同创造的。尽管汉族文化受礼教束缚，不重视人体艺术，但其他各部族人民，特别是远古时期的北方各游牧民族都非常重视人体艺术，因而普遍存在保存完整的裸体形象。

根据对蒙古高原各地区岩画的创作年代考察，已不是茹毛饮血的时代，而是发展到父系氏族社会末期，即将进入历史的文明门槛，距今3000～2000年的时间。古代生活在蒙古高原地区的部落，以狩猎、游牧为主，体格健壮，男女一样打猎射箭，驯养牲畜，驰骋在峻山丛林之间。草原岩画中，充分反映了先民男女体魄的强健硕美，形象高大而丰满，是一曲对健康与美丽的赞歌。

五、狩猎与放牧

原始社会时期，蒙古高原地区的先民主要从事狩猎。后随畜牧业的逐步兴起，狩猎变为游牧人的副业。从众多的岩画作品中可以看到十分发达的狩猎业。

在内蒙古北部山区和广阔的草原地区，到处可发现细石器文化遗存，细石器中的石矛、箭镞、石刀、刮削器具等级都是狩猎经济高度发展的产物。以狩猎为主体的细石器文化孕育着草原游牧业的萌芽。经历了漫长的过渡后，随着被驯化野兽的种类数量的增加，以游牧为主的畜牧业发展起来之后，狩猎虽还存在，但已处于取得生活资料的辅助地位。从狩猎业到游牧养畜业是人类社会的一大进步。岩画中，场面较大的画面是成群的野生动物和人在一起活动，由此可以看到原始游牧人与野生动物之间的密切关系。这说明，从原始社会开始，人类是野生动物的猎取者，也是守护者（图五）。

图五　围猎图
（阿右旗满德拉山）

随着人类历史的发展，岩画的表现形式渐渐演变为众多图像组合景画，画面的构图和内容也开始变得相对复杂，动物和人物的身躯开始有了以线条勾出形体轮廓并带有直线、曲线的装饰线纹，此时的作品已经有了整体布局，如成群的动物相斗、集体舞蹈、祭祀活动等，画面都有了一定的构图与布置，有简单的情节和构图韵律。这个时期的岩画内容或多或少地显示出叙事性的特征。

六、动物写生

图六　羊群
（铁器，阿右旗）

在远古时代，蒙古高原绿草如茵、松林茂密、河流纵横，曾经是野生动物的乐园，也是原始人类生活的大舞台。那些散布在辽阔草原各处的岩画，以各种野兽为题材的作品最多，约占全部岩画的90%，这充分说明远古人类在日常生活中接触最多的是各种野生动物。人与自然界的密切关系，也是草原文化的一大特点。

在岩画作品中最多见的是各种野生动物。但是原始先民们并非一开始就认识这些野兽，为了生存，他们必须仔细观察各种野兽的习性，并成功地维持与其相互依赖的关系（图六）。

内蒙古的动物岩画具有质朴、传神和夸张三个突出特点。由于古代绘画作者本能地抓住了客观事物最重要、最本质的特征，非常忠于自然，所以岩画创作手法简练、形象完整、风格质朴。他们表现动物时常以大侧面为特征，能够熟练地抓住动物的最明显的特征加以夸张，如表现动物的头部、躯体、四肢、尾部的变化特征。大部分作品在写实的基础上进行了强烈的渲染和艺术夸张，这在某种程度上大大增强了作品的思想深度和艺术感染力。

七、图形、符号记事

草原岩画中许多用图形、符号记事的画面，表现了古代游牧人的文明历程。这些岩画完全可以说明史前时期生活在草原上的历史阶段中，认识自然的成果（图七）。

内蒙古岩画中记事的内容非常多，几乎涉及原始社会猎牧社会的每个侧面，如狩猎、驯养野兽、战争与格斗、记数、宗教、神灵、生殖等。

图七 符号
（铁器，鄂托克旗）

岩画是远古人凭看破人类童年时的天真和想象而创作出的不朽的艺术作品。

史前岩画图形及符号所包含的价值。

（1）真实的生产和生活记录。凭着朴实的思维，远古人把他们与自然界的接触以及由此而产生的感受，以刻画的方式记录下来，体现了他们对生活的热爱和对生命的崇拜。而此记录方式自身，又反映出远古人类所具有的智慧和艺术创造能力。这对我们研究远古人类的生活及原始艺术的缘起无疑具有重要的意义。

（2）史前岩画中大量用来记数、计量、计时的符号，是原始岩画中由简单符号向钟爱形文字逐渐过渡的有力见证。它既充分显示了原始猎牧民族所创造的古代游牧文化的伟大业绩，也充分证明了史前岩画是中国古代文明中的一个重要组成部分。

（3）反映出原始猎牧民族已具备了简单的宗族教育意识。岩画中对大量生产、生活、环境、事件的具象记录，体现出了原始猎牧先人古朴的记录事件、体现了自身及种族精神并教育后人的意识。

岩画是远古人类把他们对人与动物的关系，自然现象等的幼稚认识经过夸张、提炼、概括，以符号、图案化的造型，来寄托他们对生活、生命的热爱，愿望和崇拜。远古人类把要记录的事物，要表达的情感、愿望等，绘刻、磨敲在各种岩石上，记录了从远古的游牧狩猎时代到史前部落人类生存活动的篇章，与此同时，他们也创造了人类最初的原始艺术。

"草原第一岩画"猜想

谭士俊[1]　萧立广[2]

（1.包头博物馆；2.包头市第九中学）

在包头市达茂旗满都拉地区发现了一幅硕大的岩画。因其面积之大，是迄今为止在达茂草原上发现的最大的岩画，故名之为"草原第一岩画"（图一）。现将我们对此幅岩画的研究意见阐述如下。

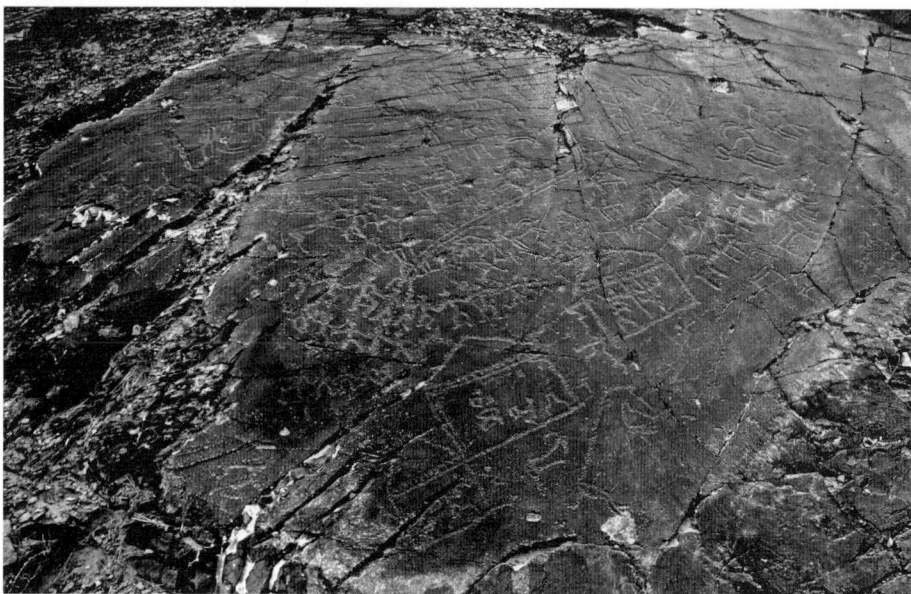

图一　岩画全景图

该岩画长5.1、宽3.4米，面积约17.34平方米，镌刻在一块巨大的、有多处风裂的黑色玢岩上。

该画中部偏下，有一字形排列的三座尖顶、圆形的穹庐（图二）。

左边一座较小，外有二"飞人"扶持，内因岩石破裂形象不清，但有一人做奔走形，十分清晰；中间一座较大，内有一袍服人盘腿而坐，下有一跪姿人做捧献物品之状，身后是一堆物品；右边穹庐外一巫者做弄姿作法之形，庐内一袍服人盘坐在一爬伏人的背上，面前有二美女在翩翩起舞。穹庐上方有两队男女舞者，雁阵排列、联臂而舞、舞姿欢快热烈。

　　图中部自西南端，贴穹庐而过，有一条反之字形马车大道，穿过羊马鹿群，直达图之北端。路侧有一单辕双马、双曲轮、方舆马车（图三）。

图二　三穹庐图

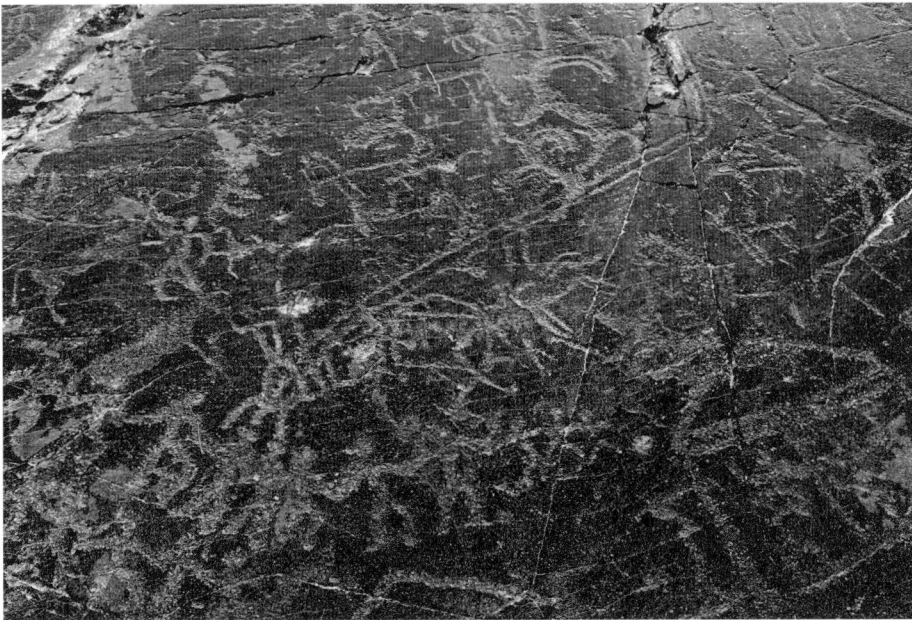

图三　车马道路图

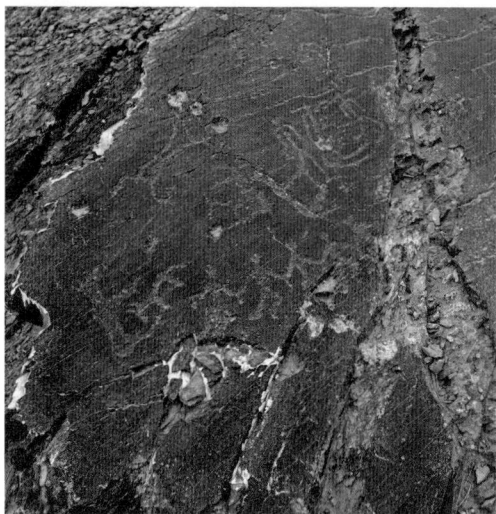

图四　七星、交欢、联臂舞图

图左部，北上方是北斗七星，斗柄指向西北，北斗星下有一男二女裸体交欢，交欢者下方，又一组联臂舞者，作环形舞，舞步轻快，舞姿曼妙、婀娜，似与交欢者相呼应（图四）。

全图牲畜图像最多，有北山羊、鹿、牛、马。马有奔跑的马、驾车的马、载骑的马，图南部又有一匹硕大无比的马（图五）。

有骑马者，牵马者，喂马者。牛儿在哺乳，羊儿在吃草，鹿儿在呦鸣，牧人在放牧，也偶有狩猎者。观看全图，穹庐四周热烈欢快，北斗星下欢欣浪漫，图北部牧区安

图五　大马图

定祥和。一幅图画能同时表现出多种气氛，可见镌刻者的独具匠心。从镌刻技术上看，刀具锋利，刻痕较深，刻向果断，凿、刻、琢、铲技法分明，所刻动物形象逼真，舞者生动。细腻处可见容态，夸张时大胆无矩，笨拙中有细腻，粗犷中有规矩，堪称一幅美妙的岩画，岩画中的精品。

远古时期，我们的先祖用结绳记事、刻木记事来传递、保留信息。到了殷商时期，中原先民将象形文字刻在龟甲、兽骨上，即用"甲骨文"保存了大量古代文化，以后发展成汉字，用汉字（金文、籀文、篆书、隶书、楷书）将古代文化信息写在竹简、纸张上，历代传承，才有了伟大的中华文化。居住在阴山南北大草原上的远古阴山先

民，以猎牧为业，逐水草而生，他们更需要传递信息，保留信息，他们在大山上、草原中的黑石上镌刻了大小不等的岩画，从万年前直至清代，保存了大量的古代草原文明，成为中华文明的重要组成部分。它与中原农耕文明相互融合，你中有我，我中有你。岩画与汉字不同，但"书画同源"，岩画是承载古代草原文明的工具，汉字是承载古代农耕文明的工具，这便是"书画同功"。

书中有画，画中有书，书画同源，画书同功，这一道理引导我们从岩画画面的形象去感知古代文明，又可用汉字书写的浩瀚古籍去解读阴山岩画，领略古代草原文明。这便是解开"草原第一岩画"之谜的钥匙。

首先从宏观上来分析：画中最多的是各种牲畜，有北山羊、马、牛、鹿，而且是驯化了的牲畜。马有各种马，图中有较晚期的曲轮、双马单辕车，有马车压出的车辙路，人们居住的是"穹庐"。该岩画镌刻的刻痕较深，凿刻、琢、铲，手法多种，是使用了铁制工具。可知这里的居民当是逐水草而生的游牧民族，以畜牧经济为主，曲轮车、镌刻技术，说明已进入铁器时代。《前汉书·匈奴传》："匈奴……居于北边，随草畜牧而转移，其畜之所多，则马、牛、羊，其奇畜则骆驼、驴、骡、駃騠、騊駼、驒騱，逐水草迁徙，无城郭常居耕之业……"可知图中所画系匈奴人的故事。

从该岩画所处的地理位置看，该画位于包头市区以北的达茂旗草原上，该地区战国时期属赵国（今尚有赵长城遗迹），秦统一六国后，属秦王朝。趁秦末农民起义、楚汉之争时，匈奴人南下占领了包头及鄂尔多斯地区。到了汉武帝元狩二年（公元前121年）匈奴人战败退出五原郡。匈奴人占领达茂草原约85年。该岩画只能是公元前206～前121年，由匈奴人所镌刻。

再从该岩画的细部来分析：画的中心部位是一大两小三座穹庐，大者居中（图二）。这种建筑是游牧民族王廷建筑模式——今天的成吉思汗陵就是此模式。而且，达茂草原确曾属于匈奴王国，单于的直辖区——单于庭。单于曾驻跸于此，处理重大政务，亦属常理。

《史记·匈奴传·索隐》："按单于姓挛鞮氏，其国称之曰樘黎孤涂单于。"即上天，天子天大王；包头麻池镇古汉墓曾出土"单于天降"瓦当，这些帮我们解读了画中第一座穹庐：两个羽人（天神）扶着天庭从天而降，走来了天子天大王（图六）。

第二座穹庐：盘腿而坐是匈奴人的坐姿，屈膝下跪是汉族人的最高礼节。故第二座穹庐中表现的是单于在接受汉使奉献的礼品（图七）。

第三座穹庐是两个美女在坐于奴隶背上的单于面前轻歌曼舞（图八）。

图左是北斗星下两个美女与单于欢媾，众舞者联臂而舞，表示祝贺（图四）。

总观全图是一幅匈汉和亲图。和亲，匈奴人称合欢，合欢有两重含义：一是男女交媾，一是和好亲善。该图画得更直白了一些。

匈汉和亲，自汉高祖七年（公元前200年）始到武帝元狩二年（公元前121年）匈奴退出达茂草原，凡79年，历高祖、惠帝、文帝、景帝，共送往匈奴八个汉宗室女、两

图六　第一穹庐图

图七　第二穹庐图

图八　第三穹庐图

位公主，前后共十次。该岩画镌刻的是哪一次呢？还须从分析该岩画入手。

（1）两座穹庐中的单于都是盘腿高坐，表情傲慢；献物汉使态度谦卑，奉献物品（或是铜钱）十分丰硕。

（2）两个美女为单于跳舞，两个美女与单于交欢。

（3）多处联臂舞，舞步轻快，场面热烈、欢乐。

（4）四周畜群安详、自在，牧人、骑者悠闲、安乐，好一幅安详、欢乐的画面！

（5）北斗斗柄指向西北，正是深秋季节。

战争是流血的政治、政治是战争的继续。汉初的和亲，其实是战败者对胜利者的讨好。当时匈奴势力十分强大，其经济形式虽属游牧经济，却带有十分明显的掠夺性，又加之冒顿单于残暴成性，政治天平完全倒向匈奴一边，故而高祖、惠帝时的三次和亲，完全是屈辱性的，吕后受到冒顿单于的侮辱，也得厚颜求饶，便是证明。

公元前179年文帝即位，公元前176年又行和亲，换来的却是匈奴右贤王侵占"河南地侵盗上郡"，虽被汉军击退，可是文帝又派专使送去天子袍服、黄金饰带、黄金篦梳、绣、锦、绨、缯共一百匹及宗室女一位，以取悦老冒顿。公元前174年冒顿单于死，老上单于立，汉文帝又送去一宗室女和亲。老上单于公元前174～前160年14年间，建立了一个东至辽河，西越葱岭，北抵贝加尔湖，南达黄河以南的大草原游牧帝国。但这一庞大帝国，却是一个军事与政治的组合。其间文帝又于公元前162年、公元前160年（军臣单于）两次和亲。这些和亲虽然仍是屈辱和亲，但汉的经济在恢复，实力在积蓄，国力在增强。

公元前156年汉景帝即位，于公元前156年、公元前155年、公元前152年三次对匈奴和亲，先后送两位宗室女、一位公主嫁给军臣单于作阏氏。景帝时期在文帝经济政治改革的基础上，加强了中央集权，推行《治安策》《消藩策》，并平定了"七国之乱"，出现了经济繁荣、政治稳定的"文景之治"。而匈奴方面，军臣单于一上台，便面临如何巩固偌大匈奴帝国的统治，协调各种势力，发展草原牧业经济的重重难题。这样，匈汉政治天平似乎平衡了一些，从而双方开展了边境贸易、商贾来往于长城内外，民众交易在通关大道之间。达茂草原上出现了祥和景象。边塞地区虽然时有战争，但双方贸易不断，相对和平稳定直到武帝时期。

公元前141年汉武帝即位，此时西汉已国富兵强，武帝已决心攻打匈奴了。一方面于公元前140年送亲生女儿去匈奴和亲，以安抚军臣单于；一方面于公元前138年派张骞通使西域，联合大月氏夹攻匈奴。因此，这次和亲只是韬光之举。

以上十次和亲，该岩画画的是哪一次呢？据画面分析当是第九次，即公元前152年乙丑，西汉景帝前元五年，汉景帝女嫁军臣单于，即《前汉书·景帝纪第五》"五年夏……遣公主嫁匈奴单于"（又见《资治通鉴》卷16，第531页，《册府元龟》卷978）。

将史实与岩画对照可知：

（1）景帝时匈汉双方实力趋衡，战争减少，双边贸易活跃，出现祥和局面，与画义相符，双方都需要和亲，和亲场面热烈。

（2）中间穹庐中，汉使所奉献的正是和亲的贡品，或宝货或铜钱，成堆放置，为数不少。

（3）两个美女：一个是本次和亲嫁给军臣单于的公主——汉景的亲生女儿；一个可能是楚王戊的女儿，即景帝二年（公元前155年）和亲时嫁给军臣单于的"翁主"。或许因为这位翁主的父亲楚王戊参加了"七国之乱"而失去了景帝的信任，景帝才选派自己的女儿嫁给军臣单于，而军臣单于与楚王早有旧交，对翁主相爱如故。故而公元前152年和亲才有了两个美女。

（4）图中北斗星柄指西北，是深秋季节。景帝五年夏决定派公主和亲，从和亲的准备到坐上马车行走，途中停顿、休养，到达匈奴地区也需几个月。九月份举行大典亦属合理。

那么这位和亲公主叫什么名字？她是景帝的哪个女儿？据《史记·外戚世家》记载："景帝十三男……王太后长女号平阳公主，次为南宫公主，次为林虑公主。"《史记·景帝纪》："五年三月……丁卯封长公主子蟜为隆虑侯。"并未记载派公主和亲之事。《前汉书·景帝纪》"五年夏……遣公主嫁匈奴单于"未载公主名号，该公主当为"景帝诸美人"所生，没有封号，故史不载名。

以画见史，以史说画，推知该图是匈奴人镌刻的公元前152年的匈汉和亲图。匈奴人称和亲为合欢，可名之为《匈汉合欢图》。

阴山岩画古车图像与早期草原交通

王子今

（中国人民大学国学院）

阴山岩画的现有考察资料中，多有反映车辆应用于交通的画面。阴山岩画的古车图像，为我们认识和说明古代草原交通的形式和意义，提供了重要的历史文化信息。考察中国交通发展的早期形态，不可以忽略这些信息。

一、阴山岩画所见古车图像

阴山岩画有表现车辆形象的画面。例如：

乌拉特中旗几公海勒斯太及其附近岩画：

（1）第3地点第2组画面表现射猎场面，又有人物舞蹈形象。画面正中为一群动物。下方有车辆。据盖山林先生记述："画面下方，有一侧视的毡车图形，车轮辐条有十五根，车厢上方用竖木棍支撑着毛毡，人坐其内，可避风雨。这个车辆图形，有明显的用金属工具刻划痕迹，与其他岩画相比，不论其作画方法和画风都判然有别。"（图一）[①]

图一　动物与车辆

---

① 盖山林：《阴山岩画》，文物出版社，1986年，第12、14页，图19，题"舞者、狩猎、车辆"。

（2）第4地点第14组，"画面的左方有两个车轮，前方刻画着两个简单的动物，整个画应表示由两匹马曳拉着一辆双轮车。车的辐条多寡不一，右轮有四根，左轮有八根，看来并不真正代表车辐的真实数字，仅示意而已。"（图二）①

（3）第17地点第2组，据盖山林先生说，"在巴音乌拉前山沟南山顶长城的南侧，是一幅车辆岩画。车双轮，无辐条，一舆，一轴，单辕。辕两侧各套一马，右边那匹马的一侧，似另有一匹小马跟随着。"（图三）②

图二　两匹马与两辆车示意图　　　　　图三　巴音乌拉前山沟南车辆岩画

乌拉特中旗韩乌拉山峰一带岩画：

（4）第19地点第5组，"中间有两辆未套牲畜的空车，一前一后排列。前车，有双轮，右轮有七根辐条，左轮有四根辐条，圆舆，双辕，辕前一衡。从画面两轮辐条不一致的情况分析，恐仅是示意而已，故双辕似应为单辕。后车，双轮，每轮五根辐条，方舆，单辕。画面下方，有系尾饰的猎人，正在射击一只动物。"（图四）③下方画面是否射猎似乎还可以商榷。车辆旁侧有未系驾的牲畜，是值得注意的。作为牵引动力的牲畜，前车一，后车二。从这一迹象分析，前车应是双辕车。

乌拉特后旗大坝沟一带岩画：

（5）第26地点第15组，据记述"画面上方像是一辆未完成的车子作品，用琢和磨法做成。中间的左方有一车辆图形，用琢、磨、划三种方法制成，能看见车辕、车轮、车尾、车舆和车篷。车篷大概用毛毡做成，并用木棍支撑起来，画面下部也有一

---

① 盖山林：《阴山岩画》，文物出版社，1986年，第29、30页，图70，题"车辆"。

② 盖山林：《阴山岩画》，文物出版社，1986年，第66、69页，图227，题"双马车"。

③ 盖山林：《阴山岩画》，文物出版社，1986年，第123、124页，图485，题"车辆和狩猎"，图版二——2，题"车辆"。

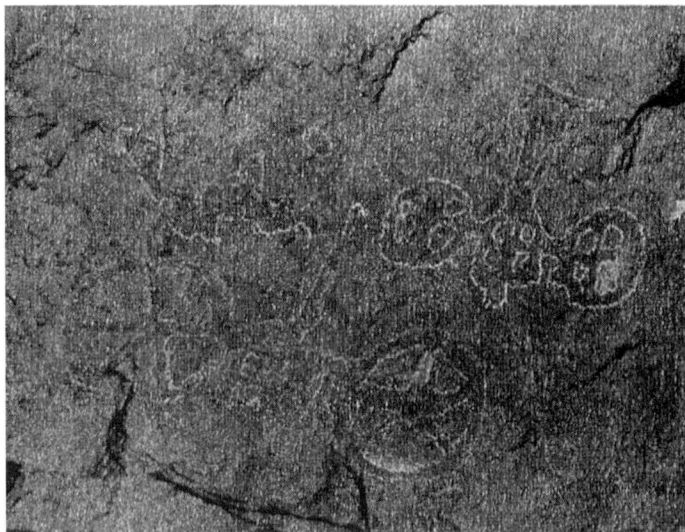

1   2

图四　乌拉山峰一带岩画
1. 车辆与猎人　2. 乌拉特中旗韩乌拉山峰一带岩画

辆车，两者大致相同，只是显得更
规整些。车舆后面划着两道直道，
不知用意。这种形式的车辆，已接
近于现在蒙古草原的牛车，是一种
棚车，车棚用毡子裹起来，蒙语叫
作哈木特日格，是当地牧民的交通
工具。过去蒙古草原上流行一种马
拉轿车，也是这个样子，可见流行
于蒙古牧区中车的样式是源远流长
的。唐代回鹘人有一种毡车，《资
治通鉴》卷二百四十七胡三省注
有"'毡车以毡车为屋。'回鹘人
的毡车，大概与这里的毡车样式
相似。"（图五）①今按：《资治
通鉴》卷二四七"唐武宗会昌三

图五　未完成的车辆和毛毡车辆

年"："（石）雄至振武，登城望回鹘之众寡，见毡车数十乘……"胡三省注："毡
车，以毡为车屋。"

①　盖山林：《阴山岩画》，文物出版社，1986年，第178、179页，图712，题"车辆和山羊"。

图六　车厢与马拉的车

磴口县和乌拉特后旗交界一带托林沟东段岩画：

（6）第12地点第5组，似为分解的车辆。"左上方可能是一个车厢，右下方有两个车轮。右边可能是一匹拉车的马。"（图六）[1]如果这样的判断成立，则画面所描绘的，应当是一辆双辕车。

（7）第26地点第19组，"下方凿刻了一辆车，车由辕、轮、舆、轴构成，轮辐清楚。两轮轮辐稍有差异，右轮辐条八根，左轮九根。舆作圆形，其前有单辕，辕左、右各有一匹马。左上方有一个身略后倾的猎人，手执长弓。""马车可能与行猎有关，作为运载猎获物之用。"（图七）[2]

1

2

图七　托林沟东段岩画
1.车辆、马与猎人　2.托林沟岩画

磴口县和乌拉特后旗交界一带阿贵沟岩画：

（8）第5地点第16组，"右边是一个有十三根辐条的车轮，车轮不太圆，辐条粗

---

① 盖山林：《阴山岩画》，文物出版社，1986年，第253、255页，图1027，题"车轮"。

② 盖山林：《阴山岩画》，文物出版社，1986年，第269、273页，图1096，题"车辆和狩猎"，图版四二—2，题"车辆和狩猎"。

细不一，排列疏密不匀。这一个车轮大概表示一辆车。"（图八）[1]

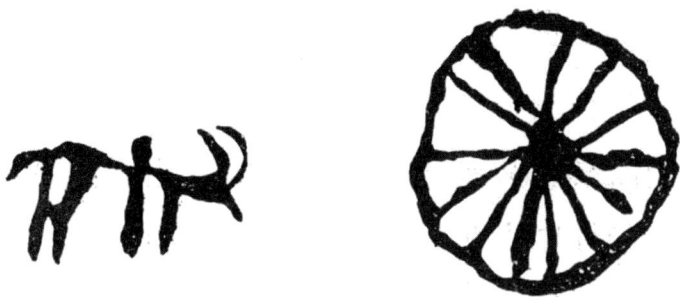

图八　车辆岩画

二、轩辕传说：车辆发明与上古文明的进步

传说黄帝以"轩辕氏"为名号。《史记·五帝本纪》："黄帝者，少典之子，姓公孙，名曰轩辕。"所谓"轩辕"得名，一说"居轩辕之丘，因以为名，又以为号"。[2]一说"作轩冕之服，故曰轩辕"。[3]

"轩辕"，其实原义是指高上的车辕。《说文·车部》："辕，辀也。""辀，辕也。""轩，曲辀藩车也。"段玉裁《说文解字注》："谓曲辀而有藩蔽之车也。""小车谓之辀，大车谓之辕。""于藩车上必云曲辀者，以辀穹曲而上，而后得言轩。凡轩举之义，引申于此。曲辀所谓轩辕也。"

"轩辕氏"以及所谓"轩皇"、"轩帝"被用来作为后人以为中华民族始祖的著名帝王黄帝的名号，暗示交通方面的创制，很可能是这位传说时代的部族领袖诸多功业之中最突出的内容之一。《文选》卷一班固《东都赋》写道："分州土，立市朝，作舟舆，造器械，斯乃轩辕氏之所以开帝功也。""舟舆"等交通工具的创造，被看作"轩辕氏之所以开帝功"的重要条件。交通事业的成就，也被理解为帝业的基础。李善注引《周易》曰："黄帝、尧、舜氏刳木为舟，剡木为楫。"也将交通工具的发明权归于黄帝等先古圣王。

传屈原所作《楚辞·远游》中，可见"轩辕不可攀援兮"句，王逸在注文中也有比较明确的解释："轩辕，黄帝号也。始作车服，天下号之，为轩辕氏也。"可见，"作舟舆"，"作车服"，很可能是黄帝得名"轩辕氏"的主要缘由。

---

① 盖山林：《阴山岩画》，文物出版社，1986年，第282、283页，图1143，题"车轮和北山羊"。

② 司马贞《索隐》引皇甫谧云。

③ 泷川资言《史记会注考证》："博士家本《史记异字》引邹诞生音云：'作轩冕之服，故曰轩辕。'"

　　黄帝传说往往与"雷"的神话有关，例如，所谓"黄帝以雷精起"[①]，"轩辕，主雷雨之神也"[②]，"轩辕十七星在七星北，如龙之体，主雷雨之神"[③]等说法，也反映了这样的事实。《淮南子·览冥》说，先古圣王"乘雷车"，《淮南子·原道》又说："雷以为车轮"，雷声，正是宏大车队隆隆轮声的象征。司马相如《上林赋》："车骑雷起，殷天动地"，又张衡《天象赋》："车府息雷觳之声"，以及《汉书·扬雄传上》和班固《封燕然山铭》所谓"雷辎"，焦赣《易林》所谓"雷车"等，同样也可以看作例证。[④]

　　关于车的发明，还有一种传说。《淮南子·说山》："见飞蓬转而知为车。"《艺文类聚》卷七一引《淮南子》："见飞蓬转而为车，以类取之也。"《太平御览》卷七七三引《淮南子》："见飞蓬转而知为车，以类取之也。"《说文·艸部》："蓬，蒿也。"而所谓"飞蓬"者，似乎与"蒿"无关。《诗·卫风·伯兮》"首如飞蓬"，朱熹集传："蓬，草名，其华似柳絮，聚而飞，如乱发也。"《诗·召南·驺虞》"彼茁者蓬"，陈奂传疏："蓬，春生，至秋则老而飞蓬。"《荀子·劝学》："蓬生麻中，不扶自直。"这里所谓"蓬"也不应当是"蒿"，"蒿"是本身就大体可以"自直"的，不必"生麻中"。"飞蓬"可能与蒲公英的成熟果实类似。据《辞海·生物分册》："【蒲公英】（*Taraxacum mongolicum*）别称'黄花地丁'。菊科。多年生草本，……冬末春初抽花茎，顶端生一头状花序舌状花。果实成熟时形似一白色绒球，有毛的果实可随风飞散。本种为我国华东、华北、东北等地极为常见的野生植物。"[⑤]关于其生长地域，或说"广布于东北、华北、西北、华东、华中及西南。"[⑥]

　　车的发明受到飞蓬逐风旋转的启示，或许暗示着草原生活环境和草原生活经历对于车轮创制的意义。

三、草原交通的历史意义

　　在远古文化交往和文化传播过程中，草原交通曾经发挥过重要的作用。

　　汤因比在《历史研究》中曾经专门就"海洋和草原是传播语言的工具"有所讨论。他写道，"在我们开始讨论游牧生活的时候，我们曾注意到草原像'未经耕种的海

---

　　①　《艺文类聚》卷二引《河图帝纪通》。

　　②　《太平御览》卷五引《春秋合诚图》。

　　③　《太平御览》卷六引《大象列星图》。《史记·天官书》："轩辕，黄龙体。"张守节《正义》："轩辕十七星，在七星北。黄龙之体，主雷雨之神。"

　　④　王子今：《轩辕传说与早期交通的发展》，《炎黄文化研究》2001年第8期，收入《黄陵文典·黄帝研究卷》，陕西人民出版社，2008年。

　　⑤　《辞海·生物分册》，上海辞书出版社，1975年，第334、335页。

　　⑥　高明乾主编：《植物古汉名图考》，大象出版社，2006年，第395页。

洋'一样，它虽然不能为定居的人类提供居住条件，但是却比开垦了的土地为旅行和运输提供更大的方便。"汤因比说，"海洋和草原的这种相似之处可以从它们作为传播语言的工具的职能来说明。大家都知道航海的人民很容易把他们的语言传播到他们所居住的海洋周围的四岸上去。古代的希腊航海家们曾经一度把希腊语变成地中海全部沿岸地区的流行语言。马来亚的勇敢的航海家们把他们的马来语传播到西至马达加斯加东至菲律宾的广大地方。在太平洋上，从斐济群岛到复活节岛，从新西兰到夏威夷，几乎到处都使用一样的波利尼西亚语言，虽然自从波利尼西亚人的独木舟在隔离这些岛屿的广大洋面上定期航行的时候到现在已经过去了许多世代了。此外，由于'英国人统治了海洋'，在近年来英语也就变成世界流行的语言了。"汤因比指出，"在草原的周围，也有散布着同样语言的现象。由于草原上游牧民族的传布，在今天还有四种这类的语言：柏伯尔语、阿拉伯语、土耳其语和印欧语。"就便利交通的作用而言，草原和海洋有同样的意义。草原为交通提供了极大的方便。草原这种"大片无水的海洋"成了不同民族"彼此之间交通的天然媒介"。[1]

草原作为便利往来的交通通道，已经为考古学调查、地理学调查和民族学调查的诸多收获所证实。例如对中国西部康巴草原的民族考古考察，就有相关的学术收获。[2]

盖山林先生在分析阴山岩画的画面形式与文化内涵时指出，"居住在蒙古草原上的游牧人，很可能是东西商业贸易的中介者，长途贩运大量的、沉重的货物，不仅需要大群马、驼、牛、驴来担任运输，车辆也是不可缺少的。"[3]这样的认识，可以帮助我们理解阴山岩画中车辆画面的意义。

四、穆天子西行路线

《穆天子传》记载周穆王率领有关官员和七萃之士，驾乘八骏，由最出色的驭手

---

① 〔英〕汤因比著，曹未风等译：《历史研究》，上海人民出版社，1964年，上册第234、235页。1972年版《历史研究》缩略本对草原和海洋对于交通的作用是这样表述的："草原的表面与海洋的表面有一个共同点，就是人类只能以朝圣者或暂居者的身份才能接近它们。除了海岛和绿洲，它们那广袤的空间未能赋予人类任何可供其歇息、落脚和定居的场所。二者都为旅行和运输明显提供了更多的便利条件，这是地球上那些有利于人类社会永久居住的地区所不及的。""在草原上逐水草为生的牧民和在海洋里搜寻鱼群的船民之间，确实存在着相似之处。在去大洋彼岸交换产品的商船队和到草原那一边交换产品的骆驼商队之间也具有类似这之点。"刘北成、郭小凌译：《历史研究》（修订插图本），上海人民出版社，2000年，第113页。

② 参看王子今：《康巴民族考古与交通史的新认识》，《中国文物报》2005年10月5日；王子今、王遂川：《康巴草原通路的考古学调查与民族史探索》，《四川文物》2006年第3期；王子今、高大伦：《说"鲜水"：康巴草原民族交通考古札记》，《中华文化论坛》2006年第4期，收入《康巴地区民族考古综合考察》，天地出版社，2008年，《巴蜀文化研究集刊》第4卷，巴蜀书社，2008年。

③ 盖山林：《阴山岩画》，文物出版社，1986年，第382页。

造父等御车，由伯夭担任向导，从处于河洛之地的宗周出发，经由河宗、阳纡之山、西夏氏、河首、群玉山等地，西行来到西王母的邦国，与西王母互致友好之辞，宴饮唱和，并一同登山刻石纪念，又继续向西北行进，在大旷原围猎，然后千里驰行，返回宗周的事迹。许多研究者认为，周穆王西巡行程的终极，按照这部书的记述，大致已经到达中亚吉尔吉斯斯坦的草原地区。有的学者甚至认为，穆天子西行可能已经在欧洲中部留下了足迹。穆天子西行所至"旷原之野"，有的学者推定"包有今南俄大平原，及更北而欧洲大平原亦在内"。①

《穆天子传》所记述的内容富有神话色彩，因而长期蒙被神秘疑云。陶渊明《读〈山海经〉诗》写道："泛览《周王传》，流观《山海图》。俯仰终宇宙，不乐复何如？"所谓《周王传》，应当就是《穆天子传》。可见《穆天子传》一书很早就已经产生了广泛的文化影响。《大业拾遗记》说，隋炀帝时的大型表演"水饰"七十二势中，有所谓"穆天子奏《钧天乐》于玄池"，"猎于操津，获玄貉白狐"，"觞西王母于瑶池之上"三势，都是直接从《穆天子传》取材以为艺术原型的。唐人李商隐的《瑶池》诗："瑶池阿母绮窗开，黄竹歌声动地哀。八骏日行三万里，穆王何事不重来？"更为人们所熟知。

关于《穆天子传》的性质，历来存在不同的认识。有人曾经把它归入"起居注类"，有人则将其列入"别史类"或者"传记类"之中。大致都看作历史记载。然而清人编纂的《四库全书》却又将其改隶"小说家类"。不过，许多学者注意到《穆天子传》中记录的名物制度一般都与古代礼书的内容大致相合，因此认为内容基本可信。可能正是出于这样的考虑，《四部丛刊》和《四部备要》仍然把《穆天子传》归入"史部"之中。事实上，周穆王西行事迹，在其他史学经典中是有踪迹可察的。《左传·昭公十二年》说到周穆王"周行天下"的事迹。与《穆天子传》同出于汲冢的《竹书纪年》也有周穆王西征的明确记载。司马迁在《史记·秦本纪》和《赵世家》中，也记述了造父为周穆王驾车西行巡狩，见西王母，乐而忘归的故事。有的学者又认为，把这部书归于"小说家"一类固然不符合实际，但是如果把它完全看成记录周穆王实际行程的信史，似乎也并不妥当。对于《穆天子传》的成书年代，不少学者推定为文化空前活跃的战国时期。

阴山岩画考察与研究的先行者盖山林先生指出，"据《穆天子传》记载，当年穆王自洛阳西巡，是先向北，涉漳水，越钘而至河套以北的蒙古草原。这些事实，暗示了蒙古草原游牧地区可能有一条中西交通的通道。②在阴山地区和整个蒙古草原上，这一时期车辆岩画发现特多，大约跟这一历史背景有关。"③这一判断，应当是接近历史真

---

①　顾实：《穆天子传西征讲疏》，中国书店，1990年，第174页。

②　原注：王治来：《中亚史》第一卷，16页。

③　盖山林：《阴山岩画》，文物出版社，1986年，第382页。

实的。

对于《穆天子传》卷一"戊寅，天子西征，鹜行至于阳纡之山，河伯无夷之所都居，是惟河宗氏"的文句，顾实先生解释说："阳纡之山，当即绥远乌喇特旗河套北岸诸山之总名。"①所附《河宗氏图》，指示了穆天子经行河套地区和阴山山脉的路线（图九）。

图九　河宗氏图

五、若干阴山"车辆岩画"的年代推定

我们注意到，前引（3）所见"车辆岩画"，"在巴音乌拉前山沟南山顶长城的南侧"。（4）所见车辆画面所在的地点，"位于离庙沟水库东北约3千米的布日格斯太沟南畔三个山头上。布日格斯太沟是韩沟的东支沟，秦汉长城适在这里通过。"②

长城作为军事防御设施也必然要以交通道路作为辅助结构。自春秋晚期起，车战作为主要作战方式走向衰落，但在秦汉之际，兵车在战争中仍发挥一定的作用。秦始皇陵兵马俑军阵表现为以兵车为主，步骑为辅的形式。秦末及汉匈战争中仍有车战。《史记·陈涉世家》记载：起义军攻陈时，有车六七百乘，周文至关，有车千乘。《史记·孝文本纪》说，汉文帝十四年（公元前166年），匈奴入边为寇，文帝发"车千

---

① 顾实：《穆天子传西征讲疏》，中国书店，1990年，第21页。
② 盖山林：《阴山岩画》，文物出版社，1986年，第121页。

乘，骑卒十万"往击匈奴。直到汉武帝时代，卫青、霍去病与匈奴战塞北，曾"令武刚车自环为营"。[①]李陵困于匈奴围中，也曾经"军居两山间，以大车为营"。[②]秦汉之际，长城沿线巡边防卫以及出击，都当有兵车队列，大队兵车的通行必然要求交通道路的平整和畅通。秦汉长城防御体系由北边道连贯为一体。史书中可以看到中央政府派员沿这条道路巡行北部边防的记载。史籍中关于秦汉时代北边道路通行状况的最明确的说明，莫过于关于帝王亲自循北边巡行的记载。北边道的主体部分与长城并行，其干线应是连接北边各郡郡治和主要县治的大道。北边道交通体系的具体结构，又包括城上道路、类似于"环涂"的傍城道路、出塞道路和交通内地的道路等。[③]

　　表现车辆画面的岩画恰好在秦汉长城附近发现，使人们自然会产生这些文化遗存可能与长城交通有关的猜想。

　　陕西凤翔战国初期秦墓出土了在交通史上意义重大的双辕车的模型。BM103出土两件牛车模型，车辆形制相同，出土时陶车轮置于牛身后两侧，其间有木质车辕及轴、舆朽痕。[④]这是世界最早的标志双辕车产生的实物资料。[⑤]阴山岩画所见反映双辕车的画面，如（4）的"前车"以及（6）。我们大致可以确定，这些画面的制作，应当是在双辕车的发明之后，也就是战国时期以后，很可能是在秦汉时期。

　　前引岩画资料（1）车辆形象的上方，据说"有一舞者"，"正作热情洋溢的舞蹈动作。"其实，画面中另外还有两个人物。据盖山林先生描述，"画面右上方，有两个立人，手中似持长尾，绕头而过。"[⑥]其实仔细观察，可以发现这两个人物也在舞蹈表演之中。特别是右边一位（图一〇），对照北京大葆台2号汉墓（图一一，1）[⑦]、西安三桥镇汉墓（图一一，2）[⑧]、河南永城僖山汉墓（图一一，3）[⑨]、扬州西汉"妾莫书"墓（图一一，4）[⑩]出土玉舞人等

图一〇　舞蹈图

---

①　《史记·卫将军骠骑列传》。

②　《汉书·李广传》。

③　王子今：《秦汉长城与北边交通》，《历史研究》1988年第6期。

④　吴镇烽、尚志儒：《陕西凤翔八旗屯秦国墓葬发掘简报》，《文物数据丛刊》（第3辑），文物出版社，1980年。

⑤　王子今：《秦汉交通史稿》，中共中央党校出版社，1994年，第19页。

⑥　盖山林：《阴山岩画》，文物出版社，1986年，第12页。

⑦　大葆台汉墓发掘组、中国社会科学院考古研究所：《北京大葆台汉墓》，文物出版社，1989年，第71页，图六九，图版七四-1。

⑧　刘云辉：《中国出土玉器全集·陕西》，科学出版社，2005年，第146页。

⑨　田凯等：《中国出土玉器全集·河南》，科学出版社，2005年，第228页。

⑩　扬州市博物馆：《扬州西汉"妾莫书"木椁墓》，《文物》1980年第12期。

资料①，可以看到其姿势动作和汉代舞女演出的程式化动作十分相像。如果这一人物与车辆同时刻画，则可以参考汉代相关发现推测车辆画面的年代。分析这一情形，当然要考虑到汉地人口包括汉家女子流入草原的情形。②

图一一　舞蹈图

1.北京大葆台2号汉墓舞蹈图　2.西安三桥镇汉墓舞蹈图
3.河南永城僖山汉墓舞蹈图　4.扬州西汉"姜莫书"墓舞蹈图

六、中国北方草原地区岩画古车图像的综合考察

阿尔泰山岩画有所谓"息车图"（图一二）、"车辆图"（图一三）、"高车图"（图一四）。研究者认为后者"应是高车部族的文化遗存"。③

图一二　息车图

①　参看白云翔：《从北京大葆台汉墓论汉代物质文化的统一性与多样性》，汉代文明国际学术研讨会论文，北京，2008年5月。

②　王子今：《汉代北边"亡人"：民族立场与文化表现》，《南都学坛》2008年第2期。

③　新疆维吾尔自治区阿勒泰地区文化处文管所编：《中国阿尔泰山岩画》，陕西人民美术出版社，1987年，第21页。

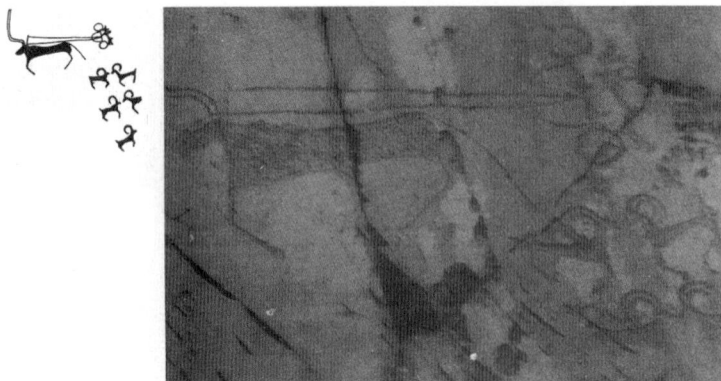

图一三　车辆图

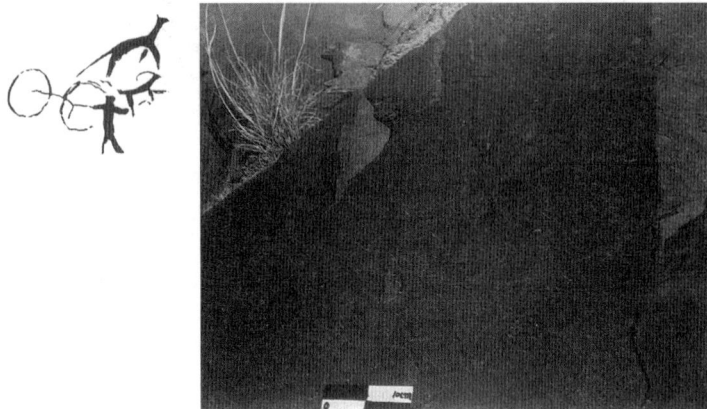

图一四　高车图

贺兰山岩画也有"马拉车"画面（图一五～图一七）。①车辆的表现方式，有时"用车轮代表车辆"，有研究者指出，"这是一种透视的表现方法"。②

青海天峻江河乡卢山岩画也有"马拉车"图像（图一八）。有一幅画面，有的研究者理解为"一辆三马共驾双轮单辕车"（图一九）。③汤惠生先生等则将卢山岩画与古巴比伦和古埃及的"英雄与野兽"的浮雕艺术比较，以为其车猎场景"完全是狩猎巫术的仪式行为"。又作出了"车的文化属性肯定不是羌或吐蕃人，而是一种外来文化因素"的判断。④这样的结论要说服一般读者，可能还需要更充分的论说以及其他旁证。但是这种研究思路，确实可以给予岩画学的进步提供某种新鲜的启示。

----

①　许成、卫忠：《贺兰山岩画拓本萃编》，文物出版社，1993年。

②　许成、卫忠：《贺兰山岩画》，文物出版社，1993年，第366页。

③　文物出版社编：《中国岩画》，文物出版社，1993年，图110图版说明（孙宝旗）。

④　汤惠生、张文华：《青海岩画——史前艺术中二元对立思维及其观念的研究》，科学出版社，2001年，第91～95页。

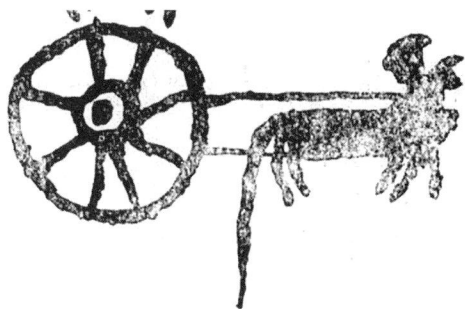

图一五　贺兰山岩画也有"马拉车"岩画

图一六　贺兰山马拉车岩画

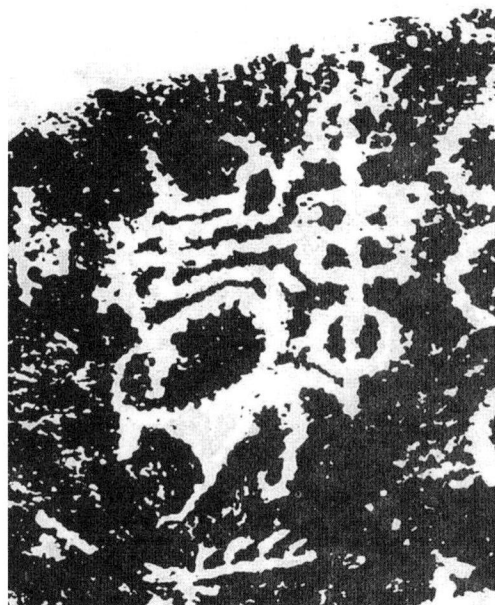

图一七　贺兰山马拉车岩画

图一八　青海天峻江河乡卢山"马拉车"岩画

图一九　三马共驾双轮单辕车

　　汤惠生先生论著中引录的甘肃黑山岩画的车马画面，用以同金文"车"字的结构进行比较（图二〇）。论者指出"仅用车轭来象征"车的情形。这种表现方式，也许同有时"用车轮代表车辆"的方式有相近之处。除了前引阿贵沟岩画（8）以外，"用车轮代表车辆"的还有内蒙古阿拉善右旗巴丹吉林沙漠东南边缘的曼德拉山岩画。第1处第102组"是一个车轮，有辐条15根"（图二一）。[1]阿拉善右旗夏拉玛山岩画的第7组，也是一个车轮，"有6根辐条"（图二二）。[2]

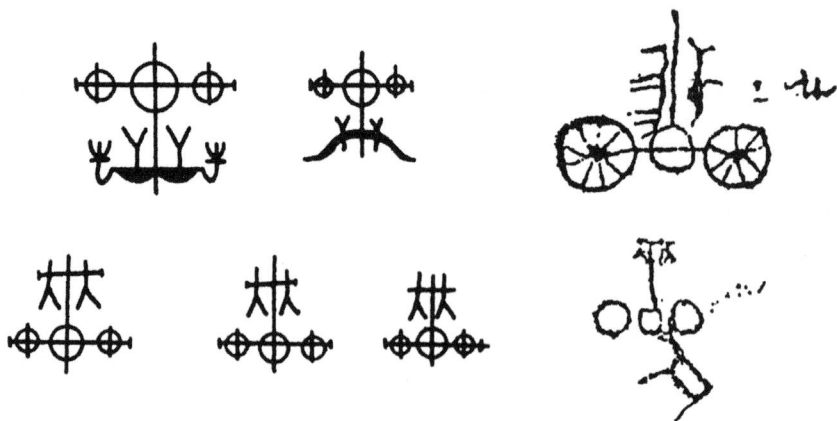

图二〇　黑山岩画车马图与金文"车"字结构的比较

---

① 盖山林：《巴丹吉林沙漠岩画》，北京图书馆出版社，1998年，第12页，图102。

② 盖山林：《巴丹吉林沙漠岩画》，北京图书馆出版社，1998年，第59页，图1112。

图二一　有15根辐条车轮　　　　图二二　有6根辐条车轮

汤惠生先生引录的这样的意见也值得我们注意："北方草原的匈奴人是使用车较早的民族之一，在中亚草原和蒙古草原，匈奴人的车最早发现于岩画之上，其年代大致在公元前2000～前1000年。"[①]这一结论中，族属的判定和年代的判定，都还可以讨论。至少在一般人的民族史知识中，在"公元前2000～前1000年"时"匈奴人"是否已经出现还是一个问题。但是草原民族的车"最早发现于岩画之上"的意见，也许是可以成立的。

现在看来，进行中国北方草原地区岩画古车图像的综合考察，条件已经初步具备。而真正高质量的学术成果的获得，也许尚需要多学科学者共同的艰苦努力。

① 汤惠生、张文华：《青海岩画——史前艺术中二元对立思维及其观念的研究》，科学出版社，2001年，第92页。

草原文明的艺术宝库

——内蒙古岩画

王大方

（内蒙古自治区文物局）

一、概　述

　　内蒙古地区的岩画以其历史悠久、品类繁多、技法精湛而在亚洲北方岩画系统中占有重要地位。它全面地反映了草原游牧民族的生产、生活方式和宗教文化思想，刻画出草原地区的自然环境和动植物的风貌。同时，这些岩画的特点，也反映出草原文明与其他地区文明的联系和影响，从而能从中发现人类文明发展历史的一般规律。内蒙古地区的岩画，通过研究归纳可分为四个岩画群，从东到西分别为：呼伦贝尔-赤峰岩画群、乌兰察布岩画群、阴山岩画群、阿拉善岩画群。其中，发现最早和影响最大的，当属阴山岩画群。此外，内蒙古的锡林郭勒盟、通辽、鄂尔多斯等地，也分布有岩画。

　　内蒙古岩画的作者族属有原始氏族部落，有东胡、匈奴、乌桓、鲜卑、突厥、回纥、契丹、女真、党项、蒙古族等民族。可以说，凡是在内蒙古草原上活动过的民族，都有自己的岩画作品。

　　内蒙古地区的岩画制作方法，最常见到的是敲凿法，这种技法起于新石器时代，并一直延续下来。其方法是：以尖利的石器或金属器在岩面上敲凿成坑点相连的线条，线条较宽且边缘呈锯齿状。一般早期岩画，敲凿的点小、均匀，晚期岩画的凿刻点大、不匀。新石器时代的岩画制作还出现了用彩色颜料绘制的技术。在赤峰白岔河发现的彩色岩画，均采用红褐色颜料绘制，这种矿物颜料具有很强的渗透性和稳定性，虽然历经几千年风吹日晒，仍然较为清晰。除此之外，岩画的制作方法还有刻画法，用尖锐的金属工具用力刻画岩石而成形，图形往往是很细的线条，刀刻明显，不像敲凿法敲出的图形，其边缘有发毛之感。用刻画法制成的岩画，其时代最晚。

　　内蒙古岩画的时代分为以下三大阶段。

　　（1）石器时代。距今10000～3000年，即旧石器时代晚期至新石器时代的早、中、晚各期。这一阶段，可称之为内蒙古地区的狩猎期，当时人们以狩猎和采集为生。

岩画画面以动物和狩猎场面居多。动物群落有披毛犀、大角鹿、鸵鸟、北山羊、野马、野驴、羚羊、马鹿、驯鹿、野牛等。人类的活动有祭祀天神、祈求繁殖、围猎舞蹈和战争等，这一阶段延续时间最长。

（2）青铜时代至早期铁器时代。距今3000年至公元初的几个世纪，大约相当于中原地区的夏商至两汉。人们根据作画的不同需要，娴熟地掌握了各种作画技巧，使岩画变得更富有艺术魅力。在这个时期，由于青铜工具的使用，草原经济发生了重大变化，畜牧业在草原上形成并发展起来。

（3）历史时期的岩画。这一时期的经济，仍以畜牧业为主，时代为6～19世纪，相当于北朝至清代。内蒙古草原在这个时期的初段，出现了古代北方游牧民族的第一种文字——突厥文。以后，各个游牧民族又相继创造了回纥文、西夏文、契丹文和女真文、蒙古文，作为文字出现之前而代替文字记录生活的岩画便逐渐完成了它的历史使命而走向衰落。

通过研究归纳，内蒙古岩画的内容分成几个方面。

1. 日月和星宿天体

日月经天，斗转星移，天体变化的奥秘和太阳的光芒给万物以生机力量，令草原先民们顶礼膜拜。在内蒙古各个岩画群中，可以见到在山崖的显要之处，刻绘有人们祭祀太阳、月亮等神祇的场景。例如，在磴口县格尔敖包沟畔的石崖上（属阴山岩画系统），刻有一人在礼拜太阳：他双臂上举在头上合十，在其头上刻有一轮太阳，画面简练而生动。在乌海召烧沟岩画中，有多幅绘呈放射光芒状的太阳神像和不放光芒的月亮神像，在日月神之间，还绘有星宿、人物和穹庐图案，体现了人们祈求日月庇护的心理。在赤峰市克什克腾旗黑山头的一幅岩画中，绘有鹿和山鸡，在山鸡旁绘有两组由8个小星球围绕2个大星球的图案，其中1个大星球为半圆形，这是众多星星围绕着太阳和月亮的象征。其意义除了祭祀日月之外，还反映了草原先民对天体运行的认识。古代人类的生产活动与大自然有着密切的关系，特别是气候变化制约着人类的活动。所以，生活在草原上的先民们很早就注意观察天体的运行规律，并将其刻绘在岩石上。

与世界上诸多古老民族一样，历史上活跃于内蒙古草原上的古代北方游牧民族如东胡、匈奴、乌桓、鲜卑、突厥、回纥、契丹、女真、党项、蒙古族等，都十分尊崇日月神灵和天体星宿。《史记·匈奴传》记载有匈奴人崇拜日月的风俗："单于朝出营，拜日之始生，夕拜月。"契丹皇帝以太阳神的子孙自居，每逢重大活动都要"东向拜日"，祈求得到太阳神的保护。成吉思汗在一生征战中，以"长生天"为最高神，每当进行重要战事之前，都举行隆重的祭天仪式。中国古代北方游牧民族这种崇敬日月神灵和天体星宿的传统心理，代代绵延，史不绝书，岩画中的天神图案和祭祀日月星宿的构图，是这种古老习俗的真实写照。

2. 生殖崇拜的内容

草原先民自身的繁育生殖，是其生存与发展的原动力。在内蒙古各地的岩画中，对人类生育崇拜的内容有许多，这是草原先民为求得氏族部落繁衍兴旺的写照。例如，在阴山岩画的舞蹈图中，有许多是刻画妇女生孩子的姿势：身躯很正、双臂平伸，双腿极力向两侧叉开，使臀部最大限度地张开。对男性舞者的刻画，则夸大其生殖器。在乌兰察布岩画中，则用刻成单个或多个凹状的小穴，隐喻妇女的生殖器。这种凹穴岩画是世界岩画最古老的题材之一。这些类似杯状的小凹穴在世界许多地区都发现过。比如，太平洋中的夏威夷群岛岩画、西伯利亚岩画、蒙古国的岩画都有这类题材。小凹穴被视为女性生殖器，象征多产。圆穴是生孩子的母体的标志，象征整个生命的开始。在阿拉善曼德拉山岩画中，则以写实手法，刻绘出老祖母及其一代又一代后人在穹庐中生活的场景，堪称是生殖崇拜的图解。

在内蒙古岩画中，还以人的足印或手印象征对生殖的崇拜。古人相信，只要妇女践巨人足印，即可怀孕生育。显然，在岩石上凿刻人足印，具有感应巫术的意味，是求育的手段。人的足印岩画，在我国南方地区如闽南龙海市云洞岩、东山县铜陵镇等地也有分布，这说明生育崇拜影响的广泛性。

3. 动物和狩猎图案

内蒙古地区的岩画中，各种动物的图案占很大比例，这是草原文明的一大特点。因为在古代的草原地区，人类要生存必须依赖动物，而在畜牧业没有发达的时候，人们主要依靠猎获动物为生。因此，狩猎是支撑草原先民生存必不可少的条件之一。以阴山岩画为例，动物题材和狩猎内容的图画，约占全部岩画的90%。岩画中的动物往往与执弓搭箭的猎人画在一起，而且动物身上常绘有箭头或猎人弓上的箭正对着动物，这是原始巫术的反映。

在内蒙古岩画中的动物图案构图中，常见到对动物的性能和作用予以夸大的情况。在岩画中动物画在主要的位置，而人则置于从属位置，动物形体很高大，人都很渺小。这是由于当时人们对狩猎没有把握，把行猎的成败视作被猎动物意志向背结果的体现，这体现了人们崇拜动物的思想。由于人们依赖动物而生存，"人在自己的发展中得到其他实体的支持，但这些实体不是高级实体，不是天使，而是低级的实体，是动物"（《恩格斯致马克思的信》，《马恩全集》第27卷）。这就产生了草原先民崇拜动物的原始宗教，并对中国古代北方游牧民族产生了长期而普遍的影响。据我国古代文献记载，鹿、狼、虎、鹰、野猪、熊等动物，曾先后被东胡、匈奴、鲜卑、突厥、契丹、蒙古等古代北方民族所崇拜，有的还被奉为图腾。另据《辽史》所记，古代契丹人在父母死后便要祷告："冬月向阳食，夏月向阴食，若我射猎时，使我多得猪、鹿。"

根据考察发现，内蒙古岩画中的动物有数十种之多，有的动物如披毛犀、鸵鸟、河套大角鹿，在距今10000年前便已从内蒙古地区消失。它们可以证明内蒙古岩画中这些动物早在旧石器时代晚期即已被人们记录刻画出来。在众多的动物图案中，我们可以得悉古代的内蒙古地区曾经是许多野生动物的乐园。人们还可以知道，随着生产技术的进步，野马、野猪、犬、野牛逐渐被驯化，而且马和犬成为猎人的得力助手。通过研究分析，内蒙古东部区动物岩画，以熊、野猪、虎、鹿为多，而西部地区则以狼、狐、骆驼、野马、北山羊、鹿为多。这显然与岩画作者所处地区动物种群的分布有关。通过对内蒙古地区动物岩画的研究，还发现作为一个完整独立的生态系统，阴山岩画中的动物包括食肉动物（5种）、食草动物（25种），比例是1：5，这与自然界中各种不同生态系统的比例是谐调的。

4. 舞蹈岩画

在内蒙古地区的岩画中，有一批表现草原先民们舞蹈的岩画。这些古老的舞蹈岩画，与当时的社会生活有着密切的关系，是古代猎牧人经济文化和宗教生活中的一项重要内容。这些舞蹈岩画种类很多，从其形式上可分为集体舞、多人舞、双人舞和独舞。从其内容划分，又可归纳为宗教舞、狩猎舞、战争舞、踏舞、爱情舞、仿牲舞等。

在赤峰市白岔河发现的一幅大型舞蹈岩画上，可见几十个人分成三个区域舞蹈。在画面上方绘有两条大型团龙图案，龙早在新石器时代就是赤峰市地区先民们的图腾。在许多红山文化遗址中，都曾出土过玉龙；这幅岩画图中的舞蹈活动，应为祭祀龙神而举行的。在旋腾飞舞的龙身下方，人们围成圆圈，中央站着一个手持道具的领舞者，这个人应是主持祭祀的巫师。这类娱神、祭神的宗教舞，由巫师领舞充当龙神和人类的中介人，以传达人类对龙神的祝愿和龙神对人类的旨意。

在同一幅岩画的上方，用一条斜线描绘出山脉，山坡上一群野猪款款而行，人们围在野猪周围表演各种舞蹈。在岩画的下方，还有一群人围着一头大角鹿起舞，其中有一个舞者骑在鹿身上表演，这种舞蹈与庆祝狩猎成功有关。

在磴口县和撒拉石壁上，发现一幅战争场面的岩画。这幅画着重表现了胜者一方战士的勇敢和败者被杀掉的情况。只见胜方战士挽弓搭箭、腰佩战刀，败者伏尸倒卧，身首异处。这是某一部族为了纪念某次战斗胜利而特意刻下的庆功图。这种战争舞蹈（也就是古籍中所称的"武舞"），在内蒙古岩画中多有发现，它反映了在原始社会末期以后，氏族部落之间为了掠夺、侵袭和血亲复仇而常常发生战争。因此，战争舞蹈是部落间战争的反映，它已成为原始人正常职能的一种反映。

舞蹈是一种社会生活，内蒙古的舞蹈岩画再现了古代北方猎牧人及其所生活的游牧世界的社会生活。它说明了草原先民们经常进行祭祀、围猎、战争等活动，他们对生存资料及自身的繁衍有着强烈的追求。他们所处的时代，是从原始社会向阶级社会过渡的阶段。通过对舞蹈岩画的考察，可以较系统地了解草原先民的社会生活和精神生活。

内蒙古岩画还有符号印记、车辆穹庐、放牧、植物、鱼鸟龟虫、生产生活用具等。内蒙古岩画的制作方法，因时代先后而异。最早的制作方法是磨刻：先凿出一个大致的轮廓，然后用专门磨出钝尖的硬石，蘸上细沙磨出图案。其题材有人面像、披毛犀、大角鹿、鸵鸟等。一般来说，磨刻是一种最古老的作画方法，差不多世界各地的磨刻岩画的时代都是最早的。从画面保存的情况来看，它们虽然磨刻在石壁南面，可以免受强劲北风的吹蚀，但受风蚀的现象仍很严重，图画多已模糊不清。从绘画的内容看，披毛犀、大角鹿和鸵鸟等动物，均是旧石器时代晚期活动过的动物，后因气候变化，从内蒙古草原地区消失了。

二、内蒙古各地的重要岩画

（一）阴山岩画

阴山山脉位于内蒙古自治区中西部地区，阴山岩画是中国最大的岩画宝库，分布在从包头固阳县到阿拉善左旗的阴山山脉中。阴山地区从春秋战国到秦汉时期属匈奴民族重要的猎牧，开采铜矿、铁矿与休养生息之地，匈奴王庭头曼城设于阴山地区。匈奴长期在阴山地区活动，留下许多岩画、古城和墓葬（图一、图二）。

阴山岩画以巴彦淖尔市乌拉特中旗几公海勒斯太、地里哈日、乌拉特后旗大坝沟、布尔很哈达、炭窑口、磴口县格尔敖包沟、默勒赫图沟、托林沟、乌斯太沟、格和尚德沟、布敦毛德沟、阿拉善左旗易很特罗盖等地最为密集。岩画有飞禽走兽和家畜，以及动物图像四十余种；有独猎、双人猎、群猎和围猎等狩猎场面；有骑牧、步牧等放

图一　阴山岩画　人面像

图二　阴山岩画　群虎图

牧场景，其中有野牧、满天星、一条鞭等放牧方式；有部落间交战的场面和格斗、斗殴场面；还有三五成群或四六成列的骑士。反映猎牧人科学文化生活的有图画记事、舞蹈、日月星云等天体形象、穹庐毡帐、车辆车轮、数量符号和鹿棋。反映猎牧人意识形态的有生殖崇拜、太阳神、天神、面具、手印、蹄印、足印、兽面等。阴山岩画的时代始于旧石器时代晚期，经新石器时代、青铜时代、早期铁器时代等历史时期。

（二）阿拉善岩画

阿拉善盟地处内蒙古自治区最西端，境内多沙漠、戈壁，其间近百座大小山脉纵横分布。山脉附近，往往有水源、绿地，是游牧民族的栖息场所。

据史料记载：阿拉善地区从春秋到战国时期属匈奴、北狄、月氏的游牧地；秦汉三国属匈奴、乌恒、鲜卑、羌的游牧地；西晋东晋、南北朝属鲜卑、拓跋等族；隋唐属突厥、回纥、吐蕃等族；五代十国及北宋、西夏、元、明有吐蕃、党项、回鹘、鞑靼、蒙古等族。史料记载说明，阿拉善地区曾经有许多游牧民族在此繁衍生息。

阿拉善地区的岩画题材广泛，内容丰富。值得注意的是"布布手印岩画"（图三），位于阿拉善右旗雅布赖苏木北30千米，在雅布赖山、沙枣沟北脉布布石头洞，地理位置东经39°43′2″，北纬103°3′6″，平均海拔1705米。布布是几峰之间的泉水名称。岩画绘于距泉西50米处的一座花岗岩石洞里，是用土红色的颜料划出多个手印，其中有1个右手印、9个左手印，手印最大长22、宽10.5厘米，最小长11、宽8.7厘米。根据布布手印岩画和有关资料来看，此岩画制作时间较早，周围没找到其他可佐证的遗址及遗

图三　阿拉善右旗　手印岩画

物，推断是新石器时代的作品。

　　阿拉善的曼德拉山岩画也是著名的岩画群，位于阿拉善右旗孟根苏木克德呼都格嘎查境内。曼德拉山岩画较为密集，发现岩画6000多幅，分布在东西3、南北5千米的山地上。其中代表性的有各类动物图案，有山羊、盘羊、马、驴、单峰驼、双峰驼、牛、鹿、虎；还有围猎、狩猎、放牧；舞蹈、骑者；建筑、繁育图、车辆、车轮，太阳、月亮、星辰等。从岩画的风格特点、体裁、色泽和文字，可判断出其时代跨度较长，从远古、青铜器时代至明清时期，由于时代不同，岩画的造型技法也各不相同，有凿刻、磨刻和线刻（图四、图五）。

图四　阿拉善曼德拉山岩画　部落繁衍图

图五　狩猎图

（三）乌海市岩画著名的召烧沟岩画

　　位于乌海市区东南15千米的召烧沟西口南坡上，这是一处青铜时代北方游牧民族的文化遗迹。1986年经内蒙古自治区人民政府公布为自治区重点文物保护单位。

　　该处岩画分布在坡度约为30°的缓坡上，其地质构造为灰白色石灰岩，岩石硬度为7°，岩画磨刻在面积约650平方米的石灰岩上。这处岩画面积虽不大，但图形集中，题材内容丰富，艺术风格古朴。其磨刻图形大多是神态各异的人面像，还有星星、穹庐、云朵等图形。这些人面像是太阳神等神灵的象征（图六）。召烧沟口盘石上有一片人面像，长宽多20余米，有图像70多个，其中头戴太阳冠的太阳神头像特别引人注目。其内容、风格和磨刻技法属于同一时代。岩画磨刻的沟槽较深，有的深3厘米以上，大多数图形比较清晰，部分画面由于风蚀等自然因素的破坏，随着石皮的脱落而漫漶不清，在清晨或夕阳下，由于阳光平射，一些平日看不到的图形会显示出来（图七）。

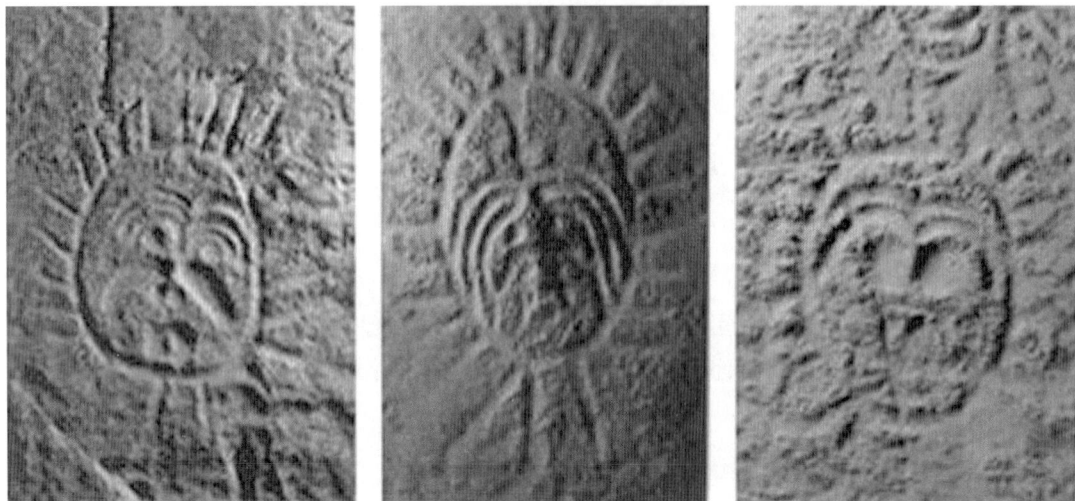

图六　召烧沟岩画　太阳神

图七　桌子山岩画　印记图

（四）鄂尔多斯市鄂托克旗伊克布拉岩画

位于阿尔巴斯苏木伊克布拉供销社东南约7千米。岩画凿磨在山谷陡峭的黑色火成岩石壁上，石面平整光滑。画面是由人形和羊、狗、骆驼等动物组成的，呈方形，每边长4米。骆驼的头部高高昂起，傲视远方，背上双峰高耸，短而小的尾巴下垂。而山羊和狗都呈奔跑状。岩画中的人形则为一男性特征明显的形象，表现了远古居民对生殖崇拜的心理（图八）。

（五）乌兰察布岩画

分布于乌兰察布草原上。东从四子王旗起，西至乌拉特中旗东部，以达尔罕茂明安联合旗查干敖包苏木推喇嘛庙一带，都容敖包苏木沙很、德里哈达，满都拉苏木南吉

板登，新宝力格苏木禅番乎热，乌拉特中旗东北部莫若格
其格山一带分布最为密集。岩画题材内容有野兽、飞禽、
家畜、放牧、狩猎、车辆、人脚印、动物蹄印、舞蹈、
十二生肖、手形、畜圈、符号、人面像、云、太阳、交媾
等，以家畜和放牧为最多。岩画是陆续制作的。新石器时
代画面有车辆、放牧、骑者、动物。数量最多的是青铜时
代游牧人的作品。北朝岩画多图案化、程式化和抽象化的
图形和酷似古突厥文字母的符号，题材有长矛、钺、动物
图案等。元代至清代作品，有神像、文官画像、虎等。作
画民族有原始氏族部落，其后有匈奴、突厥、蒙古族和汉
族，以突厥岩画最具特色（图九）。

图八　鄂尔多斯岩画　舞者图

图九　乌兰察布岩画　太阳

（六）赤峰西辽河上游岩画

　　人面岩画是赤峰古岩画中分布最广、数量最多且最富于表现力的造型艺术，绝大
多数人面岩画在制作工艺上非常接近，艺术创作手法尽管千姿百态，但总体风格方面还
是有许多共性，应属于一个历史时期的创作。人面岩画造型的共同特点是没有躯干，或
单独或几个组合在一起，脸形分为圆形、方形、梨形、椭圆形等，脸部特征又分为黥面
像、写实像和脸部器官像三类，个别的人面还戴有帽饰，因此对于人面岩画的内涵不
能一概而论，不同造型的人面岩画应该反映了不同的文化内涵（图一〇）。
　　在赤峰地区的古岩画中，还有相当数量的小型人面岩画，大多数独个成幅，有的
长有胡须，有的头戴各种花冠，比较集中地分布在一个区域，像阴河足200米的区段内

竟集中分布了26幅同一题材的岩画。这类岩画很可能是居住在这一带的原始部落中各个家族的祖先形象，这些家族除了供奉部落共有的祖先之外，还将家族中的某个祖先作为崇拜对象，以希冀得到祖先神灵的保佑，于是在同一区域内刻出许多形象不同的人面像以象征家族祖先，由于家族崇拜的祖先多为年长的家族长辈，所以便将祖先描绘成长满皱纹和胡须的形象。随着时间的推移，家庭不断分化出新的社会细胞，新的家庭也就自然竖立新的祖先崇拜偶像，久而久之，人面岩画便较为密集地分布在一个区域内，形成了为数众多的人面众像生（图一一）。

图一〇　赤峰岩画　众神面像

图一一　赤峰岩画　骑兵图

白岔河岩画，在西拉沐沦河上游的扇形支流中，白岔河是其中的主要支流，奔腾不息的白岔河水从七老图山脉的千沟万壑中喷涌而出，一路斩山劈谷向东北奔流，在陈家营子附近注入西拉沐沦河，全长150多千米。白岔河两岸山高谷深，奇峰怪石林立，形成了两岸多悬崖绝壁的险要地形，而这些悬崖上的光滑岩面被古人利用制作了百余幅形式各异的岩画，被誉为百里岩画长廊。

红山岩画，位于红山区东北红山主峰的南侧，共发现两幅岩画，这两幅岩画均刻绘于山顶突出的巨大岩石上，其中一幅位于山前通往山后的通道南侧，采用刻磨法制作，画面为两个并列的同心圆，每个同心圆均由3层圆环层层相套组成，在岩画的下方平台上，还凿刻出许多小圆坑，估计当时是供祭祀之用。另一幅岩画为一个采用刻磨法制作的大圆环，刻于岩石较高的部位，其制作风格和艺术手法和上一幅略同。

（七）呼伦贝尔岩画

位于额尔古纳右旗黑龙江上游右支流阿穆尔河上源交劳呵道小河畔的山岩间。1974年黑龙江省博物馆考察并刊布。"交劳呵道"是鄂温克语石碴子的意思。作画的石面有2平方米，高度1～2米，画面内容有马鹿、驼鹿、麋鹿、驯鹿、人物和猎犬等图像。这些图像，有的清晰，有的模糊不清，说明时代已很久远。画面是用红褐色单或双线条勾勒而成。绘画材料当是含有氧化铁或氧化锰黏土构成的赭石颜料。岩画的考察者认为，这里的岩画当是古代室韦部落以及后来鄂温克狩猎和牧鹿人的艺术作品（图一二、图一三）。

图一二　呼伦贝尔鄂温克交劳呵道彩色岩画

图一三　呼伦贝尔鄂伦春旗岩画

参 考 书 目

内蒙古文化厅、内蒙古文物局主编：《内蒙古自治区文物志》，内蒙古大学出版社，2015年。

青铜时代阴山岩画断代刍议

魏 坚

（中国人民大学北方民族考古研究所）

青铜时代是人类从原始部落进入国家形态的重要阶段。地处阴山、河套一线的内蒙古长城地带是中国古代北方草原文明与华夏文明交融碰撞的主要舞台。由于这一区域地域辽阔，古代民族众多，因此也就产生了形态各异、色彩纷呈的古代民族文化遗存。阴山岩画就是中国古代北方猎牧民创造的颇具特色的历史文化遗存之一。

长期以来，关于岩画的年代学问题，一直是影响岩画考古学、民族学和美术学考察与研究深入进行的一个重要因素。由于有关岩画断代的考古学研究颇受争议，因此在这一问题的研究上能否有所突破，从某种意义上讲，已经成为岩画研究是否更具科学性的关键所在。

近年来，由于田野考古学的长足发展，许多具有浓郁北方草原文化特征和较为确切年代特征的遗物的不断出土，为岩画的年代学研究提供了一些佐证。特别是对进入历史时期以来的、由众多的古代北方民族创造的岩画的研究，获取了重要的依据。

广泛地分布于中国北方草原地带的"鄂尔多斯式"青铜器[①]，与同样广泛分布于欧亚草原地带的"卡拉苏克文化"[②]"斯基泰文化"[③]所表现出的"野兽风"[④]风格，特别是出土的青铜器和金属饰牌中广泛存在的动物形象特征，与阴山岩画中的动物形象有着较大的一致性，表明阴山岩画中这一类题材的岩画，应当是由商周以来直至匈奴产生阶段的北方猎牧民创作的。

北魏郦道元《水经注》载："河水自临河县东经阳山南，东流经石迹阜西。是阜破石之文，悉有鹿马之迹，故纳斯称焉。"[⑤]说明郦道元考察黄河曾来到过河套的阴山

① 田广金、郭素新：《鄂尔多斯式青铜器》，文物出版社，1986年。

② 李琪：《史前东西民族的迁移运动——关于卡拉苏克文化的思考》，《西北民族研究》1998年第2期。

③ 邵会秋、杨建华：《早期斯基泰文化及欧亚草原的动物纹起源问题的探讨——从〈斯基泰—伊朗动物纹风格的起源〉一文谈起》，《西域研究》2006年第4期。

④ 林沄：《中国东北系铜剑初论》，《考古学报》1980年第2期。

⑤ 《水经注》卷3《河水》，岳麓书社，1995年，第35页。

脚下。他在黄河北岸一个名叫"石迹阜"的地方看到的"鹿马之迹"，就是刻画在山岩高阜之处的岩画。

阴山先民，以其生生不息的生命创造力，为我们留下了绘刻在岩壁上的丰富多彩的历史画卷，使我们今天可以透过这些丰富的图像，去追溯那段对中华民族多元一体格局逐步形成曾经产生过重要影响的鲜为人知的历史。

一、阴山岩画与古代北方民族

阴山山脉，大部分海拔1500~2000米，是我国内流区与外流区的分水岭之一。它既是历代北方各民族戎马征战的广阔战场，又是北方猎牧民与中原华夏民族的经济交汇地带。根据考古资料和文献记载，在战国以前，这里曾先后出现过被称为"荤粥""鬼方""猃狁""戎""狄"的氏族部落。

阴山是我国岩画分布最为密集的地区之一。目前，仅在经过考察的巴彦淖尔市狼山西段地区，在东西长达300多千米，南北宽30~70千米的调查范围内，就发现岩画地点一百余处，计各类岩画万幅以上。这些岩画分布在20多条山沟中的石壁上。其中分布最为密集的地点是乌拉特中旗、磴口县和乌拉特后旗等三个旗县。在乌拉特中旗西南部的几公海勒斯太沟一带，约有岩画2000幅以上；磴口县的格尔敖包沟和默里赫图沟一带，保存的岩画在1000幅以上；而在乌拉特后旗宝尔汗山、巴嘎卯都和滴水沟等地也有大量发现。

岩画内容丰富多彩，诸如各种动物、狩猎、放牧、转场、舞蹈、穹庐毡帐、日月星辰、巫师、人面像、征战、拜日、车辆等。岩画的内容既反映了畜牧经济的社会状态，又昭示了狩猎生产的生活情景。

《史记·五帝本纪》载：黄帝"北逐荤粥"[①]；夏代，荤粥与夏族为邻，并有密切的交往；殷商时的鬼方，是商王朝的强敌，殷王武丁曾与之进行过三年的战争；西周时，猃狁经常对周朝的北边进行骚扰，《诗经》就有"靡室靡家，猃狁之故"，"不遑启处，猃狁之故"[②]的叹息；公元前8世纪，周宣王多次出兵抵御猃狁的进攻，并在朔方建筑城堡，《诗经》说："天子命我，城彼朔方；赫赫南仲，猃狁于襄。"[③]春秋战国之际，上述各族在北方大都以"戎"或"狄"的名称出现于史书；到战国时期，除了在今河北省境内建立"中山国"的鲜虞族以外，其余大部分融合于华夏各族之中，其余的则迁至大漠南北，与原来居住在那里的戎狄结合在一起。

---

① 《史记》卷1《五帝本纪第一》，中华书局，1959年，第6页。
② 周振甫：《诗经译著》卷4《小雅·采薇》，中华书局，2002年，第242页。
③ 周振甫：《诗经译著》卷4《小雅·出车》，中华书局，2002年，第245页。

二、阴山岩画的主要内容与考古发现

从新石器时代晚期到战国早期阶段，在长达近3000年的历史过程中，北方地区也经历了从温暖湿润期向寒冷干燥期的转变过程。许多过去适于农耕的地带，由于干燥和寒冷，逐渐被兴起的畜牧业所取代，随着青铜时代的到来，北方民族的青铜文明也悄然登上了历史的舞台。北狄、匈奴、乌桓、鲜卑、柔然、高车、突厥、回鹘、吐蕃、党项、蒙古等民族交替在这里繁衍生息、勤奋劳作，创造了光辉灿烂的猎牧业文明。

远古的先人给我们留下了大量的文化遗迹和不朽的艺术杰作。阴山岩画，就是他们的社会生活、心态活动、审美意识、活动业绩的生动写照，凝聚着远古先民充沛的生命意识和其对生活的追求。

阴山岩画多数画面的内容应当是狩猎时期的作品，反映的是狩猎社会的经济、心态和审美观。狩猎时代是人类发展史上出现最早、延续时间最长的历史阶段。由于阴山南北特殊的自然环境和历史背景，这里的猎牧文化发生早、延续时间长、发展水平高，这在我国北方山地草原文化中具有代表性。

阴山地区的岩画动物有狐狸、狼、虎、豹、熊、家犬、野马、野驴、家马、岩羊、盘羊、北山羊、羚羊、藏羚、黄羊、绵羊、梅花鹿、马鹿、麋鹿、驼鹿、驯鹿、狍、白唇鹿、大角鹿、野牛、家牛、牦牛、羚牛、双峰驼、单峰驼、野猪、野兔、跳鼠、蛇、蜥蜴、龟、鸵鸟、鹰、海螺等。从岩画动物的种类或数量看，以狩猎对象占绝对优势。为数众多的猎人和狩猎场面，也再现了当年终日驰骋于深山幽谷的猎人们的真实生产和生活场景。

见于阴山岩画中的狩猎对象，在内蒙古中南部夏商至春秋战国阶段的考古发现中多有发现。在"鄂尔多斯式"青铜文化遗存中，经常可以见到浮雕和圆雕的虎、鹰、鹿、羊、马等形象，与阴山岩画中表现的动物形象极为一致。在鄂尔多斯夏商阶段的朱开沟遗址晚期阶段出土了大量的野生和家养的动物骨骼[①]。在处于西周阶段的清水河西岔遗址和春秋战国阶段的桃红巴拉[②]、毛庆沟[③]、崞县窑子[④]、忻州窑子[⑤]和将军沟[⑥]等墓地也出有用于随葬的马鹿、山羊、狍子、马、牛、羊、猪、狗等动物的骨骼。青铜时代各阶段遗存出土的野生和家养的动物骨骼，大部分与阴山岩画中的动物种类可以相印证。

---

① 内蒙古自治区文物考古研究所：《朱开沟——青铜时代早期遗址发掘报告》，文物出版社，2000年。

② 田广金：《桃红巴拉的匈奴墓》，《考古学报》1976年第1期。

③ 内蒙古文物工作队：《毛庆沟墓地》，文物出版社，1986年。

④ 魏坚：《凉城崞县窑子墓地》，《考古学报》1989年第1期。

⑤ 曹建恩等：《内蒙古凉城县忻州窑子墓地发掘简报》，《考古》2009年第3期。

⑥ 张全超等：《内蒙古和林格尔县将军沟墓地人骨研究》，《人类学学报》2006年第4期。

三、青铜时代动物岩画的断代

　　见于阴山岩画中的动物形象，在内蒙古中南部"鄂尔多斯式"青铜文化遗存中的发现，以及对那些有着确切出土地点和明确年代特征，并有着动物形象器物的研究成果，是我们对这些青铜时代猎牧民创作的岩画进行年代学研究的重要依据。正因为如此，我们对与该地区青铜时代考古学文化遗存动物形象相似的阴山岩画的断代研究才具有了科学的意义，才能随着这一研究的不断深入，逐步解决这一时期岩画的断代问题。同时，在此基础上，我们才有可能利用考古学与其他学科研究手段相结合的办法，逐步解决各个时期岩画的断代问题。

　　综上所述，可做如下结论。

　　（1）充分利用已有的考古学文化类型研究的成果及其年代学标尺，对中国古代北方不同区域内猎牧民创造的岩画，就其内容和形象运用考古类型学的手段进行对比分析，初步建立起青铜时代各岩画区域的相对年代学框架。

　　（2）利用阴山地区青铜时代考古学文化研究的成果，结合文献史学、民族学和美术史学的研究成果，逐步厘清各不同历史阶段岩画制作者的主要民族成分和物质文化面貌。

　　（3）在初步建立起青铜时代岩画的年代学框架基础上，各不同学科应当充分利用和借鉴其他学科的研究成果，发挥各学科，包括自然学科的优势，再逐步建立起史前及青铜时代之后各阶段岩画的年代学框架。

　　阴山、河套地区，因其特殊的地理位置和自然条件而成为农耕文化与猎牧文化交互发生和不断冲击碰撞的地区，也成为历史上中原王朝和北方民族政权之间的必争之地。古代先民们创造的色彩纷呈的历史文化遗存，集中反映了当时中原王朝与北方民族之间的往来征战和交互融合的历史事实。阴山南北大量存留着的丰富岩画，是古代猎牧民现实生活的真实记录。加强对这批重要的形象数据的深入研究，对我们了解原始宗教信仰，解读原始艺术，进行民族学研究，进而探讨畜牧业的起源与发展，都有着十分重要的意义。

　　［原载于王建平：《河套文化论文集》（四），内蒙古人民出版社，2009年，本次发表做了部分补充］

包头秦始皇长城上的岩画研究

吴春龙

（包头市固阳县文化馆）

我国的长城是人类文明史上一项规模宏大的军事防御建筑工程。长城是一个极具象征色彩的标志性建筑。秦长城始建于2000多年前的春秋战国时期，秦始皇在开拓疆土、巩固边防上很有建树。秦始皇统一六国后，为加强统治和巩固北方，捍卫首都咸阳和关中大地的安全，派大将蒙恬和太子扶苏率兵三十万北逐匈奴。秦长城多数地段是将燕、赵、秦等国的长城连接而成，少数地段是秦代扩建修筑。秦长城西起临洮，东至辽东，绵延万余里，是中国历史上第一条具有真正意义的"万里长城"，这也是"万里长城"名字的由来。

一、包头秦始皇长城在历史上的战略地位及建筑起因

修筑万里长城，对保障中原地区人民生产和生活的安定、防御北方少数民族的骚扰起了重要作用。

据《史记·秦始皇本纪》载：三十三年（公元前214年），"又使蒙恬渡河，取高阙（高阙指黄河北岸的狼山）、阳山、北假（地名）中筑亭障（亭障即长城），以逐戎人（戎人指匈奴人）"。这段新筑长城沿阴山山脉西段狼山东行，从乌拉特前旗入固阳县境内穿越固阳中部，蜿蜒曲折于色尔腾山北坡上，自西向东走向。经武川县出大青山，在呼和浩特市北郊红山口东侧坡根底村与战国赵长城相接，秦始皇长城到此东西绵延约220千米。此外，在秦始皇长城的沿线有另外一种特殊的文化遗存，它就是岩画艺术，可谓阴山岩画密布，主要集中在巴彦淖尔市。

包头市固阳县境内这段长城就是新筑的，固阳现在属包头市管辖县。笔者认为"稒阳"是巩固、稳固"咸阳"而得名，这个地名就是沿用秦代的 "稒阳塞" "稒阳道"而来的，稒阳道就是"秦直道"。地理位置在陕西咸阳的正北，是一个军事战略要塞。固阳自古为兵家必争之地，是"固关要道"。秦王朝十分重视这一地段的军事防御，是关中的北大门，这道防线在当时所有长城中处于最为重要的地位。这道防线确保了首都咸阳的安全和边郡人民的经济生活。战国、秦、汉各代都曾在这里修筑边塞，移民屯边，留下了绵延的长城遗迹和古城遗址。

在内蒙古包头市境内，有一段鲜为人知保存较好的长城，位于阴山深处，至今遗址清晰可见，历经了2229年的风雨沧桑，至今依然傲立，仍气势雄伟，登临其上，令人遐想万千。它就是秦始皇长城，是古代劳动人民智慧的结晶。从沿线的障城、烽火台等遗址，可以看出包头市固阳境内这段秦始皇长城在历史上有着重要的战略意义。

秦始皇长城全长约85千米（2007年11月27日《包头日报》报道，通过GPS精确测量，确定此段长城为85千米），遗迹清晰可见，秦始皇长城修筑于阴山山脉色尔腾山中，现保存较好的、最原始的是固阳康兔沟至天面此老的这段石筑长城。在红石板沟，向西看秦始皇长城，像一条巨龙蜿蜒于群山万壑之中，不见其首尾。这里景色宜人，群山起伏，沟幽谷深，地势险要。真是无限风光在险峰。

夏秋之季，当您走进此老兔沟，这里有一座大仙山，在石壁上刻有许多"天外奇书"。这里巨石林立，千姿百态，山花烂漫，鸟语花香，如入人间仙境。山谷里有潺潺流水，山坡上有满山遍野的山樱桃花、山杏花等各种野花。极目远去，风景尽览眼底，蓝天白云，空气清新。让人们发出"养在深山人未识"之叹！真是色尔腾山如画卷，能让游人观赏到美丽的自然风光。

秦始皇长城充分利用了自然地形差，倚山就险，因地取势。东西走向，因为是向北面防御，故修筑在山峦的阴面半坡上，形成易守难攻之势。其筑造就地取材，在石料丰富的山地一般为石筑城墙，全部采用石块或石片错缝干垒砌筑。内低外高，横截面呈梯形，这段长城内壁高1.5~2.5米，外壁高4米左右，基础宽约4米，上面顶宽2米左右，上面较平。现有长约12千米基本为原样，是我国目前保存较好的石筑长城。

在20世纪90年代中期，中国长城学会副会长罗哲文先生登上秦长城考察，确认该长城是公元前214年秦始皇派大将蒙恬所筑的长城，而且是我国现存至今秦代长城中保存最完好的一段，是我国早期长城的典型代表，是中华民族灿烂文化的一个亮点。后经罗会长和国家文物专家组成员们的推荐，包头境内的这段秦长城1996年被国务院公布为全国（第四批）重点文物保护单位。

二、在包头秦始皇长城上发现的岩画及内容

岩画被世界上通称为岩画艺术，岩画是图形语言、图画或符号。学术界称为岩画，民间称为无字天书。

中国是岩画丰富的国家之一，同时也是世界上最早发现和记录岩画的国家，早在战国时期，韩非子最早记录了我国岩画，5世纪时，阴山岩画就被北魏地理学家郦道元发现，所著《水经注》上记录有岩画20余处……

阴山岩画分布于一条几百千米的狭长地带阴山山脉中，阴山岩画是凿刻在山崖或石壁上的图画。以阴山岩画为代表，多表现狩猎、游牧、战争、舞蹈、动物等，图形有穹庐、毡帐、车轮、车辆、日月等，阴山岩画是岩画艺术遗存的宝库。

据笔者所知，在延绵万里的秦长城上，只有包头境内的秦始皇长城上凿刻有岩画。

岩画位于包头市固阳县金山镇天面此老村北1.5千米处，从阴山山脉色尔腾山中的此老兔沟至阿贵沟长约3千米的这段秦始皇长城上，其内侧壁上分布凿刻有大量的岩画。有的地段已经坍塌（图一），有的地段石头开裂、风化等（图二），目前发现的岩画都刻在黑色石头上，有的地段相当集中，上下相叠，成片分布；有的地段间隔较远。1987年，包头市文物管理处曾在天面此老一带的长城上发现两幅岩画。1990年4月，市文物管理处同志从此老兔沟往西寻找，共查得106幅岩画。

图一　此老兔沟秦长城上的岩画

图二　此老兔沟秦长城上的岩画

图三　此老兔沟秦长城上的岩画

2003年10月，笔者去长城写生，在秦长城内侧又发现了一幅岩画（图三）（笔者带着拍摄下的岩画照片，请教了包头市文物管理处处长张海斌先生，张处长说没有发现过此幅岩画）。至此，包头固阳境内秦始皇长城内侧已发现的岩画总计107幅。

内蒙古岩画专家盖山林先生认为："长城岩画首次在包头市发现实属罕见，对于研究北方游牧民族古代经济文化和考究内蒙古岩画的历史有很高的价值。"

包头段秦始皇长城上的岩画，是以长城为载体的岩画，是在砌筑长城的每一块石头上凿刻的图画。以北山羊形象最多，出现率为70%。当地人叫团羊、大头羊，这是一种野生羊种，这种北山羊在20世纪50年代中后期已在包头境内消失了，现在只能看岩画了。北山羊是当地人非常重要的食物，同时它对当地的信仰来说，也是一个重要的组成部分。笔者认为，有的蒙文文字是从北山羊岩画演变来的，或者说北山羊岩画是蒙文的象形文字。

在远古时期，人们的生活离不开动物，人们穿的、吃的、住的、放牧、远行等，生存环境都依赖动物。

秦长城上的岩画内容丰富，造型优美，题材广泛，大多数刻画的是与人们生活相关的形象，如北山羊、骆驼、舞者、骑者、马、毛驴、兔、飞鸟、蛇等。这些岩画是用青铜器或石头直接敲凿作画，作画手法为印刻，线条简练，做工粗劣。凿刻点有稀有密，有深有浅，有的清楚，有的模糊。秦始皇长城上的岩画因受创作材料石头的大小限制，没有反映较大的生产或生活场面，形象

图四　此老兔沟秦长城上的动物岩画

刻划以单个为主。岩画中的作品形象以北山羊（图四）为主，岩画内涵丰富的作品，有骑者、人在旅途等（图五、图六）、放牧、农耕、娱乐等。突出一种悠闲、和平、宁静的气氛……

图五　此老兔沟秦长城上的动物岩画

图六　此老兔沟秦长城上的动物岩画

包头秦长城上的岩画在艺术风格上，大多数用简练的线条刻划动物、人物形象，其作品风格粗犷，有写实、稚朴，也有少量抽象、夸张的作品。构图简练，形象简洁、生动鲜明并具有浓厚的生活气息。岩画多以写实为基础，创作题材来源于生活，记录了人类童年及各个阶段的社会生活，有些作品反映了生活在长城内外一些类似于旅行、耕种、跳舞等的事实，再现作者亲身所处的自然环境。

三、包头秦始皇长城上的岩画文化内涵及欣赏

笔者是一位书画爱好者，曾多次上色尔腾山，游览了这段秦始皇长城，笔者认为包头秦始皇长城上的岩画，不是北方少数民族凿刻的作品，而是秦汉时期驻守边疆的士兵刻画的。

在这段长约3千米的长城（此老兔沟至阿贵沟）内侧刻有岩画的附近，20米左右的山崖、石壁或地面上的大小石头上都没有发现岩画的痕迹，在阿贵沟的东段长城和西段

长城都有岩画。东西山坡上有小型驻军遗址，这里可能是一个重要关口。长城以南阿贵沟口外是开阔的山前平原。

他们曾经出关追击过侵略者或去漠北侦察敌情时在漠北看到地面上的石头有岩画，回来后模仿刻画，或闲暇时把看到的人物、动物等用手中的兵器或用石头在长城内壁上凿刻制成。岩画内容表现的是中原文化，又是刻在自己的边墙上，每天在这一段长城内巡逻时欣赏。如不是原住民，很难在这里刻，每天要吃饭、喝水、睡觉，要完成一幅岩画创作，需要很长时间。笔者推测是爱好画画的驻军守关的士兵在巡逻边疆时凿刻的图案。

例如，岩画（图七）已模糊，见《内蒙古文物考古》一书中《固阳天面此老长城岩画》一文中解说："大体可分辨为左侧为一人，右侧为一羊。"而笔者认为，右侧是一头牛，中间是犁，左侧是一个农民左手握犁，挥右手手扬鞭，是描绘人在耕地的情景。可能是来自中原的士兵想起家乡农民的春耕景象而刻画的。

例如，此岩画石头现断裂为两块（图八）。文中解说："左为一只公山羊，羊角极度夸张与臀部相连。右为一只长颈动物。"笔者认为，右侧是一只野兔，两只长长的耳朵，四条短腿在奔跑。

图七　此老兔沟秦长城岩画线描图　　　　图八　此老兔沟秦长城岩画线描图

图九　此老兔沟秦长城岩画线描图

例如，岩画（图九）较清晰，文中解说："形似一汉字'太'字。"笔者认为，是一个小男孩，中央的一点是男孩的生殖器，张开双臂在奔跑，是守边墙的士兵想念自己的孩子而凿刻的。

现在我们看到的岩画是敲凿在一种黑色玢岩上，玢岩硬度较大，石面光滑，采用敲凿作画，成图清晰。而另一种红色的石英脉岩石，表面现已大部分风化或坍塌（图一〇、图一一）。

笔者曾在此老兔沟（蒙语意为骆驼山）的后牛场湾小村，听一位放过羊的老者说："过去叫边墙，现在人们叫长城。过去很高，有一人多高，石头垒砌整齐，没有坍塌。这里山上有一人多高的各种灌木，山下有清澈的泉水长流，天上有老鹰，地上有盘羊、黄羊、狼等，山上经常有狼来吃羊。小时候听大人们说，这是秦始皇的走马边墙，小时候看到边墙中红色石头上有很多人人、马马的图案（岩画）。20世纪60年代后，灌

图一〇 此老兔沟秦长城上的岩画

图一一 此老兔沟秦长城上的岩画

木、泉水、黄羊都没有了，人人、马马（岩画）也没有啦。"对于老者所讲的岩画事实，如今笔者已无法考证，因为笔者多次徒步前往考察，看到红色石头其表面都已风化坍塌了，再也无法看到岩画的痕迹。现有岩画的大都是分布在长城中下部的黑色石面上（图一二~图一五），岩画的画面都是位于每块石头的中部，垒砌在城墙中的石头上的岩画画面没有颠倒，与长城筑砌面上下一致。依此可以推断这一段秦始皇长城上的岩画不仅百余幅，或许有成千上万幅。而且根据岩画在长城段上的最高位置恰是人站立能够着的高度和岩画的方向，说明是先有长城，后凿刻的岩画，时代就是秦或西汉时期。

图一二 此老兔沟
秦长城上的岩画

图一三 此老兔沟
秦长城上的岩画

图一四 此老兔沟
秦长城上的岩画

图一五 此老兔沟
秦长城上的岩画

　　在漫长的历史岁月中，北方各民族的人民在这块土地上留下了丰富多彩的文化，同时描绘了各个时期的社会经济生产和人与自然和谐相处的生活场景的岩画，每幅背后的文化意义和象征意义可能还有一个美丽的故事。

四、秦长城上的岩画保护、研究工作及岩画开发和交流传播

随着工业的快速发展，环保工作的落后，空气污染日趋严重。但由于多年来环境的变化，尤其夏季酸雨对岩画产生腐蚀作用，随着时间的推移，自然破坏和人为破坏也会越来越严重，有一天它会消失，岩画是不可再生的。在野外裸露的岩画遗迹濒危飘摇，露天的岩画保护成为一个突出问题，保护工作还任重道远，怎样保护好秦始皇长城上的岩画工作，才能让先民遗留下的岩画瑰宝世代传承。

在科学技术迅速发展的今天，我们开始利用数字化来科学保护岩画。应使用航天高低空和地面遥感技术，如采用微型无人机录像、拍摄，对阴山岩画不同区域的地点进行山崖、石壁、地面详细准确的再拍摄、记录收集图像数据等，会发现新的岩画点，通过高科技手段实现让阴山岩画永生的目标。为阴山岩画建立科学的影像、文字资料，建设阴山岩画数据库。

另外，有的石头上有五彩斑斓的地衣石苔，石苔下面是否有岩画遗迹，我们现在看不到，是否用电子仪器探测、透视，还有待岩画保护专家进一步研究这项工作。

人们研究古代先民凿刻的岩画，都希望破译留在石头上的历史文化。其实每幅岩画的真正含义，只有创作凿刻每幅岩画的作者最清楚，先民们用图像记录了当时的历史文化。由于战争、自然灾害、气候等或换防、迁移等原因，岩画背后的故事、文化内涵因改朝换代渐渐失传……

笔者在研究阴山岩画的同时，应多举办阴山岩画的绘画作品专题展览，并出版阴山岩画画集等，同时征集岩画诗词。申请发行岩画纪念邮票、纪念封、岩画明信片。这些都是为了向国内外传播我国的岩画艺术，促进对外文化交流。另外，还要研究开发阴山岩画旅游纪念品、美术工艺品、壁画、岩画篆刻等（图一六）。

图一六　岩画元素衍生品

笔者以包头秦始皇长城上的岩画为素材创作的国画、篆刻岩画作品在《北京晚报》《包头日报》《包头晚报》《万里长城》《中国长城博物馆》等报刊上发表。创作的阴山岩画作品曾在省市展出并赠予国内外友人，得到各界人士的好评。以书画会友，为宣传、交流内蒙古的阴山岩画文化艺术做出一份贡献。

多年来，各位前辈专家、学者们到阴山山脉的深处、草原上考察，将发现的每一幅岩画记录、拍照、拓片等，他们风餐露宿，辛勤工作，是为了保护先民们留下的宝贵遗产，深入探讨岩画的历史以及保护等问题。不断探索，潜心研究岩画，并著书立论出成果，他们更是为了弘扬传承中华文化。

建议中国岩画学会为研究岩画的著名老专家、学者们筹备拍摄个人专题纪录片，同时为他们树碑立传。

五、结　语

总之，把古老的岩画留给我们的子孙后代，是当前研究的重要工作。岩画保护工作值得我们认真探索和思考，这对推动我国岩画学事业的发展具有深远意义。秦始皇长城上的岩画，是阴山岩画宝库中一颗璀璨的明珠，是远古岩画艺术的珍品，是秦始皇长城上的"艺术画廊"，是一部刻在石头上的珍贵历史教科书。秦长城上的岩画有着极其重要的意义，它提供了秦汉以来秦始皇长城内外、沿线各民族生产、生活图景，再现了当时他们所处的自然环境和生活环境的文明历程，优美丰富的内容和艺术形象，具有很高的历史和艺术观赏价值，为研究我国岩画学的发展提供了宝贵文化财富和文化信息资料。史学家称岩画为"历史的语言"，美术界认为是"艺术之源"。阴山岩画闪耀着我国古代先民的无限创作才华，为我们留下了体现他们聪明才智的艺术品。我们希望阴山岩画能早日列入世界文化遗产名录。

参 考 书 目

张海斌、李虹、姜涛：《固阳天面此老长城岩画》，《内蒙古文物考古》2000年第1期。

吴春龙：《固阳秦始皇长城对发展旅游经济的作用》，《中国长城博物馆》2007年第3期。

吴春龙：《浅谈秦始皇长城上的岩画》，《万里长城》2008年第3期。

吴春龙：《秦始皇长城上的"艺术画廊"》，《北京晚报·五色土刊副刊》2008年10月10日。

火神岩画的发现与研究

——火神祭祀考

吴甲才

（内蒙古师范大学鸿德学院中国北方岩画研究所）

火神祭祀仪式是北方萨满原始宗教中一种重要的表现形式，它通常在农历的腊月二十三这一天进行，最初是部族群体的祭祀仪式，后来演变为部族、部落、家庭、个体等多种祭祀形式。

在中国北方乃至环太平洋美洲西海岸诸多国家的土著族，至今仍保留着这种原始宗教的习俗。我们在1999～2014年岩画调查时，意外在西辽河上游的马鬃山发现了一幅土著族在马牙石上绘制的彩绘岩画，上边记载着史前祭祀火神的瞬间场景。这幅岩画是史前二次创作而成的，经"中国岩画之父"盖山林先生根据颜料及画的形制判定，属新石器时期彩绘岩画[1]（图一、图二）。从目前已知世界各地出版的岩画资料来看，这幅祭祀火神岩画尚属首例。

一、新石器时期火神岩画所在地理位置

火神岩画在红山文化区域内的巴林右旗马鬃山村胡日哈山南侧，该山东西走向，长约4、宽约1.5千米，山石材质属白燧石加玛瑙石。山东尾1千米处有一直径1千米的清澈的湖，北有与此相呼应的两处湖，山南是开阔的沙漠，这里距离红山文化遗址那斯台不到50千米，距离中华第一玉雕龙直线距离不到80千米。此山相对高度300米，海拔1300米。

二、新石器时期火神岩画的表现形制及内涵符号解析

火神岩画处在石砬子山中部面朝南的岩面上，用红赭石做染料掺和未知的黏合剂绘制而成，高1.5、宽1.2米。仔细辨识彩绘岩画是二次成型的，十年前我们去实地考

---

① 陈兆复、盖山林主编：《中国岩画全集》第一部，辽宁美术出版社，2007年，第15页。

图一　新石器时期祭祀火神彩绘岩画拓描图

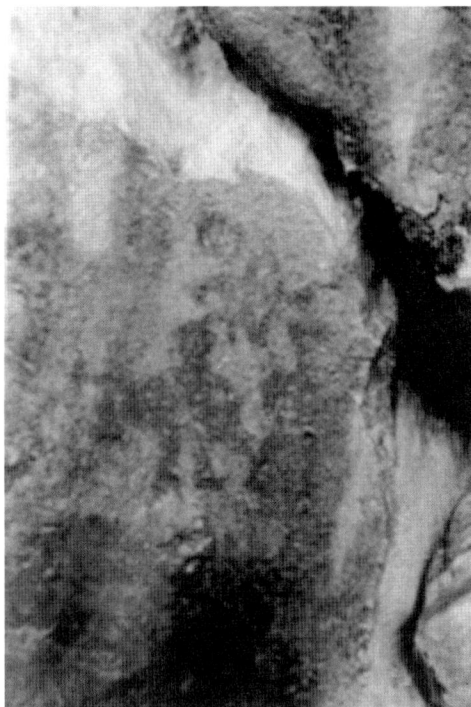

图二　新石器时期祭祀火神彩绘岩画

察，很清晰地看到岩画是分层绘制的，这就提出了一个是否同期二次绘制的还是不同时期文化遗存的问题。十年前看时，自以为是同期作品，十年后再考察，岩画分层绘画已经看不出，因近些年这里干旱少雨，沙漠化严重，经过风吹雨淋、日晒、肆虐扬沙的吹打，岩画二次生成的符号已不复存在，只留下一种单一色调的轮廓了。我们只好拿十年前的片子来解读岩画涵存的历史信息了。根据染料测定第一次即第一层大约绘制在兴隆洼至赵宝沟文化时期，这时是以外轮廓大写意技法为主，画面突出表现出新石器早期祭祀火神有规有序的盛大场面，火神在岩画的左下，后面虔诚的祭祀者守看在熊熊烈火前面，祈求着什么，为了避免祭祀时来犯动物的打搅，后面像拿着弓箭的武士，警戒着主人正常的祭祀活动的开展，在祭祀活动中不免要有巫师作法的仪式，巫师耍弄着闪闪发光的火球，一会儿在手上、一会儿在头上、一会儿落地，她的举动起到助火，为祭祀祈祷沟通火神与天地，通过巫师的咒语、火神升龙与天地神沟通，保佑族群兴旺的作用。上面出现的鸥鸦面、太阳面、手印等岩画均属新石器早期作品。

　　第二次画即第二层岩画应属红山文化晚期作品，红山人所绘并没有破坏早期岩画整体风格，相反他们十分尊重前期的成果，小心翼翼地在原有基础上留下了中国出现甲骨文之前的初始文字符号，这些文字符号按其所在位置分析，应属红山文化时期祭祀的符号，是什么意思目前尚未有准确的答案，在画面上我们可试读的有如下两个方面：一是红山人继承了前人祭祀的习俗，无一损坏地保留了岩画的原貌；二是在前人岩画原貌的基础上，绘制了属于本朝本部族创立的祭祀火神的文化符号。

这幅岩画可辨符号有26个[①]。其中，①祭祀主后面一人左手握举捆绑在木棍之上的玉钺或像玉斧，这也许是本部族权力的象征及所在，主人到那儿代表权力象征之物在那儿，似乎像部族的旗帜图腾一样，不离部族首领半步。②部族首领身上有形态各异、大小不同的人字符号四个，胸前有一个似土田字的符号。上述五个符号，是不是以后夏商周春秋战国时逐步形成的，西—金（后来的右白虎）、东—木（后来的左青龙）、北—水（后来的北玄武）、南—火（后来的南朱雀）、中—土（后来的土为万物之母）。有意思的是，符号表示南火的，一个人正在往火堆添柴；表示北水的，一人正在拨弄滚动水族。与中国有史料记载下来的五行之说契合一起，同出一辙。③火神第二次装点，出现了拟人化形象，火神有眼、鼻、嘴，火焰上额绘制出了似太阳的物体，这就更加衬托出火焰的亮度和腾升的速度。火越旺、越亮，祭祀主人祈求意图达天通地更能如期实现。新石器时期人们的这种心理传承有序，在现代人身上仍有存在（图三）。

图三　新石器时期火神岩画所在地理位置

三、火神岩画折射出新石器晚期北方气候变化的因素

我们看到岩画区地处科尔沁沙地西南端，据中国社会科学院考古研究所古生物专家赵志军先生，2010年在岩画附近钻探取古生物种子测定分析，这里的气候环境在红山文化晚期由温湿变冷，从夏家店下层文化一直持续至今[②]，中国专家这一探测与美国俄亥俄州立大学的冰川学家朗尼·汤普森对安第斯山进行考察时意外找到已退化冰川的边

---

① 吴甲才：《红山岩画》，内蒙古文化出版社，2008年，101页。

② 赵志军：《植物考古学：理论、方法和实践》，科学出版社，2010年，第36～80页。

缘地一些被掩埋已久的古代植物同构（图四）。通过对这些植物进行分析，证实了在科学界中早已存在的一种猜测，大约在5200年前，太阳的辐射量曾突然急剧降低[①]（网易探索2008年7月17日讯，据国外媒体报道）， 导致地球气候发生了一场灾难性的改变。笔者认为，太阳活动突然减弱没有找到直接可靠的证据，只有大黑山岩画给人类提供了5000

图四 俄亥俄州立大学的冰川学家朗尼·汤普森和同事探讨干燥冰盖部分

年气候突变的证据，那就是小行星或陨石落地是重要原因之一，地球气候变冷体现在古树年轮上，它的生长规律是天气冷树的生长慢，树的年轮间距变窄变细。也许陨石同时落在太阳和地球上，使太阳、地球同时打破了以往的运行夹角，促使太阳活动减弱，地球气候变冷。美国科学家又在秘鲁的安第斯山脉和非洲乞力马扎罗山上的冰川中找到了有关这一灾变的证据。此外，在英国发掘出的一些古树的年轮也记录下了当时的气候情况。 也正是在这一时期，曾经是牧民们理想放牧场所的非洲撒哈拉地区逐渐变成了极度干旱的沙漠，而不列颠岛也进入了一个持久的干旱期。朗尼·汤普森认为，由于当时全球的人口总数量仅有大约2.5亿人，还不到现在人口数64亿的零头，因此这场灾难性的气候变化并未在人们的脑海中留下任何记忆。

通过我们多年在野外踏查分析后，笔者不认为朗尼·汤普森教授说的是唯一观点。2002～2013年，我们连续对红山文化区内的大黑山近千个岩画初始文字符号进行考察分析，最终找到了红山文化区域内5000多年的部族抛掉大量玉器、陶器，弃家而走的原因。在大黑山M1、M2、M3岩画上，古人用特殊符号刻画出小熊星座方向落在地上陨石惊骇的一幕[②]。这是迄今为止，世界上发现唯一一块记载5000年前陨石落地的岩画。这说明那时气候变化与外来到太阳系的巨大的陨石有关，它有可能同时落在太阳和地球上，或者因陨石巨大使地球朝向太阳的夹角略倾斜，直接导致气候由湿暖变为干燥。就此红山人朝着太阳升起的地方追逐着猎物慢慢散居到靠近中国的陆路地区，数千年来迁徙人数最多的是通过白令海峡以跳岛的形式入驻环太平洋诸岛，这就是今天的美洲亚裔印第安人[③]。

---

① 汤普森：《5200年前太阳活动曾导致地球气候灾难性的变化》，网易探索2008年7月17日。

② 吴甲才：《大黑山史前部族变迁缘由考——以两幅新发现的岩画为例》，《三峡大学学报》2012年第5期。

③ Matthew W.stirling. *indians of the americas*. 《美国国家地理（社会学版）》1961年，第12～307页。

四、火神祭祀仪式传承扩散路径及存在的方式

中国祭祀火神的历史从上述岩画就可以看出，祭祀火神仪式从新石器时期就正式开始了，从100多万年前的元谋人，到50万年前的北京人，都留下了用火的痕迹。人类最初使用的都是自然火。后来学会使用钻木取火或者敲击燧石的方式来主动获得火。学会用火使人类能够移民到气候较冷的地区定居。火被用于烹饪较易消化的熟食、照明、提供温暖、驱赶野兽、热处理材料等。人工取火发明以后，原始人掌握了一种强大的自然力，改善了人类体质，促进了社会的发展，而最终把人与动物分开。虽然人类会取火使用，但人们仍认为火是一种神力，是自然神给人的恩赐，每当点燃它，它就是神，敬畏它给你带来光明、驱赶寒冷、吃上热腾腾的食物；对天地祖神不敬、作孽，火神就会报应人类，用霹雷、山火等火情惩罚你。这种古老的观念在原始宗教中都能找到踪影。

（一）中国是世界上最早记载祭火神的国家之一

《周礼·夏官·司爟》"司爟：下士二人，徒六人。掌行火之政令。四时变国火，以救时疾，季春出火，民咸从之。季秋内火，民亦如之。时则施火令。凡祭祀，则祭爟。凡国失火，野焚莱，则有刑罚焉"①。其职责也就是规定四季钻木取火所用之不同木燧，用以调救时疾。在季春至季秋，用火陶冶，官民均同，焚莱之时，施火令。

到了战国时期，无形火神具有了人格化，并找出了火神的名字及形状。《山海经·海内经》②一书说火神名祝融及出身："炎帝之妻、赤水之子听訞生炎居，炎居生节并，节并生戏器，戏器生祝融。"祝融系炎帝的第五代玄玄孙。另，《海内经》："黄帝妻生昌意，昌意降处若水生韩流，韩流取淖子曰啊女生颛顼。"《大荒西经》则补叙为："颛顼生老童，老童生祝融。"《山海经·海外南经》描绘出祝融的模样："南方祝融，兽身人面，乘两龙。"可见他并非"完人"，"火神也"。

火神有了名字和形体后又有了职责。《左传·昭公二十九年》中曰："火正曰祝融。"火正，就是掌管火的官员，神话中的火神祝融，到了春秋战国时期已经逐步演化成了司火的官职。《汉书·五行志上》一书说："古之火正，谓火官也，掌祭火星，行火政。"正因为祝融是火神，他的威力也被应用到两军对垒的战争中。《墨子·非攻下》记载如下："（成汤伐夏），天命融（祝融）隆（降）火千厘夏城之闲，西北之隅。"降火助战，这可能是首次把火使用于战争中吧。祝融有一弟叫吴回，又称回禄，也是官司"火正"。只是名声没有祝融大，人们把火灾称为"祝融之患"不是没有依据

---

① （西周）姬旦：《周礼·夏官·司爟》，岳麓书社，2001年，第200页。
② （汉）刘向、刘歆：《山海经·海内经》，中国华侨出版社，2013年，第425页。

的。于是，就有了用祝融代替火灾一词的来历。

祭灶的风俗，更是由来甚久。灶君，在夏朝就已经成了民间尊崇的一位大神。记述春秋时孔丘言行的《论语》中，就有"与其媚舆奥，宁媚与灶"的话。先秦时期，祭灶位列"五祀"之一（五祀为祀灶、门、行、户、中雷五神。中雷即土神。另一说为门、井、户、灶、中雷；或说是行、井、户、灶、中雷）。祭灶时要设立神主，用丰盛的酒食作为祭品。要陈列鼎俎，设置笾豆，迎尸等。带有很明显的原始拜物教的痕迹。

（二）火神通天达地，通过它的燃腾祈求方能灵验

从石器时代到农耕时代，火是人类不可或缺的，它如同水是世界上消毒去污最洁净的东西。它们无处不在，无时不有，人们对它们又亲、又敬、又恐惧，当用它们取暖、做饭、照明、消毒去污时，它是造物主善意的恩赐；当人们做了恶事，大火（火神、火龙）降临，赖以生存的草原、森林、住所等瞬间化为灰烬。人们在恐惧中忏悔，恶有恶报，似乎成了原始宗教中一条不争的定律。这种定律到了隋唐时期，花样翻新，美国普林斯顿大学东亚图书馆收藏有一件珍贵的来自敦煌的彩绘手稿（图五）。

图五　美国普林斯顿大学东亚图书馆收藏的一件珍贵的来自敦煌的彩绘手稿

手稿是用回鹘文书写并绘有火神、祈祷的12位僧侣、火神燃腾中的足以承装两条蟒蛇的筒状物、部族结盟主握手言和，面对火神如果毁约下辈子会大虫缠绕变成小鬼被大火焚烧掉。古人坚信部族和人的行为，由看不见、摸不着的神来观察、掌控着，人们所产生的意念、想法、希望，往往会通过祭祀天、地、祖神时，面对着高山、大川、祖神图腾，燃起烈火借助火神，放燃符字物、冥币、布料、圣物等，当燃火正旺时默念祈求。通过火神将寄语送到保护你的神灵那里。仪式完成，祈求者困惑的、压抑的心灵才得以解脱和释放，数千年来人们仍默默遵守着这一不成文的信条，坚守着这一原始信仰。

（三）不同民族祭祀方式的异同

游牧民族多以野外祭祀为主，农耕民族则以部族居家为主。祭祀火神仪式是中国传统原始宗教的一种表现形式，在母系社会时，灶由威望最高的妇女管理着，中国最初的灶神是女性，《庄子·达生》说："灶有髻。"①司马彪注云："髻、灶神着赤衣，伏如美女。"后来道书把灶神说成昆仑山上的一位老母，叫"种火老母元君"。到了汉代以后，出现了男灶神，把黄帝、炎帝、祝融等重推为灶神，谁在当朝的社会威望高就把灶神赋予谁。祭祀灶神火神这种宗教仪式，像一粒种子在中国北方发芽，立植于中原，在南方开花结果，如同蒲公英随风飘荡的绒球肆意落籽遍地开花。它的传播轨迹有些像佛教，产生于印度、植根于中国，到日本开花。这些人格化的火神是各族百姓自发的一种信仰活动，贯穿数千年直至当今已经变成一种常态化的节庆。这种节庆不同民族有不同的日期和活动方式。

蒙古族人崇拜火，普通牧民的祭火神，大都在农历腊月二十三或二十四。有个别地方在秋季祭火神，在婚礼上还要祭火神。一般祭火神用火撑子，蒙古语叫突力嘎，火撑子架在火盆上，里边放干柴；有的不用火撑子，便在火盆里搭起四边形干柴架。把蓝、白、黄、红、绿五彩布条，挂在火撑子或木柴的四眉上，分别代表蓝天、白云、黄教、红火、绿色的生命。传说这一天是火神密仁扎木勒哈降生的日子。傍晚，夜幕刚刚垂下，家主点燃一把香，绕行住宅一周，来到装备好的火撑子前，举香在火撑子左右各绕三圈，把香插在火盆内，祭仪便算开始。火是纯洁的象征和神灵的化身，灶火是民族、部落和家庭的保护神，可赐予人们幸福和财富，也是人丁兴旺、传宗接代的源泉。

北方汉族把腊月二十三称"小年"，是中国传统文化民间祭灶的日子。在中国北方祭灶神这一天，晚饭一般家家都包饺子，用顺顺溜溜的条子或干柴添在灶膛中，当干柴烧的噼啪作响锅里饺子翻滚时，掌火的女人祈求许愿，把煮好的饺子捞出一个献敬锅台上的灶神，再扔进燃烧的灶火，然后把饺子汤祭给土地神。旧时，差不多家家灶间都设有"灶王爷"神位。人们称这尊神为"司命菩萨"或"灶君司命"，作为一家的保护神而受到崇拜。到了元明清时，灶王爷的神像放在灶房的北面或东面灶王龛，也有将神像直接贴在墙上的。灶王爷自上一年的除夕以来就一直留在家中，以保护和监察一家；到了腊月二十三灶王爷便要升天，去向天上的玉皇大帝汇报这一家人的善行或恶行，送灶神的仪式称为"送灶"或"辞灶"。玉皇大帝根据灶王爷的汇报，再将这一家在新的一年中应该得到的吉凶祸福的命运交于灶王爷之手。

鲁、豫、皖、苏四省交界的地区（如孔子诞生地曲阜）至今流传着正月初七祭火神的民俗，为了纪念燧人氏教人钻木取火，使人类以熟食为生，人们尊称他为"火

---

① 庄周：《庄子》，中国华侨出版社，2013年，第217页。

神"，把农历正月初七定为他的生日，这便是正月初七祭火神的由来。

四川等地以夏历四月初八为火神"生日"，届时士农工商进香并祀神或演戏娱神。火神形象相貌凶狠，三头六臂，并有风火轮、火葫芦、火印、火剑、火弓等火器配备，酷似神话传说中"哪吒"的变形。

鄂伦春、鄂温克人家家户户在腊月二十三这一天祭火神，他们认为，火的主人是神，每户的火主就是自己的祖先，火主死了，这户人也就灭绝了。因而自古以来就流传着火神使穷苦的鄂温克人生活好起来的故事。因此，鄂伦春、鄂温克人都崇敬火神，吃饭、饮酒以前都要先敬火神，有客人到主人家吃肉时，要先切一小块肉放进火里，然后自己才能吃，客人也要先把酒献给火后自己才能喝，不能用水泼火，不能将脏东西扔进火里等。每年十二月二十三日火神节这天要宰杀一只肥羊，把羊胸口一块最好的肉和羊头放在火里烤着，以此表示人对保佑牧羊人的火神的虔诚。

西南少数民族的火神崇拜与北方少数民族的火神形体人格化不同，他们大多把燃烧的火焰视为火神的化身（或把锅庄石、火塘灶等视为火神的象征），并奉其为恩赐火明和财富、使家族繁衍兴旺的保护神。

彝族人崇尚火，从生下来在火塘边进行的命名仪式，到与火离不开的各种活动，一生都与火结缘。他们认为，火给人们带来了光明和温暖，带来了熟食，驱走了凶猛的野兽，因此把火尊为神。每年农历六月二十四，是彝族群众传统的火神祭祀节，彝语称为"阿都捏玛底"，是祖辈留传下来的古老传统，相传已有近千年的历史。节日的形成，与信仰万物有灵的阿细人对火的崇拜有密切的关系。阿细人的创世史诗《阿细的先基》记载了阿细人与火的渊源："相传远古时候，阿细先民与兽同处，生命经常受到威胁。一天，雷电交加，大雨倾盆，一样红彤彤的东西自天而降，落入树洞。人们从来没有见过这种东西，就用树枝撬树洞，结果撬出了火。火吓跑了野兽，驱走了寒冷，在大火中难以逃生的动物成为美味的熟食品。"人们渐渐认识到火的种种好处，于是想办法把火种保留下来。但由于不能对火加以很好的控制和利用，不是火种被雨淋熄，就是山火肆虐。人们开始对火的功能和威力感到惊奇和神秘，对火又敬又怕，自然想象出有一种神灵在主宰着火。

商丘市睢阳区古城西南的火神台（阏伯台），是祭祀火神阏伯的地方，距今已有4000多年的历史。传说在原始社会时期帝喾让儿子阏伯到这里任"火政"，阏伯尽职尽责地为人类保存了火种，他死后，后人为纪念他，就在他保存火种的土台上修了"火神台"。每年的此时这里都会人山人海，人们在这里烧香拜佛，有吃的、玩的、看的、听的，有浓厚的地域特色。传说五帝之一的唐尧封他的哥哥阏伯于商丘负责管理火种，祭祀火星，观星计时。因阏伯管火有功，后人认其为"火神"。阏伯所居之台被称为火神台。此台经史学家论证会论证，被认为是我国最早的天文台。火神台为圆形夯土筑成，台高35米，台基周长270米，元代在台上建大殿、拜厅、禅门、钟鼓楼，台前建山门、戏楼。每年正月初四至初八有古庙会。商丘的火神台庙会不同于我国其他地域被物化了的节日概念，远远超出"借此一乐"的过节局限，人们是怀着一种朝圣的心情，真情感激上苍对人类的恩典。这种祖祖辈辈、世世代代对"火神"崇拜的涌动，延续着这种近乎神圣化的祭典。商丘火神台庙会是商丘人生活中不可割舍的一部分，"火"是商丘的图腾。商丘火神台庙会已入列第一批河南省非物质文化遗产名单。

　　云南省红河哈尼族彝族自治州弥勒县西一镇的彝族阿细人一向崇尚火，为了纪念彝族传说中钻木取火的"火神"木邓，在每年的农历二月初三，当地都要举行盛大的祭祀活动，祭火节就这样被一代又一代沿袭了下来。"毕摩"是村里的巫师，在他们的导引下，祭火师们在龙树底下，用最古老的方式"钻木取火"，迎取新一年的火种。成千上万的少数民族群众齐聚"火神"周围狂舞纵欢，甚至赤足跳过象征"火神"的火堆，希望"火神"保佑来年庄稼能够获得好收成。人们熄灭旧年的火，喜滋滋地将新火送入灶台的火塘，盼的是人寿年丰的好光景。

（四）火神岩画在国外的表现形式

图六　撒哈拉沙漠祭祀火神岩画

　　（1）出自公元前11世纪撒哈拉沙漠祭祀火神岩画（图六），与众不同，古代非洲与亚洲土著部族因气候的变化，迁徙成为其继续生存的有效途径。这幅出自公元前11世纪撒哈拉沙漠祭祀火神的岩画，记载了数千年以来撒哈拉沙漠的土著人祭祀火神的经过，以八头牛托起直径5米多的皮布，皮布上绘有太阳，上边放有三块炭火，八头牛面向八个方向，哪头牛坚持长久，哪个方向（牛主人的牧场）就风调雨顺、畜繁衍多而健壮；相反哪头牛及早出局哪个方向的牧主就时运不佳。当巫师预测完后，好的一方点燃炭火堆起干柴，围绕火神载歌载舞，祈求占卜的结果永驻。这幅岩画与中国及环太平洋诸岛岩画风格不一样，但祭祀火神的目的是相同的。下面我们就抽出环太平洋诸岛印第安人祭祀火神的几种仪式，它与古代中国北方祭祀火神仪式是同一属性。

　　（2）在美国新墨西哥州和亚利桑那州的高原上有一支来自亚裔的古老民族，现称为纳瓦霍部族，他们如今仍然沿袭着传统的祭祀火神的方式，每当战争取得胜利、每当收获成功、每当节庆时，该部族在空旷的田野中架起干柴，人们把身上涂上土黄、土红色，手持火把，围着火神转圈追逐，最初是借助火神祈求自己的愿望早日实现，到后来逐渐演变为祈求与游戏相伴生的活动。谁围绕火堆跑得时间越长谁的历练越深、谁祈求的愿望便会更早实现（图七）。

图七　美国新墨西哥州和亚利桑那州纳瓦霍部族祭祀火神

（3）生活在加拿大和美国交界较大领土范围内的古代亚裔的齐佩瓦族，有延续数千年的祭祀火神的习俗，每当节庆或狩猎捕鱼满载而归时，他们聚集在湖边，升起篝火，祭祀火神的仪式即将开始。男女青壮年赤身半裸（这种装束在云南祭祀火神时也可看到）坐在篝火周围，一边摇着葫芦铃，一边口念颂词及祈祷火神保佑（图八）。

目前，据不完全统计，世界各地有96个国家和地区遗留着传统祭祀火神的仪式，主要分布在亚洲、环太平洋诸岛国以及非洲等地。在民间最为普遍祭祀火神（灶神）的仍属中国。

五、结　语

图八　美洲亚裔的齐佩瓦族祭祀火神仪式

以岩画为证，中国祭祀火神仪式从新石器时期就正式开始了，这种文化现象在中国传承有序，由最初的无形，演变为有形，并成为人格化的火神。从石器时代开始这种文化现象随着古人的不断融合迁徙，带到了世界很多国家和地区，已成为一种承载历史的特殊文化现象。

阴山岩画中的"天再旦"图像

萧立广

（包头市第九中学）

"天再旦"一词来源于《竹书纪年》，该书载有"懿王元年天再旦于郑"一事。对这一记载多有学者研考，20世纪40年代刘朝阳先生提出"天再旦是日出前发生的一次日全食现象"，即是说，日出前天已发亮，这时日全食发生，天黑下来，几分钟后，全食结束，天又一次放明。随后刘先生又推算出，这次日全食发生在公元前966年5月12日，此后董作宾先生又推算为公元前926年3月21日。由于受当时条件限制，二位先生的推算都错了。直至20世纪末，"夏商周断代工程"启动，经诸多专家努力才科学地推算出，这次日全食发生在公元前899年4月21日，古"郑地"即现在的华县地区可见日全食，起初亏为5：14分，食甚为6：12分，复圆为7：13分，当地日出时为6：13分。这一精确的计算，为断代工程做出了重大贡献。

根据专家们对"天再旦"的破译和精确推算，笔者发现发生在公元前899年4月21日"于郑"的这次日全食景象，也被镌刻在阴山岩画中。

在内蒙古自治区北部，西连贺兰山，东接燕山的阴山山脉的群山，乌兰察布高原的山崖和巨石上，有阴山先民们镌刻的万余幅岩画，20世纪70～80年代，经盖山林先生发掘整理、编辑成《阴山岩画》和《乌兰察布岩画》两部专集，共收入岩画3000多幅，其中《阴山岩画》第932图被称之为"星星，人面像和羊"的岩画（图一），在笔者看来便是发生在公元前899年4月21日，"天再旦于郑"日全食的写真图。

《阴山岩画》介绍，图932在磴口县默勒赫图沟中段南崖的黑石山上，此山前面地势开阔，清水流畅，四季不涸。山上不长树木，镌刻了许多岩画，

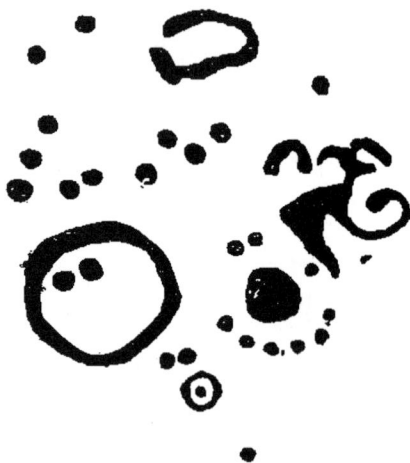

图一　星星、人面像和羊

这些岩画多为各种人头像，有多处天体星辰图，也有动物图、兽面图、射猎图、围猎图和放牧图。

该图高0.69、宽0.69米，画面剥落严重。画面的上方是一凹沟，旁为繁星带，中部

是一黑色大太阳，四周是散落的星星，中部左边是一大人头像，右边是一只羊，图的下方是一白色的小太阳，旁有几颗散星。这是一幅连环画，画意是：一轮大大的旭日刚刚升起，日食发生了，太阳变成了黑色，四周布满了星星，远空的天河繁星也显露了出来。这种天象吓坏了大巫师（图中的大头人），赶紧备下牲品（一只羊）来祭祀上天，以求祛祸降福。不久，太阳出来了，升高了，变小了，虽然还能看到几颗星星，但太阳变亮了、复圆了。这不正是一次日全食全过程的写真图吗。

与该图贴近或同处的岩画有围猎图（《阴山岩画》中图970）（图二）、放牧图（《阴山岩画》中图907、图923）（图三、图四）。围猎有犬助猎，放牧图中有人骑马，可推知932图制作的时代当是北方草原地区的畜牧业的早期时代，距今约3000年，相当于西周时期。

西周时期人们称西北草原游牧族为西戎，据史书记载西戎人与西周王朝关系密切，"武王革命"时，西戎曾参加了灭商战斗，此后便内徙于今陕、甘一带，经常对西周西北地区进行掠夺、骚扰。周成王时曾对西戎征讨，把西戎驱回至西北，册立韩奕于其地以为屏障。周懿王时，戎人侵逼镐京，使西周王朝受到严重威胁。

周懿王元年出现日全食，懿王一上台，首都就遭到西戎人的威逼，西戎人居住的阴山中有全日食岩画，可推知该画或为周懿王时西戎人所镌刻。

图二　围猎

图三　骑者

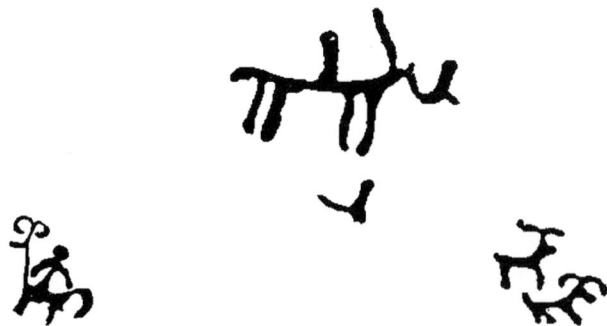

图四　牧羊

中国古代有一种天降祸福的说法，如《书·商书·咸有一德》称"……夏王弗克庸德，慢神虐民，皇天弗保……汤咸有一德……爰革夏正……唯天降灾祥在德……"即是说君主有德行则天降祥瑞；君主缺德行则天降灾祸。《白虎通义》说得更清楚："天所以有灾变何，所以谴告人君觉悟其行，欲令悔过修德深思虑也。"古代的君主都很重视天文的变异，《夏书·胤征》记载的便是夏仲康即位时发生了日食，而管天象的官羲和失职没有察知，便被杀了头。周懿王即位时，发生了日食，又加上西戎进逼镐京，真是天象垂谴，外患压顶，他能不感到压力吗？《师𫁨敦铭》的字里行间便显露了出来。

现将《师𫁨敦铭》的有关部分摘录如下：

　　王若曰："师𫁨，丕显文、武应受天命，亦则于汝，乃圣祖考，克夙佑生作人宁，用夹蒸乃辟……保我乃周，粤有四方……"王曰：师𫁨，哀哉学周邦！今日天俾降，丧首德，不可尽古，无添于先王。卿汝肶邺周邦，妥立余小子，载乃事……赐汝秬鬯一卣，圭一面，节邑三百……唯元年二月既望庚寅……

这是一篇周王对统领大军师𫁨的嘉奖记事文，大致内容是：周王说"师𫁨显赫的文王、武王秉承天命，也是由于你先祖的辅佐，皇天保佑，周拥有四方……"王说："师，可悲啊，皇天降下灾殃，祖德丧尽，无能效法先王。唯你怜悯我周邦，拥载我即位于镐京……，赐给你美酒一壶，玉圭一面，节邑三百人。"师再拜叩首，为赞扬天子的大德，以我祖父乙伯的名誉制造宝敦……时值王元年二月，既望庚寅日……

师𫁨虽不见于经传，但铭文中他称乙伯为祖父。《史记·齐太公世家》有"太公卒丁公吕及立，丁公卒乙工得立，乙公卒癸公慈母立，癸公卒子哀公不辰立……"乙伯是姜尚的孙自乙公得，师𫁨当是姜尚的五代孙，齐哀公的兄弟，留在朝廷为统军的师。齐哀公在周夷王三年，被夷王烹杀，按时间推算，师𫁨约生活在懿王、孝王、夷王时代，三王在位共22年（公元前899～前878年），师𫁨可能辅佐了三代周王。铭文中有"王曰：师哀哉！今日天殃俾降……"句，正是表示了懿王在天象变异，西戎进逼的双重压力下发出的悲叹，故而推断此王是周懿王。日全食的天象变异，西周王朝可以记载在竹简上，周王可以念念于铭文，作为没有文字的、周的敌人的西戎人，为什么不可以将其图像镌刻在山崖上呢。

再从地理位置上来分析与公元前899年"天再旦"的关系：天文学家张培瑜先生在《天再旦与日食》一文中推算出公元前899年4月21日日食华县及各大城市可见的情况。

呼和浩特、兰州、银川诸地都是西周时西戎人的活动地区，可知西戎人是见到过"天再旦于郑"的。阴山岩画第932图是镌刻在磴口县默勒赫沟山崖上的，磴口位于东经107.5°，北纬40.1°，亦在这一日食可视区内，因此，可以推定阴山岩画第932图便是发生在公元前899年4月21日郑地"天再旦"的写实图，为周懿王时西戎人所镌刻。

参 考 书 目

张培瑜：《天再旦与日食》，《地球物理学进展》1998年第13（1）期，第84～100页。

盖山林：《阴山岩画》，内蒙古人民出版社，1985年。

范文澜：《中国通史简编》，华东师范大学出版社，2014年。

［原载于王建平：《河套文化论文集》（四），内蒙古人民出版社，2009年］

"三皇"

——中国最古老的宗教体系

中国古代历来有"三皇五帝"之说。"五帝"的内涵比较清晰，但"三皇"的解释就多种多样，且没有形成共识。官方的说法是以司马迁的《史记》为准，具体指天皇、地皇、泰皇（人皇）；民间的版本较多，如指伏羲、女娲、神农等。总之，"三皇"是什么含义，长什么样，形成于什么时间，没有一个统一的令人信服的解释。

本文试图通过对岩画和中国古文字的对比研究，来对"三皇"这个千古疑案进行一个系统的分析。

一、"皇"与"鬼"字的发现打开了中国古代的宗教之门

在研究岩画的图案向文字转变的对比过程中，笔者发现了一个非常复杂的图案，这个图案非常漂亮、华美、壮观、高贵，而且抽象（图一、图二）。

图一　"地皇"像[①]　　　　图二　"地皇"像线描图[②]

在一个没有现代含义上的汉字的新石器时期，中国人的祖先刻画了这样复杂的一个符号，他的用意是什么呢？仔细观察这一图案，由三部分组成：其一，中心偏上的位

---

① 王建平等：《阴山岩画》第一册，上海古籍出版社，2011年，第57页，P0115。
② 王建平等：《阴山岩画》第三册，上海古籍出版社，2011年，第253页，D0115。

置是一个头面，包括人的脸型和两只炯炯有神的眼睛；其二，人面之下是两只胳膊和手，同样发着辉煌耀眼的光芒；其三，从头部、身体自上而下贯穿一条直线，上边细下边粗，底部是一条未展开的横线，这条带根的直线和中国古代三千年以前金文当中的"土"字近似。

经过简化与对比，笔者觉得这个高贵华丽的图案应该与中国古代的"皇"字是紧密关联的。中国古代的"皇"字也由三部分构成（图三）：其一，中间是一人面，以圆圈和一点代替；其二，头部闪闪发光，三条光线也代表多条光线，中国古代的三和九也有代表多的意思；其三，底部是"土"字。从这三点看，这个图案就是"皇"字的前身。同时"皇帝"的"皇"和"发光"的"光"字是同音字。

图三　金文"皇"字

难道这就是困扰中国人两千多年的中国古代的神——"皇"的形象吗？这一发现让人兴奋不已。很多中国人都知道秦始皇这个名称的来历，秦始皇字嬴政，公元前221年统一中国之后建立了大秦王朝。大臣李斯、王绾等建议他叫始皇帝。"帝"是指国民的君主，而"皇"是指中国古代流传至秦代的中国特有的神，将"皇"和"帝"合二为一，是褒奖秦王嬴政统一六国的至伟高功。

在阅读岩画过程中，笔者又发现了一个"鬼"字（图四、图五）。这幅岩画是描写关于鬼的梦境或情境的。一个没有头颅的人拿着快要跌落的没有箭头的弓，远处有一个十条腿的老虎和一个忽大忽小、忽长忽短的"鬼"。这个"鬼"字同现代汉语及古代汉语甲骨文中的鬼字、殷商金文中的鬼字写法均有几分相似（图六、图七）。

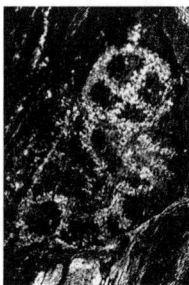

图四　《阴山岩画》"鬼"图①　　　　图五　《阴山岩画》"鬼"线描图②

---

① 王建平等：《阴山岩画》第一册，上海古籍出版社，2011年，第185页，P0376。
② 王建平等：《阴山岩画》第三册，上海古籍出版社，2011年，第332页，D0376。

图六 甲骨文"鬼"字　　　　　　　　　　图七 金文"鬼"字①

《说文解字》指"鬼"的意思是："鬼，人所归为鬼。从儿。由像鬼头，从厶。"

一般来说，神与鬼是紧密相连的。"皇"与"鬼"的发现能够变成一把钥匙，打开中国古代宗教信仰之门吗？同时能打开中国岩画宝库之门吗？

二、"三皇"的岩画考析

发现了"皇"之后，笔者又进一步思考，中国古代的先民所创作的"皇"是不是有分工的，是不是如司马迁所记述的那样分为天皇、地皇和人皇。我们知道，日本人现在还在沿用"天皇"这个概念。中国两千多年以来一直把中国的国君叫作皇上、皇帝。

1. 对阴山岩画的对比分析

发现了几尊高贵华丽的"皇"的形象，具体分为三类，即天皇、地皇、人皇。

典型的"天皇"像有两尊。一尊是"十字金冠天皇"像，这尊神像身体短小而模糊不清，脸部虽让人感觉是面部，但是没有清晰的眼耳鼻轮廓，面部上方有一个巨大的十字金冠，所有的线条都将人的注意力引向天空（图八）。再有一尊"皇"像是"川字金冠天皇"像，人体简化成北字，中间加了一个点，面部抽象模糊不清，头顶有一巨大的金冠，金冠的中间是三个竖立的线条，也将人们的视线拉向天空（图九）。

图八 "十字金冠天皇"像线描图②　　　图九 "川字金冠天皇"像线描图③

世间万物皆由上天所造，"天皇"主管上天的事物，是地位最高的皇。

"地皇"的像有一尊，就是最早发现的"皇"字的本像（图二）。这尊像因其有

---

① 容庚：《金文编》，中华书局，第653页。

② 王建平等：《阴山岩画》第三册，上海古籍出版社，2011年，第27页，R0069。

③ 王建平等：《阴山岩画》第三册，上海古籍出版社，2011年，第28页，R0070。

一根自上而下的"土"字的竖线贯穿，是目前发现的唯一的一尊"地皇"像。人死之后要入地，变成鬼，"地皇"主要是管鬼的世界的。同时，在实际生活中古人经常把鬼当作"地皇"，绘制大量图像并拜鬼。鬼的图像限于篇幅不一一陈列。

"人皇"的像有很多，典型的有两尊。一尊是"笑面人皇"像，两只眼睛半笑半眯，眼角下垂，头部没有金冠，但闪闪发光，身体有一个简单的模糊的轮廓（图一〇）。另一尊是"怒面人皇"像，眼睛睁得浑圆，似乎要冷静地洞穿世间的一切，表情严肃，头部闪闪发光，但没有金冠，身体的腹部和腿部清晰明确，两手姿势优雅（图一一）。我们不清楚古人在刻画这两尊皇像的时候，是按他们分管喜怒情绪来进行分工的，还是仅仅因为创作者的不同的审美取向而形成的。

图一〇　"笑面人皇"像线描图[①]　　图一一　"怒面人皇"像线描图[②]

2. 对贺兰山岩画图像资料的分析

发现也初步具备了这样一个"三皇"体系。贺兰山"地皇"像和阴山岩画区别不大；"人皇"像普遍没有很密的光线，往往用羊角形状的两条、四条或多条线代表光，同时有很大很长的耳饰（图一二）。

图一二　贺兰山"人皇"像图例

典型的"天皇"像不易一下发现，但当地普遍称之为"太阳神"的一幅岩画引起了笔者的关注。经仔细比对原始照片，发现头部之上有一个歪斜不清的饰物，似皇冠。因石面凹凸不平和正上部石块碎裂而使皇冠不清。如果这个皇冠真的存在，则贺兰山岩画"三皇"体系是完整存在的（图一三、图一四）。

---

① 王建平等：《阴山岩画》第三册，上海古籍出版社，2011年，第29页，R0071。
② 王建平等：《阴山岩画》第三册，上海古籍出版社，2011年，第31页，R0073。

图一三　"太阳面天皇"像①　　　　　图一四　"太阳面天皇"像线描图

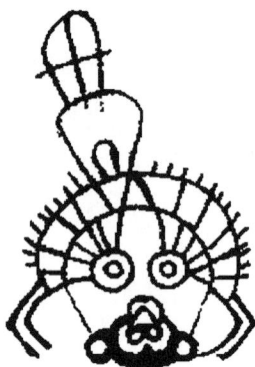

3. 对赤峰红山地区岩画的研究

图一五　红山地区
天皇像②

发现这里的人皇、地皇像和阴山一带总体上相近，似乎缺少天皇像。但通过对一"人面鱼纹图"的照片仔细察看，他的头上有一个漂亮的大十字，皇冠是脸部的两倍高，三个大十字指向天空，威风凛凛，光辉灿烂，是一个标准的"天皇"（图一五）。说明赤峰红山地区已具备完整的"三皇"神系。

"三皇"的执掌分工是："天皇"掌管天界，"人皇"掌管人界，"地皇"掌管冥界。"天皇"都有一个太阳形状的面孔，上面有一个巨大的金冠，闪闪发光，线条指向天空。古人大约把天上的神想象得和太阳很相似，圆的面孔，光辉灿烂，给人带来希望、光明、热量、遐想。故天皇像往往都刻画在20米高以上的悬崖峭壁上，有的高达50米。人皇像被塑造成和人体接近的形状，形态各异，多种多样，其数量比天皇像多出数倍。"地皇"则最为复杂。一方面前文中引用的"地皇"掌管着一群鬼，另一方面"鬼"这一神祇本身又是"地皇"。在"三皇"的体系中，地皇像或称鬼的形象是最多的。人类对鬼的感情很复杂，既惧怕、又敬畏。鬼像旁往往供奉着羊，或上或下或左或右，是人对鬼的献礼。

三、对"三皇"的实地考察

根据《阴山岩画》和《贺兰山岩画》的记述，笔者组织了由岩画专家组成的调研小组，亲自对巴彦淖尔市磴口县的阴山岩画、宁夏银川市北的贺兰山岩画、乌海市与鄂

①　束锡红、李祥石等：《贺兰山岩画》第一册，上海古籍出版社，2004年，第1页，P001。

②　吴甲才：《红山岩画》，内蒙古文化出版社，2008年，第8页。

尔多斯市交界处的桌子山岩画、巴彦淖尔市河套文化博物馆、包头市博物馆进行了实地考察。同时又专程考察了赤峰地区的岩画。

1. 对阴山格尔敖包沟和默勒赫提沟的考察

在当地文物考古所专家的陪同下，我们考察了格尔敖包沟。格尔敖包是蒙语，"格尔"的意思是房子，"敖包"是祭祀的堆子（石头堆、土堆或木块堆）。从山口进去10千米左右，我们共看了三个岩画集中的石壁，三座石壁上满布着大大小小的人面像。其中一个石壁上有一个"地皇"形象，当地政府用铁丝围栏把岩画壁保护起来，在征得文管部门同意后，我们特意爬到地皇的画像前予以拍照。地皇像距离地面6米左右，地面上的人可以清楚地看到"地皇"的存在。"地皇"面向南，周围有很多夸张的骷髅眼，画像左方有一个田字形鬼头，画像下面有一个楼梯形状的符号，楼梯共有十五个阶梯，也许是暗示着人死之后走向地狱要走过十五个台阶。另外两面墙壁也大多刻画的是鬼的形象，有单眼鬼、双眼鬼、三眼鬼、四眼鬼、五眼鬼、六眼鬼；有圆面鬼、鹅卵形鬼、方面形鬼、无面鬼。很多鬼的下方或一侧放着一两只岩刻羊以示敬畏或祭祀之意。

这些形形色色的先人们想象出来的鬼，统一由"地皇"来统帅。"地皇"的形象很抽象，但也很接地气，这证明中国人对鬼既怕又敬的感情大约是从远古开始的。"地皇"的石像下有一片很开阔的场地，可供很多人祭祀。

考察发现，这条沟也可以称为鬼沟。

从格尔敖包沟返回不远折向另外一条沟即是默勒赫提沟。"默勒赫提"是蒙古语，意思是有大量青蛙的地方。在这条沟我们重点考察了三面石壁。第一面靠河流南侧的石壁，满布着大约上百尊的头像，多数头像都闪闪发光，有的带着皇冠，造型各异，年代分布差异很大。第二面石壁位于河流北侧，这面石壁上有一个人皇像。这尊像人头闪闪发光，人的身体非常完整，包括脖子、肚子、腿、胳膊，姿势也很优雅（前文已引用此像的线描图）。不远处沟汊的拐点有一尊被当地人称为"红绿灯"的皇像。一个"皇"的上边有一个巨大的金冠，金冠大约是"皇"身体的两倍，金冠上面有六个大小相等的圆圈，一条竖线从"皇"的头顶穿过金冠。金冠顶端右上方有一个太阳、一个鬼的形象，左上方有一个人头的形状，因这三个标志代表着天地人，我们将其称为"总皇上"（图一六）。"总皇上"和"人皇"崖壁高度差不多，都在六七米的岩石上。

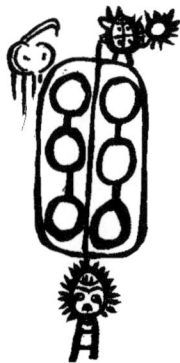

图一六　"总皇上"像线描图[1]

在河流南侧的另一面石壁上，也遍布着很多闪闪发光的头像。有的头像有金冠，有的头像有人的身体的符号，但没有找到本文前面说到的"十字形"和"川字形"金冠

---

①　王建平等：《阴山岩画》第一册，上海古籍出版社，2011年，第247页。

的天皇。经当地文管所的同志指示，我们考察组的专家爬上了约25米高的陡峭的岩壁之上才发现了"十字天皇""川字天皇"。这说明天皇在各种皇的地位中是最高的。

这似乎反映了古人的一种非常复杂的心态。一方面他们认为"天皇"的地位最高，从石壁的高度上看"天皇"的地位比其他的皇像的地位要高两到三倍；另一方面，中国古人也许想到三皇之上还应该有个"总皇上"，"总皇上"的地位虽然最高但他在石壁上的位置又比"天皇"低了很多。

默勒赫提沟有很多形象闪闪发光，或代表"天皇"，或代表"人皇"，也可能有其他的含义。同时也有一定数量的鬼。

2. 对乌海市苦菜沟、召烧沟、毛尔沟（鄂尔多斯市）的考察

乌海市位于贺兰山的余脉，自称为"太阳神"升起的地方。当地政府和人民以"太阳神"为骄傲，正在修建以"太阳神"为中心的岩画馆。乌海市的岩画主要分布在召烧沟和苦菜沟两处，和这两条沟并列的还有一个毛尔沟，属于鄂尔多斯市。

这三条沟的周围环境遭到了严重的破坏。当地的煤矿企业正在加速施工，为了挖煤，矿主必须把覆盖在煤层上的几十米深浅不等的岩石用炮炸掉，然后才能开采底下的煤层，煤层底下又有岩石，又去炸掉，致使很多山峰露出立体截面，浅的几十米，高的上百米，其爆炸声、粉尘污染等对岩画造成很大影响。

考察组对苦菜沟及猫儿沟进行了重点拍照考察，召烧沟因正在施工没能拍到具体的岩画。通过拍摄发现这里的"天皇""人皇"和"地皇"的形象都有大量出现，已经形成了一个完备的三皇体系。其比较典型的天皇像有两个，但可以看出，这里天皇像的庄严性、完整性又远逊于阴山里面的岩画。这可能与这里山小沟浅有关系（图一七、图一八）。

图一七　桌子山岩画天皇[①]　　　　图一八　桌子山岩画天皇[②]

3. 对贺兰山岩画的考察

宁夏回族自治区对岩画的保护非常重视，成立了贺兰山岩画保护处，并在贺兰山

---

①　梁振华：《鄂托克岩画拓片集萃》，现代文化出版社，2011年，第34页。
②　梁振华：《鄂托克岩画拓片集萃》，现代文化出版社，2011年，第27页。

山下建立了世界岩画馆,有专门的组织和人员对岩画进行保护和管理。

在对贺兰山几百幅岩画的拍摄考察中,有四块岩画壁引起了我们的高度重视。向导带领我们看的第一块石壁是有大量羊角形或单羊角形的神面像。这片神像中有圆脸的、三角形脸的、橄榄形脸的、方形脸的,面部两侧耳朵边都有两个长长的耳饰。第二块石壁离地面很近,看到很多骷髅头像,有很多鬼眼,这就是鬼的形象,有鬼就应该有祭祀的羊,在鬼的下方我们找到了几个供祭祀的羊的岩画。第三面后壁是"天皇"的岩壁。在一个高约19米的石壁上刻有一个闪闪发光的圆脸的形象,当地人称之为"太阳神"。去之前考察组在对这幅"太阳神"的拓片和照片进行研究时,觉得似乎缺了一个皇冠,趴到近前观看太阳神上面果真有一个硕大的金冠存在,面与冠的刻磨时间是一致的。但因光线问题不容易被发现。有了这个金冠,我们就可以将其称之为天皇了。以上三块石壁都处在河流的北侧向阳的地方。河流南侧另有一块巨大的石壁上有很多头像,既有戴金冠的皇像,也有鬼的形象,但剥落严重。

考察完这些头像之后,考察组非常奇怪这里似乎没有"人皇"的形象,但后来分析,第一块石壁上那些大量的人头像不就是明显的"人皇"吗。它们虽然没有用人的身体,如胳膊和腿来进行标示,但在每一个头像的耳朵边的长长的耳饰明显的表示这是人类的形象。上边的羊角形或单羊角形是一种光的符号的简化。这样看来,贺兰山岩画也有一个完备的天皇、地皇、人皇体系,只不过表现形式不尽相同罢了。

4. 关于乌拉特中旗的几幅岩画

在考察返回的途中,考察组参观了巴彦淖尔市河套文化博物馆,拍到了两幅标示着国家级保护文物的岩画石。这两块岩画石是这个博物馆的镇馆之宝,它们来自于乌拉特中旗。该旗处于阴山山脉北侧。

这两幅岩画非常宝贵,一幅岩画上刻着两个"皇"的头像。一尊闪闪发光的"皇"带着巨大的金冠,金冠分两个层次,每个层次都成圆形,圆形的上方似乎有两个眼睛在闪动。另一尊"皇"像头部闪闪发光,明显有一些身体的表现符号,这两尊"皇"像应该就是"天皇"和"人皇"。另一块石头上有四个皇像,两个是"人皇",头部闪闪发光,另外两个是"地皇"像,头部没有光线,表情严肃冷峻。

5. 对赤峰地区岩画的考察

暑假,考察组对中国东北赤峰翁牛特旗大黑山上的一大片岩画进行了考察。找到了前文引用的带有三个十字金冠的天皇像。这座山上岩画众多,对"鬼"的表现符号非常抽象。在山顶上一个红山文化的积石冢(距今6500~5000年)发现多幅散落搬家的岩画石块,证明这里的岩画,包括这尊天皇像的产生时间应该在红山文化之前或同期。

四、对"三皇"形成的理论分析

1. 阴山、贺兰山一线具备产生宗教的基本条件

中国古老的"皇神"为什么会产生在阴山和贺兰山一线呢？这里有产生宗教的基本自然要素。从世界三大宗教，即佛教、基督教、伊斯兰教的产生背景看，宗教产生的背景往往需要三大自然因素：一是要有高山、深谷；二是靠近沙漠；三是濒临大河、大湖或大海。在这样的自然环境之下，人类感到自身非常渺小，内心感觉到对大自然的恐惧、自卑、敬畏。当人对自然现象无法解释或无能为力时就需要神的帮助。佛教产生于今尼泊尔一带，这里位处青藏高原的喜马拉雅山一侧；基督教和伊斯兰教都起源于耶路撒冷一带，这里四周多是沙漠，邻近大海。

经过实地考察发现，阴山和贺兰山一线均有高耸的山峰，高山山顶和峡谷底部之间的高度很多地方有2千米左右，山形险峻，人在山谷里生存非常压抑、恐惧、无助。贺兰山以北、阴山以西一带是乌兰布和沙漠的边缘地区，或有大量的风沙侵袭，或是漫漫戈壁。黄河从贺兰山与阴山脚下缓缓流过，或留下很多湖泊，或留下很多湿地，为人类文明的产生提供了先决条件。

中国人信奉"皇"这个本土的神，大体上有两个阶段。第一阶段是距今8000～2000年以前的造神、信神阶段，这一阶段"神"有明确的分工，"天皇"分管天上的事，"地皇"分管地下的事，"人皇"分管人间的事，皇上统领三皇，是世上最大的神。第二阶段是皇君一体化的阶段，自秦始皇开始，各代帝王也都叫作皇帝，有君权天授的暗含。帝王代表"皇"这种神来管理国家，便具有了宗教性的依据。

从目前掌握的资料看，"皇神"的分布非常广泛，向东大体达到赤峰及东北一带，向北到达蒙古国及贝加尔湖一带，向南到达了江苏的连云港一带。

"皇"的概念也影响到了北美的印第安人，印第安人的岩画也有"皇神"的形象。

从岩画的起源地点看，皇神主要产生于阴山和贺兰山一线。形成完备的神的体系，并达到信仰的高峰，是在阴山东部的磴口一带。

2. 在农耕经济以前的狩猎经济和畜牧经济时代，北方黄河地区的生产力发展水平可能高于中原

中国科学院古脊椎动物与古人类研究所尤玉柱同志认为在全新世（距今1万年以来）曾有一个气候最佳期（距今6000年前左右），那时的气候比较温暖湿润，生活在长江淮河下游低湿地区的麋鹿和生活在西亚的单峰驼侵入内蒙古阴山地区。在距今4000年左右，气候曾一度变冷，这与中国全新世的气候变化模式是比较吻合的[①]。例如，阴山

---

① 盖山林：《乌兰察布岩画》，文物出版社，1989年，第328页。

岩画和贺兰山岩画所反映的先民们的生活中已经掌握了驯马、驯牛、驯鹿、驯驴等技术，而且他们已经能够饲养牛、马、羊、驼、狗等多种动物，甚至掌握了难度很高的猎鹰技术。同时，草原上的先民们已很早地掌握了弓箭技术，这些技术代表了当时的先进生产力的水平。

3. 阴山与贺兰山一线距离中国古代的政治、经济、文化中心陕西很近，中国文明的源头产生于中国北方是完全可能的

中国的考古学之父李济曾经说过，中国人的祖先应该到长城以北去找，李济先生讲过中国人都上了秦始皇的当，秦始皇修了万里长城，大家都觉得中华民族的祖先应该在长城以南，其实这是错误的。他认为中国人的祖先就应该到长城以北去找。如果祖先在长城以北，那么相应的文字、宗教信仰、神话传说、艺术等也应该到长城以北去找①。一般来说，黄河以南以农耕经济为主，黄河以北以畜牧经济为主，但两者不是截然分开的。从有文字记载的3000多年的历史来看，黄河南北的人们经常发生战争与冲突，秦始皇并吞六国，国力非常强大，但他仍然惧怕北方民族，修筑万里长城加以防御。这说明北方的生产力水平及文明程度并不比中原差。

4. 从民族融合的角度看，中国不同历史时期的不同朝代都有中原王朝和北方少数民族进行战争以及民族融合的历史记录

匈奴、突厥、鲜卑、契丹、蒙古、女真等北方少数民族攻入中原之后往往定居下来，同样也把北方文化当中的精髓带入中原。秦国统一六国之前，本身便是一个边疆民族地区。

参 考 书 目

王建平：《阴山岩画》，上海古籍出版社，2011年。

古代汉语字典编委会：《古代汉语字典》，商务印书馆，2014年。

梁振华：《鄂托克岩画拓片集萃》，现代文化出版社，2011年。

西北第二民族学院：《贺兰山岩画》，上海古籍出版社，2007年。

西北第二民族学院：《大麦地岩画》，上海古籍出版社，2004年。

徐中书：《甲骨文字典》，四川辞典出版社，2014年。

容庚：《金文编》，中华书局，1985年，第653页。

吴甲才：《红山岩画》，内蒙古文化出版社，2008年。

盖山林：《乌兰察布岩画》，文物出版社，1989年。

李济：《中国民族的形成》，江苏教育出版社，2005年。

————————————

① 李济：《中国民族的形成》，江苏教育出版社，2005年，第9页。

一项现今刻不容缓且利在千秋的重大工程

——保护岩画

高　原

（银川市青少年宫）

　　岩画，这个在岩石上所刻的图画，广泛走进我们的视野是在改革开放之后。其间经过了诸多研究岩画的前辈们实地考察、记录、拓片、摄影等异常艰辛的工作，才有后来诸多的学术成果的诞生。在现今各地学者包括国外学者对岩画的不懈研究，使我们在最初的认识起点上不断增补对岩画新的认知。作为当代的岩画研究工作者，我们的责任就是边研究边保护，尽全力让后人能看到这些不可复制的珍贵史料。

　　在中国岩画界，我想提四个人，这四个人是应该写进中国岩画史的。他们是：让中国的岩画走向世界和最早建立中国岩画研究中心的陈兆复先生。宁夏回族自治区的李祥石先生，如果没有他对贺兰山岩画的发现，那么对贺兰山岩画的研究工作不知又将推后多少年，这个后果是非常可怕的。内蒙古自治区的盖山林先生，从发现到研究阴山岩画，对内蒙古的岩画事业有着无可替代的地位与功劳。内蒙古自治区的王建平先生，如果没有他也就不会有中国岩画学会，这个中国岩画研究与保护的学术前沿阵地的诞生。对岩画的研究工作一定是建立在对岩画的保护工作之上的，保护岩画确实是功在当代，利在千秋的重大举措。它的重要性就是能让全世界知道中华民族在商周之前的文明是何等辉煌，同时也是让国际学术界对中华民族有着5000年以上文明史认可的最有力的证据之一。

　　众所周知，文明所具备的三要素为：出现城邦、青铜器、创造并使用文字，三者缺一不可。这个理论是西方学者的定论，看来只拿出文字的发明与使用的无数例证来证明一个民族是有文明史还远远不够？而我认为，只要一个民族能拿出文字及其使用的例证，那么，这个民族具备文明所需的条件已经是相当了不起的事件了。因此，对于文明的定义排在第一位的应该是文字的发明及使用！二里头城邦遗址也是具备了文明存在的要素。至于青铜器的发现，在岩画资料中发现了鼎，质地是青铜的还是陶制的，暂且不论。如果没有鼎这个器物的生成，又怎么会有关于鼎的岩画的诞生？考古工作不断会有新的发现，这是规律。在中国的领土上会不会出现最早的青铜器，这个的问题迟早会给国际上一个明确的交代。

这篇文章，主题是岩画。那么我们就从岩画在考古学上的意义这个角度来说，讲的目的只有一个，就是保护岩画是中华民族全民族迫在眉睫的事情。看看商周之前中国到底有没有文明？我只从文字的角度讲中华民族的文明到底该不该被排在世界远古文明史上的第一位？如果能够排在第一，那么，这个首要功劳无疑是归功于岩画的！

我们最早的文字是甲骨文，距今也就有3000多年的时间，这样，按照西方学者的定论，中国历史就只有3000多年的论断便合理地产生了。在对中华民族远古文明史的考证中，争议最大的夏王朝，国际上认为中国历史根本就没有夏朝，称夏朝只是一个"纸上的王朝"，就是因为我们只拿出了商朝的文字，而拿不出夏朝的文字。我深信，中华民族文明史中，对商周之前文明的考据，从汉语音韵学和文字学为突破口是唯一的钥匙。就四大文明古国来讲，现在多数学者认可的，排在第一的应该是两河流域文明，也就是公元前3500年左右的美索不达米亚文明，出现了苏美尔人。且认定两河流域与古埃及的文明也都比古代中国要久远很多，就连古希腊的文明也早于古代中国。而这个被考古学界称为世界最早具备文明要素的苏美尔人，已有学者研究出他们是黄种人。考古学家在基什附近的奥海米尔土丘发现了一块约在公元前3500年的石板，上面刻有图画符号和线形符号，这是两河流域南部迄今所知最早的文字，车轮最早也是两河流域发明的等。现就这些被西方学者定论的最早诞生文明的两河流域的伟大发现，在这篇关于岩画研究的文章里，我们与西方学者进行一次探讨。

这幅位于宁夏回族自治区贺兰山文化带的史前岩画告诉了我们什么？图一为大麦地岩画，这是中华民族史前先民按照当时存在的车的实物为形而产生的图案[①]。这幅巨作是商文化之前的文明遗存，也就是说这是商周之前的岩刻。那么，它便可以作为我们的"传说中的夏"存在的其中一个例证，同时也建议有些专家不要轻易公布岩画不会超过距今4000多年的定论。在同一幅画面中，有一字例极其珍贵：就是"禹"字（图二）："禹"字在甲骨文中没有发现，在金文和古陶文中有字例（图三和图四）。就单取岩书中的这个"禹"字，能说中国在甲骨文之前没有文字

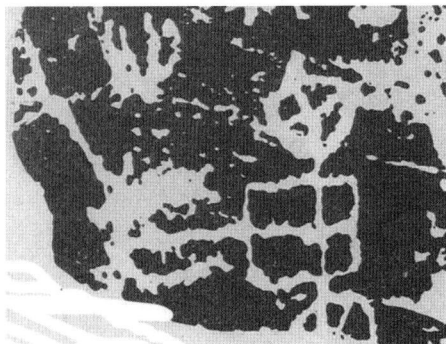

图一

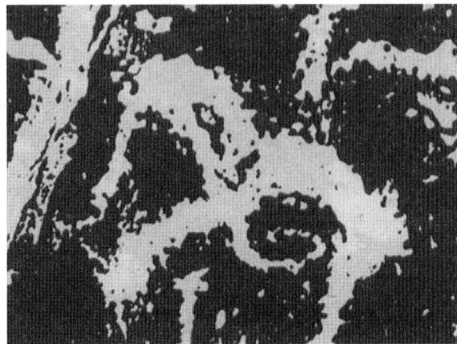

图二

① 许成、卫忠：《贺兰山岩画拓本萃编》，文物出版社，1993年。

图三

图四

吗？更何况中国文字史发展到了能产生这个"禹"字之时都已经是很晚的事了。在远古文明遗存的岩画、彩陶、玉石器等上面，被无数专家学者认为是绘画作品的那些图案，实则是中华民族文明史上最早及最伟大的文明成果——文字！也就是汉字的最初形态，即大谐声时期的象形字。这个"禹"字已经是应用文字了，为什么在全世界认为的"画"里会出现一个"禹"字？就是因为中国的文明史里有与这个字有关系的人，所以才会出现这个字。这个字的出现证明了中华民族古史传说中的"大禹治水"里的禹帝是真实的，而非臆说。

夏朝存在的真实性，一个"禹"字就很能说明问题，但是，我们还有更多的证据，证明中华民族文明史上一个伟大的朝代——夏的存在！在商周之前5000年的时间长河中，夏是由族群逐渐发展成为中华夏帝国的。同样还是在这幅岩画里，高嵩先生解读出一句从夏朝发出来的声音："轩辕，万寿无疆！"（图五、图六）。车的辕前横木为"干"字，后世加车旁为"轩"字，意为车前高位抬起的部分。"干"字的初文（图七）在甲骨文中保留下来。又在被称为"干"的直木上端都刻意加了个"玄"字（图八）以示表音，即表"干"与"玄"（图九）为群母鱼部与晓部同音相谐互代的关系。

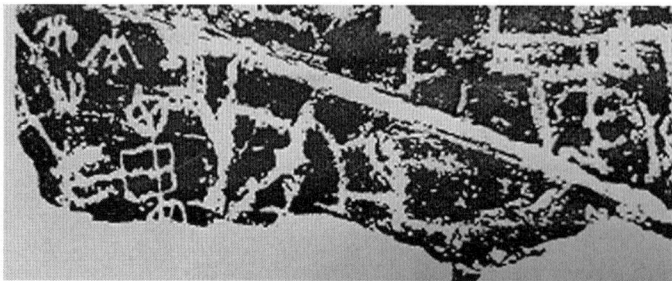

图五

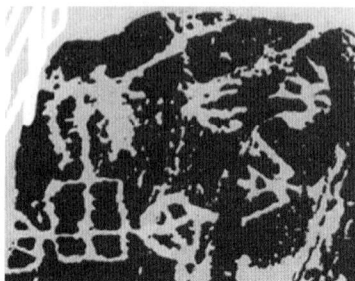

图六

在车辕的下方有三只燕子，即为"燕"的象形字。"燕"与"辕"是同音相谐互转的关系，"轩辕"两字便以谐声字"干燕"（图一〇）"玄燕"（图一一）相谐了，后世便产生了轩辕造车的传说。

"万寿"两字（图一二）中"萬"字在远古直至甲骨文均以蝎形为其字形，《说文解字》更详细地解读了此字。由于年代久远，蝎形的上半截已脱落，只残存蝎子的尾

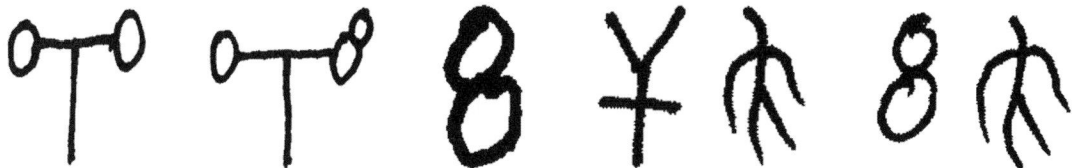

图七　　　　　图八　　　　　图九　　　　　图一〇　　　　　图一一

部。其下一枝权状，即为"殳"字，"殳"字的本义为树的一个枝权，今天都是一个读音。现今的"投"字保留了本音，手旁是后世所加。在远古大谐声时期，"兽"字与"殳"字均为端组同音相谐互代字读若［dio］。此处用了"殳"字，而没有画一个兽来表达。就是因为"殳"字是可以皆"寿"字的。马家窑文化后期的四坝文化有"殳"字的例证（图一三）[①]。古埃及圣书常将"殳"字与"头"字放在一起相互谐音，例证太多此文不举例了。"舞"字象形字即是舞蹈状（图一四），是"无"字的同音相谐代字，甲骨文保留字例（图一五）同时也是后世"巫"字的字源。

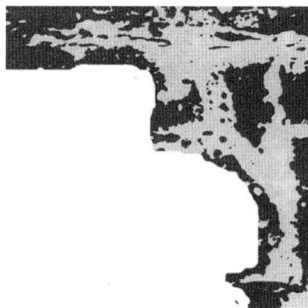
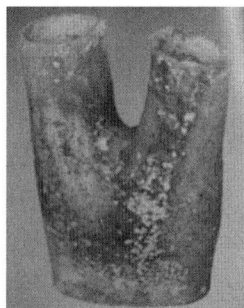
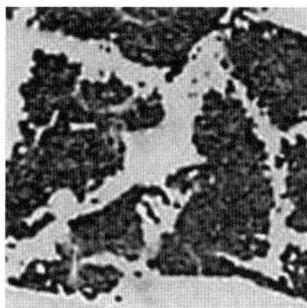

图一二　　　　　　　图一三　　　　　　　图一四　　　　　　　图一五

在远古岩画里的"长"字（图一六）在甲骨文中保留了字例（图一七），是"疆"字的同音相谐互代字。由于岩文更为久远到后世有些笔画的方向发生了改变属于正常现象，古文字笔画方向发生变化在中国文字学界是公认的。

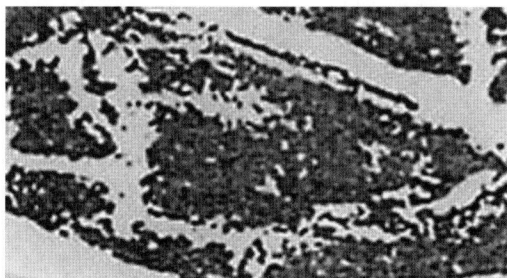

图一六　　　　　　　　　　图一七

---

① 王海东、王琪雅：《国宝彩陶艺术鉴赏》，甘肃人民美术出版社，2012年。

　　如果没有汉语音韵学为指导，中华民族的远古文明史就会永远被不明真相的西方学者以及同胞的不认同而蒙冤无期。我们不能用今天地域划分的概念来划分有远古文明遗存的地域，贺兰山岩画和阴山岩画在远古时期同属一个文化带，是中国文明史乃至世界文明史早期最为宝贵的史实记载，因此应该联合申报世界文化遗产！

　　很多人认为如果岩画上的东西写的与今天的文字差不多，或者说最起码应该与甲骨文相似，这才能称为文字。但是，我们却忘记了人类文明史上有一个大谐声时期，在字源极其有限的时期同音相谐互代字的原理自然就出现了，大量的谐声现象是它的本质特点。产生了由象形字至形声字而后到六书的发展，这也是中华文明在四大文明古国中唯一没有断层的非常重要的原因！汉字的诞生与发展是在几千年的祭祀活动中逐渐完善起来的。我们只看到了古埃及文明祭祀的圣书，而忽略了中华民族在远古时期祭祀的圣书，这个圣书就是现今看到的远古岩画、彩陶纹饰、玉石器等远古文明遗存。讨论文字的起源，弄清什么是文字则是必要的前提，能读出音来的才能称为文字，这是最基本的概念。有相当一部分专家学者认为先有文字才有读音的论断，通过对史前文明遗存大量的解读和互证，我坚信文字的形与音是同时诞生的，也就是说文字从它诞生的那一秒钟开始就是带着读音的！论证史前文字抛开远古史同样是不科学的，因为商周之前的文字信息只能在祭祀文明的痕迹中寻找。中华民族远古时期的史料在后世的文献中有可信的记载也有不可信的记载。通过对相关的远古文明遗存的考证得知，《左传·昭公二十九年》载：秋，蔡墨谓烈山氏有子名柱，这个记载是正确的。现今全世界的远古文明遗存绝大多数是以柱这个名字为神主进行祭祀的。也就是说，中华民族整个族群在商周之前几千年的时间里，将本族古帝——柱的名号写遍了全世界。古帝柱的史料记载的痕迹极少，但是古帝颛顼的名字出现在史料里的却较多，最著名的就是绝地天通的宗教改革。绝地天通将人的形象高举于世，这便是存在于远古文明遗存上中华民族本族系古帝名号的原因，也是后世宗祖习俗的根源。

　　汉字的远古音，是从全浊音群母［g］、定母［d］、并母［b］，通过近万年的演变发展，逐渐将全浊音化为同音或近音的声母，这样，才有了见组、端组、帮组的语音构成。舌音和齿音的照组（照三）、庄组（照二）、精组全归端组字，且端组字的最初声母，为全浊音定母字［d］。浊音是人类语音发展史上初音！在大谐声时期，象形字相谐互代的使用方法促进了文字的发展，早期汉字三等韵是很普遍的现象。汉字"柱"字，中古音为澄母侯部字，远古音应归全浊音定母字读若定母侯部三等合口［dio］。其象形字为一柱状（｜），与之同音相谐互代最常用的是"注"字。"柱"字是"颛顼"两个字的急读音，"颛"字的声符保留在今天"端"字音里，"顼"字是侯部的延长音。后世根据历经几千年的口耳相传将"柱"字的语音记录成"颛顼"是很正常的。这就明白了颛顼宗教改革后至商周之前近4000千年的时间里，中华民族的所有族群祭祀的对象就是人，而主要的祭祀对象便是柱，也就是颛顼。

　　"注"字，中古音为照三侯部字［to］，三等合口为［tio］，远古音读若定母侯部

［dio］。"注"字的本字应是"点"字，其象形字便是一滴水状（🌢）。另，"点"字与"滴"字为同音同源字，均是以水滴状为字形，水滴掉落的声音为字音而创的，也是后世的"水"字的初文。据《王力古汉语字典》所示，"点"字中古音为端组谈部字，"滴"字中古音为端组锡部字，这已是经过几千年音转的读音。逆推远古音应读若端组侯部三等韵［dio］。实际上王力先生在其《王力古汉语字典》第5页🌢部的第一个字🌢就明确标出了读音（zhu），这也是"点"字的本字，也就是其初文，中古音为知，侯部字。钱大昕提出的古无舌上音的理论是正确的。这个"🌢"字远古音读若［dio］，比如现今有的方言将一点点念成了一丢丢，这个"丢"实则是保留了"点"的远古音。"点"字作为"柱"字同音相谐的关系，在远古祭祀中表示华族古帝颛顼（柱）的名号时被广泛使用，有时会写成一个圆点状（●），这也是后世"珠"、"球"、"豆"字、"镯"字的字源。

以下几个字在远古时期也是与"柱"字同音相谐互代的常用字。如"鸟"字，中古音为端母宵部字，三等韵读若［tiô］，远古音读若全浊定母侯部［dio］。

"树"字，中古音为禅母侯部字［zjo］，三等合口为［zjio］，远古音读若全浊定母侯部［dio］。

"殳"字，中古音为禅母侯部字［zjo］，三等合口为［zjio］，远古音读若全浊定母侯部［dio］，此字为"树"字的延生字，最初意为取树一枝杈。

"兽"字，中古音为审三幽部字［sju］，三等合口为［sjiu］，远古音读若全浊定母侯部字，读若［dio］。

"鹿"字，中古音为来母候部字［Lo］，远古音归全浊音定母三等韵后读若［dio］。

"头"字，中古音为定母侯部字［do］，三等韵为［dio］，远古音为端组定母侯部字，读若［dio］。

"角"字，中古音归见组，为见母屋部字［kok］，远古音为端组定母侯部三等韵字，读若［dio］。见纽与端组属于准双声关系，屋部与候部属于通转关系。当语音经历跨越几千年的音变时，无论是准双声或旁组双声以及旁转还是旁对转甚至是通转等均是正常现象。重要的是，只有汉语音系才有无论怎么变都会保留字根音的功能。汉字"箭"字，中古音为精母元部字。远古归端组全浊音定母是肯定的，"角"字与"箭"字也是"柱"字的同音相谐互代字。

"羽"字，中古音为喻三鱼部字，按曾运乾提出"喻三归匣"理论应为匣母鱼部三等韵字［hia］。"羽"字与"柱"字在几千年前便是后世认为的准双声旁转关系。"羽"字远古音读若端组定母候部字［dio］。

"手"字，中古音为审三幽部字［sju］，三等开口为［sjiu］，远古音读若全浊定母侯部字，读若［dio］。

汉字的"手"字，象形字就是人类的手形。在远古文明遗存中，如果写一个文字时为了要表明该字的读音，往往在其旁边再写另一个同音字或近音字，这就构成同音相谐互代的模式。位于宁夏回族自治区银川市贺兰山岩画有一例（图一八）此图的手形即"手"的象形字，其右下一圆点即"点"字也就是"注"字（●），两者是刻意构成同音相谐互代的关系。将"注"字写在手掌上，同时表达的是"注"字与"手"字两个字，同样的表达方法在印度尼西亚远古岩画（图一九）里有例证。

在远古用象形字直接塑形的器物很多，如仰韶文化遗存①（图二〇）。即是用"注"字的两种写法塑成，陶体以水滴状的"点"字（◆）为型而塑，在陶体外侧也有诸多"点"字。圆洞表示出"点"的另一种写法（●），在当时只有构成同音相谐互代的关系才能将同一个读音的现有文字相互替代自由使用。

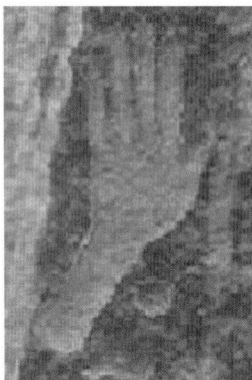
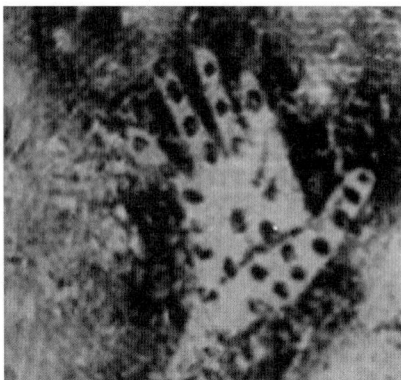

图一八　　　　　　　　　图一九　　　　　　　　　图二〇

由于"鸟"字和"注"字在初期汉字使用阶段是"柱"字常用的同音相谐互代字，所以中华民族的远古先民刻意将读音表达得很清楚。河姆渡文化遗存（图二一）是直接用"鸟"字和"注"字塑型，共谐帝柱之名。甘肃省博物馆有一件马家窑文化马厂类型遗存（图二二）所示，彩陶器口的水滴状即是"点"字（◆）即"注"字初文，也是后世"滴"字与"水"字的初文。器身的三角形即"角"字（V、△），皆是"柱"字的同音相谐字。"角"字在远古文明遗存中常见，如古埃及圣书（图二三），古埃及圣书所表达的内容即是早期汉字的象形字。图二三所示的不仅是一个"角"字，而且还有"鸟"字及"注"字以及"角"字里面的"柱"字。如果没有同音相谐的大谐声时期，也就看不到汉字在一个音的前提下展示出诸多的形。这也是只有汉字语音系统特有的同时也是无可替代的唯一性。马家窑文化彩陶将与"柱"字同音相谐的 "角"字与"注"字表达得很清楚（图二四）。

秘鲁远古岩画（图二五）与帝柱同音相谐的"注"字、"鸟"字、"手"字、"角"表达得非常明确（"角"字是"牙"字的初文）。

---

① 河北省柏乡县小里村遗址（新华社记者巩志宏摄）。

图二一

图二二

图二三

图二四

　　在贺兰口同样保留下来了"角"字的例证（图二六）：一只小兽即是"兽"的象形字，带有直角的方形图案，是远古文字大师刻意强调出"角"的概念，目的是为了清楚地告诉我们这个字读什么音。将两个文字放在一起只为表明同音互代的性质，因为都是帝柱名字的不同写法。甲骨文"石"字保留了例证（图二七）。这个字现今读［shi］，远古音读若端组定母字［dio］，初文是"角"字。今天的计量单位保留着本音，比如"一石米"。顺便说一下"石头"这两个字是一个音，中华民族自古至今对石头的崇敬与喜爱也是由远古祭祀文化遗留下来的。古埃及圣书将"鸟"字与"角"字同音相谐的关系同样表达得非常清楚（图二八）。

图二五

图二六

"石"甲骨文入下图所示：

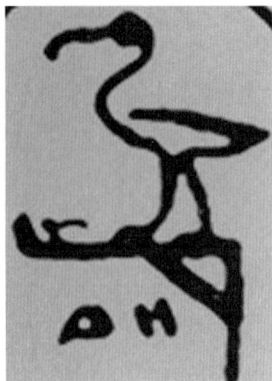

图二七　　　　　　　　　　图二八

内蒙古自治区阴山岩画有一例"鹿"字与"柱"字相互表音的例证（图二九）。鹿的形象即是鹿的象形字，在鹿的身上刻意突出一柱子状，这就表示出了"柱"字。目的是为了表明"鹿"字与"柱"字同音相谐的关系，还有鹿角也同时表示出树意。远古岩画中往往有夸张的鹿角造型，通常为树状，实则是要表明"鹿"字与"树"字是一个读音的目的，如新疆岩画（图三〇）[①]。贺兰山岩画有一例刻意表"树"字与"注"字（●）是同音相谐的关系的例证（图三一），其实在旁边即是"注"字与"角"字相互谐声的字例（图三二），只是由于年代久远"角"字不完整。

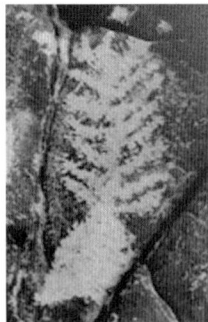

图二九　　　　　　图三〇　　　　　　图三一　　　　　　图三二

在内蒙古自治区阿拉善盟岩画有一例将"兽"字与"角"字相互表音的例证（图三三）。复活节岛被称为鸟人的岩画（图三四），鸟类长着人类的手掌所以这幅岩画被称为鸟人，如果用汉字语音系统解读就明白制作的目的及意义了。鸟的图形既写出了"鸟"的象形字，又刻意写出"手"的象形字，只因"鸟"字与"手"字是同音相谐互代字，共同谐"柱"字。实际上眼睛即是"注"字（●），称为眼珠是有根据的，后世称为眼睛。所以才会在远古遗存中常出现夸张的眼睛造型，如河姆渡的黑陶猪（眼睛部

---

① 新疆赛里木湖北岸天山草原岩画（沈桥摄）。

图三三

图三四

位与身上的"注"字相互表音）、三星堆著名的突出双眼为柱状的青铜人面像、古埃及文明不分性别均描画眼线只是为了突出眼睛部位、全世界远古岩画里大眼睛形象以及两河流域大眼睛人像等，因此才会产生此类构图。古埃及文明有多例将初期汉字"头"字、"鸟"字、"手"字同音相谐的关系表现非常准确的例证（图三五）。三星堆文明遗存（图三六），人头顶着一只鸟，只是因为"头"字与"鸟"字为同音相谐互代字，共同谐"注"字。如果没有汉字同音相谐互代的发明，那这些远古文明遗存当年制作的目的是什么？那制作的意义又是什么呢？

图三五

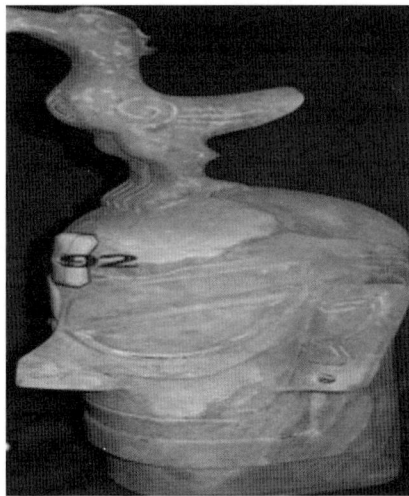

图三六

　　法国佩什·梅尔洞穴岩画（图三七），此图将"手""注""兽"的象形字刻意放在同一构图中，也还是为了将这几个字相互表音，共表柱氏族群古帝柱的名字。贺兰山岩画（图三八）一只兽类形状，表示出了"兽"字，在其旁加"注"字（●）以表同音相谐的关系。在西藏岩文里有一例（图三九），刻意将兽、头、鸟组成一个构图是为了将"头""兽""鸟"三字放在一起形成同音转注关系的，共同是"柱"字的同音相谐互代字。印度岩画有一例（图四○）将"兽"字与"树"字与"手"字放在一起才会产生长着人类手形的兽类在崇拜着树的造型。

　　比如"羽"字，在大汶口彩陶（图四一）及马家窑彩陶（图四二）中都出现了，在甲骨文中保留着象形字的字形，最珍贵的是有的甲骨文还将同音相谐振的"注"字与"羽"刻间放在一起以示表音（图四三）。

图三七

图三八

图三九

图四○

图四一

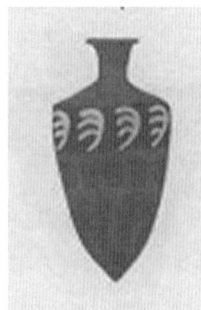

图四二

图四三

国际岩画委员会主席阿纳蒂先生说过"越是早期的岩画语言全球性就越明显"，现在看来所谓的岩画语言实则是初期的汉字形态，全球性是因为均是同一个族系祭祀本族古帝的祭祀内容。全世界远古文明遗存关于祭祀中华民族古帝颛顼的圣书例证太多了，由于篇幅有限本文不再举例了。

夏文明一直不被绝对地认可，主要原因就是我们拿不出确切的文字。从四大文明古国的存亡就可看出，虽然我们不知被谁排在了最后，但唯有中华民族是没有间断性地且连续性地发展到了今天，为什么？就是因为伟大的中华民族有着近一万年的文明史支撑着，而其他消亡的文明只是中华文明的次生文明。那么，请问西方权威们我们商周之前是真的没有文明吗？已有欧美学者敏锐地指出，古埃及文明是断层的文明，不是本土文明所致。远古时期，一定有一个从东方而来的族群，带着先进的农耕文明建造了辉煌的古埃及文明。现在，我们可以理直气壮地说，当时不仅有一个带着先进的农耕文明，而且是带着先进的文字文明和祭祀文明的华（花）族族群从东方而来，所创造的也不仅仅是古埃及文明，还有玛雅文明、地中海文明、复活节岛文明等诸多远古文明。

我深信，以音韵学打开远古文明之门的方法是正确的。目前只能将甲骨文作为初期汉字的例证，当我们找到了甲骨文之前的早期汉字，能否说将中国的文字史提前了不止3000年？如果可以，是不是说商周之前的夏是真实存在的文明？我在20年的时间里对国内外史前岩画诸多例证的解读及论证后更加清楚远古先民留给我们的岩画在中华民族文明史中的地位和重要性是什么了，尤其是早期岩画如贺兰山岩画和阴山岩画。由于时间久远，阻挡不了自然风化和人为破坏等问题，岩画传承到我们这代人手中已经是残缺不全了，能否做到让后代看到同样内容的岩画，做到好接好送，这就是我们每个人的责任。保护岩画，已不单纯是岩画工作者的事，而是每一位看到岩画的人所要做的事情，这是不可推卸的责任。这就考验我们对待岩画保护工作的宣传是否做得深、做得广。早期岩画是证明商周之前中华民族文明史重要的证据之一，只这个重要性就是独一无二的。因此，对岩画的保护工作则是万万不能轻视的，否则我们拿什么来证明中国曾经伟大而辉煌的史前文明。

"中华文明源远流长、博大精深，是中华民族独特的精神标识，是当代中国文化的根基，是维系全世界华人的精神纽带，也是中国文化创新的宝藏""加快构建中国特色、中国风格、中国气派的文明研究学科体系、学术体系、话语体系"，在习近平总书记"实现中华民族伟大复兴，就是中华民族近代以来最伟大的梦想"的定论和国家提出"自主创新"的号召下，我们更应该尽己所能，将中华民族伟大的史前文明在有据有论的前提下，展示给全世界。使各民族在文化交流互鉴的大背景下和谐共存，且将今天所能看到的仅剩的文明遗存保护好，我们有责任让后代看到曾经辉煌于世界的中华文明。在多学科相互交叉共同探讨的基础上跨学科探究史前文明，争取在第二个百年考古史中将夏文明的探索有进一步的突破性进展。

　　附记：本文图片没有标出拍摄者及图片出处的，除了本文作者自己拍摄外，其他图片由于网络图片互转繁杂无法找到第一作者，故申明文中图片只用于学术研究并无商业用途。特此感谢！

刍议建立岩画档案的必要性

巩利斌

（宁夏岩画研究中心）

　　岩画是一种石刻文化，人类祖先以石器作为工具，用粗犷、古朴、自然的方法——石刻，来描绘、记录他们的生产方式和生活内容，它是人类社会的早期文化现象，是人类先民们给后人的珍贵的文化遗产。关于岩画的记载，最早出现在北魏地理学家郦道元的《水经注》，我国的岩画分布区域较广，已发现岩画的省级行政区有29个（截至2012年9月份统计数字）。岩画不仅是我国古老文化的明珠，同时也是世界珍贵的文化遗产，但是随着时间推移和社会发展、资源开发及人为破坏、自然风化等原因，岩画保护已经成为一个沉重而紧迫的问题。综观当前我国岩画保护的现状，在众多的文物保护方案中，建立档案成为最有效的手段之一。依据《文物保护单位记录档案档号编制规则》文物分类，岩画被划分为石器、石刻、砖瓦类。因此，在探讨建立岩画档案的必要性前，我们首先应认识到文物保护档案的重要作用。

一、建立文物档案的重要性

　　文物档案主要指在对文化遗产保护进行处理和对文物进行保养的过程中所需要做好的文字记录和图像记录，将整个文物保护过程及在该过程中所发现的各种信息准确、详细地记录下来，以档案的形式为进一步的科学研究提供资料。文物档案中除包括文物的基本信息、保存状况、将来的用途外，还包括文物的科学分析、保护处理与保护材料、保护效果评估、保护过程中所发现的信息和后期保养等。很多西方发达国家的文博机构对文物档案的建立非常重视，已经将文化保护档案建立的翔实与否纳入文物保护从业人员职业道德准则的评判中，可见建立文物保护档案的重要性。

　　首先，作为人类历史的遗物，文物是古代社会各个方面多种信息的直观呈现，在此基础上考古人员和研究人员才可以更深入地了解当时人类的生活状态，对当时的社会组织结构等有更多的认识。而且很多文物可能一直隐藏于地下或者其他隐蔽场所，在长久的时间中早已经模糊到面目全非，但通过文物保护处理手段却很可能重新复原和展示那些原始信息，对于文物来说具有"第二次挖掘"的重要意义。且在这一过程中所记录的各种资料与信息都为第一手资料，有利于后世人们对文物有更真实的认识，与此同时详细地将这些信息记录在档案中，对考古和文物的研究也具有十分重要的作用。

其次，在现代文物保护理论中，保护文物资料的完整性是其基本原则之一。文物这种文化资源具有不可再生性，所有的文物保护和处理都会一定程度地促使文物本身发生改变，这个过程与考古发掘的过程类似，且过程是不可逆的，因此在这一过程中实施文化保护档案记录，对文物信息资料完整性的保存来说是唯一有效的途径。

再次，文物保护过程中的处理往往会包括很多不同的工艺、技术和材料，且随着文化保护研究的进展这些工艺、技术和材料等都在随之不断地增加和变化。因此，详细地记录文物保护所采用的方法、材料、工具等各方面，除了能够提供给其他人的文物保护修复工作以借鉴和帮助外，还能科学地评估当前所使用的保护方法、材料等，以帮助今后文化保护方法、材料等向更好的方向发展和改进。

此外，通过建立文物档案，文物各种信息得到详细记录，将促使文物保护从业人员更加认真仔细地对文物进行观察和研究，不仅能够揭示文物和保护更多的文物信息，同时给文物保护处理方案的制定提供了科学的参考。归根结底，建立文物档案能够有效地保护文物。

岩画同其他文物一样是不可再生的。怎样保护好岩画，怎样使其延长寿命，一直是岩画学界最为迫切也是最难解决的课题之一。

二、建立岩画档案的必要性

岩画是优秀的、不可再生的人类文化遗产，它是研究人类历史的活化石，对研究人类历史具有重要作用。同时，岩画还具有重要的学术价值，我国所发现的大部分岩画都位于边疆少数民族地区，这对于研究民族史和民族学等具有重要意义。为了保护这些弥足珍贵的人文遗迹和先民的智慧，早在20世纪80年代开始，联合国已经开始将岩画认定为世界遗产。这种不可再生的文化遗产，一旦遭到破坏，将会永远消失在世界上，但从当前我国的岩画遗产保护来看，形势却十分严重，那么建立一整套完整的岩画档案就显得尤为重要。

随着1981年秋至1985年第二次全国文物普查告一段落，岩画引起了考古界、艺术界、民族学等学科学者专家的关注。关于岩画研究理论、保护方法和学术研讨等活动此起彼伏。1991～2000年，国际岩画委员会两次年会在贺兰山下的银川召开和贺兰山岩画1997年被国际岩画委员会列入非正式世界文化遗产名单之后，宁夏开始了将其申报为正式的世界文化遗产的准备。世界遗产是由联合国教科文组织和世界遗产委员会双重认定的，在世界范围内都比较罕见且目前无法被替代的财富。目前，到2013年7月我国世界遗产总数达到了45项，却无一处岩画遗址，无疑是一大遗憾。这主要因为，要成为世界文化遗产，必须提供完整的文本资料，其中保存状况和说明材料是最重要的两项。保存状况主要包括对遗产现状的描述、保护机构的保护过程和措施等，说明材料则除包括有关遗产的描述和图表、照片、影片等资料，还包括历史状况、文献资料等。而在这些材料中，档案是必不可少的支撑，在申报的过程中档案可谓具有极为关键的作用。在我国已经被成功申遗的各个项目中，每一项遗产的档案材料都足够说明和支撑遗产申报的意义与价值。所以说，我国岩画要成为世界文化遗产，其保护问题是绝对不能绕过的门槛，建立真实、完整的岩画档案是申遗成功的需要。

其次，建立岩画档案也是当前我国岩画保护现状的迫切需求。众所周知，岩画作于岩石上，几千年来这一珍贵的文化遗产一直在遭受着种种自然和人为破坏。长期的风吹、日晒、雨淋，导致这些刻在岩石上的岩画出现裂纹、破损或剥蚀；当山间爆发山洪和泥石流时，山体将会受到大量水流和沙石的撞击，使刻在其上的岩画被撞落；而那些生长在岩石缝里的灌木和小树等根系不断生长，则会使岩画石从基岩慢慢脱离；进入现代社会后，随着工业社会的发展，大气中的二氧化碳等污染越来越多，导致岩石呈粉尘状剥落，最终使刻画在其上的岩画慢慢消失。相对这些大自然长期的缓慢破坏来说，更为严重的是人为破坏。当前的中国正处于发展的特殊阶段，岩画区域内附近的居民为了修路、修渠、盖房等不得不更多地采集石料，当地居民缺乏文物保护意识，往往随便开山取石，导致一些岩画在不知情的情况下遭到严重破坏。即使一些岩画已经被发现并在当地广泛宣传，也并没有过多地改善这种情况。例如，贺兰口等地修路、修渠时使许多岩画遭到毁灭性的破坏，许多精彩的岩画就此消失；开山采石致使大面积岩画惨遭厄运，从贺兰山北麓到南端这种事屡有发生。石嘴山麦汝井、翻石沟等地岩画多刻制在山前洪积扇上的大小石块上，便于移动，当地农民建房的基石，堆砌羊圈、牛棚的石料多采集于此。中宁县黄羊湾岩画在宝中铁路建设期间，这里成为主要的道基、垫石开采地，施工单位和个人炸山采石，致使大批岩画损失殆尽。灵武东山岩画大部分都已被当地农民从山上拉回家砌墙做房基，余下不多的岩画石被博物馆收藏。

虽然，银川市政府于2003年7月颁布了《银川市贺兰山岩画保护条例》，之后2011年8月宁夏回族自治区人大颁布了《宁夏回族自治区岩画保护条例》，但也挡不住蓄意破坏行为。随着国际岩画研究会议在银川的两次召开及对岩画的不断宣传和报道，贺兰山岩画越来越被大众所熟知。一些文物贩子也开始蠢蠢欲动，采掘偷盗岩画的风气越演越烈。曾经有三名年轻人，到归德沟后，将岩画盗撬并用车拉走，待保护人员收到消息赶来时，当地的多数有价值的岩画都已经被盗走，剩下的一些岩画仅为零星几幅且画面不怎么完整。1998国家邮政局发行的《贺兰山岩画》特种邮票中的公牛岩画也遭到盗窃，令所有岩画专家都无比心痛。大麦地岩画虽然发现较晚，也采取了一定保护措施，但同样未能逃过被盗窃的命运，有些岩画刚被记录便被盗窃。面对这种严重破坏，虽然我国各地也都采取了较多措施，但由于大部分岩画都比较分散且裸露在山野之中，谈到保护无疑是很困难的。有些岩画被刻在一些松散的石头上，轻易便能搬走；有些岩画由于与山体存在裂缝，轻易便能撬走。"风化使古刻岩画失芳容""宁夏部分岩画濒临消失"……这样的报道越来越多，无不提醒着我们必须做好岩画的档案工作，为将来保护研究新技术应用工作提供完整资料。

从2009年开始，宁夏岩画研究中心全面开展岩画档案工作，应用现代信息技术，建立一套科学、全面、规范、准确的岩画档案，是目前保护岩画最有效的手段之一。

三、建立岩画档案应注意以下几点

第一，对岩画资料数据采集要全面。广泛采集岩画遗址信息，包括地形地貌、水文气候、动植物、物产和资源、空间位置、面积范围、保存情况以及历年考察、研究等资料，为现存岩画建立完备资料库提供原始翔实的数据。对田野调查采集的原始记录资料、照片资料、拓片资料、GPS资料等资料，依据《全国重点文物保护单位记录档案工作规范》《第三次全国文物普查不可移动文物信息采集》和《文物保护单位记录档案档号编制规则》，创建一整套岩画资料档案著录体系。

同时，建立数字化系统，将纸质、照片、录音、录像等不同载体的模拟档案信息转换成电子信息，形成计算机网络环境下可利用和共享的各类档案数据库，全面揭示岩画的珍贵价值；还要对个人和单位拍摄、珍藏的岩画图片资料和拓片广泛征集，尽量全面完整地将各类岩画的数据资料收集到档案中。

第二，对岩画文献资料的收集要全面。岩画已经有很长的历史，被发现后于20世纪50～60年代带动了一个新的研究热潮，特别是进入80年代改革开放之后，关于岩画的研究方法和理论、修复方案等纷纷出笼。在建立岩画档案的过程中，必须对国内专家围绕岩画的年代、主题、保护、利用等进行研究的各种文献资料也要收集，尽量将其全面、细致地建档保存。

第三，广泛收集反映岩画的文学作品。岩画的神秘莫测带给了很多艺术家、文学家创作的灵感和冲动，有关岩画的创作的文化作品也较多，不仅包含民间故事、诗歌，还包括传说、散文和小说等。在建立岩画档案的过程中，也应将这些作品全面地收集归纳。关于岩画的传说、故事等，可以通过走访当地百姓获得，这些文化作品都能从侧面反映岩画问题。

第四，要注重对相关岩画保护管理资料的收集。这些资料除岩画保护法律法规及各项管理制度，还应涵盖岩画及周边地区的保护和养护维修状况、记录（图纸、方案、材料改变等）等。对这些资料收集建档不仅能够为岩画保护提供更多的参考和依据，同时也是岩画申遗的重要内容。尤其近年来政府不断召集各领域的专家针对岩画进行研究保护，对于这些活动而形成的记录、图纸、方案等都应做好及时的跟踪、收集和归档。

第五，收集过程中要注重资料的完整性和多样性。在建档中除了收集直接有关岩画的资料外，还应注意保证资料的完整性和多样性。岩画档案的采集和收集应根据线索多渠道开展收集工作，在对收集重点加以保证的同时，全面收集关于岩画周边的资料，重视因岩画研究和保护而形成的各种文件材料，保证岩画资料的完整性。在载体多样性方面，档案收集工作可以利用当前先进档案技术，对全面的、立体的档案资源体系进行建立。

　　总之，岩画档案是进行岩画保护最为有效的手段之一，也是岩画研究、保护与利用的重要资料和数据来源。建立健全岩画档案管理组织体系，重视岩画档案工作，加强岩画档案管理工作的科学化与规范化研究。只有这样，岩画档案才能在今后的岩画研究中发挥重要作用，同时也为其他边缘学科的研究提供完整的岩画资料。

参 考 书 目

汤惠生：《建立岩画学科的研究范式》，《岩画学论丛》第1辑，中央民族大学出版社，2014年，第33页。

乔华：《诠释岩画档案建设体系》，《岩画研究2007～2011》，宁夏人民出版社，2011年。

刘长宗主编：《'91国际岩画委员会年会暨宁夏国际岩画研讨会文集》，宁夏人民出版社，2000年。

刘奇民：《贺兰山岩画风吹雨淋》，《历史瑰宝保护亟待加强》，《人民政协报》2004年6月25日。

潘从武：《宁夏大麦地岩画急剧减少》，《法制日报》2009年4月29日。

张欣：《文物档案的建设及其作用探讨》，《才智》2013年第25期，第77～79页。

吕惠敏：《试论如何做好文物档案管理》，《决策探索（下半月）》2013年第28期，第64～66页。

人面像岩画

贺吉德[1]述　丁玉芳[2]整理

（1. 贺兰山岩画管理处；2. 贺兰山岩画保护与研究学会）

在贺兰山岩画中，最能体现史前人类崇拜文化特质的岩画是人面像岩画。据笔者调查统计，已经记录在册的贺兰山人面像岩画共有881幅，其中分布在贺兰口沟口内外11.06平方千米保护区范围内的人面像岩画有715幅，占贺兰山人面像岩画总数的81.16%。在中国有岩画分布的20个省（区）、地区中，宁夏贺兰山遗存的人面像岩画的数量是最多的。其次是内蒙古阴山岩画，依据盖山林先生的《阴山岩画》记录的图录统计，阴山地区人面像岩画一共有374幅。在内蒙古乌海市桌子山召烧沟岩画中，共记录人面像岩画193幅。

从世界范围讲，全世界有70个国家分布有岩画，而人面像岩画仅仅分布在环太平洋国家和地区。它们是亚洲的中国、蒙古国、韩国、俄罗斯东西伯利亚地区，美洲的美国、加拿大、墨西哥、阿根廷、智利，大洋洲的澳大利亚、复活节岛等11个国家和地区。数据显示，在环太平洋有人面像岩画分布的11个国家和地区中，中国是人面像岩画分布最多的国家。而宁夏贺兰山又是中国人面像岩画数量最多的地区。因此，我们可以负责任地说：中国宁夏贺兰山，是全世界人面像岩画数量最多的地区！

人面像岩画，是指原始人类对心目中的神灵鬼怪、图腾动物以及各种崇拜对象赋予人面形象而制作的岩画。在史前，人们想象或虚构的神和超自然存在物，都不会超出他们已经认识的东西。如果出于祭祀仪式的需要，必须设置一个或多个神灵鬼怪以及崇拜对象，人们往往会采取动物的形式或拟人的形式把它"创造"出来。在一般情况下，不管这些本不存在的神灵表现得多么凶恶、丑陋或者威猛、善良，但总是会以人的形象出现在祭祀场上，以接受人们对它进行的祭祀和膜拜。

恩格斯在《家庭、私有制和国家的起源》中论到美洲印第安人部落的宗教特征时说："他们已给自己的宗教形象——所有各种精灵——赋予人的样子，但是他们还处在野蛮的低级阶段，还不知道塑像——所谓偶像。这是一种处在向多神教发展路程中的对大自然与自发力的崇拜。"[1]在岩画中的人面的形象，就是史前人类"给自己的宗教形象——所有各种精灵——赋予人的样子"的人面像。

---

① 恩格斯：《家庭、私有制和国家的起源》，人民出版社，1956年，第87、88页。

所谓"人面形象"，是指以人的面部特征为基本构图方式的岩画形象。这类岩画，通常有人的面部轮廓线，有眼、鼻、嘴等人的五官特征及用于装饰的头饰和发式。这种"人面形象"的岩画，绝大多数没有身体躯干，没有耳朵。只体现为一张人脸的形状，单独或者成片地分布在岩面上，很像一幅个体或集体的人物肖像画，故称此类岩画为"人面像岩画"。

"人面像岩画"的命名，曾在我国经历过很长的一段时间。

最早记载人面像岩画的古文献是5世纪郦道元的《水经注》。《水经注》卷三十四《江水二》载："江水又东径宜昌县北，……江水又东径狼尾滩，而历人滩。袁山松曰：二滩相去二里，人滩水至峻峭，南岸有青石，夏没冬出，其石嵚崟，数十步中，悉作人面形，或大或小，其分明者须发皆具，因名曰人滩也。"[1]在这段记载中，郦道元将长江西陵峡"人滩"巨石上的人面像称为"人面形"。

1985年8月，盖山林先生在他所著的《阴山岩画》（内蒙古人民出版社出版）中，对阴山岩画中有"人面形象"的岩画运用了"人（兽）面""人面形""人（兽）面形""人面题材""人面纹样""人（兽）面纹样""类人面形""类人面图形""类人面纹样""类人面像""人头形""类人头形""类人头像"等10多种名称，当时还没有统一而固定的称谓。一年以后，盖山林先生的另外一部载有图录的《阴山岩画》在文物出版社出版。在这部著作中，盖山林先生正式将这类具有"人面形象"的岩画定名为"人面像岩画"，并在这类岩画图录的下面一一标注为"人面像"。

1991年9月，陈兆复教授的《中国岩画发现史》在上海人民出版社出版。在这部著作中，陈兆复先生设"人面像"专节，对我国各地发现的人面像岩画进行了综合研究。从此以后，"人面像"即成为具有"人面形象"的岩画的专用名称，并被广泛运用在岩画研究中。

关于人面像岩画的文化意义，学术界至今还没有一个统一的认识。

E.阿纳蒂在给陈兆复《中国岩画发现史》所做的"序"中，专节论述了人面像岩画。他说："一个最古老的现象，就是围绕着太平洋沿岸，人面像岩画分布在一个广阔的地区。这些类似魔鬼的形象，有时长角以及其他动物的器官，在脑袋上，经常带着一圈光环，或者戴着一顶帽子，最引人注目的是两个大眼睛，一般是圆的，大的与脸庞不成比例。

在没有了解中国领土上的人面像岩画以前，人们曾猜测，这些岩画是由一个采集、狩猎民族，或早期的耕作民族所作，描绘的是长着无所不见大眼睛的人兽祖先的神灵，是人们赖以生存的土地的保护者的肖像。"[2]

① （北魏）郦道元著，谭属春、陈爱平点校：《水经注》，岳麓书社，1995年，第501页。
② 转引自E.阿纳蒂为陈兆复《中国岩画发现史》所做的"序"，上海人民出版社，1991年，第7页。

　　E. 阿纳蒂教授认为，人面像岩画所描绘的是"人兽祖先的神灵"，是"土地的保护者肖像"。而美国的岩画研究学者则称其为"死神"（god of death）[1]。

　　盖山林先生在《阴山岩画》中，专设"人（兽）面形岩画"一节，讨论了人面像岩画。他认为："类人（兽）面纹样，乃是远古人类意识形态的综合体现，画家注入里面的思想涉及原始思维的许多领域，它绝不只限于表现某一种信仰。""从它的意义来说，绝不是一种含意，其中至少有面具、天神、祖先神和头盖骨等。"[2]接着，盖山林先生进一步论述了人面像作为"面具、天神、祖先神和头盖骨"的文化意义。因篇幅有限，不再具引全文，仅撮其大要，就其观点概述如下。

　　他认为，相当一部分类人（兽）面纹样乃是阴山地区远古时代曾经广泛流行面具的记录。它是人工模仿人脸（或兽面）做成的。在古代，面具是化身为精灵的一种手段，是神灵存在的体现，认为神灵就隐藏在面具中，人只要戴上面具，就可以改变人作为一般人类形态的存在，马上就成为动物、精灵或死者的体现。

　　在类人（兽）面图形中，除了大批面具岩画之外，还有一部分是古代游牧人信仰的天神。这种岩画最大的特点，是在众头像之上或左右两侧，有一簇簇或一颗颗圆窝形的星星，众神像如同密布在繁星点点的苍穹。类人头形之旁出现星星，星星总是追逐着类人面形，表明众神灵不是在人间，而是高居于人们无法接近的太空之中，天空中的神像，自然就是天神了。从一些神像的形象看，在它们的头形轮廓外有许多刺芒状物，很像是光芒四射的太阳射线，以示太阳神的神圣灵光。部分类人"兽"面纹样，确实应当是太阳神的形象，而太阳神应即天神之首。见于阴山的天神群像，大约就是古代游牧人敬祭天神的对象。

　　另一部分应是祖先神像。这些类人头像的头顶往往插着鹿角或羽毛，而鹿角和羽毛在古代是权力的象征，只有首领人物才有资格戴这些东西，因而，这些形象应是各氏族部落中的首领人物的头像。这是远古流行过的祖先崇拜留示给今人的历史脚印。

　　人类的祖先崇拜，是与灵魂观念联系在一起的，是以灵魂永存为前提的。古人认为祖先的灵魂可以影响后人的祸福，可以使人免于饥饿、贫困、疾病，是与当时人们的现实物质利益息息相关的。祖先崇拜，是人类对自身灵魂的崇拜，表征着人类劳动经验的蓄积之抽象，表征着人类从屈服自然的世界观进到改造自然之世界观。

　　在阴山岩画的人（兽）面纹样中，还有一部分是对人的头盖（骷髅）的如实描绘，反映的是古代游牧人对头盖骨的崇拜和信仰。盖山林先生在列举了国内外一些有关信仰和崇拜头盖骨的事实后说明：古代人类对头骨的信仰和表现死者的礼仪用的面具一样，是广泛普及的社会现象。阴山岩画中骷髅形岩画的发现，表明在远古时代，内蒙古阴山地区的游牧民族有着和世界各地游牧部落一样，也存在着猎取人头骨并加工改造成

---

① Alex Patterson. *Aield guide to Aock Art symbols of the greater southwest*, 1992.

② 盖山林：《阴山岩画》，内蒙古人民出版社出版，1985年，第129页。

面具，或者把它作为先祖灵魂的容器保存下来的原始习俗，存在着对人的头盖骨的信仰和对骷髅的崇拜。

盖山林先生关于人面像有"面具、天神、祖先神和头盖骨"多种文化含意的论述，在陈兆复先生的《中国岩画发现史》中，引入了"历史进程"的先后，他认为："人面像与祭祀有关，与宗教信仰有关。史前人类的宗教信仰，是由于人类对于生存的渴望，产生了对神的观念，并在人类历史的进程中以不同的形式出现，最初出现的是动物神，后来逐渐演化成各种不同的神灵。"[①]

基于此，陈兆复先生把岩画中出现的人面像崇拜先后排序为动物神（狩猎神）崇拜、太阳神（天神）崇拜、祖先（神人同形）崇拜。他说："原始猎人所崇拜的动物神是狩猎神，其形状通常为动物的形象，在连云港、华安和阴山等地发现的无轮廓型和半轮廓型的人面像，有些可以被认为是动物神。岩画中的大多数动物面像，反映了原始人类对动物所具有的超人力量的崇拜。

随着人类社会畜牧业的发展，以及战胜动物的力量的增强，人类转而尊崇起畜牧的保护神，太阳、月亮、星星和天空便成为崇拜的对象，并把更大的注意力转向太阳。因为阳光可以使种子生长发芽，也可以使牧草枯萎死亡。这就是为什么在畜牧业和农业发展以后，太阳渐渐成为崇拜对象的原因。在阴山、连云港和其他许多岩画点，都发现大量的日、月、星辰的图像，就是这种观念变化的例证。在人面像的头顶上，我们经常发现放射线状的图案。这些放射线可以说是神人同形的太阳神像的基本特征。它们刻在人面的上方，像是一顶皇冠，也有刻在两边的，而且这些放射线与太阳、月亮、星星等天象有关。不仅最初的无轮廓型的人面像的四周有许多短线和圆点，就连精心制作的全轮廓型和头饰形的人面像，周围也可以发现许多星星点点。广阔的天空，无垠的荒原，灿烂的星空是众神居住的地方，是太阳神居住的地方。

此后，天神又变成了人形，或许这种变化发生在父权制以后，那时出现了对祖先的崇拜，神的形状也就变成了完全是人的形状。从动物崇拜到天神崇拜，经历了崇拜形式的多样化的过渡阶段，出现半人半动物的形象。我国大部分全轮廓型和头饰型的人面像都是神人同形的。但是在宁夏贺兰口和乌海市海勃湾这两个地区神人同形的人面像岩画，实际上反映的是人的形象。"[②]

2002年2月，文物出版社出版了陈兆复先生的《古代岩画》。在这本书中，陈兆复先生对人面像岩画又有了新的认识，他说："岩画人面像的研究是一个复杂的课题，既与新石器时代的陶器及商周青铜器上的图案有关系，又与后世的面具一脉相承。它综合了自然崇拜、图腾崇拜、生殖崇拜、祖先崇拜诸多因素。"把岩画中的太阳神与自然崇拜、眼睛人面像与生殖崇拜、鲸面像与祖先崇拜联系起来，把人面像岩画与商周青铜面

① 陈兆复：《中国岩画发现史》，上海人民出版社，1991年，第240页。
② 陈兆复：《中国岩画发现史》，上海人民出版社，1991年，第240、241页。

具、西南少数民族中保留的巫傩面具联系起来，说明它们之间的关系[①]。

E. 阿纳蒂、盖山林、陈兆复对人面像岩画文化意义的阐释，给了我们诸多启示。

近几年来，尤其是从2000年国际岩画委员会年会在宁夏银川召开以来，宁夏贺兰山岩画，特别是银川境内贺兰山东麓14个山口的岩画得到了有效保护，持续几年不间断的岩画调查，取得了丰硕的成果，贺兰山岩画记录在册的数量是10多年以前的5.52倍。其中，为世人注目的贺兰山贺兰口人面像岩画的分布状况更为明晰，遗存数量更为准确。这就为我们对贺兰山人面像岩画在类型学上的分类和排序、文化内涵的发掘和研究方面提供了前所未有的资料空间和有利条件。

我们将宁夏贺兰山岩画中的881幅人面像从图形构成、风格特征上进行分类，并结合内蒙古阴山岩画中的374幅人面像、内蒙古桌子山岩画中的193幅人面像，以及江苏连云港将军崖岩画、福建华安汰溪"仙字潭"岩刻、台湾高雄万山岩画中的人面像进行综合分析，得出的初步结论是：

人面像岩画与史前人类的宗教信仰、祭祀仪式和巫术活动有着密切的关系。作为早期人类崇拜文化的产物，尽管在不同区域、不同地区因不同的宗教信仰、不同的生活习性、不同的文化传承而表现出了很大的差异性，又因为所处环境的不同、所用工具的不同、制作方法的不同而表现出构图形式上的千差万别。但从总体上可以展现出早期人类在漫长的发展进程中崇拜文化的面貌，表现了史前人类崇拜对象的多样性。

考虑到人面像所处的位置、体量的大小、构图的繁简、风格的异同、图像出现的频次等各种因素，认真分析人面像的表现形式、基本构成元素以及形象上的差异，结合文化人类学的田野调查资料和文献记载，我们可以把人面像岩画分为自然崇拜类的人面像、生殖崇拜类的人面像、图腾崇拜类的人面像、神灵崇拜类的人面像、首领崇拜类的人面像、面具类的人面像等六大类。

一、自然崇拜类的人面像

自然崇拜是人类最原始的崇拜意识，是人类对自然力、自然现象及自然物的一种崇拜形式。人类的自然崇拜，不仅包括对太阳、月亮、星辰的崇拜，对日食、月食、四季更替、草木枯荣、彩霞长虹、风雨交加、电闪雷鸣、地动山摇等自然现象的崇拜，还包括对江河、湖海、土地、群山、水火、鸟兽、花草、树木等自然实体和生物体的崇拜。

原始社会初期，由于人们使用的工具极其简陋，生产力水平极端低下，人类通过自身努力改变生存环境和生活条件的能力非常有限。人的生命活动，完全受大自然的支配，人们维系生存的物质需求，完全依赖大自然的恩赐。因此人们对周围的自然现象和

---

① 陈兆复：《古代岩画》，文物出版社，2002年，第189页。

环境气候变化充满了敬畏感和神秘感。对那些能给人们带来恐惧和喜悦的自然变化，与人类生产活动与物质生活密切相关、能直接危及人类生存的自然现象，难以从科学的角度加以解释、加以说明，更不能正确对待，从而产生了恐惧感，逼迫人们将自然现象、自然物当作有无限生命力的、可感知人类饥饱冷暖的对象予以人格化或者神化的解释，产生了"万物有灵"的原始观念，并将其作为崇拜的对象加以顶礼膜拜。

对自然现象和自然物的崇拜，与人类当时的物质生产活动能力和认知世界的水平是紧密相连的。反映了人对自然的无奈。原始人类面对自然的软弱无力，采取了信仰、崇拜、乞求的方式，以缓解自然对人类的"惩罚"、控制和侵害。其内核包含有远古人类对自然的抗争。

岩画作为史前人类祭祀活动的产物，存在着大量自然崇拜的图像和符号。在贺兰山岩画中，大量存在有太阳、月亮、星辰、高山、流水、动物、植物等图形和符号，是原始人类通过凿刻岩画实现自然崇拜的生动反映。

除此以外，还有很多用人面像岩画的形式，表现自然崇拜的文化内涵。史前人类将太阳、高山、树木等自然现象、自然物加以人格化的处理，赋予其人面的形象，凿刻在山壁之上，以作为人们崇拜和祭祀的对象。这类用人面形象表现自然现象、自然实体的岩画，称之为自然崇拜类的人面像岩画。这类人面像岩画，是原始人崇拜自然的最高体现（图一～图四）。

图一　贺兰山"太阳神"岩画及岩画环境

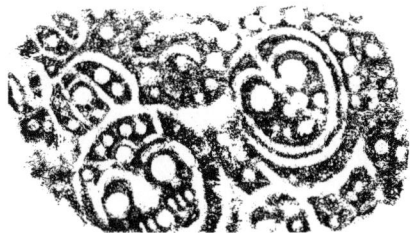

图二　内蒙古阴山"太阳神"岩画　　　　图三　内蒙古桌子山"太阳神"岩画

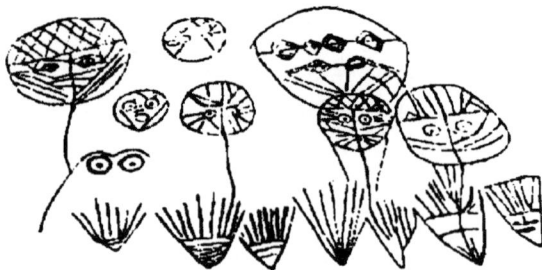

图四 江苏连云港将军崖"太阳神"岩画

二、生殖崇拜类的人面像

英国著名艺术家、宗教象征研究专家海瑞·卡纳博士（Dr. Harry Cutner），在他的《性崇拜》一书中指出："'性的崇拜'即指人类对于生物的生殖器官及自然界的繁殖能力的崇拜而言，故又称为'生殖崇拜'。"[①]

在原始社会初期，人类曾对外在的自然环境和自然现象产生过敬畏感和神秘感，对生老病死及能够给人类带来福祉或灾难的自然变化感到大惑不解。然而更令他们恐惧和神秘的是人类自身的生殖。在原始宗教中，"最深刻、最使人敬畏的自然属性是生育和生殖能力"[②]，于是就产生了生殖崇拜。

人类文化史证明，生殖崇拜作为人类最早的一种崇拜形式，曾经在原始社会初期存在过很长的时间，以至在人类步入文明的门槛之后，其影响依然持久地、忽隐忽现地表现在遍及全世界的各种文化现象中。在贺兰山岩画中，存在着大量生殖崇拜岩画，据初步统计，在岩画密集分布的贺兰山贺兰口，有大约40%的岩画与生殖崇拜有关。

贺兰口生殖崇拜岩画有三种类型：一是女阴崇拜；二是男根崇拜；三是性行为崇拜。上述各种类型的生殖崇拜在岩画中的表现形式也有三种：一是非常率真而形象地表现其所崇拜的对象；二是把女阴、男根或男女交合加以人格化的改造，使其构成为可供人们崇拜的人面像；三是采用抽象符号或象征性的符号对女阴、男根和交媾行为进行表现和指代。

由于早期人类低下的生产力和思维能力，他们不懂得男女交合与孕育生产的关系，还没有认识到男子在生殖活动中的作用，只是从生殖过程中直观地看到女性是繁衍人口的主体，怎么也不明白，女人的"产门"中会生出一个小孩来！在大惑不解中，他们产生了女阴崇拜，并运用写实或抽象的方法再现女阴形象，使之成为人们崇拜的对象。

贺兰山岩画中的女阴崇拜岩画最具特色的是运用女阴的外形和构造而制作的人面像。其中数量最多的有以下两种。

---

① 〔英〕海瑞·卡纳著，方智弘译：《性崇拜》，湖南文艺出版社，1988年，第7页。

② 〔美〕O.V.魏勒著，历频译：《性崇拜》第十四章，中国文联出版公司，1988年，第206页。

一种是女阴核形人面像。核形或菱形是外阴、子宫或生育繁殖的象征。因其外形像女阴而构成有五官的人面像（图五），是女阴崇拜最直接的对象。在贺兰山岩画中，这类人面像共发现39幅。

一种是女阴结构形人面像。其程序化的基本构图形式是在一个圆圈或方框中，上下左右各刻划一条向内弯曲的弧线（图五），分别象征上下大小阴蒂和左右阴唇。其左右加上一对眼睛就构成了一具人面像。这类女阴形象的人面像构成形式，在杨学政先生的《达巴教与东巴教比较研究》中找到了实证。在摩梭人原始宗教达巴教卜书中，保存有女阴、男根及两性交合的图画文字，其中义为女性生殖器的图画文字写为⊗，读音"尼直"，和贺兰山女阴结构形人面像⊗属同一类型。不过，这类表现女阴崇拜的人面像，往往在其基本构图形式不变的基础上，在轮廓线⊗内外添加了眼睛及象征毛发、头饰等线条，使其更具人面的形象（图五）。在贺兰口，这类人面像共发现和记录了59幅。

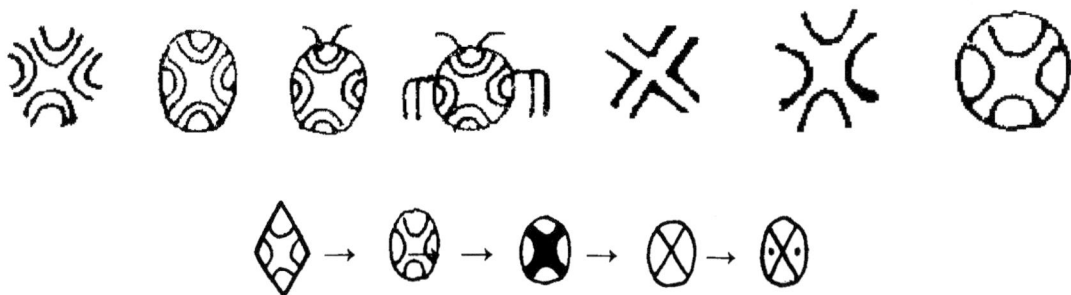

图五　"尼直"符号构成的人面像

这种以"尼直"基本形构成的人面像，⊗类似戏剧脸谱中的"四块瓦"造型，如果将"四块瓦"中间填实为⊗，其简化形式即作⊗。在贺兰口岩画中，有一幅人面像，是在这个简化了的"尼直"符号两侧各加一点，以示双眼，构成人面像⊗，这种带圆圈的✕和埃及各处碑碣上或坟墓里发现的带圆十字架⊗属同一类型的符号，是女性生殖器的象征。"埃及诸神的手上，大都拿着带圆圈的十字架，不肯承认十字架为性象征的学者，把这种形状的十字架解作传授永生于死者。但在埃及的冢墓里，带圆十字架时常与生殖器放在一起。"①

在女阴崇拜的进程中，史前人类还依据其构造和形态，寻找象征物，以隐喻地表现女阴形象。象征女阴的抽象符号类岩画也有很多，从总体上讲，可以分为两大类：一类是以可状女阴之形，且具有生殖旺盛、繁衍不息特征的鱼、蛙、花卉、植物、田亩作为女阴的象征物；第二类是环形"◎"、椭圆形"0"、菱形"◇"、倒三角形"▽"及坑穴（点）"．"等抽象符号（图六）。第一种类型的女阴象征符号，取材于俏其形的

---

① 〔英〕海瑞·卡纳著，方智弘译：《性崇拜》，湖南文艺出版社，1988年，第46页。

图六　贺兰山岩画中的女阴象征符号

动植物或自然实体，包括可状女阴的海贝、瓜瓠、螺及中空的船、洞穴、凹地、瓮、桶、罐等。第二种类型的女阴符号，往往是由女阴象征物抽象演化而来的几何纹样，是第一种类型抽象化的演进和符号化的结果，是从具象到抽象的变异，从繁复到简化的提炼。

伴随着男性在社会生产活动中逐渐占据主导地位，人类社会开始从母系制向父系制演进，女子崇高的生育地位被以男子为中心的生育意识所取代。人们注意到，如果男子不同女子交媾，女子就不会生孩子，"男性晓得是自己让女人受孕的"[①]，女人仅仅提供了一个使"种子"孕育的场所。男人由于他的生理力量而征服了女人和孩子，使他们把他当作家长来敬畏，男人在家庭里取得了绝对的统治权，其中包括物质支配权和子女生育权。"男性生殖器官开始被当作家庭创造者的父亲的权威和力量的象征，最终被当作造物主本人的象征"[②]，于是就逐渐产生了男性生殖器崇拜。对男性生殖器实行崇拜，是母系氏族社会以后对父权的一种确认和张扬。它不仅用最直接的夸张手法展示了男性的阳刚之气，还曲折地反映了男性在生育方面的主导地位。

贺兰山岩画中男性生殖器崇拜岩画，除了直率地刻划出男根形象外（图七），用阴茎及睾丸构成的人面像表达了原始先民对男性崇拜的执着和丰富的艺术想象力。用两个象征睾丸的圆圈或同心圆指代双眼环睁，用阴茎指代鼻子，再刻划一圈外轮廓线，就构成了一具人面像（图七）。

图七　男女交合类的人面像

将睾丸和眼睛、鼻子和阴茎相提并论，这在北方俗语中是可以找到证据的。形容一个人生气、怒目双睁时便说："看你眼睛睁得像个驴卵子！"卵子是睾丸的俗称。在民间，人们往往将鼻子和阴茎相对应，骂仗势欺人的无赖是"逑大鼻子大"。虽语出淫秽，但可作为以男根构成人面像的佐证。美国学者琳·马古列斯（Lynn Margulis）、多雷昂·萨甘（Dorion Sagan）在他们合著的《神秘的舞蹈——人类性行为的演化》（*Mystery dance: On the Evolution of Human Sexuality*）中，对人类性行为的演化过程进行了研究，指出："达尔文相信，各种生物有不同的肤色及头颅形状，各人种也有不同的鼻子形式及体毛分布，这些都是性选择的结果。""某些男人的鼻子像阴茎，而某些男人微裂开的下巴像阴囊，这些都不是出自偶然的，而是女性选择的结

---

①　蕾伊·唐娜希尔：《人类性爱史话》，中国文联出版公司，1988年，第17页。

②　〔美〕O.V.魏勒著，历频译：《性崇拜》第十二章，中国文联出版公司，1988年，第208页。

果。”[①]贺兰山岩画以男性器构成的人面像中，以男根表现为鼻子即是这种将鼻子视为阳具的性选择依据。

生殖崇拜岩画中的性行为崇拜，不仅表现在对男女交媾进行直接描绘的图像中，还表现在人面像岩画中。在贺兰山贺兰口的一幅核形人面像的轮廓线中，用一个男根符号和一个象征女阴的蛙肢纹符号，上下表示男女交合（图七）。前者的男根符号中1竖为阴茎，代表鼻子；两边各有一个小圆穴，为两个睾丸，代表一对眼睛；下面的蛙肢纹象征女阴，指代人面像的嘴巴。后者的山形符号象征男性生殖器，下面的蛙肢纹上的两个小弧线代表眯着的双眼，下部曲线代表嘴巴。

蛙纹是我国母系氏族社会马家窑文化中占据主导地位的彩陶纹样，广泛分布在西北甘宁青地区，在仰韶文化庙底沟类型的彩陶中也有发现。蛙的繁殖力极强，产子繁多，陕西姜寨和河南庙底沟的全蛙纹饰，在浑圆膨大的肚子上画有很多黑点，即表示怀子甚多，所以蛙被原始先民用以象征女性怀胎的肚子（子宫）。而有些彩陶，如庙底沟H7：48、马家窑文化马厂类型Ⅱ式505：31彩陶所绘的蛙纹，其尾部均有一个小圆圈，象征阴户（图七）。在我国古代，及至今天的中医界，有将女性的阴户称为“蛙口”或“蛤蟆口”者，故蛙纹具有象征女性生殖器的意义。

蛙纹又分蛙卵纹、蝌蚪纹、蛙肢纹和蛙腹纹。在贺兰山贺兰口表现男女交合的人面像中，即是象征女阴的抽象化了的蛙肢纹。

核形或菱形是女阴的外部形象，在核形轮廓中，植入象征男性生殖器的男根符号、山形符号，凸现男女交合的表征，这在贺兰口人面像岩画中也有发现（图七）。但为了更加符合人面特征，便在男根符号和山形符号下面再添刻象征女阴的蛙肢纹，分别代表鼻子和嘴巴（蛙口），不仅更加坦直地用符号表现了男女上下交合的情状，而且也为核形面廓加了注解，把男女交媾物化为一具供人们祭祀、膜拜的人面像。

三、图腾崇拜类的人面像

图腾崇拜，作为世界上所有部落和民族在一定社会发展阶段中所共有的文化现象，在人面像岩画中有着充分的表现。

原始人认为，某种动植物或其他自然物是本氏族的祖先，同时又是他们的保护神，两者存在着血缘关系。

在人类早期社会中，图腾崇拜是原始先民以自然崇拜或动植物崇拜为对象、以祖先崇拜或血缘灵魂崇拜为内容的各种观念意识的特殊表现形式，对原始群体共同心理素质的形成，对氏族审美活动的影响和促进产生过巨大的历史作用，在人类发展过程中占

① 〔美〕琳·马古列斯、多雷昂·萨甘著，潘勋译：《神秘的舞蹈——人类性行为的演化》，中国社会科学出版社，1999年，第131页。

有重要的地位。

　　从某种意义上讲，岩画是原始人类最大限度地取悦于图腾的一种艺术表现形式。由于图腾总是被看作是宗族的祖先和守护神，为了求得它的保护，从它那里获得力量，得到帮助，人们就调动一切力所能及的手段，其中包括运用原始造型艺术的手段，将图腾的形象雕刻为木质的、石质的或制作成陶质的，或者刻磨在山石、木柱上，描绘在山洞里、崖壁上，把它作为崇拜的偶像。岩画中的很多图形，其实就是图腾崇拜的产物，是史前人类将图腾形象磨刻或绘制在亘古不变的山崖上进行虔诚崇拜的一种原始艺术形态。

　　在贺兰山岩画中，图腾崇拜的主要表现形式之一，就是将图腾动物或植物拟人化，赋予图腾动物或植物以人面的形象，其构图形式往往是将图腾符号置于人面的轮廓线内，使之在视觉效果上类似于人面的五官，并在轮廓线外添刻头饰、发饰，使其更具有人面的特性，这在贺兰山人面像岩画中，属于"图腾崇拜类人面像"（图八）。

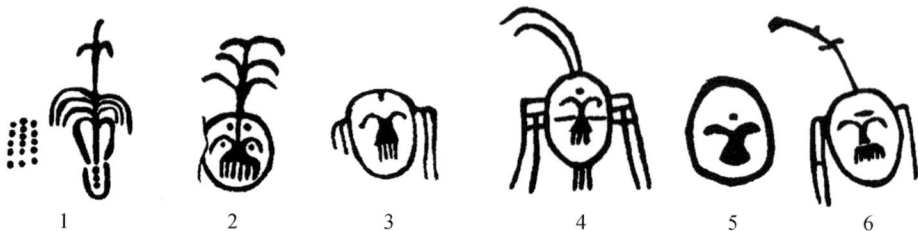

图八　图腾崇拜类的人面像岩画
1、2.植物图腾崇拜类的人面像岩画　3~6.羊图腾崇拜类的人面像岩画，人面五官为山羊头的正面形象

四、神灵崇拜类的人面像

　　在我国北方农村，至今还遗留着人类学家称为"接触巫术"的行为方式。那里的人们普遍认为，寺庙里供奉的各种塑像，是各种神灵的所在，用文化人的语言表述，那是"神灵的载体"，肉眼看不见的神灵，就附着在能够看得见的塑像上。表现神灵的塑像，就是神灵。因此，这些塑像是有生命的，有知觉的。谁祭拜了它，谁给它烧香磕头，给它贡献祭品，它都会牢记在"心"，并予消灾赐福。"塑像"和"神灵"就这样画上了等号（图九）。

　　同样的道理，这类人面像岩画和塑像一样，也是神灵的载体。

　　"原始人关于神和超自然存在物所想象或虚构的任何东西，都是依据于他已有所认识的东西。当然，人也能把神想象为精神的力量，但人说不出这种神的形象。当必须表达这些神时，总要采取动物的形式或拟人的形式。"①

---

　　①　〔美〕O.V.魏勒著，历频译：《性崇拜》第十二章，中国文联出版公司，1988年，第175页。

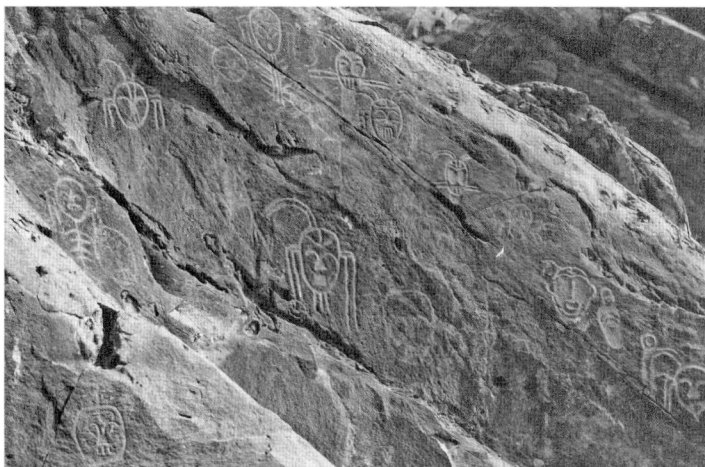

图九　神灵崇拜类的人面像岩画

"人是按和自己类似的样子来想象神的；不管人把神描述成人还是兽，或者是二者的结合，神都不包含任何未知的因素。"①

五、首领崇拜类的人面像

在人面像岩画中，有一部分是首领崇拜类的人面像。

所谓首领崇拜，是对本氏族已故的领袖人物、部落酋长、部落首领的崇拜。这些氏族部落的"大人物"，往往在本氏族部落的发展、壮大过程中有过巨大贡献，或者在氏族部落生死存亡的关键时刻做出过重大决策。他们既是氏族公共事业的组织者，又是部落重要祭祀活动的主祭师；既是民族战争中的英雄和勇士，又是制作工具的能工巧匠和狩猎放牧的行家里手。这些英雄人物生前有功于本氏族，死后被氏族尊之为神，成为人们崇拜的对象。在以血缘关系维系的氏族部落中，氏族首领、部落酋长往往又是氏族部落成员的长者、祖先。因此，首领崇拜也是祖先崇拜。为了追思这些已故首领、祖先的在天之灵，氏族首领的继位者总是要将其形象凿刻在石壁上，以供本氏族举行集体祭典活动时，进行隆重的崇拜仪式。这样，就产生了首领崇拜类的人面像岩画。

人类学田野调查材料显示，通常，氏族部落首领的头顶上，往往插着鹿角或羽毛。在古代，鹿角和羽毛是权力的象征，只有部落酋长或首领才有资格戴这些东西。郭沫若说："古人当即插羽头上，而谓之皇。原始氏族之酋长头饰亦多如此，故于此可得皇字之初义，即是有羽饰的王冠。"②因此，在头顶上插着鹿角或羽毛的人面像岩画，应是氏族部落首领的形象，这在贺兰山岩画中有很多（图一〇）。

---

① 〔美〕O.V. 魏勒著，历频译：《性崇拜》第十二章，中国文联出版公司，1988年，第175页。

② 见北京大学《国学》季刊，第一卷，第2号。

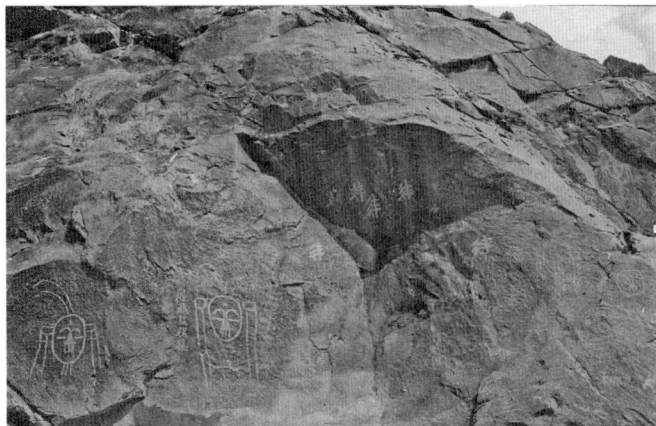

图一〇　首领崇拜类的人面像岩画

六、面具类的人面像

　　贺兰山岩画中的部分人面像岩画，是贺兰山地区远古时代曾经广泛流行面具的真实记录和生动体现，这类人面像岩画，我们称其为面具类的人面像岩画。

　　在遥远的过去，面具曾在几乎所有的民族中存在过。在原始社会的宗教生活中，面具是人们化身精灵的一种手段，是人接近神灵或者替代神灵的一种方式。古人用不同材质制作出来的各种神态、各种表情的面具，是各种神灵鬼怪的物质载体。他们认为，神灵就隐藏在面具中。一个人只要戴上面具，就可以改变这个人的存在，这个人马上就会成为这副面具所代表的动物、神鬼或死者的化身，就会身不由己地与这些神灵鬼怪融为一体。T. 戈伦堡在谈到巴西印第安人的信仰时，有这样一段论述："这些神灵，隐藏在面具中，体现在那里，只要跳舞的人戴上那独特的面具，它就安稳地停留在这里。"[①]法塔进一步表述了面具的本质，他说："人在面具里，成为新的存在。面具成为所体现的死者、精灵，或者是动物。那不是关于某些的作用的观念和表现，而是确有实感的化身。"[②]

　　同时，面具又是一种原始宗教或巫术活动的用品，是人们用于祭祀崇拜或巫师实施巫术时的辅助用具，当时的人们到祭祀场时是要戴着面具进行祭祀活动的。例如，内蒙古鄂温克族萨满要戴着面具举行祭典活动，四川白马藏族人戴着面具在祭祀时舞蹈跳神，驱鬼祈福。又如，美国新墨西哥州一带的祖尼人，建有蒙面神巫社，在神殿里有100多种不同形象的蒙面神面具，代表不同的神。在宗教仪式上戴着面具装扮成神舞蹈来祈福求雨。在美国亚利桑那州霍比人的宗教仪式中，有一类是戴着面具、穿着化妆衣

---

　　①　转引自阿·巴·奥克拉德尼科夫：《苏联远东考古新发现》第一分册，第三章。
　　②　转引自阿·巴·奥克拉德尼科夫：《苏联远东考古新发现》第一分册，第三章。

服，扮成祖先和神祇接受人们的祭拜。在我国古代文献中，也有戴面具从事宗教巫术活动的记载，《周礼·夏官·方相氏》："掌蒙熊皮，黄金四目，玄衣朱裳，执戈扬盾，率百隶而时难（傩），以索室驱疫。"[1]直到近现代，在我国藏族、蒙古族的宗教舞蹈——"羌姆"（跳神）舞中，头上仍戴着这种传统的面具[2]。可见面具作为一种古老的文化习俗源远流长。

从形态上看，在贺兰山岩画中，面具类的人面像，总是和一些人类学文献、原始文化研究的著作中记载的面具有非常相似的造型。比如在贺兰口沟内北山壁上，有一幅核形人面像，与非洲新几内亚原始部族的面具造型极为相像（图一一）。

而有些面具岩画，简直就是我们在实际生活中所能见到的面具的翻版。比如在贺兰口沟内南山壁上的一幅人面像（图一二），头顶为一横线槽，下面是"U"字形的人面轮廓，双眼是两个黑洞，恰如

图一一　非洲的面具与面具类的核形人面像岩画
1.非洲新几内亚原始部族的面具　2.贺兰山核形人面像岩画

面具上掏开的两个洞眼，以便戴上面具后可以透过洞眼往外看。更为有趣的是，在面具两侧，还刻划有戴面具的绳索。这就非常明确地告诉人们：这是面具。类似这样极具面具特征的岩画，我们在贺兰山881幅人面像岩画中发现了21幅。

这些面具类的人面像岩画，由面具所体现的人脸形象及五官的布局取向怪诞，造型奇特，极具抽象意味和图案化倾向。往往表现如后世戏剧跳加官、喇嘛跳鬼、萨满招魂、巫婆跳神时所戴面具的怪异形态。而头骨崇拜的骷髅

图一二　贺兰山面具类人面像岩画

头岩画亦应归为面具类的人面像岩画中（见岩画百题45）。

作为用于原始宗教活动和巫术活动中的面具，在新石器时代文化遗址中就有出土。2003～2004年，河北省文物考古研究所对河北省易县西南约12.5千米的北福地村的一处新石器时代的文化遗址进行了两个年度的正式发掘。发现了丰富的新石器时代文化遗存。在房屋遗址或灰坑中，出土了很多刻陶面具。经[14]C测定，这些刻陶面具遗存的绝对年代在公元前6000～前5000年[3]。

---

① 李史峰主编：《十三经·周礼·夏官·方相氏》，上海辞书出版社，2006年，第177页。

② 何永才：《西藏的舞蹈——"羌姆"（跳神）》，《舞蹈论丛》1981年第1辑。

③ 河北省文物考古研究所等：《河北易县北福地新石器时代遗址发掘简报》，《文物》2006年第9期，第10～13页。

据统计，出土的面具或面饰陶片约占陶片总数的10%。两次发掘所得完整或基本完整者10余件。原料均为直腹盆片，以陶器腹部片为主，其次是陶器底片。陶质为夹云母红褐陶、灰褐陶、黑褐陶等，边缘有切割修整的痕迹。

刻陶面具与真人面部大小相近，一般长约10厘米，为平面浅浮雕造型。用减地法刻出凹块面与凸块面，以阴刻法勾勒出凹线条，将阴刻线与凹块面进行组合而形成图案，有人面、兽面等形象。

编号为F2：1的刻陶面具，利用直腹盆的口沿及腹片制作，左侧有整齐的切割痕迹。宽6.6～13.1、高20.2厘米。人面雕刻在沿下腹面，方向与口沿倒向垂直。用减地阳刻使陶面凹下去的块面构成椭圆形大眼眶，其与阴刻弧形线条之间的凸弧线条成为眼眉。镂孔为眼睛，双眼斜立。弧形三角凸块面为鼻部，在鼻孔处镂刻两个小圆坑点。减地椭圆形凹下块面为口部，以其中间凸起的块状表现舌部，舌中间又有阴刻交叉线条。额头一字并列3个穿孔，鼻下口两侧各有一个直径约0.5厘米的穿孔（图一三）。这些穿孔很有可能是为栓系绳索而设，以便在戴面具时使用。

图一三　河北易县北福地新石器
时代遗址出土的刻陶面具

北福地村遗址大量出土的刻陶面具，是我国目前所见年代最早、保存最完整的史前面具作品，对研究贺兰山面具岩画有着直接的参照意义。这些刻陶面具与面具岩画尽管所用材料不同，一个是陶片，一个是岩石，但制作技法却有着惊人的相似之处。

在北福地刻陶面具中，有很多和面具岩画一样，都是用减地刻法刻出凹块面与凸块面，以阴刻法勾勒出凹线条，将阴刻线与凹块面进行组合而形成图案。其所不同的是，北福地刻陶面具是作祭祀、巫术活动时戴在头上"装神弄鬼"的用具，其面具额头和两腮部位并列的穿孔就是用来维系套头绳索的，而面具类的人面像岩画则是不可移动的。但其文化意义又是相同的，不论是刻陶面具还是面具岩画，都是人们在原始宗教仪式和巫术活动中化身精灵、接近神灵，或者替代神灵的一种方式，都是各种神灵鬼怪的物质载体。

用不同材质制作的面具，萨满、巫师们佩戴后开始鬼魂附体、替代神灵，以实施宗教仪式或巫术活动，这是容易理解的。但面具岩画又是如何被他们用来完成角色的转换而从事宗教仪式或巫术活动的呢？

苏联考古学家M. A. 戴甫列特在《关于喇嘛教跳神面具的起源》一文中记载，"叶尼塞河萨彦深谷穆固尔—萨尔戈尔地方，在青铜时代有一处祭圣地，……祭圣时，人们要在石崖旁进行祈祷，戴上面具跳起舞蹈。……这一祭圣地的某些岩石上有一些神秘的仪式参加者的'祖像'——长小胡子的男子和不长小胡子的青年。前者帽饰复杂；后者面具式样较小，帽饰简单"。

从这份田野调查资料中我们可以了解到，在"祭圣地的某些岩石上"的"祖像"，其实就是长胡子或不长胡子的"面具式样"的岩画。而在"祭圣地"石崖旁，是"戴上面具跳起舞蹈"进行祈祷活动的人。

这就告诉我们，古代有一种祭祀活动，是戴着面具，跳着舞蹈，在刻有"面具式样"岩画的"石崖旁"进行的。由此可以推想，远古时代，人们在贺兰山贺兰口的那些面具类人面像岩画旁边从事祭祀活动时，很可能如在俄罗斯叶尼塞河萨彦深谷穆固尔—萨尔戈尔地方的"祭圣地"一样，是戴着面具进行的。

祭祀活动中，戴在人们头上的"面具"和在石崖上象征"祖像"的岩画"面具"，是有相似之处的。巫师们一旦戴上"面具"，在刻有"面具"岩画的"祭圣地"进行祭祀或巫术活动时，他们头上所戴的"面具"和岩画"面具"之间会因两者之间的"相似律"而产生"同类相生"的"交感"作用。巫师戴上"面具"化身精灵，或替代神灵后，就可以和岩画"面具"所象征的神灵鬼怪进行交流，进行对话。从而在基于"相似律"而进行的"交感巫术"过程中，完成其"通天地、近鬼神"的祭祀程序。

人面像岩画分为自然崇拜类的人面像、生殖崇拜类的人面像、图腾崇拜类的人面像、神灵崇拜类的人面像、首领崇拜类的人面像、面具类的人面像等六大类。

在古代，面具曾在几乎所有的民族中存在过，它在原始公社的社会生活中，占有重要的位置；或者用面具伪装野兽，作为行猎的一种方法；或者用以恫吓敌人；或与图腾崇拜的某种仪式有关，在原始公社，男人秘密结社活动时，面具是恐吓妇女和孩子的手段。阴山中大批面具岩画的被发现，充分说明头戴面具的习俗，在遥远的古代也流传于我国古代北方游牧民族之中。

盖山林先生列举了以下有关信仰和崇拜头盖骨的事实：澳大利亚土著人有用头盖骨做盛水器具的习俗，我国西南少数民族佤族在新中国成立前的猎取人头的习俗，晚近西藏、内蒙古地区的喇嘛庙里有用人脑盖做器皿盛东西的习惯，新中国成立前内蒙古各地的喇嘛跳鬼舞时的面具上常以骷髅形为装饰，美拉尼西亚人有把头盖改造成面具之习俗（图一四）。

图一四　河北邯郸市涧沟村龙山文化遗址出土的头盖杯
（T39⑥B：2，前视，正中有一道刀割痕）

贺兰山人面像岩画的显著特征

李　彤

（宁夏岩画研究中心）

岩画，是古代先民记录在石头上的形象性的史书，是人类历史上遗留至今数量最多、分布最广、延续时间最长的文化现象，有着重要的历史和艺术价值。

作为北方岩画系统的典型代表——宁夏岩画，大规模地发现集中在20世纪80年代。从北向南、由东至西主要分布在石嘴山、贺兰口、灵武东山、青铜峡、中卫等地。表现的内容非常丰富，几乎涵盖了世界岩画的所有内容，可归为动物岩画（羊、牛、马、鹿、狗、骆驼等）、植物岩画、人面像岩画、人形图像、生活图像岩画、符号与图案等六大类。

在众多的岩画题材中，有一种岩画题材为世界所瞩目，那便是人面像岩画。根据2014年的统计数字显示：在贺兰口12平方千米的岩画保护区内分布2319组、5679幅岩画，其中人面像岩画378组、712幅。贺兰山这类岩画，通常有人的面部轮廓，有眼睛、鼻、嘴、眉等人的五官特征以及头部装饰。人面像岩画是贺兰山岩画中较为独特和十分重要的一部分内容，几乎在每一个岩画点都有发现，以贺兰口最为集中。表现为：内容丰富，种类繁多。"2001年，宋耀良的学术论文《环北太平洋史前人面形岩画研究》在美国国家自然历史博物馆刊物上发表。宋耀良全面论述了他多年实地考察后的重要发现，美洲西海岸、阿拉斯加、阿留申群岛、俄罗斯黑龙江下游与中国境内的贺兰山、阴山、连云港等地的人面岩画存在七种以上相似的符号和特殊表现形式：十字形、同心圆、弧形人面、X光形人体、泪线、眉心纹和脸上的小圆点。这是一种同源文化跨洲传播的结果，它的源头在东方。"

经过宁夏岩画研究中心多年的研究，我们认为：贺兰山岩画中的人面像许多元素与北美洲的人面像岩画属于同一文化起源。经过仔细考证在贺兰山人面像岩画中至少可以找出7处以上与北美洲岩画元素一致的共同点。例如，人面像岩画对称的两个圆点，还有相同的泪线、三角形符号等。研究表明，贺兰山岩画中的人面像许多元素在北美洲岩画中都可以有规律地找到。只不过从时间上来讲贺兰山岩画在10000年前，北美洲岩画在4000年前。

宁夏贺兰山人面像造型怪异、装饰复杂，很少见到雷同的作品。按有无装饰和轮廓，可划分为有装饰和无装饰两大类，每一大类又可分为有轮廓型和无轮廓型，又根据面部轮廓形状将有轮廓型分为许多亚型。现依面部轮廓、面部器官、面部和头部装饰分别加以叙述。

一、面部轮廓

面部轮廓的构图多种多样，有些人面像只凿刻面部器官而无面部轮廓；而有些有面部轮廓的人面像却没有凿刻五官，或只凿刻出某一器官。有面部轮廓的人面像按形状大致可分以下几种类型。

1. 椭圆形

这种类型的人面像数量较多，并有许多形式，为规则的椭圆形、不规则的椭圆形、上大下小或上小下大的椭圆形、瘦长体椭圆形等。面部轮廓内除个别没有凿出面部器官外，绝大多数凿出，并表现了一些细节，如头饰、面饰、耳饰等（图一）。

2. 圆形

有规则圆形或基本呈圆形的人面像，数量较椭圆形人面像为少。或凿五官或未凿五官，或表现装饰或不表现（图二）。

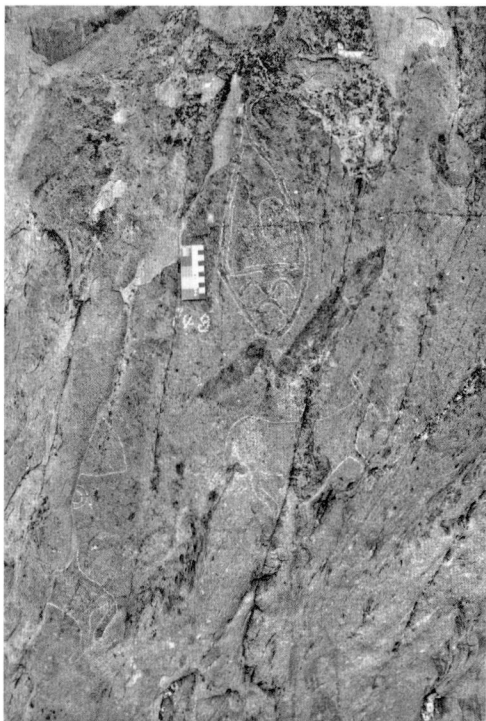

图一　椭圆形人面像

图二　圆形人面像

3. 半圆形

仅见于贺兰口一处。有的半圆在上部，有的半圆在下部，或凿有五官或未凿五官，或表现装饰或不表现（图三）。

4. 长方形

数量较少，有长方形、不规则长方形、圆角长方形、亚腰长方形等。或凿五官，或未凿五官，有的只凿出其中某一器官（图四）。

图三　半圆形人面像

图四　长方形人面像

5. 方形

只有个别几例。有规则方形、不规则方形、圆角方形等几种。有五官和没有五官的都有（图五）。

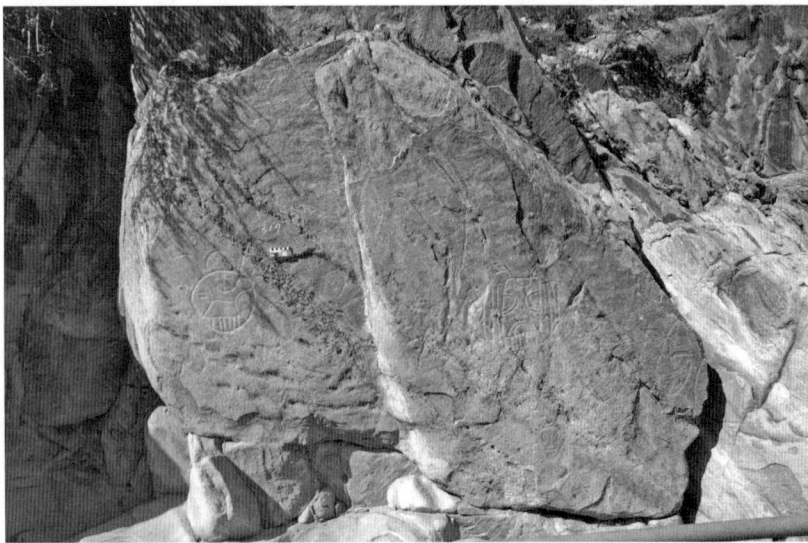

图五　方形人面像

6.长条形

只有贺兰口地点有发现，数量较少。近似瘦长的长方形轮廓，长宽比例相差较大，轮廓刻线也不规则（图六）。

图六　长条形人面像

7.桃形（或称三角形或称心形）

只见于贺兰口个别画面。形似桃状下部尖，上部宽大，顶部闭合，中央内收；有的不闭合外展（图七）。

图七　桃形（或称三角形或称心形）人面像

8.不规则形

数量较少，比如颅骨形（或称猴面形）、面具形，我们将形状无法定形的面部轮廓归入此类，一般凿有五官（图八）。

图八　不规则形人面像

图九　未完成的人面像

在以上形状的人面像中，有一些刻画的像骷髅头形象的人面像，一般刻槽较深，失去皮肉的头骨特征明显，突出表现黑洞式的眼孔、鼻孔，有些还刻凿出骷髅头成排的牙齿或头骨上的缝线。

没有面部轮廓的人面像主要集中在贺兰口这一地点，大多数凿刻出五官形状，个别只凿刻出某一器官。这类人面像，有些可能是岩画刻制者的原意，有些则可能为"未完成的人面像"（图九）。

二、面部器官

人面像的五官造型变化多端，十分复杂。在凿刻上少部分面部通凿，使五官具有浮雕之感；大多数都使用阴刻方法构图。面部有的五官俱全，有的只能凿刻五官中的一个和数个；有的只有面部轮廓，不凿五官。

1. 眼睛

人面像岩画中眼睛的表现方法多种多样，按形状有圆形、半圆形、扁圆形、圆环形、半环形、方形、弯月形、条形、不规则形。

第一，圆形。凿刻方法有两种：一种是阴刻，在圆形轮廓内进行多次敲凿而成圆形凿坑；一种是对面部通凿，保留圆形双眼的凸起。双眼间距离不等，大小不一，有的用一条横刻线将双眼相连。第二，半圆形。有半圆形凿坑和半圆形凸起两种形式。一般是横线在下，圆弧线在上，大小不一，双眼间距不等。第三，扁圆形。为横置的椭圆形，有的相对而置，呈八字形，一般较小，间距不等。第四，圆环形。一般为单环形，中央未凿。双眼大小依面部轮廓大小而定，间距不等；有的用一条横刻线相连。第五，半圆环形。有单环和重环两种形式。第六，圆形和环形相间形，包括半圆形和半环形相间形。一般是在圆环和半环内凿有圆形和半圆形凿坑。第七，方形。第八，弯月形（柳叶形）。第九，条形。一般为用两条较短粗的刻线表示双眼，多为平置。第十，不规则形（图一〇）。

图一〇　不规则形眼睛岩画

2. 眉

凿有眉的人面像数量不多，形状有弯月形、半环形、长条形、人字形等。

3. 鼻

形状有蒜头形、纺锤形、三角形、圆形、长条形、弧线形、"V"字形、双点形、双环形等。一部分人面像没有凿出鼻子。

第一，蒜头形，形似蒜头，较为粗短，大多通凿。上端一般与弯月形眉相连，个别在下方有两个圆点代表鼻孔。第二，纺锤形，形体较长，上端略小，下端较大底部弧圆。上端多与弯月形眉相连。第三，三角形，形体较小，有的和弯月眉相连。第四，用一个圆形凿点表示鼻子，通凿。第五，长条形，用一个短粗的刻线代表鼻子。有两种表现形式，一种是用略长的竖行刻线，有的与上方的弯月眉相连，有的与下方口部相连；一种用较短的横刻线置于面轮中央。第六，弧线形，这种形式的图案较少，曲线较短，横置于面轮中央，双眼直下，一般为上弧内凹。第七，"V"字形，下端为尖状，上端顺延与弯月眉或曲眉相连，两侧置眼。第八，双点形，用两个平置的较小的圆形凿点表示的鼻孔来代表鼻子。第九，双环形，用两个平置的较小的圆环表示的鼻孔来代表鼻子。

4. 嘴

有圆形、圆环形、半环形、椭圆形、方形、长方形、三角形，长条形、樱桃形、折线形、不规则形等。

5. 牙齿

牙齿的出现与嘴紧密相连。一般用竖行的平行刻线表示（有时候也代表嘴巴）（图一一）。

图一一　牙齿岩画

6. 髭须

表现髭须的人面像较多，从凿刻部位看，有唇上、嘴下、颌下三部分。

7. 耳

耳的表现方法简单，一般是在面部轮廓两侧双耳部位有半圆环状、半椭圆状、方形等，没有通凿。

三、装　饰

人面像装饰多样，有头饰、帽饰、面饰、耳饰等。

1. 头饰

人面像凿刻头发的不多，主要是头上装饰。第一，头顶上凿刻一道或两道竖行刻线，短的可能代表发髻。第二，头顶上刻有竖直刻线，两侧各有一条向外斜披或弯曲的刻线，似为羽毛类装饰。第三，在头顶上有一道向一侧斜披的曲线，末端结成环状，可能为梳结的小辫，亦可能是下垂的装饰物（图一二）。

图一二　头饰岩画

2. 帽饰

有帽饰的人面像不多，而且帽子装饰亦较单一。第一，圆顶帽，帽顶弧圆，与面轮连刻，这种帽饰与面轮比例适中。第二，尖顶帽，这种帽子分两种：一种是小尖顶帽，只戴于头顶中央，形似三角形，通凿；一种是大尖顶帽，与面轮相比，其所占比例较大，有的甚至占整个面部轮廓的2/3以上。第三，平顶帽，仅见个别画面。第四，山字形帽。

3. 面饰

面部装饰较为复杂，也较为凌乱，几乎每个有装饰的人面像都有所不同。从装饰部位看，有面部、额部两种装饰。第一，面部装饰，这种装饰比较明显，装饰图案填充了面轮内部，一般不再凿刻五官。第二，额饰，额部装饰多种多样，有在额部中央饰十字装饰，有交叉线、直线、弧线等。

4. 耳饰

耳部装饰是几种装饰中最为简单的一种，多数在耳下垂有两条飘带。

人面像岩画是指原始人类对心目中的神灵鬼怪、图腾动物以及各种崇拜对象赋予

人面形象而制作的岩画。它与史前人类的宗教信仰、祭祀仪式和巫术活动有着密切的关系。对岩画中的人面像的研究是一个复杂的课题，既与新石器时代的陶器及商周青铜器上的图案有关，又与后世的面具一脉相承。作为人类崇拜文化的产物，综合了自然崇拜、生殖崇拜、图腾崇拜、神灵崇拜、祖先崇拜以及巫术面具等诸多因素，表现了史前人类崇拜对象的多样性。例如，人面像的头上或四周放光芒的图形，俨然是一种太阳神的形象，应与自然崇拜有关；某些兽面形、鸮面形的人面像，可能又与图腾崇拜有关。

图一三　人面像岩画

关于人面像岩画的制作年代，学者们认为，人面像岩画系新石器时代的作品。理由是在我国新石器时代半坡遗址中，出土陶器上有人面像，带有几何形头饰，而贺兰山岩画中的人面像形象更为古朴，因此，制作年代可能更早一些（图一三）。

有些人面像可能稍晚一点，但不会晚于青铜时代。尤其是绘有头饰的人面像。这种人面像越来越写实，也越来越有人情味，具有了祖先崇拜的文化内涵。

综上所述，贺兰山岩画体现了人面像岩画的丰富内涵和多样性，再现了古代先民们多姿多彩的生活、丰富的想象力和高超的艺术表现力；证明了我国先民们同世界各民族一样，具有非凡的智慧和高超的艺术才能。

岩画调查的收获与心得

李祥石

（中国岩画学会、国际岩画委员会）

100年前，在中国岩画史上发生了一件具有历史意义的大事。那就是1915年8月26日，岭南大学黄仲琴先生开始调查福建华安汰溪石刻，到1935年黄先生写成《太溪古文》发表在《岭南学报》第二期第四卷上，从此开创了中国近现代岩画发现与研究的新篇章，也是中国岩画学滥觞的开篇之作。

斗转星移，回眸中国百年岩画的兴起与发展，令人百感交集。回顾笔者从1969年春发现贺兰山岩画以来将近半个世纪的调查与研究，更是心潮澎湃。总结笔者多年的岩画调查收获与心得，无论对自己、同仁还是后人，无疑是一件值得盘点与梳理的事情，继往开来，再创新业绩新辉煌（图一、图二）。

图一　1979年笔者在考察贺兰口岩画　　　　图二　1984年笔者发现小西峰沟岩画

岩画调查可以说是岩画研究的基础，基础坚实不坚实就看调查认真不认真、细致不细致，掌握没掌握第一手资料。尤其是岩画所在地区的调查者和研究者，只有深入第一线，亲临现场，并且亲自动手，通过观察、了解、比较、拍摄、拓制、描摹、记录，才能了然于胸，才能算是一个岩画调查的实践者。有的人为了走捷径，或看书或用别人的第二手资料或第三手资料，也可以，但不可靠，多年调查的经验告诉笔者：岩画调查必须亲自出马，不能偷懒、不能图省事，更不能赶急图快走过场。没有扎实的调查，就没有扎实的研究成果。当然，一个人不可能跑遍全国跑遍全世界，但起码得跑到、看到

自己所在地区的主要岩画，才能有发言权，这个要求并不过分。

　　只有看得多了，了解的多了，才能得心应手。笔者认为岩画的调查，就如同种庄稼，只有辛勤耕耘才能有丰硕的成果，种子种的适当，及时浇水灌溉、除草、施肥才能苗壮成长。岩画调查做的细、做的认真、做的深入，才能有真知灼见，才能深入浅出，才能厚积薄发，才能由表及里。岩画调查只有身临其境才能有真情实感，才能真正明白周围环境，才能对岩画的产生、制作有感受和体会，才能知道为什么此处有而别处无，并且可以起到举一反三的作用。这种体会心得是从实践中得来的。

　　另外，实际调查也是搜集材料的过程，是一个由感性认识到理性认识的过程，只有看得多了，烂熟于心，才可以把一般认识上升到规律性的认识，才算是真正理解了。正如恩格斯说的："一个民族要想站在科学的最高峰，就一刻也不能没有理论思维。"（《自然辩证法》）理性认识来源于感性认识，接触的多了，才有可能进行归纳、总结、提炼，舍此则只能是皮毛认识。因此，岩画调查是必需的，只有深入实际才能产生真才实学，那种浅尝辄止、不求甚解，仅凭道听途说、嚼别人嚼过的馒头过日子搞研究很难有大的作为。

图三　1987年笔者调查贺兰口岩画

　　岩画的调查，同考古调查是一回事，要进行调查、勘查，了解岩画区的范围、分布状况以及周围的地理环境。从某种程度上讲，岩画的调查比考古调查更广泛和艰苦。考古调查往往在一个有限的空间范围内，而岩画调查的范围却大得多，如贺兰口，仅在贺兰口的山口之内就长1000、宽500米，等于500000平方米的面积，而且分布在立体式的山谷、山崖、沟畔的山石上，工作量是很大的，需要一点一点地寻找、确认，然后进行编号、拍照、记录、拓描等工作（图三）。贺兰口岩画如果加上山口两侧和洪积扇面积则有2.4平方千米，岩画分布就更多了。

　　又如，在卫宁北山大麦地，在长约5、宽约4千米，面积达20平方千米的范围内进行调查，沟沟坎坎、山上山下，都要看到找到，辛苦程度不难想象。

　　总之，岩画的调查也不是一次就可以完成的，要反复调查反复观察，每一个疑点、每一个角落、每一个山头、每一块石头都要找到。更为重要的是，这种调查要反复多次进行，每一次总有丢掉的落下的，由于岩画立体式分布，就有多角度多方位的不同，也总有疏漏的；再有光线的不同，也总有看不到的画面。所以，岩画的调查要辛苦的多艰难的多。

　　笔者的体会是：岩画调查工作要做到四勤，即腿勤、眼勤、手勤、嘴勤。

1. 腿勤

搞岩画调查要有不怕吃苦的精神，怕苦怕累就做不了这项工作。只有热爱岩画事业，一心想有所发现有所收获才能有动力。虽然岩画内容都差不多，但总有不一般的、稀奇的、美妙的图形，所以还得有一种求新求美求特殊的心理去探索新的岩画。不要认为都是千篇一律都是一个面孔、一个模样，那就失去了兴趣也失去了新鲜感和追求感。事实上，岩画永远是一个解不开的谜，没有一成不变的现象，总有"这一个"和"另一个"，始终要保持一种追求的新鲜感。

笔者在调查岩画的过程中始终有一种旺盛的斗志，不达目的誓不罢休。在宁夏文物普查的日子里，有毛驴骑自然是一件惬意的事，可以节省体力（图四、图五）；没有毛驴骑，就是走路或者是挑着担子时，也无怨无悔。累了就歇一歇，看着远山近水，看着流云飞渡，看着小草小虫也有一种不虚度日月的情怀，向着下一个目标前进。在调查石嘴山麦汝井岩画时，笔者同朱存世一起走向贺兰山，由于看错了方向，我们走向了另一个山头，至少多走了5千米路，还没到麦汝井笔者的双腿就走瘸了，但仍然坚持走到麦汝井，稍事休息之后，又一瘸一拐地去找岩画。留给笔者印象深的还有去大西峰沟东沟门子岩画点，一路都是又亮又光的石头，脚踩上去打滑，来回打滑，总有走不到尽头的感觉。晚上脱了袜子一看脚底板就像是发了酵的馒头。还有到苏峪口调查岩画，满山的酸枣刺，而岩画就藏在刺丛中，为了找岩画就不能怕扎，有一个人面像就躲在刺丛中，笔者一点点走近才发现。当时就想，如果少走几步，这个重要的人面像就被漏掉了。

图四　笔者在岩画调查途中骑驴　　　　图五　笔者在岩画调查途中坐驴车

在调查青铜峡广武岩画时，爬一座高山，实在太累了，躺在沙子上不想起来了，过了一会儿想想远处的岩画，又翻身而起，终于看到了少见的斯基泰风格的岩画鹿。为了找到岩画又沿着山沟向前走，谁知越走越难走，满沟的大石头，两边如壁立的石崖，就像是陷入了地坑一般，走了两个多钟头才走出了困境。这一路虽然十分艰难，但发现

了一个似戴着草帽双臂伸开似在欢迎我们的怪形人。

总之，腿勤就是该走到的地方一定要走到，不论多高多险一步也不能少，一些重要的发现有的明显，容易看到，有的则在隐蔽处，偷懒或大意就会失去机会，就会擦肩而过。腿勤，也反映了一个人认真不认真，细心不细心的责任心和工作态度。

2. 眼勤

就是眼要看到脚下，也要看到前方、远方，不能仅看到局部。要看得细也很重要。在岩画调查中，一般注意和欣赏大的优美的岩画，而往往忽略了小的或残破的或简单的岩画。这种毛病是岩画调查的大忌。

过去，我们在岩画调查中将注意力集中在大的、完整的、优美的、易于描摹或拓制的岩画，对这一类感兴趣，这样就把很多有价值的图形、符号、文字岩画遗漏了、丢失了。这就太可惜了！后来，通过调查研究，笔者认识到了这一点，感到越是符号岩画意义越大，越有研究价值、文化价值、文字价值，不能有偏爱，要一视同仁，更不能依照兴趣来取舍。岩画的功能是多方面的，岩画的多样性反映了生活的多样性和思想的多样性，因此岩画没有这个重要那个不重要。相反，那些简单的符号却是重大、重要信息的来源。

1984年在陈兆复先生编辑的《中国岩画的发现》一书中笔者在论文《贺兰山大小西伏沟和苏峪口古代岩画述略》一文第四部分"一个令人深思的问题和初步尝试"中就说过："贺兰山地区的岩画绝不是一个孤零零的艺术形式，而应该看成是一个体系，是人类思想史、艺术史总进程的产物。""岩画中的部分形象与甲骨文中的象形文字比较接近和相似，这是一个值得探讨和令人深思的问题。在没有文字的时代，人们往往把图画当作文字。可以说象形文字就是从图画演变而来的……"笔者在调查和研究贺兰山岩画时，确实发现了一小部分岩画与甲骨文相同或相似，引起了笔者的注意和兴趣，多年来笔者一直留心和关注岩画文字的发现和进展，深信"世上无难事，只怕有心人"，只要留心、有心、用心，就会有所发现、有所进步、有所收获，走自己的路，勇往直前，克服万难，不断创新。

大麦地是块风水宝地，是个文化宝库，在这里，笔者得以再续岩画文字前缘，在这里，笔者看到了岩画文字与符号相结合的优美图形。

1989年4月10～14日，笔者初次调查大麦地岩画的时候，就看到了许多符号岩画，但由于时间短暂而放过去了，仅收集了一小部分。2003年，笔者到西北第二民族学院（如今的北方民族大学）岩画研究中心任研究员，带领学生调查大麦地岩画。那年，吃住在羊圈，时间充裕，过着日出而作，日落而息的日子，以笔为犁，辛勤耕耘，人手多，真是得心应手，天道酬勤。由于在大麦地岩画调查中重视符号岩画，我们得到了回报（图六～图八）。那时，笔者的要求很简单，就是每一个岩画都不能丢失，要尽量收集起来，在描摹的过程中不许偷懒，不能怕苦怕累怕晒，哪怕是一个不完整的、细微

图六 笔者考察大麦地岩画

图七 大麦地岩画考察点宿营地
（早上出发前圈墙上晒被褥）

的符号、图形都要认真对待，都要一丝不苟地描摹下来。笔者要求每一个学生，每天要完成一定的工作量，每人每天不少于50幅（组）；就是单个的不大的不完整的符号也计入工作量。这样就调动了学生的积极性和主动性，他们把兴趣也转移到了不起眼的符号上。并且每天评比，看谁描的多描的好，也看谁描了许多符号，有新的发现和新的内涵。由于对岩画的一视同仁，果然把许多过去忽略的不重视的符号

图八 笔者（右1）在大麦地考察岩画时
在宿营地就餐

岩画被一一找到了，描摹了下来。到2003年年底在统计和整理岩画资料时，由于符号岩画多达1500多个，又清楚又完整又系统，于是岩画文字说则水到渠成自然而然的产生了。

过去人们认为岩画文字少之又少，或者不可能，现在经过整理都呈现在眼前，不由你不信。这就是认真调查的结果，也是由感性认识上升到理性认识的过程。

笔者搞了几十年的岩画，一下子活了起来，梦寐以求的岩画文字串联了起来。过去发现的是零星的、不全的，或者说是个别的，现在都集中起来就可观了，太了不起了，这么多符号串起来就能说明问题了，在众多的岩画中笔者看到了一个过去从未见到的现象，即2个岩画或2个以上岩画组成一个图形，分明是表达一个意思；最突出的是那幅岩画文字（图九），一个小人物向一个大人物跪拜，其上有一个弓箭组成的图等，使笔者顿开茅塞，如此一连串的图形，多了就形成了岩画文字的雏形。

还有一个现象，就是由几个单纯的符号组成的图形，这种抽象图形组成一个大的图形、符号，过去也没见过，这种岩画文字，就是一种岩画象形文字的缩写或简化型，可称为岩画简化字。我国有句名言叫"道不远人"，由于血脉相连，古汉字来源于象形文字，"视而可识者"，"察而可见者"（马叙伦语），这样岩画文字就可以理解了。

图九　大麦地岩画文字片段

图一〇　大汶口文化陶器上的象形文字

岩画文字之所以可识，它的组成与黄河下游大汶口文化——山东莒县陵阳河遗址出土的陶文形象十分相似，同"旦""热""昊"有着异曲同工之妙，从空间结构、组成、构图、表意都有着相似性和继承性，易认易辨，又具有可读性和启发性（图一〇）。大麦地在黄河之畔，地处黄河上游。两地皆以黄河为依托，以黄河为源泉，以黄河文化为灵魂，这就为两地的文字构筑了联系的桥梁。

汉字的前身，应该属于早于甲骨文字的原始汉字。这种岩画文字或词或词组的发现，无疑对中国文字的起源具有重要意义。把这些岩画归于"岩画文字"的主要依据是：这些岩画通过丽石黄衣测定在距今8000～7000年，远远早于其他文字；它不是随意镌刻的，如同其他众多岩画一样，是有感而发有为而作，已经由作者赋予了表意的内涵；另外，"岩画文字"已具备了中国象形文字的具象性，能在甲骨文与陶器刻划文中找到大致对应的形象；最后，"岩画文字"由两个以上的象形符号组成，有了文字的空间结构，基本上做到了象形字、会意字、指事字结合构成文字的要素。由此可知，"岩画文字"已经具备了古老文字的要素，是中国现存最古老汉字的源头。

在调查岩画时，眼睛也不能光盯着岩画，还要看到脚下这片土地。由于岩画区就是古文化区，是遗址区，有许多有价值的东西会偶然巧遇。所以，在调查岩画的时候，只要留心，就会有重大的发现。多年来岩画调查时由于留心地表，笔者在调查时发现了一些古遗址、古墓葬，并采集到一些重要的石器，有刮削器、尖状器、石磨棒、石磨盘、石核、石球、石斧等，另外还采集到一些宋代、明代、西夏时期的瓷片。还采集到一些新石器时代的夹砂陶片等。好事并没有到此为止，还有更喜人的发现在等着笔者。

宁夏岩画，尤其是大麦地岩画，这么一大片，约20平方千米的范围内有上万幅岩画，这么集中，这么优秀，制作精美，形象优雅，造型上乘，是什么工具制作的呢？有人认为大麦地岩画时间不会很长，因为从制作上看是用金属工具制作的，是用铁器凿子敲凿的，有许多岩画上的凿痕依然可见。大麦地岩画通过初步测定，岩画早期约在旧石器时代晚期至新石器时代早期，时代大体与贺兰山岩画相当，因为贺兰山与北山大麦地相距甚近，还可以说北山大麦地是贺兰山的余脉，两山相连，血脉相通，文化相近，自然无法割裂，然而要找到制作工具却难之又难。

在一次调查途中，笔者在低头寻觅时，突然发现在大麦地山沟中有一些铁矿石。这种矿石几乎遍地皆有、俯首可得。拿起一块后笔者大吃一惊，这种铁矿石有棱有角，比石头重多了，手感也合适，用这种矿石做制作工具如何？笔者立即捡了几块让大家动手制作岩画，先画出个样子、轮廓，然后敲凿，只要几分钟就可以作幅岩画，而且得心应手，可以尽情挥洒。

前几年有人也做过同样的试验，他们用一般的石头去作画，又是磨又是敲凿，但在石头上仅留下不清楚的白点点和白片片而已。于是他们就武断地说，卫宁北山大麦地岩画是用金属器制作的，至今也就2000年。然而，我们的先民们很早很早以前就知道和掌握了铁矿石的硬度和功能，通过实践学会了制作岩画的方法。这也说明，实践出真知，实践长智慧。

3. 手勤

手勤除了采集标本和文化遗物外，还有重要的任务之一是做好详细的记录工作。记录工作分照相、制图（描摹线图、拓片）、现场文字记录三种。岩画调查无论是全面调查还是专题调查，都是为了对岩画的分布、性质、内涵、数量、保存现状有一个基本的了解，以便进行研究、进行保护，为研究历史、文化、艺术提供宝贵的资料（图一一）。

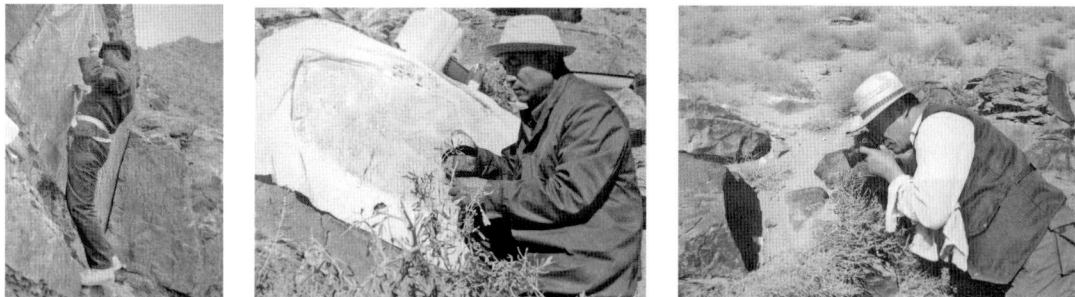

图一一　笔者在岩画调查现场工作

（1）在已知的岩画点进行调查时要做一些必要的准备。

1）查阅有关的历史文献和考古资料，把有参考价值的摘录下来以供之需。

2）找到比较详细的地图，找到准确的地理方位和了解岩画点的地形、地名及四周环境、居民等情况。

3）要有相机、GPS定位仪、海拔仪、拓制工具、描图工具、皮尺、塔尺、梯子等。

4）有条件时对岩画进行全面录像。

（2）做好现场岩画调查记录。

1）做好岩画区的地形地貌及四周环境的记录。

2）把岩画区分成若干点、若干区、若干组。

3）对每幅岩画进行细致具体的叙述，有GPS定位的一定要定位，海拔，岩画的朝向、面积大小、内容的叙述、保存现状、特点，要求一一进行记录，以便以后研究。

（3）撰写调查报告。

岩画调查报告是调查工作的成果、总结和汇报。是文字记录、绘图记录（含考古线描图、拓片）、照片记录的综合性反映和研究。

1）在撰写调查报告时要有岩画分类数据。

2）要绘制岩画分布区平面图，如果有立体图以及卫星图那更好。

3）撰写中要以原始记录为据，如发现有误一定要查对原纪录，并进行修正。

4）编写时要拟定大纲，进行具体、详细的岩画内容、题材的分析研究。结论主要论述岩画的年代及岩画学的重要性和贡献。

5）为了有效保护岩画，用GPS定位岩画，并记录在档。如果保护措施还跟不上，就不宜公布，而要采取模糊方式。

还有重要的任务之二就是，要勤于用手去写作，将自己的研究成果最终落实到书籍上，笔者相信只有笔耕不辍，手勤了才能硕果累累。近些年来笔者出版的《发现岩画》《解读岩画》和《走进岩画》三部曲，以及合著的《贺兰山与北山岩画》、《中国岩画》、《中国岩画全集》第二卷、《大麦地岩画》四卷、《岩画与游牧文化》、《贺兰山岩画》三卷、《阴山岩画》四卷等著作都是不断追求和钻研的结果。

4. 嘴勤

嘴勤包括两个方面：一是不断地对调查人员提要求，要细、要全，另外提醒大家在调查中注意安全，生命诚可贵，绝对不允许去冒险。二是在调查中要勤向当地群众请教，询问地名、传说等以获取宝贵的人文资料。大麦地就是笔者请教当地居民和放羊人才知道的。

此外，还要重视岩画规范调查操作。岩画是特殊的文化、特殊的艺术和特殊的考古遗迹，所以岩画的调查手段不同于其他的文物考古调查。调查的规范与否与调查人员有着莫大的关系。因此，对调查人员有着一些具体要求，工作流程要按片、面、点顺序进行，编号力争和拍照、线图、拓片一致，各归各档，有问题在现场解决，不要留尾巴。另外，工作工具要事先准备好，调查资料各保管好各自的。另外，要有一个强健的身体和良好的文化素养及绘画技能，这些都是基本要求，掌握了就会得心应手。笔者就参加过摄影培训和文物普查培训，受益颇多。

再就是团队的建设和后备人才的培养。团队协作对岩画调查来说是非常重要的，团队内需要责权明确、各负责一块，但具体工作中良好的协同又是必需的。因此，一般调查总人数不宜过多，有5或6人则可，可分为两组人员。岩画的野外调查是一门实践性很强的工作，比如描摹和拓片技能的培训学习就要无时无刻地贯穿在具体工作中。相对来讲描摹简单一些，但要把复杂的岩画描准描全也不容易；拓制岩画要难一些，关键是火候掌握到恰到好处，实践中要多干多动脑筋才能真正掌握好这一技术。笔者的经验是世上无难事，只要肯用心，就能拓出一流作品，培训弟子时笔者主要采用现场教练、单兵教练、集体评讲的方法，把操作要点重点讲清楚，然后放手让他们去实践。这样不仅能快速培养出人才，个个都能成为行家里手，而且团队也在实战中锻炼培养起来了，2007年10月，在阴山岩画的大规模调查中，笔者如法炮制同巴彦淖尔市阴山岩画普查队合作，在实战中迅速培养出了一批能吃苦、肯钻研、身手不凡的岩画调查实干高手，这批学员有很多是县（旗）级文化文物部门的年轻领导，虽然过去没亲历过，由于虚心求教、亲自动手又不断总结经验，不仅成为岩画工作的能手，而且后来他们传帮带又培养了一批岩画工作高手。这实在是一件惬意的事情。

最后，还想谈点期望，就是现在我们在岩画调查的后期工作中，应该更好地与时俱进，要充分利用现代信息科学技术，利用最新的计算机技术，完成好资料汇编和各类信息处理的数字化，如我们把岩画线描图称为传统制作方法，此法虽好，但太慢太费事，并不是最理想的方法，如果能设计出一款制作软件在电脑上直接制作就可以事半功倍。相信新技术的不断涌现将会为岩画调查、研究工作带来更多的便捷和思路。

在岩画调查和研究之路上行走了数十载，笔者最大的感触就是，成功没有什么捷径可走，唯有热爱、执着、勇气和脚踏实地才是一位研究者真正能到达光辉彼岸的金钥匙。

贺兰山岩画档案式保护模式与实现机制研究

束锡红[1]　王　旭[2]　聂　君[1]

（1. 北方民族大学社会学与民族学研究所；2. 宁夏贺兰山岩画管理处）

一、岩画研究保护的现状与发展趋势

岩画是绘制或刻制在石头上的图画，国外称之为"岩石艺术"（rock art），是一部人类的早期文化史和发展史，展示了人类在蛮荒年代稚拙而壮丽的历史画卷，是人类生存活动的真实记录。但是长久以来，岩画保护作为一个世界性难题，不但未受到足够重视，还逐渐被边缘化、商业化。而且，已有岩画保护研究的成果更多倾向对岩画实体的保护，比如岩画病害防治、岩画修补复原等，而档案式保护作为岩画文化遗产保护的重要手段却被忽视。可以说，这是现阶段岩画保护研究的一个盲点。从档案学角度来看，学界已非常重视文化遗产的档案式保护，但目前对文化遗产及保护模式的研究还不深入，就档案式保护而言，学者提出了相关概念，但是对这一保护模式本身具有的特点、与其他保护模式的区别以及面临的保护问题和解决方案，都少有深入研究。而关于如何保证档案式保护模式的实现，虽从多方面论及，但不成体系，少有学术成果的发表，所有这些理论瓶颈，都已影响到文化遗产档案式保护研究。而且相比之下，关于非物质文化遗产档案式保护研究成果颇多，岩画作为物质文化遗产几乎未被涉及其中，这源于物质文化遗产档案式保护多被视为一种"补充"式的职能扩展，始终处于文化遗产保护工作的边缘地带。文化遗产档案式保护一般应用于非物质文化遗产的"物质外化再现"，很少应用在物质文化遗产保护中，尤其是岩画这一石化物质文化遗产几乎未与档案式保护产生过交集。基于此，本文试图将岩画保护与文化遗产档案式保护研究有机结合，对岩画文化遗产档案式保护模式与实现机制做更深层次的探讨。

二、贺兰山岩画档案式保护研究的必要性

几千年来，贺兰山岩画这一不可再生的珍贵文化遗产由于一直遭受自然和人为的种种损害而亟须保护，对贺兰山岩画进行档案式保护具有重要的理论价值和现实意义。首先，贺兰山岩画这一中华各族人民流传下来的民间创作，反映了中华先民们的世界观与审美观，形象地记载了古代的经济形态、文化艺术和思想意识以及人们所处的自然环

境，是人们了解有文字记载之前民族历史最主要的实物资料。研究贺兰山岩画，对揭示中国古代文明史的源头和发展，对中华民族的振兴和凝聚将起到直观的教育和启迪作用。另外，长期以来，由于岩画的多样性、地域性、不可再生性等特点，为学术研究和知识普及增加了难度，而岩画的档案式保护为此提供了便利，学者和民众可以通过文字记录、图片等直接认知和研究岩画，使广大民众认识到保护民族文化的重要性，增强群众的文化自觉意识和民族自信心，从而自觉投入到保护岩画文化遗产的实践中去。

三、贺兰山岩画档案式保护模式的构建

岩画的档案式保护模式就是在全面普查的基础上，以文字记载、图录、照片、录像、数字化等方式将岩画信息固化为档案形式，然后通过对岩画档案所蕴含的信息资源进行发掘、研究和利用，让广大民众了解岩画知识，认识岩画价值，从而投入到保护岩画的实践中去，改善岩画生存环境，提高岩画文化生命力的一种保护模式。

1. 岩画的普查

目前，贺兰山岩画文化遗产还处于一种多头管理的状态，造成了一定的资源浪费和投入不足。例如，宁夏岩画研究中心、贺兰山岩画管理处、宁夏考古所以及高校科研机构等都做过一定范围内的岩画普查工作，但由于贺兰山岩画分布广泛、密度较大、数量众多，尚未有一所机构能够独立担负起岩画的全面性普查工作。为此，在进行岩画普查工作之前，必须构建起一个以贺兰山岩画管理处为主导，其他机构共同参与的普查工作联动机制，以保证岩画普查的全面性、系统性。在具体普查操作中，需要基本掌握和详细记录各地岩画的种类、数量、分布状况、保护现状以及存在问题，并以此制定岩画图像采集的依据。在选定需要采集图像的岩画后，采取文字记录、绘制图录（拓片、线描图）和图像录拍（录像、拍照）三种方式相结合图像采集模式，其中岩画的记录内容主要包括编号、岩画分布、岩画类型、工艺特征、破坏程度等，以此作为拓片、线描图和数码图册分类、编目的依据。

2. 岩画档案的建立

岩画档案的记录载体多，档案本身承载内容亦包罗万象。这样，通过多种形式和内容的结合，能比较好的实现对内容丰富、形式多变的岩画文化遗产的记录。①建立岩画档案库。这一档案库是文本、表格、图像信息三位一体的集合，并将根据岩画图像文字记录及非图像数据记录（地点、日期、方位等）的内容分类，给每一个分类内容一个索引号码，且与记录内容有相应关系，索引为不可重复且不可为空。通过对岩画图像进行系统的整理分类排列和编目，使之条理化，形成有序的体系，以便于查找和利用。②建立岩画数据库。已有岩画数据库只具备岩画图像输入功能，而在图像检索、输出等方面则处于缺失状态。在对贺兰山岩画进行文本描述时，要注意结合图像的内容及其外部特征。岩画图像的主要内容应包括图像颜色、要素、形状等，而外部特征主要包括图像的名称、类型、尺寸、特征等。岩画图像的内容及特征应以自然、确切的语言来描述，然后根据描述性的自由文本建立起索引，实现检索关键词与特征标识的匹配。具体而言，要通过建立岩画图像的索引数据库、形成索引图像数据库的提问以及输出满足相似度阈值的图像标引三个步骤，来实现岩画图像信息的快速检索和输出。

3. 岩画档案的保存

对岩画文化遗产而言，基于各种存储设备的岩画数据库是目前最持久、最安全、最保真的保存方式。而且，基于网络空间的迅猛发展，还可以将岩画数据库与网络结合起来，形成岩画网络数据库。基于网络平台，岩画信息随时间从信源逐级逐层地传播至信宿并被信宿接受和利用，使得信息的覆盖面由一点传播至整个网络空间。岩画档案最好的保存方式就是岩画信息的广泛传播和使用，而网络数据库的建设正好与这一点相契合。另外，岩画实物也是岩画档案的重要组成部分。在岩画普查过程中，经常会发现一些剥落且较完整的岩画，这些宝贵的实物资料也必须得到妥善保存。这就需要建立专门的保存机构，或是利用博物馆、文化馆等进行妥善保管并合理利用。

4. 岩画档案的利用

对岩画档案的利用，可以从以下几个方面进行：第一，秉着资源共享的原则促进学术交流和研究。岩画多数分布在高山、密林或戈壁之中，能够亲临岩画所在地进行实地调查和研究的学者仅是少数。为此，必须赋予岩画档案更大的开放性和灵活性，实现岩画档案信息的资源共享与合理利用，尤其是注重发展基于网络平台的岩画资源共享。但是，为了保护岩画档案持有者的基本利益，也可根据持有者意愿收取一定的资源共享费用。第二，利用展览实现宣传保护。在文化遗产日、岩画艺术节、国庆节等重大节日或双休日，利用博物馆、展览馆、文化馆或公园、广场等公共场所，将岩画线描图、拓片、照片等图文并茂的岩画档案向公众展示，向公众宣传岩画基本知识和保护方法，使其体会到岩画文化遗产的巨大魅力和岩画资源亟待保护的紧迫性。第三，通过各种媒介进行广泛传播。在电子媒介方面，可在地方电视台和广播电台建立岩画保护专题节目，利用已有岩画档案库和数据库的信息，定期轮番广播、播放有关岩画分布、类型、艺术风格等基本知识和岩画保护的法律法规。在网络媒介方面，可开通"岩画文化遗产网——岩画文化遗产数字博物馆"，并与其他岩画保护网站相链接，不仅要实现岩画档案信息、研究保护成果的展览与展示，还要实现部分岩画图片与视频的下载，更重要的是利用论坛、博客等网络工具实现网站管理者、岩画爱好者线上和线下的信息交流与互动，使岩画档案信息以更加开放的姿态面向公众。

四、贺兰山岩画档案式保护模式的实现机制

1. 制定《岩画档案式保护办法》，依法保护岩画文化遗产

岩画档案式保护要做到有法可依，有法必行。为此，要深入开展调查研究，尽快制定出台《宁夏岩画文化遗产档案式保护办法》，确立岩画文化遗产档案管理的指导思想、目标原则和具体任务，细化管理措施，明确各级单位职责、表彰奖励、资金扶持等具体内容，为加强档案的保存、研究和开发利用奠定基础。另外，出台关于岩画保护专家评审的文件，使岩画保护要求更加规范。岩画档案式保护专家组将协助相关文化部门收集、整理、审核岩画资料等，对相关岩画保护政策颁布提出意见和建议，对全省岩画文化遗产保护中长期目标制定、新型保护模式建立等提供建设性参考意见，承担重点岩画研究课题的选定、实施及相关研究成果资料编撰等工作。

2. 加大财政投入力度，增加岩画专项保护经费

贺兰山岩画的全面普查、建档、保存、研究、利用等都需要大量经费的支持，这成为制约岩画档案式保护工作的一大难题。为此，一是宁夏省政府应首先制定一套《岩画保护专项资金管理暂行办法》，规定省财政每年安排专项资金，逐年按一定比例适度增加，用于岩画资源普查、资料的征集、档案建立等工作，确保岩画档案式保护工作经费落实到位。二是为支持岩画保护企业发展，减轻企业税收负担，财政厅要对企业税收情况进行调查，听取企业税收政策方面的诉求。针对企业反映的问题，提出制定岩画保护项目税收优惠政策建议，同时主动协调全省行业主管部门和税务部门，切实为岩画保护与开发企业的发展排忧解难。三是积极争取上级投入。要用足、用活国家及相关部门有关建设文化事业的扶持政策，依托项目申报及富有特色的岩画成果展示，积极向上争取资金补助。同时，积极抓好优质岩画保护项目的招商引资。

3. 建立专业化保护队伍，提高岩画档案式保护专业化程度

为满足岩画档案式保护模式运行的需求，必须通过培养、引进人才等方式构建一支专业化的人才队伍。第一，要进一步充实专业人员队伍。建立岩画档案式保护专业人才评审、引进机制，尽快引进相关专业紧缺人才，在职称、薪酬待遇等方面给予倾斜。第二，要重视对现有人员进行培训。岩画档案式保护培训应该理论与实践并重，要定期请一些在一线工作过的专家来上课，使培训工作常态化。培训方式要灵活多样，可以采取实地考察的办法，也可以与高校合作开展脱产培训，等等。第三，宁夏文化部门可以委托区内外高等院校设立岩画学专业，为地方定向培养一批岩画研究人才；也可以采取东西互助的办法，借助东部丰富的人才资源，培训宁夏的岩画研究与保护人员。通过培

训、培养与引进三结合的方式，可尽快把岩画档案式保护的专业人才队伍建立起来。

4. 构建全社会参与机制，实现岩画档案式保护主体的多样性

岩画档案式保护模式涉及多个环节，要想充分发挥该模式的作用，需要广大的社会主体参与进来。第一，聘请一支顾问化高级专家团队，为岩画档案式保护指点迷津。至今，宁夏尚未组建岩画保护学者专家库。为此，必须要制定《贺兰山岩画保护专家评审办法》，对专家人数、聘任期限等做出详细规定，进一步发挥学术界保护力量在岩画档案式保护体系中的作用。第二，招募一支义务化志愿者队伍，提高社会参与保护程度。贺兰山岩画保护部门应尽快招募一批保护志愿者，志愿者应具备高度的责任意识和一定的岩画知识，能够参加岩画档案式保护相关培训，引导他们强化志愿服务精神，牢固树立岩画保护意识，掌握更加全面的岩画保护知识和技能。第三，吸引一批企业家参与保护工作，以合理利用促保护。鼓励企业家从事与岩画保护项目相关的民营生产性企业的同时，一要鼓励企业家投资兴建岩画场馆，使其成为岩画保护宣传展示基地，政府可根据建设投资额或建筑面积，给予一定的资金补助。二要鼓励企业将岩画文化遗产引入经营项目，宁夏政府要将企业家兴办的岩画产品生产项目纳入国民经济和社会发展规划，在审批时给予相关优惠待遇。

对岩画文化遗产实行这样一种"再次物质外化"的档案式保护，物质转化与精神传承兼具，转化与创造并进，最终目的是要实现文化的记忆、传播和创造。贺兰山岩画文化遗产的传承档案留住了黄河文化的记忆，即使失去了岩画这一载体，人们依然能通过档案查询它们曾经灿烂过的足迹，甚至使其复活。

（原载于《兰台世界》2015年第4期）

岩画环境变迁研究

汪一鸣

（宁夏国土整治办公室）

　　贺吉德著《贺兰山岩画研究》（以下简称《研究》）最近出版了，这是宁夏社会科学界的一件大事，也是贺吉德先生精深学识的集中体现之一。《研究》全面系统地总结了贺兰山岩画的最新调研成果，探讨了岩画的分布规律、断代难题、文化内涵，把中国岩画研究推向一个新的阶段。《研究》也论述到自然科学范畴的岩画环境变迁领域，本文仅就《研究》环境考古的有关内容做一简要评述。

一、中国环境考古学的兴起

　　以田野考古和环境变迁研究相结合为特征的环境考古学，是一门自然科学和社会科学的交叉性学科。20世纪前期，在北京房山周口店和河南安阳殷墟开展的大规模考古发掘，都依据出土的动植物遗存进行过古环境复原，可以说是中国环境考古学的萌芽阶段。中国现代地理学奠基人竺可桢院士曾指出，"应用科学方法进行考古发掘，并根据发掘材料对古代历史、地理、气象等进行研究"是中国近代科学进步之表征。考古学家苏秉琦先生则说"考古学应有能力来回答重建人类与自然的协调关系"问题。历史地理学家侯仁之院士于20世纪60年代初开展西北沙漠化地区考察时，特邀北京大学考古专业青年教师俞伟超作为研究组成员，通过对乌兰布和沙漠、毛乌素沙地许多古墓葬、古城堡遗址的调研，复原古代地理环境及人地关系演化，对中国考古环境学的形成发挥了开创性的作用。当今，环境考古学已成为研究古代地理环境以及人与自然关系演变的重要现代科学学科之一。

二、把环境考古学引入岩画研究的新探索

　　《研究》独辟蹊径，开辟了岩画研究与环境变迁研究相结合的道路。贺吉德7年的岩画实地调查及其后的苦心钻研，深化了对贺兰山古代地理环境的认识。

　　《研究》一书对岩画环境有许多精辟的见解，如书中指出："通过环境考古学对贺兰山岩画的生态环境和物质条件进行考察分析，从而推知人类对岩画环境选择的规律

和古人活动对环境的要求。"通过研究分析概括得出以下重要论断："岩画是在特定的自然环境和人文环境中的产物。产生岩画的地方，往往是古代游牧民族相对驻牧生息的地方。岩画的产生地必须具备三个环境条件：一是水草丰美，适宜于人类狩猎放牧；二是有易于制作岩画的山体或连片的岩石；三是有地势较为开阔、适宜人居的空间，便于在岩画相对密集的地方从事祭祀或巫术活动。"

《研究》进一步指出："在人迹罕至的荒漠草原上所发现的岩画石，往往呈现出大分散、小集中分布特点，在分布形态上又体现为呈带状分布、片状分布或线状分布的特点。更重要的是，在每一处岩画相对集中的地方，每块岩画石所表现出来的内容、风格或岩刻方法，总是和这片区域中分布着的其他岩画石上表现的内容、风格、岩刻方法有可参照的地方，呈现出小区域的一致性。"（见《研究》64页）

由此《研究》提出了一个非常重要的观点："岩画的记录不仅包括岩画的图像本身，还应包括岩画所处的地理环境、相对位置。"即研究岩画必须同时研究它所在的大环境（宏观环境）、小环境（微观环境），包括自然地理环境，人文地理环境。因此贺吉德领导下的贺兰山岩画管理处团队"在我国首次运用GPS（卫星定位仪）记录贺兰口洪积扇岩画的经纬度和标高，从而取得了每块可移动岩画石所处位置的翔实数据，为今后的岩画研究和保护提供了条件"。这就是用现代地理学和环境考古学方法来"对岩画进行完整、准确的科学记录，是保护岩画和对岩画进行研究的基础性工作。"

有人提出，将分布在洪积扇荒漠草原上的可移动漂砾石的岩画运走集中入库管理，《研究》认为"这种做法不足取。因为岩画一旦离开了它产生的地点，就会失去一定的研究价值"，就不"能够全面地了解其群落分布特点和整体文化内涵""正确的方法是加强管护，严格禁止游客尤其是拉运石头的车辆进入岩画分布区域"。这种远见卓识正来自于当代环境考古学的科学理念。

基于岩画与其环境不可分割的认识，《研究》强调保护贺兰山岩画，还必须同时"保护贺兰口古人类文化遗址，保护古村落、自然生态资源和山地植被景观，在沟口内外大力开展植树种草保水活动，恢复贺兰口在历史上长期有游牧民族放牧居留、繁衍生息、产生大面积岩画群落的生态环境"（见《研究》66页）。贺吉德是这么说的，也是这么做的，近些年来，不但贺兰口岩画的原真性得到了切实保护，而且其周围的生态环境、古人文环境的原生态也得到了严格保护，从而为申报世界文化遗产打下了坚实基础。

《研究》总结出岩画研究"认真把失真，客观不主观"的十字箴言，这就是贺吉德研究岩画的科学态度的自我写照，也是研究一切科学、文化必须遵循的至理名言。

三、岩画与气候变化

岩画断代是贺兰山岩画研究的一大难题。有人认为，少量岩画远自两万年前的旧石器时代。《研究》认为，岩画制作要与人类活动遗址联系起来考察，要考虑人与自然的关系，即当时气候条件和自然环境对人类活动的适宜性。

贺兰山地区最早的文化遗址是旧石器时代晚期（或称中石器时代）的青铜峡市鸽子山遗址，主要文化层年代距今11620±70~10060±60年，亦即1.2万年前贺兰山没有发现人类活动踪迹。联系到气候变化，距今2.3万~1.2万年前晚更新世末期，贺兰山处于第四纪末次冰期，是地质历史上距今最近的气候最干冷、严酷的时期，山地环境恶劣不适于人类生存。《研究》记述，2003年9月贺吉德陪同周昆叔考察贺兰山，确认贺兰口沟与苏峪口沟、拜寺口沟等一样，分布有冰斗、冰渍物等冰川活动遗迹，造就了贺兰口沟口内外奇特的冰蚀景观：沟口两侧山体巨大的磨光面和冰川擦痕。周昆叔指出，经过冰川磨蚀的岩壁受外力低温、高压作用而使岩面致密度下降、硬度变低，这为先民制作岩画提供了较好的平整岩面，"岩画就磨刻在冰川作用面上"，对于冰川擦痕和岩画刻痕孰先孰后的叠压关系则"不可分辨"。周昆叔只是非常谨慎地说："如果能判定冰川擦痕'打破'了岩画刻痕的话，这对我们解决岩画断代是有意义的。"由此《研究》指出："有人借周昆叔教授在贺兰口发现冰川擦痕，在没有仪器测定出冰川擦痕与岩画刻痕先后关系的情况下，贸然断定是冰川擦痕'打破'了岩画擦痕，并且以此为据，得出贺兰山岩画产生于冰川擦痕形成前的2万~3万年。那只是一种非常轻率的说法，不足为凭。"（《研究》130页）

在反复研读《研究》有关岩画与气候变化的观点基础上，笔者又适当延伸展开，通过已知的气候变化事实，推断贺兰山岩画盛期，大致可分划为以下四个发展阶段：大致第四纪晚更新世末（旧石器时代晚期）、全新世初，贺兰山地区气温上升，冰川消退，特别在距今8500年前后，植被茂盛，有较多人类活动，这可能是贺兰山岩画初盛期。距今6000年以后，贺兰山地降水增加，直至距今4200年间，为相对温暖湿润的气候最适期，而平原地区干旱程度加剧，植被退化、流沙扩展，人们多向林草繁茂的山地转移，其时贺兰山东麓有多处新石器文化遗址，贺兰口沟口外发现的石器、陶器碎片据鉴定距今6000~5500年，这一时期可能为岩画大盛期。综合相关资料，我们可以复原勾勒出五六千年前贺兰口的环境图画：当时贺兰山湿润度近似于今日六盘山，峰顶白雪皑皑，山间泉水淙淙，山上遍生喜冷凉的冷杉、铁杉、云杉、松和喜暖的栎、桦、榛、杨之属，疏林、灌丛一直延伸到沟口，山麓水草丰美，野兽（豹、虎、鹿、盘羊、岩羊、黄羊、野猪、豺狼等）出没其间，百鸟鸣唱于林中水畔，水泊、沼泽边徜徉着天鹅、鹈鹕、鹤、鹭、鹳等水禽，龟蛇游弋于水草之间。猎人们忙着猎取鸟兽，牧人赶着大批畜群（羊、牛、马、驼等），部族艺术家（祭师、巫师及其助手）在岩壁上创制岩画。每当朔望之日、朝晖之晨或月圆之夜，人们聚会于山壁岩画之前，举行祭祀仪式或巫术大会，唱歌舞蹈，祈求上天赐福：子孙繁衍，畜兽旺盛……距今3400~3000年（殷商—西周初）我国北方出现由暖湿气候向凉干气候的大变化，即国际上所谓的"新冰期"前期。由于气温剧降，漠北草原环境恶化，严重威胁游牧民族的生产生活，迫使他们向南迁移到阴山以南包括贺兰山等广阔地域，寻求比较好的狩猎地和牧场。这是历史上北方的猃狁、羌戎、匈奴等民族第一次大规模南迁进入宁夏地区活动，也使贺兰山人类活动和岩画创作进入鼎盛期。这一鼎盛期继续相传，一直延续至秦汉时的暖湿期（即所谓小温暖期）、魏晋南北朝时的寒冷期（即"新冰期"后期），其时匈奴、鲜卑、羌、氏等部落又纷纷进入贺兰山等地区。之后才演变为西夏、元代的岩画衰退期。以上初步推测，不知远在另一个世界里的贺兄以为然否？

由上所述，可知确实存在着气候变化——环境变迁——人类活动——岩画发展之间的紧密联系，《研究》在这方面做出的贡献值得予以充分评价。

四、动物岩画与环境变迁

贺兰山岩画的内容和题材丰富多彩，其中数量最多的当数各种各样的森林动物和草原动物岩画。《研究》通过某些动物岩画来论证第四纪晚更新世末期（旧石器时代晚期）至全新世时期（新石器时代、青铜时代、铁器时代以致近代）环境的变迁。

《研究》中的"虎岩画"一节指出：贺兰山虎岩画，与我国其他地区虎岩画相比，数量最多，其中贺兰山东侧24幅，卫宁北山8幅，还有内蒙古自治区境内贺兰山西侧若干幅。这表明古代贺兰山多虎，有适于虎生息繁衍的环境。据地方志记载，至迟明、清时期，贺兰山虎尚未绝迹。"这不仅为研究贺兰山地区远古时代至晚近的生态环境提供了珍贵的第一手资料，而且也为原始先民在贺兰山创作大量以虎为题材的岩画找到了动物考古学上的依据。"（《研究》195页）

书中对雪豹岩画也做了较多考证，指出贺兰山海拔3000米以上雪线附近适宜雪豹栖息生活。由宁夏地方志记载可见，至迟到清末民国初，文献记载贺兰山还有雪豹。而今虎、雪豹早已在宁夏灭绝。

由《研究》第四章可见，贺兰山动物岩画中现已消失的动物，除虎豹之外，还有野马、野驴、野骆驼、野牛、野牦牛、野猪、鸵鸟、白鹤、龟、蛇。它们分别消失于历史时期不同阶段，由文献记述可知，多数在明末清初或清末民国初灭绝。其他一些物种，如盘羊、黄羊、马麝（獐）等，也已成为濒危动物。它们灭绝或濒临灭绝的主要原因是栖息环境的改变或破坏，笔者将其归结为以下六个因素：①气候持续干化。历史时期主要是"小冰期"期间（1550~1900年），冷暖、干湿变化剧烈，特别是19世纪以来，气温升高，气候逐步干旱化，导致冷湿的森林范围缩小，耐旱的草地、灌丛扩大，雪豹、牦牛等喜凉动物最适生存环境不复存在。②森林火灾频发。气候干化使森林在旱季、旱年易发火灾，加上人们在林区活动引发山火，甚至战争纵火，森林、灌丛及动物受损极大。③滥采乱伐。西夏以来特别是明、清期间伐木更甚，用作木材、烧炭，导致原始森林消失，现仅存天然次森林。④无限制进山放牧。近代以致现代，由于山麓荒漠草原退化严重，驱畜进山放牧时间延长、空间开展，其中阔叶林、疏林灌丛受破坏最甚。⑤对动物滥施捕猎。许多野生动物被捕猎供进贡、买卖、出口。⑥适宜生境缩小。林线由1700米上升至2000米处，雪线上升使山地永久积雪消失，山中众多泉水、湿地减少甚至不复存在，林栖动物、湿地动物的适宜生境缩小或破坏，导致种群数量下降，或迁移他处，或趋灭绝。

由此可见，贺兰山动物岩画成为研究古代生物多样性及其生态环境变迁的珍贵自然信息。

五、若干岩画环境问题之谜

如何科学研究，通过揭示某些自然或人文现象的变化规律，既为人类知识宝藏添砖加瓦，也为开拓新的研究打下坚实基础。笔者想《研究》的出版不是有关研究的终结，而是创造更高深学问的开始。《研究》中提出了许多岩画环境的"为什么"，其中有的问题在书中已直接或间接做出回答，有的则有待后人继续探索。这里仅举数例。

问题之一：为什么贺兰山植物岩画远少于动物岩画？从全国范围看，贺兰山植物岩画又最多？

目前已调查记录的贺兰山岩画总数达19752幅，其中动物岩画最多，而植物岩画仅51幅，相比之下少之又少。但与我国其他岩画区相比（如内蒙古阴山岩画4幅、甘肃4幅、新疆3幅、青海2幅，全国合计不到百幅），又是植物岩画最多之处。《研究》认为，"这是值得认真研究的两个问题，需要专题讨论，这里恕不做深入探讨"，似乎未做正面回答。但就全书内容来看，已经从侧面做了间接回答。《研究》通过岩画的"族属问题"和"作者"的分析论证，明确指出贺兰山地区是新石器时代古人类以及商周以来诸多北方游牧民族狩猎、放牧、生息繁衍之地，他们对那些作为狩猎或放牧对象之动物最熟悉、最关心，一些动物（如羊、牛、马）既是他们的生产资料、生活资料，有些（如羊、鹿、牛、虎）还是体现部族图腾崇拜、生殖崇拜、自然崇拜、神灵崇拜的对象。而植物可能与农耕民族关系更为直接、紧密，但农耕民族一般不会去创作岩画。这就不难理解贺兰山以及全球植物岩画稀少的原因了。

从全国范围看，全新世气候最适期的贺兰山是周围荒漠半荒漠中难得的绿岛，其巨大山体和2000多米高的相对高差造就了荒漠草原、疏林灌丛草原、榛阔混交林、针叶纯林、高山灌丛草甸等组成的不同生态系统，山地自然景观垂直分布，与毗邻游牧地区相比，其水源、林草格外丰美，即使处于气候适宜期之后的西夏时期，相关文献也表明，贺兰山"有种种丛林、果树、芜荑和药草……兰山中泽：野兽皆集，放牧牲畜，黑山郁郁万种树……溪多泉流不竭也……神山云凝不散，则处处降雨也……野山郁郁溪谷长，生诸种树……扩林植山，诸鸟夜宿，诸兽昼隐，夏日阴凉，冬时庇暖"，即降水多，水源丰，植被茂、畜兽繁，生态环境总体上比近代为优。这也许是贺兰山植物岩画远比其他岩画分布区多的原因之一吧。

问题之二：为什么贺兰山岩画题材以羊岩画为最多？

其实与全球动物岩画以羊岩画居多完全一致。贺兰山羊岩画包括盘羊、羚羊、岩羊、青羊、黄羊、山羊、北山羊等，它们数量多、不伤人、易捕杀、易驯养繁殖、用途广，与贺兰山生态环境有着最大的适应性，是古人类狩猎最重要的目标和放牧畜群的主体。相传贺兰山是历代游牧民族在旱年、旱季的"救命牧场"，每当草原久旱少绿，即纷纷驱羊进山。自古以来，羌戎、匈奴、鲜卑、吐蕃回纥、党项等少数民族大多以羊为部落图腾，羊是这些民族物质生活、精神生活的基础，是人们最可依托的朋友和吉祥物。把羊只形象刻画在石壁上，表达了古人借助动物的超自然力、追求美好生活的愿望。直到近代，贺兰山贺兰口农牧民仍保留着以羊祭祀山神的古老习俗。

问题之三：贺兰山东西侧不同的岩画特色表明了什么样的环境差异？

《研究》充分揭示了贺兰山东侧（包括东山坡和东麓洪积扇）的岩画现象，而属于内蒙古自治区贺兰山西侧的岩画，仅在"附录"中有简要介绍。从贺兰山地区岩画研究的完整性着眼，似有必要对西侧岩画进一步做考察研究。但仅存现有材料可知，东侧有许多水禽岩画而西侧阙如，西侧有不少草原鹰岩画而东侧极少。笔者认为，这或许多少反映了东侧湿地较多，而西侧有更加干旱的荒漠，具有荒漠—兔—鼠—鹰等食物链特征。

问题之四：为什么贺兰口岩画数量最多、密度最大，远多于贺兰山其他沟口？

贺兰山东麓已调查记录的19752幅岩画中，分布于贺兰口沟口内外即有5681幅占30多沟口总数的28.8%，岩画分布密度达每平方千米513幅，其中贺兰口沟口内0.79平方千米岩壁上有2001幅。对比《研究》做了很好的分析："有岩画分布的山口，山高谷深、沟口豁大，地势开阔。一般都有山泉涌出，形成溪流，故水草丰茂。谷内有森林分布。"亦即岩画数量多少与古代游牧区人类宜居环境优劣成正相关。笔者把贺兰口岩画特多的原因归纳为如下六点。①区位适中，处于贺兰山中段核心部位，至其他山口距离适当，便于人、畜集散活动。沟口向西有小路可直通山后阿拉善高原。②沟谷较长，达18千米，在贺兰山中段各沟中仅次于插旗口沟（21千米）、苏峪口沟（19千米）。沟口内外有较大地域空间，便于在较广阔的山崖岩面上刻制岩画，在开阔地面上进行狩猎、放牧、祭祀、巫术、娱乐等各种活动。③泉水丰富，水质良好，长流水四季不断，水源可承载较多人在此生息。以1980年8月山洪流量计，贺兰口达83.3立方米/秒；在贺兰山中段各沟中仅次于甘沟（117立方米/秒）；以1925年山洪流量排序，贺兰口中达到100立方米/秒依次为苏峪口、榆树沟、黄渠口、甘沟、拜寺口。④植被较好，沟谷上游森林密布，沟口内外有广阔的灌丛、草原，为畜兽提供了充分的食料和活动场所。⑤岩画集聚类似于经济学上的非均衡发展规律（循环累积因果效应、增长极效应），即增长首先出现于某个具有特定优势的地点，逐步形成增长极并集聚发展。同样，岩画也可能首先出现于某个有利地点，然后集聚发展，贺兰口就是贺兰山东麓岩画集聚发展的地区，形成巨大的岩画群落，同时已是古人类祭祀中心和古村落所在，包括山洞、石垒民居遗址、祭坛、圈石墓、反映生殖崇拜的石砌构筑物、大小羊圈，以及距今6000～5500年的石器、陶片，从而成为代表中国北方地区"一种传统人类居住区的杰出例证"。⑥进一步追问：为什么偏偏集中在贺兰口而不是苏峪口？这里笔者想起诺贝尔奖获得者、美国著名经济学家兼地理学家克鲁格曼在论证工业布局原理时所说的，某个工业企业落地某处，往往引发自某个偶然性因素，当然这种偶然性存在于若干必然性因素之中。可以想象，当先民在贺兰口刻制出第一个岩画时，可能在人群中引发轰动效应、连锁效应，而逐渐出现岩画区的集聚效应。

问题之五：为什么人面像岩画集中于贺兰口内山壁？贺兰口沟口内北山壁岩画多于南山壁？

记录在册的贺兰山人面像岩画共881幅，是中国和全世界人面像岩画最多的，而贺兰口沟口内外有人面像岩画715幅，占到贺兰山总数的81.2%，其中有8处集中分布584幅，《研究》称之为"圣像壁"。《研究》把人面像岩画分为自然崇拜类、生殖崇拜类、图腾崇拜类、神灵崇拜类、首领崇拜类、面具类等六大类。其中沟口北山壁上有一幅宽54、长50厘米的大型人面像，它环眼圆睁、光芒四射，高居于离谷底20米的石壁上，即驰名中外的"太阳神"岩画，是人面像岩画的杰出代表。《研究》指出："人面像岩画，包括贺兰口人面像岩画在内，大都发现在附近有泉水涌出的山体石壁上……有'圣像壁'的地方，其实就是古人类举行祭祀的场所。"贺兰口人面像岩画密集，正是作为贺兰山地区古人祭祀、巫术活动中心（以及与此相关的聚会、舞蹈等集体活动中心）的反映。

至于北山壁岩画（1339幅）远多于南山壁（762幅），显然，北山壁坐北朝南（实质是西北向东南），每当日出朝阳光芒四射之际，是举行宗教仪式的首选之地，北山壁岩画集中度高于南山壁是可以理解的。

问题之六：贺兰口沟口外洪积扇上漂砾石岩画为什么呈现西密东疏、大分散小集中等分布特点？

贺兰口沟口外洪积扇荒漠草原上，共分布有1594块刻有岩画的石头，单体图像2538幅，其中大多为动物岩画（1155幅）。这些可移动的大小独石岩画为什么呈现西密东疏，线状、带状、片状分布并有大分散小集中的特点？这牵扯到贺兰山冰期冰缘地貌发育、全新世洪积扇环境演变、冲沟发育、漂砾石分布和植被分布等一系列微地貌、小环境问题，需要进一步深化研究，寻求正确答案。

总之，《贺兰山岩画研究》一书多角度、全方位论述了贺兰山岩画的最新科研成果，反映了作者贺吉德先生渊博的学识、深刻的思想、独到的见解、实事求是的精神。作为贺吉德的挚友，笔者是抱着学习的态度，仅从该书对贺兰山环境考古研究贡献的视角，不揣浅陋，写下点滴读后体会，聊以慰藉贺兄英灵。

参 考 书 目

贺吉德：《贺兰山岩画研究》，宁夏人民出版社，2012年。

竺可桢：《中国近五千年来气候变化的初步研究》，《考古学报》1972年第1期。

苏秉琦：《中国文明起源新探》，香港商务印书馆，1997年。

宋豫秦：《侯仁之——中国环境考古学的先导》，《走近侯仁之》，学苑出版社，2011年。

汪一鸣：《历史时期宁夏人口迁移的地理基础》，《红寺堡历史文化研究文集》，宁夏人民出版社，
　　　2009年。

汪一鸣：《一千年来贺兰山地区生物多样性及其环境的变化》，《宁夏人地关系演化研究》，宁夏人
　　　民出版社，2008年。

克恰诺夫等：《圣立义海研究》，宁夏人民出版社，1995年。

Krugman P：《地理学与经济理论》，北京大学出版社，2005年。

（原载于《三峡论坛：三峡文学·理论版》2013年第5期）

浅谈贺兰山岩画的科学保护与旅游开发

张学智

（宁夏回族自治区文史研究馆）

中国是名副其实的岩画大国。新疆天山岩画，内蒙古西部阿拉善草原上的曼德拉山岩画，宁夏中卫地区的香山岩画和大麦地岩画，贺兰山岩画，内蒙古中、北部的卓资山岩画和阴山岩画等，共同构成了中国西部绵延万里的岩画长廊。其中贺兰山岩画以其表现内容丰富，文化内涵深厚，分布区域集中，距离中心城市近而蜚声海内外，1997年被联合国教科文组织国际岩画委员会列入非正式世界文化遗产名录。

贺兰山岩画是形象化的历史，是早已逝去的史前艺术的历史见证，是人类童年艺术的化石，是中华民族历史文明的驻足地，是原始先民文化经济活动的真实记录，是原始社会的百科全书。保护文物就是传承我们的历史。

贺兰山岩画不仅是宝贵的历史文化遗产，同时也是宝贵的现代旅游资源，随着旅游经济的发展，贺兰山岩画也渐成为旅游新宠，其作为旅游资源的经济价值逐步凸现。与此同时，发现一处破坏一处的现象依然存在，很多珍贵岩画因不能进行有效保护而惨遭毁灭，令人痛心。

因此，对贺兰山岩画进行抢救性保护与合理开发利用问题的研究，对于促进贺兰山岩画的科学保护与合理的旅游开发，实现双赢和可持续发展，不仅有着重要的学术价值，也是当前贺兰山岩画保护与旅游开发中急需解决的重要课题。

一、贺兰山岩画的历史文化资源和旅游资源

贺兰山岩画载于贺兰山，是历史上活动于贺兰山地区的北方猎牧民族凿刻在岩石上的一种岩刻艺术。它记录了远古时期贺兰山的自然生态和北方猎牧民族的生产方式及其社会经济形态，是宁夏古老而丰厚的文明渊源，是人类早期的造型艺术形式，是人类文化艺术、美术的先河，是人类表现自我、表现自身创造力和发泄情感的最原始的方式。岩画是世界上最为普及的文化，是世界性的艺术语言。作为一种史前时期延续而来的造型艺术载体，岩画以其对研究民俗学、文化人类学、符号学等学科的主要参考价值，日益受到中外学术界的重视。尤其是贺兰山贺兰口的人面岩画在世界岩画中以其风格独特、数量集中而成为世界岩画宝库的稀世珍宝，堪称世界人面像岩画之冠，更具有旅

游、文化和科学价值。这里环境优美，景物集中，是游人参观游览、度假、康乐、求知和进行科学文化活动的理想场所。因此，贺兰山岩画不仅是重要的历史文化资源，更是重要的旅游资源。不仅具有重要的历史文化价值、艺术观赏价值、科学研究价值，还具有重要的旅游资源价值。

1. 贺兰山岩画的历史文化资源价值

在贺兰口村村民的羊圈围墙上到处是刻有岩画的石头，当地人戏称：贺兰口的一道石头墙都比美国的历史长。这种说法可从遍布贺兰口村四周的遗址和遗迹得以印证。比这更古老的是数以万计的贺兰山岩画。史学家说，宁夏有两个历史坐标点，东有水洞沟，西有贺兰山岩画，一个是世界闻名的旧石器时代晚期古人类文化遗址，一个是远古人类的文化创造。尽管在科学家的眼里，这两个地域的古文化没有什么科学意义上的必然联系，但是，它们真实、形象地记录着宁夏古老而丰厚的文明渊源，记录了远古人类放牧、狩猎、祭祀、战争、娱舞、交媾等生活场景，以及羊、牛、马、驼、虎、豹等多种动物图案和抽象符号。贺兰山岩画揭示了原始部落的自然崇拜、图腾崇拜、祖先崇拜的文化内涵，是研究考古学、人类文化史、原始艺术史、美术史学、民族史学、宗教史学、民俗史学、符号学以及物种学、地质学、生态学等众多重要学科的文化宝库。佐证着宁夏是中华文明的发祥地之一，贺兰山岩画佐证着中华民族悠久的历史和灿烂的文化。其跨越年代之久远，文化内涵之复杂多样，文化品位之高，均为国内外岩画所少见。贺兰山岩画的人面像，还可以与欧洲、非洲、美洲以及环太平洋文化圈的人面像做比较研究，因而具有其应有的国际地位与历史文化地位。

从1989年开始，笔者和几位考古工作者和美术界同仁历时数年，拓制了上千幅岩画，并在中央美术学院成功地举办了"贺兰山岩画展览"，在国内学术界引起轰动。后又在自治区党委、政府的大力支持下，积极向联合国教科文组织国际岩画委员会申请，将国际岩画年会定在银川召开，申请获得成功。这次会议共有11个国家的145名学者参加，收到提交的国外论文25篇，国内论文97篇。会议期间，中国、澳大利亚、意大利、美国、英国、法国、加拿大、日本、印度、德国、丹麦等国家的代表，围绕如何进一步加强国际在岩画领域里合作，以及中国和世界各国在岩画的研究、记录和保护等方面所遵循的理论方法、措施等进行了深入讨论和广泛交流。各国代表实地考察了贺兰山岩画。在考察中，代表们对贺兰山岩画都表示出了极大的兴趣，认为贺兰山岩画风格独特，岩画的内容和题材丰富，内涵深邃，造型优美，数量可观，并且比较集中，是典型的中国北方岩画系统的代表，在中国岩画和世界岩画中占有极其重要的地位，有着巨大的历史文化研究价值，是极具特色的重要的历史文化资源。

2. 贺兰山岩画的旅游资源价值

贺兰口风景名胜区，是贺兰山岩画的荟萃之地。这里山势峻峭，风景如画，山泉四季不竭。在山口内外分布着5000多幅岩画，其中人面像就有700多幅。它以其表现内容丰富、文化内涵深厚、分布区域集中、距离中心城市近而名冠世界岩画之首。与此同时，34处古代遗址也为贺兰口岩画增加了更多的神奇。这些遗址包括：远古人类居穴3处，祭坛1处，房屋遗址1处，古代帐址5处，古代游牧民族特有的丧葬习俗——墓石圈13处，西夏时期的建筑遗址5处，明代万历年间重修的水关遗址1处，同年创筑的烽火台1处，明代嘉靖十七年哨台遗址2处，清代山神庙和龙王庙遗址各1处，这些珍贵的历史遗迹与贺兰山岩画相得益彰，成为游人探幽访胜的不可多得的旅游资源。

（1）优越的自然条件，特殊的地理位置。贺兰山岩画凿刻于绵延200多千米的宁夏贺兰山上。贺兰山岩画的富集之地贺兰口所处地缘非常优越，贺兰口岩画处于宁夏贺兰山国家级自然保护区中段，从宁夏银川市驱车半小时即到，下车就可观赏岩画，这在全世界岩画点都是绝无仅有的。贺兰口具有毗邻贺兰山东麓多个旅游景点的位置优势，距苏峪口国家森林公园18千米，拜寺口景区10千米，滚钟口景区17.7千米，西部影视城17千米，西夏王陵40千米，是贺兰山文化的重要组成部分，与各景点间有柏油公路相连，形成了相互贯通的贺兰山东麓旅游圈。

（2）贺兰山岩画是独一无二的世界奇观。神秘的古老岩画，深厚的文化内涵，独特的历史天书，构成了独一无二的世界奇观，令游人"迷"而忘返。以原始人的思维方式所创作的岩画艺术，是当时生活的再现。他们崇尚的是"万物有灵"，这些思想在岩画中充分得以表现。而现代文明人类的思维方式与之截然不同，这种思维方式上的反差，使一些岩画图像，让现代人看了不知为何物，特别是贺兰口那些奇形怪状的人面像，让人们产生了很多疑问：是什么时候刻的?又是什么人留下的?这个民族从哪里来?又去了哪里?为什么要把他们的思维与表象刻在这里?是用什么工具刻上去的?这不只是史学家、古人类学家和艺术家们所要探索的，更是吸引广大游客的悬念所在。这也正是岩画作为旅游产品的"看点"和对游人的吸引力所在，好古好奇心理油然而生。置身贺兰口岩画区，人们不仅能领略到贺兰山的雄伟、大自然的秀美、古岩画的神秘，而且会陶醉于古村落、古遗址的原始文化氛围，发思古之悠情，是中外游客访古探奇、寻幽处静、休闲娱乐的好去处。贺兰口岩画风景名胜区，自开放以来，受到广大游人的青睐，旅游收入和接待人数逐年高速增长，2006年4月被全国31家都市报和"新浪""雅虎"等门户网站评选为"中国最值得外国人去的50个地方"之一，并获得金奖，再次显示了贺兰山岩画独特的吸引力。因此有人说"来宁夏旅游不看贺兰山岩画等于没有来宁夏"，这话并不夸张。总而言之，坐落于贺兰山各山口的岩画蕴藏着极大的旅游资源开发价值，是极具发展潜力的旅游胜地。

二、贺兰山岩画保护与旅游开发存在的主要问题

贺兰山岩画自20世纪60年代末正式发现，经80年代初有组织、有规模的调查，

2000年开始保护与开发，经历了近30年的艰苦发展历程，发现数量不断有新的突破。公布于世后，在世界范围内受到广泛关注，也引起宁夏回族自治区各级政府的高度重视。由于加大了保护与开发力度，使贺兰山岩画的保护研究与对外宣传等各项工作取得了很大的进展，岩画的旅游开发工作也已开始起步，尤其是对贺兰口岩画的有效保护与旅游开发工作已初见成效，但仍有许多问题急待解决。

岩画破坏和流失现象严重

岩画的保护是一个世界性难题，对岩画的破坏主要来自两个方面：一是自然损坏，二是人为破坏。自然损坏主要是指裸露于山野的岩画长期受到风蚀、日晒和雨淋，造成石面剥蚀脱落的自然风化现象以及山洪暴发时，裹挟大量巨石、泥沙冲出山谷，对岩画撞砸、摩擦等自然力的破坏情况。贺兰山岩画大多数分布在海拔1100米～2200米的范围内。这一地区降水量较少，一般只有200毫米左右，植被稀疏、岩画裸露，物理风化强烈，岩屑发育较快，致使许多岩画表面脱皮、刻痕模糊、图像不清。贺兰山岩画很多都是刻于杂色砂岩岩面上，砂岩较坚硬，随着时间的推移，裂隙发育，并逐渐延深加长，使岩画破裂、崩落。沟谷是岩画分布较为集中的地区，每到暴雨洪水季节，洪水挟带泥沙巨石，猛烈冲撞岩画，使岩画遭到严重损坏。更为严重的是人为破坏。贺兰山岩画自发现以来始终处于被破坏的状态。有许多岩画距离城镇、村落等居民点较近，随着人类活动的扩展，岩画遭到了前所未有的破坏，如贺兰口及贺兰山北段等地修路、修渠、开矿、拉沙、取土时，许多岩画被炸碎和掩埋，遭到了毁灭性破坏，加之近年来随着岩画的对外宣传，一些不法文物商贩的盗撬时有发生。另外，在岩画点放牧、人畜踩踏也使大量岩画被损坏。由于自然与人为的破坏，使大量珍贵的贺兰山岩画惨遭破坏，"一劫不复"，永久消失。笔者曾于1989年在苏峪口沟口南边的山体上发现并拓制的射猎图，其造型精美简练、极具装饰效果，堪称岩画珍品，给笔者留下了深刻的印象。等2006年再去欣赏时，该岩画已荡然无存，只剩下了被撬过的痕迹和一些碎石，令人痛心。

在岩画的保护方面，除对贺兰口的岩画已予以较好保护外，对其他地方的岩画保护不到位，这是当前贺兰山岩画保护中的突出问题。

（1）保护与旅游开发经费不足，对银川以外的石嘴山、中卫、中宁、青铜峡、灵武等地岩画疏于管理。贺兰山岩画是一个整体系统。目前，银川贺兰山贺兰口岩画虽然得到较好的保护并进行了旅游开发，但仍然存在着经费不足等突出问题。贺兰山岩画自2000年交由银川市管理以来，银川市财政在岩画保护、景区建设方面投入资金达3000多万元。但贺兰山岩画品位高，历史价值大，对一般游客而言，观赏性、理解性和参与性相对较差。再加上景区旅游服务设施建设滞后，旅游参观项目单一，宣传促销经费不足，致使游客数量少，滞留时间短，门票收入少。仅仅依靠银川市有限的文物保护经费和门票收入难以保证岩画的保护和有效的管理。银川两翼的石嘴山市、青铜峡市境内的14个地点的贺兰山岩画，以及灵武马鞍山岩画，中卫北山岩画、香山岩画，中宁牛首山岩画等，保护范围大，又没有专门的管理机构和有效的保护措施，加之受人员、经费、交通工具等条件的制约，岩画保护工作相对滞后，这些地区的岩画屡遭人为破坏，并且日趋严重。灵武马鞍山二道沟岩画几乎被破坏殆尽，原地留存的岩画石已寥寥无几，包括大麦地在内的中卫北山岩画数量也在逐年减少。石嘴山市境内的贺兰山岩画遭到破坏的消息也屡见报端，青铜峡以及中宁境内的贺兰山岩画也因疏于管理，被开山筑路、拉沙取石破坏，偷撬搬运的情况也时有发生。

（2）监管滞后，对破坏岩画的违法行为缺少执法打击。文物行政执法是文物工作的重要组成部分，也是行政执法体系中不可缺少的部分，承担着对历史文化遗产进行保护的责任。虽说法律赋予了文物行政执法部门较大的行政执法权，但是目前宁夏文物行政执法机构不健全，执法力量薄弱，承担全区文物保护监督管理工作，制定文物保护事业发展规划职能的自治区文物局在机构改革后，实际在岗的行政管理干部只有4人。为进一步加强全区文物保护工作，2002年经自治区编办批准成立宁夏文物保护中心，承担全区文物保护方面的事务性工作，但是工作人员只有4人。2004年成立了宁夏文物执法监察队，虽然在一定程度上使宁夏文物人为破坏事件得到有效制止，但面对分布之广、数量惊人的全区大量珍贵的文物特别是数以万计的贺兰山岩画，显然与工作要求不相适应。监管与执法力量严重薄弱，不能适应监管要求。对严重破坏岩画的违法行为不能进行有效的打击，使破坏岩画的行为越演越烈。

（3）对岩画的旅游开发缺少长远规划，使极具价值的文化遗产不能得到充分的开发与利用。贺兰山岩画是人类的珍贵文化遗产，世界岩画中的稀世珍宝，作为一种极具特色的文化遗产和人文旅游资源，有着很高的旅游开发价值。随着其知名度的提高，岩画的图形被广泛采用，有的被邮政部门设计成纪念邮票、工艺品，有的被刻在公园，有的装饰在楼堂馆所，供人观赏。岩画艺术的作用正在更大范围得到发挥，为人们认识先民文化，了解宁夏、宣传宁夏发挥了很大的作用，很多人因慕名贺兰山岩画，专程来宁夏观光旅游。但是，目前除了贺兰口岩画以外的其他岩画点的旅游资源还没有进行全面的调查与评价，也没有开展岩画旅游资源的开发研究规划，对其资源功能、等级开发条件等尚不清晰，开发思路不明，这在很大程度上制约了岩画旅游资源的综合开发利用，在岩画分布较为密集的众多地区中，只有贺兰口一处进行了初步开发，其他地区的岩画还处在沉睡的自然状态，不但随时面临被盗撬破坏的危险，而且对岩画这一古老的历史文化遗产的旅游资源造成了巨大的浪费。

三、加强贺兰山岩画保护与旅游开发的基本对策

（一）贺兰山岩画保护与旅游开发的目标与原则

根据贺兰山岩画的保护与旅游开发的实践，笔者认为，贺兰山岩画作为一种旅游

资源，要得到充分合理的开发和利用，首先应以政府实施旅游开发为前提条件，才能逐步实现其作为旅游资源的经济价值和社会效益，为经济社会建设发挥应有的作用。

1. 贺兰山岩画保护与旅游开发的总体目标

（1）开发思路。贺兰山岩画保护与旅游开发的总体思路：以宁夏"两山一河"文化旅游大战略和超前规划为先导，以文化为带动，以贺兰山贺兰口岩画风景名胜区建设为主导，突出重点，分期开发，以提升宁夏小省区大文化的品牌。以提高人民精神文化生活为宗旨，努力建设世界岩画保护研究与旅游开发示范景区，创建文化旅游带动经济发展的新模式，创造世界岩画保护研究与旅游开发的新路径。

（2）总体目标。建设具有世界意义的文化旅游示范工程，建设世界一流的国家岩画公园、岩画博物馆、世界岩画研究中心和资料信息中心，实现历史与现代、经济与社会、岩画保护与生态建设的和谐共融、协调发展，创造规划和建设世界岩画保护与旅游开发的国际典范，利用古老的岩画，促进文化产业、旅游业大发展，带动宁夏地方经济、社会和文化的和谐发展。

2. 贺兰山岩画保护与旅游开发的原则

（1）坚持长远规划与近期工作相结合。对贺兰山岩画的保护与旅游开发要立足当前，着眼长远，不能盲目和急功近利。从一开始就要严格按照世界文化遗产的标准进行统筹规划，把贺兰山岩画的保护与旅游开发同申报世界文化遗产活动结合起来。要积极为申遗创造条件，以确保申遗活动成功。在重点解决当前抢救性保护的同时，超前规划部署引导未来发展的重大项目。为长远发展打好基础。贺兰山岩画遍及宁夏银川、吴忠（青铜峡）、石嘴山和中卫4市的贺兰山、灵武二道沟、中卫北山、大麦地、香山、中宁牛首山等6个岩画区42个岩画点。目前，宁夏还是西部经济欠发达省区，地方经济发展水平还很落后，同时对上述岩画区进行保护和旅游开发的经济条件尚不具备，因此，对岩画的保护与旅游开发应根据宁夏经济发展的实际水平和各地的旅游资源开发实际进行统筹规划。在对当地岩画资源价值和旅游资源价值认真分析的基础上，并考虑与当地其他旅游资源的分布现状，进行整体布局，循序渐进，分期开发。例如，贺兰口岩画点，由于其距银川市近，岩画数量多，又独具艺术特色，交通极为便利，故首先被开发，收到了较好的社会效益和经济效益。而中卫、吴忠（青铜峡）、石嘴山市的岩画目前还没有得到很好的保护和旅游开发。随着经济发展水平的不断提高，各地可根据当地的实际情况，先易后难，逐步进行保护与旅游开发。防止和克服整体利益与局部利益、近期建设和远期开发的冲突，使岩画的保护与旅游开发工作从整体上有条不紊地向前推进。

（2）坚持多元开发与突出特色相结合。旅游资源不是单一的开发。首先需要有一个有吸引力的旅游环境和接待空间，包括相关旅游配套条件，如景点建设、基础设施的配套及布局，物资供应以及旅游消费品的开发等一系列范围的整体配套旅游开发，呈现出多元化开发的态势，更好地实现其旅游功能，满足和保证旅游者的需求和愿望。没有特色的旅游开发就没有生命力。所以在旅游开发的具体实施过程中，一定要强化其独特性，从而形成强大的吸引力和完整、独立的旅游形象。贺兰山岩画的旅游开发首先要突出古岩画的文化特色，充分挖掘古岩画中所蕴含的丰富的历史、艺术、宗教等深层次的文化特色，使其成为宁夏旅游文化中最具爆发力的产品。利用古岩画群和古遗址、古村落，在附近建造一些仿古特色建筑，开发与岩画内容相关的骑射、围猎和篝火、舞蹈等项目，开发制作与岩画和贺兰山文化相关的旅游工艺品，以充分满足旅游者的好古猎奇心理，身临其境地领略自然与文化相融合的独特感受，这样不但能拓宽旅游项目和服务内容，还能增加旅游收入。

（3）坚持有效保护与旅游开发相结合。当前，随着文化产业和旅游业的飞速发展，旅游经济效益不断提高，一些外省区劳民伤财"巨资造古董"的现象经常出现。相形之下，祖先为我们留下的贺兰山岩画这一历史文化遗产，是我们得天独厚的最大的文化资源和旅游资源，我们必须倍加珍惜，认真加以保护。旅游开发应保护在先，在保护措施保证之后，再适度合理地进行开发。要把旅游开发建立在对岩画的保护基础之上，不能以牺牲自然景观和岩画资源为代价，采取过度的开发，尤其不能进行掠夺性开发。对岩画保护的最终目的就是要使这些古老的历史文明再现生机，为现代人类的文明发展服务，使之成为现代人的精神文化大餐。为了实现这一目的，在对岩画保护的前提下，逐步进行开发，严格保证旅游开发的质量，保证开发一处，成功一处，见效一处，让这一闻名世界的文化遗产逐步发展成为宁夏乃至全国的一张文化旅游王牌，为弘扬贺兰山文化和古老的中华文明，带动宁夏文化产业和旅游经济的发展，最大限度地发挥其应有的价值。

（二）实现贺兰山岩画保护与旅游开发所要采取的主要措施

对贺兰山岩画的保护与旅游开发问题，在经过多年的认真调查研究和思考的基础上，并根据保护与旅游开发的实际状况，笔者认为应采取以下几项措施，以促进贺兰山岩画的保护与旅游开发活动又好又快发展。

1. 实施文化大策划和超前规划

以西部大开发和党的十八大提出的大力促进社会主义文化大发展大繁荣，提高国家文化软实力的方针政策为契机，依托宁夏悠久的历史和丰富的文化旅游资源优势，针对游客，面向市场，突出特色，准确定位，做好贺兰山岩画旅游开发的大文章。

宁夏的旅游资源概括起来可分三大块。第一，有"两山一河"。著名的贺兰山，因为岳飞的《满江红》而出名；有中国工农红军二万五千里长征翻越的最后一座高山六盘山，因为毛泽东的《清平乐·六盘山》而出名；还有中华民族的母亲河黄河流经宁夏397千米，有"天下黄河富宁夏"的美誉。目前，宁夏回族自治区已将其整体规划，使其形成"两山一河"的旅游长廊。第二，有"两沙一陵"。一个"沙"是黄河岸边，腾格里沙漠南缘世界著名的世界环境治沙景点500家之一的沙坡头，是中国最好玩的十大地方之一。另一个"沙"是全国35个王牌景点之一的沙湖。"一陵"就是西夏王陵，掩埋着西夏王朝十代帝王、近200年的历史。第三，有"两文一景"。因为宁夏有西夏文化，同时有中国伊斯兰教文化，又有引黄灌区"塞上江南"的美丽景观，在全国权威的地理杂志新近评出的全国十大天府中宁夏平原榜上有名。这些丰富的旅游资源，为打造贺兰山岩画大文化奠定了坚实的基础，对贺兰山岩画进行文化大策划，将其纳入宁夏文化之中，进一步提高贺兰山岩画在国际国内的知名度和影响力，使贺兰山岩画成为与万里长城相媲美的世界级文化和旅游品牌，使贺兰山岩画风景名胜区成为享誉世界的国际旅游景区，最终全面提升宁夏的文化价值和旅游价值。

2. 采取政府主导与市场机制并举的开发模式构筑融资平台

根据旅游资源开发具有初期投入大的特点，加强政府对这一领域的宏观调控职能，充分发挥市场配置资源的基础性作用。第一，由政府进行统一部署，做好文物、规划、建设、土地等部门的协调工作，并出资做好基础设施建设。第二，在严格遵守国家文物保护政策的前提条件下，开展招商引资工作，在充分发挥本地优势的基础上，广泛吸纳社会资本。允许社会团体、个体业主进行投资，吸引本区乃至全国有识之士和旅游企业家到宁夏来，对岩画资源进行规划整合，统一开发。通过机制创新，谁投资谁受益，多元投资、多方受益，实现共建共享的利益分配机制，形成不断发展壮大的"滚雪球"效应。加快贺兰山岩画的保护与旅游开发步伐，先开发几个潜力大、有代表性的岩画区，再逐步带动整个岩画保护与旅游开发工作的整体推进，实现贺兰山岩画的保护与旅游开发双赢的战略目标。

3. 学术研究与旅游开发联盟

贺兰山岩画作为古代人类经济、生活的反映，有着很高的学术研究价值。要把学术价值的研究和挖掘工作同旅游开发工作紧密结合起来，使贺兰山岩画的学术研究成果服务于旅游开发活动。一方面，要加强岩画研究人才的培养工作，采取多种方法发现和挖掘热爱和愿意致力于岩画研究事业的专门人才，做好老专家与年轻学者的传帮带工作，科学整合与充分发挥现有的岩画研究队伍，有计划、有主题、有方向地开展岩画学术研究活动。另一方面，及时将学术研究成果应用于保护与旅游开发的实际活动中。学术研究的重大发现、重大突破、重大研究成果，不仅在学术界，而且在社会上都会引起广泛的关注、重视并成为旅游资源的吸引物。

4. 经济效益、社会效益与生态效益协调发展

自然景观、人文景观构成了贺兰山岩画的两大旅游资源优势，泉水、森林、山峦、岩画遗址、古村落，是贺兰山岩画作为旅游资源的最大特色。有特色的旅游区才能成为有生命力的旅游区。贺兰山岩画的保护与旅游开发，要坚持可持续发展战略，要着眼长远目标，充分开发和利用这两大旅游资源优势，在旅游开发实施过程中，最大限度地保证古岩画及岩画区周围环境的原真性和完整性。保护自然生态，维持天然形态，要尽量体现古岩画及周围环境的原始风貌，要对基础设施建设布局，场馆的建筑风格，生活垃圾、污水处理方式等方面进行科学合理的周密安排。减少景观的人工雕饰和人为设置，恢复产生岩画的自然生态环境和原始祭祀圣地的人文建筑环境。防止在旅游区出现城市化、商业化和现代化，以保证贺兰山岩画自然景观和人文景观的旅游特色，体现原生状态、荒情野趣和自然天籁，使岩画资源的保护开发利用同步推进，使经济效益、社会效益和生态效益协调发展，同步增长。在生态环境、古岩画得到良好保护的前提下，在努力实现"世界文化遗产"申报条件的同时，促进文化旅游业的发展，并以此带动农业、工业和服务业的良性健康发展，从而推动整个宁夏地方经济和文化建设的全面协调和可持续发展。

5. 抢抓机遇，实行科学管理

当前贺兰山岩画在全世界已逐渐被广泛宣传和关注，随着其知名度和影响力的日益扩大和提高，贺兰山岩画的保护与旅游开发更加迫切。岩画的保护与旅游开发工作涉及财政、旅游、文化、国土、文物等相关部门，要使这些部门在统一协调下开展对贺兰山岩画的保护与旅游开发工作。现在又适逢进入全面建设小康社会、西部大开发和文化旅游业大发展大繁荣的重要战略机遇，要抢抓机遇，切实加强科学管理。一方面要健全行政执法机构，加强行政执法力度，对岩画进行监管，结合当前的经济条件，根据岩画分布具体地点的实际情况进行易地管理，采取灵活有效的管理措施。比如可聘请有责任心的当地农民担任岩画监管员，随时随地进行监管，做到及时发现问题，及时反映报告，及时进行解决，使岩画保护工作落到实处。组建专门的工作班子，实现贺兰山岩画保护与旅游开发工作的立项、规划、建设、土地等全方位立体管理和一条龙服务，全面负责贺兰山岩画保护与旅游开发的规划、设计、建设勘探等工作，创造开放式岩画保护与旅游开发的新模式，从而逐步实现保护与旅游开发双赢，使岩画这一沉睡千年的古老文化艺术焕发新的生机，造福千秋万代。

（原载于李成荣主编：《2008年首届中国·银川国际岩画研讨会论文集》，2009年）

参 考 书 目

肖星、严江平主编：《旅游资源与开发》，中国旅游出版社，2002年。

许成、卫忠：《贺兰山岩画拓本萃编》，文物出版社，1993年。

王邦秀主编：《2000宁夏国际岩画研讨会文集》，宁夏人民出版社，2001年。

贺吉德主编：《贺兰山岩画的保护与开发——报刊文摘》，贺兰山岩画管理处，2004年。

乔华主编：《岩画研究》，宁夏岩画研究院、贺兰山岩画管理处，2001～2006年。

关于我国岩画学标准化可行性的探讨

杨惠玲

（宁夏岩画研究中心）

一、我国岩画研究、保护历程的回溯

毋庸置疑，我国确为世界岩画资源大国之一，但在研究、保护等方面的发展却一直未能与之相符。尽管我国真正科学意义上的岩画调查肇始于1915年。但一直持续到20世纪80年代后期，由于在全国范围内开展了第二次文物普查，各地屡有新的岩画点被发现、推介，才真正引起国内学术界关注。1991年和2000年两届国际岩画委员会在中国宁夏的召开及诸多专家、学者发表的文章等多方影响下，渐次使我国岩画为国际所了解、认同。

随着研究的逐步深入，关于研究范式等问题也受到学界的重视和探讨，由于尚属年轻的学科，岩画学在方法论和理论上多沿袭和借用其他学科，如"为艺术而艺术"、狩猎巫术、生殖巫术、结构主义、萨满教等一系列各种各样的人类学理论和宏大叙事研究范式①一时间颇为盛行。在断代方面仍沿袭传统的考古学方法，再结合我国丰富的文献典籍进行比对。著名岩画学专家盖山林曾将之归纳为根据岩画的保存情况、题材和风格、某些古文献的记载、出现的民族文字；运用比较学方法；将岩画与其附近的文物古迹进行联系；根据岩画所在地的地质变化等进行综合考察，经过分析后间接判断出岩画的年代。

1992年，由著名岩画学专家陈兆复教授创建的中国岩画研究中心成立，主要从事我国境内岩画资料收集、整理及开展学术研究等工作。它是我国成立的第一个岩画研究机构，也是国际岩画组织联合会的成员。此外，该中心还积极致力于人才的培养，从2005年起，中央民族大学开始招收岩画学博士研究生，至今已有多名岩画学博士毕业，但毕业后继续从事岩画研究的人员则不多。

在经历了20世纪80年代到90年代初期的高潮后，由于缺乏新发现和新成果，我国岩画学界暂时归于沉寂。不过，对理论的探索一直没有停歇。从陈兆复先生的"系统

---

① 汤惠生：《建立岩画学科的研究范式》，《岩画学论丛》第1辑，中央民族大学出版社，2014年，第33页。

论"到盖山林先生的"全方位研究论"，从宋耀良先生的"文化传播说"到汤惠生先生的"二元对立思维"，这些学者不懈的探求精神为中国岩画学的学科建设奠定了坚实的基础。进入21世纪后，随着河南省具茨山大量凹穴岩画的发现报道，又重新引燃了学术界对岩画的研究兴趣。时值第三次全国文物普查全面启动，较以往不同的是这次普查前曾组织过人员进行培训，普查中也有规范和标准指导，各地文物工作者运用了许多现代科技手段，对以往普查中存在的资料收集粗疏，对曾被忽略或舍弃不录的许多岩画遗址资料等问题重新进行了数据采集，增补收录在《第三次全国文物普查重要新发现》一书中。这时期，论文和专著也不断涌现，还有一系列有关岩画研究的出版物，定期或不定期出版，如中央民族大学的《岩画》《岩画学论丛》，宁夏岩画研究中心的《岩画研究》，三峡大学的《三峡论坛》中的"岩画专栏"等，都在及时刊载岩画研究的新发现、新成果，收录、报道国内外岩画界的研究成果和最新动态。

同时，我国在岩画保护方面发展也取得了长足进步。不仅先后有多处岩画遗址被公布为全国重点文物保护单位，个别省区还颁布了针对岩画的专项保护条例或办法，如《宁夏回族自治区岩画保护条例》（2008年）、《广西壮族自治区左江岩画保护办法》（2012年）、《阴山岩刻遗产保护管理办法》（2012年）。这些条例、管理办法的健全与施行，表明我国对丰富的岩画资源保护的法制建设是逐渐在实践中发展和不断完善的，并呈现出日趋有序化的态势。

不过，相较国外有多处岩画遗址被列入《世界遗产名录》，截止到2014年6月，已有47项世界遗产的我国却不含一处岩画，令人扼腕。随着因自然、人为因素影响而不断减少，甚至消失的令人担忧的岩画保存现状，也使越来越多的学者意识到这一问题的严重性与紧迫性，不断呼吁加强对岩画的研究、保护力度。2012年10月在北京召开的"中国岩画研究中心特约研究员会"上，即有专家提出加快对岩画资料科学记录的标准进程，并就目前中国岩画研究缺乏学术主流规划今后的学术走向等一系列问题进行了深入探讨、磋商。与会的各位专家在长期的田野调查中，除了开展考古发掘外，通过多年实践观测，对居址、墓葬附近的岩画新提出了"三位一体"的研究理论，也是对岩刻画进行断代的积极探索。

2010年，张亚莎教授担任中国岩画研究中心主任后，除积极开展国际的广泛交流与合作，举办了多个岩画国际工作坊和研讨会之外，还多方联手开展综合研究课题，打破了地区界限的藩篱，拓展了研究领域，也进一步加快了中国岩画界融入国际的步伐。

2013年6月29日，中国岩画学会成立大会在北京举行。它的成立将会进一步推动国内岩画的保护和研究的发展，促成中国岩画早日申遗成功。

2014年成立的国际岩画断代与保护中心，其目标是引导中国岩画研究逐步走向科学化，目前已在河南、宁夏、江苏等多个地区开展了微腐蚀断代工作。

二、国外岩画研究、保护历程的发展

虽然"从整个世界的角度来看，岩画最初被认识是在16世纪末"。不过，一直到20世纪初，当法国史前学家步日耶（Abbe Henri Breuil）、雷若埃-古尔汉（Andre Leroi-Gourhan）等对欧洲南部坎特布里安地区的洞穴彩绘岩画做了分期断代后，才标志着岩画科学研究的滥觞。

进入21世纪后，"岩画研究深入发展的主要标志是作为一门独立学科而日渐成熟和完善。20世纪70年代末80年代初，不仅是我国，全世界都迎来了岩画学的热潮和兴盛"。1988年澳大利亚岩画协会第一次会议在达尔文市召开，标志着岩画学（rock art studies）已发展成为一门独立的学科。同期成立的世界岩画组织联合会（International Federation of Rock Art Organizations，IFRAO）也积极致力于"岩画"这一学科的建设。2003年出版了《多语言岩画研究术语表》（*Glossary of Rock Art Research a Multilingual Dictionary*)，旨在建立岩画研究的规范，使"整个世界范围岩画学者之间的对话与沟通更易于实现"。IFRAO主席罗伯特·G.贝德纳里克先生将其总结为"国际的研究标准、全球性的岩画术语、适于操作的学术规范与体系、科学的研究方法与手段"[1]。2010年该书再版后已增加到了10种语言。显而易见，在同一个专业领域的不同语种间通行使用一致性的"行话"，无疑会增强不同语篇之间的紧密联系，减少或杜绝歧义与误解，确保双方交流的准确和无误。《多语言岩画研究术语表》的出版，不仅仅是标志着岩画这一学科专业词汇标准的建立，也表明随着新考古学的兴起，"强调科学的实证方法和社会规律的探究重要性"[2]对岩画研究的不小影响与冲击，国外岩画研究领域的视野已从最初对人文学科的探索、关注逐渐转向对自然学科的尝试、探新。

2007年，罗伯特·G.贝德纳里克在其出版的《岩画科学：旧石器艺术的科学研究》（*Rock Art Science:The Scientific Study of Palaeoart*）一书中，率先使用了"岩画科学"这一名词，将岩画视为一门学科在理论层面上做了深入地探讨。书中对岩画的制作技法、记录、保护、断代、解释及岩画科学的一些方法都有详细描述。这是第一本比较全面的关于应用科学原理和方法去研究史前艺术的学术著作，开拓了岩画研究实证主义的道路。

---

[1] 汤惠生：《中国岩画研究的世纪回顾》，宁夏岩画研究中心编：《岩画研究2014》，宁夏人民出版社，2014年，第274页。

[2] 陈淳：《从"专业"到"通业"：当前文明探源的理论、方法与实践》，《历史研究》2012年第31期，第179页。

三、我国文博事业标准化进程的发展

我国自正式加入WTO后，在标准化方面的发展也极为迅速。目前，已大致形成了以国家标准为主体，行业标准、地方标准和企业标准三者相互协调配套的标准体系。同时，国家标准化战略的实施，也直接促进了我国文物保护标准化进程的发展。作为文博事业的核心和基础——文物保护的行业标准制定也开始启动。

2004年，国家文物局先是发布了《文物保护行业标准管理办法》。该办法虽然还在试行阶段，却标志着文物保护标准制定已被全面纳入我国文博事业总体发展规划之中。其后，又于2006年专门成立了全国文物保护标准化技术委员会（SAC/TC289）。该委员会"现共发布12项国家标准，47项行业标准；在研30项国家标准，62项行业标准"[1]。在我国的《国家文物博物馆事业发展"十二五"规划》中，也十分明确地提出了标准化建设的目标是"完善标准规范，加快构建中国文物保护标准化理论方法和国家标准、行业标准、企业标准制修订，推进文物保护管理制度化、规范化、科学化"[2]。上述这些大的举措，无不显示出国家对标准化的重视推广与施行。

不过，鉴于岩画的特殊性，与其他的文博行业相比，目前我国岩画学尚无一个通行全国的行业标准和具体的操作规范指导，明显滞后于其他文博行业。同时，对标准化工作的重要性也缺乏正确的认识，各地多是分散开展研究，各行其是，没有集中或综合的研究目标，即使有交流也是有限的。"从近些年的岩画研究来看，岩画仍然没有脱离以行政区划或者山河界限分布研究的窠臼，当然，也无法进入对某一具体的符式做一个全国范围内的深入阐述。"[3]

行业标准是一个行业内部的基本要求，对于规范该行业行为、促进其发展都有相当大的积极作用。显然，在学科交叉研究、现代科学技术已被广泛应用到文化遗产保护的当前，我国岩画学的发展自然也无法避免走标准化这一必由之路的趋势。

四、我国岩画学标准化的发展

进入21世纪后，我国与国际岩画学界间的交流、合作不断拓展和加强，在国际上的影响力也持续提升，如2010年9月召开的"2010岩画与史前文明国际学术研讨会"、2012年10月在北京召开的"中南岩画研讨会"、2013年中国代表团参加IFRAO在美国的年会、2014年在中国贵阳召开的"2014'中国·国际岩画论坛暨世界岩画组织联合会、中国岩画学会年会"，以及同年国际合作开展的中国多个地区微腐蚀断代。这些交流、

[1] 李春玲：《文物保护标准意见征求解析》，《中国文物报》2014年10月31日。
[2] 国家文物局：《国家文物博物馆事业发展"十二五"规划》，2011年6月。
[3] 杨超：《中国岩画学的困境与前景》，《岩画与史前文明》，九州出版社，2010年，第16页。

研讨同样也促进了业界积极推动我国岩画研究、保护事业标准化进程的步伐，以期真正实现与世界接轨。

实现标准化是我国岩画事业数十年发展的必然结果。

通过两次全国性的文物普查及一些地区性的岩画调查、复查等工作，多年来已积累了大量实践经验和基础数据。各地先后成立的多个岩画研究机构、管理部门在岩画田野调查工作中多侧重数据采集、资料著录、存储等领域的研究，如宁夏岩画研究中心持续多年对宁夏岩画的调查与资料著录体系的探索，内蒙古对阴山岩画的普查，河南对新郑、方城凹穴岩画的调查。也分别出版了不少考察报告，如《宁夏灵武岩画考察报告》《阴山岩画》《具茨山岩画调查报告》《方城岩书岩画》等，但是由于缺乏一个机构来统领，欠缺对这些已积累的田野经验进行系统化的梳理与归纳，去粗存精，也谈不上针对性地开展专项研究，进行更深程度的细化，将之提升为一种体系。适时成立的中国岩画学会，作为一个全国性的岩画研究组织，如果能积极发挥其统领的作用，采取多方协作的策略，有组织地开展对话与交流，制定有的放矢的专题攻关，及时对业内进行指导，显然比单纯的某个地区开展研究更有意义和效果，不失为事半功倍的好方法。

推动中国岩画学标准化建设，也是申报世界文化遗产的需要。2012年11月17日国家文物局更新公布的《中国世界文化遗产预备名单》中，花山岩画文化景观和阴山岩刻已赫然在列。众所周知，世界遗产的申报有一套标准需要申报方遵循，其一即是文本必须严格按照《操作指南》的格式要求，组织专业机构或专业人员用心编制。而基础资料的收集、提供，是后期文本汇总的前提和必要保障。由国际古迹遗址理事会（ICOMOS）负责进行评估，并对其保护状况、监测报告提出咨询意见。所以，中国岩画如想申报成功，必须遵守这些准则。而这些都离不开标准化的保障。标准化程度影响专业化程度。显然，现阶段我国实现岩画学标准化已迫在眉睫、势在必行。这也是适应信息化时代的发展要求，深深契合《国家文物博物馆事业发展"十二五"规划》的实施要求。其优势在于可以整合资源，增进交流，拓宽研究领域，真正实现信息共享，有效地促进我国岩画遗产资源保护和管理，并提高保护的安全性和可靠性。

五、结 语

未来我国岩画事业的发展，一方面需要用科学的技术、方法去解决诸如断代、保护等束缚发展的瓶颈问题，另一方面也需要相关标准的及时跟进、完善和使用、推广。当然，"标准的制定和完善需要经历长期的过程和反复的实践"[1]。提倡我国岩画学早日实现标准化，也是为了更直接地与国际专业组织、机构以及国际标准化机构进行沟通、合作，以全球的视野开展研究与保护。当然，实现岩画标准化无疑会是一项长期而

---

① 佘莹：《浅析文博行业标准化工作》，《黑龙江科技信息》2009年第26期，第108页。

复杂的工作。为避免急于求成，可在纵观全局的基础上，按照需求差异，不妨考虑先建设个别标准，以此作为突破口，全力推进我国岩画工作的科学化、规范化，进而促进整个中国岩画事业的科学发展与飞跃。

参 考 书 目

中华人民共和国国家质量监督检验检疫总局：《标准化工作指南第一部：标准化和相关活动的通用词汇GB/T20000.1-2002》，中国标准出版社，2002年。

何流：《文物保护标准体系构建的探讨》，《东南文化》2013年第3期，第14～18页。

《2009年第二届中国·银川国际岩画学术研讨会论文集》，2010年8月。

詹长法、张晓彤：《建立国家文物保护技术标准的国际背景》，《中国文物保护技术协会第四次学术年会论文集》，科学出版社，2007年。

国家文物局：《国家文物博物馆事业发展"十二五"规划》，2011年6月。

国家文物局：《国家文物博物馆事业发展"十二五"规划实施中期评估报告》，2014年3月。

阎平：《文化产业标准化问题研究》，《湖北大学学报（哲学社会科学版）》2010年第11期，第104～109页。

佘莹：《浅析文博行业标准化工作》，《黑龙江科技信息》2009年第26期，第108页。

汤惠生：《建立岩画学科的研究范式》，《岩画学论丛》第1辑，中央民族大学出版社，2014年。

陈淳：《从"专业"到"通业"：当前文明探源的理论、方法与实践》，《历史研究》2012年第31期，第172～188页。

杨超：《中国岩画学的困境与前景》，《岩画与史前文明》，九州出版社，2010年。

陈淳：《文化遗产保护的国际视野》，《复旦学报（社会科学版）》2003年第4期，第122～129页。

守望岩画

——宁夏岩画研究中心廿年亲历记

乔 华

（宁夏岩画研究中心）

一、结缘（1990～1991年）

1990年初夏，我获悉两位同事，宁夏著名画家王系松老师和办公室李文杰主任，被宁夏'91国际岩画会议筹委会借调去协助办会。当时因会议需要出版有关岩画著作，他们经常到贺兰山岩画点拍照、拓制拓片。工作不忙时我曾随他们上山看过岩画，也观赏过王老师拓制岩画拓片的全过程。时间一长，我被先民们的艺术创造所深深吸引，尤其是它的神秘更让我好奇。于是后来一遇到他们要上山，我就主动献出一些好宣纸给他们复制拓片，也为自己赢得了更多的机会欣赏这些古老的艺术。

最让人难以忘怀的是'91国际岩画会议。会场就设在贺兰山宾馆，距单位仅几分钟路程。会议开幕的当天，恰遇王老师到单位取材料，我有幸跟着去长长见识。一进会场，只见人头攒动，讨论的气氛十分热烈，出乎意料，映入眼帘的居然都是陌生的金发蓝眼睛！这次参会的国内外嘉宾共有145人，他们分别来自11个国家，为了人类共同的岩画资源，盛聚在银川。岩画，这些古老的艺术居然连外国人也如此关注！我顿时萌生了好好了解这些古老艺术的愿望。当然，我没想到几年后自己的工作真的就是与岩画相伴而行（图一）。

图一 91'国际岩画研讨会议会场

二、变迁（1992～1996年）

1992年，中国标准草书学社从宁夏银川南迁到江苏南京，社长——全国著名书法家胡公石先生调任江苏省图书馆副馆长，文史研究馆副馆长。中国标准草书学社原是因名人而设立的机构，自胡公石先生叶落归根南迁后，单位遂从宁夏回族自治区党委统战部划转到宣传部对外文化交流中心，后又因需要再次划转到自治区文化厅文化艺术中心筹建处。其职能一是筹建宁夏岩画研究机构及建馆选址工作；二是接待全国著名专家学者参访宁夏岩画写生创作和研讨、展览工作。

通过5年的辛勤工作，我们多次圆满地完成了接待专家、学者的各项任务，他们也被我们的敬业精神所感动，并积极奔走、呼吁成立宁夏岩画专业研究单位。兴许，源于'91国际会议的影响力和即将筹办的2000年国际岩画会议，以及近年工作业绩打下的良好基础，宁夏岩画研究自此开启了新的篇章……

三、成立（1997～1999年）

1997年，我们开始筹备第二届宁夏国际岩画研讨会暨2000年国际岩画委员会年会。我所负责的任务首先是确定国外嘉宾参会人员身份，按拟定开会时间催促提交论文题目，全部汇总呈报自治区外办审核；二是赴北京向文化部外联局申报参会人员批准手续；三是积极筹措资金，编辑出版《'91国际岩画委员会年会暨宁夏国际岩画研讨会文集》和《贺兰山岩画拓片集》等系列准备工作。1999年7月，即在2000国际会议筹备期间，自治区编制委员会正式批准成立"宁夏岩画研究院"（后2006年事业单位三定更名为"宁夏岩画研究中心"），这在当时乃至全国发现岩画的20个省、自治区、直辖市中，宁夏是唯一率先成立岩画专业研究机构（全额拨款正处级事业单位）的。这一举措充分反映出宁夏回族自治区党委、政府对岩画保护研究的重视和前瞻性决策。作为我们，为此前所付出的艰辛努力，为之期盼已久的愿望终于得以实现而庆幸，同时也深深感到肩上所担负的责任和使命。随后，我们的团队以此为契机，在2000年的国际会议期间加班加点，克服人员少，任务重等困难，保证了会议圆满召开，出色地完成了国际会议中的各项任务。

四、主持（2000年12月～2014年5月）

从1990年结缘岩画到后来从事具体的工作，可以说是"十年生聚，十年教训"。在与岩画相伴而行的二十多年岁月，已成为我一生中难以割舍的情结。2000年国际岩画会议结束后不久，从当年12月我开始全面主持工作至今，已经匆匆走过十多年的风雨历程。值此我对岩画工作总结之际，回望这些年来的经历，无论是注重开展田野调查、还是人才培养和推崇学术创新，创办期刊、拓宽交流渠道、多次举办研讨会和国内外展览，以及包括申报学术课题等诸多方面都实现了新的突破，取得了较好的成绩。也算是为文化遗产保护事业交了一份自己比较满意的答卷。

（一）基础研究（2001～2014年）

作为全国唯一从事岩画研究的专门机构，如何立足学科领域拓展研究，更好地借助学界现有力量，找准切入点重新定位研究方向。这些问题我已思考了良久，面对当下的困难、机遇及挑战，我却大胆决绝、自信满满地率领团队以"开展宁夏境内的现存岩画的考察发现与研究工作，收集整理有关资料和信息"为主要宗旨，竭尽全力做好基础研究和成果积累，执着的行进在艰辛的田野调查征程中，展开了一系列研究和探索。

1. 立足田野调查

开展田野调查工作十几年来，它已经成为研究中心永恒的主题研究，更是我们培养学科人才的牢固根基。通过田野调查，促使他（她）们在此项工作中得到历练，勇于学习、借鉴，大胆创新，并在实践中逐步完善了田野考察工作流程，建立、健全了岩画田野调查标准化规程。不断尝试将3S技术应用到实践中，勇于创新调查方法和手段，确保了科学、系统、全面地采集到真实和准确的原始数据（图二）。

图二　田野调查前的准备工作图录

2. 建立岩画档案资料

科学性的进行"建立岩画档案资料"著录工程，首先需要对采集回来的资料，认真、准确地编辑、著录，尽量杜绝人为的修改、误异，从而导致资料失去原真性和客观性（表一）。

表一　田野调查流程表

序号	田野调查具体内容与工作流程				
1	岩画点名称	历史沿革	行政区划图	岩画区域分布图	岩画资料记载
2	岩画点编号	普查时间	岩画点所处地区	明细分工、操作流程与要求	特点、风格、何年普查记载
3	摄影要求	岩画石画面正照	正照（国际标准尺）	侧照	环境照
4	岩画石测量	画面尺寸	岩石尺寸	测量石面距地面、坡面高度	其他
5	分析岩画完好状况	岩画损毁程度	包括自然风化或人为破坏	岩石裂损程度	其他
6	作画风格题材	凿刻、磨刻、涂绘	动物（数量统计）	人物（数量统计）	植物、其他（数量统计）
7	岩画生存环境	地面	半坡	山顶	掩地下半坡
8	GPS定位要求	驱车前往岩画点测距	岩画位置三点测定	海拔、地理坐标数据采集	每块岩画石纵横交错距记录
9	岩画生存周边环境概述	完整观察情况，查阅资料记载	周边遗址、遗存、是否有过考古发掘、年代	其他	其他
10	摄像记录	岩画区域拍摄远景、近景	细化拍岩画分布走势	每块岩画石周边环境	其他
备注	①按国家三普要求编入；②考察组成员、各项表格、记录填表人签名；③摄影、摄像、测量、GPS定位、记录表人员；④综合分析报告				

3. 分类归整

通过开展田野调查，采集到八个方面的资料（即照片、摄像、文字、拓片、线描图、GPS定位、详细登记表、综合分析报告等），然后进行一系列认真的核审工作程序。

第一步程序，按照国家三普编号检查岩画点、照片、摄像、拓片、GPS、详细登记表，综合分析报告等资料的统一编号，确定与每块岩画石的数据核对无误。

第二步程序，岩画点地域与行政区划编码的科学性和准确性的编程复审，排除是否存在疑义或数据采集上人为误差。

第三步程序，复审每一个岩画点调查时岩画分布、组合、单体岩画的总数统计和文字资料是否相一致。

第四步程序，按照国家档案要求进行专业资料分类、编码序列的核对（图三）。

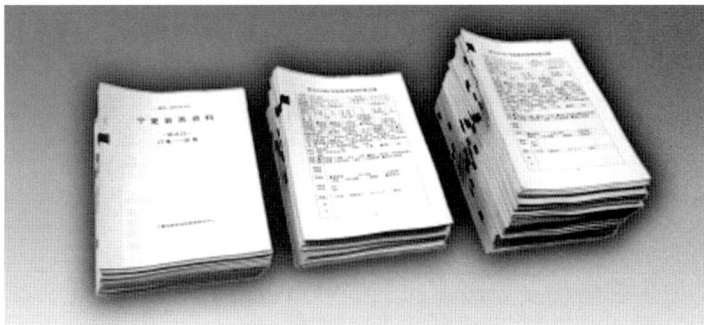

图三　宁夏岩画资料登记表

4. 科学著录

为了更好地研究岩画资料建档工作，首先是将田野调查原始数据资料进行核审，在勘正无误的情况下开展系统著录工作。多年来，我一直激励大家，以一丝不苟，严谨的工作态度，奉献、坚守这份神圣而又厚重的遗产事业（图四）。

图四　宁夏岩画资料档案

总而言之，我认为研究中心应始终如一的坚持崇尚科学、立足基础研究、秉承严谨的工作作风，深入开展各项研究工作，特别是不断应用新技术、新手段，既完善了田野调查流程，也逐渐形成了一整套的规范规程，并在岩画领域起到了引领示范作用。同时，在岩画资料著录、建档方面，更是推陈出新，使这一项浩繁的工程日趋完善、标准。通过对岩画原始数据资料进行科学、系统、规范的分类、著录，建立了完整的宁夏岩画档案体系，实现了信息数字化。不断朝着"三个中心"建设推进（即资料中心、研究中心、成果中心），为未来实现宁夏岩画数据库乃至中国岩画数据库建设都奠定了坚实的基础。

5. 创办期刊（2002~2013年）

随着我国文化遗产研究与国际的接轨，我们的岩画研究水平也要不断提升，需要学科之间互相融合，并在保护、研究等诸多方面开展交流与学习。经过长期的积累，并结合国内岩画领域现状，我反复思考后，决定借鉴现有的国际岩画通讯（INTERNATIONAL NEWSLETTER ON ROCK ART）的做法，创办《岩画研究》。其主要目的，一是为了搭建宁夏岩画面向全国乃至世界岩画学术界交流的窗口，推进宁夏和全国岩画研究水平持续发展。二是经过几年办刊之后更好地逐渐规范、提高办刊的专业水准，完善栏目的多元层次。真正彰显宁夏岩画与全国岩画的资源，扩大其影响力，更好地与深湛的研究者交流，建立与各学界人士的广泛联系，为将来办成国家注册的正式期刊而积累人才和成果，进而不断提升岩画研究中心的声誉和实力（图五；表二）。

图五　已出版的《岩画研究》6期期刊

表二　《岩画研究》期刊出版年表（2001~2013年）

期刊名称	出版年份	出版年期	出版形式	栏目增减变化过程							
《岩画研究》	2001~2002	双年	内刊	论坛	探索与交流	管理利用	人物	域外来风	发现	信息动态	书刊评价
《岩画研究》	2003~2004	双年	内刊		探索与交流	管理利用	人物	域外来风		信息动态	书刊评价
《岩画研究》	2005	单年	内刊		探索与交流	管理利用	人物	域外来风		信息动态	书刊评价
《岩画研究》	2006	单年	内刊	钩沉	探索与交流	争鸣		域外来风		信息动态	书刊评价
《岩画研究》	2007~2011	单年1双年2	公开	钩沉	探索	保护	人物	视野	发现	信息动态	书刊评价
《岩画研究》	2012~2013	双年	公开		探索	保护	人物	赏析	发现	信息动态	书刊评价

纵观上述《岩画研究》的出版年表，展示出我们办刊的历程，证明了这一研究学

者群呈上升的趋势，而我们收获更多的是研究视野和思路的拓宽，国内外岩画新发现和新理念及学术著作得以及时刊载，加快了学界和相关学科的切磋交流，触发了思想上的碰撞，达到了研究和成果的共享。风雨兼程的这些年，我们在蹒跚学步中逐渐探索，形成了独有的办刊风格。然而，面对时代的发展与需求，学术的进步，我们仍需不断努力，继续辛勤耕耘，为保护文化遗产探求新的征程。在此，衷心感谢国内外专家学者多年来对《岩画研究》的鼓励和帮助，让我们共同为促进中国岩画事业的发展尽绵薄之力。

6. 著作（1999～2014年）

在主持岩画研究中心工作的这十几年，我在积累研究资料、成果展示等诸多方面，始终秉持以学术立中心的理念，经过多年的发掘、整理，出版了一系列岩画著作，朝着探索学术研究的轨道行进。同时以现代发展的眼光衡量我们对岩画遗产研究的成果，从中找出不足和差距，即立足地域研究成果突出，对全国各省、自治区岩画的共性研究多，涉列个性的研究却不够广泛、深入，包括国外岩画比较研究尚显肤浅等问题。只有深入细致地梳理和清晰认知，才能更坚定未来研究发展的决心，经过融合、借鉴和互补，自觉仍需开展多层面、更深邃的研究以及学科思路、视野的拓宽（表三）。

表三　编撰的岩画著作年表（1999～2014年）

序号	著作名称	出版时间	编撰单位	出版社
1	《岩画研究》	2000年6月	岩画研究中心	宁夏人民出版社
2	《'91国际岩画委员会年会暨宁夏国际岩画研讨会文集》	2000年7月	岩画研究中心	宁夏人民出版社
3	《贺兰山岩画拓片集》	2000年8月	岩画研究中心	
4	《2000宁夏国际岩画研讨会文集》	2005年7月	岩画研究中心	宁夏人民出版社
5	《远古的呼唤》	2009年12月	岩画研究中心	宁夏人民出版社
6	《久远的记忆》	2009年12月	岩画研究中心	宁夏人民出版社
7	《灵武东山岩画考察报告》	2013年8月	岩画研究中心	宁夏人民出版社
8	《贺兰山岩画拓片集》	2014年7月	岩画研究中心	宁夏人民出版社
其他著作				
1	《全国著名女书画家作品集》	2004年7月	岩画研究中心	宁新准字2004第730号
2	《刘正谦行书集》	2001年12月	岩画研究中心	香港出版社
3	《颂宁夏》古线装	2013年3月	岩画研究中心	西泠印社出版社

7. 开拓视野

宁夏岩画数量众多，题材丰富、研究成果突出，无论在中国还是世界岩画艺术之林中，都占有重要的地位。特别是在银川召开的两届国际研讨会，使宁夏岩画早已蜚声海内外。因此，为更好地推介宁夏岩画，研究中心不断开展各项活动，扩大专业研究机构的影响，为发挥其辐射力，扩大覆盖面而不懈努力。

（1）文化遗产日

宁夏岩画研究中心曾积极承办过两届宁夏"文化遗产日"活动，通过精心策划，将文物以图文并茂的形式，分别用展板陈列在光明广场和鼓楼广场上，为社会普通民众提供了欣赏艺术的机会，并散发了岩画知识宣传单，逐步提高公民保护意识与认知度（图六、图七）。

图六　2006年第一届"文化遗产日"活动现场向市民发放岩画知识宣传单

图七　2007年第二届"文化遗产日"活动展览现场

（2）推介岩画

2008年在宁夏举办了"首届七省区少数民族岩画联展"，分别展出了宁夏、内蒙古、新疆、云南、广西、青海、西藏岩画和部分拓片。此次展览内容厚重、形式新颖，为宁夏民众提供了一次视觉文化盛宴，丰富了大家的文化生活（图八）。

图八　2008年全国少数民族地区岩画联展开幕式

为普及岩画知识，营造全社会保护岩画的良好氛围，2009年6月在《宁夏日报》撰文介绍"珍贵的文化遗产——宁夏岩画"，并主动与企业合作举办"中国移动宁夏杯"

岩画有奖知识竞答（50题），鼓励民众积极参与此项活动，收到了良好的社会效益（图九）。

2009年10月6日～11月8日，宁夏岩画研究中心在台北县立十三行博物馆举办了"跃出草原——宁夏岩画特展"。以岩画图片、遗址分布图、拓片、文字说明、岩画实物等形式，充分展示了宁夏岩画的美与神秘。展览期间吸引了众多参观者，当地媒体进行了采访报道。此次展览不仅加深了台湾观众对宁夏博大精深的历史文化内涵的了解和认识，提高了宁夏的知名度，而且对促进海峡两岸文化交流与学术研究也起到了积极的推进作用（图一〇）。

2010年12月10日至2011年3月底，由广西壮族自治区文化厅和宁夏回族自治区文化厅联合主办，广西壮族自治区民族博物馆与宁夏岩画研究中心承办的"久远的

图九 《宁夏日报》上刊登的《珍贵的文化遗产——宁夏岩画》专文及岩画知识有奖竞答题

记忆——中国少数民族地区岩画联展（广西）"在南宁市隆重开展。广西各大媒体都作了报道。此次展览对传承中华民族优秀传统文化，构筑广泛交流、友好合作的平台，提升岩画影响力都具有重要意义（图一一）。

图一〇 "宁夏岩画特展"参访团团员与台湾学者合影

图一一 "久远的记忆——中国少数民族地区岩画联展"广西开幕式

意大利"中国文化年"活动框架下的"宁夏岩画特展"于2011年8月9日在意大利卡波迪蓬特开展，这是宁夏首次在意大利举办的高规格岩画展览。展览汇集了宁夏岩画中

的50幅图片和拓片精品，展现了宁夏独具特色的少数民族文化和地域风情，进一步促进了中意文化的传承和发展，不断加深两国间的友谊和了解。国际岩画委员会前主席、意大利卡莫诺史前研究中心主任E. 阿纳蒂教授，宁夏回族自治区文化厅副厅长陶雨芳和我一起出席了"宁夏岩画特展"开幕式，意大利当地媒体也对此次活动进行了报道。此次展览达到了宣传推介宁夏和宁夏岩画的预期效果，取得了圆满成功（图一二）。

2012年11月19日"久远的记忆——宁夏岩画艺术特展"在土耳其海峡大学孔子学院成功开展。此次岩画特展是宁夏在土耳其举办的首次展览，并且土耳其境内也发现有岩画，这为中土两国今后在考古方面的合作提供了契机，也为中土两国增进文化交流提供了机会（图一三）。

图一二　宁夏代表团与E. 阿纳蒂教授（中）合影　　　　图一三　土耳其宁夏岩画特展开幕式

为促进文化交流与合作，提升展览的陈列体系，2013年4月在宁夏固原博物馆成功举办了"史前记忆——宁夏岩画特展"，此次是我中心与固原博物馆联合举办的专题展览，陈列展出以岩画文物、岩画拓片、遗址图片、研究资料为基本内容，精选了珍藏岩画资料中的精品，翔实、生动、全面地揭示出宁夏岩画丰富的文化艺术内涵（图一四）。

2013年11月6日，作为第十五届中国上海国际艺术节"宁夏文化周"的主要活动内容之一，"远古的呼唤——宁夏岩画艺术特展"在上海世博园中华艺术宫隆重开展，这是宁夏首次在上海举办的高规格的大型展览。展览面积达1400平方米，汇集了宁夏岩画精品131件，其中包括岩画照片和岩画拓片111件，岩画实物20件，国内11个省份最具代表性的岩画照片13件，以及其他一些国家精彩的岩画照片13件，展现了宁夏独具特色的岩画资源，生动再现了远古人类生活、生产的历史场景，充满了活力和生命原动力，同时也是对世界岩画的一次系统梳理。上海市人大常委会副主任钟燕群、宁夏回族自治区人民政府副主席姚爱兴出席了开幕式，并兴致勃勃地参观了展览。此次展览借助上海国际艺术节的平台，达到了宣传和提升宁夏及岩画的预期效果（图一五）。

图一四　"史前记忆——宁夏岩画特展"
在固原博物馆开展

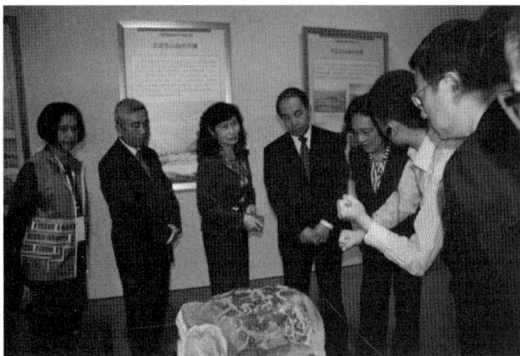

图一五　宁夏回族自治区人民政府副主席
姚爱兴（左四）、上海市人大常委副主任
钟燕群（右三）观看岩画展

8. 交流与合作

学术研究的实力一是基础研究的积累；二是不断地拓宽研究渠道、方法和手段；三是通过国内外学术研讨、交流、切磋等活动，提升我们的研究实力。充分发挥研究中心的作用，积极搭建遗产合作、学习交流的平台。

2005年7月下旬，台湾长荣大学岩画学术交流参访团一行16人赴宁夏贺兰山岩画点进行实地考察。同时，又赴内蒙古曼德拉山岩画考察探讨交流。为使岩画研究更加深入具体，海峡两岸学者们表达了将来共同合作研究的意愿，开创了海峡两岸岩画同道合作的新局面（图一六）。

2006年4月，我们研究中心邀请美国鹿谷岩画中心主任皮特·威尔士、美国岩画协会主席马歇尔·列和美国著名考古学家亨利J.沃特等一行6人赴宁夏实地考察和研讨。同时，又组织国内外专家走进校园，在宁夏大学举办了"神秘岩画"知识讲座，开展中外专家与大学生面对面交流提问和解答，气氛热烈友好（图一七；表四、表五）。

图一六　台湾长荣大学岩画学术交流参访团
与宁夏岩画研究中心、中央民族大学岩画
研究中心在内蒙古曼德拉山考察合影

图一七　美国鹿谷岩画研究中心专家
来我中心参访交流

表四　开展田野调查和国内岩画交流合作年表

国内	调查时间	岩画区域	完成内容、项目实施
宁夏境内	2001年至2013年	贺兰口、灵武东山、青铜峡、石嘴山、中卫大麦地等三分之二	①每一块岩画石采集原始资料，进行八方面身份著录工作（照片、文字、摄像、拓片、线描图、GPS定位、详细调查表、综合报告）。②为其档案资料建立科学的、系统工程。
内蒙古	2002年至2013年	桌子山岩画、阴山岩画、曼德拉山岩画	①考察修复工程。②参加调研、学术会议。③收集资料。
广西	2010年12月～2013年	花山岩画	①考察修复工程。②参加调研、研讨，收集资料。③了解申遗工作进程。
云南	2005年12月	金沙江岩画	①考察金沙江彩绘岩画。②收集资料。③交流研究、保护工作。
江苏	2012年	连云港将军崖岩画	①考察江苏连云港将军崖岩画。②开展采集资料系列工作。③交流资料、著作。
河南	2012年4月	新郑具茨山岩画	①考察河南新郑岩画。②参加调研、研讨。③采集资料。
河南	2012年4月	方城岩画	①中央民族大学岩画研究中心合作考察方城岩画。②参加调研、研讨活动。③采集资料。
青海	2013年6月	卢山岩画	①参加研讨活动。②考察卢山岩画。③采集资料。
台湾	2009年10月6日～11月8日	曼德拉山岩画、宁夏贺兰山岩画	台湾长荣大学岩画学术交流参访团一行16人赴宁夏贺兰山岩画点共同进行实地考察。同时，又赴内蒙古曼德拉山岩画考察探讨交流。

表五　开展田野调查和国外岩画交流合作年表

国家	调查时间	岩画区域	完成内容、项目实施
意大利	2011年8月	梵尔卡莫妮卡岩画点	①考察梵尔卡莫妮卡岩画。②参加交流、研讨活动。③采集资料。
土耳其	2012年11月		①土耳其孔子学院举办岩画讲座。②参加交流、研讨活动。
美国	2006年		①美国鹿谷岩画中心主任皮特·威尔士、美国岩画协会主席马歇尔·列和美国著名考古学家亨利J.沃特等一行6人赴宁夏实地考察和研讨。
法国	2006年3月		2006年3月在自治区文物局许成局长的陪同下，法国国家史前博物馆柯孟德博士来到我中心进行学术交流及岩画实地考察。

五、结　语

　　岩画，是先民在漫长的人类历史进程中，留在岩石上的各种印记。它更是世界性的文化现象。对于从事这门学科研究的专家、学者们（包括专业研究机构）而言，凭着一腔热血和执着地追求，坚守清苦，为了这份遗产事业竭尽全力，从最初的田野调查、创办学术期刊、研讨交流与合作，到诸多研究论著的出版。二十多年的时光里，还留有许多激动人心的经历与记忆，比如研究中心两个科室的增设，人员编制的逐年增加、专业技术岗位的科学设置，研究队伍学历提升，专业设备的更新。这一切都反映出我们研究遗产事业恰逢上好机会和好时代，我们为之兢兢业业，不断创新，大胆尝试新方法和管理手段，从中总结出更好地经验，率领着我的优秀团队勇于奋进，克服重重困难与挑战，付出了几十年的岁月、心血和长期身体的透支，但是我无怨无悔。因为，不知不觉中我已深深爱上这份遗产事业，从中收获了许多知识和历练。总结过去，面向未来发展，衷心祝愿研究中心今后事业更加繁荣，再铸辉煌。

"一带一路"倡议下对新疆岩画的思考

高　莉

（新疆呼图壁县岩画保护与研究中心）

自国家主席习近平于2013年提出倡议后，共建丝绸之路经济带和21世纪海上丝绸之路（简称"一带一路"）逐渐成为社会各界广泛关注的热门话题。原国务院总理李克强在政府工作报告中数次提到"一带一路"，并把"一带一路"明确为经济发展的"三个支撑带"之一。

经济与文化密不可分。"一带一路"并没有忽略文化，而恰恰在很多方面是文化先行。在共建"一带一路"的过程中，文化将如何发挥软实力？文化界能为"一带一路"做些什么？"一带一路"又将为新疆文化遗产带来怎样的机遇？这些值得新疆文物工作者深思。

一、认识新疆文化遗产的独特性

习近平总书记十分关注新疆在"一带一路"建设中所发挥的重要作用。2014年4月，他在新疆考察工作时明确提出，要抓住这个历史机遇，把自身的区域性对外开放战略融入国家丝绸之路经济带建设、向西开放的总体布局中去。

新疆是中国联通中亚、西亚以及欧洲的重要节点，具有广阔的经济增长潜力，是"丝绸之路经济带"的核心区；新疆地处亚欧大陆腹心，具有独特的地缘优势和区位优势，是中国扩大对外开放的西出桥头堡；新疆作为古代"丝绸之路"的交通要道，拥有不胜枚举的文化遗产，是古代文明的交融地。

由于新疆特殊的战略位置及丰富的资源优势，使其在"丝绸之路经济带"建设中的重要地位日益凸显。新疆文化遗产的地域性，为"一带一路"沿线国家的交流互鉴、平等合作提供了文化平台，展示了中华民族巨大的包容性；新疆文化遗产的稀有性，为"一带一路"建设提供了独有的文化支撑，传承了中华民族优秀的传统文化；新疆文化遗产的民族性，为"一带一路"建设提供了历史记忆的依托，印证了中华文明历来就是由各民族人民共同创造，巩固了中华民族共有的精神家园。

文化遗产保护能够维护世界文化多样性和创造性，是"一带一路"沿线国家打造"利益共同体"和"命运共同体"的前提。文化遗产承载着民族自豪感和自信心，在国家建设"一带一路"倡议下，文化遗产保护不仅有利于解决国家的历史文化认同，还能架构起民众心灵最深层的部分，是文化"中国梦"徐徐展开的底蕴。新疆文化遗产保护、利用与传承是实现新疆社会稳定和长治久安的重要基础，是新疆经济社会发展的独特推动力，是"一带一路"沿线国家文化遗产保护交流与合作的枢纽。

由于新疆特殊的区情、社情，文物工作在强化新疆各族人民群众的"四个认同"，正确阐述新疆自古以来就是祖国不可分割的一部分，新疆灿烂的古代文明是生活在这里的各民族共同创造的这一历史史实，为维护民族团结、祖国统一充分发挥着正本清源的重要作用。

二、新疆岩画在新疆文化遗产中的重要性

（一）新疆岩画的基本情况

新疆岩画不仅数量多，而且样式也极为丰富，新疆岩画主要分布在阿尔泰山、天山、昆仑山，以及三山环抱的准噶尔盆地、塔里木盆地周缘的丘陵山地。这些地区的自然条件优越，有丰盛的牧草，自古以来就是各族人民狩猎、放牧的理想天地，岩画反映着人们的生产活动和社会生活场景，以及对人类祖先图腾崇拜的画面。迄今为止的考古研究表明，新疆岩画的时代上限可追溯到石器时代，但其延续时间很长，晚的可到12、13世纪的蒙古时期。享有盛誉的新疆阿尔泰山岩画数量最多，内容多为奔跑的骏马、鹿和羊群，其线条简练、造型生动。有数以千计的岩画雕刻在山体的岩壁或较大的岩石面上，所表现的题材和内容丰富多彩。

新疆岩画在反映生殖崇拜方面，有着突出的重大贡献，不仅数量多、质量高、年代久，而且画面热烈、健美。最令人惊奇的是在昆仑山、天山、阿尔泰山都发现了年代特别久远的洞窟彩绘岩画。到目前为止，在全国其他省区尚未发现。洞窟彩绘岩画，是年代最古老的一种岩画，有专家认为是在旧石器晚期，距今1万年左右，此外，三千年以前古墓中出土的女性丰隆乳房与肥大臀部的木雕与铜塑，也是女性生殖崇拜。由此可知，在远古时期，这里的女性生殖崇拜是相当炽烈的。随着母系社会时期人们从群婚制逐步向对偶婚发展。母系社会向父系社会就开始过渡了，女性生殖崇拜也开始向男性生殖崇拜转变，其中最具代表性的是近年来在天山中部呼图壁县康家石门子发现的大型岩画。这些男性生殖崇拜岩画，规模之恢宏，造型之优美，人体之硕大，技艺之娴熟，堪称举世无双之精品。整个岩画在120平方米左右的巨大画面上，雕刻出数百个男女互相交媾、舞蹈的情景，其中不少男性形象、生殖器官刻画十分突出，表现交媾动作的下方则是群列的小人，显示了人们对强大生殖力的渴望，以及对在人口繁殖中男性地位的肯定。

（二）新疆岩画研究的重要性

岩画是中华文化最早的刻痕，是人类早期的天才创造。岩画作为珍贵而特殊的历史文化遗存和极其重要的文化资源，以古朴、粗狂、凝练的画风和丰富而独特的文化内涵，表现了远古时期人类的生产生活、群体活动、宗教萌芽、心理状态、审美取向、自然观等，成为人类学、传播学、民俗学、美学、原始宗教史、美术史、艺术史、民族史等多学科的重要的研究对象，是一种想象瑰丽、感情浓烈、造型生动简朴、意境深远的形象史诗。岩画在它直观的图像里渗透出原始人类丰富的生活信息，研究岩画的艺术创作，再现先民们丰富的内心世界、思维和心理、精神的意志，传承和弘扬人文精神，对今后的经济发展和社会进步，是一种可贵的文化支撑。

新疆是多民族聚居的地区，文化呈现一体多元，岩画作为富有鲜明地方特色和民族特点的文化资源，代表着本区域特有的精神文化内涵。通过对新疆岩画的深入研究和保护，能够进一步增强人们对民族文化的认同感，对人们的思想和行为形成强大的凝聚力和感召力，必将有力地促进各民族团结和全社会文明程度的提高。

三、以新疆呼图壁为例的几点思考

（一）呼图壁概况

"呼图壁"一词源于蒙语，寓意为吉祥如意的地方。全县总面积9721平方千米，居住着汉族、哈萨克族、回族、维吾尔族等25个民族，县辖六镇、一乡，有兵团农六师芳草湖农场等24家驻县单位。呼图壁县地处全疆人口最聚集、经济发展最快的天山北坡经济带，交通区位优势明显，历史文化旅游资源丰富，生态环境优美，空气质量更是稳居全州第一，是乌鲁木齐周边地区生态环境最好的县市，享有"乌昌后花园"的美誉，先后获得了全国文明县城、全国卫生县城、全国科技进步县、自治区园林城市等一批荣誉称号，被确定为全疆唯一的国家现代农业示范区改革与建设试点县，被评为全国最具投资潜力特色县市之一（图一）。近年来，呼图壁县坚持"绿色生态宜居"的总体发展定位，围绕建设"生态园林城市，绿色休闲之都"的发展目标，加快实施绿色崛起、转

图一　呼图壁丹霞地貌

型发展战略，综合实力显著提升，经济结构更加优化，民生保障持续改善，社会大局和谐稳定，各族群众幸福指数不断攀升。

呼图壁县在远古时期就是古先民的聚集区，这古老的历史文化在全国乃至世界都具有重大影响，康家石门子岩雕刻画就是其中的"绝品"。史学界称康家石门子岩画是"新疆古代游牧文明的里程碑"。康家石门子岩画所刻画的人体艺术主题鲜明、技法精细，比古希腊人体艺术兴盛时期还早四个世纪，素有"世界裸体艺术的发源地"之称。康家石门子岩画不仅是呼图壁县、昌吉回族自治州、新疆，更是全国、世界性的文化遗产。

近年来，呼图壁县委、县人民政府带领全县人民吹响了"文化大发展大繁荣"的号角，以现代文化为引领，深入实施"文化兴县"战略，将"丹霞岩画吉祥地，西域春城呼图壁"作为呼图壁县文化形象定位，不断丰富和完善全县文化旅游产业发展思路，把康家石门子岩画保护与旅游发展纳入县域经济发展规划中，岩画的历史价值和社会意义得到了深层次研究和挖掘。

（二）呼图壁康家石门子岩雕刻画基本情况

新疆呼图壁县康家石门子岩雕刻画位于新疆维吾尔自治区昌吉回族自治州呼图壁县西南的天山腹地，距县城约75千米（图二）。

图二　康家石门子岩画山体

据考证距今有3000多年的历史，岩画距地面10米高，总面积约126平方米。在这片岩壁上布满了大小不等、形态各异的人物形象达300多个，最大者高达2.04米，最小的仅有10厘米。岩画中的人物形象有男有女，有老有少，或站或卧，或衣或裸；男女体态对比鲜明，画中的男子魁梧健壮，充满阳刚之气，女性则细腰肥臀，两腿修长，万般柔情。他们在舞蹈中交媾，在交媾中舞蹈，充满了活力与狂放（图三～图六）。

图三　康家石门子岩画

图四　康家石门子岩画

图五　康家石门子岩画

图六　康家石门子岩画

岩画的主题充分反映了先民对繁殖人口以及战胜猛兽威胁、壮大氏族部落的愿望，被称之为"雕刻在天山岩壁上的原始社会后期的一页文化思想史"。2013年5月被批准为全国第七批全国重点文物保护单位。新疆呼图壁康家石门子岩雕刻画是新疆地区古代先民追求生殖、崇拜生命的重要标志。其丰富的思想内涵和精湛的艺术画面，在研究原始社会、原始宗教、舞蹈、雕刻技法以及新疆古代民族史等许多领域，都具有不可低估的科学价值。

目前，岩画保护仍是一项世界性难题。新疆呼图壁康家石门子岩雕刻画的保护工作主要采取了日常巡视与检测、岩体地质分析、生态环境保护、灾害防治、基础资料收集、社会协调等措施，新疆呼图壁县文物管理部门多次组织召开康家石门子岩雕刻画保护专家研讨会，广泛征求康家石门子岩雕刻画保护工作的意见和建议。2005～2008年，相继开展了岩画一期保护，主要内容涉及清洗水锈污染、剥离层填补加固等，取得了初步的结果，为岩画的保护奠定了基础。2013～2014年，开展了岩画地质病虫害调查、康家石门子岩画及石材研究、康家石门子岩画地表排水保护工程。对岩画遗址本体地质及山体实施勘探，分析其安全性，实行环境监测，对危害性加以分析和研究，同时采用显微观察和数字化分析，对岩画制作工艺进行科学提取，解析当年岩画的加工方式与工具类型，提出保护方法和保护技术。

（三）"一带一路"倡议下的几点思考

作为新疆文化遗产重要的一部分，新疆岩画的研究与保护越来越被当地县委、县政府重视，特别是呼图壁岩画已纳入当地政府的重要议事日程。今后积极探索岩画保护传承的新模式，服务于国家"一带一路"倡议，积极推进项目实施，提升文物保护能力，成为每一位新疆岩画人光荣而又艰巨的使命。结合呼图壁县岩画实际情况，笔者有几点思考。

一是要坚持以岩画保护为本，加强协同合作，注重对文化遗产价值的研究。"丝路文明"博大精深，源远流长，不仅涉及广阔的时空地域，也关系到整个东西方文化体系的交流融合。这就决定了对于"丝路文明"的研究，必然是具有开放性、综合性的特点。文化遗产是由自然、文化等诸多要素构成的复杂综合体，造就了丰富的、多层次的价值体系。研究呼图壁岩画的文化价值体系，实际上是为了对文化遗产进行保护。如可借鉴内地发达地区参与国家文化遗产保护和研究的成功经验，共同编制实施岩画保护与研究合作工作规划，开展遗址资源调查，文物资源数字化采集和遗址环境监测，物探考古与保护材料研究等工作。围绕"丝绸之路经济带"建设，立足文物实体，"让历史说话，让文物发声"，研究丝绸之路文化，促进"文明交流，文明互鉴"，推动丝绸之路的经济政治研究。

二是要紧紧围绕实现新疆的社会稳定和长治久安，结合"丝绸之路经济带核心区"建设，大力推动岩画的保护传承与利用，为新疆经济社会发展做出积极贡献。长治久安是我们党治国理政的总目标，是治疆的总目标和总要求。结合当前新疆"三期"叠加、总体形势依然严峻的情况，文物主管部门要充分发挥文物史证作用，面向群众，正确阐述新疆历史、新疆宗教演变史和新疆民族发展史。加强历史文化宣传教育，充分发挥文物工作在"去极端化"、推进新疆社会稳定和经济发展中的独特作用。

三是坚持分类实施，重点突出。新疆岩画的"开发、研究、保护"是一个综合性问题，但侧重不一样。由于保护的经费以及人力都是有限的，在这种情况下，专家的职责有其独特性。如何将有限的资源投入到岩画保护中，研究的重要性就表现了出来。先投入哪个，需要进行选择，对最重要、最需要保护的进行保护，科学的研究决策很重要。

四是成立研究学会，搭建研究和保护历史珍稀文化遗产平台。从岩画学科研角度，要有人类学、社会学、历史学、原始宗教、原始艺术以及考古学、民族学等多学科的支撑；从岩画断代研究角度，又需要涉及现代科学技术，如光学、计算机、岩石分析、生态环境学等；从岩画保护角度，在岩体加固、表面防风化、酸雨、生态环境保护等许多方面需要高科技、新材料、新技术手段的支撑。成立专门的岩画保护与研究中心，主要是为国内岩画研究与保护性的机构和组织及个人搭建学术平台，有效整合专业资源，壮大岩画保护与研究的力量。

五是注重岩画保护、研究与旅游资源开发的转换关系。可在岩画保护的基础上，尝试进行旅游开发。如可开辟新疆岩画旅游线路，以康家石门子岩画为主题，再推出新疆各岩画，吸引世界各国文化人类学、考古学、民族学、宗教学、历史学等专家、学者，以研讨会的方式，进一步提升新疆岩画的知名度，达到吸引旅游观光游客的目的。也可开辟"新疆岩画网站"，通过多种媒体宣传方式，提高新疆岩画的知晓度，使之成为新疆旅游中的亮点。此外，加强岩画的旅游产品设计开发，增强外界对新疆岩画旅游资源的了解。

作为中国岩画大省，新疆具有优势资源，在国家"一带一路"倡议下，做好新疆岩画的保护、研究、开发、利用已成为新疆岩画人不可推卸的历史课题，唯有尊重科学、脚踏实地、潜心研究、充分展示才能迎来新疆岩画的春天。

参 考 书 目

周菁葆主编：《丝绸之路岩画艺术》，新疆人民出版社，1963年。

苏北海：《新疆岩画》，新疆美术摄影出版社，1994年。

古代滑雪器具演变初探

王 博

（新疆维吾尔自治区博物馆）

　　2005年，敦德布拉克滑雪狩猎岩棚画的发现，在阿勒泰市政府的支持下，于2006年1月16日，通过体育方面的滑雪起源研究学者单兆鉴、刘永祥，新疆历史学者刘国防和考古方面的王建新、吕恩国、郑颉、鲁礼鹏和王博等专家的研究，认为：中国阿勒泰是人类滑雪最早的起源地，同时，发表了振奋人心的《阿勒泰宣言》。2006年12月15日在北京召开了"中国·新疆·阿勒泰是人类滑雪最早起源地"的新闻发布会。后来出版了中英文的《人类滑雪起源地——中国新疆阿勒泰》论文集，应该说，研究取得了可喜的成果。在后来的日子里，单兆鉴先生经常念叨说，如果能开一个国际性的学术会就好了，以平常人的心理来说这也算是功德圆满。这个愿望看来是实现了，这不仅仅是单兆鉴先生不懈努力的结果，也是地方政府大力支持的结果，这里也包含着诸位滑雪爱好者的美好愿望以及世界滑雪起源探索者的辛勤劳动。对世界滑雪起源的认识，也从"阿勒泰是人类滑雪最早起源地"到了"阿勒泰是人类最古老的滑雪地域"的变化，这不仅仅是中文文字的拼对游戏，也是人们对研究世界滑雪起源地的含义有了更进一步的认识，有了更广阔的探索空间。

　　在单兆鉴先生探索精神的鼓舞下，笔者也想做一点工作，做一点探索。对自己来说，滑雪起源的研究也仅仅是一个开始，参加以上这些活动感觉为滑雪起源的研究开了一个很好的头，其实很多的问题都值得深思、值得进一步推敲、分析。我们需要一个国际性的相关滑雪起源的研讨会，去了解国外人对滑雪起源的研究状况，我们更多的是等待或者说是期盼着欧亚山地滑雪遗迹考古的新发现，为滑雪起源的探索不断地铺垫坚实的基石。

　　在后来的阿尔泰山地草原考古的调查中[①]，又发现了新的滑雪狩猎岩画，此外，也收集到除新疆之处的一些欧亚草原其他地域的岩画和民族民俗学方面的滑雪材料，感觉滑雪器具即滑雪板形状和滑雪杖数量的变化，就是一个值得我们注意的问题[②]。新疆阿尔泰山地岩画，除在敦德布拉克滑雪狩猎岩棚画上发现绘画有滑雪器具外，塔合尔吐别

---

① 这里指布尔津塔合尔吐别克滑雪狩猎岩画。

② 这个问题的提及是单老师的一次问话，他说：这个滑雪板的发展演化好像有点问题。

克滑雪狩猎岩刻画上也雕刻了滑雪器具[①]。查找国外的古代滑雪资料时，不仅找到了欧亚草原的俄罗斯境内发现过的滑雪岩画，还找到了滑雪器具的实物资料。挪威滑雪岩刻画中的脚踩巨大滑雪板的人物，给笔者的印象非常深刻，这也是一个值得探讨的问题。此外，也找到了一些民族民俗学方面的滑雪材料，将这些古代滑雪器具资料与现代民族民俗滑雪材料结合起来，进行一些分析，对我们认识欧亚山地古代居民的滑雪历史，会有一定的帮助。

一、岩画的滑雪器具

我们收集到的岩画资料中，敦德布拉克滑雪狩猎岩棚画、塔合尔吐别克滑雪狩猎岩刻画、俄罗斯白海岩画和挪威北部小岛勒德滑雪岩画上都表现了滑雪器具。

1. 敦德布拉克滑雪狩猎岩棚画的滑雪器具

敦德布拉克岩棚画，位于阿勒泰市汗德尕特内蒙古自治乡东南约4千米的敦德布拉克河上游沟谷中，共发现4座岩棚里有岩画，反映滑雪场面的岩画在1号岩棚。1号岩棚的岩画，有早晚之分。其中表现滑雪人物的一组画面，绘画比较简朴，红色偏深赭红色者应属于早期作品，年代推测在公元前1万年前（图一）。

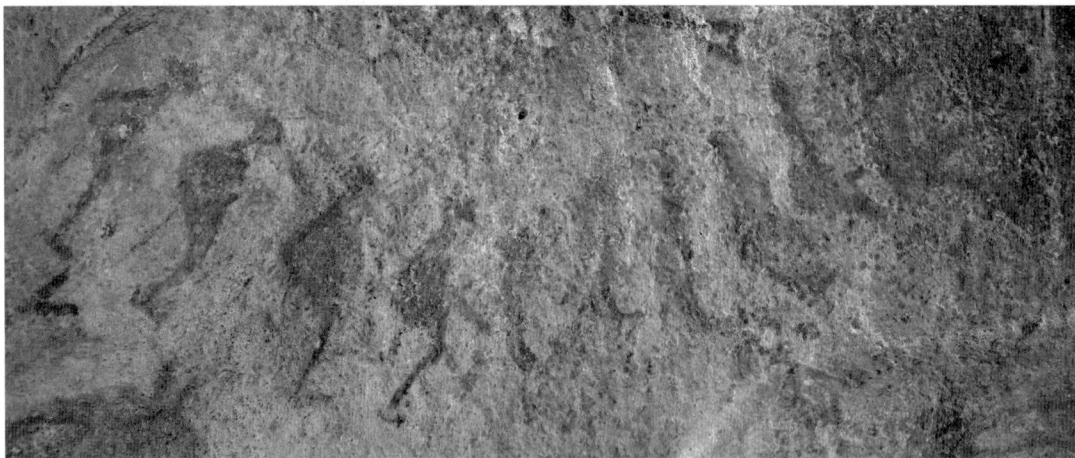

图一　敦德布拉克1号岩棚滑雪人物图

滑雪人物图，处于岩棚的东壁，大概是10个人，其中有7个人的图像比较明显，一字形排开。人物的头，分圆头和非圆头两种，非圆头有点像某种动物的头像，或为带角的鹿头。此外，后4人的形象非常相似，人身体的上体较宽大，似背负着东西；细腿，皆弓身屈腿，做谨慎、慢步前行状。

---

①　此外，去年夏天在额敏县又听到在县境内的岩画上也发现了滑雪的人物，资料待发表。

单兆鉴先生，称滑雪人的形象线条图形，几个脚踏雪板，手持单杆滑雪人的图像栩栩如生。作为不懂得滑雪的人来说，笔者感觉单兆鉴先生的分析是很有道理的。虽然在非滑雪专业人看起来"手持单杆（杖）""脚踏雪板"不是很明显，需要仔细辨别，但是屈腿滑雪慢行的动作却相当形象。同时在后两人的脚下发现了比较短的滑雪板，这一点单兆鉴先生及其研究滑雪的专家的认识很统一，觉得非常明显。

这是阿尔泰山地发现的年代最早的滑雪岩画，有比较长的单杆和比较短的滑雪板[①]。

2. 塔合尔吐别克滑雪狩猎岩壁刻画的滑雪器具

塔合尔吐别克岩刻画，位于布尔津县冲乎儿乡的塔合尔吐别克岩画地点。现收藏在布尔津县博物馆。

2009年1月15日，笔者随单兆鉴先生、吕恩国、乌东军、阿力等专家，在布尔津县冲乎尔乡政府领导的指引下，调查了这幅岩壁刻画。乌鲁木齐晚报记者周磊也参加了这次活动。岩壁刻画是冲乎尔乡牧民努尔别克·祖科发现的，发现时岩画的岩块已从山岩壁体上脱落了下来，搬回了自家，放在小院子里。塔合尔吐别克滑雪狩猎岩画是岩壁刻画，当时起名"滑雪者与狼羊图"（图二）。

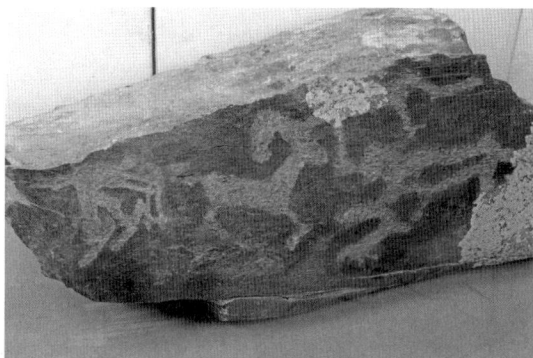

图二　塔合尔吐别克滑雪狩猎岩刻画

岩壁刻画的岩石呈三角形，色发黑，很明显是一块山石。其中的一面保存着岩石光滑的自然面，其余两面是不很平整的剥离面，并且保存有已经变干了的黄色石花[②]，覆盖着岩画的局部，这也说明了岩画的雕刻已有了相当长一段时间。由剥离面保存迹象看，剥离的时间不会太短，有长时间暴露于外的陈旧感觉。石头不大，长87、高32厘米。滑雪者处于画面的左侧，高和宽皆为13厘米：圆头、躬身、双腿呈叉状分开，两脚各踩一滑雪板，两滑雪板大小相近，大体呈平行状布置。滑雪者双臂前伸，两手各持一滑雪杖。滑雪者的背上有一长出臀部的方木形的东西，怀疑是一狩猎工具。

在滑雪者的前方，即画面的右侧雕刻着羊和狼。羊、狼各两只，皆上下布局，相互呈对视状，非常有意思。从羊角的形状看，两只羊应该是北山羊：上面的一只羊个体较大，做急停状；下面的一只羊个体较小，似做立状，感觉非常的惊慌。狼的形状由于被石花所压不是很明显，不过大体上可以看出：上面的一只狼做立状，体形较瘦，尾曲

---

① 行文中，以岩画讲滑雪板的长短，主要根据滑雪板与人身高的比例关系来判断：其长不及膝的是短滑雪板，长过膝至腰胸的是中长滑雪板，高于胸的就是长滑雪板。

② 即苔藓一类的植物。当地有的居民称石花，听起来比较顺耳。

而长，耳相对较短，吻部向前伸出且接近到了羊角；下面的一只狼也做立状，体形较大，曲状长尾，耳长且尖，吻部突出。

岩画的颜色有些相近，经岩画研究方面专家的现场分析，岩刻画中的滑雪者和狼、羊为同一时期的雕刻，并与阿尔泰山地其他岩刻画进行了雕刻技术及艺术风格的比较，认为属于公元前900～前800年的岩刻画。

在后来的一段时间里，笔者又做了些比较分析、考虑，认为当时的分析是有道理的，岩画的时间可以推测在青铜时代晚期[①]，也可以作为新疆阿尔泰山地青铜时代晚期岩画考古的标型岩画来考虑，这也比较符合我们对新疆阿尔泰山地岩画的分期研究[②]。

岩画中的滑雪板与敦德布拉克滑雪狩猎岩棚画的相比，明显要长且宽。而且使用的是双杖，杖的下端好像有保护尖的装置，看起来已非常先进了。

3. 俄罗斯白海岩画的滑雪器具

在收集的俄罗斯白海岩画中有两幅岩画，发现者及研究者都认为是滑雪的场面。其中白海三个滑雪者图，很明显是滑雪岩画，而扎拉夫鲁加追猎图，笔者从发表的线图资料中没有找到滑雪人的场面。

图三　白海三个滑雪者岩画

第一幅，白海三个滑雪者图的滑雪器具。岩画发现于俄罗斯的卡累利阿白海地区（图三），介绍者称：В.И.拉夫多尼卡斯将最古老的岩画（发现于白海地区）与狩猎法术和图腾崇拜信仰相连属，而较为晚期者（发现于奥涅加湖地区），则视之为日、月神话的反映。据他看来，那些神秘的图形——绘有光束的圆和半圆，是日、月的象征，而其他图形，则为种种宇宙表记。显而易见，在卡累利阿岩画中，带有繁衍因素的渔猎崇拜确有反映，其中有些又可能与太阳崇拜有某些关联[③]。但也有一些研究者认为，新石器时代即有太阳崇拜

---

① 会议期间与王建新老师谈及塔合尔吐别克滑雪狩猎岩壁刻画，他说经过近几年在中亚的岩画调查，它属于青铜时代是没有任何的问题。

② 对新疆早期铁器时代的时间，学者间存在一些不同的观点，如有的学者认为公元前1000年新疆进入了早期铁器时代。一般都认为在公元前800年进入了早期铁器时代。

③ К.Д.拉乌什金：《奥涅加的圣所》，《斯堪的纳维亚论集》第Ⅳ、Ⅴ卷塔林，1959年、1962年。转引自〔苏联〕谢·亚·托卡列夫著，魏庆征译：《世界各民族历史上的宗教》，中国社会科学出版社，1985年、1988年。

之说，论据尚嫌不足。"三个滑雪者"岩画反映的是：三个滑雪者脚踏滑雪板，手执滑雪杆，正在奋力滑行。

此外，在白海附近，用点状手法凿刻的最抽象化的构图中，有鹿的足迹、滑雪板的辙迹，以及滑雪杖的戳痕。尼夫赫人用雕刻来装饰木勺时，总要在从洞中爬出的狗熊旁边加上它们的足印，而在滑雪者身后刻上两道雪上的辙迹和滑雪杖的戳痕。这些抽象化图形，对于现代画家是无关重要的，然而对古代岩画创造者却是很重要的。由词根"足迹"派生出的词很多，从这一点足以说明寻觅足迹在过去的作用。无须解释寻觅足迹对猎人的意义，因为那是显而易见的。他们的双眼无时无刻不在注视着野兽、飞禽和人类留在地上的错综复杂的足迹，而且毫不费力地读懂这本大自然的书[1]。

三个滑雪者岩画，是单色彩绘，即将红色、淡黄色或褐色的赭石捣成粉末，与水或油脂搅拌，用毛刷乃至手指涂于洞壁或岩壁之上。三人脚下的滑雪板长度相近，与塔合尔吐别克岩刻画相比，感觉长度相近且也比较宽，使用的是单杆，这与敦德布拉克岩棚画的相同。这幅岩画的年代，推测是旧石器时代晚期或新石器时代。

第二幅，白海附近扎拉夫鲁加追猎图。

乘滑雪板岩画，发现于白海附近扎拉夫鲁加。画面中有许多动物，主要是驼鹿（图四）。研究者称：白海之滨和奥涅加湖畔的岩画，不是一般的描写动物及狩猎的有巫术意义的岩画，而是复杂得多的综合体。俄国学者，如 В.И.拉夫多尼卡斯、С.Н.扎米亚特宁、А.М.里涅夫斯基等许多学者都曾试图对它进行解释。К.Д.拉乌什金写的一篇文章，将奥涅加湖的构图与卡累利阿的民族史诗《卡列瓦拉》和萨阿米人[2]的口头创作进行了比较。驼鹿的形象频繁出现于奥涅加湖的右岸上和濒临白海的扎拉夫鲁加花岗岩峭壁上。奥涅加湖的鹿岛墓地、立陶宛的什维扬托伊，伏尔加河上游的萨克蒂什，均

图四　俄罗斯白海附近扎拉夫鲁加岩画中的乘滑雪板的追猎者的形象

---

[1]　盖山林：《世界岩画的文化阐释·第五节俄国卡累利阿白海之滨和奥涅加湖畔岩画》，北京图书馆出版社，2001年，第34、35页。

[2]　萨阿米人为居住在挪威、瑞典、芬兰及俄国的民族。

发现杖头为驼鹿头像的骨杖。当野牛在南方灭绝后，人们开始在岩石上刻画鹿与山羊的简略图案。在奥涅加湖和乌拉尔地区的新石器时代岩画中，鱼的形象依然极少。

这幅岩画是岩刻画，学者推测是新石器时代的，有人称"俄罗斯白海附近扎拉夫鲁加岩画中凿刻的是驼鹿、小船和乘滑雪板的追猎者的形象"。我们在这幅岩画中很难找到文字中提到的乘滑雪板的人物，如果说有，那么有可能就是最下部靠中右一侧鹿和人物了，在倒数第二只大鹿的后面有一人物，脚上似踩着滑雪板，手持一个长长的可能是雪杖一类的东西。

4. 俄罗斯其他滑雪岩画的滑雪器具

我们找到三幅与滑雪相关的材料，即滑雪射猎鹿图、滑雪套猎图和伪装滑雪图。皆发现于俄罗斯境内。

第一幅，滑雪射猎鹿图。

滑雪射猎鹿图是岩刻画，画面中表现了一滑雪者，左臂偏向后、直曲，右臂向前下伸（雕刻的现象不是很好理解），手持一带箭的弓。弓上没雕刻弦。猎人面对着一只鹿，鹿雕刻了四腿，两只角，角上有小的分枝。鹿头较大，身体也比较宽。形体上与扎拉夫鲁加岩画的鹿图案有些像，可能也是驼鹿（图五，1）。

图五　俄罗斯其他滑雪岩画
1.滑雪射猎鹿图　2.滑雪套猎图　3.伪装滑雪图

滑雪者上身长、腿短，双腿膝部略有些曲，脚踩着前部翘起的滑雪板，滑雪板的大小与塔合尔吐别克滑雪狩猎岩刻画相似，没有表现滑雪杖。

第二幅，滑雪套猎图。

滑雪套猎图的滑雪者，头呈钩状，上身短、宽肩。双腿较长，做前曲状，脚上似穿短腰靴，靴尖踩在前部翘起的滑雪板上，后跟离开了滑雪板。可能表现的是，前部固定，后跟可以分离的一种滑雪板（图五，2）。滑雪板的大小，与A滑雪射猎鹿图的相比较，略显得要长一些、前宽后窄。滑雪者，左手持单滑雪杆，右臂前伸，似手做投套兽绳状。

第三幅，伪装滑雪图。

伪装滑雪图的滑雪者，很明显是一个伪装成动物的滑雪猎人（图五，3）。猎人的头虽有些夸张或有些变形，但可以认为是一个张着大嘴的兽头，有点像童话中狼头，上部还有一个小的、尖状凸起。左臂向前、向上屈伸，右臂向后做下曲状，双腿前屈，腹部雕刻生殖器。双脚踩短滑雪板，右脚的滑雪板比较明显，前长后短。

滑雪者整个动作表现出的是快速滑雪状。

5. 挪威北部小岛勒德滑雪岩画的滑雪器具

笔者查找到一份资料称：在挪威北部边远的小岛勒德发现过一幅公元前2500年左右的岩刻画（图六），刘国防先生在论文中称：目前，世界大多数人认为人类滑雪起源于斯堪的那维亚半岛上的挪威，其主要根据是考古学家在挪威的一个名叫罗带（Rodoy）的地方，发现了一幅绘有一名手持木棍的滑雪猎人的岩画，据称已有4500～5000年的历史。

图六　挪威岩刻画滑着巨大滑雪板的人

刘国防先生论文中的"罗带"（Rodoy）与笔者查找的"勒德"的发音似比较相近，同时推测的年代也差不多，不知指的是不是同一个地方的同一幅岩画①。

岩画上雕刻着一个穿着巨大滑雪板滑雪的人，整个画面都是用粗线条来表现。滑雪者，看似身体前倾，上身直且短，下身的腿较长，膝关节处呈钝角、有些曲。两臂呈叉状前伸，双手持一件前伸的倒"7"字形的器具。也可能表现的是单杖滑雪的姿势。头上戴着兔耳帽，可能是一种伪装。滑雪的姿势相当标准，一眼就能看出来是一个滑雪者（图六）。

滑雪器具的特点：长长的滑雪板，板体宽窄相近，相对比较窄，前部不仅向上、向前曲翘，而且有短的直平小头。滑雪板的尾部也有些向上弧曲。在新疆阿尔泰山地至今没有发现这样长的滑雪板，可能反映了滑雪板区域发展的一种现象。

以上的8幅岩画画面中，其中7幅画面上都能看到比较明显的滑雪板的图画，5幅画面上能看到滑雪杖的图画。这些岩画的年代，学者们推测是旧石器时代晚期至早期铁器时代。首先，可以推测滑雪起源于旧石器时代晚期即公元前50000～前10000年，或认为在距今1.2万年前。其次，旧石器时代晚期至新石器时代的滑雪板，可能存在一个由短变中长的过程，而在青铜时代出现了挪威北部小岛勒德岩画中的巨大滑雪板，滑雪板的制作达到了一个非常自由的状态。在旧石器时代晚期至青铜时代的岩画里，反映出的滑

---

① 刘国防：《阿勒泰地区人类早期活动的相关证据》，《人类滑雪起源地——中国新疆阿勒泰》，人民体育出版社、新疆人民出版社，2011年。

雪者都使用的是单滑雪杖，而在早期铁器时代的岩画里出现非常先进的双滑雪杖，这是一个突变，但也是滑雪狩猎发展的必然。

二、古代滑雪器具实物

要在考古调查或发掘中发现滑雪器具，有很大的难度。因为滑雪器具大都是用木、动物皮制作的，不易保存。有趣的是，20世纪60年代在俄罗斯东北部乌拉尔山脉维斯一地的泥炭沼中，发现了一件认为是滑雪板的器具（图七，1）。呈弯曲状，雕刻有驼鹿头状的"制动器"。年代推测在距今8000年前的新石器时代[①]。

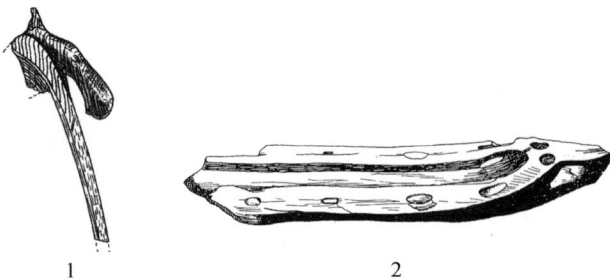

图七　俄罗斯境内发现的滑雪板
1. 俄罗斯东北部乌拉尔山维斯发现的滑雪板　2. 单滑木式猎人雪橇残片

乌拉尔山维斯滑雪板，从笔者掌握的叙述文字及线图很难看清楚它的全貌。有待进一步的考古发现来认识它。

有资料称，在极北地区的晚亚石器时代（旧石器时代末期）的骨器文化中，发现过单滑木式猎人雪橇残片。从发表的线图来看，确实像是雪橇的一个局部，不过制作的相当精致。这个材料非常重要，它虽然讲的不是滑雪板而是雪橇，但在旧石器时代末期能制作出这样精致的木雪橇，可以看出当时居民加工木器的水平，这样复杂的雪橇都能制作出来，那么，制作木滑雪板就是相当简单的一件事情了。

三、史料的滑雪器具

有一条资料称：640年来，自贝加尔湖地区的游牧民族派使臣前往中国朝廷："该国的宫廷档案在谈到他们时写道：他们的国家总被霜雪迅速覆盖，因此他们脚踏宽逾五

---

① 王博：《阿勒泰是人类滑雪最早起源地探索》，《人类滑雪起源地——中国新疆阿勒泰》，人民体育出版社、新疆人民出版社，2011年，第46～63页；新疆社会科学院历史研究所编：《新疆历史与文化》，新疆人民出版社，2010年，第69～82页。

寸，长逾七尺的木板，滑行于冰雪之上，猎取麋鹿和其他动物。"[①]唐尺一尺合今约 30 厘米，长七尺即约合今210厘米，应该是长滑雪板。宽五寸即约合今15厘米，相对比较窄。

此外，有两条关于达斡尔人的滑雪板的记载。其一，达斡尔人自制的肯骨楞（达斡尔语滑雪板），用公野猪皮贴包肯骨楞宽约12、厚约3厘米，长1.35米[②]；其二，长约七尺、宽六寸、厚五分，铺鹿皮[③]。前者滑雪板长度属中等，后者则比较长，同时蒙皮也不一样，有鹿皮和猪皮之分。

如是，虽然不好判断滑雪板的形状，但能了解到它的长度。唐代贝加尔湖居民使用的是长滑雪板，而达斡尔人的滑雪板有中等偏长的，也有长滑雪板。

四、民族民俗资料的滑雪器具

笔者在一个反映清代生活的《皇清职贡图》上，看到一个称作"七姓人乘木马射猎图"的绘画[④]。很明显，"木马"就是滑雪板。滑雪中等长，大体上是尾部弧圆、前部尖呈三角形的滑雪板，因为人物正在持弓射猎，没有表现出滑雪杖（图八，1）。

2006年10月，俄罗斯在北京举办的"俄罗斯民俗艺术展"陈列上，见到了三幅反映滑雪的图画和一副滑雪板实物。第一幅，反映了基尔亚克人及其生活的场面，画面资料介绍称：基尔亚克是北方部落，生活在黑龙江下游和鞑靼海滨地区。画面的前部有两个较明显的人物，其中右侧的一人手上拿着一副滑雪板，左侧一人手上拿着单滑雪杖（？），滑雪板的高度到了人的颈、下颌部，应该是长滑雪板，形状是两头尖、中部平行宽（图八，2）。第二幅，反映了通古斯人的狩猎，画面资料称：通古斯人——猎人。画面中有三人，其中靠前的两人是年轻的一男一女，脚下踩着滑雪板。将滑雪板与人体高度比较，也应该是长滑雪板，形状是中部宽、两头尖的滑雪板（图八，3）。第三幅，反映楚左奇人的生活画面，有钻木取火者、看守小婴孩的楚左奇人。画面中有一站着的人物，手持弓，脚踩滑雪板。滑雪板与通古斯人的相似，即中部宽、两头尖（图八，4）。

在北京"俄罗斯民俗艺术展"有陈列上，展出了生活在东西伯利亚鄂温克人20世纪的滑雪板（图八，5）。滑雪板中等长，形状是两头呈角状尖、中部平行宽。这与画

---

① 日本正仓院所藏唐尺26支，长度从29.4～31.7厘米，平均29.75厘米。1976年西安郭家滩78号唐墓出土唐尺，尺长30.09厘米。

② 张碧波、董国尧：《中国古代北方民族文化史·专题文化卷》，黑龙江人民出版社，1995年，第592～593页。

③ 秋浦：《鄂伦春社会的发展》，上海人民出版社，1978年，第22页。

④ 张碧波、董国尧：《中国古代北方民族文化史·专题文化卷》，黑龙江人民出版社，1995年，第594页。

图八　民俗资料中的滑雪器具

1. 七姓人乘木马射猎图《皇清职贡图》　2. 基尔亚克人及其生活图　3. 通古斯猎人图　4. 楚左奇人生活图
5. 俄罗斯鄂温克人20世纪初的滑雪板　6. 内蒙古鄂温克人滑雪和滑雪板图　7. 黑龙江鄂伦春人的滑雪板
8. 2005年阿勒泰民俗滑雪板

面中的基尔亚克人的相似。此外，在内蒙古博物馆的民族展陈列上我们也见到了鄂温克人的滑雪板（图八，6），其中展柜里的滑雪板没有拍完整，猎人脚上的滑雪板也不很清楚。不过，秋浦的《鄂伦春社会的发展》对其有较为详细的记录：每逢进入冬季，气温降至零下四十多摄氏度，大雪覆盖着山野，道路为之阻塞的时候，鄂伦春人就戴上马尾眼镜，缚上滑雪板，往来于树丛之中寻觅兽踪。马尾眼镜系用马尾编织而成，戴上它，可以避免强烈光线的刺激，有助于视线的清晰。滑雪板是用煮过的桦木或松木制成，长约七尺，宽六寸，厚五分，前端削成尖形而向上翘，铺鹿皮，令毛尖向下，以钉固之。滑雪板的中段有毛圈，用以系足。用时，把它用绳子缚在脚底下，两手各撑一竿，就行走如飞了①。同时附有照片即部分生产工具——滑雪板图（图八，7），是1955年黑龙江鄂伦春人的调查资料，非常珍贵。滑雪板的形状呈尾部宽、渐窄、头尖的形式。

今天的阿尔泰山地的阿勒泰市、布尔津县禾木喀纳斯蒙古族乡的居民，冬季滑雪的季节仍然在制作滑雪板。两地的滑雪板形状大体相似，属长滑雪板，尾部平且宽，呈渐窄的三角形曲翘尖头滑雪板。滑雪杖是单圆木杆，直径4～6厘米，长1.7米左右（图八，8）。

这样一来，我们对民俗资料进行类型分析时，很难考虑滑雪板的长度，主要是根

① 秋浦：《鄂伦春社会的发展》，上海人民出版社，1978年，第22页。

据器形的变化，可以看出滑雪板的四种类型。

A型，圆弧状尾，逐渐变成尖头的滑雪板（图九，1）；

B型，两头呈尖角状、中部平行宽的滑雪板（图九，2）；

C型，中部宽，向两头逐渐变窄、变尖的滑雪板（图九，3）；

D型，尾部宽，向前渐窄、头尖的滑雪板（图九，4）。

图九　民族民俗资料中滑雪板的类型

1. A型　2. B型　3. C型　4. D型

五、结　语

在考古调查和发掘资料中，我们找到了一些与古代滑雪相关器具的材料，这对我们认识滑雪器具的时代、地域变化是有用的。

（1）通过滑雪板材料以及工艺的调查，可知滑雪板的主要用材是木和动物皮（包括筋）。这两样东西很容易找到。其次是工艺技艺，旧石器时代晚期，居民已经掌握了娄勒瓦娄哇（Levallois）打制石器技术，能够设计性地打制出非常精致的石器。这一时期的木器加工技术，推测也会比较成熟。从极北地区旧石器时代晚期制作的单滑木式猎人雪橇残片看，旧石器时代晚期的北方居民已经可以制作较为复杂的滑雪器具了，何况是相对简易的滑雪板，而且可以制作的比较理想。

（2）滑雪起源于旧石器时代晚期即公元前50000～前10000年，或认为在距今1.2万年前。旧石器时代晚期至新石器时代的滑雪板，可能存在一个由短变中长的过程，至青铜时代出现了挪威北部小岛勒德岩画中的巨大滑雪板，滑雪板的制作达到了一个非常自由自在的状态。

旧石器时代晚期至青铜时代早期，滑雪使用的都是单滑雪杖，至青铜时代晚期出现了非常先进的双滑雪杖，这是一个突变，具有偶然性，但也是滑雪狩猎发展的必然。

（3）虽然我们从史料中很难了解到滑雪板的形状，但能反映出唐代贝加尔人的滑雪板相当长，而清代达斡尔人的滑雪板则为中等长的形式。

此外，民俗学资料还显示，滑雪板分四种类型：A型，圆弧状尾，逐渐变成尖头的滑雪板；B型，两头呈尖角状、中部平行宽的滑雪板；C型，中部宽，向两头逐渐变窄、变尖的滑雪板；D型，尾部宽，向前渐窄、头尖的滑雪板。反映的滑雪器具在发展中，存在区域性的变化。

（4）通过上面一些现象看，在滑雪技术和滑雪器具传播的过程中，地域的发展是不平衡的，有着区域性创造及创新。

（5）通过新疆阿尔泰山地岩画和民俗滑雪器具的变化分析，反映出阿尔泰山地居民创造了滑雪狩猎，而且在器具上发展得很快，在青铜时代晚期就使用了当时最先进的双滑雪杖。在游牧业迅速发展的过程中，随着拓疆、扩张、争夺草场战的频繁，同时，骑马狩猎逐渐代替滑雪狩猎，居民渐渐地遗忘了滑雪器具制作的技艺，或者说滑雪狩猎退出了狩猎经济的主导地位。这样一来，阿尔泰山地居民的滑雪器具自然地又恢复到其原始的状态。不管怎么说，滑雪狩猎是阿尔泰山地居民的最爱，才使得它能长久地保存下来。同时，也可以看出来，山地草原居民的某些文化现象的发展是波浪形的，在历史的经历中有高有低的变化，目前保留下来的一些看似比较原始的文化现象，不是历史上发展的最高水平，而是历史的一些原因使它走入低谷的结果。这或许也是山地草原一些历史文化现象发展的一般规律。

2005年，在单兆鉴先生的启发下笔者开始研究滑雪起源，至今已有10年了。10年的时间里，一直在想着碰碰运气查找到一点好的滑雪考古、滑雪历史的资料，也一直在想着做点滑雪起源方面的研究，先生也一直在鼓励笔者学会滑雪去感受滑雪的力量。滑雪起源研究，对笔者来说不仅仅是科学研究，而且是考古人生活的一种享受。

再论新疆岩画时代研究中的几个重大问题

——以阿勒泰地区岩画为主例

王明哲

（新疆文物考古研究所）

一、问题的回顾

古代岩画，无疑是文物的一部分。它以其直观、形象和简练的图像反映着古代游牧民族社会生活的某个侧面。尤其是在我国北方边疆民族地区，更是文物考古调查工作中一个经常和大量遇到而又难以回避的问题。近些年来，在新疆阿勒泰地区和伊犁地区的古墓葬发掘中也出土了部分岩画，从而成了新疆古墓葬考古研究中的一项新内容和新课题。因此，无论是从文物和考古的实际工作，还是从这些学科本身的内涵和发展，以及国际岩画界的关注，无疑在新疆文物考古工作中是应予必要关注的，而无视和回避则显然是不可取和不现实的。

但是，我们认为，以上只是问题的一方面。另一方面，我们不得不承认，相较于其他人们熟知的文物考古资料类型而言，岩画确实又存在着某些"先天"的重要缺陷和不足。岩画研究，特别是其时代研究，是一个极其复杂而又长期困扰着研究者的重大问题。就新疆岩画的时代研究来说，近些年来虽然有所进展，但我们认为，存在的问题仍然相当多。一些岩画，看似有时代"结论"，实际有待质疑和辨议。

在这里有必要对阿勒泰地区岩画的发现略予简单回顾。

1965年夏秋，笔者所在的新疆科学分院民族研究所考古队一行，在结束了新疆阿勒泰县克尔木齐古墓群的主要发掘后[①]，对阿勒泰地区7县进行了较为全面的考古调

---

① 关于克尔木齐古墓群的发掘成果及其研究，可参见a新疆社会科学院考古研究所：《新疆克尔木齐古墓群发掘简报》，《文物》1981年第1期；b王明哲：《论克尔木齐文化和克尔木齐墓地的时代》，《西域研究》2013年第2期。需要说明的是，在《新疆克尔木齐古墓群发掘简报》中，可能因排误而未察，将发掘时间误作"1963年"。笔者等在1985年的《新疆古代民族文物》一书（文物出版社，1985年）的《论新疆古代民族考古文化》和1987年笔者的《略议新疆古代安华的探索研究》二文中均已正作为"1965年"。现特借此文再予澄清。并请今后引者正作"1965年"。

查，其中，发现了大量的古代岩画。"文化大革命"后，1983年，笔者等将这批40余处岩画的地点和基本内容等做了简略的介绍①。可能是由于这批资料比较新颖、全面而岩画又长期乏人问津之故（此前新疆岩画曾有过零星调查报道），因而引起了不小的关注和反响，这实在出乎笔者的意料之外。客观地、实事求是地说，较大地促进了新疆岩画工作的开展。从那以后，一些有兴趣的相关人士对新疆，特别是阿勒泰地区的岩画相继进行了不少调查、报道，更有一些大胆的"时代"论断，如"远古""母系社会"等也动辄出现。对此虽可备说，但笔者从一个专业考古工作者和阿勒泰岩画的主要和先河报道者的角度，坦率地说，对此也不无保留和"疑窦"。为此，笔者曾在20世纪80~90年代先后发表了《略议新疆古代岩画的探索研究》②和《新疆岩画艺术》③两文，对新疆岩画的主要题材和总体时代做了一些初步分析，也对这方面研究存在的问题提出了一些基本看法，主要是如下四点。

（1）古代岩画，一方面具有直接反映某种古代社会生活侧面的形象化、图案化的特点，另一方面又缺乏考古层位学和形态学的有机内在联系，从而造成时代、民族等分析研究上的困难。

（2）一般而言，古代岩画的时代与周边其他考古遗迹，特别是与周边的古墓葬可能有着一定的关系，并随着它们的发掘和研究而得到借鉴。古墓葬的主体时代或其上、下限在一定条件下，可能同步着其周边岩画的主体时代及其上、下限，因此应当对这些古墓葬予以特别关注，对其出土资料应充分利用详下。

（3）根据上述情况，在新疆岩画的时代研究上，笔者主慎重态度。我们认为，除了少数确有硬证并公认的以外，由于岩画的不确定性和未知数甚多，因而大如时代，小至岩画图形的辨识、定名和释意等，都应力求言之有据和留有余地，而不宜武断结论。以待新资料的发现和研究的深入。在这方面，岩画时代本身并无"早好，晚好"，更无所谓"越早越好"之类的问题。我们认为，这并非岩画时代的不可知论，而是应有的科学态度。

（4）在当前和今后一个较长时间内，新疆岩画工作的首要任务仍基本是调查发现、积累资料、建立档案、避免破坏，并在此基础上进行认真的时代分析研究。

今日看来，尽管以上两文可能存在某种不足，但我们认为，上述主要几点仍然是基本正确的。

根据上述分析，自《略议新疆古代岩画的探索研究》《新疆岩画艺术》发表以后，加上其他的工作繁多，也自知力有不逮，一段时间内，笔者基本上与岩画研究有所隔疏。正如有学者指出的："中国目前从事北方草原地区古代岩画研究的，主要是一些

① 王明哲、张志尧：《新疆阿勒泰地区岩画初探》，《新疆社会科学研究》1983年第23期。

② 《新疆文物》1987年第3期。

③ 新疆文物事业管理局等：《新疆文物古迹大观》，新疆美术摄影出版社，1999年。

艺术家和民族史学家，考古学家很少参与。"①我们认为，其重要原因之一当可能与笔者前两文所指出的岩画"先天"之不足有所因由。

然而也正如笔者本文初坦诚所曰，身处边疆民族地区的考古工作者，任务在肩，调查所及，要想轻之，实无可能。近来由于某种机遇，笔者又与之直面接缘。同时根据近些年来所接触到的一些新考古资料和学习、体会，以及新疆岩画研究中的一些现象，也感到有所思考和有言要发，故在多年前两文之基础上再发新声，是曰"再论"。

应该强调说明，因案头资料所限，又囿于时间和条件，故未遑多涉他人文、著。若本文相关论断与他文有所异同，均非出于有意，既不敢掠人之美，也无意向谁发难，纯为直书鄙怀，供学界研究、评说而已。

二、关于欧洲旧石器时代晚期洞穴彩绘岩画资料的使用问题

人所共知，在法国南部和西班牙北部的一些洞穴中多发现有欧洲旧石器时代晚期的彩绘岩画，近些年来，新疆一些岩画研究者常引用此类资料，并以之作为新疆洞穴岩画，首先是阿勒泰地区洞穴岩画的时代也是或基本是旧石器时代晚期的遗存的重要佐证之一。如有的文章说新疆洞窟岩画是母系氏族社会的遗存，属旧石器时代②；有的则认为它大致是"旧石器时代"晚期，时代在距今1万年左右。也有的资料简介则说距今约1.5万年，等等。然它们在使用欧洲资料时，多言简意赅，甚或只借引时代结论而未求证。但却有一定影响。为寻就里，我们在认真比较相关资料后，认为问题并非那么简单，尚待斟酌端详，主要是以下几点，兹分析如次。

第一，欧洲洞穴岩画的时代认定是建立在较多的考古物证资料的基础上的。国内对此有深入考察和了解的资深岩画学者陈兆复指出："旧石器时代欧洲洞穴岩画常常因描绘如今已绝灭了的动物图像，可以根据动物灭绝的时期来推测出大致的创作年代；而且，洞口或岩壁上面有时发现覆盖物，还发掘出过在风格上与岩画有联系的小型艺术品，甚至包括一些与岩画风格相同的草图。但这些都并不完全适用于对我国岩画的年代测定。"③可见，欧洲洞穴彩绘岩画旧石器时代晚期的时代认定，是具有比较充分而扎实的物证的，且非孤证。绝非简单的"洞穴+彩绘"，我们若拟引之来"证"中国阿勒泰，首先得深知别人断代之依据，而不是简单的外化附比，掂来即用。

第二，两地彩绘主题似有明显不同。根据《中国大百科全书·考古学》发表的资

①　王新建、何军峰：《穷科克岩画的分类及分析研究》，《新疆文物》2006年第2期。

②　苏北海：《新疆洞窟彩绘岩画反映的母系氏族社会特色》，《新疆岩画》，新疆美术摄影出版社，1993年，第407页。

③　陈兆复：《中国岩画发现史》，上海人民出版社，1991年，第358～360页。

料看，法国和西班牙的洞穴彩绘岩画是"以野兽为主"，突出表现的是大型兽类本身（图一）①，而从新疆，特别是阿勒泰地区已知的洞穴彩绘，如富蕴县唐巴勒塔斯、哈

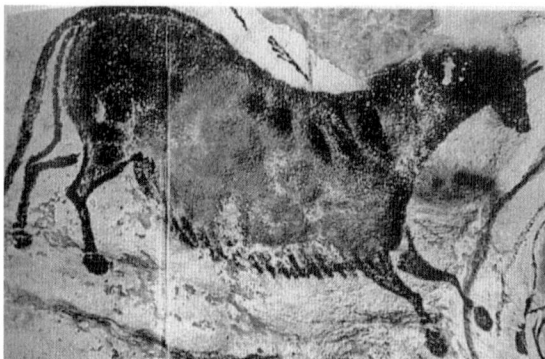

法国拉斯科克斯洞穴壁画：有孕奔马

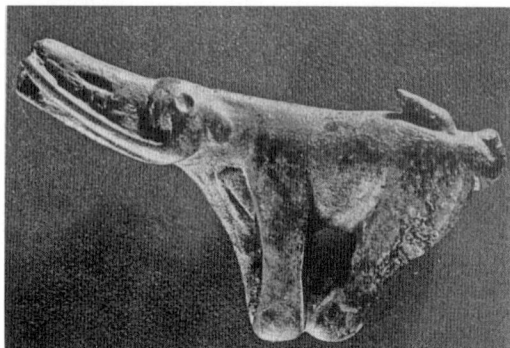

马格德林文化猛犸雕像

西班牙阿尔塔米拉洞穴壁画：牝鹿

法国诺克斯洞穴壁画：野牛

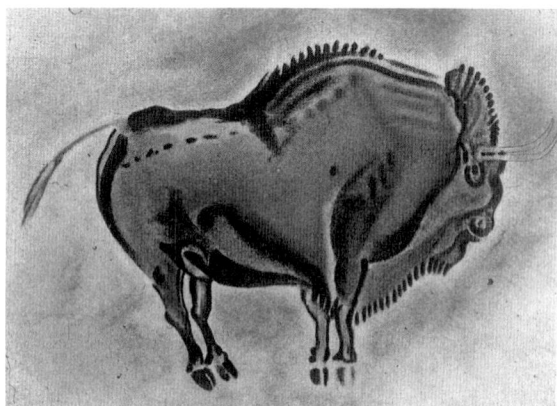

西班牙阿尔塔米拉洞穴壁画：野牛

图一　欧洲旧石器时代晚期洞穴彩绘岩画动物图

---

① 《中国大百科全书·考古学》，第358页，"欧洲旧石器时代·绘画艺术"条；同书，第64、65页间的彩画；中国大百科全书出版社，1986年。

巴河县多尕特、阿勒泰市敦德布拉克等基本内容来看，其主题则显有差异，突出的特征主要是：一是反映精神生活层面的，如人面形神灵图、同心圆、图腾崇拜等；二是反映现实社会生活的，如步牧图、狩猎图、舞蹈图和滑雪图等（图二～图四）[①]，当然也有某些兽类动物图。（关于富蕴县唐巴勒塔斯洞窟彩绘岩画的基本内容和时代，后文还将专论）。

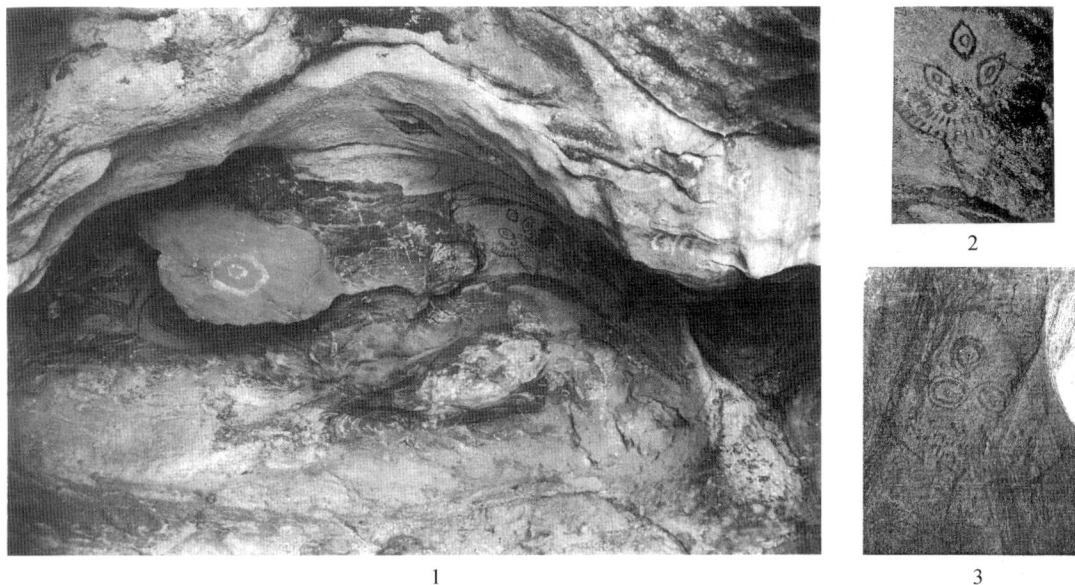

图二　新疆富蕴县唐巴勒塔斯一号洞穴彩绘人面像和同心圆图
1.同心圆图　2～3.人面像图

　　第三，两地彩绘动物的风格和形态也大相径庭。欧洲洞穴中的野生动物如图一，多形体硕大，体质特征极其鲜明，其奔腾之态、毛发之浓、野生之相、凶悍之神等，均表现得淋漓尽致，形神俱备、跃然壁上。而反观阿勒泰洞穴中之动物，多为伫立、静态、温驯之细兽，神态木然。说二者形神似有霄壤之别，恐不为过，而有的从图看实非"兽"而为"家畜"，其时代自然绝非"旧石器时代晚期"（详下）。

　　第四，法国、西班牙和中国分处欧亚两端，前者西欧、后者东亚，相隔万里之遥。如此迢迢，在考古资料的比较、研究中，如果没有确凿、可信且有中继带之依据，而简单地将其时代套用和移植，我们认为是不可取的，亦是考古研究之大忌，甚或意躐

　　①　穆舜英等：《中国新疆古代艺术》，新疆美术摄影出版社，1994年，图161；新疆文物管理局等：《新疆文物古迹大观》，新疆美术摄影出版社，1999年，图0924；祁小山、王博：《丝绸之路·新疆古代文化》，新疆人民出版社，2008年，第224页；《续集》，2016年，第321页；中山大学历史人类学研究中心等：《东阿尔泰山的古代文化遗存》，《新疆文物》2011年第1期，图一八：5，图一九：2、3；等。

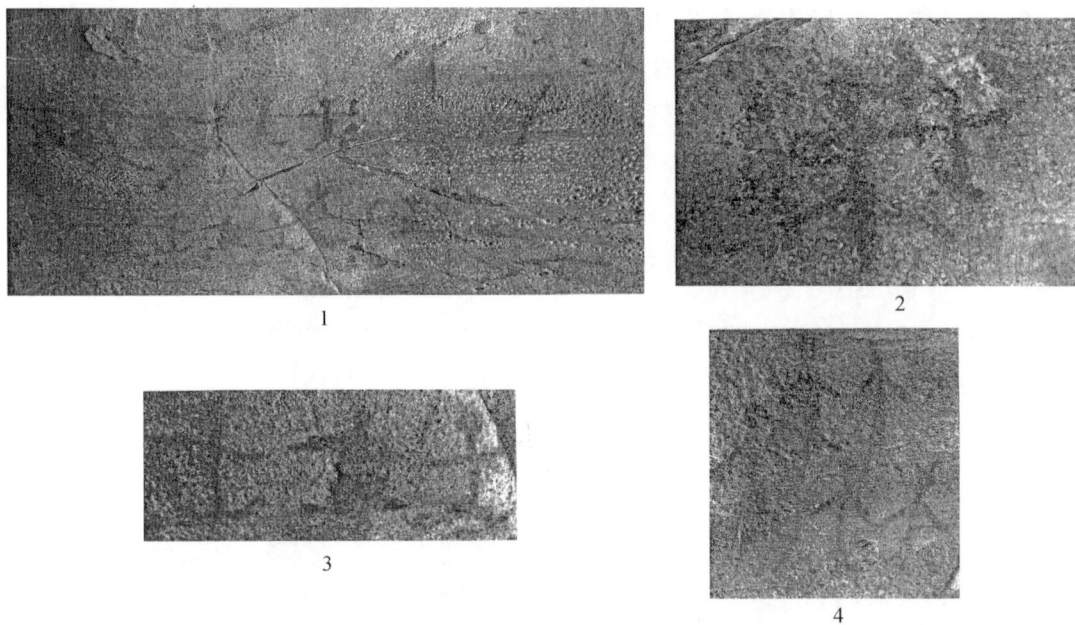

图三　唐巴勒塔斯二号洞穴彩绘舞蹈图、运动图和射箭图等
1.舞蹈图　2、3.射箭图　4.运动图

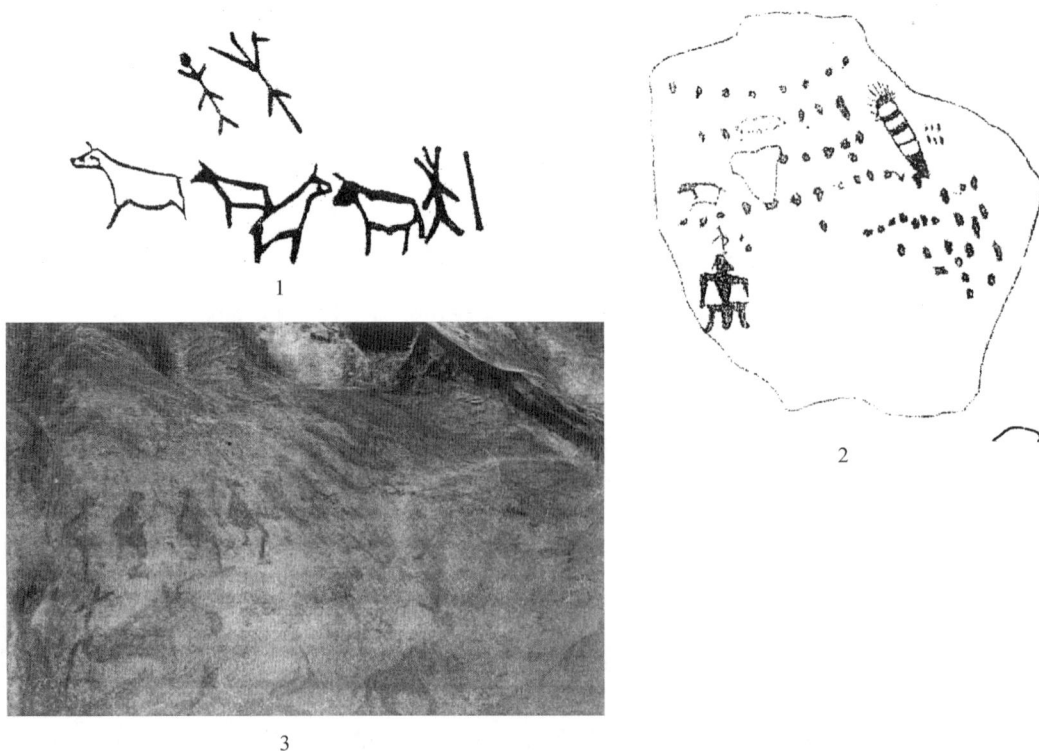

图四　哈巴河县多尕特和阿勒泰市敦德布拉克洞穴彩绘岩画图
1、2.哈巴河县多尕特洞穴彩绘步牧图、农作图　3.阿勒泰市敦德布拉克洞穴彩绘滑雪图

南辕而失北辙。更遑论服人？故尤须三思而慎用之。

第五，贾兰坡先生在介绍欧洲洞穴彩绘岩画时，曾深刻指出："目前除少数可以根据地层和动物的属种来判断时代外，多数只能通过艺术风格的对比，来决定其早晚。关于作品的含意和当时人类的创作意图，学者们虽然有各种解释，但许多是含糊不清和不可靠的。对旧石器时代艺术，进行深入研究，仍然是史前学一个有意义的课题。"① 我们认为，贾先生的这段话很精辟，值得我们在引用欧洲资料时深思。

三、中国古代主要家畜出现的时间及其对新疆岩画时代研究的重大意义

众所周知，在新疆和中国北方的岩画中，动物图是最主要、最基本的内容，数量也最多。无论是畜牧图或狩猎图，也无论是骑牧或步牧，都会遇到马、牛、羊等的画面，因而主要家畜出现的时间也就成了岩画时代研究中难以回避的重大问题或曰首要问题。但我们感到，它常为一些研究者所漠视和疏略，而导致时代之误。因此有必要在此予以详加论述。

《中国大百科全书·考古学》"中国新石器时代的农业"条明载："家畜的出现和农业的出现一样，是新石器时代的突出特征。"②该书"岩画"条也指出："青铜时代和早期铁器时代的岩画……，还出现了家畜、房屋或村落……战争和劫掠等图形。"③周本雄强调："从旧石器时代遗址里出土的动物骨骸，全部属于野生动物。"④"只有到了新石器时代……，伴随着农业或园艺的发展，各类家畜才在世界各地陆续出现。"⑤袁靖认为："在这些遗址里（指距今1万年前的中国旧石器时代晚期有关遗址——引者）发现的动物骨骼基本上都属于野生动物，现在还没有足够的证据可以证明当时已经存在家畜。"⑥张之恒说："农业、家畜饲养业、磨制石器制造业和制陶业，这四个新石器时代文化要素之中，农业是其核心。农业为家畜饲养业提供饲料，只有农业的发展，才能促进家畜饲养业的发展。"⑦

上引权威著作和诸著名学者的相关论断已经和足够为古代岩画中的家畜图、放牧

①　《中国大百科全书·考古学》，中国大百科全书出版社，1986年，第358页，欧洲旧石器时代艺术条。

②　《中国大百科全书·考古学》，中国大百科全书出版社，1986年，第706页。

③　《中国大百科全书·考古学》，中国大百科全书出版社，1986年，第594页。

④　《中国大百科全书·考古学》，中国大百科全书出版社，1986年，第252页，"考古动物学"条。

⑤　周本雄：《兽骨鉴定》，《考古工作手册》，文物出版社，1982年，第358页。

⑥　袁靖：《中国新石器时代家畜起源的问题》，《文物》2001年第5期。

⑦　张之恒：《新石器时代早期文化的特征》，《中国文物报》1999年3月10日。

图等划出了确凿无误的明确的时代上限，值得高度重视。至于各主要家畜出现的时间，许多学者也都提出了看法，虽不尽完全相同，但大多比较一致。周本雄在《中国新石器时代的家畜》一文中指出："从现有的考古资料看来，在中国新石器时代的晚期，人民大体已经饲养了所谓的六畜——马、牛、羊、鸡、狗、猪，而其中的猪、狗、绵羊和水牛，到商代早期便都已育成了特征稳定的品种。""大多数考古学者认为，绵羊和山羊，可能还有马，都是从龙山文化时期开始饲养的。""因此，有把握的说法是，在中原地区，到了商代才有肯定无疑的家马"①。袁靖认为，作为家畜的牛、羊的出现距今4000年左右，而家马和家鸡，"在中国的新石器时代尚没有出现""家马很可能起源于殷代晚期"②。国际上一些学者关于欧亚草原家马出现的年代也与中国学者的看法基本相同。2000年年初在英国剑桥举行的"史前时代晚期欧亚草原的开发"的国际会议上就有学者指出："现在最可靠的，年代最早的证据是乌拉尔山以东的哈萨克草原的青铜时代早期的辛塔施它遗址，年代在公元前2100～前1700年。根据墓葬中出土的最早的双轮马拉战车可以确认这时的马已经是驯化的。"③

　　存在决定意识，生活决定艺术。根据上述所引安志敏先生及乌恩、周本雄、袁靖、张之恒等诸位著名学者以及国外学者关于中国和欧亚草原主要家畜出现年代的研究和论断，我们可以在岩画动物的时代研究中得出如下几点互有关联的结论。

　　（1）从总的时代而言，中国旧石器时代晚期的岩画里不可能出现家畜。

　　（2）反之，出现家畜的岩画如各类放牧图等，均不可能早到旧石器时代晚期。

　　（3）由于各主要家畜出现的具体时代不同，也就锁定了出现不同家畜的岩画的时代上限，如家牛岩画的时代上限当在新石器时代晚期，即距今4000多年前左右；家马岩画的时代上限当不会超过晚商，即距今3300～3200年，等等。

　　（4）反之，凡姓"野"者，其在新疆存在的具体年代也需要科学的认真讨论，如著名的"野牛"，人们一般多抽象地认为，该兽类动物在旧石器时代晚期已在全球灭绝，但在我国北方，包括阿尔泰山地区，却不尽然。王博等研究指出："地质上有一个被称为大西洋期的时间，是全世界气候的最佳时期。当时我国北方气候温和，雨量充足，山区森林茂盛，野生动物大量繁衍。这一地质时期距今8000～5500年，正处于我国新石器时代早、中期阶段。由此我们推断阿尔泰山岩画出现亚洲象、野牛、麋鹿正值这个时代。也就是说，阿尔泰山岩画从目前所调查到的材料推知，其出现的时代应是新石器时代早、中期。"④，而薛宗正等更引述《穆天子传》卷三的记载"智氏献野马、野

　　①　《中国大百科全书·考古学》，中国大百科全书出版社，1986年，第701页。

　　②　袁靖：《中国新石器时代家畜起源的问题》，《文物》2001年第5期。

　　③　杨建华：《欧亚草原考古的新视角——史前时代人类对草原的适应与马》，《新疆文物》2005年第1期。

　　④　王博、王一龙：《新疆阿尔泰山岩画试探》，《新疆文物》1989年第1期。

牛四十"①，其在西域存在的时代就更晚了。另外，在甘肃祁连山北麓大黑沟等地岩画中也发现有狩猎者以弓箭、长矛等围攻野牛的画面。甘肃学者指出其"具有显明时代特征，在春秋战国之际"②。我们认为，以上资料和学者的分析研究，都是值得认真关注的。要之，如同上述中国家畜出现的时代各有不同一样，野生动物在新疆和阿尔泰山活动的时代也需要认真和具体化，而不能是某种定势思维式的"很早"和"遥远"，更不宜下意识的"越古老越好"！这种认识对新疆岩画的时代研究是极为不利的。

众所周知，野牛在今日中国西双版纳等亚热带地区和东南亚国家仍存，在中国属国家一级保护动物③。而野马，则在今日新疆仍建有专属保护区。

（5）有利于动物岩画的正确定名，如是家畜的岩画图就不能定名为"狩猎图"（当然狩猎图中家马、猎犬除外），反之亦然。

我们认为，不同家畜出现的年代对动物、狩猎和放牧等岩画年代上限的认定，对岩画时代的总体研究具有决定性的意义，至少可以避免大的时代偏差甚或南辕北辙的"结论"。在此基础上深化研究，雪泥鸿爪、探步前行，假以时日，必将在岩画时代研究上取得新的重要进展。

下面，我们将根据主要家化动物出现的时间，选择部分新疆不同地区比较著名和重要的岩刻画和洞穴彩绘岩画，对其相关时代做一初步分析。

（1）阿尔泰山哈巴河县多尕特地区洞穴彩绘岩画。

位于哈巴河县萨尔布拉克乡，别列泽克河旁。该地区有多处洞穴彩绘岩画，均以赫红色绘制。其中一洞绘有一幅步牧图（图四，1）。其内容为3人4牛，2牛相向而立，2牛做前后缓行状，3人均双臂下垂或上举，两腿叉立，作吆喝或看守状。从整体图形看，4畜均做或伫立或蹒跚之步态，毫无惊惶、奔逃感；而3人则均呈缓步悠闲之神情。全图视之，显然是一幅步牧图，而非狩猎图。从画面之紧凑、人畜之紧邻及牛之神态也完全可以证明是家牛，而非野牛。根据前述家牛出现之时间，此图之上限当不会超过新石器时代之晚期，距今约4000年。

多尕特另有一洞穴，左壁亦绘有一牛，静态，其下绘一小人、一大人，两臂下垂，两腿屈蹲。右壁绘一黍穗状图像。岩壁中部则绘大量几何图像如方块、点状等。从全图景观看，估暂名为"农作图"（图四）。关于此图之时代，似可做如下之分析：①该"牛"当为家牛，如上文所曰，上限当不会超过距今4000年；②在俄罗斯阿尔泰山地曾发现斯基泰时代的生活窖穴中有散装麦粒或麦穗的桶以及在桶内的马肉④。这似可

① 薛宗正：《奇台县北塔山岩画踏勘记》，《新疆文物》1988年第3期。
② 国家文物局主编：《中国文物地图集·甘肃分册》（上），测绘出版社，2011年，第117页。
③ 夏征农、陈至立主编：《辞海》第9版，上海辞书出版社，2009年，第2223页。
④ 〔苏〕B.A. 莫基利尼科夫：《苏联召开"斯基泰时代的阿尔泰"专题讨论会》，《苏联考古学》1988年第3期。转引自《新疆文物》1990年第2期。

作为多尕特此洞穴时代之参考。有的文章及"图集"①将多尕特洞穴彩绘岩画全部笼统地定为"旧石器时代晚期"。我们认为是不正确的，至少此两洞穴并非如此。至于其他几处洞穴的时代，也疑点颇多，容待另析。

（2）东天山巴里坤县八墙子岩画。

该岩画点位于巴里坤县东北38千米的八墙子村附近。画面中共刻1单马2骑者，左侧单马做奔跑状，右侧2骑者前后立，左前者左手持缰，右手握一弯绳做向奔马投掷状，骑马膘肥体壮；其右后骑者手握一长杆做围堵状（图五，1）②，从整体看，此图非有人认为的"战马图"或"骑射图"，而应是"套马图"或曰"驯马图"。至今牧区常见有此类套马或驯马活动，牧民们为将烈性马或齿口小的幼马（幼马往往烈性）驯服成可供骑乘的坐骑，须先在家马群中选择合适的马，然后驱围合拢将绳索掷出，套住马脖，收拢慢慢驯之，以供日后乘骑。套马需要高超的技术，往往驱赶追踪多时方能套上，这是牧区的一项重要生产活动。据相关资料，"套马"活动发展到今天，成为现代蒙古族、鄂温克族等常见的一项娱乐健身和民族体育比赛项目③。曰"战骑图"或"战马图"，非是，因左侧单马上无骑者，无"战"之对象可言。当然更非野马，野马合群，罕见单马者。

关于此岩画之时代，相关资料之编著者或未说明，或认为是7～8世纪，但未言其据。我们研究认为，此图之上限一般不会超过晚商，即公元前13世纪左右。因为如上述，那是中国家马出现的时间。至其下限，从图形看，其骑乘二马似无"马镫"。根据新疆考古资料的发现和研究，新疆始见马镫在5～6世纪④，也就是说，此岩画的下限当在5～6世纪。鉴于此图较有"型"，即形象较生动，技法较娴熟，其时代当不会太早。据报道，在八墙子村山顶，曾发现一幅岩画（图五，2）。有学者认为，该岩刻印记"〰"为部落印记，其时代"在公元前100年前后"⑤。若此说基本不误，则与之风格相似的八墙子村"套马图"也可能与之大致同时。结合文献史料，据《汉书·匈奴传》记载，"其明年（公元前176年），单于遗汉书曰'故罚右贤王，使至西方求月氏击之。以天之福，吏卒良，马力强，以灭夷月氏，尽斩杀降下定之。楼兰、乌孙、呼揭及其旁二十六国皆已为匈奴，诸引弓之民并为一家。'"⑥巴里坤草原是匈奴右部王廷所在地，无疑会有大量匈奴文物考古遗存。因此我们认为，此八墙子村"套马图"当为

---

①　国家文物局主编：《中国文物地图集·新疆分册》（下），文物出版社，第635页。

②　刘国瑞、祁小山：《哈密古代文明》，新疆美术出版社，1997年，图版117；穆舜英等：《中国新疆古代艺术》，新疆美术摄影出版社，1994年，图168。

③　内蒙古自治区体育局：《草原情·体育梦》，第14页。

④　王明哲：《论克尔木齐文化和克尔木齐墓地的时代》，《西域研究》2013年第2期。

⑤　李树辉：《突骑施钱币新论》（下），《新疆钱币》2015年第3期。

⑥　《汉书·匈奴传》（上），第11册，中华书局，1999年，第3757页。

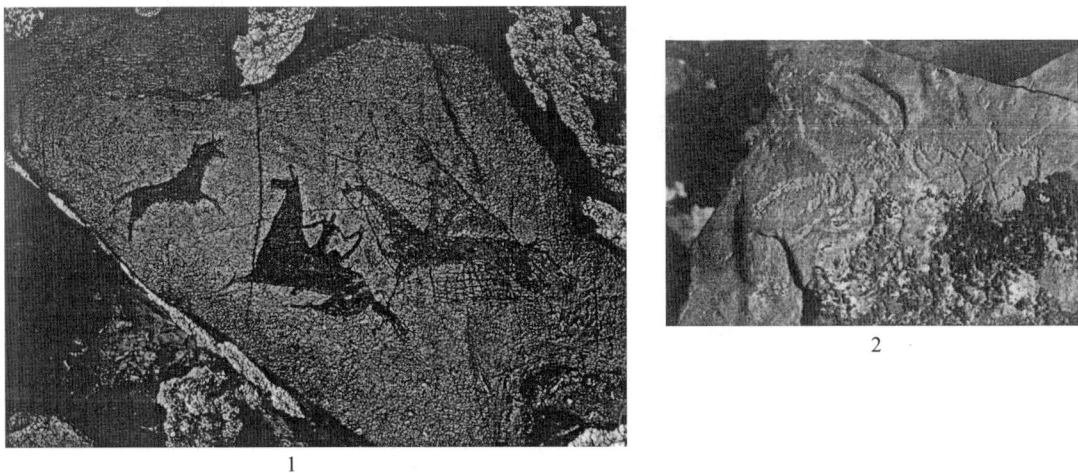

图五　巴里坤县八墙子村岩画

1. 巴里坤县八墙子村岩刻画套马图　2. 八墙子村山顶岩刻画图

匈奴遗存。

（3）中天山南麓腹地尉犁县兴地岩画。

习称"库鲁克山岩画"，位于尉犁县城东境、兴地村东南9千米，库鲁克山南麓，为自治区文物保护单位。此岩画因早年斯坦因和贝格曼均曾报道，故闻名于世。岩刻内容丰富，有牧马图、围猎图、人物、羊、骆驼、手掌、太阳、树木、栅栏等，"有的持弓狩猎，有的骑羊行进，还有儿童追逐、倒立等嬉戏场面，栅栏边的骑马者及着裙的女子形象尤为清晰。另外，还可见8字等符号"（图六）[①]。

关于岩画的时代，根据图像内容，结合文献记载，我们认为，它应当是两汉时期匈奴人的遗存。理由有二：

其一，《汉书·匈奴传》曰："儿能骑羊，引弓射鸟鼠。"又曰："而单于朝出营，拜日之始生，夕拜月。"[②]而这两种场景在兴地岩画中都有恰当的展现，不仅有骑羊行进图，还有一幅"牧马图"：一名牧人赶着一群马正向山坡走去，坡上是两棵枝叶繁茂的大树，树后半个太阳正冉冉升起，金光四射。虽然，骑羊者不一定是"儿"，而"朝出营，拜日之始生"者更非一定是单于，但二者图文相配、情趣益彰，有异曲同工之妙。诚然，从古游牧民族来说，"儿能骑羊"以及崇拜太阳者并非匈奴一家，但据笔者所知，能如此明白和形象地将"骑羊"和"拜日"图文对接，似乎仅见此匈奴一条。文物（岩画）与文献结合之致密，就像是"一事一画"，于兹为最。我们认为这当

----

① 　国家文物局主编：《中国文物地图集·新疆分册》（下），文物出版社，2012年，第510页；贝格曼：《新疆考古记》，新疆人民出版社，1997年。图引自陈兆复：《中国岩画发现史》封里及152页，上海人民出版社，1991年。

② 　《汉书·匈奴传》（上），中华书局，1999年，第3743、3752页。

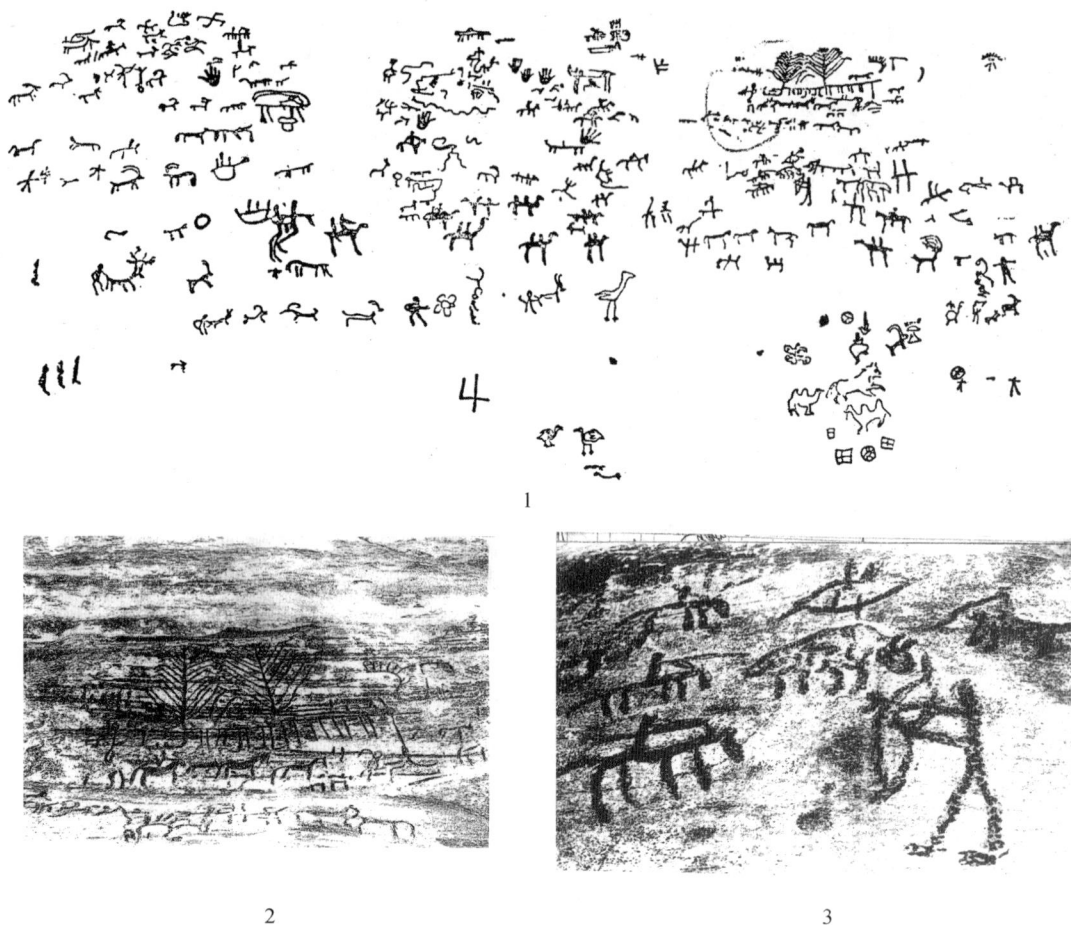

图六　尉犁县兴地岩画
1.岩画图　2.牧马图　3.狩猎图

非偶然巧合，而是存在决定意识，是匈奴岩画反映匈奴习俗的一个有趣的实例，也是兴地岩画乃匈奴岩画的一项有力证明。

其二，上引史料证明，公元前2世纪初叶，匈奴势力已进入天山南麓罗布泊一带，包括库鲁克山地区。从文物发现来说，亦有实证，试举二例：（1）在罗布泊南缘的若羌县瓦石峡遗址出土了不少铜镂空动物和几何形牌饰，其中的圭形蛇纹铜牌、圆形花瓣、铜扣等（图七，上）[①]，与俄罗斯外贝加尔伊沃尔加遗址和墓地的汉匈奴同类文物如出一辙（图七，下）[②]，足证瓦石峡部分文物为汉匈奴文物无疑。（2）在罗布

① 新疆社会科学院考古研究所：《新疆古代民族文物》，文物出版社，1985年，图317、318、320。

② 潘玲：《伊沃尔加城址和墓地及相关匈奴考古问题研究》，科学出版社，2007年，第55、56页，图3-14：14；米尼亚耶夫：《匈奴考古》，《新疆文物》2003年第2期，图三、2，图四、1。

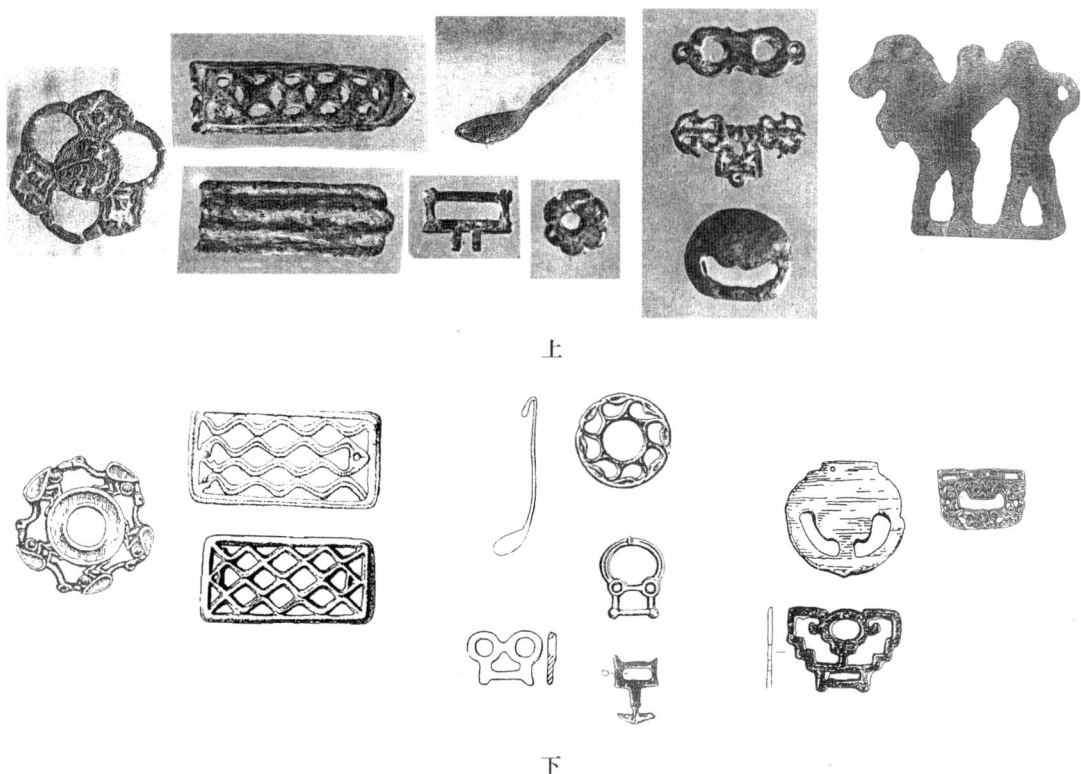

上

下

图七　若羌县瓦石峡遗址出土遗物图及相关地点资料图
上：若羌县瓦石峡遗址出土铜牌饰和罗布泊西岸骆驼形铜牌饰图
下：外贝加尔湖伊沃尔加、德列斯图依出土匈奴铜牌饰图

泊西岸也采集到具有所谓鄂尔多斯风格的铜骆驼牌饰，也当为匈奴文物（图七，上，右）①。

　　根据以上两点，我们将兴地岩画初定为两汉匈奴之遗存，应当是有据而合理的。

　　（4）昆仑山北麓皮山县桑株岩画。

　　位于皮山县康克尔乡南桑株河谷中，自治区文物保护单位。此岩画很著名，一是位于昆仑山北麓；二是1953年即已发现。岩画均为凿刻，内容有狩猎图、引弓射箭、骑马、游牧、山羊、手掌印等（图八）。关于其时代，有认为是新石器时代或金石并用时代的。此说显然不确。因如前所述，家马出现在晚商，故此画绝不可能出现在晚商之前，而只能在其后。至其下限，当如李吟屏所言，应在11世纪以前，因"10世纪以后伊斯兰教兴盛于和田地区，伊斯兰教一般禁忌人物画"②。

　　顺此应该指出，据笔者所见，此岩画之临摹图就具有两种"版本"，即本文图八

---

① 新疆维吾尔自治区文物局编：《丝路瑰宝》，新疆人民出版社，2011年，第300页。

② 李吟屏：《和田地区岩画》，《新疆文物》1988年第1期。

中所引用之1、2，图虽为同幅，但却有较多差异，特别是图八中1下角，如手掌印之有无，以及图八中2上角，图形之不同等（需强调说明，笔者引用之二图，并不意味着它们分别是李、陈二位亲手所摹，很可能是各有所本）。其原图"真迹"究竟如何，未至现场者，难以揣夺。而岩画中原图与摹图之差异现象，在新疆一些文著引图中并非罕见。前文已论及，岩画断代本就存在先天之不足，如果再渗入人为差异之因素，不管出自何因，必将在客观上导致因图形部分失真及由此而引发不同研究者在岩画的定名、释意及时代研究等多方面的歧义和困难，从而使岩画研究问题更加复杂化，这是值得岩画考察者和摹图者应予认真观察和避免失误的。

图八　皮山县桑株岩画图

1. 李吟屏：《和田地区岩画》图一，《新疆文物》1988年第1期
2. 陈兆复：《中国岩画发现史》，上海人民出版社，1991年，第159页图三二。

四、阿勒泰地区墓葬岩画和石棺画的发现是新疆岩画研究的重要突破

（一）阿勒泰等地区墓葬岩画和石棺画的发现及其时代

关于岩画的存在形态，过去，人们熟知的主要是地面岩画以及较少的洞穴岩画，因而陈兆复曾指出："至今我国还没有发现存在于地表之下的岩画。"[①]对此，内地岩画省区情况如何，笔者寡闻。但近些年在新疆确已发现了多处墓葬岩画，对岩画特别是对其时代研究具有重大意义。这些发现主要有以下几项。

（1）2012年，新疆文物考古研究所对哈巴河县别列泽克河畔的加朗尕什墓地和哈拜汗墓地进行了发掘。特别是在哈拜汗墓地的M3、M10、M12和M25等4座墓的"墓葬

———————

① 陈兆复：《中国岩画发展史》，上海人民出版社，1991年，第358页。

封堆及墓室填土中出土有岩画8幅"，其中M10就出土了5幅。内容有羊、牛、马、鹿等动物以及持弓射箭、手掌纹、几何纹等（图九）①。发掘者认为："墓葬中出土岩画也可能表明墓葬与岩画之间存在一定的联系，墓葬中的死者也许就是其中一些岩画的创作者。"这种看法是有道理的。这几座墓葬中，与岩画共存的文物不多，计见：M3铜镜一面，素面，直径9厘米；M12铜泡一件，呈"逗号"状。另外，本墓地还出土有陶壶、铜刀、木杯等（图一〇）。关于墓地的时代，发掘者根据墓地资料及出土的陶罐、铜镜和木器等分析，认为M3为"偏室墓"，时代为"早期铁器"时代；而M10、M12和M25为"土坑墓"，时代为早期铁器时代至汉或稍后。另外，简报还指出："每一处墓地周围均分布有大量岩石……与墓中岩画风格相似"，我们根据与相关地区文物比

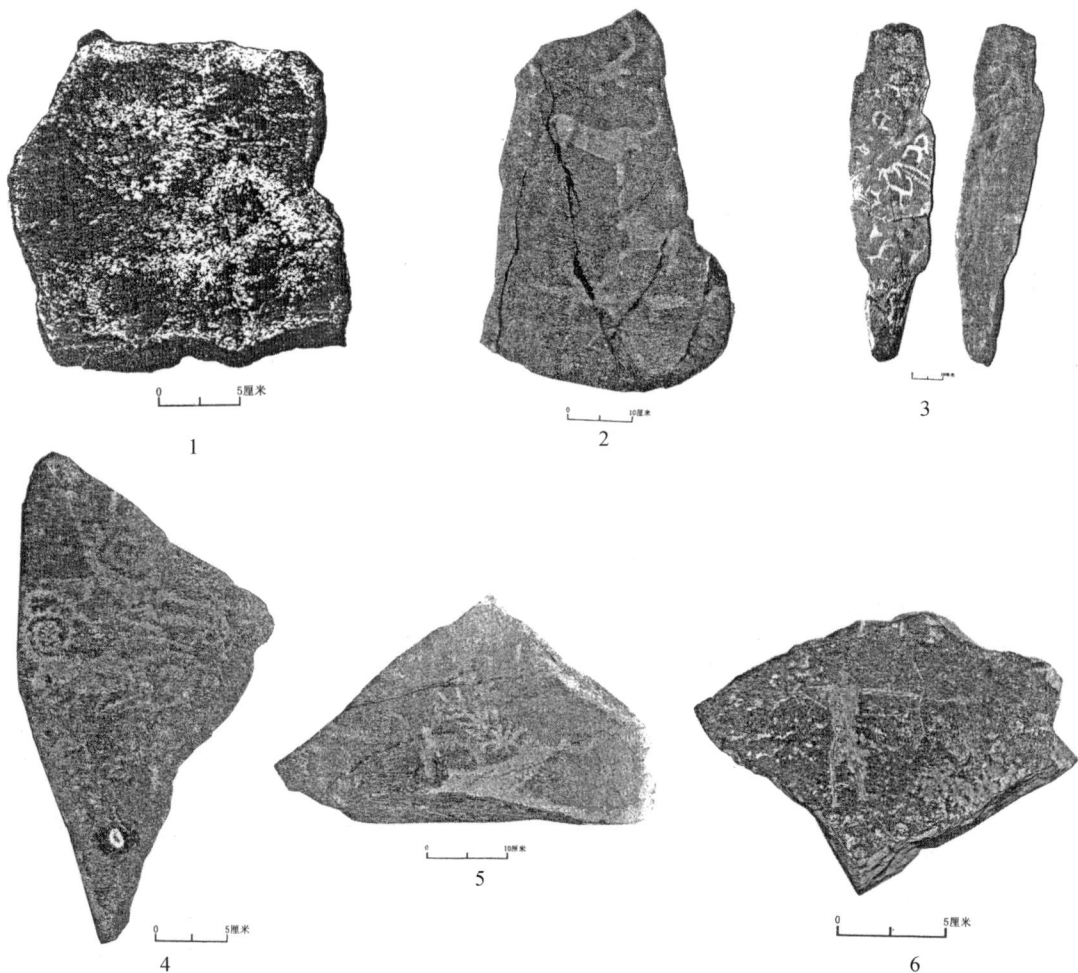

图九　哈巴河县哈拜汗墓葬出土岩画图

1. HM3：1　2. HM10：1　3. HM25：1　4. HM10：5　5. HM10：4　6. HM10：3

---

① 新疆文物考古研究所：《哈巴河加朗尕什墓地、哈拜汗墓地考古发掘报告》，《新疆文物》2013年第2期。

图一〇　哈巴河县哈拜汗墓葬出土文物及与相关地区出土匈奴文物比较图

1~4.哈拜汗　5、9伊沃尔加　6.德列斯图依　7、8、10.巴里坤东黑沟

较，初步认为哈拜汗所出与外贝加尔伊沃尔加、德列斯图依等汉代匈奴墓地[①]以及新疆

　　①　潘玲：《伊沃尔加城址和墓地及相关匈奴考古问题研究》，科学出版社，2007年；米尼亚耶夫：《匈奴考古》，《新疆文物》2003年第2期。

巴里坤东黑沟被发掘者认为可能是汉代匈奴墓葬[①]出土的同类物（图一〇）多有相同或相似处。因此似可认为哈拜汗等墓地至少部分墓葬的时代可能在西汉中晚期左右，其族属或可能与匈奴有关。

（2）2009年，在伊犁河流域的尼勒克县东买里发掘的墓葬中也出土了岩画，内容为羊、马等动物，同墓地还出土有陶罐、铜镜等。关于其时代，发掘者认为"大致在春秋战国至汉晋时期"（图一一）[②]。

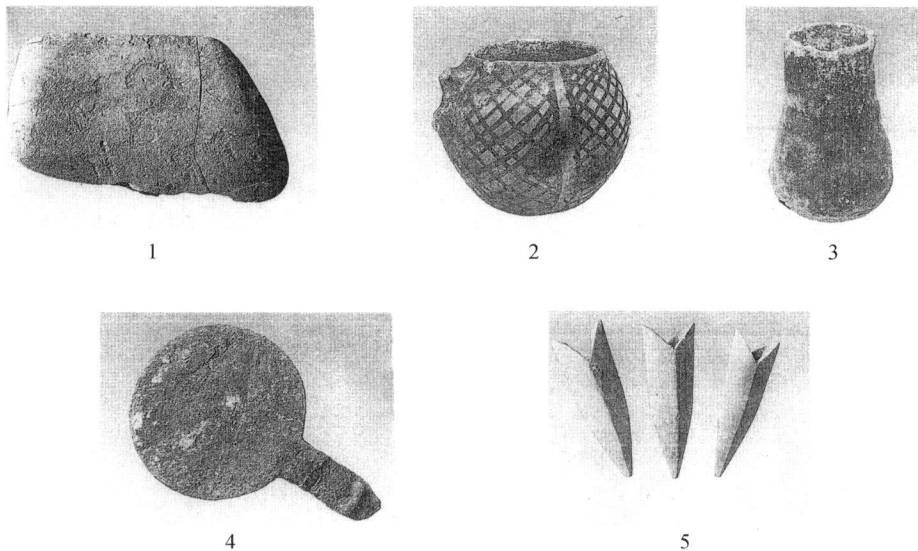

图一一　尼勒克县东买里墓葬出土岩画及部分器物图
1.墓室内填石（岩画）　2.彩陶罐　3.陶杯　4.带柄铜镜　5.骨簇

除上述两处墓葬中出土的单体岩画外，近些年来，在阿勒泰地区发掘的一些石棺墓的棺壁上也发现有岩刻画和彩绘画。虽然它们与传统意义上的地面岩画的形式有所不同，但我们认为，就其主题内容（如人面像、几何纹、动物图等）刻画和彩绘的表现方法、功能作用以及同样是刻和画于石壁载体等方面来看，也可视之为地面岩画在墓葬中的再现，特别是因为出自墓中，具有重要的时代研究价值，因此我们也将其纳入此文中，进行介绍和讨论，并将序号与上两处墓葬岩画相衔接。

（3）2003年，布尔津县窝依莫克乡阿合加尔村发现了一座彩绘石棺墓。次年，新疆文物考古研究所对此进行了考察。据发现该墓的农民说："发现时棺壁都有颜色鲜艳的彩绘。"但考察时，"仅南壁保存还清晰，图案为红色颜料描绘的斜网格纹，网格内饰圆点，其余画面已模糊不清"。该墓同出土有橄榄形陶罐和残陶盆各1件。据说还有1

---

① 新疆文物考古研究所、西北大学文化遗产与考古学研究中心：《2006年巴里坤东黑沟遗址发掘》，《新疆文物》2007年第2期。

② 新疆文物局：《尼勒克县不可移动的文物》（内部资料），2011年，第325～328页。

件铜刀，但未见实物（图一二）①。关于此石棺墓的时代，考察者根据墓内出土的橄榄形陶罐与克尔木齐文化之典型陶罐形制和纹饰完全相同的情况，认为其时代与克尔木齐文化相同。我们认为，这一分析是正确的。关于克尔木齐文化的时代，据我们研究，是在公元前12世纪至公元前1千纪中叶②，而有的文章则表述为"属于青铜时代中晚期到早期铁器时代"，两者基本意见趋同③。

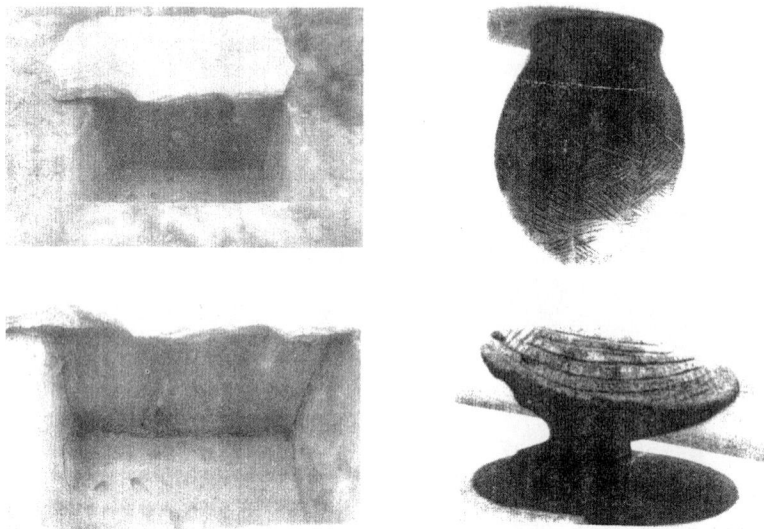

图一二　布尔津县阿合加尔石棺墓彩绘棺画及出土陶器图

（4）布尔津县也拉曼墓群，2011年新疆文物考古研究所发掘。该墓群又分为6处小墓群。其中，博拉提三号墓群的M18是一座由A、B两个石棺组成的石棺墓。发掘资料报道说："多数石棺内壁上有红色彩绘，有的石棺内壁上凿刻有图案……A石棺内壁上彩绘所用的红色颜料，应该是现场加工的，在石棺旁边的原始地面上，有剩余的红色颜料，石棺与墓坑之间还发现了加工颜料的工具——4件石器：拍碎颜料的两件石拍、砸碎和研磨颜料的石锤、研磨颜料的砧，红色颜料则可能是铁矿石。"又据发掘者介绍，石棺壁上刻有马图案和彩绘几何纹。该墓同出土的文物还有陶罐、石罐等（图一三）④。关于也拉曼墓群的时代，发掘者认为："早可到青铜时代或早期铁器时代，晚至汉晋时期。"而具体到M18，根据出土的陶罐、石罐，"体现了与切木尔切克墓群出土文物的一致性和延续性，可能属于克尔木齐文化范畴"。关于克尔木齐文化的时

①　张玉忠：《布尔津县的彩绘石棺墓》，《新疆文物》2005年第1期。

②　王明哲：《论克尔木齐文化和克尔木齐墓地的时代》，《西域研究》2013年第2期。

③　新疆文物考古研究所：《哈巴河县加朗尕什墓地、哈拜汗墓地考古发掘报告》，《新疆文物》2013年第2期。

④　于建军：《布尔津也拉曼墓群考古发掘》，《2011年文物考古年报》。但该报道中未刊出刻、绘图案和器物图。

图一三　布尔津县也拉曼墓群M18及墓地出土的鸡首铜簪图

代，已见上述。

（5）2013年，新疆文物考古研究所在哈巴河县托干拜墓地发掘了4座古墓葬，均为石棺墓。在M2、M4的石棺盖板和石棺内壁上发现有红色彩绘刻划的内填点纹的菱形网格图案和桃形人面形小圆饼状眼睛的图案等，墓葬中还共存有石罐、石勺等（图一四，1～5）[①]。关于这批墓葬的文化属性，发掘者认为属于克尔木齐文化范畴，这是正确的，其时代如前所云，即在公元前12世纪至前1千纪中叶。需要强调指出的是，在宁夏贺兰山岩刻画中，人面形数量很可观，部分图像正与托干拜相同，也是桃形脸、人面形眼睛（图一四，6）[②]，关于贺兰山岩画的时代，宁夏资深岩画学者李祥石曾指出："贺兰山岩画，应看成是青铜器时代的作品为妥，至今约有三千年的历史。"[③]若此，则正与托干拜人面像所从属的克尔木齐文化时代基本相同。这绝非偶然，正因年代相近，故图形彼此肖然，有可能昭示着那个年代阿尔泰山与贺兰山的某种联系和影响（关于此一问题，后文还将涉及）。

（二）阿勒泰地区墓葬岩画和石棺画发现的重要意义

新疆古墓葬中发现岩画和石棺画及石棺绘画，不仅增加了考古发掘中前所未见的一项随葬文物新类型和研究内容，而且更为广布于地面的岩画的综合研究，首先是对时代研究开辟了一处重要的突破口，具有十分重要的意义。

---

① 新疆文物考古研究所：《新疆哈巴河托干拜2号墓地发掘简报》，《文物》2014年第12期。

② 图引自陈兆复：《中国岩画发现史》，上海人民出版社，1991年，第288页，图66：1。

③ 李祥石：《贺兰山新发现岩画述评》，《宁夏社会科学》1985年第2期。

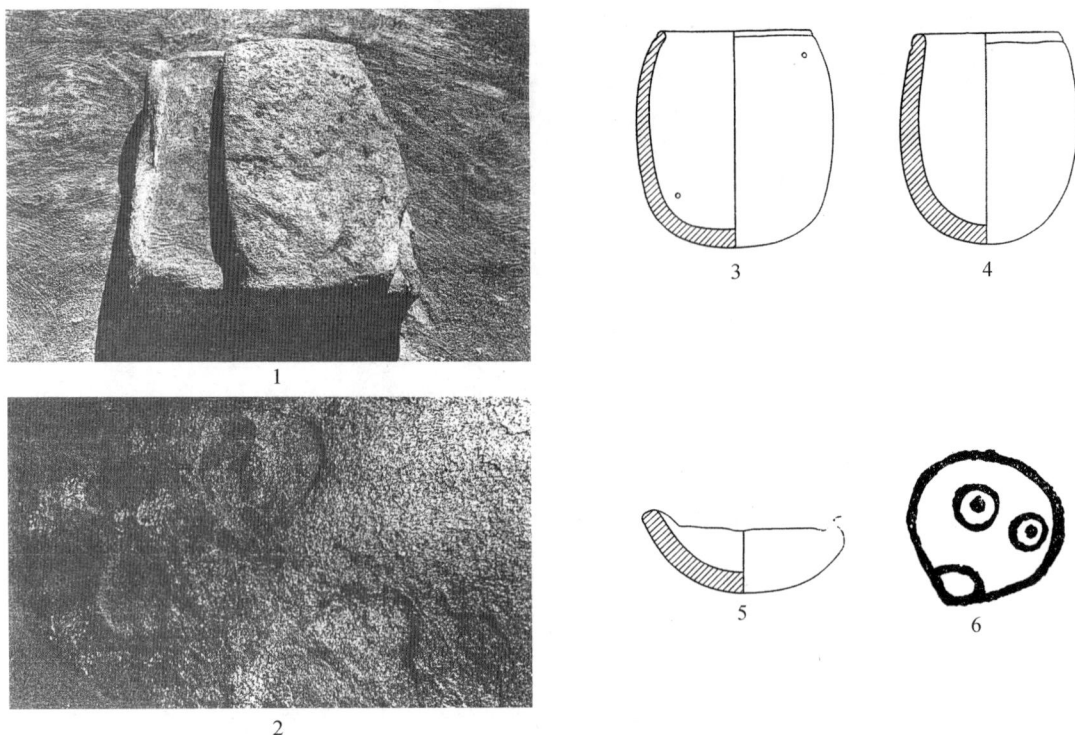

图一四　哈巴河县托干拜墓葬出土岩画图

1～5.哈巴河县托干拜墓葬石棺彩绘和石刻图案及出土石罐等图　　6.宁夏贺兰山人面像岩刻图

　　第一，证明了阿勒泰地区乃至全疆的青铜时代和早期铁器时代是新疆古代岩画相当盛行和发达的时期。

　　近些年来，阿勒泰地区做了大量考古发掘工作，据统计，至2013年止，共发掘了10余处墓地600余座古墓葬，其时代基本上都是青铜时代至早期铁器时代。其中有的如上述出土了墓葬岩画，而更多的则是在墓地周围有大量岩画分布。种种迹象有力地证明，阿勒泰地区的青铜时代和早期铁器时代，是古代岩画相当盛行和发达的时期。现将《新疆文物》发表的截至2013年的发掘项目简况如表一所示。

表一　阿勒泰地区古墓葬发掘简表

（据《新疆文物》，截至2013年）

县、市	发掘时间	墓地名称及发掘数	时代	资料出处	备注
阿勒泰市	2009年	克孜加尔墓地，33座	（据相关简报）战国晚期—汉、唐	新疆文物考古研究所（以下简称新考）等：《克孜加尔墓地简报》，2010	有^{14}C数据
	2010年	阿拉哈克乡等墓地，17座	青铜时代—汉、晋	新考：《阿勒泰市、布尔津县墓葬简报》，2010	

续表

县、市	发掘时间	墓地名称及发掘数	时代	资料出处	备注
阿勒泰市	2011年	巴勒哈纳水库墓地，17座	汉	新考：《巴勒哈纳水库墓地报告》，2013	
布尔津县	2010年	山口电站墓地，30座	青铜时代—汉	新考：《山口电站墓地简报》，2013	
	2011年	也拉曼墓群，90座	青铜时代—汉晋	于建军：《也拉曼墓群考古发掘》，新考：《2011年年报》	墓地附近有岩画
哈巴河县	2011年	东塔勒德墓地，61座	春秋晚期—西汉	新考：《东塔勒德墓地简报》，2013	墓地附近有岩画，有¹⁴C数据
	2012年	加朗尕什墓地、哈拜汗墓地，44座	青铜时代—早期铁器时代—汉唐	新考：《加朗尕什墓地、哈拜汗墓地发掘报告》，2013	墓地附近有大量岩画，墓葬内出岩画8幅
富蕴县	2006年	塔勒德萨依墓地，13座	距今2400年左右	新考：《富蕴县塔勒德萨依墓地发掘简报》，《新疆文物》2006年第3～4期	墓地附近有岩画点11处
	2011年	哲勒尕巴什墓群，9座	公元前5～前3世纪	新考：《哲勒尕巴什墓群发掘简报》，2013	有¹⁴C数据
	2008年	喀拉塑克墓地，15座	公元前5世纪	资料待发表	有¹⁴C数据

　　表一中，大部分墓地附近都明确记载了有岩画的分布，而这些已发掘墓地的时代，无一不在新疆青铜时代和早期铁器时代的时限内，而并无此时代之前的墓葬。据有关学者研究，在欧亚大陆内，早在欧洲旧石器时代中期的莫斯特文化中，就已有"埋葬死者习俗的出现"。及至欧洲中石器时代，在德国巴伐利亚、法国布列塔尼以及波兰等地，均发现有不同形制的墓葬，多者一墓葬达26人，男、女、儿童均有。也已发现有石、骨、贝壳、项链等随葬品[1]。中国学者周本雄也指出："旧石器时代中晚期，人类已有埋葬死者的习俗。"[2]这些情况无疑是我们应予认真思考的。

　　综上所述，我们认为，阿勒泰地区以至全疆的青铜时代和早期铁器时代，乃是阿勒泰和新疆岩画的盛行和发达期。

　　第二，岩画时代研究的重要突破。

　　迄今为止，岩画的时代研究都是围绕着地面岩画本身在进行，这是正常的。在资

---

①　《中国大百科全书·考古学》，中国大百科全书出版社，1986年，第356～359页，"欧洲旧石器时代考古"和"欧洲中石器时代"等。

②　周本雄：《兽骨鉴定》，《考古工作手册》，文物出版社，1982年，第359页。

料确凿、立论科学和分析合理的基础上，也取得了不少有益的成果。我们在前文根据中国家化动物出现的时间而对新疆某些重要岩画所做的时代的分析，正是这方面的再研究。但是，正如我们在20世纪80~90年代著文指出的：从总体上说，由于地面岩画"缺乏考古层位学和形态学的有机内在联系"而存在着某种"先天"的缺陷，也正如后来有学者所说的："由于岩画基本都雕刻在自然的岩石上，岩画的年代和岩画作者的族属或文化属性，一直是岩画研究难以穿越的瓶颈。"[①]

现在可以说，就阿勒泰和新疆而言，随着近些年墓葬中岩画和石棺岩刻画、岩绘画的相继发现，这种"有机内在联系"或曰"瓶颈"，正在被逐渐打破，而这是具有突破性的意义的。

道理简单而明确，墓葬岩画是发现和依存于墓葬本体的，而它作为该墓葬或同时代墓地的文物的一部分，与其他随葬实体器物，如陶、铜、铁器等构成了一组同组合或共存的关系，也即产生了我们前文所指的"有机内在联系"，作为墓葬或墓地共同体，它们总的时代都是统一和同步的，而若出于同一座墓葬，则可能更同具体时代。正如前引哈拜汗简报所言："墓葬中的死者也许就是其中一些岩画的创作者。"人所共知，墓葬本身包括其地表特征、葬制、葬俗等，特别是随葬的陶、铜、铁器等文物，经过研究，一般而言，多有比较明确的时代特征甚或具体时限。要之，墓葬中岩画以及石棺岩刻画和彩绘画的时代认定，是建立在如下科学链条上的，即根据各类出土器物以及墓地特征、葬式、葬俗等→墓葬时代的基本认定→墓葬中岩画时代的终定。毫无疑问，这是孤存于荒野和僻处于洞穴中的单体地面岩画和绘画所不可能具备和难以比拟的，即令可能罕见地在地面岩画中绘有某类器物图形，但也仅是"画"的图形而已，其价值无论器物特征、比例、色泽等都绝难与墓葬实物相等同。

当然，这里我们并不否认根据地面或洞穴岩画特征，如动物绝灭、岩晒程度等所做的时代分析和推理，它们是必要的。但是也无疑应该承认，建立在发掘资料基础上的链条式的岩画时代的认定，其科学性和可信度无疑要强大和合理得多。而这也正是我们前述的认为应给予地面岩画周边的古墓葬以足够重视的原因所在，特别是重要岩画附近的墓葬。即使经过发掘，墓葬中并无岩画，但它所提供的各类墓葬资料也会为地面岩画的时代分析和认定提供重要参证。因此，应尽可能地争取对重要岩画点周边的墓葬进行发掘，这或许是岩画时代及其综合研究的一条重要而可信度高的有效"捷径"。

尤须指出而更有重要意义的是，人们可以以时代比较明确的墓葬中的岩画图形等为"标尺"，用以与地面上和洞穴中的同类或相似的岩画图形做综合比较研究，从而对地面岩画的时代起重要参证作用。而随着资料的日积月累和丰富，假以时日，深化研究，就有可能逐步建立起某一地区的相对的岩画年代学。

当然，对于地下、地上岩画图形的比照，需要有所辩证认识的是，对于一些颇具

---

① 王建新、何军峰：《穷科克岩画的分类及分期研究》，《新疆文物》2006年第2期。

人文色彩的图形，如上述哈巴河县托干拜石棺墓的桃形人面和圆饼形眼睛的人面像、布尔津县阿和加尔和托干拜的内填点纹的菱形花纹图，及其克尔木齐文化属性和年代的认定，都可以作为地面和洞穴中同类或相似图形年代学的重要参考。另外，以人物为主的放牧图、狩猎图、征战图等，其人物形态、衣冠特征等，也都具有某种时代参证意义。哈巴河县哈拜汗M10岩画出有一幅手印图，该类图形，岩画中常有所见。对其含义，通常被解释为有驱邪的意义，也有说是占有者的象征。关于其时代，有人认为，它是史前早期岩画的象征和证明，但时代晚至公元前8~前6世纪的哈拜汗的发现证明并非如此，甚至更晚都还可能存在。又如，洞穴中常见的彩绘几何纹等，若前述在布尔津阿和加尔和也拉曼M18中也均见，其时代已晚到公元前一千纪前后。总之这些具有现实人文色彩的图像都是墓葬岩画在地面和洞穴岩画的时代研究中有重大参证意义的证明。

但是，对于一些纯自然属性的如单纯动物图等，其时代则需慎重对之，因为它们的基本形态特征，古今同类动物都难于有何区别，至于"野牛"等已在阿尔泰山区绝灭的动物等，其时代我们已在前文申述，此不赘。

诚然，我们目前所发现的墓葬岩画资料还比较单薄，特别是一些石棺上的彩绘画多已不存或漫漶不清，时代参证意义受限。但我们认为，墓葬岩画既然确已存在，且在阿勒泰和伊犁都已发现，因而可以预期随着考古发掘工作的深入展开，特别是在地面岩画较多、较重要的地方，墓葬岩画必将有新的发现，而岩画的时代研究也均将进一步深化。

第三，岩画分布形态的新扩展。

关于岩画的分布形态，过往人们习知惯见的是露于荒野和藏之洞穴的岩刻画和彩绘画，而并未见之于地下墓葬。故前引陈兆复书所曰"至今，我国还没有发现存在于地表之下"的岩画亦是事实。但这一历史已为上述近些年来在新疆阿尔泰山系的哈巴河、布尔津和伊犁河流域的尼勒克等县的墓葬岩画的发现而打破。它证明，岩画有荒野、洞穴和墓葬共三种存在形态。而这既是一种岩画存在形态的新拓展，同时也扩大了墓葬文物的新类型，而不能不引发人们的一些新思考。

中外考古发现证明，古代游牧民族的大型地面石质遗存，除了作为墓葬地表现象之一的石堆墓外，就再创造而言，主要是草原石人、鹿石和岩画三大类。其中，草原石人和鹿石，除主要和常见于地表、多立于墓前外，在墓葬中也均已有所发现，如石人俑（或称小石人），在克尔木齐文化的M21①、奇台县西地乡②、富蕴县古墓③，博尔塔拉

---

① 发掘简报；新疆社会科学院考古研究所：《新疆古代民族文物》图72，等。高26厘米。

② 祁小山、王博：《丝绸之路·新疆古代文化》，新疆人民出版社，2008年，第202页，图4。该石人俑高12厘米，显系墓葬出土。以下两项亦同。

③ 祁小山、王博：《丝绸之路·新疆古代文化》，新疆人民出版社，2008年，第229页，图9，高35厘米。

蒙古自治州兵团第五师81团黑水沟①等均见。墓中鹿石则在布尔津县也拉曼墓群②、吉木萨尔县大龙口墓葬M9③、昌吉市努尔加墓地M32④、温宿县包孜东墓葬中⑤也均有发现。而今，作为第三大类地面石质遗存的岩画也已在上述阿勒泰和伊犁地区的墓葬中发现。这种现象，我们认为是很有意义的，它证明这三大类石质文物遗存既是古游牧民族生前的物质生活创造，同时也是死后的精神寄托和诉求以及人们对死者的怀念。而这种现象及其各自在墓葬中的不同功能作用，无疑是新疆考古工作中的新课题，值得认真关注和研究。

五、从历史文献记载看古墓葬与周边地区岩画的关系

前面我们从一些考古发现实例讨论了古墓葬（地）与其周边地区岩画的时代关系问题，其实，这一问题从中国古文献关于游牧民族领地分属的记载中也有着相当充分的反映而见其端倪。兹予进一步讨论之。

古史记载表明，古代各游牧民族之间，乃至同一游牧民族的不同部落和族群之间，都有着明确的领地划分，并且是神圣不可侵犯的，甚至重于身家性命，否则就要引起争斗乃至战争。以汉代匈奴和乌孙为例，两《汉书》对此都有着详细而生动的记载。为了说明问题，兹引如下：

《汉书·匈奴传》："冒顿既立，时东胡强……乃使使谓冒顿曰：'欲得头曼时号千里马'。冒顿问群臣，群臣皆曰：'此匈奴宝马也，勿予。'冒顿曰：'奈何与人邻国爱一马乎？'遂与之。顷之……东胡以为冒顿畏之，使使谓冒顿曰：'欲得单于一阏氏'，冒顿复问左右，左右皆怒曰：'东胡无道，乃求阏氏，请击之。'冒顿曰：'奈何与人邻国爱一女子乎？'遂取所爱阏氏予东胡。东胡王愈骄，西侵。与匈奴中间存有弃地莫居千余里，各居其边为瓯脱。东胡使使谓冒顿曰：'匈奴所与我界瓯脱外弃地，匈奴不能至也，吾欲有之。'冒顿问群臣，或曰：'此弃地，予之'于是冒顿大怒，曰：'地者，国之本也，（着重号为笔者所加，下同）奈何予人！'诸言与者，皆斩之。冒顿上马，令国中有后者斩，遂东袭击东胡……大破灭东胡王。"⑥领地比爱马，甚至比妻子都重要，此明证也。经此一战，匈奴开始崛起，终成漠北大国。

---

① 祁小山、王博：《丝绸之路·新疆古代文化》，新疆人民出版社，2008年，第236页，图3，无尺寸。

② 新疆文物考古研究所：《昌吉市努尔加墓地考古发掘简报》，《新疆文物》2013年第3、4期。

③ 新疆文物考古研究所等：《吉木萨尔县大龙口古墓葬》，《新疆文物》1994年第4期。

④ 新疆文物考古研究所：《昌吉市努尔加墓地考古发掘简报》，《新疆文物》2013年第3、4期。

⑤ 王博：《新疆草原石人和鹿石》，《新疆文物古迹大观》，新疆美术摄影出版社，1997年，第404页。

⑥ 《汉书·匈奴传》（上），第11册，中华书局，1999年，第3750页。

至于匈奴内部，不同部落和族群间，从上至下其领地分属关系也是明确的。同传开篇曰："逐水草迁徙，无城郭长居耕田之业，然亦各有分地。"其后更详曰："诸左王将居东方，直上谷以东，接秽貉、朝鲜；右王将居西方，直上郡以西，接氐、羌；而单于庭直代、云中。各有分地，逐水草迁徙。"[①]这里说得很清楚"逐水草迁徙"，都是在各自"分地"之中进行的。显然，这种多等级、多层次的领地划分，从游牧民族的社会经济特点来说，无疑是全方位的，它包括了聚居地、四季草场和转场牧道等重要场所，相互间不能逾越，以保证社会生活的正常运转，减少内部矛盾和争斗，维护统治稳定。

匈奴如是，乌孙亦然。《汉书·乌孙传》："初，昆莫有十余子，中子大禄疆，善将，将众万余骑别居……昆莫与（其孙）岑取万余骑，令别居。昆莫亦自有万余骑以自备。国分为三，大总羁属昆莫。"[②]所谓"国分为三"，当然也就是土地、牧场、子民、牲畜等亦均（当然不等于"平均"）为三，各在自领的"分地"内活动。同传的以下两段记载就说得更清楚了：宣帝时，"汉复遣长罗候（常）惠将三校屯赤谷，因为分别其人民地界，大昆弥户六万余，小昆弥户四万余"。元帝时，"时大昆弥雌粟靡健，翎候皆畏服之，告及牧马畜无使入牧，国中大安和翁归靡时"[③]。颜师古在"告民牧马畜无使入牧"下注曰："勿入昆弥牧中，恐其相扰也。"道出了维护统治阶层利益和所谓社会"稳定"的本质。

应该指出，这种领地分属和互不逾越和侵犯制度，在古代游牧民族中有着长期的延续和实行。

根据上述史实，并鉴于岩画是古代诸游牧民族及普通牧民在其游牧经济生活之特点和社会习俗的基础上所进行的普遍现象，因此，我们当可认为：

两处相邻的古墓地和岩画或岩画的一部分，一般而言，其时代和族属是有密切关系的。换言之，在二者时代大体相同的情况下，他们很可能是同一民族乃至同一部族和群体之遗存。如果此处墓地经过发掘，其时代比较单纯，则这种可能性当更大。若此论无误，则无疑极大地增强了墓葬和岩画二者在研究上的双向互补性，而这对岩画的研究是有重大意义的。

六、富蕴县唐巴勒塔斯彩绘岩画的发现和研究

富蕴县唐巴勒塔斯洞窟彩绘岩画，是新疆岩画特别是洞窟岩画的重要发现，也是新疆洞窟彩绘岩画的佼佼者，现为自治区文物保护单位。多年来，常有一些岩画研究者论及，但我们认为关于其内涵，特别是其时代，仍有待仔细研讨，兹再综合讨论如下。

---

① 《汉书·匈奴传》（上），第11册，中华书局，1999年，第3743、3751页。
② 《汉书·乌孙传》，第12册，中华书局，1999年，第3902页。
③ 《汉书·西域传》，第12册，中华书局，1999年，第3907、3909页。

（一）唐巴勒塔斯洞窟岩画的发现和主要图像

　　"唐巴勒塔斯"一词，蒙古语，意为"岩石上的印章和花纹"，盖因洞穴内有彩绘岩画而得名。位于富蕴县城西北53千米，库尔特乡西北24千米，外观系一东西向巨型卧状岩体，南呈缓坡状，周野开阔，便于人群聚集进行祭祀活动（图一五）[①]。

图一五　富蕴县唐巴勒塔斯洞穴岩画点
1.富蕴县唐巴勒塔斯洞穴岩体外观　2.唐巴勒塔斯一号洞穴洞顶彩绘图

　　此洞窟岩画是前述1965年夏秋，我们在克尔木齐墓地发掘结束后所进行的阿勒泰地区的考古调查中首先发现的。自那以来，又有一些单位或个人对该洞窟岩画进行了考察，重要者有：根据国家文物局统一安排，自治区组织的"二普"[②]"三普"调查以及中山大学历史人类学研究中心的调查[③]等。

　　根据上述调查，唐巴勒塔斯山体共见两处洞穴岩画，分居岩体东西，相距仅约50米。偏西一座较大，编为一号；偏东一座较小，编为二号。二洞彩绘色泽均基本是赭红色，但图像大不相同，一号基本反映图腾崇拜、神灵图像等精神层面的内容；二号则反映现实社会生活，如狩猎图和舞蹈图等。

　　一号洞穴高约11.5、宽约15、进深约11.8米，洞口朝西南方向，洞口底部距地面约25米，仰而视之，颇有一种神秘和巍然之气势。洞内图像颇多，在洞的正壁、侧壁及顶部均有所见，内容丰富、图形奇特，主要有倒立人面形神灵图，多组同心圆图，持弓狩猎图及晚期的藏文六字箴言等。色泽多以赭红色颜料涂绘，也间以白、黑色，有的鲜艳如新，有的则漫漶隐然（图二）。现将一号洞穴几种保存较好、色泽较鲜的主要图形分述如下。

---

　　①　此图引自新疆文物管理局等：《新疆文物古迹大观》，新疆美术摄影出版社，1999年，第331页，图0922。

　　②　国家文物局主编：《中国文物地图集·新疆分册》（下），文物出版社，2012年，第651页。

　　③　中山大学历史人类学研究中心等：《东阿尔泰山的古代遗存》，《新疆文物》2011年第1期。

1. 人面形神灵图

共见两幅。一幅位于洞穴正壁偏右稍高之岩壁上（视者方位，下同），人面形、倒立状，通体赭红色绘就。具体图形从下往上依次是：最下是弧线三角形倒立状似尖顶帽；其上是上下两排光芒式短杠，每排短杠22道，似额顶或毛发；再上是以半圆形弧线左右并列表示的眉圈；最上是作"品"字形的三个菱形双圈，分别表示双目和口部。整个图形立意清楚、图像清晰、比例适当、色彩绚丽，给人一种神秘和怪异感（图一六，1），与此图相似的另一幅位于洞穴左侧壁，唯不及此幅清晰，不赘。

2. 同心圆图

一号洞穴共见8处之多，有单圈、2圈或3圈，色泽有白或赭红，其中最清晰醒目的当属正壁偏左、面向洞口的一幅，以大幅涂满赭红色的岩壁为地，中部绘以白色同心

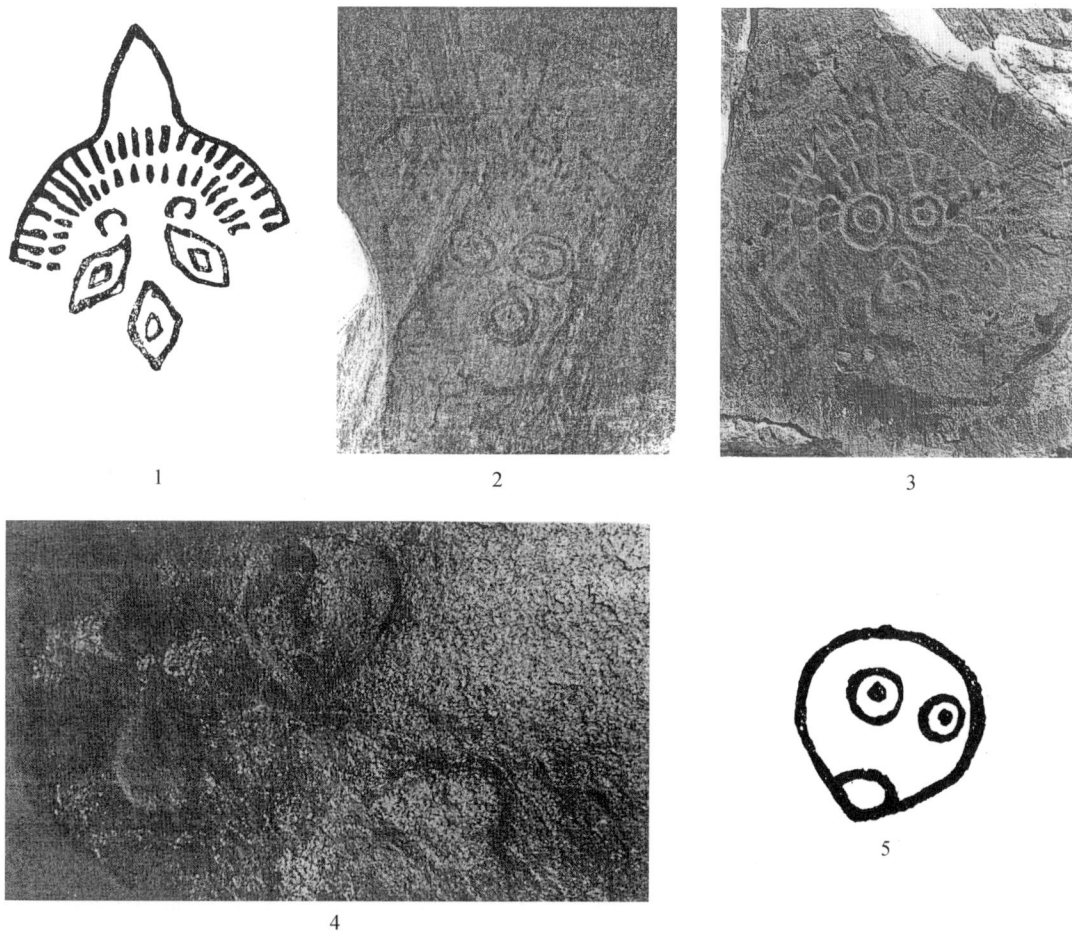

1

2

3

4

5

图一六　人面像

1、2.唐巴勒塔斯一号洞穴人面像（"1"原图为倒置）　3.宁夏贺兰口人面像

4.哈巴河托干拜人面像　5.宁夏贺兰口人面像

圆，其中最大的同心圆外圈直径达46厘米，十分耀目（图二，1）。另外，在洞穴内右下方及附近，还有几个图形也很大的赭红色3圈同心圆，唯不及前者醒目。

3. 持弓狩猎图

据中山大学调查报告，在洞顶居中靠近后壁的部位有一幅橘红色图像，"似乎表现一幅左侧的人像，身体朝向洞顶的下方，手持一张弓，作扣弦的姿势"。"它描画的是一位从高处（洞顶）正弯弓射向下方大鸟的猎人，整个画面的意义是表现狩猎的图景。"该"报告"强调此图是一号洞穴中"最初的也是最主要的"图画，而"中心区的画面（指人面神灵图等——引者）是从洞顶的绘画开始的"（图一五，2）[①]。

应该指出，通读该调查报告全文，客观地说，其资料是相当详细和认真的，也是比较准确和可信的。

4. 晚期文字题记

在洞顶左侧有浅红色书写的文字题记，经辨识和请教当地老者，告曰是"藏文六字箴言"，即"唵、嘛、呢、叭、咪、吽"[②]。

以上是一号洞穴彩绘的主要内容。

二号洞穴在一号洞穴东约50米，洞口朝向东南，高约4、宽亦4、最大进深约8.3米。均赭红色绘就，内容较一号简单，以人物为主，主要是两组图案：一是射箭图，共2幅（图三，2、3）；二是多人舞蹈图（图三，1、4）[③]均为游牧社会生活之写照。

（二）一号洞穴主要彩绘图形释意

一号洞穴主要彩绘图形均具有浓郁而神秘的宗教色彩，兹试释如下。

1. 关于人面像神灵图

人面像岩画在欧亚草原及中国北方的一些省区都有较多发现，如在内蒙古乌海市

---

①　中山大学历史人类学研究中心等：《东阿尔泰山的古代遗存》，《新疆文物》2011年第1期，第27、31页，及图一八：3。

②　国家文物局主编：《中国文物地图集·新疆分册》（下），文物出版社，2012年，第651页；中山大学历史人类学研究中心等：《东阿尔泰山的古代遗存》，《新疆文物》2011年第1期，第27、31页。

③　国家文物局主编：《中国文物地图集·新疆分册》（下），文物出版社，2012年，第651页；中山大学历史人类学研究中心等：《东阿尔泰山的古代遗存》，《新疆文物》2011年第1期，第27、31页。

海渤湾桌子山一带，就发现有300幅左右岩刻画，基本上都是人面像①，在内蒙古阴山也有不少发现②，而在宁夏贺兰山贺兰口的众多岩刻画中，人面像也几乎占去全部图像的1/3左右③，上述地区的人面像与唐巴勒塔斯的人面像相比，都具有神秘而怪异的共同特点，但唐巴勒塔斯具有很强的自身特色：一是彩绘、而非岩刻；二是人面像系倒立，而非正绘；三是在具体图形上也有一些不同等。当然，宁夏贺兰山也有与上述哈巴河县托干拜相同的圆饼形人面像以及下述与唐巴勒塔斯人面像相似的圆形。要之，唐巴勒塔斯的彩绘人面像，以其别具一格的倒立图形和鲜艳的色彩而具有极强的观赏性并耐人寻味。

关于人面像的蕴意，目前学术界看法尚不尽统一，有的认为是象征古代面具；有的认为可能是古代部落酋长形象的异化表现；也有苏联学者认为可能是某些原始部落的护身符，等等。但大多数学者都认为是偶像崇拜的神灵图像，偶像的面目越怪异、越凶狠，它就越具有神灵的强大降伏力量，以便供人们祈祷和祝福。

我们认为，唐巴勒塔斯的彩绘人面像当与广泛存在于古代诸游牧民族中的萨满教信仰有密切关系。萨满教被认为是原始巫教的统称，它认为万物有灵，而其中最重要的就是天神。据有关资料记载："降神之巫曰萨麻（满），帽如兜鍪。"④从唐巴勒塔斯彩绘倒立人面像的"尖顶帽"来看，应当即是所谓"兜鍪"。陈兆复指出："对岩画艺术的题材内容进行分析的时候，我们到处会发现宗教的影子……它是神灵的形象化，也是先民们思想信仰的具体表现。"⑤苏联著名学者A.奥克拉德尼科夫等也指出："舍利麦基耶沃村陡峭的岩壁上刻有人面图形，画的是古代萨满神话中的神灵。"⑥现在，这类人面像神灵图乃是萨满崇拜的表现和证明已成为学术界的共识。

2. 关于同心圆图

唐巴勒塔斯洞穴彩绘中同心圆较多，关于它的含意，学术界也是人言人异，有言表示日、月的；有曰祈求丰收的，也有曰是表示女性生殖器和生殖崇拜的；等等。我们根据种种资料，认为它主要应是表示日、月并加以崇拜和祭祀的图像，而这种日月崇拜和祭祀，乃是中国许多古代游牧民族在经济活动、意识形态以及民族心理上的重大基本特征，相关记载在中国史籍中屡见不鲜。以新疆古代的几个重要游牧民族为例，如匈

---

① 程永魁：《海渤湾岩画》，《内蒙古文物考古》1982年第2期；盖山林：《乌海市桌子山附近的岩画》，《阴山岩画》附录一，文物出版社，1986年；陈兆复：《中国岩画发现史》，上海人民出版社，1991年。

② 盖山林：《阴山岩画》，文物出版社，1989年。

③ 国家文物局主编：《中国文物地图集·宁夏分册》，文物出版社，2010年，第261、262页。

④ 方式济：《龙沙纪略》。

⑤ 陈兆复：《中国岩画发现史》，上海人民出版社，1991年，第225、227页。

⑥ A.奥克拉德尼科夫等：《西伯利亚考古学家的发现》。

奴，《汉书·匈奴传》曰："单于朝出营，拜日之始生，夕拜月。"又曰："五月，大会龙城，祭其先、天地、鬼神。"①"天地"者，亦含日月之意也。又如，乌孙乃两汉西域最大国，《汉书》载其"与匈奴同俗"②。显然也是崇拜和祭祀日、月的。特别是乌孙王之名，《汉书》曰："昆莫，王号也。"③据研究，所谓"昆莫"，乃突厥语，"一千个太阳"之意也④。而这种称谓，对乌孙最高统治者来说，显系自命为自己就是普照天下的"太阳"，而且是"千个"太阳，也就是其上承天命。这无疑从意识形态层面反映了其对太阳的崇敬。再如新疆另一重要古代民族突厥，据《北史·突厥传》："可汗恒处于都斤山，牙帐东开，盖敬日之所出也。"而更早的《礼记·祭祀》中也曰：先民们"祭日于坛"。考古资料上的著名的草原石人以及石鹿等，也几乎无一不是面向东方太阳升起之处，这绝非偶然。以上所引诸般史料的言简意明地直白记载以及考古物证，清晰而强烈地表达了古代游牧民族对太阳、月亮等的敬畏与崇拜之情。而这与萨满教中崇拜太阳神的教义也是完全一致的。毫无疑问，这种虔诚的日、月崇拜理念必然会反映在相关的艺术创作中。艺术源于实践而又反映生活。古牧民们在无所不在的岩石面上和洞穴中的岩壁上以圆圈象形作日、月并以之来作为其崇拜的平台，是极其自然而又唾手可为的，有的还绘出多圈和放射状光芒。陈兆复说："随着人类社会畜牧业的发展……太阳、月亮、星星和天空成为崇拜的对象，因为家畜需要草料，而草料又依靠太阳、土地、雨露和气候……转而崇拜太阳神。"人面像"周围凿刻着的那些孔眼、圆圈、线条，则表示着太阳、月亮、星星"⑤。综上所述，将同心圆视作日、月崇拜并加祭祀的图像，应该是最符合历史本相也是最合情理的释说了。诚然，由于古代岩画的抽象图形和我们尚一时未可知的先民理念，它是否也含有它意，如生殖崇拜等，当然也是可以讨论的，但我们认为，不能仅仅以"像"的想象概之，如圆形、椭圆形等"像"女性生殖器等做定论，而是需要列举史籍记载等更科学的依据并加以合乎情理的分析研究，否则是不能解决问题的。

（三）唐巴勒塔斯洞穴主体彩绘岩画的时代研究

我们认为，根据一、二号洞穴彩绘的主体内容及相互关系，此二洞穴的时代均应是青铜时代至早期铁器时代的遗存，年代在公元前二千纪上中叶至前一千纪中叶。不会早到旧石器时代晚期。《中国文物地图集·新疆分册》将其断为"青铜时代"⑥应该是

① 《汉书·匈奴传》（上），第11册，中华书局，第3752页。
② 《汉书·乌孙传》，第12册，中华书局，第3901页。
③ 《汉书·乌孙传》，第12册，中华书局，第3904页。
④ 王明哲、王炳华：《乌孙研究》，新疆人民出版社，1983年，第76~77页。
⑤ 陈兆复：《中国岩画发展史》，上海人民出版社，1991年，第233、240页。
⑥ 国家文物局主编：《中国文物地图集·新疆分册》（下），文物出版社，2012年，第651页。

基本正确的。理由如下。

（1）如资料所示，一、二号洞穴均有"持弓射箭图"。前引中山大学的调查报告认为，一号洞穴中的"弓箭图"是该洞穴彩绘岩画中最早的。而弓箭的发明，据笔者所知，目前比较公认的看法是，至少旧石器时代晚期尚未产生。据《中国大百科全书·考古学卷》云："弓箭是欧洲中石器时代的最重要的发明……已发现的最早木弓是在德国北部出土的，时间约在前第九千年中期。"而"欧洲中石器时代，约开始于全新世之初，即公元前第九千年末或第八千年初，结束于前第六—前第四千年。"[①]至于我国，有学者认为：弓箭的发明是在新石器时代，"新石器时代一项最具革命性的发明就是弓箭"（魏兵：《中国兵器甲胄图典》，中华书局，2011年）"是表明人类步入新石器时代的重要根据"。而从考古实物上说，则发现的更晚。在本文讨论的阿尔泰山区以及相邻的南西伯利亚地区，有学者根据大量岩画资料指出：这一地区"我们仅在阿凡纳谢沃天山那里发现了岩画中屡屡出现的弓箭，更早的居民并不拥有这样的文明"[②]。而阿凡纳谢沃的时代已晚到了公元前三千纪末和公元前二千纪初，属于青铜时代。

（2）二号洞穴的持弓射箭图，图像清晰，并绘有狩猎动物。而它与一号处于同一山体，东西近在咫尺，相距仅50米。从两洞图像的功能性来看，二者的互补性很强；一号以神灵崇拜、太阳崇拜等为主，宗教色彩浓厚，看重表现的是意识形态内容；而二号则纯粹反映的是当时人们的现实生活，舞蹈图、狩猎图等，两洞的功能分工似乎很明确。对此，中山大学的报告也认为它们间"颜料基本相同，但绘画的内容不同，似乎存在着专门的区分"[③]。当然，据我们的分析，二者可能有一定的时间差，但时距不会太大。

（3）据调查，在一号洞穴附近有数座石堆墓，根据前述的分析，它们可能与唐巴勒塔斯的洞穴岩画有某种相应关系。但因未做发掘，尚难断言。不过，本文前列阿勒泰地区已发掘的墓葬中迄至2013年，富蕴县已发掘的喀拉塑克、塔勒德萨依和哲勒尕巴什等3处墓地，均在公元前5～前4世纪的早期铁器时代。扩而大之，在全阿勒泰地区已发掘的约600座古墓葬，也基本均在青铜时代和早期铁器时代，并无一座在此时代之前（表一）。我们认为，这无疑可以作为唐巴勒塔斯洞穴岩画时代的重要参考。

（4）从周边有关省区的岩画发现情况来看，如宁夏贺兰山地区，也发现了许多人面像岩刻画，其中有的图形与唐巴勒塔斯同或基本相同，如贺兰口有一幅人面像，头额部也有三排圆弧线十多道光芒式短杠，其下也是呈"品"字形的三个双圈，寓意双目和

①　《中国大百科全书·考古学》，中国大百科全书出版社，1986年，第359页。

②　陈良伟：《山地阿尔泰岩画研究》，《新疆文物》1994年第3期。

③　中山大学历史人类学研究中心等：《东阿尔泰山的古代文化遗存》，《新疆文物》2011年第1期，第30页。

口部（图一六，3）①，此图形为正置，与唐巴勒塔斯倒置人面像有异曲同工之妙。联系到前述的宁夏贺兰山的另一幅圆饼状人面像也与新疆哈巴河县托干拜所见彩绘人面像也几全同（图一六，4、5）的情况，益证它们的时代可能相近和二地区可能互有联系和影响。关于贺兰山岩画的时代，前文已做引述，因此，阿勒泰地区所见的这几幅人面形图，也应当距今3000年左右，这也与克尔木齐文化的时代相吻合。

在蒙古阿尔泰山系地区，也有丰富的岩画遗存，学者一般认为，"常见于蒙古北部和中部岩壁上的赭石绘的'框框'、鸟和人形图案等，属青铜时代和早期铁器时代"②。

七、关于藏文"六字箴言"

一号洞穴中有彩题藏文六字箴言，虽属晚期历史，内容单一，但因事涉宗教内容，且在阿勒泰地区文物考古调查中多有所见。如我们1965年在阿勒泰地区调查时，就在青河县多阿特和吉木乃县拉斯特等地发现了多处此类题铭以及喇嘛教遗址等，说明唐巴勒塔斯的六字箴言并非偶然遗留，而是阿勒泰地区元—清时期藏传佛教盛行的历史文化现象的反映，故有必要在此依据业内人士的研究做一简单和必要的释说，并以此作为本文的结束。

所谓"六字箴言"，即"唵、嘛、呢、叭、咪、吽"，是佛教秘密莲花部之根本箴言。"唵"表示"佛部心"，认为身、口、意与佛成一体，才能获得成就；"嘛、呢"，梵文意为"如意宝"，表示"宝部心"，据说此宝出自龙王脑中，若得此宝珠，入海能无宝不聚，上山能无珍不得，故又名"聚宝"；"叭、咪"，梵文意为"莲花"，表示"莲花部心"，以此比喻性情如莲花一样纯洁无瑕；"吽"，表示"金刚部心"，意谓必需依赖佛的力量，才能得到"正觉"，成就一切，善度众生，最后达到成佛的愿望。藏传佛教把这六个字看作经典的根源，主张信徒循环往复、持诵思维、念念不忘，这样才能积功德，可得解脱③。

---

① 国家文物局主编：《中国文物地图集·宁夏分册》，第233页右下角图。

② 《中国大百科全书·考古学》，中国大百科全书出版社，1986年，第323页，"蒙古人民共和国境内青铜时代和早期铁器时代"等。

③ 新疆蒙古族历史文物考察队：《新疆尼勒克县新发现托忒蒙古文、藏文石刻佛经》，《新疆文物》1989年第1期。

新疆岩画概观

王炳华

（中国人民大学国学院西域语言研究所）

一、新疆岩画的分布与记载

岩画，作为早期游牧人的思想文化载体，新疆广大地区内均见存在，堪谓内容丰富、形式多样。其分布地域，据目前已掌握的调查资料，主要在新疆北部准噶尔盆地周围，特别是阿勒泰山地、天山北部山地，以及准噶尔西部山系如塔尔巴哈台山等处。上列地区内雨水比较丰沛、四季草场咸备，适宜于早期游牧人的活动，因而岩刻遗迹所在多见。此外，在天山南麓及阿尔金山、昆仑山、帕米尔高原，也发现过一些岩画点，但不论从总体上观察其丰富程度，还是具体到某一岩画点的规模、岩刻数量，较之准噶尔盆地周缘，明显要稍逊一筹。如果以今天的行政区划为地理单元做统计，在差不多47个市、县范围内，均见岩画遗迹，总约近300处。每处遗迹点，自然都包涵相当数量的岩刻画面。因此，实际岩刻画面，是一个很大的数字。这近300处岩画遗址内，还包括一些洞窟彩绘遗迹，主要见于阿勒泰地区。西部天山、昆仑山、帕米尔，也有个别发现，但数量很少。全部洞窟彩绘，20处左右。这类洞窟彩绘岩画，虽总体数量不多，但显示了特别强烈的特点。因此这里的"岩画"概念，既指一般意义上的"岩刻"画，也包括在岩洞内以赭红色涂绘的画面。

应该说明，这一粗略统计，只能说是一个大概情况。可以肯定，因工作局限，今天仍然没有进入考古学者、岩画研究者的视野，自然也失落在这近300处初步统计之外的岩画点，还会不少。因此，不论是相关遗迹，还是奠基于其上的分析，都会随调查、研究工作的进一步开展而不断深入。

一些涉及新疆岩画发现历史的文章，称在北魏郦道元《水经注》及《北史·西域传》《隋书》《册府元龟》等著录中，已有关于新疆岩画的记述[①]。结论引人注目，但所言却并不准确。查《水经注·河水二》只是说："（于田）城南十五里有利刹寺，中有石靴。石上有足迹。彼俗言辟支佛迹。"（《北史》《隋书》《册府元龟》等文字近

---

① 苏北海：《新疆岩画》，新疆美术摄影出版社，1990年，第8页。

同）上述文字只能说明古于田国境一处佛教寺院内，见到有"佛迹"的石块，这自然只是佛教信徒的附会，与我们要讨论的岩画遗迹概念是不同的。

文献中最早见到有关新疆岩画的记录，是在清乾隆时期。其时著名学者纪昀在《阅微草堂笔记》卷一三中曾经记述："喀什噶尔山洞中，石壁剡平处有人马像。回人传云是汉时画也。颇知护惜，故岁久尚可辨。……后戍卒燃火御寒，为烟气所熏，遂模糊都尽。惜初出师时，无画手橐笔摹留一纸也。"[1]纪昀流戍西域，是在1768年。说明新疆岩画，在当地文人间已见传闻。纪昀戍西域不过两年。因此，关于新疆岩画的记录，最早应在1769年。

《新疆图志》作者在著录纪昀有关喀什岩画后，附加按语称："阜康县博格达山道士黄智贵言，博格达山福寿寺西南七十里至松树头，又南二三十里有青石壁，长二里许，上皆朱画山水、树木、城池、人物，字不可识，磨之愈显，有邑武生李有贵刓石一角，画一牛为下坡状，刓时断其尾……"[2]博格达山岩刻，1928年中瑞西北科学考察团中方团长徐旭生曾经调查，实际情况是：在黑色石上见到的岩刻"有鹿、有羊、有持弓矢的人，余不甚可识"。所见画面，并无黄道士所言复杂而丰富。

进入20世纪，新疆岩画已渐被考古者所注意，开始有了比较准确的文字、图像说明。徐旭生关于博格达山岩画调查是最早的记录之一。同一阶段，中瑞西北科学考察团瑞典考古学者F.贝格曼关于库鲁克山兴地岩画的报道也是一例。这处岩画，A.斯坦因1914年已经发现，但未进行具体考察。而F.贝格曼不仅对其进行了详细记录、分析，还刊布了有关图片。利用现代手段介绍岩画资料，此为第一例。岩画内容有树、驼、羊、马、人手印及蒙古文字。1979年，新疆考古所考古学者在对罗布淖尔进行踏查时，也详细观察、记录了这区岩画，并对照50年前的贝格曼照片进行了比较，发现这处岩画又增添了新的内容，从而为我们分析岩画时代提供了很好的素材。

新中国成立后的20世纪50～60年代，对新疆岩画曾开展少量调查。黄文弼、王子云、克由木等曾简单报道过塔城、伊犁、皮山县桑株镇岩画[3]。1965年，笔者与王明哲、易漫白在阿勒泰地区考古，对这里相当丰富的岩画遗存也进行过调查、摄影、记录，对这里彩色岩绘印象尤深。惜未及时刊布，所摄珍贵图像，后亦遭散失。

对新疆岩画普遍关注，大量调查并广为报道，呈现新疆岩画研究之热潮，是在20世纪80年代。这与当时国内文物考古界关注岩画风气有关，《阴山岩画》一书的出版，产生了不小的影响。新疆文物考古研究所、新疆博物馆，以及各地、市文物管理部门，均进行过这方面的工作。天山深处保存完好的康家石门子岩画被发现，"生殖崇拜"这

①　纪昀：《阅微草堂笔记》卷一三，上海古籍出版社，1980年，第320页。

②　《新疆图志》卷八十八《金石一》，上海古籍出版社，1992年，第834页。

③　新疆社会科学院考古所：《新疆考古三十年》，新疆人民出版社，1983年，第44～46页。

一主题的揭示，引起学术界广为关注，相关图像被辗转刊布[①]，更为新疆地区岩画的调查注入了一股新的动力。这一时间段内，有关岩画的报道连篇累牍，完成较多工作成果的有赵养峰[②]、王明哲与张志尧[③]、王博[④]、苏北海[⑤]、邢开鼎[⑥]、李肖[⑦]等。这些工作成果，为深入分析新疆岩画提供了丰富的资料基础。

二、新疆岩画的主要内容

岩画具体记录着早期游牧人的经济、社会实践活动，表现着他们曾有的思想观念、信仰、追求。在没有文字以前，这对认识、了解古代新疆早期游牧人的精神世界，具有不可替代的巨大作用。认真剖析保留至今的各种岩刻画，可以发现，它们最主要的思想内涵不外乎生育、放牧、转场、狩猎、战争等，记录着古代游牧人最重要的思想文化篇页。

在保留至今的岩画遗迹中，生殖崇拜占有相当重要的地位，是一个最显目的主题。这方面最突出、最典型的实例，是位于呼图壁县康家石门子的岩画遗址（图一）。岩画所在峭壁，壁面平整，面积达120平方米。其间满布大小不等、动作各异的人物形象达300人，有男有女，或站或卧，或衣或裸。男性生殖器特别粗壮、突出，有做交媾形，有双人同体；男女交媾图下，有群列舞蹈小人。人体轮

图一　呼图壁康家石门子岩画局部

廓线内，当年先刻凿再涂朱的痕迹约略可见。画面强调男性高大伟岸，女性柔弱细小，既清楚揭示岩画主人们祈求生殖、繁育人口的强烈愿望，也表示男子在生殖繁衍中的主体地位。而近年在阿勒泰山南麓发现的"鸟啄鱼图"岩画（图二），也很值得关注。岩画的鹳鸟尖嘴正咬啄鱼的后鳍，很好地表现了鹳鱼相啄一刹那间的运动感。这幅岩刻鸟

---

① 王炳华：《新疆天山生殖崇拜岩画》，文物出版社，1991年。
② 赵养峰：《中国阿勒泰山岩画》，陕西人民美术出版社，1987年。
③ 王明哲、张志尧对阿勒泰地区岩画、洞窟彩绘，有较多关注。
④ 王博曾主持阿勒泰地区文物普查，普查中发现岩刻、洞窟彩绘，只阿勒泰即达66处遗迹，并有《新疆阿勒泰山地草原岩画概说》一文，未刊。笔者曾拜读过此文。
⑤ 苏北海：《新疆岩画》，新疆美术摄影出版社，1990年。
⑥ 邢开鼎对东部天山中的岩画如托克逊、米泉、乌鲁木齐进行过较多调查。
⑦ 李肖对塔城地区岩画进行调查并予报道。

啄鱼的主题，还见于黄河流域的彩陶。它表现了远古时期新疆大地先民观念形态与黄河流域的联系（图三）。

图二　阿勒泰山骆驼峰
"鸟啄鱼图"岩刻画

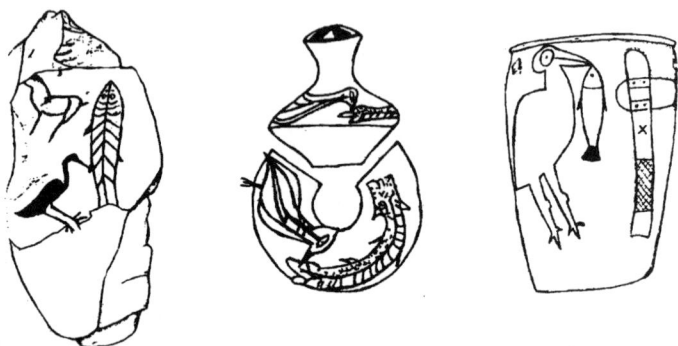

图三　与图二关联的黄河流域彩陶图

在以畜牧经济为主体的游牧民族的生产活动中，放牧牲畜是每天必须进行、不能稍予疏忽的大事。在马被驯养后，骑马放牧，更是一种主要的放牧形式，如在天山北麓木垒县博斯坦牧场十分丰富的岩画遗存中，不少画面比较清楚地显示了放牧活动。博斯坦背依天山，有博斯坦河及另一些水量充沛泉水沟流贯，森林茂盛，水足草丰，是优良的冬、夏牧场所在。正是这样的背景，造就了博斯坦和卓木沟内大量的放牧岩画图像。而天山北麓米泉区柏杨河乡独山子村一幅表现牧业生产的岩画，不仅表现了羊群，还显示了溪流、草原，在宁静的草原上，人、羊均悠然自得，牧区野趣，令人遐想。

在古代游牧民族的经济生活中，狩猎具有重要的意义。在已经发现的大量岩画资料中，狩猎画面比重相当不小，对当年狩猎图景刻画得也相当细致。可以帮助我们具体认识当年曾在山地、草原上展开过的一幕幕狩猎场景。例如，乌勒盖地区岩画点，刻画狩猎活动的画面更是相当集中，几近20幅。其中有的表现猎人潜藏匍匐在草丛中，持弓狩猎北山羊，多人围猎鹿群等，均具特色。巴里坤县莫钦乌拉山中段库克托贝岩画遗址点，10多名骑士围猎鹿、羊；骑士飞驰，鹿、羊狂奔。其中部分鹿负箭奔跑，场面十分生动（图四）。这一岩刻不仅场面大，而

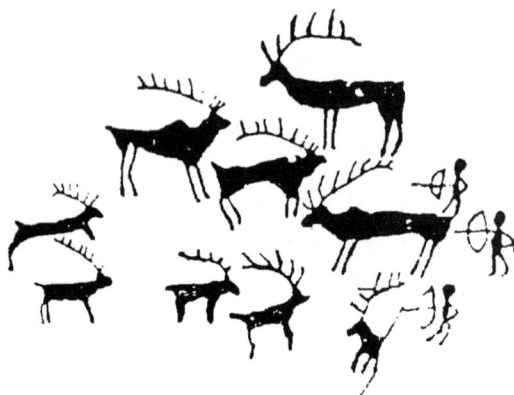

图四　围猎群鹿狩猎岩画

且刻线细，线条流畅，是艺术高手用锐利的金属工具加工而成。

古代游牧民族，较长距离内运输往来和牧民驱赶畜群转移牧场，车是不可或缺的交通手段。在阿勒泰、塔尔巴哈台、天山北麓不少岩画点，都见到表现古代车辆的画面，这在一定程度上表现着游牧人的实际生活，记录着古代游牧民对这类车辆的重视。天山北麓巴里坤县李家湾子所见车辆图，线条虽十分简单，但却清楚地勾勒了双轮、轴、椭圆形车篷、单辕及驾牛的图像（图五）。天山南麓温宿县包孜东车辆图，也是典型的线刻，显示了轮、辐、长方形车篷、单辕。这些车辆岩画，形象简繁不一，或有时代之差异。所在地点，多在主要交通干线上，对我们认识它们在古代新疆游牧民族经济生活中的地位，具有重要意义。

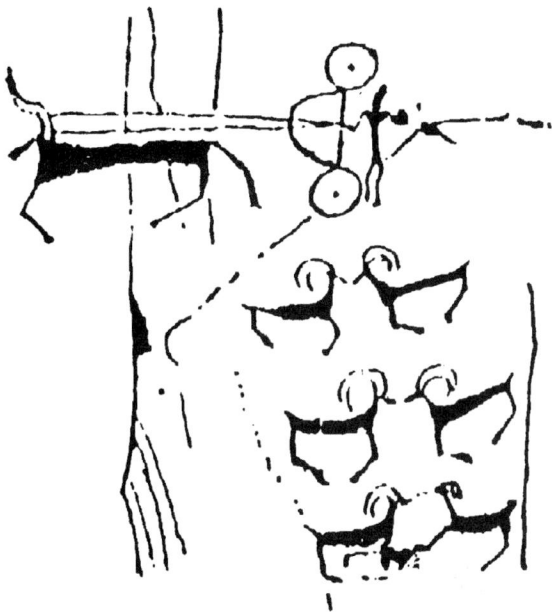

图五　车驾岩画线图

战争，作为社会矛盾冲突的最剧烈的解决方式，用岩画是难以表现其复杂性的；但竟然也有相关刻画遗迹。颇可以说明，当年游牧人生活中曾经关心的一切方面，无不在这一艺术表现形式中占有一席之地，留下相当记录。这方面，实例不少，哈密市沁城折腰沟保留的战争画面等。昂首前进的战马，威风八面的骑士，激越高昂的斗志跃然于石面（图六）。

图六　哈密沁城折腰沟战事岩画

三、新疆岩画的具体所在及其内在根据

如前节所言，新疆岩画主要分布在阿勒泰山、天山北部山区、准噶尔西部山系，帕米尔高原—昆仑山系地区，也见一些岩刻遗迹。

（一）阿勒泰地区岩画

在阿勒泰，已见岩画地点总有80处[①]，主要分布在阿勒泰山南麓一些水草丰盛（降水量达600多毫米）的山地岩壁及低矮山丘上，东起与蒙古人民共和国接壤的青河县，西至与哈萨克斯坦接境的哈巴河、吉木乃，东西绵延1000多千米，形若依山傍壑的石刻、彩绘画廊。

主要遗迹自东而西大概分述如下。

青河县：主要有三海子什巴尔库勒、美尔曼达拉斯、莫衣克、克协尔、喀拉盖特、巴润萨依、亦肯德布拉克、县水电站闸口、敖包特、阿亚克哈拉沃伦、塔拉特萨依、达巴特、乌鲁肯达巴特、乔夏、塔拉特沟、科克舒美克、查干郭勒水库、扎玛特、喇嘛布拉克、阿比金萨依、喀拉沃伦等（图七）。

富蕴县（可可托海）：主要有苏普特、库尔特萨依塔合尔克斯陶、布拉特、徐永恰勒、喀拉通克乡博达毛音、哈拉布尔根乡唐巴尔塔斯、杜热乡加尔肯、吐尔洪乡铁列克提、阿克赛阿克加拉等（图八）。

图七　青河青格里河鹿羊岩画

图八　富蕴徐永恰勒狩猎岩画

阿勒泰市山区：主要有将军克孜尔山、乌拉斯特沟、蛇川、玉尔肯喀拉苏、雀儿沟、东雀儿沟、汗德尕特、汗德尕特民族乡的杜拉特沟、阿克塔斯、克尔木齐乡玉衣塔斯、科曲塔斯、依塔斯、乌吐布拉克、奶牛场、黑山头、别列根、骆驼峰、泉沟、斯得克、陵园等（图九）。

福海县：主要有中蒙边境的红山嘴。

---

① 阿勒泰岩画遗存，据《中国阿勒泰岩画》，陕西人民出版社，1987年，称"共计四十余地点"；《新疆岩画》，新疆美术摄影出版社，1994年，统计共有43处地点，王博曾在阿勒泰地区文物普查，据其普查统计，有岩画遗址66处，结合已刊报告统计，他在《阿勒泰山地草原岩画概说》中，认为"能确定的岩画点不少于75处"，笔者据散见报告统计，已有80处以上。

布尔津县：主要有库须根、阿啊衣乔拉克布拉克、乔拉克布拉克、英给阿沙、伊其塔斯、马拉塔斯、俄罗斯喀拉等。

哈巴河县：主要有唐巴勒塔斯萨依、阿克加勒帕克、加尔塔斯阔腊、喀拉托别、阿什勒、加那阿什、喀拉塔斯、多尔特、阿克毕特、翁古尔、沙拉乌俊等（图一〇）。

吉木乃县：主要有沙乌尔山哈尔交牧场克孜尔库拉、喀拉萨依、唐巴勒、托海阔拉、冰山塔特克什阔腊斯、别奇特、卡克巴克特、塔洋奇萨依等（图一一）。

图九　阿勒泰杜拉特人、羊、马岩画

图一〇　哈巴河加尔塔斯阔腊马鹿羊岩画

图一一　吉木乃塔特克什阔腊斯岩画

（二）天 山 岩 画

天山，是亚洲中部的重要山系，主要横贯在新疆中部，海拔3000～5000米。由数列东西方向的褶皱断块山体组成。南北宽250～300千米。南、北自然条件、景观差异颇大。天山北麓雨水比较多，年降水量可至300毫米，草被、树木茂盛。天山南坡雨水很少，植被稀疏。天山岩画，主要见于天山北麓地区，天山南麓偶有所见。

下面，同样按行政区划说明。

乌鲁木齐市：主要有艾维尔沟二道沟、库尔嘎克萨特、豹子沟。

乌鲁木齐县：主要有高崖子牧场的高崖子沟和豹子湾沟、阿赫萨特沟口、托里乡西沟乡黑沟、柴窝堡白杨沟内阿格巴依沟最深处、三个山沟、阿克苏乡哈姆斯特沟等。

自乌鲁木齐循天山北麓东向：

米泉区：主要有柏杨沟乡独山子村、宋家达坂、魏家泉、柏杨林子等；阜康市：主要有黄山沟、甘沟、吉沿坚、三工河、泉沟。其中三工河岩刻，居天池西南，可以与前引《新疆图志》，徐旭生笔记中的岩画报道相呼应。

吉木萨尔县：主要有大有乡广泉村南松树沟。

奇台县：北塔山库普沟、阿艾提沟、松树沟、恰哈奇、小哈布的克、南乌拉斯台、叶尔哈巴克、红沟、大锡伯提沟等处。

木垒县：主要见于大石头乡、白杨河乡芦塘沟、东城乡鸡心梁、博斯坦牧场博斯坦沟、萨尔色克沟、喀夏古尔沟、哈沙霍勒沟、和卓姆沟、大干沟、小干沟、大浪萨沟、照壁山乡平顶山旱沟、夹皮泉、大南沟等处。

巴里坤县：有小夹山柳树泉、大夹山库特尔库拉、莫钦乌拉山小柳沟、库克托贝、洞塔斯、兰州湾子、李家湾、小黑沟、八墙子、弯沟等；伊吾县：主要有前山乡乌勒盖、吐葫芦乡科克托果勒沟、骆驼石、白杨沟、白芨、盐池乡卡塔布齐、上马崖等处。

哈密市暨哈密县：主要有沁城折腰沟、白山、头工口子、下河村、黄田庙儿沟，

图一二　呼图壁岩画全景

八大石托甫塔勒、巴合乌斯台、苏勒苏沟、三道岭柳树沟、二道沟、榆树沟、白石头、尖甲坡、西山乡七道沟村阔克亚尔、霍吉格尔、白杨沟、阿格孜等处。

自乌鲁木齐循天山北麓西走：

昌吉市：阿什里乡阿什里村达特汗沟；

呼图壁县：康家石门子、克孜勒塔斯村阔克霍拉、登格克霍拉、克色克沙等处（图一二、图一三）。

图一三　康家石门子岩画全景线描图
（绘画人：王路力）

玛纳斯县：塔西河哈萨克民族乡沙拉乔克、苏鲁萨依。

博乐市：阿拉套山阔依塔斯、岗吉格山。

温泉县：阿拉套山多浪特、穷库斯特、阔依塔什、察汗乌苏、阿登确鲁、别珍套山北侧、乌苏鲁别真等。乌苏鲁别真，蒙古语意为"水草丰茂的草原"，岩画特别丰富。

伊宁县：卡约鲁克沟。

巩留县：库尔布津、铁克阿热克乡喀拉沟口。

霍城县：昆带山、干沟、华土尔空拐沟、大东沟。

昭苏县：阿克亚孜河南布特科尔、夏塔乡马拉尔特沟。

特克斯县：乌孙山中阿克塔斯洞窟、乔拉克铁热克乡阔克苏、唐姆洛克塔什等。

尼勒克县：穷科克、塔特朗、阿克塔斯牧场却米克拜沟。

新源县：喀拉旱德沟、克孜尔塔斯沟、则克台镇洪沙尔沟、铁木尔勒克村洞买勒、阿克赛衣、喇叭村杜斯别尔沟。

天山南麓，岩画遗迹发现不多。目前所见少量遗迹：

鄯善县：火焰山中的连木沁沟、二塘沟内托万买来，共三个点，即穷塔斯、三叉口、温泉，岩画数量很少。

托克逊县：托格拉克布拉克、克尔碱。

和静县：金矿沟、嘎哈提沟、阿尔先温泉。

温宿县：吐木休克乡的阿尕衣那克柯塘、塔格拉克牧场的沙拉克乌克赛、乌孜东乡小库孜巴依、包孜东。

尉犁县：兴地岩画，属天山山脉前山地带（南天山）的库鲁克塔格山内。

（三）准噶尔西部山系岩画

准噶尔西部山系，处准噶尔盆地之西，居阿勒泰山系与天山山系之间，包括了塔尔巴哈台山、巴尔鲁克山、萨吾尔山、加依尔山及成吉思汗山，这片地区虽冬日风大，气温低，不利放牧，但相当部分山地（如巴尔鲁克山南坡，海拔1000～2000米范围内）处于逆温层中，冬季气温相对温暖，适宜于牲畜越冬。因此，也发现不少岩画（图一四）。

塔城市：塔尔巴哈台唐布拉山口、加木尔札村那音乔卡山。

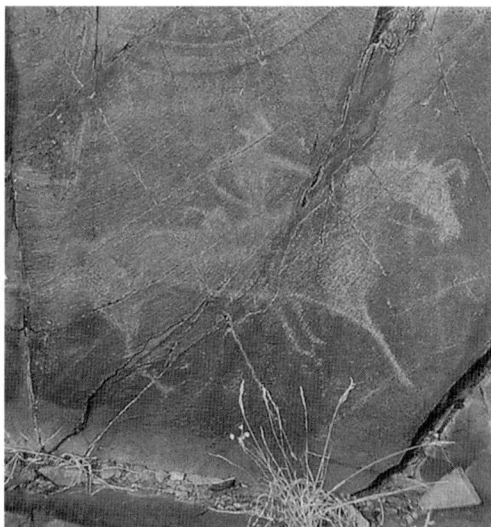

图一四　准噶尔西部山地岩画

额敏县：喀拉也木勒河北岸、吉朗特山焦勒布拉克、拜依提地布拉克。其中喀拉也木勒河北岸岩画点，画面多，内容比较丰富。

和布克赛尔县：铁普克苏乡于思根冬牧场、铁普克苏乡达吾尔萨拉山顶、斜米思台山阿拉巴思冬牧场。

裕民县：巴尔鲁克山巴尔达库尔、达吾尔萨拉山顶、艾尔肯阿门、光其根乌必勒真等，国有牧场丘尔丘特、额敏河南岸边防站、吉也克乡库勒村库勒玛扎、乌什德特沟、哈因沟。

托里县：玛依勒山内喀拉曲克牧场、唐巴勒霍拉、禾角克、哈因沟、庙尔沟、扎依尔山哈图山、吐别克斯套、铁厂沟科克巴斯套、努勒思拉克斯套、布勒买、司马义勒克斯套、拉巴唐巴勒、克孜尔阔腊、里那亚提、阔克哈达唐巴勒、奥凯库斯曼等。

（四）帕米尔高原—昆仑山系岩画

包括帕米尔、昆仑山、喀喇昆仑山、阿尔金山广大地区。帕米尔高原主要见于东麓。

塔什库尔干县：画面比较清晰的岩画点有 7 处，穷托卡依村东南谢依坦吉里尕沟、阿孜嘎勒、上库英地尔、阿勒库尧勒、巴希安迪君、萨依库甫兰、下阿克铁列克。

阿合奇县：莫孜勒克沟西。

乌恰县：铁克塔什、阿勒克木。

阿克陶县：潘加玛扎、其木干两处。

叶城县：柯克亚乡赛格孜亚村、棋盘乡阿孜岗沙勒村阳阿克艾尔必西、托勒拉尔格勒。

皮山县：昆仑山北麓桑株河谷乌拉其、苏勒阿孜河谷克依克图孜、康阿孜等处。

且末县：阿尔金山北麓，木里切河口东、西岸，有大片岩画遗存。

与这类岩刻画并存，还有值得特别注意的彩色洞窟岩绘。主要以赭红色（间或见到白色）在天然洞窟或原始岩壁上涂绘出神秘色彩的图案，如手印、人物、动物、女阴、几何形图像等，如阿勒泰富蕴县的唐巴勒塔斯、阿勒泰市的阿克塔斯、哈巴河县境别列泽河流域的多尕特。在天山西部特克斯县境内的阿克塔斯，昆仑山西端、帕米尔东麓皮山县诺阿巴特塔吉克民族自治乡东南40多千米的阿日希翁库尔（意为"分水口上的洞"）山洞，也都偶有发现，如手印、圆圈形图像等，只可惜遭严重破坏，已难窥见当年绘画的全貌。但对我们了解这类彩绘岩画分布地域，有相当价值。

全面分析这近300处岩画遗存，探索岩画遗址的分布规律，可以得到的主要概念如下。

（1）它们主要分布在早期游牧民的冬季草场，大多分布在阿尔泰山、天山北坡海拔1400米以下的低山地带。天山北坡这类低山地区大多处在逆温层中，气温一般都要高于盆地边缘 3 ~ 5℃。适应牲畜越冬的要求，多是可避风雪、积雪不多、雪层不厚、和煦向阳、水草条件稍好之所在。牧民深秋至此，仲春以后转移，每年在此停留的时间总有5个月（甚至更多到6个月）上下，是牧民们游牧生活中最主要的居留、活动场地。良好、宽敞的冬牧场，是畜牧业发展的关键。秋日牲畜膘肥体壮，是丰硕的收获期。居住时日长，婚嫁聚娶、休憩娱乐、宗教祭祀等各种活动，往往多在这一时段内。目前新疆地区所见重要岩画遗迹点，如富蕴县唐巴勒塔斯、哈巴河县的多尕特彩绘岩画、托里县的哈因沟、唐巴勒霍拉、呼图壁县康家石门子、木垒县博斯坦牧场等这些重要岩画点，都在冬牧场中，是很有力的说明。

（2）重要牧道所在。古代游牧民，受气候、水草条件制约。必须逐水草而居，四季移徙；寻觅春秋好草、好水；夏日温凉；冬日可避风雪（积雪稍薄、相对温暖、羊群可方便得草）的所在。这样的四季牧场，受地势、环境、水草、草场大小及草料品质的影响，地点也是相对稳定的。对于特定的游牧部落、集群来讲，在正常的、一般情况下，四季草场位置、大小，也相对固定。这类相对稳定的草场、水源如受到其他游牧部落的侵扰，立即会导致十分尖锐的矛盾，甚至流血冲突。由于四季草场相对固定，因而畜群的迁徙路线受沿途水草、山谷、隘道、分水岭的制约，也都有一定规律，否则转场过程中的水草补给、牲畜安全就会遭遇困难。所以，重要牧道，对特定游牧部落关系重大。发现岩画的地点，如库鲁克山中的兴地峡谷、阿尔金山且末县木里恰河口、阿勒泰市汉达尕特的多阿特沟、奇台县北塔山（位于阿勒泰山与天山之间，是阿勒泰山南下奇台、巴里坤的牧道，也是蒙古草原进入准噶尔盆地的必经路线）、皮山县境桑株河谷中的"乌拉其"（意为"指路者"）等处，都是重要牧道，均可作为例证。

（3）进行原始巫术活动的场地。受原始思维制约，古代游牧人选择符合其原始巫术、原始宗教信仰的特殊地点，进行岩画、洞窟彩绘创作。这些地点，所在自然环境往往不同于一般，在这些地点进行岩画创作活动，被认为会更利于向神灵传达古代游牧人的祈求、信息。因此，有关岩画、彩绘，也更明显具有特定的巫术思想内涵。呼图壁县康家石门子生殖崇拜岩刻画遗址、富蕴县唐巴尔塔斯、哈巴河县别列泽克河流域彩绘岩洞群、西天山特克斯县阿克塔斯岩画、巴里坤县巴里坤湖畔之夹山岩画、裕民县巴尔鲁克山岩画等，所在地点山形突兀（图一五），溪水环抱、草场茂盛，山前

图一五　康家石门子岩画所在丹霞地貌

有宽大空间便于进行群体活动，都是原始巫术活动最为理想的场所。

（4）其他，一般的、随意的、即兴的作品。

辽阔的草原，怡然自得的畜群，周围少有人烟，随手在身旁岩石上刻凿出牲畜、狩猎，烙印在思想深处的种种画面，不仅可排遣精神的寂寞，也抒发了熟悉的生活及对生活的热爱。这类艺术活动，自然也是不容忽视的一种存在。

四、岩画加工工艺及时代探讨

分析岩画加工工艺，可以得到以下基本认识。

（1）点凿法：以硬度较大的石材或金属工具，按画面要求在动物、人物之轮廓线上连续凿点，由点构成线，形成画面；也可以在人物、动物轮廓内普遍凿点，构成画面。这是比较普遍使用的工艺。

（2）凿点与研磨结合：在凿点成线、体后，对轮廓线或轮廓线内人物、动物整体画面作研磨。粗看、远看如浅浮雕，光洁平整，近处细致观察，则先凿点，在凿点基础上再施研磨。工艺非常清楚，最初凿点痕迹并未在第二步研磨过程中完全消失。中部天山呼图壁县康家石门子岩刻是这一工艺的典型代表。

（3）磨蚀：部分岩画，细致观察不见任何点凿痕迹。手指触摸，刻痕部分与周围石面平滑如一。这类岩画线条、画面，是在设计构图的基础上，经硬物摩擦，将原来深色石面去除一薄层，磨蚀部分色泽稍浅，而显示出物体图像。

从加工工艺角度分析，凿点较为原始、粗糙，时代相对稍早；凿点后研磨，较之单纯凿点，发展、前进了一步；而磨蚀成图，工具工艺要求更高，相对时代应更晚。从岩画工艺角度对岩画相对年代进行分析，似不失为合理根据。至少，这是应予注意的一个环节。全面观察、统计、细致比较，当会有助于研究的深入。

岩画，作为早期游牧人的艺术语言，蕴含了十分丰富的历史文化信息。在少见文献记录的早期游牧民族历史文化生活中，其价值尤其不可低估。但要准确把握它们，首要前提是对相关岩画遗存的时代做出接近实际的判断。这方面，不少学者在接触岩画伊始，即曾为之努力，也提出了各种意见，力图在这方面有所突破，如称"新疆岩画尽管是以原始社会时代，尤其是父系氏族社会时期的最多，但进入阶级社会以后的各个时期也都有制作"[①]，"阿勒泰山岩画，……不是一个时期的作品。它既包括史前时期，也包括有史时期，基本以公元前2000多年的塞族人开始，以后历代各个部族均有续作，最晚可至明清"，"其中的高车图，应是高车部族的文化遗存"[②]，"把新疆已知岩画的上限暂时定在公元前1000年前后的古塞人、古羌人和一些盆地周缘的土著游牧民族，从

---

① 苏北海：《新疆岩画》，新疆美术摄影出版社，1994年，第5页。

② 赵养峰：《中国阿勒泰山岩画》，陕西人民美术出版社，1987年。

目前来说，既是比较可信的，也是比较主动的"，"继古塞人、古羌人等之后，……新疆古代主要游牧民还有呼揭、乌孙、匈奴、鲜卑、柔然、铁勒、突厥、回鹘、契丹、蒙古等，它们同时驰骋于新疆的历史舞台上，创造了灿烂的各具特色的历史文化，留下了丰富多彩的考古文化遗存。毫无疑问，新疆古代岩画与他们之中的这个或那个都有着密切的关系，是他们优秀文化遗产的一部分"①。凡此种种，类似的分析论断还可以列举不少。这些结论无法说错，但什么具体问题也没有因它们而得到解决。在这些分析中，人们可以感觉到，研究工作者确实都认识到对岩画遗存进行断代的紧迫性，十分希望在岩画时代明确后对其文化思想可以更准确把握，进而可能与特定的民族主人联系起来，使现存岩画可以成为古代游牧民族历史文化研究的资料。但是，纷杂而大致类同的现象，相同的刻凿工艺，难以简单清理头绪。因此，所有这类研究性的文字，实际都没有提出明确、清楚的结论。关于岩画的起始时代，虽有"公元前1000年""公元2000年""原始社会时代"等不同的判定，也都因为没有任何具体分析，而只是一种含混、模糊的简单意向，广大读者实际难以在此中得到具体启示。这一现状表明，关于新疆岩画时代的分析，确实还是一个大家都感觉迫切，但并没有得到实际解决的课题。

对任何问题的准确把握，都必须从个体、具体入手。由点及面，由小至大，才能把握全局。新疆地域广大，岩画遗存丰富，时代延续漫长，创作主人众多。面对这样的主体，任何深入一步的研究，都必须从个别的、特定的遗址入手，深入剖析，全面把握其个性，更进而与周邻遗存进行比较，探索异同。积以时日，或会有可能破除迷津，使新疆岩画不论是纵的时代发展、横的民族地域特色，其脉络、规律均可望毕现于今人面前。

这方面，也已有一些成功的探索。

关于新疆洞窟彩绘，据彩绘风格、女阴崇拜、狩猎中不知弓箭、相关考古遗存，笔者曾据彩绘内容论述，它们可能是旧石器时代晚期的文化遗存，绝对年代可能早到距今1万年弓箭发明以前。

关于呼图壁康家石门子生殖崇拜岩画，据岩画思想内涵，岩画人物风格，以及古墓遗迹，笔者提出、也被不少同道支持：它可能是公元前1000年前期、塞人文化遗存。而以之作为标尺，将塔尔巴哈台山中巴尔达库尔生殖崇拜岩画与之相比较，后者显得更朴拙、简单，时代会较呼图壁岩刻要早②。

东部天山木垒县博斯坦牧场中有大量岩刻画，人物均头戴尖顶帽，形成显目特征，据此，论证它们是尖帽塞克族人的遗迹，时代可早到公元前1000年前③，也是一种

① 王明哲：《略议新疆古代岩画的探索、研究》，《新疆文物》1987年第3期。

② 王炳华：《新疆天山生殖崇拜岩画》，文物出版社，1991年；苏北海：《新疆岩画》，新疆美术摄影出版社，1994年，第97页。

③ 苏北海：《木垒县博斯坦牧场的古老岩画群》，《新疆岩画》，新疆美术摄影出版社，1994年，第209~224页。

具体分析意见。

与此相类，对个别岩画点进行较深入剖析的初步结论还有一些，对新疆岩画深入研究，均是应予肯定的成果。

但从总体上观察，目前在新疆岩画的调查、研究工作中，还是一般的调查、报道比较多，全面、完整的调查报告比较少。对具体岩刻遗址的时代，空泛的、感觉性的议论多，对刻凿工艺、图像风格、相关考古遗存等深入、具体分析不足。对有关岩画相对时代或绝对年代的分析，大多仍然没有得到比较有说服力的结论。这一任务的圆满完成，还有待今后关心岩画研究学者们的共同努力。

五、洞窟彩绘岩画

在论及新疆岩画时，对已经发现的洞窟彩绘岩画要给予特别关注。

这类洞窟彩绘岩画，主要发现地点有以下几个。

阿勒泰山区

1. 阿勒泰市阿克塔斯

位于阿勒泰市巴里巴盖乡，东南距阿勒泰市约25千米。在一区孤立的花岗岩山丘上，为一浅槽状洞窟，海拔1000米，洞口呈半圆形；方向朝南。洞口长约13、高约1、深1～4米。山丘周围为平坦草地，一条小溪缓缓流过。适宜放牧。

彩绘赭红色。洞口，凿刻五条牛、一匹马，体态肥壮有力。另一尾大角羊，昂首停立。入洞，见一似女性生殖器图像（高16、最宽处7厘米）。其上见短杠50道，其下为一条似勾勒臀部的弧形曲线；较深入，见4个舞人及40道短杠；人物均两手上举，两腿叉开。洞窟深处，以短杠构成的长线下为一高16厘米的舞人[①]。

2. 富蕴县唐巴勒塔斯

居富蕴县喀拉布勒根乡唐巴勒塔斯村，绘彩洞窟处于一半山腰岩石上，高出地面约25米。洞窟口宽20米，朝向东方。高11.5、深11.8米，全窟开阔，可容数十人。洞窟南东，是一片倾斜的缓坡草地，可供人群集聚。窟内以赭红色彩绘，内容相当复杂（图一六）。

洞顶正中，为一"洞顶彩绘符号放此引号内"形印记。洞窟正壁右上方及右壁赭绘二尖顶萨满帽（其一，高72、宽63、帽顶高25厘米；其二，高170、宽102厘米）。

---

① 苏北海：《新疆岩画》，新疆美术摄影出版社，1994年，第49页，插图1～5；赵养峰：《中国阿勒泰山岩画》，陕西人民美术出版社，1987年，第23、24页。

额顶部位绘有平行线22道，在平行线道组成
的弧形圈下有一对眉形纹，其下有 3 个眼睛
状的图像。这种萨满帽，在北方草原上是一
种常见的图形。洞窟正壁一萨满帽下，是 4
个显目的椭圆形圈，两道椭圆形圈内，再以
白色绘出小圆，或绘蚯蚓形曲线。似为女阴
图像①。这 4 个象征女性阴户的图像，长径
40～120厘米，图像既宏大，又处于最显目的
地位，因此，论者往往以之作为崇拜女性在
生殖器中地位的说明。

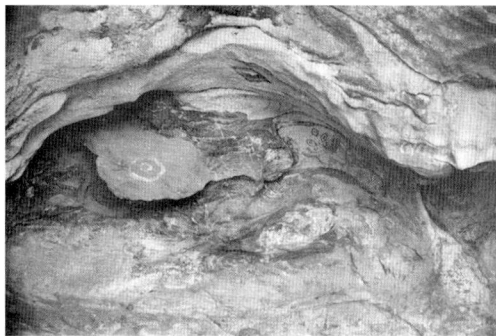

图一六　唐巴勒塔斯洞窟彩绘

　　与这一洞窟相距约60米，又为一石洞。洞口宽 5 、高3.2、深 4 米。洞窟内共彩绘
人物32人。二人手持弓箭，其他人做分组舞蹈状，一组 5 人，一组 4 人，又一组14人排
成三排，其他人较分散。舞姿相同②。

3. 哈巴河县沙尔布拉克洞窟彩绘岩画

　　哈巴河县居阿勒泰山西部，属海拔600～700米的低山丘陵及河谷地带，是适宜于
牲畜越冬的冬草场所在。大量岩画及洞窟彩绘就分布在这片地区。彩色洞窟绘画，主要
见于沙尔布拉克乡喀拉托贝牧业村的多尕特沟。沟谷左右是一片山形奇特的风化山丘，
山丘间形成一些洞窟，这些洞窟，状貌诡异，空间大若殿堂，小如蜂房壁龛。山丘下则
清溪长流，绿草如茵，充满生命活力。在这里的洞窟中施绘彩画，与上述环境当有密切
关联。

　　多尕特沟内发现洞窟彩绘岩画多处。

　　（1）一号洞。洞口宽1.6、洞高1米。洞口一壁，以赭红色线条勾勒出3人、4牛、
一竖条形印记。3人分别高27、30、23厘米，两臂下垂，双腿叉开。牛分别长34、30、
31、29厘米，有角，两牛做行进状，相对而立。

　　（2）二号洞。在高126、宽130厘米范围内，以点、赭红色线绘出人物、三角形图
像：上部为8个几何形人体，成两列；其下为两条短杠构成的横线；更下为短杠构成的
弧形；最下为三组锐角三角形；三角形下，为三个舞人。整个画面，为几何图形③。

　　（3）三号洞。洞口宽1.7、洞高1.5、洞深1.3米。岩壁左下方以赭红色绘牛一头
（长23厘米），牛下绘赭红色小人，小人身下为一头戴尖帽、两臂下垂、双腿屈蹲的强

　　① 苏北海：《新疆岩画》，新疆美术摄影出版社，1994年，第23页；赵养峰：《中国阿勒泰山
岩画》，陕西人民美术出版社，1987年，第23、24页。
　　② 苏北海：《新疆岩画》，新疆美术摄影出版社，1994年，第25～27页，插图②。
　　③ 陈兆复：《中国岩画》，浙江摄影出版社，1989年。

壮人形，高33厘米。岩壁右上方绘一黍穗状图像（高39厘米）。岩壁中部则是大量几何形图像，或平行，或直列，或作弧形，密密麻麻，给人以神秘感。

（4）四号洞。与一号洞相去不远。洞口宽1、深1、高0.9米。洞内以深赭色彩绘了一排小木棍似的纵列竖线，高3～4厘米，排列成65厘米长，形若木栅。

（5）五号洞。洞口宽1、深0.9、高0.8米。赭绘两人，分别高20、25厘米，做舞蹈状。

（6）六号洞。洞口宽1、深1、高只有0.5米。在这样一个很小的壁洞内，赭绘1人、2牛。人高26厘米，大头饰两角，双腿叉开，似有尾饰。前部两头牛，长42厘米，但只有牛身之前半部。

（7）七号洞。彩绘岩洞高出沟底约20米。岩洞口宽约8、洞高2.8、深4.5米。相当宽敞。彩绘赭红色，绘于岩洞正壁，画面（2.5×4.5）平方米，延至顶壁，气势宏大，内容复杂。具象画面，可见出牛、马等大兽、人物、手印、脚印，人持三角形大盾，手持长棒击兽。并见大量不具象的圆点、短杠道，构成复杂的几何图形，如草、似栅，多道平行线，三角及弧形类的奇怪图案充满画面，神秘而诡异。但仔细辨识，还是可以肯定这是表现围猎场景，并且投枪等武器已刺在牛、马身上，牛、马大兽倒扑地上，已在人们猎获之中。四周猎手跑动。红地白色人手、足纹，则准确揭示着主人的身份，胜利的围猎，将会发生在他们身上。因此，它是以巫术祝祷围猎取得成功的图形。画面中，围猎对象主要是行动稍稍迟缓的牛，而不同于石刻图像中大量的大角羊、鹿。未见弓箭，表明还未步入新石器时代（图一七）。

图一七　多尕特彩绘狩猎图

阿勒泰山中的洞窟彩绘，也偶见杂入后期的古藏文六字箴言等，是喇嘛教信仰的表现，在论及洞窟彩绘时，这是应剔除的后期因素。

天山、昆仑山中，这类彩绘岩画，也偶有所见。西天山北麓特克斯乌勒泽克乡村北阿克塔斯洞窟，是天山彩绘岩画之一例。洞窟口宽5、洞高2.5～3米，岩洞面积达48平方米，窟内以赭红色绘画马、羊等动物及女阴图像及一些圆形图案。

昆仑山北麓皮山县境阿日希翁库尔，也是一处岩洞。洞口高4～5、深4米左右，由于洞窟高大，成了现代牧人的住宿处。窟内原来赭红色绘画图像已多为烟熏痕迹覆盖，只能依稀觅见图形、手印。

帕米尔东麓，叶城县棋盘乡阿子冈沙勒村托勒拉尔格勒彩绘手印纹。在南北约5、东西约2米的范围内，彩绘多组手掌纹。掌、指绘白色圆点，两手掌间给蛇形，指尖部有小羊一列，整个图像满溢神秘韵味（图一八）。

据此，可以得到结论：与刻凿岩画并存，在新疆大地，还有洞窟彩绘岩画。而其内容，可以看出女阴图像，萨满崇拜特征的尖形帽，被投枪刺中的牛、马，还有欢乐的舞人及圆点、短杠道绘成的几何图案、手掌图案等。这些图形，既具象，也有相当部分并不具象，给人以浓重的神秘感。

图一八　叶城棋盘乡手印图

这批洞窟彩绘蕴含着对女性生殖能力的崇拜，是可以肯定的。显目的萨满尖形帽，不仅揭示这类洞窟彩绘与原始巫术活动有密切关系，也说明巫术活动的基本目的在于祈求女性有强大的生殖能力，并祈求牲畜繁衍，草场兴旺。哈巴河县松哈尔沟多尕尔特洞穴中，大型围猎画面，是以巫术祈祝围猎成功。这些，均曾是古代游牧人在这类洞窟彩绘中显示的祈求、寄托的希望。

关于这类洞窟彩绘的年代，目前还欠缺深入的分析、研究。欧洲法国、西班牙等地洞窟彩绘的年代相当古老，大都早到旧石器时代。阿勒泰地区所见彩绘，早可以到旧石器时代晚期的文化遗存。在阿勒泰山东邻，蒙古人民共和国境内科布多省的霍依特采克尔河谷洞窟中，也发现了赭色彩绘动物图像，同样是旧石器时代遗存[1]。加之彩绘内容中鲜明的女阴崇拜图像，因此，把这些彩绘岩画推论为距今1万年前后的旧石器时代晚期，距离历史实际大概不会相去太远的。

六、新疆岩画内容及其文化含义

岩画具体记录着早期游牧人的经济、社会实践活动，表现着他们曾有的思想观念、原始宗教信仰、原始巫术活动等。在没有文字以前，这对认识、了解古代新疆早期游牧人的精神世界，具有不可替代的巨大作用。

常识告诉我们，古代人类不论是对自然界还是对人类自身，认识均曾有过十分幼稚、十分肤浅的阶段。对无尽数当时生活中还不能理解的事物，往往会归之于存在超人的神秘力量，存在神灵。神灵能决定人类的命运。还相信唯一可以求得神灵同情、理解、帮助的手段，就是"巫术"，虔信巫能通神。大量民俗、原始宗教资料显示，在巫术通神的活动中，最重要的原则是"相似律"，即通过巫师的模仿动作，向神灵传达人间的信息，神灵获得感应，就有可能使人间的祈愿得到满足。大家熟知的一个例子：在土人、木人心窝插上一根针，经巫师祈禳，神灵会让被诅咒的仇敌身心疼痛，甚至死亡。这个故事，就是"相似律"的典型运用。

在古代游牧人的精神世界里，部落、氏族人丁兴旺，畜牧丰产，狩猎有获，与敌

---

[1]　苏北海：《新疆岩画》，新疆美术摄影出版社，1994年，第408页。

人的矛盾、冲突取得胜利等，都是头等重大问题。它们既是人们极力企求实现的理想，又是自身完全没有办法把握、存在多种可能性的现实。面对这样的矛盾，当然最需要巫术、巫师的帮助。认真剖析保留至今的各种岩刻画可以发现，它们最主要的思想内涵不外乎求育（人、牲畜）、放牧、转场、狩猎、战争等，记录了古代游牧人最重要的思想文化篇页。

（一）生殖崇拜

图一九　呼图壁生殖崇拜岩画局部

在保留至今的岩画遗迹中，生殖崇拜占有相当重要的地位，是一个最显目的的主题。这方面最突出、最典型的实例，是位于呼图壁县康家石门子的岩画遗址。具体位置在东经86°19′20″，北纬43°51′00″处，位于呼图壁县西南的天山腹地，距县城约75千米。岩画所在峭壁，壁面平整，画面东西长约14、高9米，面积达120平方米。其间满布大小不等、动作各异的人物形象达300人。有男有女，或站或卧，或衣或裸。男性生殖器特别粗壮突出，有做交媾形，有双人同体；男女交媾图下，有群列舞蹈小人。群聚的男女之间，有对马图形。人体轮廓线内，当年先刻凿，再涂朱的痕迹约略可见。画面强调男性高大伟岸，女性柔弱细小。既清楚揭示岩画主人们祈求生殖、繁育人口的强烈愿望，也表示男子在生殖繁衍中的主体地位。男女主人均戴高帽，有翎饰，面形狭长，深目高鼻（图一九）。

笔者在调查工作中，于岩画遗迹前曾经进行发掘，发现了大面积的烧灰。在烈火焚烧中，有不少迸烈、变色的巨型块石、动物骨骼。整个遗迹，自然让人与巫术祈祝中的用火相联系。

岩画所在环境不同寻常。画面所在山体，山势雄伟，山色赭红，远望宛若年代久远的古堡，周围环绕终年流水的溪谷。山岩前、沟谷左右，灌木丛生、绿草如茵，生机盎然。进行生殖崇拜巫术活动的场所，所以处置于此，当在于这里的环境象征了男女交合，天地和谐。这一意旨，在《大戴礼·易·本命》中也有清楚表露："丘陵为牡，溪谷为牝。"这句话与呼图壁生殖崇拜岩画环境正可以互相说明，互相印证。当年古代新疆居民，同样是在这一思想观念的具体指导下，在康家石门子草原上进行生育巫术的祈祷，也因此保留下来了这份难得的有关生殖崇拜的画面。

从生殖崇拜观念、生殖崇拜巫术角度分析，呼图壁康家石门子岩画当然具有典型的意义。但生殖崇拜观念是一种普遍的存在，生殖崇拜巫术也是比较常见，因此，同类性质的岩画在新疆许多地点都有发现。列其内涵比较明确，画面清晰者，如裕民县准噶尔西部山地巴尔鲁克山中巴尔达库尔，一块长1.93、高2.5米的岩石上，凿刻男女人像，其中特别高大的一组男女像，做交媾形状（图二〇）；阿勒泰哈巴河县沙尔布拉克乡加那阿什村唐巴勒塔斯丘陵，一块高大的岩石立面上，散处的羊群之中，两组男女正在交合，其中一组女性双腿分开，男性生殖器举向阴户口。与此交合图像相去不远，是又一幅交合图形：伊犁河流域新源县则克台镇铁木尔勒克村阿克赛衣一块高1、长1.3米的岩石上，也刻有一对正在交合之中的男女。男女均头戴尖顶高帽，身旁山羊停立，以之交代这是在草场上展开的一幕图像；天山北麓米泉区柏杨河独山子村也见到表现男女交合的画面。此外，更多也更普遍的是刻画歌颂男性性具的伟岸及一些象征男女性器的图案，清楚表现着对人类生殖能力及部落人口繁衍、人丁兴旺的追求。

图二〇　准噶尔西部山地巴尔达库尔
生殖崇拜、牧畜岩刻画

　　论及岩画中显示的生殖崇拜观念，近年在阿勒泰山南麓发现的"鸟啄鱼图"岩画，也很值得关注。岩画见于阿勒泰市骆驼峰，高89、宽40厘米，其上刻凿了鹳鸟啄鱼图像。但在鹳鸟啄鱼图的左上角，还有一幅以熟练线刻手法表现的马，马头已失。但臀肥体壮的马体，挺立于画面左上角，高16厘米；主体鱼、鹳纹基本完好无损：鱼纹形体较大，长30厘米，双眼、双鳃、两侧鱼鳍做俯视状，以透视法表现鱼骨；与鱼相较，通体刻凿的鹳鸟形体相对稍小，高20厘米，鹳头不大，长颈弯曲，通体瘦长，短尾微上翘，双腿细长，脚趾张开。尖嘴正咬啄鱼的后鳍。通过鹳鸟身体后倾，说明正倾其全力啄鱼，鱼体则稍稍反相摆动，很好地表现了鹳鱼相啄一刹那间的运动感。与这幅岩刻的鹳鸟啄鱼图类同主题的画面，也见于黄河流域的彩陶。前者最有名的一例是见于陕西宝鸡北首岭半坡文化中的"水鸟啄鱼图"，后者见于河南省临汝县阎村新石器时代文化遗址中出土的陶缸，两者造型虽不同，但鸟啄鱼的主题完全统一。关于这一主题的思想文化内涵，国内学者已有相当深入的研究，鱼为女性、鹳鸟为男性象征，鹳鸟啄鱼，象征男女结合，女性多产，正是祈祝人类自身之繁衍，属"生殖崇拜"无疑。如今，这一主题的岩刻，不仅见于黄河流域，而且雕刻在阿勒泰山，表现了远古时期新疆大地先民观念形态与黄河流域的联系，也为我们分析阿勒泰岩画之创作年代提供了一份有参考价值的资料[①]。

①　赵国华：《生殖崇拜文化论》第六章，中国社会科学出版社，1990年。

（二）社会物质生产活动

它是人类生存、发展最基本、最重要的基础。自然也是古代游牧人最关心的核心问题。岩画创作中，大量画面表现着放牧、狩猎、转移牧场等，堪谓说明。

1. 放牧

在以畜牧经济为主体的游牧民族的生产活动中，放牧牲畜是每天必须进行、不能稍予疏忽的大事。它是平常无奇的，但又是头等重要的。放牧的好坏，是畜牧发展的关键，也是牧民家庭，所在氏族、部落能否生存、发展的重要一环。放牧，可以徒步；在马被驯养后，骑马放牧，更是一种主要的放牧形式。

在天山北麓木垒县博斯坦牧场十分丰富的岩画遗存中，不少画面，比较清楚地显示了放牧活动。

木垒县博斯坦位于天山北麓，海拔1400米以上。背依天山，有博斯坦河及另一些水量充沛泉水沟流贯。森林茂盛，水足草丰，不仅是优良的冬、夏牧场所在，这样的环境，对古代游牧人从事放牧是特别适宜的。正是这样的背景，造就了博斯坦和卓木沟内大量的放牧岩画图像。

和卓木沟，位于博斯坦草场以东，是一条长约1.5千米的山沟，沟内岩画密布，堪谓岩画长廊。沟内有泉水一眼，清泉终年不断，老乡传称为"神泉"。其间岩石成台阶状展布，造型奇特，石面光滑洁净，呈油黑色，用于岩画刻凿，可以说是造势天然，十分方便。

粗略观察和卓木沟岩刻内有关放牧生活的画面，数量不少。其一，在一块岩石上凿刻着两个牧民和14只山羊。牧民骑马，一居羊群之前，一居羊群之后，共同驱赶羊群向牧场方向前进。14只羊，是着力渲染羊群数量庞大，羊只形象有别、动作不一，表现了岩画的凿刻者对羊只性格、羊群移动过程中的细微观察。

同样是在和卓木沟，又一块岩石上凿刻了一个牧人和形体大小不等的5只山羊。羊只或低头觅食，或对远方特别的声响保持警惕，正昂首张望。牧人则正在对走在最后的一只大角羊进行调教，生活情趣盎然。作者捕捉住了放牧生活中的一瞬，把它凝固在冰冷的岩石上。

博斯坦牧场哈沙霍勒沟内一块岩石上，凿刻着两只山羊、两只盘羊、一峰骆驼，与一骑马持杆人同向前进。而在羊群一旁，一头戴尖帽的男子，正张开双手迎接一骑士归来。骑士同样戴尖帽，上身前倾，左手执缰，正欲下马。这也是满溢浓烈生活情趣的一幅画面，羊、驼满群，正是头戴尖帽的畜群主人意气风发的基础和原因。

也是在和卓木沟一块岩石上，还单独凿刻一只大盘羊和一只狗，狗随盘羊身后。这是简练的揭示狗承担着牧羊任务。驯犬牧羊，这是古代游牧人的一大成就，这一岩刻画面，显示了人们对牧犬的深情。

天山北麓米泉区柏杨河乡独山子村一幅表现牧业生产的岩画，不仅表现了羊群，还显示了溪流、草原。画面所在岩石高1.15、宽1.6米。凿刻了两个人、一条狗、八只羊、两条小溪及溪间草场。五只山羊方向不同地散列在小溪两岸，或饱食后做昂首鸣叫状，人物居溪流下方，狗在一羊之后，似乎在吆羊向溪流前行。草原宁静，人、羊均悠然自得，牧区野趣，令人遐想。

2. 转场

在奇台县北塔山库普沟内一条山溪的西岸岩壁，有十多处岩画。其中最大一幅岩画凿刻在高2.2、宽4.6米的砂石上，画面共见15只大角羊、两只鹿、一条狗、一个牧人及三个几何形印记。大角羊最大者长30、高26厘米，鹿身长25、高32厘米，狗身长20、高14厘米，人高16厘米。整个画面显示的情景是：大角羊、鹿等均循序鱼贯而行，牧羊犬在羊群一边，牧羊人居后，手中持一圆形物，做驱赶畜群形状，是一幅井然有序通过北塔山转移的畜群图，而在畜群上、下，分别为三个束腰形几何图记。可能表示着畜群的隶属关系。

这样的表现牧业生产生活画面的岩画，应该说是比较常见。随手拈来的这几个例证，不仅可以看出岩画作者对草原游牧生活非常熟悉，对羊、狗、鹿、马等不同动物的形体特征把握得很准确，也自然、亲切地表现了他们对草原生活的热爱。

3. 狩猎

在古代游牧民族的经济生活中，狩猎具有重要的意义。不仅可以借此进行骑射训练，有助于提高群体的战斗能力，而且狩猎所获也是日常生活的必要补充。因此，在已经发现的大量岩画资料中，狩猎画面比重相当不小，对当年狩猎图景，刻画得也相当细致，可以帮助我们具体认识当年曾在山地、草原上展开过的一幕幕狩猎场景。

木垒县博斯坦牧场和卓木沟，至今仍是各类野生动物的天然乐园。鹿、野山羊、大头羊、熊、雪豹、狼、雪鸡等出没其间。这里丰富的岩画遗存中，自然有不少表现狩猎的画面，比较显目的有12幅以上，或单人射猎，或多人围猎，射猎者或步或骑而狩猎的对象则主要是野山羊、盘羊、鹿。面对弓箭的羊群、鹿只，有的呆立不知所措，有的不择方向地夺路奔命，把猎人举弓待发、羊只紧张惶惑的惊险瞬间镌刻在了平展的石面上，确可谓形神兼备。例一，在一块高3、宽3.2米的岩石上，凿刻大小北山羊28只、大小鹿6只。两名猎人持弓搭箭，分别瞄准了一只大鹿及一只山羊。另一名骑在双峰驼上的配合者则从另一方向驱赶羊群。北山羊聚群活动，这里羊、鹿众多，狩猎活动得到了恰当表现。例二，又一块岩石共见大小不等的北山羊14只，三个持弓猎人从不同方向迫近羊群，羊只受惊，向不同方向狂奔。例三，在一块高4、长近30米的大块岩石上，记录了又一幅围猎场景。由于年代久远，一些画面已漫漶不清，清晰可辨的可有北山羊32

只，四名射猎者弯弓搭箭，一名骑士则驱赶羊群。羊群四散奔命，其狂奔不止的形态跃然于石壁，使冰冷的岩画满溢热烈的生命气息。

在岩画集中的阿勒泰山区，狩猎主题的岩画也是比较多的，如富蕴县费个特乡徐永恰尔，在一块高100、宽50厘米的岩石上，刻凿一高14厘米的猎人、张弓搭箭，瞄准一支已开始奔跑逃逸的大角羊，另一只羊稍稍意识到危险，正静立聆听，分析危险来自何方。在富蕴喀拉通克乡博塔毛音（音"骆驼脖子"）一块高170、长达400厘米岩石上，凿刻着一幅十分壮观的围猎图：九个骑士猎手与一个徒步猎手，正对一群（37只）山羊、驼、鹿、狼进行狩猎活动。猎人引弓待射，野兽惊吓窜奔，场面宏大，紧张而热烈。

在阿勒泰市将军山岩刻画中，也有不少射猎场面。一块岩石上，猎人叉腿弯弓，前方的鹿发现危险后，立即奔跑，但看来已难逃厄运。

汗德尕特乡杜拉特沟一块高36、宽40厘米的岩石，凿刻了一个猎人正伺机射猎三只北山羊，羊只还未警觉，但已处于强弓的威胁之下，猎人的成功当是不言而自明的事实。阿勒泰市切木尔切克乡科曲塔斯的狩猎图像画面稍见复杂：岩刻所在石面高2.2、宽1.1米。画面上一徒步持弓的猎人正射猎野鹿及北山羊。三只大鹿与三只北山羊已在猎人的射猎范围内。其下，则是一名骑士驱赶着北山羊（11只）及狗。

在阿勒泰山南麓吉木乃县冰山塔特克阔腊斯岩画点，也保留着多幅相当生动的狩猎画面。例如，例一，一个持弓猎人，身形高大，手持弓箭，箭体特长，表示有着不同一般的力量，正瞄准一只大角羊。与大角羊一道，还有一只双峰驼，做奔跑状。例二，在一块长200、高60厘米的岩石上，有以三只盘羊、两只北山羊为代表的羊群。羊群前方，表示较远，因而看去形体很小的一个猎人正弯弓持箭，瞄准了一只形体高大的盘羊，羊群背后，一个骑马的人，正尾随羊群之后，似乎在驱赶着羊群。例三，一块石面上，刻画两个持弓箭的猎手，一个双手上举、不持兵器的人，以及一个骑在马上右手持缰、左手上扬、催马前行的骑者，四周是两只鹿、三只羊、一匹马，也是狩猎过程中一刹那间发生的场面。

塔尔巴哈台地区巴尔达库尔岩画遗址，狩猎画面丰富。稍列有特色的几个画面为例。其一，一个持弓射箭的猎人，粗壮有力，箭发而中野牛臀部，它表现着一件曾有的事实，或者是射猎开始前的一个愿望；其二，两个持弓箭的猎人遭遇到五头野牛、五只北山羊的兽群，猎人发箭，兽群四射；又一幅则是典型的围猎画面：三头牛、四匹马、一只羊的兽群，已处在五位持弓搭箭猎人的包围之中，另外还有一个人手中虽没有弓箭，但也居于包围圈的一环，活现了当年围猎的情景。

托里县玛依勒山喀拉曲克牧场另一幅狩猎岩画，又别具特色。岩画所在峭立岩石高210、宽185厘米。画面可见大小羊36只，狼3只，两个持弓箭猎人。3只狼正合力从不同方向对一个北山羊的喉管、背脊、后臀进攻，这只羊已没有反抗的能力。猎人之一的武器是弓箭，又一为长条棒状物。这一大型岩刻画面，十分生动地记录了草原生活的实际，狼群咬啮羊只的要害部位，观察、表现也很准确。

总的观察，这类表现古代狩猎活动的画面，每处岩画遗址点都不少见。例如，托里县玛依勒山唐巴勒霍拉岩画遗址、伊吾县多处岩画点，尤其是其中乌勒盖地区岩画点，刻画狩猎活动的画面更是相当集中，几近20幅。其中有的表现猎人潜藏匍匐在草丛中，持弓狩猎北山羊，多人围猎鹿群等，均具特色。巴里坤县莫钦乌拉山中段库克托贝岩画遗址点，十多名骑士围猎鹿、羊，骑士飞驰，鹿、羊狂奔，其中部分鹿只负箭奔跑，场面十分生动。这一岩刻不仅场面大，而且刻线细，线条流畅，是艺术高手用锐利的金属工具加工而成。再如天山北麓米泉区柏杨河乡独山子岩画、伊犁地区岩画等，于狩猎活动也都有相当表现。

4. 交通

古代游牧民族，较长距离内运输往来，车是主要工具。牧民驱赶畜群转移牧场，车辆也是不可或缺的交通手段。在阿勒泰、塔尔巴哈台、天山北麓不少岩画点，都见到表现古代车辆的画面，这在一定程度上表现着游牧人的实际生活，记录着古代游牧民对这类车辆的重视。

表现车辆，最简单的只是刻凿出车轮，稍复杂者车轮有轮辐、车辕，甚至表现出驾车的牲畜。

阿勒泰山地区，是保留车辆岩画最多的地点，如阿勒泰市境乌吐布拉克，其一，车作双轮，无辐条。车辕前驾牛，车篷半圆形，居两轮之间。车后有人，胸部呈三角形，一手叉腰。其二，双轮无辐，有车篷。

阿勒泰吉木乃县沙吾尔山，是准噶尔盆地通达哈萨克丘陵的要道。这里发现的车辆岩画有 5 幅之多，但造型多简单。类型之一，刻一单独车轮，分别显示4根、6根辐条，或多个车轮，也显示辐条。车轮或与羊群在一起；类型之二，车辕、轮轴、双轮，线条简练；类型之三，刻凿出轮、轴、辕，甚至显示了车厢，车轮辐条多可至10根（图二一）。

天山地区哈密沁城白山岩画中所见车辆可见出双轮（多辐条）、轴、辕，长方形车

图二一　车轮岩刻画

厢，双马驾车。与之相较，同地另一车辆只用两个车轮或单独一个车轮作象征，比较简单。这种方式，在鄯善县连木沁沟、库鲁克山中兴地、巴里坤兰州湾子等地也都有所见。

天山北麓巴里坤县李家湾子所见车辆图，线条虽十分简单，但却清楚地勾勒了双轮（轮内十字形辐条）、轴、椭圆形车篷、单辕及驾牛的图像。

天山南麓温宿县包孜东车辆图，也是典型的线刻，显示了轮、辐、长方形车篷、单辕（辕木显示出弧曲）。

这些车辆岩画，形象简繁不一，或有时代之差异。所在地点，多在主要交通干线上，对我们认识它们在古代新疆游牧民族经济生活中的地位具有重要意义。

在中部天山托克逊县柯尔碱山沟中，还发现一幅泉水图，个性强烈，类同画面少见。它是在干旱缺水的环境中，人们为求泉水丰沛而进行巫术祈祝的记录。也是古代居民为生存、发展而艰苦斗争的说明。

（三）表现社会矛盾、冲突的战争画面

战争，作为社会矛盾冲突的最剧烈的形式，游牧民族自然也不会超脱于这一历史悲剧之外，在岩画中也有一定的表现。对此，历史文献中记录，在古代游牧民族集团、国家之间，由于政治、经济、文化的矛盾，会导致战争；在同一民族内部，由于水源、草场的争夺，也会导致械斗。战争或械斗一方，在冲突展开前，祈求胜利，冲突结束后，会记录胜利，展示民族的荣耀，都可能在岩石上留下记录。

新疆地区见到的战争岩画，最典型的代表应数哈密沁城折腰沟保留的几幅相关图像。哈密地区，居东部天山，地当蒙古草原、甘肃河西走廊进入新疆的咽喉地带，可算是军事战略要地。折腰沟长50多千米，宽可500米，古代为交通要道。战争岩画存留在这样一条山沟中，与这里具有重要的军事交通地位或存在密切关联。

例如，在一块长140、宽110厘米的黑色岩石上，就保留着一幅十分生动的骑兵征战图。战斗双方虽力量相近，但精神有别。右侧7骑斗志昂扬，战马奔腾，骑士个个争先举长兵器向敌人冲刺，其激越高昂的斗志跃然于石面；左侧5骑虽人数、兵力相近，但斗志已懈，精神完全被对方压垮了，中间一人虽还举枪迎敌，但战马已停立不前，另外4名骑士，长兵斜刺，其中一人似已掉转马头欲逃。双方胜负大局已决然不可扭转。岩画作者的倾向、希望揭明的主旨是十分清楚的。

其他表现战争、械斗的画面，规模、气势均不能与此相比，如哈密巴里坤县八墙子村战斗图，马体或腾跃，或起步待发，骑士持长兵器，气势威武，明显是临战前的态势，透露着一种强大、自信、必胜的精神。呼图壁县天山腹地克色克砂岩画点，见到引弓待发的武士，手持长兵器、旗幡，列队而进的骑者，也是与战争相关的画面。

另外，双人持弓对立、怒目相向的画面相当不少，但较之前述战斗画面，显得相当稚拙、简单，不可以相比匹了。

（四）其　　他

除上述可以具体感受的生殖崇拜、放牧、狩猎、战争等内容外，还有相当不少的画面，它们蕴含的思想文化还不能完全清楚地把握。这里，最重要的一些画面是各种几

何形象及手纹印记。

手印，是新疆岩画中常见的一种图案，帕米尔高原又是手印岩画比较集中的处所。例如，塔什库尔干县谢依坦吉里尕沟一块长2.9、宽2～3米的巨型砾石上，南壁刻凿手印12，手指、掌均经敲凿，也有只是敲凿出指掌的轮廓线；北壁刻手印3；顶部刻手印6。这些手印，与人、牛、驼等图像共存。塔什库尔干县阿孜嘎勒村临山阶地，在不少崩塌的块石上，见到岩画19幅，其中见3幅手印岩画。其一，块石上刻手印三排，上排2、中排5、下排2，手指方向不一。另一块岩石上，只见一幅手印。第三块岩石刻手印3。这种只见手印，不见其他人、动物的岩画，给人以深刻印象。

前文曾经介绍，帕米尔东麓叶城县棋盘乡阿子岗沙勒村东南一处岩体断面上，用红、白颜料绘出以手掌纹为主体的岩画。画面所在岩石南北长约5、上下高不到2米，绘出手掌纹8。其间夹蛇纹。手指方向，有小羊一列。手印具有相当崇高的地位，手掌部位红色地上填绘白色圆点。色彩鲜丽，给人以强烈的震撼。

与帕米尔相邻、居昆仑山北麓的皮山县康阿孜河谷内，有一处山洞名"阿日希翁库尔"。洞口高4～5、深约4米。洞内残留古代彩绘岩画，因现代人居住、烧火、长时间烟熏，所绘图像已模糊不清，但尚存一处彩绘，为五指张开的手掌形。

阿尔金山北麓、木里恰河东岸岩画遗址，也有一些手印图像。

应属天山前山地带的库鲁克塔格山中，著名的兴地岩画，同样见到手印纹。

岩画遗存比较丰富的阿勒泰山地区，虽然也有手印纹，但相对较少。哈巴河县别列泽克河多尕特彩色岩绘中存在十分显目的手印纹，一般岩刻中则少见发现。这是一个不应疏忽、值得进一步分析的差异。

除手印纹外，在不少岩画遗址，还见到个别的几何纹印记，如△等。这类几何纹印记，其实际思想文化内涵虽已有一些分析、探讨文章，但还没有得到大家都认同的结论。有一个现象是应予注意的，即在现代游牧民族如哈萨克、柯尔克孜、塔吉克等民族中，还有使用几何纹作为氏族徽记的习惯，这种文化习俗，对破译古代岩画几何印纹不失为有价值的线索。

康家石门子岩刻画的考古调查[*]

巫 新 华

（中国社科院考古研究所）

一、地 理 位 置

岩刻画位于涝坝湾子自然村东北2.5千米一座高耸的侏罗纪晚期丹霞地貌山体南面的岩壁上（图一、图二），南临涝坝湾子沟（图三）。该山体高达200多米，山势陡峻，峭壁如削。自然的侵蚀使岩体岩面表面形成许多纵横的凸凹。裸露的山体中，上部多为沉积砾岩，底部为沉积砂岩，岩刻画即刻于底部砂岩的岩面上。

图一　康家石门子岩刻画所在处的山势

　＊　2017年5～7月，呼图壁县委宣传部为做好康家石门子岩刻画进一步研究与旅游文化开发利用工作，与中国社会科学院考古研究所新疆考古队合作，联合组成康家石门子岩刻画考古调查组，对康家石门子岩刻画进行了细致的田野调查。参加工作的主要成员有巫新华、刘晓成、王多伟、覃大海、高莉、陈代明、江玉杰等。

图二　康家石门子岩刻画所在处的山势

图三　岩刻画南临的涝坝湾子沟

二、岩刻画分布情况

岩刻画主要集中刻凿于山体裸露岩面中央位置的底部，岩面向外倾斜，多有裂纹。主要岩刻画分布在东西宽约12.5米，高为距地面1.85米至8米的岩面上（图四）。岩刻画的分布较集中于左侧，占据的面积较大，位置较高，图形较多、较大且较为集中清晰；右侧的岩刻画占据的面积较小，位置相对较低，图形较小、较散和模糊。

此外，该区岩刻画之下距地面1.2米至2米高的岩壁上有些零散的以红色绘制的羊、骑者、掌形以及圆点等彩绘图形；东西两侧数十米外的岩壁和坍落的大块岩石上也有一

图四　主要岩刻画分布范围图

些岩刻画，主要图形有羊、鹿等，其中以羊为主。这些岩绘和岩刻画的年代应当较晚，有些为近现代所为。

三、岩刻画图形、数量及保存情况

岩刻画的数量——该范围内的岩刻画以人的图像为主（包括完整的人体、单独的人头像以及人的肢体等），此外有少量的动物和工具图像。根据观察统计，可辨的图像共有301个。

岩刻画的保存情况——左侧的岩刻画保存相对较好，右侧的岩刻画保存较差，其原因可能有二：一是左侧岩刻画雕刻的图形较大、较深，而右侧的岩刻画雕刻的图形较小、较浅，故对比显得左区岩刻画更为清晰完好；二是左侧岩刻画自然破坏的因素弱于右侧，从现状观察，右侧岩刻画的岩面上的下流雨水冲刷多于左侧，其干湿的变数必大于左侧，故岩体表面的酥松、风化、剥落及浊漫也就大于左侧。此外，左侧岩刻画位于较高的位置，后人的干扰因素相对较小。

四、岩刻画的详细观察

（一）总体观察

整个岩刻画呈左高右低的排布，图形的大小、雕刻的精细程度亦呈同样的变化趋势。整个岩刻画可分为四区，即上区、左区、中区和右区（图五）。

图五　岩刻画分区图

　　上区岩刻画位于整个岩刻画的最高处，图形以人物为主，共有八个完整的人物和两组对马及一个单独的人头像。除了最左侧的人像体形较小、刻痕较浅且拙滞，其余人像的形体较大（最右的人像高达2.07米），图形雕刻精细，线条流畅，姿态优美，而且布局疏密得当，整个画面显得十分整洁。

　　人物面部的鼻、眉、颧骨部位凸起，眼、嘴下凹，以浮雕式阳刻的方法来展示人物面部；肢体部分则是宽胸，细腰，肥臀，腿修长、微弯，四肢均右臂上举、五指伸张，左臂弯垂、五指伸张，扭臀屈膝。对马图中一组两马的头、前腿和后腿，彼此连接，马呈长头长颈、躯体瘦长状，通体涂抹红色；另一组与之形体特征基本相同，刻画有生殖器（图六、图七）。

图六　上区岩刻画图像

图七　上区岩刻画线图（覃大海绘）

　　左区岩刻画位于上区岩刻画的左下、中区岩刻画的左侧，图位低于上区。该区图像较多，共114个，以人形为主，但单独的人头像和动物的图像增多，人体的体形大小、风格与上区的相比有所变化。除了中部的一个双头人体的大小、雕刻的精细可与上区的媲美，其余的雕刻较粗糙，线条拙滞，布局较杂乱，出现图像的相互打破叠压，人体及动物上出现生殖器的图形（图八、图九）。

　　此区中刻画的人物有85个，人头像13个，动物13个，弓箭3个，人物用浮雕式阳刻表现，动物和弓箭则用的是轮廓性阴刻。人物面部的鼻、眉、颧骨部位凸起，眼、嘴下凹，肢体部分则是宽胸，细腰，肥或瘦臀，腿修长、弯曲，四肢大部分都呈右臂上举、五指伸张，左臂弯垂、五指伸张，扭臀屈膝状，只有一个人物为双手上举，五指伸张状；其中两排动作一致的小人面部以内凹呈圆圈的形式刻画，侧身，宽胸，细腰，翘臀，腿修长、微弯，上排31个，下排21个，共52个。

　　中区岩刻画位于上区的右下、左区的东侧，图位低于左区，图像151个。岩刻画

图八　左区岩刻画图像

图九　左区岩刻画线图（覃大海绘）

的情形整体上与左区相似，但图形进一步变小，单独的人头像进一步增多，布局亦较杂乱，亦存在图像的相互打破叠压关系，部分岩刻画（主要在右侧）图形模糊、漶漫不清，除刻痕较浅，应为受自然破坏（水浸、风化、剥蚀等作用）所致（图一〇～图一三）。

此区中刻画的人物有97个，人头像41个，动物13个。人物用浮雕式阳刻，动物和弓箭则用的是轮廓性阴刻。人物造型基本呈右臂上举、五指伸张，左臂弯垂、五指伸张，扭臀屈膝状，宽胸，细腰，肥或瘦臀，腿修长、弯曲，部分在裆部、臀部、肘部刻画有生殖器，较为夸张，与人物不成比例。人头像呈椭圆形，鼻、眉、颧骨部位凸起，眼、嘴下凹。

右区岩刻画位于中区岩刻画的右侧，之间约有1米空白的间隔，图位低于中区，最

图一〇　中区岩刻画图像

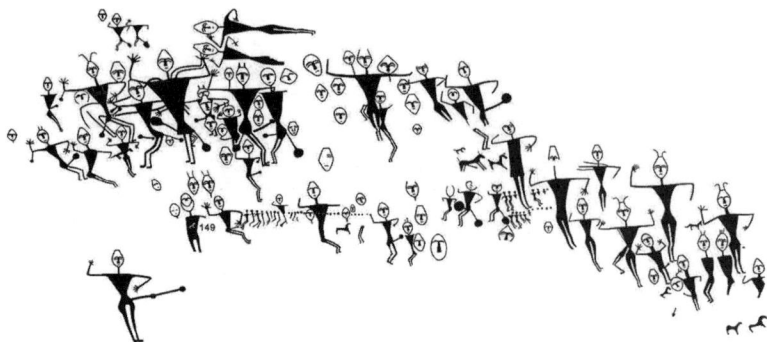

图一一　中区岩刻画线图（江玉杰绘）

图一二　中区岩刻画局部（左）图像

图一三　中区岩刻画局部（右）图像

低的岩刻画距现在地面1.85米，为整个岩刻画最低的一区。该区岩刻画画幅较小，所刻图形25个，多模糊不清。该区的岩刻画图形更小，单独的人头像居多，刻痕更浅（图一四～图一六）。

图一四　右区岩刻画图像

图一五　右区岩刻画线图（覃大海绘）

图一六　右区岩刻画局部图像

此区中刻画有人体7个，人头像18个，同样用浅浮雕式阳刻作画，人体基本四肢不全，部分可见右臂上举、五指伸张，左臂弯垂、五指伸张，头椭圆，细颈，宽胸，细腰翘臀，腿修长、弯曲，其中有一个为马步下蹲。人头像大部分可见面部，呈椭圆形，鼻、眉、颧骨部位凸起，眼、嘴下凹。

（二）图 形 观 察

根据现场逐一辨认，岩刻画的图形共有301个，主要为人形图像和少量的动物及工具（弓箭）图像（图一七）。其中完整人体和部分肢体的197个，约占总数的65.45%；单独的人头像73个，约占24.25%；动物28个，约占9.3%；工具（弓箭）3副，约占1%（表一）。

图一七　岩刻画图形全图及编号（覃大海绘）

表一　岩刻画图形统计表

部位	人（体）像	人头像	动物	工具	合计
上区	8	1	2（对马）	—	11
左区	85	13	13	3（弓箭）	114
中区	97	41	13	—	151
右区	7	18	—	—	25
合计	197	73	28	3	301

人体的作画方式为：浮雕式阳刻和轮廓性阴刻。所展现的动态为：右臂上举、五指伸张，左臂弯垂、五指伸张，其个别为双臂上举、五指伸张状；身体部分基本以头部椭圆，细颈，宽胸，细腰，瘦或肥臀（部分翘臀），腿修长、弯曲；人体面部鼻、眉、颧骨部位凸起，眼、嘴下凹；另外在左、中、右区中部分人体裆部或臀部刻画有生殖器，个别刻画于肢体肘部，较夸张且与人体不成比例，在左区和右区分别刻画有一双头和三头共用一身体的人体。

（三）雕刻技法观察

从整体观察岩刻画所属浮雕式阳刻和轮廓性阴刻；从痕迹观察，主要使用三种技法：一是凿刻法，以较尖锐并较大些的工具，进行连续性的凿刻，形成的痕迹为点窝状或短条凹槽状；二是划刻法，以尖锐轻小的工具，进行来回地划刻，形成的痕迹为较细的线状；三是打磨法，以石质打磨工具在已凿刻的图形轮廓内或划刻的线状轮廓内来回地打磨，形成比较光滑或平滑的岩面。康家石门子岩刻画中，部分岩刻画采用一种技法，而多数岩刻画则为两种或三种技法并用。如呈半浮雕的人像或单独的人头像皆为先凿刻或划刻后，再打磨而成。从迹象观察，打磨主要为干磨，少量为沾水打磨。

（四）彩 绘 观 察

部分岩刻画中有彩绘的现象，但不是单独以彩绘画，而是在已完成的雕刻岩刻画内涂填颜色或进行补绘，所用颜色主要为红色和白色，白色主要用于脸部的平涂（图一八），红色则用于脸部轮廓、躯体、四肢、生殖器以及胸饰的填涂和描绘（图一九）。

（五）男性生殖器图形观察

在整个岩刻画中出现的男性生殖器（包括出现在非正常部位的和挂在肘下形似生殖器的图形）共62具，主要出现在左、中两区，其中左区32具，中区29具，右区1具。

图一八　头部涂白

图一九　躯体、四肢涂红和彩绘胸饰

除了个别生殖器图像为单独出现，其余的均与某一人体相连或相近。部分生殖器为1人1
具，有些位于正常的部位（裆部），有些则位于非正常部位（臀部或腰部）；部分是1
人2具或3具，或位于裆、臀部或腰部，有的肘部还下挂1具。统计显示，位于腰裆部的
共37具，臀部的16具，肘下挂的6具，单独的3具。位于裆部的生殖器一般平伸或上翘，
端部呈圆状，有的根部还有两个圆点。而位于肘部和臀部的"生殖器"，形状与裆部的
虽然相似，但均呈下垂或斜垂状；有些面相、体态为女性的人像也有男性生殖器的图形
（图二〇），还有些生殖器是后添加或加长的（这些不正常的现象在进行研究时要加以
注意）。

图二〇　女性人像的男性生殖器图形

（六）岩刻画的打破关系

岩刻画中有许多图像打破叠压的关系。从痕迹观察，有人像图形打破动物图形、人像打破人像、动物图形打破另一动物图形的现象（图二一～图二五）。打破现象在上区岩刻画中未有出现，均出现在上区之下的左区与中区中，而且有些图形间的打破关系比较复杂。例如，左区"双头人"组的岩刻画中，"双头人"的颈肩部及左臂打破了三个呈弯形的图形（应为大角羊的羊角图像，羊身部已被"双头人"的身体和左臂打破并叠压）；腰部打破叠压在左屈腿并有男性生殖器的人像上；左胸部打破叠压其左侧一向左屈蹲男性图形的右肘部；右胸部打破叠压其右侧一向右屈蹲男性图形的左手臂，而该右屈蹲人像的胸部又被一人头打破；右肘臂打破叠压于其右肩外侧一形体较小人像的左肘臂，而该人的右胸，又打破叠压位于其右的头顶饰有"七根竖条纹"人像的左肘部，头顶饰有"七根竖条纹"人像的右臂又打破了其右侧的一双腿右屈男性图像的腰部，该男性的胸部又被一有胡须的男性头像所打破（图二一）。

图二一　左区岩刻画打破关系线图（覃大海绘）

图二二　人像、动物打破关系现象图像（左区）

图二三　人像、动物打破关系现象线图（左区，覃大海绘）

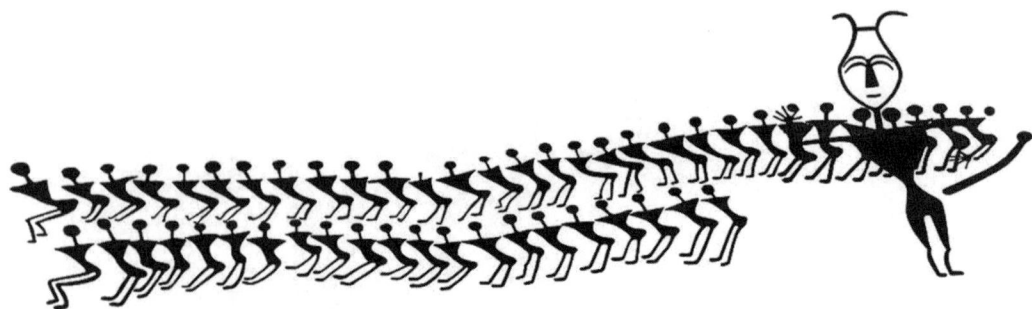

图二四　人像打破人像和添加生殖器现象线图（左区，覃大海绘）

图二五　人像打破动物图像现象线图（中区，江玉杰绘）

人体（人头）图像打破叠压动物图像是左、中区岩刻画中一个值得注意的现象。左、中区可辨认的动物图像共26个（有些已模糊不清或已被打破叠压，原总量当不止此数），其中，左区13个中有7个动物图像被11个人体（人头）图像打破叠压（不包括动物打破动物）；中区13个中有3个动物图像被6个人体图像打破叠压。从人像图形与动物图形之间的打破关系来看，左、中区的部分人像晚刻于动物的图像，而且这些打破动物图像的多为左区和中区中体形较大或身体涂红，在该区岩刻画中占据主导地位的人像。

五、调查结论

（一）岩刻画的初步分析及分期

从整个岩刻画的图像来看，康家石门子岩刻画中最为突出、最引人注目、最具有震撼力的是上区的具有女性特征的图形，这些图形位于整个岩刻画的最高处，不仅雕刻精细、线条流畅、比例协调、姿态优美，而且布局讲究，画面整洁，是某一时间某一人群思想观念体现的"作品"，其表现的对象与主题为女性。位于其下的左、中、右区岩刻画，图形的种类增多（有人，虎、马、羊、狗等动物及工具等），人体上出现男性生殖器和一些交合的图形，画面的内容丰富于上区。但其画面和图像的排布比较杂乱，刻画的精细度不如上区，人像图形的形态与风格有所变化。痕迹观察显示，左、中两区岩刻画中，出现了图像相互打破和后添加的现象，既有一个人体（或人头）打破另一人体的现象，还有人体打破动物的现象；还有后添男性生殖器或添长男性生殖器的现象等。那些斜垂于臀部和肘部下挂的"类男性生殖器"的图形，应该不是生殖器，有可能是挂饰或佩带的某种器物。

根据岩刻画遗存、层位以及特征差异等现象判断，康家石门子岩刻画可分为三个时期或三个时间段：

第一期岩刻画位于整个岩刻画的最高处，即上区岩刻画中的七个女性和两组对马图像（该区最左侧的男性特征的人像，从其形态、刻技风格等观察，应属后刻者）。七女图像雕刻、打磨较深且精细，人像均为正面直立，身体上部呈倒三角形，两臂平伸，左手下垂，右手上举，五指张开；头戴梯形平顶帽，帽顶有饰物（其中右一为一根直立的饰物，其余的六人中五人为两根向外弯曲的饰物，一人为四根向外弯曲的饰物），形体优美、亭亭玉立。两组对马图像为"隔三"的位置关系，即两组对马分别位于自右向左第三、第六个人平伸的右臂下，其中左组对马为两个直立的头脚、阳具相对的牡马图像；右组对马形态、大小与左组对马相仿，但无阳具，可能表现的为牝马。对马可能是泛印欧语系民族重要神祇——双马神的一种表现图形，是马神崇拜的一种文化现象。对马图形与七女图像的组合，其主题应是神的崇拜，即女神与马神的崇拜（图二六）。

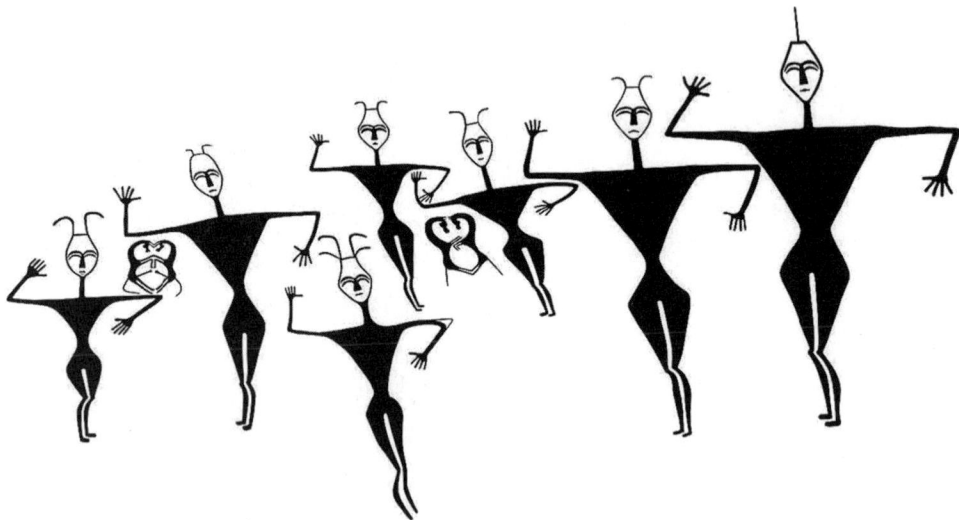

图二六　一期岩刻画的七女、对马线图（覃大海绘）

第二期岩刻画继一期岩刻画之后，在上区岩刻画之下的左、中区中，出现一些动物图形的岩刻画，可辨的26个动物图形中，有10个动物被这两区中占主导位置的人像打破叠压。以此推断，第二期的岩刻画主要为动物图形（可能还出现了少量的人像岩刻画，如有，则是一些体形较小，不占据主导地位的人像；从布局和打破关系来看，左区两个大型动物即通常所说虎形①动物可能出现稍晚，当在三期），动物的种类有羊、牛、狗、兽等（图二七）。

---

　①　本书后续章节的讨论认为，此处虎形动物可能是大型家畜马，只是刻画形态较为粗放，恰好与第三期岩刻画侵入性、破坏性与粗放随意性相符。

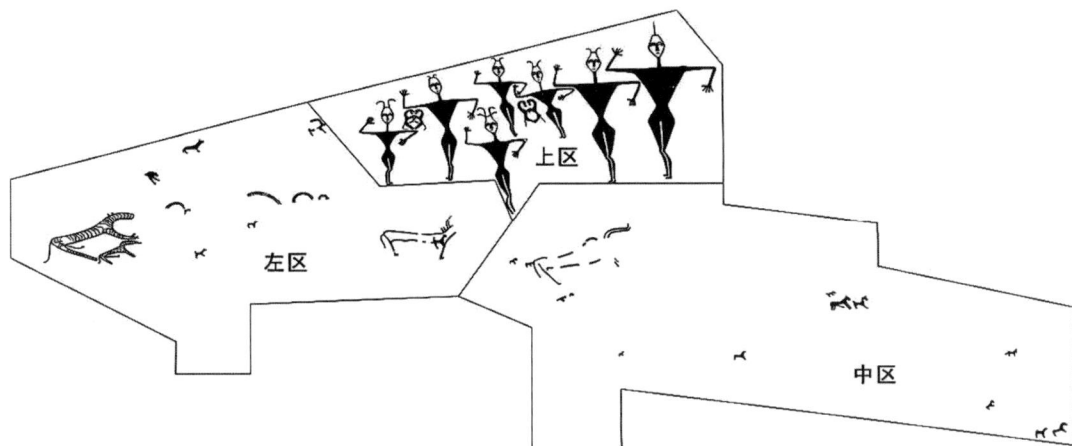

图二七　动物岩刻画分布线图（覃大海绘）

第三期岩刻画主要分布于上区之下的左、中、右区，在整个岩刻画中占幅最大，图像最多。这三区岩刻画的变化除了上述的单独人头像自上而下、自左向右不断增多，刻磨工艺不如上区（一期）岩刻画，该期岩刻画中占主导地位的人像图形打破叠压在二期的动物图形上，而且人体的体形、体态与上区亦有所变化：上身普遍变长而腿变短；下肢屈膝或侧蹲；头部出现圆头无冠形状等。最显著的是男性生殖器图形的大量出现。这些现象，显示出该期岩刻画与上区的一期岩刻画的人物图形风格发生了变化，而且表现的内容也发生了变化。从区位、层位、图像内容来看，这些变化和时间、人群、表现主题密切相关，即这一时期人们的思维意识、岩刻画创作目的已发生了变化，故所刻凿的内容也随之发生了变化。岩刻画的图形、组合、打破关系等，显示出三期的岩刻画也不完全是同一个时间段和同一人群完成的，是经历过一段时间、经过不同刻者刻凿而成，所以该期的岩刻画缺乏整体的布局，相当一部分的岩刻画拥挤一团；出现各刻者根据自己的思想与目的，各自安排和刻凿自己的岩刻画，有的不惜破坏已有的图像，在已有的图像中添加其他图形等现象。

（二）结　语

岩画是古代人画在或刻在岩石上的石头画，它以优美的艺术形象及对于研究人类文明进程的巨大作用，为世界各国学术界所重视。然而时至今日，对于岩画科学的归属问题一直没有定论。艺术史家往往从艺术史的角度去研究，将其划入美术史的范畴；文物考古工作者又常从岩画题材所反映的历史现象去研究，将它划入考古学的领域。我们认为，岩画是世界上分布广泛、数量很多的文化遗物，有它自己独有的特点和规律。它虽然与美术史、考古学和历史学关系很密切，但有别于以上诸门学科。美术是绘画形象的；考古学研究对象是实物，通过实物去研究历史；历史学研究的对象主要是古文献，从中研究社会发展的规律。而岩画是通过古代的图画去考究历史，可以说是介于实物与文献之间的一种文化遗物，它的数量之多，内容之丰富，是任何学科无法包括的。各国岩画的大批发现和研究，已使岩画成为一个新的研究领域，一个自成体系的独立学科。①

岩画在中国从古到今曾有过许多不同的名称，如石刻、刻石、画石山、摩崖石刻、崖画、崖壁刻、岩刻画、岩刻、岩雕，等等。现在我们通称为"岩画"，国外则通称为"岩石艺术"，不管是在国内还是在国外，人们对这一称呼都不大满意，总觉得不能完全反映出其丰富的内涵，但是，又没有一个更好的名称来代替。中国岩画分凿刻和涂绘两种，前者多称"岩刻"，后者多称"崖画""崖壁画"。②

康家石门子岩刻画是经过三个时间阶段延续多次刻凿而形成的一幅巨作，以艺术的表现手法，集大成地记录了史前"康家石门子岩刻画刻凿时段"的天山游牧人群的思维、信仰与追求。这幅巨作最早刻凿的是上区形体与动作优美的七女图像和两组对马图形，七女图像已经表现出女神崇拜的符号化思想以及崇敬和崇尚"七"的思想表达；对马则是马神崇拜思想的反映。此后，经历过多次再"创作"，图形的相互糅合、添加，产生了以突出男性生殖器为特征的"生殖崇拜"思想内容的岩刻画。

以上康家石门子岩刻画考古调查工作是以现场观察为主，辅以照相、测量手段，近距离地对康家石门子岩刻画进行逐一的观察、辨识、记录与数据采集。同时，为了便于观察、分析、描述与研究，对岩刻画进行了自然分区与统一编号。室外观察工作结束后，在室内进行资料整理的过程中，又发现和辨识出了一些图形。通过实地观察和资料整理，形成了初步的对所观察对象现状的客观记述，旨在保证资料的客观性与科学性，为进一步研究提供可信的资料。

---

①　盖山林：《岩画学刍议》，《潜科学杂志》1983年第6期。

②　陈兆复：《古代岩画》，文物出版社，2002年，第2页。

新疆岩画文化走出去的战略结合点

——论新疆岩画与桑皮纸结合

甄岐国

（新疆纪实文学编辑部）

一、新疆桑皮纸的状况

桑皮纸，西汉公主合亲时沿丝绸之路来到西域，带来了丝绸技术，在捞取残桑皮断蚕丝时意外发现了皮纸的衍生物，所以桑皮纸也称"汉皮纸"，与蔡伦造纸同期。当地居民发现桑树皮有黏性，纤维光滑细腻，易于加工，就地取材，选用了桑树皮来造纸。

桑皮纸具有吸水强、防虫蚀、纸质抗拉力强、历年不褪色等特性，深受古代画家和历代收藏家的青睐。新疆墨玉县传统工艺桑皮纸，号称是传统造纸业的活化石，也是新疆特有的元素，再与新疆岩画印在一起可谓是珠联璧合，但它和新疆岩画一样面临着待拯救与濒临绝境的局面。

目前新疆维吾尔自治区人民政府上下已投入大量的财力物力，支持桑皮纸制作技艺这一非物质文化遗产的合理利用、保护和传承，但桑皮纸生产出来后没有好的下游衍生产品，困扰着其自身的发展，也没有带动当地更多的老百姓增加就业和增收致富。

虽然新疆岩画具有丰富的内容，但岩画有不可移动性，怎样把新疆岩画完整地拓印下来进行世界学术交流，桑皮纸为首选之料，目前新疆还没有一张岩画拓片流出，因为新疆岩石坚硬难凿，岩画较浅，不易拓印，只有在遵照原作的基础上，由专业版画家用其他材料代替坚硬的岩石，复制再进行拓印，也可请新疆书画家在桑皮纸上进行岩画艺术再创作。其和象形文字彰显了书画同源的学说与魅力。便于国际交流和文化传播使用。笔者坚信，利用新疆的岩画和桑皮纸这个支点，加上"一路一带"这个有力的杠杆，一定能撬动西域文化经济和旅游业的大发展。

二、桑皮纸与新疆岩画的有机结合和共同开发

1. 理论支持

新疆岩画中所反映出的民族学、历史学、草原学、服饰文化、舞蹈艺术、绘画雕

刻艺术等相关因素的研究探索，提炼出岩画元素中可以为我们利用的精华并以此为基础进行新产品研发。运用信息技术推动设计创新，进一步完善和提升岩画在世界领域的知名度，同时也将推动新疆岩画的地位和新疆地域文化品牌的发展。本项目的实施，对提高我市文化产业的竞争力、促进新疆地域文化产业和世界接轨，对世界文化遗产的保护和发扬具有重要的推进作用。

2. 开发价值

桑皮纸能够依托现有优势，利用新疆岩画元素资源开展地域特色产品设计研发工作，促进新疆地域旅游文化产业的发展，带动新疆地域特色产品走向国内乃至国际。同时能有效带动自治区相关人才的就业，创造大量客观的就业岗位。设计研发工作可加强与内地岩画学会的联系，打破信息封闭，实现资源共享。

目前，虽然国内文化产业发展十分迅速，但是以岩画为元素符号，特别是具有象征地方独特文化特色的产品，市场开发亟待加强；随着人们生活水平的不断提高、民族文化和各种活动的日益增多，以及审美情趣多元化发展等因素，市场更期盼具有国际竞争力的特色品牌的出现；民族的才是世界的，这为我们研究和发展新疆以岩画为文化元素与传统桑皮纸相结合的产品和印刷宣传品工艺品产业提供了广阔的市场空间。

3. 供求市场潜力巨大，旅游市场工艺品前景光明

新疆资源极其丰富，拥有独特的地域旅游特色，作为我国旅游热点区域，吸引了众多国内外游客的关注。我国旅游先进地区旅游购物费用占旅游总支出的25%，而新疆仅为9%，说明新疆可供旅游购物的产品数量少且品种单一，特别是具有民族地域特色的产品在设计制作及创意方面比较落后。新疆特色的旅游工艺品是新疆旅游业的招牌产品，市场亟待开发有地域文化特色的工艺品和服饰品，利用新疆本土岩画元素的开发，对新疆文化旅游业的发展将起到积极的推动作用。

4. 岩画元素的研发是新疆文化遗产的保护和延续

通过将"神秘与古老的时尚" 岩画艺术与桑皮纸有机的结合，形成原生态的艺术作品，因而带动特色服饰、户外用品、日用品的艺术品设计研发，旨在将岩画元素，带动以新疆岩画为内容的文化产业发展，为新疆岩画申请世界文化遗产并通过"申遗"对新疆岩画保护打下良好的基础。

新疆岩画元素系列产品是蕴含地域文化的特色产品，是乌鲁木齐市形成都市文化产业的优势产品之一，市场潜力巨大。新疆旅游资源极其丰富，地方特色浓郁；来自海内外的游客逐年递增，但是新疆特色旅游产品和工艺品长期主要依靠内地供给，缺乏地域文化特色，地方第三产业的市场占有率比较低，浪费了新疆优良特色资源。因此，通过推广岩画和桑皮纸的结合，挖掘古老拙朴的新疆岩画原始艺术，将元素符号与时尚结

合，生产系列文化创意产品，其市场前景十分可观。

近年来，新疆旅游业发展迅猛，若按每两人选购一件具有岩画元素的产品，每年就能有1000万件左右；同时，新疆与周边8个国家的民族，有着一贯良好的贸易往来关系；中亚地区有大约6000万人口。在中外贸易发展迅猛、国内外旅游消费者对新疆特色工艺品、服饰等消费热情不减的状况下，地域特色旅游产业化发展具有广阔的内外贸易市场。由此可见，具有鲜明特色的岩画元素的系列服饰、工艺品系列开发是必要的，更是现实的，其市场前景毋庸置疑。

新疆岩画保护项目的立项和实施，将促进人们对新疆岩画的认知，从而使更多的人喜爱岩画艺术；保护岩画资源，让更多的人了解新疆地域文化、热爱新疆，走进新疆，揭开新疆岩画的神秘面纱，使新疆岩画艺术造福子孙后代。

岩画是把全世界人类联系起来的一部巨大家书，人类本就是同一个祖先和同一个整体。不应当有种族和地域国界之分。人类最大的敌人是来自天体的碰撞，人类要共同面对自然灾害，把美丽的地球建设成和谐的大家庭。因岩画而世界大同。